21世纪高等院校财经管理系列实用规划教材

比较财政学

主　编　宋丽颖

内 容 简 介

本书在编写过程中广泛吸收国内外财政理论、制度和政策研究与实践的最新成果,尽量使读者了解和掌握世界各国财政理论与实践的异同。本书内容包括:财政学理论比较、财政支出规模结构与效益比较、财政购买性支出比较和社会保障制度比较等;集中外财政理论与实践的精华,力图兼顾通用性与专业性。

本书不仅可以作为高等院校经济管理类专业的教材,也适用于非经济管理类专业作为选修课教材或自学参考书。

图书在版编目(CIP)数据

比较财政学 / 宋丽颖主编. — 北京:北京大学出版社,2022.1
21 世纪高等院校财经管理系列实用规划教材
ISBN 978-7-301-32595-7

Ⅰ. ①比… Ⅱ. ①宋… Ⅲ. ①比较财政学 — 高等学校 — 教材 Ⅳ. ①F810

中国版本图书馆 CIP 数据核字(2021)第 200476 号

书　　　　名	比较财政学 BIJIAO CAIZHENGXUE
著作责任者	宋丽颖　主编
策 划 编 辑	李娉婷
责 任 编 辑	翟　源
标 准 书 号	ISBN 978-7-301-32595-7
出 版 发 行	北京大学出版社
地　　　　址	北京市海淀区成府路 205 号　100871
网　　　　址	http://www.pup.cn　　新浪微博:@北京大学出版社
电 子 信 箱	pup_6@163.com
电　　　　话	邮购部 010-62752015　　发行部 010-62750672　　编辑部 010-62750667
印 刷 者	北京圣夫亚美印刷有限公司
经 销 者	新华书店
	787 毫米 × 1092 毫米　16 开本　25.75 印张　597 千字 2022 年 1 月第 1 版　2022 年 1 月第 1 次印刷
定　　　　价	69.00 元

未经许可,不得以任何方式复制或抄袭本书之部分或全部内容。
版权所有,侵权必究
举报电话:010-62752024　电子信箱:fd@pup.pku.edu.cn
图书如有印装质量问题,请与出版部联系,电话:010-62756376

前　言

　　财政学是一门古老而年轻的学科,经历了古代的财政思想,主要研究国家理财行为,又经历了近代和现代的理论演变,目前,人们已经将其纳入国家治理的重大问题研究中。在人类社会的漫长历史长河中,中西方的先哲们对国家理财和治理问题提出了大量有价值的思想和学说,但是,财政学作为一门相对独立的学科来建立,大家公认的是以1776年亚当·斯密发表的《国富论》为标志。虽然财政学已有数百年的历史,但是,财政学又是一门不断创新发展的新兴学科。20世纪以来,世界各国在推进本国工业化和现代化的经济发展中,形成了多元化的社会体制模式。与此相伴随,自亚当·斯密以来的西方古典公共经济学(public finance),实现了向现代公共财政学或公共部门经济学(public sector economics)的转变。财政在市场经济体系中的地位和作用发生了巨大变化,财政学的研究领域逐步延伸到社会公共部门的各个方面,在制度与政策层面也呈现出向公共管理与公共政策延伸、交叉的趋势。

　　我国的财政改革之路,是一条由计划经济向市场经济转变的道路。时至今日,在世界舞台上,中国不再是一个可有可无的甚至是被人垂怜的"跑龙套"的小角色。改革开放以来,财政改革始终站在改革的前沿,是改革的突破口和先行军,发挥着基础性、制度性和保障性的作用。在改革开放过程中,我国学习和吸收了西方国家市场经济的经验,同时,结合中国特色,积极探索了我国财政发展规律,在"古为中用"和"洋为中用"的过程中,形成了中国模式。同时,我们也要看到,在不断深化改革的进程中,如何面对财政改革中不断出现的新情况,科学地解释、有效地解决经济活动过程中业已存在或即将面临的系列公共财政问题,不仅是经济工作者面对的重要任务,而且是作为培养高素质经济建设人才的教育工作者的责任和义务。然而,相对于发展迅速、内容丰富的中国财政改革实践,中国的基础财政理论更新,尤其是高校的教学内容与教材更新相对滞后。基于这样的认识,西安交通大学经济与金融学院联合湖南大学经济与贸易学院,积极探索,博采众长,编写了这本《比较财政学》。

　　本教材主要具有以下特点。

　　第一,在教材结构体系上,本教材既继承了国内外财政学教材的收、支、管的基本架构,又进行了新的探索,突出财政理论的历史脉络,通过比较总结经验和教训,从而服务于我国财政基础理论的构建和现实工作实践的指导。

　　第二,在教材内容上,本教材力图广泛吸收国内外财政理论、制度和政策研究与实践的最新成果,进行尽可能多的国家之间的对比,从而使学习者广泛了解与掌握世界各国财政理论与实践的异同之处。为此,本教材开辟了资料链接专栏,其目的是以鲜活的案例及拓展资料弥补教材内容的抽象性,同时也给教师灵活开展教学提供了空间。教师可以灵活地利用资料链接专栏,对其(案例)内容进行选择或更新,并在不断充实、完善中跟进国内外最新的研究成果,培养学生把握最新研究动态的能力。

　　第三,在适用对象上,本教材力图兼顾通用性与专业性,不仅可以作为经济管理类专业的教材，也适用于非经济管理类专业作为选修课教材或自学参考书。因此，教材内容涉及面广，从财政理论到具体实践，既有财政收入与支出方面的比较，也有财政管理与政策的比较。

本教材由西安交通大学经济与金融学院博士生导师宋丽颖提出编写方案与编写大纲，初稿的编写工作由西安交通大学经济与金融学院宋丽颖教授和张雅丽副教授共同组织安排。初稿完成后，由宋丽颖负责总纂修改定稿。参加本教材编写的人员分工如下（按章节顺序排列）：西安交通大学经济与金融学院宋丽颖教授（第一章），西安交通大学经济与金融学院姚公安副教授（第二章），西安交通大学经济与金融学院王爱琴讲师（第三章），西安交通大学经济与金融学院李彬教授（第四章），西安交通大学经济与金融学院李香菊教授（第五章），西安交通大学经济与金融学院张雅丽副教授（第六章），西安交通大学经济与金融学院邓晓兰教授（第七章），西安交通大学经济与金融学院王俊霞教授（第八章），西安交通大学经济与金融学院贺忠厚副教授（第九章），西安交通大学马克思主义学院刘源讲师（第十章），湖南大学经济与贸易学院唐明副教授（第十一章）。西安交通大学经济与金融学院博士生张安钦参与了第一章的部分编写和资料链接专栏选编，博士生荀阳参与了第九章的部分编写和资料链接专栏选编。本教材是教师们在总结多年教学经验、广泛汲取国内外学者研究成果的基础上完成的，参考引用的资料标注在书末的参考文献中。在此，对相关作者表示诚挚的敬意和感谢。

编者

2021 年 8 月于西安

本书课程思政元素

　　本书课程思政元素从"格物、致知、诚意、正心、修身、齐家、治国、平天下"的中国传统文化角度着眼，再结合社会主义核心价值观"富强、民主、文明、和谐、自由、平等、公正、法治、爱国、敬业、诚信、友善"设计出课程思政的主题。然后紧紧围绕"价值塑造、能力培养、知识传授"三位一体的课程建设目标，在课程内容中寻找相关的落脚点，通过案例、知识点等教学素材的设计运用，以润物细无声的方式将正确的价值追求有效地传递给读者。

　　本书的课程思政元素设计以"习近平新时代中国特色社会主义思想"为指导，运用可以培养大学生理想信念、价值取向、政治信仰、社会责任的题材与内容，全面提高大学生缘事析理、明辨是非的能力，把学生培养成为德才兼备、全面发展的人才。每个课程思政元素的教学活动过程都包括内容导引、展开研讨、总结分析等环节。在课程思政教学过程，老师和学生共同参与其中，在课堂教学中教师可结合下表中的内容导引，针对相关的知识点或案例，引导学生进行思考或展开讨论。

《比较财政学》"课程思政"元素汇总

分类	章节	内容导引	展开研讨	思政落脚点
格物	前言		①你了解比较财政学的教学目标吗？ ②对比较财政学研究对象以及培养目标的思考。 ③在学习中如何避免脱离现实的比较？	求真、务实、诚信
治国	第一章	中国古代财政思想	①谈谈你对"欲知大道，必先为史"的认识。 ②中国古代的财政思想对当今的财税体制改革有什么可借鉴的观点？	制度自信
致知	第一章	杨炎两税法 王安石变法	①如何理解"量入为出"与"量出制入"？ ②王安石"治天下之财莫如法"的观点对我们现在推行依法治税有什么借鉴意义？	专业知识 专业能力
致知	第一章	布坎南	你如何理解布坎南的"公民牺牲私人产品来换取政府提供的公共产品"这一观点？	专业知识
平天下	第一章	中西方财政理论	为什么构建社会主义财政理论必须以马克思主义为基础？	人类命运共同体 制度自信

续表

分类	章节	内容导引	展开研讨	思政落脚点
治国 正心	第一章	财政体制改革	①你是否了解财税体制改革与国家治理的关系？ ②你明白财政学相关理论蕴含的家国情怀和价值观吗？ ③在财政体制改革过程中，如何消除"人民日益增长的对美好生活的需要与发展不平衡之间的矛盾"？ ④结合财政体制改革知识的学习，如何理解"行万里路，读万卷书"？	人类命运共同体 制度自信
修身	第一章	财政的公共属性	①财政是"理公共之财，管公共之事"的学问。从事公共经济管理的人才需要具有怎样的公共意识？ ②掌握专业知识对专业能力和从事财税工作有多重要？	职业道德
致知	第二章	财政支出原则	如何看待坚持量入为出原则与发行国债之间的关系？	专业知识 专业能力
致知	第二章	财政职能	如何结合财政职能去解读国家账本？	专业知识 专业能力
治国	第二章	财政支出结构	结合中华人民共和国成立以来我国财政支出结构的变化，谈谈我国社会主义制度的优越性。	改革开放 制度自信
正心	第三章	政府采购	通过中外比较分析我国政府采购存在不足的原因是什么？	专业知识 辩证思想
致知	第三章	国防支出	从国防支出的国际比较，看国防支出的重要性。	专业知识
治国	第四章	社会保障	进一步完善我国社会保障制度的重要性。	改革开放 经济发展
治国	第五章	依法治国	①如何理解财政分配依据的公权力？ ②如何看待依法治税税收管理原则的推行。	法制建设
治国	第五章	税制结构	①各国为什么会建立不同的税制结构？ ②什么样的税制是令人满意的？如何评判某种税制的优劣？ ③在法制不健全的时候，会有很多人钻漏洞，如何看待这种行为？	法制建设

续表

分类	章节	内容导引	展开研讨	思政落脚点
致知	第五章	一带一路	①国家间的税收合作对"一带一路"建设的作用？②如何看待积极参与G20和OECD的BEPS（税基侵蚀和利润转移项目）行动计划？	人类命运共同体
致知	第五章	税种比较	①为什么国家税制要设立不同类别的税种？②增值税为什么会成为大多数国家普遍征收的税种？	专业知识
格物	第五章	遗产税	遗产税具有调节财富分配，缩小贫富分化的作用，为什么一些国家纷纷停止征收？	辩证思想
诚意	第七章	各国对经济危机的应对	从某种意义上来说，人类命运共同体理念恰好契合了财政学专业教育的公共属性。谈谈你对这句话的理解。	诚信
正心	第十章	中国改革开放后财政政策的演变	①改革开放后我国财政政策演变历经几个阶段？②你对十八大以后的我国财政改革实践是否了解？	价值观 人生观

目 录

第一章　财政学理论比较 …………………… 1
　第一节　中国古代财政学说 …………… 3
　第二节　西方古典财政理论 …………… 12
　第三节　西方现代财政理论 …………… 16
　第四节　社会主义财政理论 …………… 23
　第五节　东西方财政学理论简要评价 … 29

第二章　财政支出规模结构与效益比较 … 33
　第一节　财政支出原则 ………………… 35
　第二节　财政支出规模 ………………… 37
　第三节　财政支出分类与结构 ………… 46
　第四节　财政支出效益评价 …………… 59

第三章　财政购买性支出比较 …………… 71
　第一节　政府购买性支出结构变化 …… 73
　第二节　政府投资性支出 ……………… 82
　第三节　社会消费性支出 ……………… 88

第四章　社会保障制度比较 ……………… 101
　第一节　社会保障的性质和范围 ……… 103
　第二节　社会保障的资金来源 ………… 108
　第三节　养老保障制度 ………………… 111
　第四节　医疗保障制度 ………………… 115
　第五节　失业保险制度 ………………… 118
　第六节　其他辅助险种制度 …………… 122
　第七节　国际社会保障体制比较 ……… 124

第五章　税制体系与结构比较 …………… 141
　第一节　税收的概念及理论的比较 …… 143
　第二节　税制体系及比较 ……………… 148

　第三节　税制结构及比较 ……………… 153
　第四节　税制结构的历史演进与发展
　　　　　趋势 …………………………… 157

第六章　税收制度比较 …………………… 163
　第一节　商品税税制比较 ……………… 165
　第二节　所得税税制比较 ……………… 175
　第三节　财产税税制比较 ……………… 193
　第四节　税收征收管理比较 …………… 202

第七章　国家公债制度比较 ……………… 215
　第一节　公债发行制度比较 …………… 217
　第二节　公债流通管理及偿还制度比较 … 233
　第三节　各国公债规模比较与债务风险 … 241

第八章　国家预算制度比较 ……………… 253
　第一节　西方预算管理制度与管理方式的
　　　　　演变 …………………………… 255
　第二节　西方预算理论的发展 ………… 264
　第三节　近代其他一些国家预算制度的改革
　　　　　与发展 ………………………… 269
　第四节　我国政府预算制度的改革 …… 276

第九章　财政管理体制比较 ……………… 289
　第一节　财政管理体制概述 …………… 291
　第二节　政府事权和财政支出的划分 … 294
　第三节　政府财政收入的划分 ………… 303
　第四节　政府间财政转移支付制度 …… 310
　第五节　国外经验对我国财政管理体制改革
　　　　　的启示 ………………………… 319

第十章　财政政策比较⋯⋯⋯⋯ 327
第一节　财政政策目标与财政政策概论⋯329
第二节　西方国家古典财政政策的理论基础与政策主张⋯⋯⋯⋯⋯330
第三节　第二次世界大战后西方国家扩张性赤字财政政策⋯⋯⋯⋯⋯336
第四节　发达国家解决"滞胀"问题的财政政策⋯⋯⋯⋯⋯342
第五节　20世纪90年代后发达国家差异化的财政政策⋯⋯⋯⋯⋯347
第六节　应对新一轮全球金融危机的扩张性财政政策⋯⋯⋯⋯⋯352
第七节　中国改革开放后财政政策的演变　356

第十一章　财政监督制度比较⋯⋯　367
第一节　财政监督制度的起源与发展⋯369
第二节　财政监督的主要内容⋯⋯⋯376
第三节　财政监督机构⋯⋯⋯⋯⋯389

参考文献⋯⋯⋯⋯⋯⋯⋯⋯⋯⋯⋯⋯⋯⋯⋯⋯⋯⋯⋯⋯⋯⋯⋯⋯⋯⋯⋯⋯⋯⋯ 397

本书思维导图

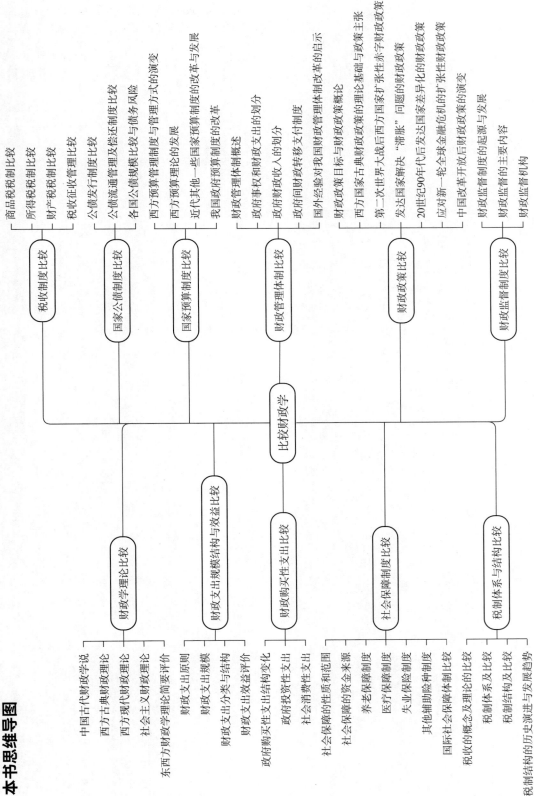

第一章

财政学理论比较

学习概要

　　财政学理论经历了经济学发展的不同阶段，其研究领域与方法论得到了不断拓展与丰富。本章简要地介绍了中西方财政学理论，阐述了各主要经济学派对财政理论发展的特殊贡献和对财政实践的影响。通过本章的学习，学生应该了解中国古代财政学说，西方古典和现代财政理论演进过程，以及社会主义财政理论的建立和发展。本章的学习重点是中西方财政理论的发展历程，难点是我国社会主义财政理论的构建。

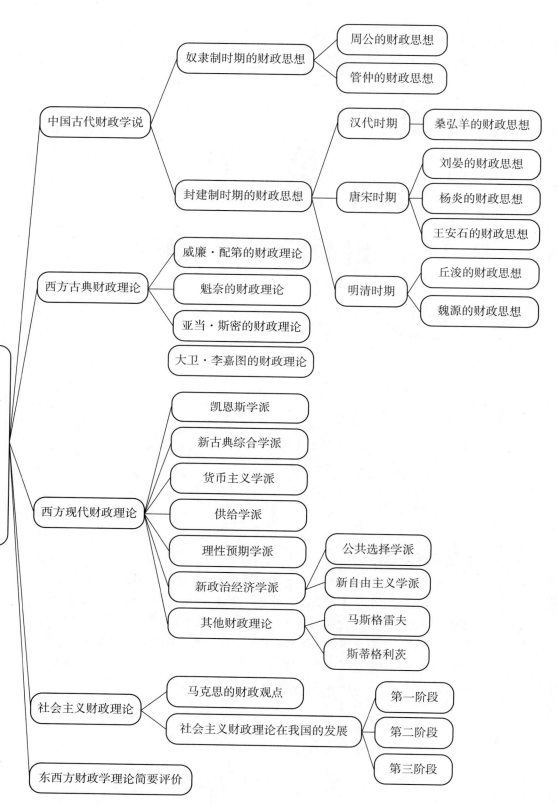

第一节　中国古代财政学说

在原始社会时期，没有阶级，没有国家，也就没有财政，到了原始社会末期，由于生产力的发展，出现了剩余生产物。随着社会分工和交换的发展，逐渐产生了私有制，社会划分为奴隶主和奴隶两个对立的阶级，形成了奴隶占有制的生产方式。奴隶主阶级为了保持对生产资料和生产者（奴隶）的占有，为了镇压奴隶的反抗，建立了拥有官吏、军队和监狱等强制手段的国家。国家在实现对内压迫奴隶、对外进行战争的职能的过程中，必须使用一定的劳力，消耗一定的物质资料，这就产生了对财政的需要。最初的财政，就是以国家的强制力量，通过对异族的掳掠，对奴隶的剥削，以及对本族自由民征收贡赋等手段，获得国家所需的人力、物力和财力的。由此可见，财政是一个历史范畴，它随着国家的产生而产生、发展而发展。我国的财政历史源远流长，已经有上千年的历史了——尧舜禹之时已见端倪，夏商周之后日渐发展和完善，时至今日，已经演变成为一门系统、完整的科学。

几千年来，财政的运行有时会带来国家的昌盛、人民的富庶、社会的进步和发展，有时也成为朝代更迭的导火索、百姓苦难的起因、社会发展的障碍。实践证明，财政是任何政权组织赖以存在的经济支柱，同时对国民经济有着重要影响，是国家强弱，乃至国家兴亡的催化剂，是国民经济发展或衰落的重要经济杠杆。正如班固在他所著的《汉书·食货志》中说："财者，帝王所以聚人守位，养成群生，奉顺天德，治国安民之本也。"南宋史学家郑樵说："古之有天下者，必有赋税之用。"《金史·食货志》说："国非食货不立。"明朝宋濂在他所著的《元史·食货志》中指出："国非食货则无以为国。"此类论述，不绝于史。凡此都说明国家财政对国家、民族、社会发展的重大意义。

一、中国奴隶制时期的财政思想

在奴隶社会，财政成为奴隶主贵族维持其统治的工具，当然，在客观上，也成为由奴隶制向封建制过渡的催化剂，促进了国家的发展和民族的进步，财政政策、制度等也有了长足的发展。

（一）周公的财政思想

周公姓姬名旦，亦称叔旦，因封地在周（今陕西岐山），史称周公，也称周公旦。周公是武王之弟，曾助武王灭商。武王死后，成王年幼，周公曾以冢宰之职摄政。他是中国先秦时期比较著名的政治家和理财家。他总结了商纣淫暴贪婪、挥霍无度而导致灭亡的教训，建立了一套有利于巩固周朝统治的典章制度。在财政方面，周公认为，统治者应当"勤政裕民"，即统治者不能只顾自己的安逸和享受，应当体察民情。关于贡赋，他主张恩施要厚，收租税要轻，不要横征暴敛、竭泽而渔。只有这样，才能有利于发展生产，安定人民生活。

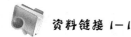 **资料链接 1—1**

专款专用、量入为出的西周财政赋税制度——九式九赋

在小说《封神演义》中，仅仅作为西岐一员大将出现的周公旦，在正史中却是后世为政者之楷模。孔子的儒家学派，把他的人格作为世人最高典范，孔子终生倡导的是周公的礼乐制度。由于孔子的推崇，周公成为后来儒家学者最为尊崇的古圣人之一，有时与孔子合称为"周孔"。

《礼记·王制》中说："冢宰制国用，必于岁之杪，五谷皆入，然后制国用。用地大小，视年之丰耗，以三十年之通，制国用，量入以为出。"意思是说冢宰编制国家财政支出预算，必定在年终进行。因为要等五谷入库后才能编制预算。编制预算，要考虑国土面积的大小，年成的丰歉，用三十年收入的平均数作依据来编制预算。在量入为出的理财思想的指导下，西周还明确规定以"九赋"之所入，供"九式"之所用，也就是以一定的年收入，抵补一定的年支出，这也就是历史上由周公制订的著名的"九式九赋"。

所谓九赋，就是九种不同来源的财政收入，即邦中之赋、四郊之赋、邦甸之赋、家削之赋、邦县之赋、邦都之赋、关市之赋、山泽之赋和币余之赋。前六项是根据地区远近不同对农产品课征的赋税；关市之赋指商旅税；山泽之赋指矿、林、渔业特产税；币余之赋则指其他杂税。所谓九式，是九种不同的财政支出，即祭祀之式、丧荒之式、羞服之式、宾客之式、工事之式、刍秣之式、币帛之式、匪颁之式和好用之式。九式九赋的对应关系是：关市之赋，以待王之膳服；邦中之赋，以待宾客；四郊之赋，以待刍秣（牛马饲料）；家削之赋，以待匪颁（赏赐）；邦甸之赋，以待工事（工程支出）；邦县之赋，以待币帛（聘问时用的币帛）；邦都之赋，以待祭祀；山泽之赋，以待丧纪（丧事）；币余之赋，以待赐予（特殊的赏赐）。除九赋与九式收支对口以外，其他方面也专款专用。"凡邦国之贡，以待吊用（用于吊祭诸侯的丧事）""凡式贡之余财，以共玩好之用""岁终则以货贿之入出会之"，即年终财政收支要核算汇总。

资料来源：翁礼华，2011.周公的"量入为出"理财[J].中国财政（1）：73.

 资料链接 1—2

夏、商、周三代的量入为出

夏、商、周三代，是中国历史上的奴隶制社会时期（主要包括夏、商、西周，东周为奴隶制向封建制过渡的时期），在经济上以农业为主要生产部门，土地的产出是国家财政的主要收入，国家财政状况几乎完全依赖并取决于农业生产状况。然而，三代奴隶制时期，生产工具简陋落后，生产力水平极为低下，季节转换、气候变化和自然灾害都对农业收成的丰歉有严重影响。因此，夏、商、周三代时期的国家财政分配只能在可能取得收入的基础上来安排支出，即根据收入的数量来确定支出的规模，这就是中国历史上最早的"制国用，量入以为出"的财政原则，据此达到以收抵支，收支平衡的目的。但是，夏、商、周三代的财政收支平衡，又不是简单的平衡，而是要求多有结余。其原因在于早期农业社会对自然灾害缺乏抵御能力，农业生产靠天吃饭，不可能年年风调雨顺，五谷丰登。如果没有足够的结余，势必造成国家的社会经济危机。在周代，财政遵循多有结余原则，即"三年耕，必有一年之食，八年耕，必有三年之食"。按"耕三余一"来制定财政支出总额。如果"国无九年之蓄曰不足，无六年之蓄曰急，无

三年之蓄曰国非其国也"。由此可见，三代时期"量入为出，多有结余"的重要地位。同时，周代还有专项储备，以待急用，即"凡邦国之贡，以待吊用，凡万民之贡，以充府库"，是为保证国用的充足和社会生活的安定。

资料来源：黄天华，2012.中国财政制度史纲[M].上海：上海财经大学出版社.

（二）管仲的财政思想

西周以后，量入为出成了各个朝代理财思想的核心和基础。春秋战国时期，管仲对量入为出的理财思想做了进一步的发挥。"取于民有度，用之有止，国虽小必安；取于民无度，用之不止，国虽大必危"。意思是说，取之于民的要有节制，不能竭泽而渔，支出一定要符合节约的原则。因为管仲认为，地辟而国贫的原因是"舟舆饰，台榭广也"，不注意"用之有止"。正是因为管仲坚持量入为出的理财思想治理国家，才为齐国成为战国七雄打下了雄厚的经济基础。

从量入为出这一思想出发，管仲指出财政收支应当有一个合理的限度。他说："地之生财有时，民之用力有倦，而人君之欲无穷。以有时与有倦，养无穷之君，而度量不生于其间，则上下相疾也。是以臣有杀其君，子有杀其父者矣。"管仲清楚地论述了财政收支方面存在的需要与可能，聚财与用财之间的矛盾，以及解决这一矛盾的正确途径。

在财政收入方面，管仲提出以下主张。

（1）以富民为依据，极力主张"轻税论"。对可征可不征的税收尽量不征，对必须开征的税收要从轻征收，税收不能伤害农民耕作的积极性。

（2）"重农轻商"的思想。他认为土地和农业为国家之本，应对农业生产实行轻税和免税政策，以鼓励农业生产的发展。

（3）食盐专卖。食盐是齐国具有很大优势的产品，他认为应当实行食盐专卖，由国家控制食盐的购销。这样，食盐专卖收入就成为国家的主要财源。同时，国家可以组织食盐出口，换回黄金，以便在农业歉收之年，再用黄金向邻国购进粮食以补充国内粮食的不足。

（4）粮食的购、销、储均由国家经营。他认为如果粮食由商贾经营，那么商贾必然囤积居奇，影响人民生活。而且，粮食还是齐国的货币商品，粮价与其他商品的价格成反比例，"粟重而万物轻，粟轻而万物重，两者不衡立。"让商贾掌握了粮食，就等于让他们控制了物价，这是不利于物价稳定的。所以，粮食应由国家经营，粮贱及时收购，粮贵及时抛售，以平抑粮价，并进而调整物价，国家亦可从中获得巨利。

（5）铁由公私合营，森林资源由国家掌握。

（6）把税收分为工商税和农业税两类。他说："租籍者（在工商曰租籍），所以强求也；租税者，所虑而请也（在农曰租税，虑，犹计也，请，求也）。"也就是说，按照农轻于商的原则，实行区别对待。

在财政支出方面，管仲提出以下主张。

（1）主张节约，反对浪费。当时有人提出扩大开支以刺激生产，而不消费就等于窒息生产。管仲极力反对这种观点。他认为齐国是一个贫穷弱小之国，所以，"国侈则用费，用费则民贫，民贫则奸智生，奸智生则邪巧作。故奸邪之所生，生于匮不足；匮不足之所生，生于侈；侈之所生，生于毋度。"一句话，管仲反对奢侈浪费。管仲疾呼："审度量，节衣服，俭财用，禁侈泰，为国之急也。"

（2）不能满收满支，应当留有后备，以防不测。他说："岁藏一，十年而十也。岁藏二，五年而十也。谷十而守五，绨素满之，五在上，故视岁而藏，具时积岁。"这种留有后备的思想对后世影响很大。

二、中国封建制时期的财政思想

在封建社会，财政不仅是地主阶级维护封建统治的经济手段，是统治阶级腐化堕落的经济根源，同时也是制约或促进社会经济发展的重要机制，是维护国家统一、促进民族进步的经济杠杆。这期间的财政政策、策略、制度，财政收支的种类、方法、手段，财政管理机构的设置，财政法规的建设，以及财政思想等，都更加发展，更加完善，并以其方法科学而著称于世，以其思维缜密而独领世界风骚。

（一）汉代桑弘羊的财政思想

桑弘羊（公元前152—前80年）是西汉时期杰出的理财家，38岁就开始掌管财政。经过文景之治，到汉武帝时西汉已经是一个经济实力雄厚、军事力量强大的国家。桑弘羊的财政思想明显地反映了这一时期的特点。同管仲一样，桑弘羊是从经济的角度来看待财政，把发展经济作为财政的出发点和目的。但与管仲不同的是，桑弘羊认为在财政方面不能只强调节约，否则将减少消费，阻碍商品流通，阻碍生产。同时，为了增加财政收入，应当广辟财源，除了重视农业生产外，还应重视发展工商业。但对于主要工商业如食盐、铁、酒等应实行国家专卖，由国家统管。因为如果这些行业由私人经营，一方面不利于财政收入的稳定，另一方面会因此而出现一大批富商大贾。这些人尽管身份并不显赫，但有雄厚的经济实力，在一定程度上可左右国家的经济活动，是社会安定的潜在威胁。只有由国家垄断取代私人垄断，"笼天下盐铁诸利，以排富商大贾"才能既可增加财政收入，又可削弱大商贾的经济实力，可谓一箭双雕。

在桑弘羊的财政主张和措施中，最有特色的莫过于"均输"和"平准"两法了。这两种办法不仅是增加财政收入的重要手段，同时也是调节经济活动的有效途径。所谓均输，即各地诸侯向最高统治者缴纳的贡赋，不必直接运往京城，而是交给各地的均输官。后由均输官将这些物资运往缺乏该类物资的地区，赚取货币，然后就地购买京城需要的物资运往京城。这样做，可以调节各地区的物资供求，平抑物价，防止商贾从中渔利，可以节省运输费用和减少运输损耗，同时，还可以增加财政收入。所谓平准，就是在京城设置官方机构，负责在物价下跌时买进商品，控制物价下跌；在物价上涨时抛出商品，防止物价过分上涨，以调节京城商品的供求和控制物价水平，从而使商贾无法投机取利，也有利于财政经济的稳定。此外，桑弘羊还主张可用钱、粮等捐官或赎罪，并积极推行算缗和告缗，对工商业者和高利贷者课税，增辟财政来源，并通过不同的税负，体现鼓励和限制的政策。

（二）唐宋时期的主要财政思想

1. 刘晏的财政思想

刘晏（716—780年）是唐代杰出的理财家。他于安史之乱后开始掌管唐朝财政。当时，安史之乱的后遗症仍举目可见，主要表现是人口减少、生产萎缩、物价（尤其是米价）飞涨、民不聊生。财政收入锐减，财政支出由于军费和王室的挥霍等原因急剧增加，经济与财政都面临着极为严峻的局面。刘晏认为"理财常以养民为先",要解决财政困难,根本出路在于发展生产。而要发展生产就必须减轻税负,使人民得以休养生息。当时,财政收入的主要来源为各类税收,即租庸调制。但刘晏却不着眼于靠租庸调制来增加财政收入。他认为,这种做法只会加重人民的税收负担,因而达不到培养财源的目的。另一方面,租庸调制的基础是田赋,而田赋的基础是均田制。在安史之乱前,由于地主豪强的土地兼并,均田制已逐步解体。安史之乱后,均田制更遭到严重破坏。若要增加租庸调制的收入,就非得从整顿均田制入手,这绝非一朝一夕之功,解救不了燃眉之急,不如另辟蹊径。于是,刘晏主张采取新的财政措施。

(1)改进漕运以解决粮食问题。当时,每年都要从东南地区运送大批粮食到京城地区。安史之乱之后,唐朝兵制为募兵制,军粮需要量急剧增加。由于漕运管理不善,粮食运输速度缓慢,而且损耗严重,致使京城粮价飞涨。刘晏经过实地调查,提出了几个解决办法。一是改商办为官办,避免了商人的中间盘剥。二是将无偿征调民夫运漕粮改为雇工运送,并根据运输任务完成的优劣情况给予必要的奖惩,以提高效率,减少浪费。三是将直运改为分段运输。以往的做法是将漕粮从产地直运到京城,这种做法速度较慢,颇费时日。刘晏提出将漕运路程分为几段。这样,由于运程短,船工不易疲劳,同时船工又能很快熟悉本段航运,提高了船行速度,缩短了运输时间,节约了运输费用。四是改善运输包装,减少了运输途中的损耗。五是修建运道,并设置船场专门建造和维修运粮船只。

(2)改革食盐的国家专卖制度。唐朝初期,盐的产销由商人经营,所得利润归为地方政府收入,后由刘彤上书提出实行食盐专卖,以增加财政收入。朝廷采纳此建议,推行榷盐,但不久后即停。乾元元年(758年),盐铁使第五琦变革盐法,再度实行榷盐制。其做法是在盐产地设置监院,控制盐的产、运、销。这是一种全面的官管、官运、官卖政策。这种做法尽管在增加财政收入方面发挥了一定的作用,但由于全面官办,也暴露了很多弊病。刘晏接任盐铁使后,敏锐地意识到盐利既可以成为财政收入的主要来源,又可避免直接加重人民的税负,两全其美。于是,刘晏着手将第五琦的全面专卖改为局部专卖,即鼓励老百姓产盐,然后按规定只由盐官收购,再加价卖给商人,由商人运销各地,不再征税。这种做法,由国家控制批发环节,既可尽收盐利,又搞活了盐的产、运、销,同时也较有效地防止大商人对盐的产销的垄断,可谓一举数利。刘晏还在一些商人比较罕至的交通不便地区设置盐仓,以平抑盐价。此外,还通过提高绢盐比价的办法,鼓励商人以绢换盐,以满足军服的需求。刘晏的改革措施,有力地促进了盐的产、运、销,国家也因此获得大笔财政收入。在第五琦实行专卖时,一年的盐收入约60万缗,经刘晏改革后,竟剧增到600万缗,约占当时全部财政收入的一半。

2. 杨炎的财政思想

杨炎(727—781年)与刘晏是同时代人。唐德宗建中元年(780年)起用为相。

杨炎当政期间,对财政制度进行了重大改革。如果说,刘晏是以精明能干、善于理财而为后世称颂的话,那么杨炎则是审时度势,不失时机地以两税法取代租庸调制而名垂青史。杨炎的另一重大财政措施是明确划分了公私财政。由上述两个方面即可窥见杨炎财政思想的一斑。

前面说过,唐朝的财政收入主要靠税收,即租庸调制,其基础是均田制。但实行均田制必须具备三个基本条件:第一,查对核实户籍户口;第二,居住地要相对稳定,人口不能任意流动；第三，土地不能自由买卖，贫富不可过于悬殊。这三个条件相互联系，但自唐玄宗以后，一直沿用旧资料，数字失真再加上地主豪强兼并土地愈演愈烈，上述第三个条件已被破坏，由此又引起人口的流动，致使均田制逐渐解体。

安史之乱后，均田制更是遭到毁灭性的打击，几乎面目全非了。对此，《旧唐书》中有一段简要的描述："玄宗修道德，以宽仁为理本，故不为版籍之书，人户浸溢，堤防不禁。丁口转死，非旧名矣，田亩移换，非旧额矣，贫富升降，非旧第矣。户部徒以实文总其故书，盖得非当时之实。"《文献通考》中也说："遭安史之乱，丁口流离转徙，版籍徒有空文。"既然均田制已近崩溃，租庸调制自然亦名存实亡了。在刘晏理财期间，鉴于当时之形势，绕开租庸调制这一难题而另辟蹊径，在一定程度上缓和了财政收支之间的矛盾，堪称明智之举。但刘晏之所为毕竟是权宜之计，杨炎看到了这一点。他认为田赋是财政收入的主要来源，所以，长远来看，解决财政问题的根本出路在于整顿田赋，推行两税法。其中体现了以下财政思想。

（1）将"量入为出"改为"量出制入"。即"凡百役之费，一钱之敛，先度其数而赋于人，量出制入。"杨炎的量出制入不可简单地理解为以支定收，因为先有"先度其数而赋于人"这句话。所以"量出制入"是指每年国家必须根据节约的原则，计划财政支出数量，然后根据这一数量来定收入的规模。但是，量出制入的提法往往很容易成为统治阶级奢侈挥霍的理论依据，因此在实践中难以行得通。尽管如此，杨炎的量出制入仍不失其积极的意义。特别是"先度其数而赋于人"这一提法，可以说是财政预算思想的萌芽。

（2）公平课税。租庸调制是按人丁课征的统一定额税，而不论贫富与否，税收负担极不公平。杨炎提出的两税法是按田亩征税，而且采用比例税制，这样田多者多征，田少者少征，很好地体现了公平原则，同时对土地兼并也有一定的限制作用。

（3）将一切杂徭包括在两税中，简化了征收手续。

（4）由实物税转向货币税。随着商品经济的发展，流通量逐渐增大，杨炎在两税法中首先提出，应当以货币税取代实物税，对缴纳实物的，应将其折算成货币，以便汇总核算。

（5）明确划分公私财政。唐朝国家财政与王室财政几经分合，公私不分，造成很大弊病。尤其是王室财政取代国家财政，化公为私，"天子以取给为便，故不复出。是以天下公赋，为人君私积，有司不得窥其多少，国用不能计其赢缩。"因此杨炎提出，将王室财政改为统一的国家财政，财政大权不能由宦官掌握，而应由国家财政部门来掌握。至于王室费用，则"度宫中一岁经费几何，量数奉入"，作为专款一次性拨出，归王室使用。

3. 王安石的财政思想

王安石（1021—1086年），字介甫，抚州临川人，我国北宋时代著名的政治家、文学家和理财家。由其一手发动的"王安石变法"（史称"熙宁新法"），在宋代历史乃至中国历史上都具有深远影响，在我国古代财政思想发展史上也留下了深刻的烙印。近代学者梁启超运用西方的史学、经济学和政治学的理论和方法，评价王安石的变法及其财政思想，认为王安石在民政、财政、军政、教育、选举等方面实行的新法都别开生面，尤其是其财政思想，与西方的经济思想颇为接近，既具有顺乎社会历史发展方向的先进性，又带有与当时社会现实形成深刻矛盾的幻想性。

（1）因天下之力以生天下之财，取天下之财以供天下之费。王安石认为，财政出现困难的原因，不仅是"费出之无节"，更重要的是"失所以生财之道也"。因此，他提出"因天下之力以生天下之财，取天下之财以供天下之费"的观点，这也是他进行经济改革的指导思想。王安石的这一指导思想包括生财、聚财和用财三重涵义。最重要的是生财思想，亦即通过合理开发利用人力资源和自然资源来发展生产，创造更多的财富，在此基础上改善财政状况、增加财政收入。

（2）摧抑兼并，均济贫弱。王安石认为理财的途径首先要抑制兼并，加强中央集权，利用国家机器来保护财源和增加财政收入。正如他在《临川先生文集》中所言："去重敛，宽农民，庶几国可足用，而民财不匮矣。"他又说："聚天下之人，不可以无财；理天下之财，不可以无义。夫以义理天下之财，则转输劳逸不可以不均，用途之多寡不可以不通，货贿之有无不可以不制，而轻重敛散之权不可以无术。"这种思想在变法中表现得很突出，如"青苗法"的实施，既增加了国家的财政收入，又在一定程度上避免了农民因还不起高利贷而破产的命运，从而对愈演愈烈的土地兼并有所抑制；"方田均税法"和"徭役法"的实施，废除了统治阶级的部分特权，从而增加了财政收入。

（3）控制财政支出。苏洵在《辩奸论》中记录了王安石和司马光在宋神宗面前就理财问题的一次辩论。王安石认为，不用增加赋税，也可以增加财政收入。因为减少了财政支出，就等于增加了财政收入。王安石还认为，控制财政支出的方式一是通过编制预算，依照预算的执行来节制支出；二是裁减冗员、冗兵，节约各种费用。新法中的"均输法"就体现了这种思想。它的基本原则是"徙贵就贱，用近易远。"意思是能用贱的商品代替贵的商品，就不用贵的；近处有的商品，就不要舍近求远，以便节约购货价款和运输费用。又如"将兵法"采取精简军队、强化训练等措施，在节约大量军费的情况下，提高了军队的战斗力。"保甲法"和"保马法"更是在不用或少用政府开支的情况下，维护了社会安定，保障了军队的兵员和马匹。

（4）发展商业，促进流通。王安石提出通过促进商品流通，以达到富国强兵的目的。他认为"将欲取之，必先与之"，国家专营的榷法不宜过多，而应促进商品的自由流通。只有商品流通的渠道顺畅之后，国家税收才会增加。王安石的这一思想由于当时具体条件的限制，未能形成具体的改革方案，但在茶法、盐法、酒法中还是有所体现。例如，对于茶法，他主张"国家罢榷茶之法，而使民得自贩，于方今实为便，于古义实为宜"。对工商实行较为放任的政策，以促进商品流通，并非不加管理，任其扩张，王安石强调要用法律手段加以管理和干预，控制其发展的速度和规模，实现国家对经济的全面控制。他说："盖制商贾者恶其盛，盛则人去本者众，又恶其衰，衰则货不通。"为了做到在商业繁荣时，不要影响到农业生产，当商业发展缓慢时，也不至于影响商品正常流通，国家应该因时制宜地采取促进和限制两种手段，使商业适度发展。在王安石推行的新法中，均输法和市易法就是国家控制豪商巨贾操纵物资、物价的专门法规。

（5）治天下之财莫如法。王安石重视法治，认为国家是否富强，天下是否安宁，在于有没有法度，以及法度的善与否。在他看来，"合天下之众者财，理天下之财者法……法不善，则有财而莫理。""治天之下财者莫如法"。想要实现天下大治，"非大明法度，不足以维护"。主张废除旧法、弊法，创立新法、善法。"盖君子之为政，立善法于天下，则天下治；立善法于一国，则一国治"，善法的标准就是要有利于发展经济、有利于理财。从立法入手，通过完善理财之法及各项法制，实现富国强兵，是王安石财政思想的一大特色。

（三）明清时期的主要财政思想

1. 丘浚的财政思想

丘浚（1420—1495年）是明代重要的思想家。他撰写了《大学衍义补》一书，专论治国平天下之道，其中对财政问题也提出了一些独到的见解。

（1）关于理财之道。丘浚一反儒家耻言财利的传统观念，十分重视国家财政工作。他说："人君为治，莫要于制国用，而国之所以为用者，财也。"又说："盖财用国之常经，不可一日无者。"他认为，要使国家财用充足，既要搞好"生财"（经济和生产），又要搞好"理财"（国家对财富的分配调节）："理之为言，有人为分疏之意；生之为言，有生生不穷之意。有以生之，而财之源生生不穷；有以理之，而财之流陈陈相因，如是则在于民也无不足，而用于君也恒有余矣。"所以，国家必须重视经济和财政，才能国富民足。他把理财即财政定义为对财富的"人为分疏"，即国家对社会生产产品的分配、调节和使用。这是他对国家财政活动本质的一个较正确的表述，也是他对中国财政思想史的一个重要贡献。丘浚认为，因为反对国家财政聚敛而讳言理财，不注重财政问题，结果导致国家财用不足。不足，"终不免横取诸民"。

理财既然是对社会财富的"人为分疏"，这种"分疏"会涉及各方面的关系，首先是君民，即国家与百姓之间的关系。所以，理财"虽以为国，实以为民"，不仅是为国理财，而且是为民理财。君民之间的财政分配关系是"君不足则取之民，民不足则取之君，上下通融，交相为用"。由于"国家之财皆取于民"，唯有理好民财，才能理好国财："民财既理，则人君之用度无不足者，是故善于富国者，必先理民之财，而为国理财者次之。"

丘浚所谓"理民之财"，就是要求藏富于民，首先使民富，然后求国富。从这种思想出发，他主张保护富民的利益，认为："富家巨室，小民之所依赖，国家所以藏富于民者也。""是则富者非独小民赖之，而国家亦将有赖焉。"国家要从富民取财，富民还帮助国家养活贫民，在灾荒年头还会为国家安抚流亡，为国家财政做工作。所以富民是国家财政的基础，国家必须"使富者安其富"。他所说的富民，不仅指地主，也包括富商大贾，即从事较大规模具有资本主义性质的生产和交换活动的工商业者。这些工商业者中的富民，"一字号常数十家赖以举火"，所以和剥削大量雇农的地主一样，是"小民之所依赖"。丘浚既主张保护地主阶级的利益，也主张保护富商大贾的利益。他的保富安富思想，具有保护工商业中资本主义萌芽的进步意义，与封建传统的观念——富国富民必须抑商，必须使农富商贫的思想已经不同。

（2）财政收入取之有度。丘浚认为，统治者"不能不取之于民，亦不可过取于民。不取于民，则难乎其为国；过取于民，则难乎其为民。"因为"天下盛衰在庶民，庶民多则国势盛，庶民寡则国势衰"，而要增加人口，就必须给人民创造一定的物质生活条件，就必须减轻人民的税收负担。因此，丘浚极力主张采取轻税政策，并认为这样做反倒会增加财政收入，当然，财政收入亦非越少越好，为了保证国家正常的经费开支，财政收入亦要保持一定的数量。所以，"上取于下，固不可太多，亦不可不及。"这就是丘浚提出的财政收入的数量界限。

（3）财政支出用之有节。这一点与财政收入的取之有度是相适应的。因为要坚持量入为出，从支出的角度而言，就是应当节约开支。丘浚在《大学衍义补》中引用陆贽的话说：

"地力之生物有大数，人力之成物有大限。取之有度，用之有节，则常足，取之无度，用之无节，则常不足……桀用天下而不足，汤用七十里而有余，是乃用之盈虚，在于节与不节耳。不节则虽盈必竭，能节则虽虚必盈。"又引用朱熹的话说："国家财用，皆出于民，如有不节，而用度有缺，则横赋暴敛，必先有及于民者。虽有爱人之心，而民不被其泽矣，是以将爱人者，必先节用，此不易之理也。"那么，如何才能节用呢？丘浚认为，节用的关键在于统治者要节约开支，不能任意挥霍。统治者不应把财政收入当作私有财产来使用，而应当把它作为人民的财产来使用，要以为民的角度来考虑财政支出。"君制其用，虽以为国，实以为民。是故君不足则取之民，民不足则取之君。上下通融，交相为用，时敛散，通有无，盖以一人而制其用，非专用之以奉一人……天生五材，民并用之，君特为民理之耳，非君所得而私有也。"如果统治阶级将财政收入当作私有财产来使用，就很容易"不知天生之有限，民力之孔艰"，而任意挥霍，当入不敷出时，自然又要加重人民负担，这就会引起人民的不满。

可以看出，丘浚的财政思想带有朴素的"取之于民，用之于民"的色彩，但是在封建社会，这只能是一种无法实现的空想。

2. 魏源的财政思想

魏源（1794—1857年）是清朝中后期的重要思想家。在魏源所处的时代，资本主义生产方式已经有了较大发展，特别是商业资本的发展，已经构成了对封建生产方式的直接威胁。这一社会现实，对魏源经济思想的形成产生重大影响。一方面，他作为封建地主阶级的代言人，顽固坚持"天不变，道亦不变"的观点，主张巩固封建地主阶级的统治地位。另一方面，他又积极要求进行改革，特别是力主通过发展商业资本清除一些较为严重的社会积弊，这又带有强烈的资产阶级思想倾向，使他的经济思想陷入无法自圆其说的矛盾之中。鸦片战争以后，魏源的资产阶级思想倾向又有了新的发展。他认为，英国在鸦片战争中取胜的根本原因在于其拥有"坚船利炮"的长技，由此痛感学习西方先进技术和大力发展工商业的必要性，认为只有师夷长技，才能"转外国之长技为中国之长技"，才能"制夷"。这一思想对后来的洋务运动产生了巨大影响。

在财政收入方面，魏源强调取之有度，反对竭泽而渔。他认为，"善赋民者，譬植柳乎！薪其枝叶而培其本根。不善赋民者，譬剪韭乎！日剪一畦，不馨不止。"这就是说，善理财者，不能只考虑征税，而首先应考虑培养税源，税源充裕，财政收入自然随之而增长。反之，如果只顾征税，取之无度，搞得民穷财尽，到头来财政收入反而会减少。他还认为，财政收入不能仅仅局限于农业生产部门，应当广辟财源。他主张取消官营而鼓励私营，如采矿、制盐、造船、漕运等都可以由私人经营，而政府则向其征税。这样既可以防止官营的种种弊病，又可增加财政收入。同时，他还提出应当重视关税收入。

在财政支出方面，魏源主张统治者必须节俭，不能奢侈挥霍。他认为，崇尚节俭是一种"美政"。特别是最高统治者更应当崇俭，否则上行下效，"主奢一则下奢一，主奢五则下奢五，主奢十则下奢十，是合十天下为一天下也。以一天下养十天下，则不足之势多矣。"这就是说，如果统治者挥霍无度，以致入不敷出，就必然要加重人民的税收负担，就会引起人民的不满，因此，很容易造成社会动荡。魏源的禁奢崇俭思想，尽管是为了维护封建地主阶级的统治地位，但也在一定程度上反映了新兴资产阶级的要求。

(四) 清朝末年中国第一个近代政府预算

如果从政府预算制度的角度考察，清代财政预算编制方面没有正式文件可考。但清政府在年初也曾编有清单或估册，年末也有所谓报销，但都不是近代形式的预算与决算。因为当时中央收入与地方收入并无显著划分。地方军阀割据，各有其管辖范围，加上财政上的独立自主，如果地方不将其收支实上报，中央是根本无法编制预算的。

这也是封建制条件下自然经济的客观必然性。它不具备建立预决算制度的客观经济条件，此处我们不多论。但是清朝末年的一系列变革和清政府的所谓"新政"，却出现了中国第一个具有近代性的政府预算，这反映了中国财政管理思想的进步。

清宣统二年（1910年）编制了1911年的财政预算，这是我国第一次编成近代形式的预算。据贾怀德《民国财政简史》的资料，该预算的"岁入为29 696万余两；岁出为38 135万余两，入不敷出，约8 000万余两。"但这不过是一纸空文。因为，当时的朝廷已经处于风雨飘摇之中，地方官吏早已不听命于中央。1911年辛亥革命成功，清王朝灭亡，这个预算没有执行。但不管怎么说，从财政研究的角度看，它毕竟是中国历史上第一个政府预算。

第二节 西方古典财政理论

西方古典财政理论是随着西方资本主义的产生和发展而发展起来的，是西方古典经济理论的一个重要组成部分，它反映了当时西方资本主义经济发展的要求，从而成为新兴资产阶级的理论依据和现代西方财政学说的理论渊源。因此，有必要简略地介绍它的一些内容。

一、威廉·配第的财政理论

威廉·配第（1623—1687年）是重商主义到资产阶级古典经济学理论体系的建立这一过渡时期中最杰出的经济学家。由于时代的限制，配第的经济理论中带有重商主义的色彩。但是，配第的理论却有比重商主义者更为高明和进步的地方，就在于他并不拘泥于对经济活动表面上的分析，而力求透过现象研究经济活动的本质。他正确地把研究对象从流通领域转向生产领域，提出"劳动是财富之父，土地是财富之母"这句有名的格言，把劳动和土地看作财富的本源。在此基础上，他最早提出了有关劳动价值论的一些基本命题。尽管配第没有建立起自己的经济理论体系，但是，他提出的有关劳动价值论的独创性见解，为经济科学作出了重大的贡献，使他成为资产阶级古典经济学的奠基人。配第的财政学说，主要体现在《赋税论》这部著作中，其中涉及了国家理论、税收和财政支出等方面的问题。

（1）国家理论。配第从他的经济理论出发，认为只有农业和制造业才是国家赖以存在的血液和养料。因此，国家应当合理地干预经济，即统治者应当顺从正当的理性和自然规律，运用国家的权力使国家富强起来。他提出削减非生产性开支，增加有利于农业和制造业的支出。同时，配第反对重商主义者关于保护关税的理论，主张实行自由贸易。

（2）税收理论。配第认为，政府的税收应当尽量做到公平合理，对纳税人一视同仁，税收的负担相对固定，避免临时的突然加税，而且征税的时间要适宜，征税的形式既可用货币，也可用实物，不要强求用货币，以免增加纳税人的麻烦等。这明显地体现了当时新兴资产阶级的要求。根据这些要求，配第极力反对课征人头税、财产税等税种，因为这些税既不能体现公平负担，又严重妨碍了资本积累和人口增长，不利于资本主义的发展。配第主张用单一的国内消费税来取代其他税收，因为这种税收是根据人们的消费水平来决定其税收负担的，体现了公平的精神。同时，税种单一，征税手续自然简化，征税费用也节省了。而且，这种税收对新兴资产阶级来说极为有利：一是它在一定程度上限制了封建贵族的特权；二是这种税收很容易转嫁给劳动者负担，有助于资本的加速积累。

与此同时，配第还十分注意税收的合理负担问题。他认为，税收不能超过劳动人民的承受能力，税收的数量要相对稳定。他还说，统治者与其增加税收来满足自己的奢侈挥霍，倒不如把这些钱留给人民去改良土壤，开采矿山，发展制造业等更为有利。这些观点都是维护新兴资产阶级利益的。

（3）财政支出理论。配第认为，国家按其职能可分为六个部门，每个部门都要有相应的经费开支，即军事费用、行政费用、宗教费用、教育费用、社会救济费用、公共事业费用。他还分析了国家财政支出膨胀的一般原因和特殊原因。一般原因是：人民不愿意纳税，使征税费用增加；在一定时期强制用金来纳税；课税权限不清；货币数量不足及铸币管理混乱；工人和工匠数量过少；统治者对人口、财富、产业等情况不清而盲目增加税收，致使征税费用增加。特殊原因是：对外战争和内乱引起军费增加；教区和牧师数量过剩引起宗教费用增加；官吏人数过多引起行政费用增加；对一些社会需要量已经减少的大学，如神学、法律、医学等没有相应减少学生数量，从而引起教育经费增加。

配第认为，国家应削减军事、行政、宗教、教育四个方面的开支，相应增加社会救济和公共事业支出。前者用于救济老、弱、病、残者及孤儿和失业者；后者用于建设公路、疏浚河流、修建桥梁和开采矿山等。很明显，配第实际上是主张压缩非生产性支出而增加生产性支出。

二、魁奈的财政理论

魁奈（1694—1774年）是法国重农经济学说的完成者和重农学派的创始人之一。他认为，社会可以划分为生产阶级、地主阶级和非生产阶级。生产阶级指从事农业生产劳动的农民；地主阶级指土地所有者、主权者和什一税的征收者；非生产阶级指从事除农业劳动之外的一切劳动和服务部门的人。其中，生产阶级是社会财富的唯一创造者，他们劳动所创造的财富，除了留下一部分作为补偿劳动的耗费和发展生产基金以外，全部被地主阶级拿走了。而通过地主阶级的消费，又有一部分流向非生产阶级。根据这一理论，魁奈认为，为了促进农业的发展，国家应取消对农民的各种苛捐杂税，而代之以单一的土地税，这种税只对地主阶级课征。除此之外，也不应当对消费资料和劳动工资课税，因为这种税收无非是转嫁到纯产品的价格中去，引起产品价格的上涨，而价格上涨又影响了消费，到头来反而会减少甚至失去税源。

魁奈不仅承认税收与经济之间存在着辩证关系，而且还进一步研究了税收与国民收入之间的数量关系。他认为，国民收入不能够毫无限制地转化为税收，它们之间存在着一定的比例关系。税收的增长必须取决于国民收入的增长，税收的规模应直接受不动产纯收入规模的制约。征税费的增加损害了商业，破坏了一部分财富。因此，不应当由商品的价格和人们的工资来承担，也不应当由小生产者来负担。一个国家农业的前提是不动产，这种不动产不仅生产租税和收入，还生产一切阶级所需要的生活资料。因此，应当重视保护不动产。如果国家横征暴敛，就会引起不动产生产率的衰退，结果也破坏了国家本身。一种完备的税收绝不是任意课征而引起不动产衰退的税收，应当看成是从农业国民的不动产纯收益中分离出来的一部分。这是因为，在这种情况下，国民的财富收入和具有纳税义务的国民的状态与比例并不存在任何规则。

三、亚当·斯密的财政理论

亚当·斯密（1723—1790年）是西方古典政治经济学理论体系的建立者。亚当·斯密生活的时代比配第整整晚了一个世纪。当时，英国的资本主义已经得到很大的发展，正处于由工场手工业向现代大工业发展的过渡时期。但是封建主义制度仍具有强大的势力，已经完全过时的重商主义理论仍具有相当大的影响，这些都构成资本主义生产进一步发展的严重阻碍。作为新兴资产阶级的代言人，斯密严厉批判了国家干预经济的理论。他认为，在一个各种事物都任其自然发展的社会里，每一个人为了追求个人利益而进行经济活动，其结果最能够增进社会利益。因为在这种自由的社会里，人们的经济活动是由一只"看不见的手"来指导的，从而促进他们在满足个人利益的同时去实现社会利益。所谓"看不见的手"，就是价值规律的自发作用。斯密把自由竞争的资本主义私人经济活动看成是一种自然秩序。对人类而言，这种自然秩序是最理想的、永恒的。总之，主张经济自由是斯密经济学说的基本点，并作为一条主线贯穿于他的经济理论体系之中。

斯密卓有创见地把财政作为一个经济范畴放到他的政治经济学理论体系中加以研究，比较系统地阐述了财政理论，从而创立了西方资本主义财政学。其主要理论观点有以下几个方面。

（1）国家理论。斯密的国家理论是建立在关于生产劳动与非生产劳动的理论基础之上的。生产劳动与非生产劳动之分并非斯密首创。在斯密以前这个概念就已经被提出来了。斯密重新解释了这一概念，他认为只有创造物质产品的劳动才是生产劳动，否则就是非生产劳动。根据这一概念，斯密认为政府的活动并不创造物质财富，属于非生产性劳动。从而国家为了实现其职能而必须消耗的那部分物质产品是社会财富的一种虚费，它严重妨碍了资本积累和国民财富的增长。因此，政府应当尽量缩小自己的职能，只要能像"守夜人"那样，防止外来的侵略和维护国内的治安。以保护资产阶级的财产不受侵犯就行了。与此相适应，政府的财政开支也要压缩到最低限度，实行"廉价政府"。

（2）税收理论。斯密认为，一个理想的税收制度应当体现公平、确实、简便和征税费用最少四项原则。这些原则的基本精神早在一百年前就由配第提出，其后又有一些经济学者提出过类似的看法。斯密在此基础上加以补充、完善并使之条理化。这四项原则，对后世产生了相当大的影响。

斯密还研究了税收负担和转嫁问题。他把生产物的价值分解为工资、地租和利润三个部分。工资是劳动者的个人收入，利润归属资本家，地租归属地主。一切税收最终都来源于这三个部分。首先，对劳动者课征的工资税，最终是由消费者和地主负担，而不是由资本家负担。因为工资水平决定于劳动的供求状态和维持劳动力再生产的最低限度生活资料的价格。当这两者不变时，对工资的课税无非是提高了工资水平，这部分负担由资本家垫支，最终通过提高产品价格而转嫁到消费者身上。对农业资本家而言，则通过少付地租而将这部分税收转嫁给地主。其次,对资本家课征的利润税,资本家可通过两种办法来逃避税收:一种办法是提高利润率,从而提高产品的价格而转嫁给消费者;另一种办法是产业资本家通过降低利息率而转嫁给借贷资本家。再次,对地主课征的地租税只能由地主负担,无法转嫁。因为"地租作为商品价格的构成部分。工资和利润的高低是价格高低的原因,而地租的高低是价格高低的结果。"地租不能抬高价格,地租税自然不可能用抬高农产品价格的办法来转嫁了。

(3)公债理论。斯密认为,国家发行公债的根源在于统治者的奢侈和浪费。他说,在一个工商业不发达的社会里,君主和富人的消费受到了限制,所以其收入的大部分都转化为储蓄。相反,在一个工商业发达的社会里,可以生产出许多昂贵的奢侈品供君主和富人享受。由于君主的挥霍,在和平时期,国家财政仅仅能保持收支平衡,甚至偶尔会出现入不敷出,不可能有结余;在战争时期,军事费用急剧增加,又不可能全部通过增加税收的办法来解决,只好发行公债。斯密指出,国家举债并不是一件好事。因为公债募集的主要对象是资本,公债的增加,相应地减少了资本的积累。而公债又用于弥补军费开支的不足,从原来的生产性支出转为非生产性支出,妨碍了生产的发展。斯密还对重商主义者提出的所谓公债是国内其他资本以外的一大资本,可以用于发展工商业,改良和开垦土地,其作用比其他资本大得多的理论进行了批判。他指出:"主张这种说法的学者,没有注意到以下事实,即最初债权者贷给政府的资本,在贷给的那一瞬间,已经由资本的机能,转为收入的机能了。换言之,已经不是用于维持生产性劳动者,而是用于维持非生产性劳动者了。就一般而论,政府在借入资本的当年,就把它消耗了,浪费了,无论其将来能再生产什么……所以,就他们私人说,其贷给政府的资本,虽有所取偿,但就整个国家来说,却无所取偿。如果他们不把这资本贷给政府,那国家用以维持生产性劳动的资本或年生产物,就有两份而不只是一份了。"

(4)财政支出理论。斯密以其国家理论为依据,提出国家财政开支主要用于军费开支。他认为,在近代战争中,由于武器的改良和新武器的发明,武器的制造费用大大提高;同时,为了保卫本国的利益,必须拥有一支由职业军人所组成的常规军,这也是一种必要的社会分工。常规军的存在,就相应要有一笔财政开支。一个国家,特别是富裕的国家,如果把较多的财政支出用于军费,以制造精良的武器和训练军队,那么在战争中就可以立于不败之地。斯密认为,除了军费以外,财政支出还应维持司法费用,维护资本主义私有制,防止穷人侵犯资产阶级的利益。

此外,斯密还认为,国家还应当有少量的公共事业费,主要用于两个方面:一是用于修建公路、桥梁、港湾、运河等交通设施,便于商业的发展;二是用于修建各种教育设施,以进行少年和成人教育。这两种开支对于社会而言都是必不可少的。最后,财政支出还要有一部分用于支付王室费用。

四、大卫·李嘉图的财政理论

大卫·李嘉图(1772—1823年)所处的时代,正是西方资本主义的兴盛时期。当时,英国的工业革命不仅在纺织工业部门完成了由工场手工业到机器大工业的过渡,而且煤炭、铁、机械和化学工业等部门都随之发展起来。这时,阻碍资本主义生产发展的封建束缚已大部分解除,整个社会基本上是由资本家、工资劳动者和地主组成,新兴资产阶级和地主阶级的矛盾上升为主要矛盾。这两个阶级无论在政治上还是在经济上都进行着激烈的斗争。李嘉图继承了配第与斯密经济理论中的科学成分，并加以补充和完善，成为西方古典政治经济学的集大成者。李嘉图的财政思想主要体现在他的名著《政治经济学及赋税原理》一书之中。与斯密一样，李嘉图亦极力鼓吹经济自由主义，反对任何形式的国家干预。他接受了斯密关于国家支出是非生产性的，必须压缩到最低限度，建立"廉价政府"的观点。他说，一个国家穷苦的原因是由于政府的糜费，只要国家奉行节约，就可以减少穷困。在税收方面，他同意斯密提出的税收四原则。不过，他更为深刻地指出，在资本主义社会，任何形式的课税都只是在流弊之间的选择问题，实际上无法实现公平课税的原则。在税收来源问题上，李嘉图指出："赋税是一个国家的土地和劳动的产品中由政府分配的部分，它最后总是由该国的资本中或是由该国的收入中支付的。"可见，在这一问题上，李嘉图与斯密的观点有所不同。斯密认为，税收是人民的非生产性支出转为国家的非生产性支出，对现有资本并无损害。而李嘉图则认为，税收对现有资本有损害，因而他反对征收以资本为课税对象的税种。在地租税方面，李嘉图也认为该税不能转嫁，但理由与斯密完全不同，他从级差地租理论的角度来解释这个问题。他认为，土地的数量是有限的，其质量亦不同。农产品的价格只能由质量较差的土地生产的产品来决定，同时，投入土地的追加劳动量所得到的报酬是按比例递减的，即由土地报酬递减规律所左右。因此，只有质量较好的土地才能产生地租，而质量较差的土地则不产生地租。这种不同级别的土地所产生的地租差异是客观存在的，地主不可能任意改变。所以，地租税只影响地租的数量，而不影响农产品的价格。李嘉图的这一理论否认了绝对地租之存在，是有缺陷的。

在工资税方面，李嘉图认为，劳动者创造的价值只分解为工资和利润，两者成反比例关系。因此，对工资的课税并不可能通过减少地租和提高价格转嫁给地主和消费者，而只能全部由资本家负担。这一理论比斯密倒退了一步。对于利润税，李嘉图同意斯密的观点，认为可以通过提高产品价格来转嫁。可见，李嘉图关于工资税和利润税的理论是相互颠倒了。

关于公债问题，李嘉图赞同斯密关于举债是将生产性资本转向非生产性用途，影响了资本积累的观点，并进一步指出，举债掩饰了国家财政困难的真实情况，使人民错误地认为自己的境况与从前一样富足，从而不知节俭。他还认为，公债的负担对一个国家来说是有限度的，如果国家债务负担过重，就会使经济陷入困境。因此，在和平时期，国家应努力清偿战争期间所欠下的债务，最好的办法是争取财政收大于支，以结余来还债。

第三节　西方现代财政理论

西方现代财政理论研究以1936年凯恩斯的著作《就业、利息和货币通论》为起点，经过凯恩斯学派、货币主义学派、供给学派、理性预期学派、公共选择学派等的发展，形成了不同学派相互争论的局面。但不管是什么学派，他们的财政思想都秉持同样的目的，都是为了资本主义经济的稳定运行，故整体来看，西方现代财政理论呈现一种既综合又分化的趋势。

一、凯恩斯主义的财政理论

凯恩斯主义的财政理论诞生于20世纪30年代,为了帮助资本主义国家走出危害巨大的经济危机,凯恩斯建议资本主义国家推行需求管理政策。受凯恩斯主义的影响,资本主义国家推行扩张的财政政策,成功走出大萧条并实现了第二次世界大战后西方国家三十年的经济繁荣。其财政观点主要由经济理论、财政支出政策、财政收入政策、财政预算政策四个部分构成。

(1)经济理论。凯恩斯经济理论的核心思想是有效需求理论。有效需求指保证投资者获得最大利润的社会总需求,由消费需求和投资需求两部分构成。他认为,在资本主义社会中,受边际消费倾向递减规律的影响消费不足,受边际资本效率递减规律的影响投资不足,二者共同构成全社会有效需求不足。这种需求与供给的不匹配导致经济危机的发生。

(2)财政支出政策。凯恩斯以边际消费倾向和乘数论为依据,说明支出投资乘数与边际消费倾向成正比,与边际储蓄倾向成反比。他将财政政策视为一种调节社会总需求的手段,主张国家对经济进行干预。他认为政府应该采取扩张性的财政支出政策,增加投资以提高社会有效需求,实现充分就业。

(3)财政收入政策。凯恩斯指出政府应改革税收制度和公债政策来适应财政支出的增加、满足干预经济的需要。在税制改革上他提倡形成以累进税率和直接税为主的税制体系,从而调节收入分配,增加社会总需求。在公债政策上,他认为如果政府将发债收入用于增加社会消费和投资,那么公债就是有益的,因为有利于充分就业和经济增长。

(4)财政预算政策。凯恩斯强调财政政策对于稳定经济的重要作用。他认为预算主要是用来满足政府财政支出的,过大的赤字和盈余都是不利的,因此他主张政府预算应保持基本平衡。但是,当经济突然出现波动时,即使将来会出现预算赤字,政府也应尽可能地动用更多的支出来熨平经济波动。针对财政收支失衡,凯恩斯主张政府采取充分就业预算,即预算支出应等于使经济达到充分就业的水平。

 资料链接 1-3

凯恩斯主义与西方经济

凯恩斯的财政政策使资本主义国家暂时摆脱了经济危机的困扰,取得二战后一段时间内经济的显著增长,起到了积极的作用。

凯恩斯以其著作《就业、利息和货币通论》(以下简称《通论》)为基础的理论体系,认为要摆脱困境必须改变政策,传统庸俗经济学强调健全财政原则,坚持传统理财方针。《通论》不惜笔墨,大肆鼓吹扩大政府开支,推行赤字财政和通货膨胀政策等。战后几十年来,西方各国都在竞相推行凯恩斯的扩张财政政策,给危机中的资本主义经济注射"激素",确实收到一定"疗效",20世纪五六十年代,西方各国经济都有很大增长。各国凯恩斯主义者因此而陶醉,欢呼"凯恩斯时代"的到来。但是,主要资本主义国家由于长期推行凯恩斯的那一套理论和政策主张,不仅没有持续而彻底地解决大量失业和经济危机,反而引起了一系列"新病",造成了持续的通货膨胀,结果导致了生产停滞与通货膨胀的"并发症"的产生,西方称此为"滞胀"病,成为西方世界双重的社会瘟疫。《通论》中所阐述的理论和政策主张在英美推行得最为彻底,所以这两个国家的"滞胀"病也最为严重。20世纪七八十年代初,英美垄断资产阶级的统治集团不得不摒弃凯恩斯那一套理论和政策主张，另谋对策。美国等西方国家的经济学家便由率先信奉国家干预主义又回到原先经济自由主义传统上来，旨在寻找摆脱危机的出路。于是凯恩斯的经济学就从长期占据的官方经济学宝座上败退下来。但这并不意味着凯恩斯主义从此就退出历史舞台，销声匿迹，不起作用了。事实上，它的影响仍渗透到资本主义社会经济生活的各个方面。

资料来源：武普照，2010. 近现代财政思想史研究 [M]. 天津：南开大学出版社.

二、新古典综合学派的财政理论

新古典综合学派继承了凯恩斯主义的国家思想，以凯恩斯的需求管理和扩张性财政政策思想为基础形成本学派的财政理论，主张政府通过财政政策加强对经济的干预，如使用税收、支出等手段调节市场。其主要观点如下所述。

（1）主张政府采取逆经济周期的财政货币政策，以减少经济周期对经济发展的冲击。20世纪50年代，汉森提出了以反经济周期为目的的补偿性财政政策。不同于追求每一财政年度的收支平衡，补偿性财政政策强调一个经济周期整体的收支平衡。在经济萧条时，主张政府推行扩张性的财政政策，同时放宽信用，增加货币供给量，降低利息率；在达到充分就业、出现通货膨胀时，政府实施紧缩性的财政政策，同时紧缩信用，减少货币供给量，提高利息率。以此实现萧条与繁荣时期的相互补偿，防止经济危机爆发。

除此之外，新古典综合学派主张政府在经济衰退时推行赤字政策。萨缪尔森指出，赤字分为结构性赤字和周期性赤字，由衰退引起的周期性赤字不会产生挤出效应。因此，在经济衰退时政府应该增加投资，扩大公共支出规模，推行赤字政策，使经济复苏。

（2）主张货币政策与财政政策的相机抉择。新古典综合学派认为财政政策和货币政策都是调节经济的重要政策手段，但由于财政政策和货币政策各有特点，作用的范围和程度不同，因此政府应在财政政策与货币政策间相机抉择。

（3）主张政府使用财政收入政策调节社会经济。新古典综合学派认为税收具有自动稳定器功能，在经济繁荣时，税收增加，有利于控制经济过热；在经济衰退时，税收减少，可以缓解衰退带来的冲击。另外，政府在制定税收政策时，除了应该兼顾公平与效率原则外，还应考虑在现实生活中的可行性。

三、货币主义学派的财政观点

货币主义学派是作为凯恩斯主义的反对派而产生和发展起来的，其主要代表人物是美国芝加哥大学的米尔顿·弗里德曼。货币学派反对凯恩斯学派的政府干预经济，以及赤字财政政策主张。弗里德曼指出，凯恩斯学派的财政政策在各国的实际应用中，基本上仅限于支出政策方面，即采用变动政府支出的政策来调节经济周期波动。当私人支出由于某种原因下降时，政府支出应该上升，以便使整个支出稳定不变；相反，当私人支出上升时，政府支出应该下降。然而具有讽刺意味的是，在二战后的一个时期，国民收入最不稳定的组成部分是联邦政府支出，而这个不稳定的支出根本没有发挥抵消其他支出变动的作用。

货币主义学派的政策主张如下所述。

在财政税收政策方面，弗里德曼承认税收稳定经济的作用要比政府支出强，但他不主张运用税收政策调节经济。他认为,在财政政策和货币政策中,即使我们抛开一切政治因素,我们的知识也还不足以使我们能运用随意变动的税收或支出,把它们作为灵敏的稳定机制。试图这样做的过程中,我们几乎肯定会使事情变得更坏。根据上述理论,弗里德曼提出,政府应当减少对经济活动的干预,充分发挥自由经济的作用。因为政府不仅不能够解决资本主义社会面临的问题,相反,它本身正是产生这些问题的根本原因。弗里德曼特别反对运用财政政策来调节经济的做法。在他看来,既然失业是"自然"的,那么,企图通过扩大财政支出的办法来消除失业不仅无法如愿以偿还会引起通货膨胀;而一旦出现通货膨胀,亦不可能通过财政政策来消除。因此,所谓补偿性的或者相机抉择的财政政策,只能成为市场机制正常发挥其功能的障碍。当然,弗里德曼并不像新古典学派那样主张完全的自由放任,他承认国家仍有在一定程度上干预经济活动的必要,其主张主要体现在以下三个方面。

(1)政府通过货币政策调节货币供求,抑制通货膨胀。政府应当根据经济增长的速度,通过中央银行制定和实施有计划的、相对固定不变的货币供应增长率,即推行所谓"单一规则"的货币供应量调节政策。这样,既可保证货币供应量随着经济增长而稳定增加,满足市场上正常的货币需求量,又可避免由于政府货币供应量忽增忽减而引起的经济波动。弗里德曼认为,主流学派提出的所谓相机抉择的货币政策不仅不会使经济稳定,恰恰相反,它只会导致经济波动。

(2)实行负所得税制,对低收入者实行补助。弗里德曼反对实行失业救济金和低收入差额补助金,他认为这种办法会减弱人们的工作热情,不利于提高社会的经济效率,主张用负所得税取而代之。所谓负所得税,是指政府规定一定的收入保障数额,然后根据个人实际收入对不足保障数额者给予补助,收入越高,补助越少,直到收入达到所得税的起征点为止。负所得税的具体做法是:假定政府规定收入保障数额为1 500美元,所得税的起征点为3 000美元,负所得税税率为50%,那么,负所得税=收入保障数额-(个人实际收入×负所得税税率),个人可支配收入=个人实际收入+负所得税。弗里德曼认为,通过负所得税对低收入者实行补助,既可达补助的目的,又可防止将受补助者的收入一律拉平的不合理现象,有利于刺激人们的工作热情。

(3)实行收入的指数化,即把工资收入、政府债券收入和其他收入,与物价上涨指数相联系,以使工资等收入能随着物价上涨而相应提高,不至于降低实际消费水平。

四、供给学派的财政观点

供给学派是在20世纪70年代西方经济普遍陷入滞胀并无力自拔的经济情形下产生的一个新的经济学流派。按照学术观点的不同,其中又分为正统的供给学派和中间的供给学派两类;前者以拉弗、吉尔德、沃尼斯基等人为代表,后者以费尔德斯坦和埃文斯等人为代表。虽然这一学派的成员不多,各位成员的理论建树和学术影响力也不够大,但这一学派的税收政策主张却受到了美国里根政府的高度重视,因而对美国乃至西方税制的改革和发展产生了重大的影响。供给学派继承了古典经济学的内容,强调供给在实现供求均衡中的决定作用,肯定了生产支配消费和分配的理念。供给学派分析了滞胀现象产生的原因和实质,呼吁减少政府对经济过多、过细的干预,提出了自己的政策主张。这些政策主张是与凯恩斯学派政策主张相对立的。吉尔德的《财富与贫困》是比较系统地解释供给学派经济理论的著作。他论述了长期居高不下的税率给经济造成的巨大危害，认为减税是摆脱经济滞胀困境的基本手段。著名的拉弗曲线则为供给学派的减税政策主张提供了非常清晰与实用的分析工具。

（一）供给学派的财政经济理论

供给学派的理论是围绕如何使资本主义经济摆脱滞胀而产生和发展起来的。他们重新肯定了萨伊定律，把滞胀的原因归咎于凯恩斯主义的需求管理政策。他们认为，凯恩斯主义把需求作为经济活动的决定性因素，以为只要刺激总需求，就能使资本主义经济稳定发展，从而忽视了劳动、储蓄、投资、生产等供给因素。这种本末倒置的政策引起了一系列的供给负效应。例如，对个人征税过重打击了人们的工作热情和减少了储蓄；对公司课税过重及对折旧的管制直接影响了资本盈利率，从而降低了资本积累的速度与规模；紧缩银根或提高利率降低了投资的规模；对失业人员的补助反而助长了失业；用通货膨胀来抑制衰退的结果却是降低了经济增长率等。所以，要医治滞胀这一顽症，就必须彻底否定凯恩斯主义，推行注重供给管理的经济政策。

（二）供给学派的政策主张

根据上述分析，供给学派提出了以下政策主张。

（1）减税以刺激经济增长。减税是供给学派经济理论的中心环节，几乎每一位供给学派的经济学家都抱有这一看法。他们提出减税的理论依据是所谓拉弗曲线，如图1-1所示。该曲线说明，税率与政府的财政收入之间存在着直接的相关关系。一般而言，税率提高，财政收入亦会随之而增长。但若超过一定限度（指税率的最优点），税率的提高反而会导致财政收入的下降。拉弗认为，若税率为0，政府财政收入亦等于0；若税率为100%，那么，人们将失去对工作的任何兴趣，政府亦得不到财政收入。所以，拉弗将曲线中超过最佳税率点的部分称为"禁区"。

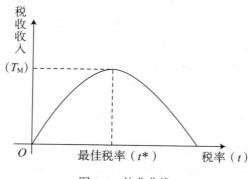

图1-1　拉弗曲线

（2）减少政府对经济活动的干预。供给学派信奉萨伊定律，信奉市场经济自由放任的"优越性"。为了反对凯恩斯的国家干预理论，供给学派提出，20世纪30年代的经济大危机并不是由于市场经济本身有什么缺陷，恰恰相反，它的出现是由于政府采取了一系列不完善的措施，使经济衰退提前出现，同时又阻碍了经济的回升。这些不恰当的措施是：20世纪30年代发生的关税战；一系列惩罚性税率的提高；大量缩减货币供应；任意销毁农产品的反供给措施等。供给学派得出结论说明，在自由竞争的条件下，社会能够自动有效地生产和分配消费者所需要的产品。政府干预越小，私人经济的运行就越有效率。为此，他们提出，政府应当尽量减少对经济活动的干预。这主要体现在两个方面：一是削减政府开支，特别是削减社会福利方面的开支，但军费开支应得到保证；二是减少政府对私人企业的各种管制措施，如消费品保障、节约能源、环境保护、职业安全和职工健康等。因为这些管制束缚了私人企业的手脚，影响了企业的积极性。

（3）采取相对紧缩的货币政策。采取相对紧缩的货币政策，使货币数量的增长与预期的经济的长期潜在增长保持一致，并恢复金本位制。供给学派认为，20世纪60年代通货膨胀率表现得比较平稳，而到了70年代则大幅度上升，这完全是由于扩张性的财政金融政策造成的结果。因此，目前除了减税之外，还必须实行紧缩性的货币政策与之相配合。供给学派还认为，减税加货币紧缩，就可以同时实现既抑制通货膨胀，又促进经济增长的目标。对于这一观点，其他经济学流派都表示怀疑，但供给学派仍极为自信。他们认为，紧缩货币与货币主义者所谓的减少市场上的货币流通量的主张具有完全不同的含义。在货币主义者看来，只要由中央银行实行紧缩银根的政策，减少货币流通量，就可以有效地抑制通货膨胀。实际上，货币主义的办法是行不通的。因为中央银行所能控制的只是以支票存款和定期存款。但是，商业银行、公司和个人都在巧妙地创造各种新的货币凭证和信用凭证来充当货币。当银根紧缩时，就会促使这些新货币极其迅速地增长，所以由中央银行进行货币数量的控制是不可行的。

五、理性预期学派的财政观点

理性预期学派信奉比货币主义更加彻底的经济自由主义，即反对任何形式的国家干预。他们批判凯恩斯主义的"有效需求不足"理论，反对政府利用财政政策刺激产量和就业水平。理性预期学派的基本观点是，人们根据市场上可观察的一切信息形成理性预期，这种预期与客观的理论预测一致。因此，当一项宏观政策推出后，人们可以迅速识别政策制定者的意图，并做出应对措施，最终抵消了政策效果，导致宏观政策无效。因此理性预期学派认为，国家干预经济的任何措施都是无效的，政府干预越少，经济效率就越高。

理性预期学派还强调政策的长期性和稳定性。卢卡斯认为政府在制定政策时，应该制定一些长久不变的政策，如政府在制定财政政策时，可以选择执行永久不变的税率，保持对经济中性的影响。

六、新政治经济学派的财政观点

在市场缺陷客观存在和新古典综合学派无法对这一现象进行解释的背景下，西方经济学界掀起了一股向古典政治经济学回归的风潮，新政治经济学派应运而生。在财政理论发展方面，新政治经济学派将经济学成果广泛应用到财政学的研究中，如在财政支出领域，新政治经济学派发展并完善了成本—效益法，为公共支出分析提供了方法。其中贡献突出的学派有以布坎南为代表的公共选择学派和以哈耶克为代表的新自由主义学派。

1. 公共选择学派的财政观点

公共选择学派认为人类社会由经济市场和政治市场组成，其理论的基本出发点为"经济人"假设，即人们追求利益最大化。政府天然具有犯错、低效率的倾向，故与经济个体相比，政府决策失误或失败不可避免。公共选择学派把市场经济分析方法引入财政领域，将政府决策与个人选择联系起来,在投票理论、利益集团理论、寻租理论和政府理论四个方面成果丰硕,大大丰富了西方现代财政理论的研究,这其中又以布坎南的财政思想最具代表性。

布坎南质疑政府干预经济的效果,他批判凯恩斯的宏观财政理论,主张通过正式与非正式的制度约束,利用宪法与道德的力量规范政府行为,限制政府财政自由,但他并不否认政府推行财税政策的必要性。他反对政府采取发债形式来弥补赤字,主张通过削减支出、增加税收解决赤字问题。他认为,为非生产性建设举债会减少一国的资本存量,当公债款项用于消费时,会削减社会投资水平,导致资本净值减少,因此政府不应采取举债方式筹集非生产性款项,如福利支出等。

布坎南认为,政府的职能之一是提供公共产品,政府的财政安排应在公共产品理论的指导下进行。他提出财政交换的观点,政府进行集体决策,公民牺牲私人产品来换取政府提供的公共产品。他还总结了公共部门支出不断增长的两个原因:官僚主义的扩张和现代民主体制的缺陷。

资料链接 1-4

布坎南与公共选择理论

布坎南的公共选择理论从提出到被社会普遍接受经历了一个曲折的过程,它从一个侧面反映了美国经济政策及其经济思潮的发展变化。当20世纪60年代布坎南提出其公共选择理论时,在美国经济学界受到普遍的忽视和冷遇,只有少数经济学家看到了它的意义并给予了肯定的评价。转机出现在20世纪70年代,这时美国经济中出现了使凯恩斯主义束手无策的"滞胀"形势,长期实行国家干预主义的严重后果明显地暴露出来。凯恩斯主义一时成为众矢之的,各种新自由主义经济流派纷纷对以凯恩斯主义为代表的国家干预主义进行口诛笔伐。在对凯恩斯主义的围攻中,布坎南的公共选择理论以其独特的分析角度引起了欧美经济学家的注意。布坎南从"经济人"假设出发对政府行为进行非理想化的分析,他针对国家干预过多而阐明的"政府失败论",他倡导的进行制度结构改革以从根本上制约政府行为的"制度约束论",被认为是对以凯恩斯主义为代表的国家干预主义最切中要害、最有摧毁力的打击,彻底揭穿了将国家干预理想化的神话。新自由主义大师弗里德曼就此写道:"公共选择学派众所周知的伟大贡献是使我们所有人都认识到,我们应该按照分析追逐自身私利的商人一样的方式来分析政府官员。"应当指出,在众多的新自由主义经济流派中,布坎南所代表的公共选择学派对国家干预主义的批判是最彻底的。如果说货币学派主要是否定了凯恩斯主义财政政策的作用,供给学派主要是否定了凯恩斯主义需求政策作用,那么布坎南则是从根本上否定了国家干预的必要性和有效性,从根基上动摇了凯恩斯主义。布坎南也因此而被视为美国经济学中最彻底的反政府主义者。

公共选择理论从20世纪60年代的默默无闻、冷落一旁,到80年代的一鸣惊人、声誉日隆,应当说主要是得益于美国经济学潮流的变化。如果说20世纪70年代凯恩斯主义的衰落、新自由主义流派的兴起,使布坎南的理论开始被社会所关注,那么随着美国进入80年代后保守主义思潮占了主导地位,布坎南的理论才真正被社会所接受。特别是1986年公共选择学派领袖布坎南被授予诺贝尔经济学奖,标志着公共选择理论在整个西方经济学界获得了承认和重视。

资料来源:张健,1991.布坎南与公共选择理论[J].经济科学(2):70-75.

2. 新自由主义学派的财政观点

新自由主义学派的财政观点以哈耶克为代表。作为著名的自由主义者，哈耶克认为市场具有自我调节功能，政府运用财政政策来治理失业只会破坏经济运行效率，故他强烈反对政府对经济的干预。在财政制度领域，他提出一套建立在宪政体制基础上的财政权力分立制度的构想。即由议会来制定政府征税时需要遵循的规则，由政府治理议会（一个独立机构）来决定开支的总额及其用途。哈耶克指出，在权力分立的财政制度下，公共开支的恶性增长可以得到遏制。

七、西方现代其他财政理论

1. 马斯格雷夫的财政观点

马斯格雷夫被誉为公共经济学、现代财政学的创始人。他的财政理论研究主要是将宏观经济学、微观经济学、公共部门政策、政治决策等学科与财政学相结合，其理论核心为公共产品理论。不同于布坎南，马斯格雷夫认为公共部门的扩张与公共支出的增长是政府提高社会总体福利水平的表现，社会的繁荣离不开市场和公共部门，公共部门的扩张是必要的，基础设施的建设和社会保险的出现对于提高社会福利水平具有积极的意义。在最优税率这个问题的探讨上，马斯格雷夫更加注重结果公平，主张实行累进税率。他指出，单一税率将导致大部分税收负担从高收入者转移至中间收入阶层。他认为财政竞争会带来资本寻租。不同国家间的财政竞争会导致财政目标的转移，即政府从提供公共产品竞争转向提供低税率竞争，实行高税率的国家将不可避免地面临资本外逃，因此马斯格雷夫不主张政府选择均等化的资本所得税制。

2. 斯蒂格利茨的财政观点

斯蒂格利茨代表了20世纪90年代以来西方财政学界的主流观点。他认为公共部门经济是混合经济的一个有机组成部分，他将财政职能总结为收入分配职能、稳定经济职能、资源配置职能。他认可政府对于经济进行干预的必要性，但认为政府需要注意干预的程度、范围和使用手段是否合适。

八、西方现代财政研究的发展趋势

通过对西方现代若干学派财政思想的梳理我们不难看出，西方现代财政理论的研究已涉及经济的各个领域。迄今为止，西方财政学也已形成不同的流派和观点。长期来看，不同学派的观点将会趋向科学意义上的一致，未来西方财政学的发展在不断分化的同时，也将日益加深与其他学科的联系，收敛于科学的统一框架下。

第四节　社会主义财政理论

在西方现代财政理论研究如火如荼的同时，作为财政学的又一分支，社会主义财政学随着社会主义在世界的实践也不断发展，极大地丰富了财政理论的内容。十月革命后，以马克思主义政治经济学为指导，苏联无产阶级革命者结合国家实际，在苏联首先建立起社会主义财政。1949年中华人民共和国成立，现代财政理论研究也开始在我国兴起，经过几十年的发展与实践，我国逐渐建立起符合客观经济规律及我国发展要求的财政理论体系，为我国财政工作的开展奠定了理论基础,也推动了社会主义财政学的发展。

一、马克思的财政观点

伟大的无产阶级革命导师马克思虽然并没有留下系统的财政学著作,但是在《资本论》和《政治经济学批判》中都包含他对税收、公债和预算等财政问题的思考,他提出的许多财政理论开启了社会主义财政研究的篇章,具有重大的理论意义与现实意义。

(1)马克思的国家观。马克思的国家观是他财政思想的理论基础。恩格斯指出:"国家是社会在一定发展阶段上的产物……这个产生于社会,但驾于社会之上,并日益跟社会脱离的力量,便是国家。"[①] 他认为国家是阶级对立和阶级冲突的产物,资本主义国家的本质是镇压被剥削、被压迫阶级的机器,财政是资产阶级为了维护自身利益的工具,纳税是国家存在的经济体现。国家通过推行保护关税、贸易自由之类的财政政策干预经济。财政作为一种以国家为主体的分配关系,具有阶级性。马克思对于国家本质的论述首次揭露了政府制度为统治阶级的利益服务这一性质,为后人的财政研究提供了新的思路。

(2)马克思的税收观。基于剩余价值理论和劳动价值论,马克思阐述了他对税收的认识。马克思认为,在资本主义制度下,税收是以土地私有制为基础的产物,是国家直接占有生产劳动者的产品的一种形式,从分配关系的性质看,税收来源于工人的剩余劳动,剥削阶级通过立法赋予征税合理性,但征税不创造剩余价值。

(3)马克思的公债观。马克思认为,在资本主义社会,公债同样推动了资本的原始积累。作为一种国家信用,公债充当资本的信条。他指出,资产阶级国家为了弥补赤字发行公债,而这正好被资本家利用,成为他们投机的对象和发财致富的捷径。

(4)马克思的预算观。整体来看,马克思关于国家预算的观念建立在劳动价值论的基础上。他认为,国家预算是对国民所得进行再分配的工具,国家预算就是阶级预算,就是为资产阶级服务的预算,一些开支如军费和行政管理费用完全是对国民剩余价值的侵吞,是不必要的浪费。在财政赤字问题的探讨上,马克思认为财政赤字是资产阶级投机的对象和致富的源泉,发行公债和增加税收是资产阶级弥补赤字的常用手段,当这两项措施不起作用的时候,政府就会选择发行货币,制造通货膨胀。因此要想财政收支达到平衡,就必须对资产阶级,尤其是资产阶级上层课以重税。

批判性和革命性是马克思财政思想的主要特征。马克思始终站在无产阶级的立场上,提出了有别于西方经济学界的特色鲜明的财政理论,为社会主义财政理论的发展奠定了坚实的基础。

资料链接 1—5
构建社会主义财政理论必须以马克思主义为基础

财政这一特殊的经济现象具有强烈的历史性和阶级性,西方经济学无法真正地揭示资本主义财政的矛盾与本质。在西方经济学框架下,财政被看成是以国家为主体的经济行为,是政府强制征收一部分国民收入用于提供公共品或公共服务以满足公共需要的行为,目标是实现资源

---

① 马克思、恩格斯,1963.马克思恩格斯文选(第二卷)[M].北京:人民出版社.

优化配置、分配公平及经济稳定发展。这个定义实际上掩盖了资产阶级剥削无产阶级的实质。我国老一辈财政学家邓子基教授很早就在《财政只能是经济基础的范畴》(1962)一文中给出了马克思主义框架下的财政的定义,财政是一种以国家为主体的分配关系,不同社会形态下国家的财政行为,是指各国政府无偿参与一部分社会产品或国民收入的分配以实现国家职能的行为。在资本主义制度下,财政体现为由生产资料私有制决定的、以国家为主体、以维护资产阶级对工人阶级剥削或实现资产阶级剩余价值最大化为特征的一种分配关系。

中国特色社会主义经济制度的基本特征是以公有制为主体,多种所有制经济共同发展。因此,中国特色社会主义财政仍是中国政府无偿地参与一部分社会产品或国民收入的分配和再分配,为实现社会主义国家的功能而形成的一种分配关系。但以生产资料公有制为主体决定了我国财政不再有剥削内容与对抗性矛盾,而具有反映人民根本利益这一本质特征。社会主义国家这一主体既是国家权力所有者又是生产资料所有者,参与一部分社会产品或国民收入的分配与再分配,进而实现由生产资料公有制和社会主义国家本质所决定的国家职能。在现阶段,这个国家职能的重要内容就是解决新时代我国社会的主要矛盾,即党的十九大报告所提出的人民日益增长的美好生活需要和不平衡不充分的发展之间的矛盾,在发展中坚持以人民为中心,实现全体人民的全面发展和共同富裕。由生产资料公有制决定的社会主义财政与由生产资料私有制决定的资本主义财政有本质性的区别,这也就是财政的阶级性。因此,构建社会主义财政理论必须以体现无产阶级和劳动群众根本利益的马克思主义经济学为基础,而不应以具有表面性(庸俗性)、虚伪性和欺骗性的西方经济学为基础。

马克思很早就指出了作为财政范畴的税收是一切阶级国家的产物并且是阶级国家为实现其职能并以其为主体、具有剥削特点的一种分配关系。马克思指出,"从物质方面说,君主制也和其他一切国家形式一样,直接用捐税来加重工人阶级的负担。捐税体现着表现在经济上的国家存在。官吏和僧侣、士兵和舞蹈女演员、教师和警察、希腊式的博物馆和歌德式的尖塔、王室费用和官阶表这一切童话般的存在物于胚胎时期就已安睡在一个共同的种子——捐税之中了。"马克思还设计了财政学的主要内容,"资本主义社会在国家的形式上的总结,就其本身来考察,'不生产的'阶级、税、国债、公信用、人口、殖民地、移民"。马克思对资本主义财政范畴的大量论述,根据资本主义的社会制度和资产阶级国家的性质,揭示了资本主义财政范畴的阶级性,批驳了资产阶级经济学指出的"公平、确实"等财政原则的虚伪性。

因此,必须以马克思主义经济学为基础,结合我国经济发展和财政改革实践,构建符合我国新时代社会主义经济特征的财政理论。党的十九大报告为我国现阶段财政体制和目标模式设计指明了方向,那就是:加快建立现代财政制度,建立权责清晰、财力协调、区域均衡的中央和地方财政关系;建立全面规范透明、标准科学、约束有力的预算制度,全面实施绩效管理;深化税收制度改革,健全地方税体系。尽管构建社会主义财政理论必须以马克思主义为基础,但也不应排斥西方经济学和财政学中的优秀成果,这些成果中含有现代市场经济运行的一般原理,积累了几百年社会化生产的管理经验。正如习近平总书记所强调的:"要按照立足中国、借鉴国外、挖掘历史、把握当代、关怀人类、面向未来的思路,着力构建中国特色哲学社会科学,在指导思想、学科体系、学术体系、话语体系等方面充分体现中国特色、中国风格、中国气派。"新时代中国特色社会主义财政理论的构建自当如此。

资料来源:王艺明,2018.构建以马克思主义为基础的新时代中国特色社会主义财政理论[J].财政研究(11):28-32.

二、社会主义财政理论在我国的发展

中华人民共和国成立初期，社会主义财政还是新鲜事物，我们主要靠全盘引进苏联的财政理论指导财政工作。随着几十年财政工作的开展与实践，财政工作者对社会主义财政的认识不断深化，逐步建立起符合我国国情的财政体系，使社会主义财政理论在我国得到了长足的发展。

总体来看，中华人民共和国成立后财政理论在我国的发展大致可以分为三个阶段。第一阶段为 1949 年至 1980 年，这一时期的财政理论以马克思的"国家分配论"为基础，更注重对社会产品的再生产与分配的讨论。第二阶段为 20 世纪 80 年代至 21 世纪 10 年代，党的十四大提出建立社会主义市场经济体制的目标，原有的财政理论不能适应这一转变，于是公共财政理论开始走入我国财政学界，自此，我国财政理论研究迈入一个新的阶段。第三阶段为 2013 年至今，十八届三中全会将财政定位为国家治理的基础和重要支柱，这在我国财政史上具有里程碑式的意义。自此具有中国特色的社会主义财政理论讨论风潮开始在我国兴起。

1. 第一阶段的社会主义财政理论

我国现代财政理论研究兴起于 20 世纪 50 年代。建国初期，国民经济亟需恢复，战时只管吃穿和军需的供给型财政已不能适应经济的发展，因此必须转变为适合新的社会制度、生产方式的财政制度。但是财政制度的转变需要理论的支持，当时我国的社会主义财政理论研究还没有形成完整的体系，大家对一些关键问题如财政的本质为何并没有形成统一的认识。1952 年，斯大林的《苏联社会主义经济问题》一书问世，掀起了我国学习研究苏联财政理论的热潮，我国现代财政理论研究就在这一时期得以兴起。彼时的理论研究主要集中在财政与政治、财政与经济的关系等问题的讨论上，为我国 20 世纪下半叶的财政理论研究构建了基本框架。

这一时期的财政理论主要建立在马克思的国家观上，即国家是阶级矛盾的产物，是统治阶级维护自身利益的工具。其主要观点有：财政分配应该首先关注经济发展，然后在经济运行中发挥其职能，从而保证社会再生产的顺利进行；生产建设必须与国民生活质量相适应并以此提出了财政、信贷、物资三大平衡的理论和"三条制约界限"理论；构建我国财政管理体制时应注重建立"统一领导、分级管理体制，划分中央与地方财政管理权限和国家与企业利益分配关系"的财政管理体制。

20 世纪 60 年代开始，我国的财政研究随着经济建设的开展与三年自然灾害得到了正反方面的经验教训。在理论与实践的结合下，我国学者逐渐摆脱苏联财政理论的束缚，开始形成具有我国特色的社会主义财政理论，在研究内容和研究深度上也取得了巨大的飞跃。第一次和第二次全国财政理论会议的召开推动了我国财政理论的发展，这期间对我国一些重大财政问题的讨论，如财政理论研究的发展方向和任务、财政的本质、国家与企业间的财务关系等，对我国社会主义财政体系的完善产生了重大影响。

总体来看，20 世纪 50 年代到 70 年代，我国财政学界对社会主义财政理论的讨论主要集中在以下几个方面。

（1）对社会主义财政本质的讨论。针对这个问题的观点主要有国家分配论、剩余产品分配论、再生产前提论等。

国家分配学派认为，财政是阶级社会的产物。国家为了生存和发展，必须凭借政治权力参与一部分社会产品和国民收入的分配和再分配。在社会再生产过程中，财政属于分配环节，表现为筹集财政收入和安排财政支出。财政与国家同生同亡，没有国家的存在财政活动亦不存在。财政活动始终是为国家实现其职能服务的，因而具有强制性和无偿性。国家在从事财政分配的过程中必须按照客观经济规律办事并受国民经济比例关系的制约。

剩余产品学派主要从财政的起源出发，认为财政是在剩余产品出现后逐渐形成的社会对剩余产品的分配关系，其本质是以生产资料公有制为基础的国家根据社会再生产的需要有计划地分配剩余产品价值的经济形式，财政关系表现为对剩余产品的分配。财政是社会生产力发展到一定水平的产物，财政关系是社会生产力发展的客观需要，不由国家权力决定。随着社会的再生产和生产方式的转变，剩余产品不断增加，财政作为对剩余产品的分配必须不断发展以适应不断增长的社会需要。剩余产品学派不认为财政随国家的产生而产生，财政的存在与国家没有必然的联系。国家是为了满足社会再生产和国民需要对剩余产品进行分配才成为财政关系的主体。

再生产学派认为社会主义财政不再独立于社会再生产过程之外，而是社会主义再生产过程中必不可少的一个内在环节。国家不仅凭借政治权力参与国民收入的再分配，而且以全民所有制生产资料所有者的身份直接参与社会生产活动，因此对财政的本质的讨论应该以再生产为前提。再生产学派不认同财政与国家同生同亡的说法，他们根据马克思国家会逐渐消亡但社会生产却不会停滞的观点，提出了财政与国家同生，但不一定同死的看法，财政作为社会再生产的一个内在环节，会在国家消亡后继续发挥社会产品的集中分配职能。

（2）对社会主义财政职能的讨论。国家分配学派认为，财政的职能由财政的本质决定，不以人的主观意志为转移。财政职能决定财政作用，职能与作用不能混为一谈。社会主义财政具有筹集资金、供应资金、调节、监督四个职能。剩余产品学派没有明确阐明财政的职能，他们认为社会主义财政主要具有实现社会积累、保证社会共同需要、调节国民经济利益、制约四大作用。同剩余产品学派一样，再生产学派也没有明确指明财政的职能，他们认为社会主义财政主要具有集中一部分剩余产品以保证各种社会需要、调节经济两大作用。

2. 第二阶段的社会主义财政理论

改革开放的春风为我国的发展了崭新一页，面对深刻的社会变革，原有的财政理论已不能满足市场经济的需求，于是以"公共需要"为代表的公共财政学派在我国发展起来。1992年，中国共产党第十四次全国代表大会的召开标志着我国改革开放和现代化建设进入了一个新阶段。作为经济转轨的产物，公共财政理论逐渐取代之前盛行的"国家分配"财政观，更符合市场经济发展要求的公共经济学研究出现在我国财政学界，一股公共财政理论讨论热潮自此兴起。但是，由于在此阶段，缺乏一定的实践和基础，学术界没能就公共财政研究框架达成共识。各方虽然站在不同的角度提出观点，但都围绕财政的"公共性"展开。以下是我国财政学界在这一时期对公共财政不同理解的简单总结。

（1）公共财政的基本概念。郑建新认为，公共财政是国家或政府为社会公众提供市场无法有效提供的公共服务而产生的分配活动或经济活动。安体富认为，公共财政的实质是市场经济财政，公共财政就是财政，也是国家（或政府）财政，公共财政是公共经济的核心内容。

（2）公共财政的基本特征。郑建新认为，公共财政具有四项特征：公共财政是市场失灵的产物，公共财政处于市场活动中，为市场的正常运行提供公共物品；公共财政提供的服务具有一般性，是一视同仁的；公共财政必须是非营利性的，只能以社会利益为活动目标；公共财政是法治化的财政。程丽君认为，公共财政的特点主要为民主性、法制性、科学性和服务性，其中服务性是基本特点，我国的财政改革应该围绕服务性开展。

（3）公共财政的职能。冯秀华认为，在社会主义市场经济下，公共财政具有资源配置、收入分配、社会稳定和经济发展三大职能。陈共从财政活动于市场失灵领域、提供公共物品的角度出发，认为公共财政应具有资源配置、收入分配和经济稳定三大职能。

进入21世纪，我国财政工作又出现了一些新矛盾、新问题，以此为契机，我国广大财政工作者围绕财政的公共性努力探索，推动了社会主义财政理论在若干领域的进一步发展，如公共财政理论的研究框架得到进一步完善，公共支出理论、税收理论、公债理论等取得蓬勃的发展。

3. 第三阶段的社会主义财政理论

十八届三中、四中全会的召开开启了我国财政基础理论研究的新篇章。大会将财政定位为国家治理的基础和重要支柱，将财政从政府收支活动平台转换为国家治理的平台，将财税体制改革目标融入全面深化改革总目标，提出建立现代财政制度并将其与之前的公共财政制度联系起来。

在如何理解财政这个问题上，陈共认为"在市场经济体制下，市场决定资源配置是市场经济的一般规律，政府的职能作用主要是弥补市场失灵，提供公共物品，满足公共需要。同时，财政又必须制定符合市场经济要求的现代财税制度，推动国家治理体系和治理能力现代化。这就是财政学有机组成的两个方面。"[①] 李俊生提出"新市场财政学"理论，将市场比作一个平台，政府是其中一个行为主体，财政是政府为了满足社会共同需要集中性地支配一部分社会资源所采取的经济手段。高培勇从现代财政文明出发，认为我国的财政制度形态应该由建立公共财政制度转为建立现代财政制度，前者对应市场经济体制，后者对应国家治理现代化，两种财政制度其实是硬币的正反面，实质内容没有多少差异，分别对应不同时代的财税体制改革目标。高培勇立足于财政的新定位，认为现代财政制度的基本特点可以总结为公共性、非营利性和法制化。与此同时，财政具有提供公共物品和服务、调节收入分配、实施宏观调控三个作用。

资料链接 1-6

财税体制改革与国家治理

应当说，将财税体制改革与国家治理体系和治理能力的现代化相对接，并且着眼于从前者入手推进后者，绝非完全始于今日。新中国在充满艰辛的探索之路上走出的每一步，几乎都是从财政和财税体制入手的。举凡涉及经济社会全局的重大事项，几乎都同财税体制的变革有关。

例如，第一个五年计划时期，作为整个计划经济体制的核心组成部分，财政担负着为工业化筹集资金和促进社会主义改造的双重任务。一方面，以筹集社会主义工业化建设资金为重点，

---

① 陈共，2015. 财政学对象的重新思考[J]. 财政研究（4）：2-5.

通过改进和加强财政收支管理，开辟和扩大财源，增加资金积累，保证了"一五"计划的顺利完成。另一方面，伴随着对农业、手工业和资本主义工商业的社会主义改造进程，通过逐步建立对不同所有制和不同区域实施"区别对待"的财税体制，在发展和壮大国有制经济、削弱乃至消灭私有制经济的进程中发挥了积极作用。

又如，1966—1976年，在整个经济社会生活陷入混乱状态的背景下，财税工作也面临困局。不仅财政管理指挥体系大大削弱，财政管理思想陷于混乱，国家财经纪律也受到严重践踏。为应对由此而引致的不断增加的财政压力，这一时期的财税体制，在保证国家最低限度的经常性开支、支持经济建设和工农业生产、保持财政运行的相对稳态状况等方面，扮演了苦撑危局的特殊角色。

进入改革开放的新时期以来，我们开始以全新的角度思考国家治理体系建设问题。围绕改革开放而进行的探索，实际上就是以国家治理体系和治理能力现代化为取向的改革探索。其中，财税体制改革事实上扮演了"先锋官"和"突击队"的角色。

认识到财税体制改革须在国家治理体系和治理能力现代化的总体框架下加以推进，从财政作为国家治理的基础和重要支柱出发，从作为国家治理体系重要组成部分的财税体制，要在更高层次、更广范围发挥更大作用出发，党的十八届三中全会决定在将新一轮财税体制改革目标与全面深化改革总目标相对接的同时，站在全面认知现代财政文明的高度，破天荒地第一次以"建立现代财政制度"标识新一轮财税体制改革的目标。

由"适应市场经济体制"到"匹配国家治理体系"，从"建立与社会主义市场经济体制相适应的财税体制基本框架"到"建立与国家治理体系和治理能力现代化相匹配的现代财政制度"，20年间财税体制改革基本目标表述上的这一巨大而深刻的变化，标志着中国财税体制改革迈上了一个新的更高的平台。

资料来源：高培勇，2014.论国家治理现代化框架下的财政基础理论建设[J].中国社会科学（12）：102-122.

三、社会主义财政理论的发展趋势

面对十九大提出的新时代与新需求，我国财政理论的研究已不再局限于西方财政理论结合中国实际，而是面对本土需求、兼容人文社科其他学科知识来构建全新的理论体系。展望未来，国家治理的现代化必然要求我国加快形成法制化的财政制度和财政理论的步伐。我国现代财政学的发展也必须摆脱过去碎片化的发展，形成一整套逻辑严密、运用综合、整体思维范式、真正站在国家治理的基础和重要支柱高度的理论体系。一些实际问题的解决之道，如财政在国家经济活动中如何定位，多学科、国际视野的现代财政理论如何建立，社会主义财政研究应秉承什么样的新逻辑、采取什么样的研究方法和研究视角都将是我国广大财政工作者努力的方向。

第五节　东西方财政学理论简要评价

西方财政学理论与西方经济学理论的发展密切相连。各个时期不同经济学派的经济学说中，都包含着一定的财政学思想，是西方财政学理论体系整体框架中的有机组成部分。

西方财政学的形成与发展大致可分为三个阶段。从 1776 年亚当·斯密的《国民财富的性质和原因的研究》的出版，至 20 世纪 30 年代西方资本主义经济大危机爆发为第一阶段。在这大约 160 年里，西方古典经济学派的财政学理论有着重要影响。第二阶段是以 1936 年凯恩斯发表《就业、利息和货币通论》为标志，到 20 世纪 70 年代。在 20 世纪 30 年代，世界性经济危机的爆发，表明经济自由主义、国家不干预经济理论的破灭，凯恩斯主义应运而生，使财政理论有了重大突破。但是，到了 20 世纪 70 年代初期，西方发达国家面临着经济滞胀的困扰，凯恩斯理论受到了严峻的挑战。由此引起了现代财政理论不同流派相互论争的局面，使现代财政学说进入了众说纷纭的第三个阶段。

现代西方财政学的不同流派是以西方经济学不同流派的经济理论为基础而展开的。其目的在于为政府财政活动出谋划策，以使资本主义经济能稳定发展。这是它的共同点。但是，由于资本主义经济发展的不同阶段对财政经济理论提出不同的要求，所以不同的财政学流派又各自显示着不同的特点。

总的来说，现代西方财政学已经大大扩展了研究领域，无论其深度还是广度，都已呈现出全新的框架与特征。与传统财政学相比，更注重财政收支对整个经济产生的影响，研究触角已伸向整个经济的各个领域。特别是当今西方财政学的研究内容，还包括在知识经济来临和国际经济一体化潮流下，公共经济部门在保证人力资本成长和维持一国乃至全世界经济持续增长方面所具有的功能与作用的研究。财政学也在不断引入经济学分析中各种常用的与新涌现的分析方法和工具，使西方财政学的整体结构更趋严谨和丰富，论证也更加缜密而科学。

中国古代财政是为奴隶主、封建地主以及帝国主义、官僚资本主义等一切剥削阶级服务的，具有鲜明的阶级特点。几千年的财政史，无非是记录了剥削阶级统治者如何剥削被统治者的劳力和劳动果实并分配给统治阶级各个集团的事实。有些朝代，财政上确实采取过一些所谓"仁厚"的措施，但实际得益的并非是被剥削的劳动人民，而是作为剥削者的奴隶主和地主。恰如马克思所说的"每出现一种新税，无产阶级的处境就更恶化一些；取消任何一种旧税都不会提高工资，而只会增加利润。"（《马克思恩格斯全集》第七卷 336 页）这种资本主义社会的规律，是完全适用于封建社会的。封建国家增加田赋，地主必然立即转嫁到佃农身上；而降低或免去田赋，却基本不会减少向佃农征收地租。封建社会后期，统治者为了缓和阶级矛盾，注意到这个"上惠不通"的问题。康熙时清政府特地作了具体的规定："凡遇蠲免钱粮，合计分数，业主蠲免七分，佃户蠲免三分，永著为例。"（《清圣祖实录》）这种主七佃三的比例，偏袒地主是很明显的，而佃户从这时才有可能得到三分的蠲免，正说明了过去是不曾得到过减免。

古代财政，作为一种由生产资料私有制决定的、以国家为主体、以剥削为特征的分配关系，它和今天我国的社会主义财政是为广大人民服务，取之于民、用之于民、造福于民的政策是有本质区别的。但是，今天的财政是由古代财政发展而来的，我们不应当割断历史。知道过去，更有利于了解现在。对于古代财政史极其丰富的内容，包括财政思想、财政制度、财政政策，以及财政对各个时期政治和经济的影响，一些开明的统治阶级为了缓和阶段矛盾，采取的一些相对来说对百姓有利的政策，是值得我们去深入考察和认真思考的。我们可以总结经验教训，找出发展规律，古为今用。

中国现代财政学是随着中国社会主义制度的建立而产生和发展起来的，并且具有鲜明的时代特征。它以马克思主义政治经济学基本原理为基础，研究财政理论和财政实践中的问题。随着我国对中西方财政理论比较研究的逐步深入，适应市场经济发展要求的公共财政学应运而生。我国一大批财政青年学者在改革的浪潮中也成长起来。他们开始了经济学的反思，以犀利的目光分析研究中国的现实问题，对中国财政问题进行了广泛地探讨。从他们理论思想和著述内容来看，具有强烈的时代气息和历史责任感，对中国财政改革有深邃的理解。

只要有财政问题存在，财政学科就有生命力。无论是眼下，还是未来，财政问题仍是关系国家现代化全局的大问题，需要我们站在全局和战略的高度，全面认识振兴国家财政的必要性和紧迫性，并通过深化财税体制改革等扎实有效的工作，为全面建成社会主义现代化强国创造条件。

关键概念

量入为出　均输　平准　榷盐制　租庸调制　均田制　两税法　廉价政府　相机抉择　拉弗曲线　剩余产品　公共财政

本章小结

（1）中国长达几千年的奴隶制和封建制社会孕育了深刻且极为丰富的财政思想。历史上不同时代的政治家、经济思想家和理财家，他们从当时的政治经济实际情况出发，提出了一些财政建议和措施，建立了一些财政经济制度，尽管带有一定的历史局限性，但其中不乏合理的成分。有一些精辟之处，不仅救弊于一时，而且还影响后世，有些闪光的财政思想至今也没有失去它的历史价值。

（2）西方财政学理论与西方经济学说的发展紧密相连，各个时期不同经济学派的经济学说中，都包含一定的财政学说思想，是西方财政学理论体系整体框架的有机组成部分。西方财政学的不同流派自然也是以西方经济学的不同流派的经济学理论为基础而展开的，其目的在于为政府财政活动出谋划策，以使资本主义经济能够稳定发展。然而，由于资本主义经济发展的不同阶段对财政经济理论有不同的要求，所以不同的财政学流派又各自有着不同的特点。

（3）中国现代财政学理论是随着中国社会主义制度的建立而产生和发展起来的，它是以马克思主义政治经济学基本原理为基础，研究财政理论和财政实践问题的。

（4）进入21世纪以来，我国财政又出现了一些深层次的矛盾和问题。从某种意义上说，这些问题既与财政基本理论有关，也与我国财政管理理论和管理方式有关。因此，对财政理论及管理方式的研究和探讨，亟需借鉴当前世界上一些先进的管理理论、方式和经验，以满足我国经济社会发展的客观实际对财政理论的需要。

分析讨论题

1. 根据资料链接1-1和1-2，分析历史上强调"量入为出"财政支出原则的原因是什么？

2. 结合资料链接1-3，分析凯恩斯学派财政学理论的主要贡献是什么？它为什么又受到了理论上的挑战？你认为我国财政学理论应该借鉴哪些内容？

3. 结合资料链接 1-4，分析布坎南公共选择理论的主要贡献，其理论核心与凯恩斯学派财政学理论有什么区别？是否具有借鉴意义？

4. 依据资料链接 1-5，讨论如何构建以马克思主义为基础的新时代中国特色社会主义财政理论。

5. 结合资料链接 1-6，分析国家治理体系和治理能力的现代化，对财税体制改革提出的新要求，并探讨具体的改革措施。

 本章拓展阅读书目

1. 廖运凤，2008. 现代西方经济学主要流派 [M]. 北京：知识产权出版社.
2. 张馨等，2000. 当代财政与财政学主流 [M]. 大连：东北财经大学出版社.
3. 罗森，2000. 财政学 [M]. 平新乔，董勤发，杨月芳，等译. 北京：中国人民大学出版社.
4. 马斯格雷夫等，2003. 财政理论与实践 [M]. 邓子基，邓力平，译校. 北京：中国财政经济出版社.
5. 平新乔，1992. 财政原理与比较财政制度 [M]. 上海：三联书店.
6. 胡庆康，杜莉，2001. 现代公共财政学 [M]. 上海：复旦大学出版社.
7. BRUE S L, GRANT R R, 2013. THE EVOLUTION OF ECONOMIC THOUGHT[M]. 8rd ed. Mason, Ohio: South-Western, Cengage.
8. 孙翊刚，2001. 中国财政问题源流考 [M]. 北京：中国社会科学出版社.
9. 孙文学，刘佐，2006. 中国赋税思想史：2005 年版 [M]. 北京：中国财政经济出版社.
10. 王志伟，2015. 现代西方经济学流派 [M]. 2 版. 北京：北京大学出版社.

第二章

财政支出规模结构与效益比较

学习概要

本章主要介绍财政支出的概念和原则、财政支出的规模、财政支出的分类和结构、财政支出效益评价等内容。通过本章的学习,要求学生了解发展中国家和发达国家的财政支出规模和结构变化特点,熟悉解释财政支出规模增长的三个经典理论,掌握财政支出的基本分类方法、财政支出规模指标及财政支出效益的评价方法。本章的学习重点是财政支出分类和结构,难点是财政支出效益评价。

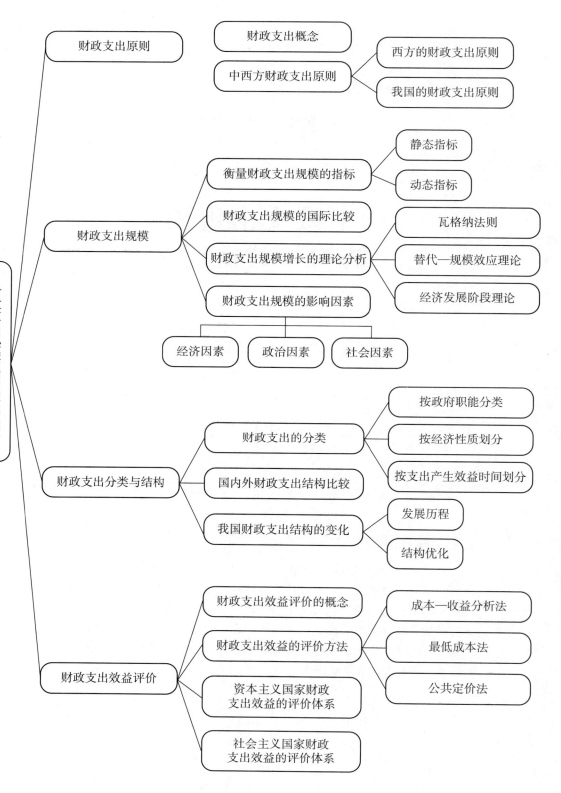

第一节 财政支出原则

财政支出原则是指政府在安排和使用财政资金过程中应当遵循的基本准则。政府能否恰当地安排和使用财政资金，不仅关系到政府各项职能的实现，而且关系到国民经济的稳定增长和发展，因此，各国政府历来都十分重视财政支出原则的选择。

一、财政支出的概念

财政支出是国家财政按照预算计划，将筹集起来的资金进行分配使用，以满足经济建设和各项事业的需要。国家的财政支出是一种有计划的再分配活动，其投向和力度取决于国家实现其职能的需要。

目前，我国国家预算体系由一般公共预算、政府性基金预算、国有资本经营预算和社会保险基金预算组成，政府的全部支出都纳入预算管理。因此，广义上的财政支出由一般公共支出、政府性基金支出、国有资本经营支出和社会保险基金支出这四部分构成。在我国财政实践中，公共财政支出主要是指一般公共预算支出。

二、中西方不同财政支出原则论

1. 西方的财政支出原则

迄今为止，西方各国提出了若干财政支出原则，归纳起来主要有以下三个原则。

（1）财政支出的效率原则。这一原则以市场机制发挥基础性作用为基点，按市场的要求去安排财政支出，为私人经济的市场运营提供尽可能完善的条件，以保证私人经济及整个国民经济的效率提高。并且它要求财政支出本身能符合市场效率准则，同时还采取了一系列技术方法来保证财政支出效率的实现。

（2）财政支出的公平原则。政府应通过支出安排，或者说通过政府直接提供大规模社会保障支出与税收相配合，来直接达到社会公平的准则。

（3）财政支出的稳定原则。政府的稳定政策是建立在经济受需求约束所形成的波动状态上，政府支出是通过考虑如何直接或间接地扩张或压缩社会有效需求的规模与增长速度来间接作用于宏观经济的运行状态，从而保证宏观经济稳定运行。

西方财政支出原则作为财政学理论体系的一个重要组成部分，与财政职能理论有着严密的逻辑关系。

西方财政支出的效率原则与财政的资源配置职能是一致的。资源配置是财政的首要职能，由于市场失灵的存在，政府活动首先应保证整个社会资源在私人部门与公共部门之间的有效配置，然后应保证在公共部门内部资源的有效配置。这里有效配置的效率标准就是社会净效益（或净所得）最大化，社会的所得要大于所失，其差额越大就越有效率。

西方财政支出的公平原则与财政收入的再分配职能是一致的。只靠市场机制会产生不平等的后果，因此要求社会有一个公平分配的机制，财政在进行公平分配方面显然处于有利地位。这不仅是因为政府拥有强制征税的权力，使其能大规模地进行收入分配工作，通过税制解决由于要素市场的不完全性与垄断定价所产生的收入分配问题，而且是因为政府可以通过建立规范可行的转移支付制度，调整社会成员之间对GDP的占有份额，使其收入分配差别保持在社会可容忍的范围内，保证公平收入分配目标的实现。

西方财政支出的稳定原则与财政的稳定经济职能是一致的。经济的稳定与发展是各国政府所共同追求的目标。而财政具有稳定经济职能，因为在市场经济中，经济的稳定不会自动实现。凯恩斯的有效需求理论证明，自由竞争的市场经济必然会出现经济的不稳定，经济不是波动，就是为长期持续的失业与通货膨胀所困扰。因此，需要政府对经济进行指导，以消除经济中的过大波动，使之能够相对稳定的增长，通过财政支出与税收配合，维系社会总供求的大体平衡。另外，通过调整支出结构，从而间接地促使产业结构趋于合理等。总之，财政支出的稳定原则是财政的稳定经济职能得以发挥的重要保证。

2. 我国的财政支出原则

长期以来，我国主要奉行以下四类财政支出原则。

（1）量入为出原则。量入为出原则要求把财政支出的总盘子限定在财政收入总量许可的范围内，以财政收入来控制财政支出。

（2）"统筹兼顾，全面安排"原则。即政府在安排各项财政投资支出时，应确定合理的比例关系，兼顾各方利益，并且通过直接调整和改变国民经济结构以实现国民经济比例的合理化。

（3）厉行节约原则。即大力削减非生产性支出，节约行政经费，严格控制支出额等，把有限的财政资金用于国民经济最需要的部门和单位，保证国家重点建设。

（4）效益原则。由于政府收入是有限的，而支出需求是无限的，解决这一矛盾的可行途径就是提高支出效益。以财政支出所取得的整体社会经济效益来衡量，而不是以个别项目的投入产出比来衡量，即使个别项目的财政投资效益不好，但从全局看有利于国民经济其他部门和项目的发展，就认为有效益。

 资料链接 2-1

财政支出与法律保留

法律保留原则由德国行政法之父奥托·迈耶（Otto Mayer）于19世纪初首先提出。法律保留原则主要解决的问题是立法权与行政权的界限问题，对于某些立法权限专属于立法机关的事项，行政机关不能代其行使立法权，行政机关的任何行政行为均须有法律的明确授权，否则可质疑其行为的合法性。当然，在讨论法律保留原则时有必要界定法律的层级问题。《中华人民共和国立法法》第八条明确规定了一系列必须由法律规定的事项，并把这些事项的立法权保留给了全国人大及其常委会；第九条同时规定除有关犯罪和刑罚、对公民政治权利的剥夺和限制人身自由的强制措施和处罚、司法制度等事项外，部分事项可由国务院根据实际需要事先制定行政法规。可见在我国，对于法律保留原则中的"法律"，其制定主体包括全国人民代表大会及其常委会以及经过全国人民代表大会及其常委会授权的国务院。

财政支出是否适用法律保留原则，因财政支出的给付性而有两种不同的观点，即否定说和肯定说。否定说认为，第一，财政支出因其给付性而对公民的权利和自由没有实质侵害；第二，可通过预算法定来规范财政支出，对预算进行全面保留即可；第三，对财政支出法律保留可能会影响政府决策的独立性，从而影响财政支出的效率。肯定说认为，第一，西方国家认为财政支出的资金来源于公民自身拥有的财产,即以社会契约论为正当性基础的公共财产。在我国,社会主义公共财产的所有权是由一定范围内的社会成员共同所有,政府管理、处置公共财产只是基于人民的信托。无论是基于社会契约论还是公共信托理论,政府的角色定位都是"受委托管理公共财产为社会公众提供公共产品和服务的公共机关"。因此,对于政府管理公共财产、制定公共财政支出决策的行为要加以法律规制,应适用法律保留原则。第二,公共财政支出的决策权虽然已经有预算法的约束,但是在具体的执行与监督程序中仍然有立法的必要性。第三,一般来说,预算中仅能体现财政支出的盖然性目的,对于具体的财政支出范围和财政支出规模等仍存在很大的自由裁量空间,需要对财政支出法定化,限制这个自由裁量空间。

总之,如果没有法律来协调立法机关和行政机关各自决定权的范围,则可能导致一系列的混乱和不确定性,因此立法保留就更显得很重要。德国法学家阿尔巴特·亨塞(Albert Hensel)认为税收债的关系应包括税收征收关系和税收使用关系。在税收征收关系中应遵循税收法定原则已成共识,但对税收使用关系如果不适用财政支出法定原则,这在法理上也无法自圆其说。因此,对于公共财政支出,应当适用法律保留原则。

资料来源:白小平、代枚训,2017. 财政支出法定原则及其法律体系之完善 [J]. 南京航空航天大学学报(社会科学版),19(1):50-55.

第二节 财政支出规模

财政支出规模能够反映一国政府的职能承担能力、国家的经济发展水平及国民收入的分配情况,从宏观上它遵循什么规律增长,发展中国家和发达国家之间财政支出规模又存在哪些区别与联系,这些始终是各国政府十分关注的问题。

一、衡量财政支出规模的指标

财政支出的规模以及变化情况反映了该国政府的财政活动以及调控能力,很大程度上反映着政府介入经济生活和社会生活的广度和深度,也反映着公共财政在经济生活和社会生活中的地位,也是用来评价政府职能是否充分发挥的标准,其具体包括静态指标和动态指标。

1. 静态指标

衡量财政支出规模的静态指标主要通过一般公共预算支出这一绝对值和一般公共预算支出占相关经济总量等指标的比率来衡量,反映其支出的绝对规模和相对规模,较为全面地展示了政府集中、占有、使用的经济资源在公私部门的分配状况,体现了政府干预经济的程度。

财政支出的绝对值指标是指财政年度内政府实际安排和使用财政资金的总额,一般用元、万元、亿元来表示,可以比较直观、具体地反映这一时期政府财政活动的规模。但由于其通常使用本国货币来表示,所以不利用国际间的横向比较。

财政支出的相对率指标通常是用财政支出占GDP的比重来表示,反映一定时期内在全社会财富中由政府直接支配使用的数额,有利于比较不同国家财政支出规模的差异。

2. 动态指标

动态指标反映了我国财政支出规模的变化发展趋势，主要包括财政支出增长边际系数和财政支出增长弹性系数。

财政支出增长边际系数＝财政支出增加额/GDP增加额，其反映每增加1单位的GDP，财政支出增加的数额。

财政支出增长弹性系数＝财政支出增长率/GDP增长率，其反映GDP增长率每变化1%，财政支出增长率的变化情况，反映财政支出对于GDP变化的敏感程度。当弹性系数>1时，财政支出的增长速度快于GDP的增长，支出的弹性较好；当弹性系数<1时，财政支出的增长速度慢于GDP的增长，支出的弹性较差；当弹性系数=1时，财政支出与GDP同步增长。

资料链接 2-2

近20年我国财政支出规模的变化演变

近20年我国财政支出规模的变化情况如表2-1所示。

表2-1 我国近20年的财政支出规模的变化情况

年份	财政支出/亿元	GDP/亿元	公共预算支出占GDP的比重	财政支出增长边际系数	财政支出增长弹性系数
1999	13 188	90 564	14.56%	44.52%	3.51
2000	15 887	100 280	15.84%	27.78%	1.91
2001	18 903	110 863	17.05%	28.50%	1.80
2002	22 053	121 717	18.12%	29.02%	1.70
2003	24 650	137 422	17.94%	16.54%	0.91
2004	28 487	161 840	17.60%	15.71%	0.88
2005	33 930	187 319	18.11%	21.36%	1.21
2006	40 423	219 438	18.42%	20.22%	1.12
2007	49 781	279 232	17.83%	15.65%	0.85
2008	62 593	319 516	19.59%	31.80%	1.78
2009	76 300	349 081	21.86%	46.36%	2.37
2010	89 874	413 030	21.76%	21.23%	0.97
2011	109 248	489 301	22.33%	25.40%	1.17
2012	125 953	540 367	23.31%	32.71%	1.47
2013	140 212	595 244	23.56%	25.98%	1.11

续表

年份	财政支出/亿元	GDP/亿元	公共预算支出占GDP的比重	财政支出增长边际系数	财政支出增长弹性系数
2014	151 786	643 974	23.57%	23.75%	1.01
2015	175 878	685 506	25.66%	58.01%	2.46
2016	188 793	743 585	25.51%	23.67%	0.92
2017	203 330	820 754	24.77%	18.02%	0.71
2018	220 906	919 281	24.54%	22.09%	0.89
2019	238 874	986 515	24.21%	19.84%	0.82

从静态指标来看，近20年我国财政支出规模在不断地增长，从1999年的13 188亿元增长到2019年的238 874亿元，2011年首次突破了10万亿元，2017年首次突破了20万亿元，在2008年同比增长率达到了25%，2016年开始大致保持7%的速度稳定增长。同时，我国一般公共预算支出占GDP比重大体上不断地上升，2002—2007年比重基本保持17%~18%不变，2009—2014年比重在21%~23%之间变化，2015年比重首次突破了25%，达到了25.66%，2017年开始有轻微的下降，2019年降为24.11%。由此可见，20年以来我国政府参与社会资源配置的力度在加强，如何更好地发挥市场资源配置的作用还需要不断地探索。

从动态指标来看，近20年我国财政支出增长边际系数和弹性系数保持同步变化，大体上呈现先降后升再降的趋势。在1999—2007年间虽然除个别年份有较小的增长之外，财政支出增长边际系数一直在下降，从44.52%下降到15.65%，达到了20年以来的最低点，但财政支出增长弹性系数大多大于1或接近于1，所以财政支出的增长速度快于或接近于GDP的增长速度。2007年之后财政支出增长边际系数又开始有所增长，到2009年达到了46.36%，此时财政支出增长弹性系数大于2，增长速度较快。从2010年至今，除2015年外，财政支出增长边际系数大多稳定保持在20%~30%，财政支出增长弹性系数大多保持在1左右，财政支出规模增长保持稳中有降的态势。

资料来源：http://www.mof.gov.cn（中华人民共和国财政部）.

二、财政支出规模的国际比较

在过去的100多年，西方国家财政支出占国内生产总值比重发生了明显变化，如表2-2所示。

表2-2 部分西方国家财政支出占GDP的比重　　　　　　　　单位：%

国家	年份									
	1870	1913	1920	1937	1960	1980	1995	2000	2005	2012
美国	7.3	7.5	12.1	19.7	27.0	31.4	37.1	33.9	36.3	40.3
日本	8.8	8.3	14.8	25.4	17.5	32.0	36.0	36.6	38.4	43.2

（单位：%）（续表）

国家	年份									
	1870	1913	1920	1937	1960	1980	1995	2000	2005	2012
英国	9.4	12.7	26.2	30.0	32.2	43.0	44.1	36.5	44.0	48.5
德国	10.0	14.8	25.0	34.1	32.4	47.9	54.8	45.1	47.0	45.0
意大利	13.7	17.1	30.1	31.1	30.1	42.1	52.2	45.9	47.9	50.6
法国	12.6	17.1	37.6	29.0	34.6	46.1	54.4	51.6	53.6	56.9
瑞典	5.7	10.4	10.9	16.5	31.0	60.1	64.9	55.1	53.9	52.0
平均	9.6	12.5	22.4	26.5	29.3	43.2	49.1	43.5	45.9	48.1

资料来源：http://www.oecd.org/statistics.

19世纪中后期，古典经济学派占据主流经济学的地位，所以财政支出占国内生产总值比重都不高，其中财政支出占比最高的国家是意大利，达到13.7%，最低的国家是瑞典，只有5.7%。这一时期，几个主要的西方国家，如美国、日本、法国和英国，这一比重也不高。所以，19世纪的西方国家，受经济发展水平和古典经济学派财政思想的制约，财政支出占国内生产总值的比重都处于较低的水平。

到了20世纪初期，西方国家相继完成了从自由放任的资本主义时期到垄断资本主义时期的过渡。与此相适应，国家的职能进一步加强，财政支出占国内生产总值的比重进一步上升，但上升的幅度并不大。1913年（与1870年数据相比），财政支出占比上升幅度最大的国家是瑞典，达到4.7%，最小的国家是美国，只有0.2%。1937年（与1913年数据相比），德国财政支出占比上升幅度最大，达到24.1%，其次是英国，上升幅度为20.6%，第三是日本，上升幅度为16.6%。由此可见，从20世纪初到第二次世界大战（以下简称二战）前，部分西方国家推行军国主义，使财政支出占国民生产总值比重大幅度上升。

二战后的几十年里，西方国家为了治疗战争创伤，加强了对社会经济运行的干预以及社会保障制度的建设，国家职能进一步加强，特别是西方国家推行凯恩斯扩张性财政政策，加大对国家与经济的干预程度，直接导致财政支出占国内生产总值比重上升，从1960年的29.3%扩大到1980年的43.2%，在1995年达到最高点49.1%后开始下降，2000年达到较低水平。这一比重上升最快的是瑞典，从1960年的31%到1995年的64.9%，上升了33.9%，主要原因是瑞典在二战后推行福利国家政策，其推行的福利政策一直是西方"福利国家"的典范。瑞典的经济政策的理论基础是瑞典学派的经济理论，强调充分就业、收入均等化和实施"从摇篮到坟墓"的社会福利保障制度。这必然伴随着庞大的政府福利开支，所以，财政支出占国内生产总值比重较高。

2008年全球经济危机，很多国家都采取了扩张的财政政策来应对此次危机，所以2009—2012年的西方国家的平均公共支出规模有所扩大，2012年财政支出占GDP的比重再次回到最高点49.1%。

另外，从表2-2中可以看出，与欧盟国家相比，美国和日本的财政支出规模比较低。其中，在1870—2012年美国的财政支出规模呈先升后降再升的趋势。20世纪30年代，美国实行"罗斯福新政",加大了政府对经济的干预力度,导致财政支出规模迅速扩大,1929年财政支出占 GDP 比重为 10%,1934 年这一比重达到 19.6%。到了 20 世纪 60 年代,美国政府财政支出占 GDP 的比重已经接近欧洲国家的水平,但之后的 30 年里,美国政府财政支出占 GDP 的比重只上升了 5 个百分点左右,这与欧洲国家相比上涨幅度无疑是缓慢的。因为美国虽然从 20 世纪 30 年代就开始着手建立社会保障制度,但始终没有提出建立福利国家的主张,因为美国是自由市场经济国家,政府一直在效率与公平之间进行权衡的基础上来推行它的社会保障制度,社会保障制度也没有欧洲国家那么完善。

日本的财政支出占 GDP 比重的变化情况与欧美有所不同。在 1960 年以前,日本一直是以效率优先原则来发展本国经济,以私人资本为促进经济发展的主要动力,对社会保障制度的建设不予重视,所以,从 19 世纪末到 20 世纪 60 年代,国家财政支出占 GDP 的比重只增长了 9 个百分点,上升的速度非常缓慢。然而到了 20 世纪 60 年代,凭借私人资本来推动经济增长的力量日趋衰落,日本政府开始首次发行公债并全面实行社会保障制度,使日本财政支出占 GDP 的比重从 1960 年的 17.5% 上升到 1995 年的 36.0%,增长了 18.5%。在 20 世纪 90 年代后,日本财政支出一直保持增长,在个别年份与美国的财政支出规模基本相当。

与发达国家相比,发展中国家和新兴经济体国家的财政支出规模要相对低一些。20 世纪 90 年代,发展中国家财政支出占 GDP 比重平均低于 30%,其中,印度、印度尼西亚、马来西亚、菲律宾、新加坡、韩国、南非、泰国、委内瑞拉 9 国的平均比重约为 22%。2011 年,泰国、智利的财政支出占 GDP 比重在 23% 左右,呈现较低的水平;韩国公共支出规模虽然升至 30.9%,但仍然大大低于欧美国家的水平。也有一些发展中国家公共支出规模水平较高,如 2011 年南非和巴西的公共支出占 GDP 比重在 39% 左右。

三、财政支出规模增长的理论分析

目前,无论是从绝对规模还是从相对规模指标来看,不同国家财政支出的规模都在不断增长,经济学者对此现象也提出了理论解释依据,主要包括瓦格纳法则、皮考克和威斯曼的替代—规模效应理论以及马斯格雷夫和罗斯托的经济发展阶段理论。

1. 瓦格纳法则

1882 年,德国经济学家阿道夫·瓦格纳于 19 世纪提出解释政府支出规模不断增长的理论。该法则从整个政府活动范围的扩大来解释公共支出的增长,其基本原理是政府社会管理活动增强导致了政府经济活动增强,从而引起政府提供的公共产品或劳务的范围扩大,导致公共支出上升,这就是著名的瓦格纳法则,又称政府活动扩张法则,图 2-1 形象地反映了该思想。

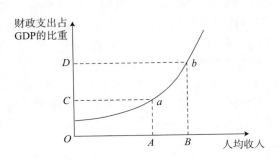

图 2-1 瓦格纳法则分析图

他认为引起财政支出增长的原因可以从政治和经济两个因素来解释。其中，政治因素是指随着经济的工业化，市场与当事人之间的关系变得更加复杂，这就需要商业法律和契约的保护，要求建立相应的司法组织来执行这些法律，这样就需要把更多的资源用于提供治安和法律设施方面。经济因素是指工业化的发展推动了都市化的进程，使人口居住更加密集化，由此出现拥挤等外部性问题，这也需要政府管理与协调，扩大支出。另外，瓦格纳还将教育、文化、保健、娱乐和福利服务的公共支出的增长归因于需求的收入弹性，即随着实际收入的不断上升，这些项目的公共支出会超过GDP上升的速度。

2. 替代—规模效应理论

在瓦格纳理论的基础之上，英国经济学家皮考克和威斯曼对1890—1955年的英国公共部门成长情况进行分析发现，财政支出并不是均衡增长，而是在不断增长的过程中出现梯度式跳跃增长，这种财政支出增长的规律就是替代—规模效应理论，如图2-2所示。

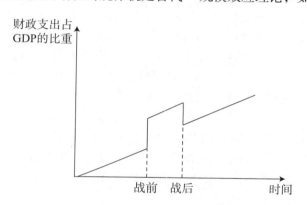

图2-2 替代—规模效应理论

从图2-2中可以看出，财政支出增长可以分为三个阶段。第一阶段是二战前阶段，财政支出占GDP的比重保持不变，即财政支出与GDP呈正向线性关系。第二阶段是二战中阶段，财政支出呈现梯度跳跃性增长。第三阶段是二战后阶段，财政支出水平虽然会大幅度下降，但仍然高于二战前水平。

该理论的分析是建立在一定的基本假设之上的，即政府喜欢多支出，公民不愿意多缴税。所以政府在决定预算支出规模时，应该要密切关注公民的税收负担和承受能力，这是财政支出最大规模的约束条件。该理论认为引起财政支出增长的原因可以从内在因素和外在因素两方面来解释，其中外在因素是主要因素。在正常情况下，随着经济的发展，国民的收入在增加，以不变税率所征得的税收也会增加，这是影响公共支出增长的内在因素。而当出现战争、自然灾害等特殊情况时，政府不得不提高税率来增加收入，把原本供私人使用的收入转移给政府使用，在这种情况下，公民也会理解政府增税的举措，愿意接受提高之后的税率，这就是所谓的"替代效应"，即在特殊时期，公共支出会替代私人支出。但当特殊时期结束之后，公共支出并不会退回到原有水平，即出现了"规模效应"，这是因为政府在特殊时期累积了大量的债务，需要新的政府支出。所以，每次社会发生比较大的动荡，公民对税负的承受能力就会提升一个高度，财政支出水平也会上一个新的台阶，该理论也被称为梯度渐进增长理论。

3. 经济发展阶段理论

美国经济学家马斯格雷夫和罗斯托对整个经济发展过程中公共支出的变化状况进行深入研究，发现在不同的经济发展阶段，财政支出结构会发生变化进而影响其规模的变化。

他们将经济发展分为三个阶段。当处于经济发展的早期阶段，公共部门为经济发展提供公路、法律、教育、卫生等必要的基础设施，所以想要让经济起飞，政府需要投入大量的资金和人力资本。当进入经济发展的中期阶段，社会所需要的基本设施已经完善，私人投资在日益增长，此时的政府投资逐步转为对私人投资的补充，由于存在市场失灵现象，所以需要政府加强干预来弥补市场机制的不足，这就使财政支出进一步增长。当经济发展处于成熟阶段，公共支出结构发生改变，开始逐步从基础设施方面转变为教育、保健、福利服务方面，并且随着人口规模的不断扩大和生活水平的不断提高，这方面的支出增长大大超过其他方面，财政支出也会随着不断增加。

资料链接 2-3

保罗·罗默对于经济增长理论的解释

对于一个经济体来说，增长速度远比任何一个时期的经济总量更为重要，可以通过数字72除以增长率来计算事情翻倍需要多长时间。例如，1950—1975年的25年间，印度的人均收入以每年1.8%的速度增长，按照这个速度，印度的人均收入翻番需要40年（72/1.8=40）；在1975—2000年的25年间，中国人均收入每年增长近6%，按照这个速度，收入每12年翻一番（72/6=12），在1950—2000年间，美国的人均收入增长速度在印度和中国之间，为2.3%，也就是说，印度的人均收入将落后美国越来越多，而中国正在迎头赶上。

中国经济增长的速度非常快，一方面是因为起点相对较低，因此可以学习其他国家让经济增长的"想法"来实现快速增长。

经济增长发生在人们让资源重新配置的时候，因为全新的资源配置方式，可以让有限的资源变得更有价值。用厨房来做一个比喻，为了创造出有价值的美食，我们按照食谱将各种食材组合在一起，可以做什么受到食材的限制，并且在烹饪的过程中，往往会产生一些不需要的副产品。如果经济增长的实现是通过以同样的方式将各种材料品凑到一起，那么最终会耗尽这些资源，并且受到污染和公害的侵蚀。人类的历史告诉我们，经济增长来自更好的食谱，不仅仅是按照同样的食谱重复地去做食物。新的食谱提高了烹饪的效率，减少了烹饪的副作用，让每单位材料的产出增加了。

再举一个例子，在咖啡店，大杯、中杯、小杯的咖啡杯，使用的都是同样的杯盖，而这种做法是在1995年之后才被采用的。同样型号的杯盖意味着可以以更低的成本为客户服务，因为商店所有者可以只管理一种盖子的库存，员工可以在一整天内更快地补充用品，客户可以更快地获得咖啡，效率大大提高。

对于新想法和新食谱的思考，会改变对经济政策的看法。对许多欠发达地区持续贫困的传统解释是，它们缺乏自然资源或资本货物等对象。但实际上绝大多数欠发达地区缺乏的是理念而非资源。

资料来源：ROMER P M,2017.Economic Growth[EB/OL](2017-03-24)[2021-11-04]. https://www.econlib.org/library/Enc/EconomicGrowth.html

四、财政支出规模的影响因素

财政支出规模受诸多方面因素的影响,概括起来主要有以下几个因素。

1. 经济因素

经济因素对财政支出规模的影响主要体现在经济发展水平、经济体制选择及经济发展政策这三个方面,这也是影响财政支出规模的主要决定因素。

经济发展水平是指一个国家经济发展的速度、规模和质量。如前所述的马斯格雷夫和罗斯托的分析表明,经济发展水平越高的国家,社会财富越高,一方面所需要维持经济发展提供的公共产品和服务越多,另一方面人们对于高等教育、健康设施等方面的需求大大增加,所以财政支出规模也必须相应地增加。

经济体制通常是指国家经济组织的形式,规定了国家与企业、企业与企业、企业与各经济部门之间的关系,其对财政支出规模的影响主要体现在国家对"计划经济"和"市场经济"的选择。如果是计划经济国家,政府的职能范围相对较广,财政支出占 GDP 的比重比较大,福利水平相对较好的国家财政支出也相对较高。

经济发展政策体现了这一时期内政府的活动目标。如果政府想要减少财政赤字,则财政支出的增长速度会相应减少;相反,如果政府想要加强基础设施建设,则财政支出的增长速度会相应提高。

2. 政治因素

政治因素对财政支出规模的影响主要体现在政府职能范围、政局是否稳定、政治体制的行政效率这三个方面。政府职能范围越大,公共部门也会增加,财政支出也不断增加。关于政局是否稳定对财政支出规模的影响,如前所述的皮考克和威斯曼的分析表明,当国家政局不稳定,出现了内乱或外部冲突等事件时,财政支出的规模就必然会超常规地扩大。例如,美国的财政支出在第一次世界大战时突破了 10 亿美元,在第二次世界大战时中突破了 1 000 亿美元。政府结构的行政效率对财政支出的影响也非常明显,如果政府的工作效率比较高,避免不必要的资源损失,提供相同的职能所发生的支出规模也会较小。但如果政府的行政机构臃肿,效率低下,不仅造成无谓公共资源的浪费,激化社会群体矛盾,财政支出的规模也会相应增长。

3. 社会因素

影响财政支出规模的社会因素比较复杂,范围比较广,包括人口结构、就业、教育、卫生保健、城镇化、环境污染等。在发展中国家,人口密度较高,相应的义务教育、医疗、就业方面的支出较大,随着城镇化进程的加快,基础设施建设和社会福利支出增加,而且随着老龄化问题的凸显,养老和社会保障方面的支出压力也随之增大。在发达国家,随着经济的发展,公众对社会生活质量的要求提高,这对财政支出提出新的要求,而且经济发展的同时环境污染问题也更加凸显,面对雾霾、水污染等问题,政府需要投入更多的资金进行治理。所以,不管是发展中国家还是发达国家,随着社会经济的发展,诸如此类的社会问题会对财政支出不断提出新的要求,使财政支出规模不断增加。

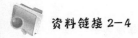

资料链接 2-4

六个方面解读"国家账本"

财政部于 2019 年 1 月 23 日公布 2018 年财政收支情况。数据显示，2018 年全年，全国一般公共预算收入超过 18 万亿元，同比增长 6.2%；全国一般公共预算支出超过 22 万亿元，同比增长 8.7%。财政收入和支出都创下新高，下面将从六个方面解读"国家账本"。

1. 收入

2018 年全国一般公共预算收入 183 352 亿元，同比增长 6.2%，比年初预算目标高 0.1 个百分点。在大力实施减税降费背景下，实现超收靠什么？

财政部国库司副巡视员李大伟说："主要是经济运行总体平稳、稳中有进、发展质量和效益提升，为财政增收奠定了税源基础。反映在税种上，全年国内增值税、企业所得税、个人所得税同比分别增长 9.1%、10%、15.9%，分别拉高全国财政收入增幅 3 个、1.9 个、1.1 个百分点，合计对全国财政增收的贡献率达到 95.8%。此外，全年生产者价格指数同比上涨 3.5%，也带动了以现价计算的财政收入增长。"

2. 支出

2018 年全国一般公共预算支出 220 906 亿元，同比增长 8.7%，增速有所扩大。钱都花在了哪些"刀刃"上？

财政部预算司副司长郝磊说："2018 年，财政部门进一步调整优化财政支出结构。脱贫攻坚方面，全国扶贫支出增长 46.6%。污染防治方面，全国污染防治支出、自然生态保护支出分别增长 29.6%、17.5%，中央财政支持污染防治及生态环境保护的资金增长 13.9%，其中大气、水、土壤污染防治投入力度均为近年来最大。推动科技创新方面，全国科学技术支出中的应用研究支出、技术研究与开发支出分别增长 11.4%、8.7%。改善社会民生方面，全国财政对基本养老保险基金的补助支出增长 11.4%，对基本医疗保险基金的补助支出增长 9.4%。"

3. 新税种

作为我国第一个体现"绿色税制"的综合税种，环境保护税于 2018 年开征，2018 年全年收入达到 151 亿元。如何评价这个新税种的成绩单？

北京大学经济学院财政学系主任刘怡说："成绩还是非常明显的。从原来的排污费转向环境保护税，应税污染物为大气污染物、水污染物、固体废物和噪声。现在征收的这一数额基本上是税负平移的情况。征收环境保护税有利于从收税角度为环保的、高质量的经济增长追求提供推动力。"

4. 地方债务

一方面要减税降费，另一方面又要扩大支出。收支矛盾有所扩大，这是否会增加地方政府的债务风险？

财政部预算司副司长郝磊说："总的来看，我国地方政府债务指标处于合理区间，风险整体可控。截至 2018 年末，我国地方政府债务余额 18.39 万亿元，如果以债务率（债务余额/综合财力）衡量地方政府债务水平，2018 年地方政府债务率为 76.6%，低于国际通行的 100%～120% 的警戒标准。下一步，按照坚定、可控、有序、适度的要求，严格控制地方政府隐性债务风险。"

5. 专项债券

专项债券是化解地方政府债务的有力工具。用好专项债券，地方政府都准备好了吗？

财政部预算司副司长郝磊说："我们将重点做好以下工作。一是加快地方政府债券发行使用进度。各地已经在本月启动新增债券发行工作，时间上比 2018 年大幅度提前。3 月份，全国人大批准 2019 年全部地方政府债务限额后，财政部会将批准的限额及时下达地方，由地方自行均衡发债，争取在 9 月底之前发行完毕。二是提高专项债券使用的精准度。指导和督促地方将专项债券资金重点用于急需资金支持的方面，优先用于解决在建项目、政府项目拖欠工程款问题等。"

6. 预期

从 2019 年看，我国经济发展的外部环境更加复杂，不确定性更大，风险挑战更多，财政政策如何发力？

财政部国库司副巡视员李大伟说："我国经济长期向好的态势不会改变，2019 年能够保持经济运行在合理区间，将为财政收入增长提供有力支撑。2019 年，在全面落实已出台的减税降费政策的同时，抓紧实施更大规模的减税、更为明显的降费，这在有效激发市场活力、进一步降低企业成本负担的同时，也将相应影响财政增收。综合各方面因素，预计 2019 年财政收入增速将有所放缓。"

资料来源：刘柏煊，2019. 2018 年财政收支数据出炉 六方面解读"国家账本" [EB/OL]. (2019-01-24)[2021-11-04].https://baijiahao.baidu.com/s?id=1623509832225747508&wfr=spider&for=pc.

第三节 财政支出分类与结构

财政支出结构反映了各支出项目按照一定的原则划分为不同类别的组成与配置状况，体现了政府的主要职能活动，得到许多有价值的决策信息。如政府参与了哪些活动，结果如何，这都有助于政府及时改进对目前以及未来资金的分配和使用，取得更好的绩效。世界上各个国家的政府职能需求和角色不相同，其财政支出的内部结构也有所差异，通过比较发展中国家和发达国家在不同时期的财政支出结构变化，可分析出如何使财政支出结构更加合理化和科学化。

一、财政支出的分类

财政支出所包含的内容和范围广泛，由于研究分析和管理目的的不同，各个国家采用不同的分类标准来划分财政支出，普遍使用的主要有以下三种方法。

1. 按政府职能分类

按照政府职能分类，财政支出分为经济建设支出、社会文教支出、国防支出、行政管理支出、债务支出和其他支出六大类，反映国家在经济、政治、文化、军事等方面的支出，以及政府职能和活动范围的变化情况。其中，经济建设支出主要包括基本建设支出，流动资金支出，地质勘探支出，国家物资储备支出，工业、交通、商业等部门基金支出等；社会文教支出主要包括科学事业费和卫生事业费支出等；行政管理支出主要包括公检法支出、武警部队支出等；债务支出主要包括政府直接借入的国内外借款、发行债券的本金和利息支出。除此之外的支出都属于其他支出。

2. 按经济性质划分

按照经济性质进行分类，财政支出分为购买性财政支出和转移性财政支出。

购买性财政支出是指国家向企业和个人购买的、用于满足其日常政务活动和投资兴办所需要的商品和劳务支出，主要包括社会消费性支出和财政投资性支出，前者主要是指政府用于外交、行政、司法等方面的支出，后者主要是指政府用于道路、桥梁、码头等方面的支出。从政府办公用品的采购到核电站的建设都属于购买性财政支出，遵循市场等价交换的原则，一手交付资金，一手获得商品或劳务，直接刺激生产规模和结构的变动与调整、进而影响就业活动和拉动社会总需求。另外，购买性财政支出增加反映政府对经济资源的所有权的扩大，政府和政府支配的企业运用和吸纳的经济资源越多，私人部门所运用和掌握的资源就相对越少，这就是所谓的财政支出对私人活动的排挤效应，体现政府的资源配置职能。

转移性财政支出是指政府为了实现特定的经济社会政策目标，将财政资金单方面无偿地支付给某些组织和个人的一种支出，主要包括社会保障支出、失业保险支付、低收入贫困家庭的资助和救济、公司企业的补贴和税式支出等。在整个过程中，政府交付了资金，却不要求获得相应的回报，所以转移性财政支出的增加并不意味着政府和公共部门占有和运用资源所有权扩大，而是直接改变社会财富的分配结构和国民收入的分配比例，体现了政府的收入分配职能。

3. 按支出产生效益的时间划分

按照支出产生效益的时间进行分类，财政支出分为经常性支出和资本性支出。

经常性支出是指政府为了维持公共部门正常运转或保障公民基本生活的必要支出，支出后直接受益或当期受益，一般是持续性发生的支出，每次支出应用于当期的需要，不直接对资本形成产生贡献。

资本性支出是指政府购买或生产使用年限在1年以上的耐用消费品支出，一般是一次性支出，会形成长期的固定资产，一部分当期受益，一部分未来受益，包括修建公路铁路等生产性支出和购买汽车等非生产性支出。

二、国内外财政支出结构比较

财政支出结构是财政支出分类的结果，是指财政支出中各部分支出的金额以及占总支出的比重，反映政府的职能和经济政策目标。由于不同国家的社会制度和经济发展状况不同，财政支出项目的划分和占比也不一样，特别是所有制不同的国家，差异更大，而且随着时间的推演会呈现不同的财政支出结构。

1. 发达国家和发展中国家财政支出结构的历史比较

下面主要列举一些典型的发达国家和发展中国家20世纪后半叶财政支出结构的历史发展变化情况，如表2-3～2-7所示。

（1）发展中国家财政支出结构。

表 2-3 中国财政支出结构　　　　　　　　　　　单位：%

年份	经济建设支出	社会文教支出	国防支出	行政管理支出	其他支出
1960	70.4	13.2	8.9	4.8	2.7
1965	54.5	13.4	18.6	5.6	7.9
1970	60.5	8.0	22.4	4.9	4.2
1975	58.7	12.6	18.4	2.0	8.3
1978	64.1	13.1	14.9	4.7	3.2
1980	58.2	16.2	15.8	6.1	3.7
1985	56.3	20.4	9.6	8.5	5.2
1990	44.4	23.9	9.4	13.4	8.9
1991	42.2	25.1	9.8	12.2	10.7
1992	43.1	25.9	10.1	12.4	8.5
1993	39.5	25.4	9.2	13.7	12.2
1994	41.3	25.9	9.5	14.6	8.7
1995	41.9	25.7	9.3	14.6	8.5
1996	40.7	26.2	9.1	14.9	9.1

资料来源：历年的中国统计年鉴。

表 2-4 苏联财政支出结构　　　　　　　　　　　单位：%

年份	国民经济支出	文化科学支出	国防支出	行政管理支出
1970	48.3	36.2	11.6	1.1
1980	54.7	33.5	5.8	0.9
1981	54.8	33.4	5.5	0.8
1982	57.5	31.9	5.0	0.8
1983	57.0	32.4	4.8	0.8
1984	57.0	32.2	4.6	0.8

资料来源：国际货币基金组织官网。

（2）发达国家财政支出结构。

表 2-5 美国财政支出结构　　　　　　　　　　　单位：%

年份	国防支出	社会福利支出	国债利息支出	教育与就业训练支出	其他支出
1970	38.9	28.6	9.3	4.4	18.8
1975	24.0	41.8	9.5	4.9	19.8
1980	22.6	43.3	11.1	5.3	17.7

（单位：%）（续表）

年份	国防支出	社会福利支出	国债利息支出	教育与就业训练支出	其他支出
1981	23.3	45.3	11.8	4.7	14.9
1982	25.4	42.6	11.7	3.7	16.6
1983	26.4	43.5	11.3	3.3	15.5
1984	26.7	40.9	13.0	3.2	16.2

资料来源：国际货币基金组织官网。

表2-6 日本财政支出结构　　　　　　　　　　单位：%

年份	地方行政支出	福利支出	文教支出	国防支出	国债利息支出	其他支出
1970	20.6	15.9	11.4	7.2	2.1	42.8
1975	16.3	22.1	12.6	6.7	3.6	38.7
1980	18.0	21.4	10.6	5.2	10.0	34.8
1981	18.6	21.2	10.3	5.2	11.8	32.9

资料来源：国际货币基金组织官网。

表2-7 德国财政支出结构　　　　　　　　　　单位：%

年份	国防支出	经济服务支出	公共服务支出	教育卫生支出	社会福利支出	环境保护支出	其他支出
1970	12.6	12.4	4.2	17.6	46.8	0.2	6.2
1975	10.6	8.8	4.1	21.0	49.4	0.2	5.9
1980	9.6	7.9	4.4	20.7	48.5	0.4	8.5

资料来源：国际货币基金组织官网。

表2-8 英国财政支出　　　　　　　　　　单位：%

年份	国防支出	经济服务支出	公共服务支出	教育卫生支出	社会保险、福利支出	环保建设支出	其他支出
1972	16.7	11.4	8.1	14.8	24.8	1.7	22.5
1973	13.7	12.4	7.8	15.5	21.7	3.5	25.4
1979	14.5	8.0	7.1	15.4	26.2	4.3	24.5

资料来源：国际货币基金组织官网

通过这些表格中的内容，可以发现以下一些特点。

（1）发展中国家在经济方面的支出明显高于发达国家。

中国、苏联在经济方面支出的比重一直保持在40%～70%，而英国、德国等发达国家的经济支出占总财政支出的10%左右。出现该特点的主要原因在于，一方面，大部分发展中国家的经济发展水平较低，基础设施建设也比较薄弱，如在通信、道路、基础工业方面的发展远远不能满足社会的需要，往往这些需要政府的大量投入，而发达国家已经经过了几百年的发展，基础设施已经比较完善，在这方面政府无须需再投入大量的资金。另一方面，有些发展中国家是社会主义国家，不仅需要对宏观经济进行指导干预，而且要对微观经济实行制约和管理，实行"统收统支"的管理模式，而大部分发达国家是资本主义国家，主要缩小政府的活动范围，实行"廉价政府"，让市场发挥广泛作用。

（2）发达国家在社会福利方面的支出一般高于发展中国家。

由于不同的预算管理体制对支出项目的划分不同，各支出所包含的内容也不同，为了统一口径，对于各国凡是用于医疗卫生、文化教育、社会保险及社会救济方面的支出都归为社会福利支出。由于可以发现美国的社会福利支出占比在45%～50%；德国的社会福利支出占比在65%～70%；英国的社会福利支出占比在40%～50%；日本的社会福利支出占比在30%～40%。而我国的社会福利支出占比在30%以下；苏联的社会福利支出占比在30%～35%。一般来说，社会生产力发展水平越高，经济越发达的国家，实施社会福利制度的基础越雄厚，可能性也就越大。而且英国、法国、德国等国家的政府先后通过了多条社会福利保障的法律条文，实行从"摇篮到坟墓"的一整套社会福利保障措施。而且发达国家对教育方面的支出也占较大比重，科技的进步需要劳动者具有较为丰富的文化知识和专业素养，这对教育提出了更高的要求，而发展中国家对教育采取的是量力而行的政策。

（3）发展中国家在国防方面的支出普遍低于发达国家。

第二次世界大战之后，东西方经济、军事力量的抗衡，各国政府和人民对世界和平的呼吁高涨，战争因素不断减少，所以不管是发展中国家还是发达国家都减少了在国防方面的支出。但对比来看，美国的国防军事支出从1975年之后就保持40%以上，其他发达国家的国防支出保持在10%以上，而中国的国防支出从1970年开始不断地下降，到1985年达到10%以下，苏联的国防支出从1980年开始一直处于6%以下，所以发展中国家在国防方面的支出普遍低于发达国家，这和发达资本主义国家以国防支出来掩盖军事开支的情况息息相关，许多发达国家组建庞大的军队不仅是用来保护本国领土和人民安全，同时用来对弱小国家和民族展开侵略和殖民。而且为了满足军工资本家的利益，发达资本主义政府对军工生产部门的产品往往直接购买，这就产生了较大的军事支出。

2. 21世纪以后发达国家和发展中国家财政支出的变化

21世纪以后发达国家和发展中国家财政支出结构的历史发展变化情况如表2-9～2-18所示。

（1）发展中国家财政支出结构。

表2-9 中国财政支出结构　　　　　　单位：%

年份	一般公共服务支出	国防支出	社会治安与安全支出	经济事务支出	环境保护支出	住房与社区设施支出	健康支出	休闲娱乐、文化和宗教支出	教育支出	社会保障支出
2007	17.1	7.57	7	28.75	2	6.52	4	1.81	14.31	10.94
2008	15.65	7.06	6.68	25.46	2.32	6.72	4.4	1.75	14.39	10.87
2009	12.01	6.82	6.22	27.7	2.53	7.65	5.23	1.83	13.86	10
2010	10.39	6.23	6.14	29.18	2.72	9.31	5.34	1.72	13.96	10.16
2011	10.06	5.8	5.77	27.75	2.42	10.47	5.89	1.73	15.1	10.17
2012	10.08	5.58	5.65	27.11	2.35	10.76	5.75	1.8	16.87	9.99
2013	9.81	5.29	5.55	27.24	2.45	11.16	5.91	1.81	15.69	10.33
2014	8.74	5.7	5.46	27.05	2.51	11.86	6.7	1.77	15.18	10.52
2015	7.7	5.44	5.33	28.04	2.73	12.33	6.8	1.75	14.94	10.81
2016	7.88	5.20	5.87	25.97	2.52	13.41	7.01	1.68	14.95	11.5
2017	8.13	5.39	6.14	24.5	2.76	13.36	7.11	1.67	14.85	12.12

资料来源：历年的中国统计年鉴。

表2-10 埃及财政支出结构　　　　　　单位：%

年份	一般公共服务支出	国防支出	社会治安与安全支出	经济事务支出	环境保护支出	住房与社区设施支出	健康支出	休闲娱乐、文化和宗教支出	教育支出	社会保障支出
2005	28.77	8.83	5.31	7.02	0.29	3.58	4.33	4.36	15.4	23.98
2006	23.81	7.24	4.78	5.15	0.19	2.55	4.39	3.47	11.64	38.34
2007	24.35	7.48	4.64	5.81	0.35	3.86	4.35	3.64	11.59	35.77
2008	20.37	6.56	4.3	6.08	0.3	4.53	4.3	3.59	11.01	38.96

资料来源：国际货币基金组织官网。

表 2-11 印度财政支出结构　　　　　　　　　　　　　　　　　　单位：%

年份	一般公共服务支出	国防支出	社会治安与安全支出	经济事务支出	环境保护支出	住房与社区设施支出	健康支出	教育支出	社会保障支出
2009	47.86	13.09	7.84	20.04	0	9.15	1.85	2.46	0
2010	45.36	11.4	7.03	18.04	0	8.42	2	2.82	0
2011	43.23	10.89	7.22	19.17	0	9.21	1.73	3.12	0

资料来源：国际货币基金组织官网。

表 2-12 马来西亚财政支出结构　　　　　　　　　　　　　　　　单位：%

年份	一般公共服务支出	国防支出	社会治安与安全支出	经济事务支出	环境保护支出	住房与社区设施支出	健康支出	教育支出	社会保障支出
2009	33.79	6.91	4.73	17.21	0	5.29	7.3	24.78	0
2010	32.03	6.18	5.1	17.55	0	6.07	8.22	24.84	0
2011	36.53	6.5	4.71	18.27	0	4.71	7.53	21.75	0

资料来源：国际货币基金组织官网。

（2）发达国家财政支出结构。

表 2-13 美国财政支出结构　　　　　　　　　　　　　　　　　　单位：%

年份	一般公共服务支出	国防支出	社会治安与安全支出	经济事务支出	环境保护支出	住房与社区设施支出	健康支出	休闲娱乐、文化和宗教支出	教育支出	社会保障支出
2005	13.3	11.5	5.7	10.2	0	2.3	20.3	0.8	16.8	19.1
2006	13.4	11.6	5.7	9.8	0	1.7	20.8	0.8	17	19.1
2007	13.6	11.5	5.8	9.9	0	1.8	20.7	0.8	16.9	19
2008	12.7	11.9	5.7	10.5	0	1.8	20.5	0.8	16.6	19.4
2009	11.5	11.7	5.4	10.1	0	3.1	20.5	0.7	15.8	21.1
2010	11.77	11.98	5.46	9.64	0	2.38	21.06	0.71	15.29	21.7
2011	14.4	10.9	5.4	9.1	0	2.1	20.9	0.7	15.9	20.7
2012	14.5	10.6	5.4	9.1	0	1.7	21.6	0.7	16	20.5
2013	14.3	9.8	5.4	9.1	0	1.4	22.3	0.7	16.2	20.9
2014	14.1	9.2	5.4	9	0	1.4	23.3	0.7	16.2	20.7

第二章 财政支出规模结构与效益比较 | 53

（单位：%）（续表）

年份	一般公共服务支出	国防支出	社会治安与安全支出	经济事务支出	环境保护支出	住房与社区设施支出	健康支出	休闲娱乐、文化和宗教支出	教育支出	社会保障支出
2015	13.85	8.79	5.41	8.6	0	1.36	24.26	0.68	16.26	20.79

资料来源：国际货币基金组织官网。

表 2-14　英国财政支出结构　　　单位：%

年份	一般公共服务支出	国防支出	社会治安与安全支出	经济事务支出	环境保护支出	住房与社区设施支出	健康支出	休闲娱乐、文化和宗教支出	教育支出	社会保障支出
2005	10	5.6	5.9	6.6	1.5	2.4	15.7	2.4	14	35.7
2006	10.3	5.6	5.7	6.7	2.1	2.5	16.1	2.4	13.9	34.7
2007	10.2	5.4	5.7	6.6	2.3	2.5	16.1	2.3	14	34.9
2008	9.5	5.4	5.5	10.2	2	2.5	15.8	2.3	13.5	33.5
2009	8.6	5.3	5.4	8.4	2.1	2.9	16.4	2.3	13.5	35
2010	11	5.4	5.3	6.9	2	2.1	16	2	13.6	35.6
2011	12	5.4	5.1	6.5	1.9	1.7	16.1	2	12.9	36.4
2012	11.2	5.2	5	7.6	1.8	1.5	16	1.9	12.4	37.4
2013	12	5.1	4.9	7	1.7	1	16.7	1.6	12	37.9
2014	11.6	4.9	4.7	7	1.9	1	17.3	1.5	12.3	37.8
2015	10.55	4.98	4.67	7.14	1.84	1.13	17.81	1.52	11.96	38.4

资料来源：国际货币基金组织官网。

表 2-15　德国财政支出结构　　　单位：%

年份	一般公共服务支出	国防支出	社会治安与安全支出	经济事务支出	环境保护支出	住房与社区设施支出	健康支出	休闲娱乐、文化和宗教支出	教育支出	社会保障支出
2005	13.1	2.4	3.5	7.5	1	2.2	13.3	1.3	9	46.7
2006	13.3	2.4	3.6	7.1	1	2.1	13.6	1.3	9.2	46.4
2007	13.6	2.4	3.6	7	1	1.9	14.1	1.4	9.3	45.8

(单位：%)（续表）

年份	一般公共服务支出	国防支出	社会治安与安全支出	经济事务支出	环境保护支出	住房与社区设施支出	健康支出	休闲娱乐、文化和宗教支出	教育支出	社会保障支出
2008	13.6	2.4	3.6	7.6	1	1.7	14.3	1.4	9.3	45.1
2009	12.9	2.4	3.5	7.6	1.4	1.6	14.5	1.4	9.2	45.6
2010	12.77	2.21	3.34	10	1.41	1.38	15.04	1.76	8.97	43.13
2011	13.6	2.35	3.52	7.8	1.47	1.23	15.54	1.81	9.4	43.27
2012	14.4	2.5	3.5	8.2	1.3	1	15.4	1.8	9.6	42.3
2013	14.3	2.4	3.5	7.5	1.4	0.9	15.8	2.3	9.6	42.3
2014	14.5	2.3	3.5	7	1.4	1	16.2	2.3	9.6	42.4
2015	13.4	2.29	3.56	7.15	1.39	0.87	16.31	2.31	9.56	43.09

资料来源：国际货币基金组织官网。

表2-16 日本财政支出结构　　　　　单位：%

年份	一般公共服务支出	国防支出	社会治安与安全支出	经济事务支出	环境保护支出	住房与社区设施支出	健康支出	休闲娱乐、文化和宗教支出	教育支出	社会保障支出
2004	13.18	2.62	3.86	11.49	3.9	1.96	19.06	0.43	10.85	32.65
2005	12.4	2.56	3.84	13.53	4.34	1.94	18.6	0.44	10.63	31.72
2006	12.89	2.59	3.89	10.52	3.56	1.83	19.68	0.37	10.69	33.98
2007	12.9	2.5	3.93	10.4	3.38	1.69	19.94	0.32	10.78	34.13
2010	8.6	1.58	2.35	7.19	2.2	1.53	12.75	0.66	6.6	31.67
2011	10.8	2.1	3.2	9.8	3	1.8	18.7	0.8	8.5	41.2
2012	10.5	2.2	3.2	10	2.7	1.6	19	0.8	8.5	41.4
2013	10.5	2.2	3.1	10.3	2.8	1.8	19	0.9	8.5	41
2014	10.4	2.2	3.3	9.5	2.9	1.9	19.3	0.9	8.5	41
2015	10.33	2.26	3.24	9.28	2.94	1.75	19.66	0.95	8.37	41.2

资料来源：国际货币基金组织官网。

表 2-17　澳大利亚财政支出结构　　　　　　　　　　　　　　　　单位：%

年份	一般公共服务支出	国防支出	社会治安与安全支出	经济事务支出	环境保护支出	住房与社区设施支出	健康支出	休闲娱乐、文化和宗教支出	教育支出	社会保障支出
2009	10.23	4.74	4.69	12.57	1.61	2.9	17.54	2.32	13.95	29.44
2010	11.2	4.8	4.75	13.19	1.81	3.24	17.78	2.4	16.08	24.76
2011	12.03	4.46	4.77	12.05	1.67	2.57	18.4	2.38	16.19	25.5
2012	12.7	4.3	4.7	12.4	2.6	2.1	18.7	2.3	14.4	25.7
2013	12.8	3.9	4.6	12	2.6	2.1	18.8	2.2	14.7	26.3
2014	12.8	4.3	4.5	12.2	2.5	2.1	18.5	2.2	14.3	26.7
2015	12.96	4.5	4.65	11.78	1.86	2.09	18.51	2.11	14.21	27.32

资料来源：国际货币基金组织官网。

表 2-18　法国财政支出结构　　　　　　　　　　　　　　　　单位：%

年份	一般公共服务支出	国防支出	社会治安与安全支出	经济事务支出	环境保护支出	住房与社区设施支出	健康支出	休闲娱乐、文化和宗教支出	教育支出	社会保障支出
2010	12	3.3	3	9	1.8	2.5	14.1	2.5	10	41.9
2011	12.2	3.2	2.9	8.5	1.8	2.5	14.2	2.5	9.8	42.4
2012	12.2	3.2	2.9	8.8	1.8	2.3	14.1	2.5	9.7	42.6
2013	12.1	3.1	2.9	8.6	1.8	2.4	14.2	2.6	9.6	42.8
2014	11.6	3	2.8	8.8	1.7	2.5	14.3	2.5	9.6	43.1
2015	11.4	3.08	2.87	10.2	1.76	1.88	14.34	2.33	9.59	43.09

资料来源：国际货币基金组织官网。

通过比较这些发达国家和发展中国家在不同方面的支出，可以发现在一般公共服务支出方面，发展中国家虽然在逐年减少但仍然高于发达国家，例如埃及历年的支出都在 20% 以上，而发达国家基本保持在 10% 左右；在国防方面，21 世纪以来和平和发展是世界主题，各国的发展重点都在经济建设上，国防支出相比 20 世纪有较大幅度的下降，占财政支出的比重保持在 10% 以下；在社会保障方面，发达国家普遍高于发展中国家，德国的社会保障支出占比超过 40%，英国和日本的社会保障支出占比也超过 30%，而我国的在社会保障支出占比保持在 10% 左右，还存在一定的差距；在环境保护方面，各国的环境保护支出占财政总支出的比重偏低，维持在 5% 以下，忽略了对于环境保护的重视。通常在经济发展过程中发达国家的环境污染状况远远超过发展中国家，应该承担更多的支出。

3. 发达国家和发展中国家财政支出结构的特征

通过比较 20 世纪和 21 世纪美国、英国、德国等发达国家和中国、苏联、印度等发展中国家的财政支出结构的变化，可以发现发达国家和发展中国家财政支出结构各自具有某些特征。

对于发达国家来说，其财政支出结构具有以下特征：一是资本性支出所占的比重较低，只有 5%～10%，经常性支出所占的比重较高，超过了 90%，而且经常性支出的增速快于资本性支出；二是具有明显的福利保障性质，社会保障和社会福利支出占整个财政支出的比重平均达 30%～50%，某些高福利国家甚至超过了 50%，社会保障支出的增长速度快于一般公共服务支出的增长速度；三是发达国家基本把财政支出的范围限定在"市场失灵"的领域，主要包括社会保障、教育与科学研究、高速公路等公共设施、国防、住房等方面。与其他发达国家相比，日本对经济活动干预地较多，公共工程等经济服务支出比重较大。

对于发展中国家来说，其政治经济发展状况与发达国家不同，财政支出结构也表现出不同的特征：一是具有明显的生产性、建设性性质，资本支出占总财政支出的比重明显高于发达国家，这是由于多数发展中国家处于经济起飞阶段，对基础设施需求强烈，所以基础设施和其他经济服务成为财政支出的重点；二是在发展中国家的经常性支出中，补贴和拨款占比最大，达到 40% 以上，这些补贴也主要是生产性补贴，如出口补贴、价格补贴等；三是发展中国家的社会保障与福利支出虽然有所增加，但仍然偏低，大多数发展中国家在这方面的支出不足 20%，而西方发达国家一般超过 30%。

总体而言，比起发展中国家，发达国家的财政支出更显示出公共财政特征，即社会保障、教育、卫生、国防、一般公共服务支出较高，经济建设支出特别是直接经济支出较少。

三、我国财政支出结构的变化

我国自开始建立和完善财政管理体制，财政支出的结构也进行了不断地调整。在 2006 年之前，我国财政支出结构是按照功能性质划分的，从 2007 年开始，我国对财政支出分类进行改革，采用国际货币基金组织的分类口径，按照支出的经济性质和具体用途设置类、款两级科目。类级科目综合反映政府的职能活动，如外交、教育等，款级科目反映完成政府某项活动的某方面的具体事项，是对类科目的细化，如"教育"类下设"普通教育"等款。此外，我国还将财政支出分为中央财政支出和地方财政支出。

1. 我国财政支出的发展历程

中华人民共和国成立以来，随着经济的发展，我国的财政支出结构和规模发生了重大变化，财政支出随着当时的经济社会政策目标在不断地调整，大致可以分为以下几个阶段。

（1）计划经济时期（1949—1977 年）。中华人民共和国刚成立，政府的首要职能就是恢复经济，所以借鉴苏联的计划经济体制，采取"统收统支"制度，实现财政和经济高度统一，国家扮演着"大家长"的角色，代替企业成为社会投资主体。这时政府是全能性政府，不仅履行应有的三大职能，还代替市场配置私人产品，支出范围涵盖各个领域，包括经济建设、国防、外交、行政管理、科教文卫、社会保障等方方面面，财政支出占 GDP 的比重较高。其中，为了实现我国的工业化，财政支出的重点主要在固定资产投资和基础设施建设方面，每年占总支出的比重超过一半，最高可达到 71.7%，形成"生产性财政"，用于教育、文化、科技等方面的支出保持一个较低的水平，占总支出的比重不超过 15%，国防支出占比在 1950—1960 年从 40% 下降到 10%，之后又有所回升，行政管理支出占比也是逐年下降，从 20% 下降到 5%。

（2）改革开放时期（1978—1997 年）。改革开放以后，我国从计划经济体制转为建立社会主义市场经济体制。市场机制在资源配置中的作用从基础性向决定性的目标发展，国家开始给国有企业让利，并提高居民收入水平，财政支出占 GDP 的比重呈现下降趋势。在这个阶段，为了维持经济的稳定增长，基本建设支出仍然是重要的内容，比重仍然较高但有所下降，从 60% 逐步下降为 40%。一方面，政府开始更加注重资金的使用效率，改进投资方式并寻找其他投资资金来源，开始鼓励社会资本参与基础设施建设。1979 年实行"拨改贷"，对基础设施建设的资金由财政拨款改为银行贷款。另一方面，随着改革开放的不断深入，财政支出开始转向养老、就业、医疗、教育等社会保障方面的建设。例如，教育经费投入从 1980 年的 145.5 亿元增长到 1993 年的 1059.94 亿元，增长了 6.28 倍；1980—1990 年，卫生支出达到了年均 13.7% 的增幅。同时，为了支持国有企业的深化改革，国家通过"利润留成""利改税""税利分流"等方式给企业让利，达到 4 200 亿元。

（3）经济发展调整期（1998—2008 年）。自 1998 年以来，公共财政逐步建立，政府的职能不断明确，财政支出侧重于维护市场机制的运转和改善民生等方面。另外，政府实施积极的财政政策，财政支出占 GDP 的比重开始回升。2002 年中国共产党十六届三中全会召开后，政府的职责有了新的定位，包含政治、经济、社会、文化、生态五个方面，包括经济调节、市场监管、社会管理、提供公共服务四大职能，这也符合马斯格雷夫和罗斯托的经济发展阶段论。财政支出的重点转变为民生方面，政府在新农村建设、生态环境改善、科技等方面投入了大量的人力物力，强调经济发展方向的转变，如在 2003—2007 年这 5 年里中央财政对科技方面的支出达到 3 406 亿元。此外，政府还增加了在减少城乡差距和区域差距方面的投入，2007 年中央对地方转移支付达到 13 991 亿元，比 1994 年增加了 24.4 倍；在农业支出方面，2003 年中央财政用于"三农"的投入首次超过 2 000 亿元，高达 2 144 亿元，之后的 5 年里中央财政累计投入达到 2 1536.7 亿元。

（4）稳定发展阶段（2008 年至今）。在 2008 年的全国两会上，教育、医疗卫生、社会保障、文化体育、环境保护等民生问题，格外引起人们的关注。我国的财政出现了向民生财政的历史性转折，财政支出结构日趋合理。政府在保障和改善民生方面的支出继续升温，向"三农"和环保、科技、社会保障等领域延伸，经济建设支出持续下降，创新了社会安全网制度，最大程度地满足人民需要，致力于建立保障和改善民生的长效机制。2018 年，全国一般公共预算支出为 220 906 亿元，同比增长 8.7%。其中，中央一般公共预算本级支出为 32 708 亿元，同比增长 8.8%；地方一般公共预算支出为 188 198 亿元，同比增长 8.7%。具体来讲，在污染防治方面，中央财政支持污染防治及生态环境保护的资金增长 13.9%，其中大气、水、土壤污染防治投入力度均为近年来最大；在推动科技创新方面，全国科学技术支出中的应用研究支出、技术研究与开发支出分别增长 11.4%、8.7%；在改善社会民生方面，全国财政对基本养老保险基金的补助支出增长 11.4%，对基本医疗保险基金的补助支出增长 9.4%。

2. 我国财政支出结构的优化

"十三五"期间，我国的经济不断增长发展，财税体制改革不断深化，财政支出结构也在不断地变化，有待进一步的优化和完善。

（1）解决财政的"越位"和"缺位"问题。

最近几年经济增长速度的放缓，如何利用有限的资金满足人民日益增长的美好生活的需要成为财政支出重点关注的问题，所以政府财政支出要突出重点，保障基本民生是重中之重。例如，根据2019年政府预算安排中，政府要重点优化支出结构，做好"减法"和"加法"，将一般性支出压减5%以上，"三公"经费再压减3%左右，长期沉淀的资金一律收回。优先发展教育事业，在学前教育方面，政府安排168.5亿元资金，增长13.1%；在职业教育方面，安排专项资金237.21亿元，增长26.6%。继续做好脱贫工作，在精准脱贫攻坚战方面，中央财政专项扶贫资金安排1 260.95亿元，增长18.9%。同时，政府应该要理清自我定位，把本不属于政府承担的管理经济的事权卸掉，让市场这只"看不见的手"充分发挥作用。同时，凡是需要政府提供的公共物品和公共服务，政府不应"缺位"。2013年《中共中央关于全面深化改革若干重大问题的决定》发布之后，政府在社保、环境、教育、救助和公共福利方面的"缺位"现象有所改善，同时对政绩工程、竞争性国有企业补贴等"越位"支出严格控制。

（2）加大对民生领域的支出，实现"民生财政"。随着新形势下我国政府职能的转换，保障和改善民生已成为财政支出的重心，教育、医疗、就业、社会保障等民生支出将成为新的支出重点。2017年1月，财政部印发《关于切实做好2017年基本民生支出保障工作的通知》，面对经济下行压力较大、财政收入增速放缓的情况，政府必须更好地统筹民生政策与经济发展，优先保障民生投入，保障困难群众基本生活。做好基本民生支出保障的主要原则是，合理界定基本民生，突出保障重点民生，加大资金统筹力度，层层强化责任落实。做好基本民生支出保障的重点工作有：一般性转移支付要优先保障基本民生支出；合理分配和使用民生类专项资金；加大对资源能源型困难地区的财政支持力度；统筹盘活各类财政资金，加大基本民生保障，压减一般性支出用于基本民生保障；切实保障困难群众的基本生活；认真做好"去产能"人员安置工作；认真落实精准扶贫要求；提前下达和及时拨付各类民生资金；加强基本民生领域财政资金管理；支持完善基本民生保障工作机制。做好基本民生支出保障的有关要求：明确责任主体；建立奖惩机制；加强监督问责。

（3）增加环保支出，构建环境友好型社会。

粗放式的经济增长模式，导致了我国资源过度开发和环境污染加重，沙尘暴、雾霾等问题已经影响到人们的日常生活。从世界范围看，包括美国在内的许多发达国家对于清洁能源的投入也是在逐年增加。2007年，我国开始在预算中单独设置节能环保科目，加大了对环境保护方面的投入。在污染防治方面，中央财政大气污染防治资金安排250亿元，增长25%；水污染防治资金安排300亿元，增长45.3%；土壤污染防治资金安排50亿元，增长42.9%。2019年大气、水、土壤污染防治方面的资金总体安排600亿元。

 资料链接 2-5

2018年美国财政支出政策的新趋势

2017年9月18日，美国国会以压倒性优势通过了《2018财年国防授权法案》。这一授权案较3月份提交的预算草案中的军费开支高出近5%，进一步落实了特朗普政府"重振军事力量""美国优先"的理念。《2018财年国防授权案》与美国2018年的预算提案、主要机构预算案等共同反映出美国政府财政支出的新趋势。

1. 财政预算支出规模变化

一方面，财政支出规模稳步提高。根据特朗普政府5月发布的《预算案》，2018财年美国财政预算支出总额为40 940亿美元，绝对值稳步提高，但占GDP比重由2017年的21.2%降至20.5%。同时，美国财政的赤字水平将由2017年的6 030亿美元降至4 400亿美元。

另一方面，联邦机构支出大幅压缩。2018年各联邦机构支出降至11 503亿美元，同比下降2.6%。其中，联邦15个内阁机构中有12个机构经费被削减，环保署经费压缩得最多，仅为57亿美元，比2017年降低了31%。此外，工业部、商务部、教育部等的经费降幅均超过10%，削减总额高达573亿美元。

2. 重点调整财政支出结构

一方面，军费开支增幅创历史新高。《2018财年国防授权案》进一步提升了预算案中国防预算的规模，从5 220亿美元提高至5 740亿美元，加上海外应急行动经费650亿美元，用于军事方面的总开支飙升至6 390亿美元，达到2013年以来的最高点。其中，武器装备采购为本财年国防采购重点，包括拨款106亿美元订购94架F-35战斗机、拨款250亿美元建造13艘战舰等。

另一方面，科研经费大幅降低。根据各主要科研机构提交的2018财年预算案，美国各主要科研机构的预算额度将全面缩减。其中，美国自然科学基金的财年预算总额为66.5亿美元，同比下降15.2%；国立卫生研究院的预算申请总额约为269亿美元，同比大幅下降16.5%。美国能源局科学办公室降幅达16.4%，国家技术标准研究院预算降幅达24.6%。

3. 着重提高财政支出效率

首先是控制行政成本。美国提出通过增加对财政支出系统的信息技术和人力投入提高财政管控水平，同时制定政府采购、预算的系统性规定改进政府管理。此外，特朗普政府还提出未来将充分利用数据加强政府部门量化评估，将重复、低价值的政府活动进行"回收"，并要求相应部门提出降低成本的方案。特朗普政府宣称在10年内削减3.6万亿美元政府开支。2017年1月，特朗普签署"减少监管管理成本"行政令，提出所有机构每发布一个新规同时必须裁撤两个现行法规。

其次是监督执行效率。特朗普在2017年2月签署"执行监管改革议程"行政令，命令各机构内设立监管改革官员和监管改革工作组，负责执行总统监管改革优先事项。同时要求所有联邦机构报告关键绩效指标，美国行政管理和预算局将定期审查各机构在裁撤无效机构、压缩低价值开支等方面的改革进展。

最后是强化本土预算。特朗普提出"美国优先"的理念，反映在2018财年预算中，就是把财政支出的重点集中于美国本土，而大幅减少国际项目的相关资金，包括：将联合国维和经费贡献降至25%以下；将一些外国军事援助由过去的无偿赠款改为贷款；在3年内减少多边开发银行和世行的资金约6.5亿美元。

资料来源：https://www.sohu.com/a/197261437_735021，2017-10-10。

第四节　财政支出效益评价

宏观经济的基本问题之一就是对有限资源的合理配置。财政资金的安排、财政支出项目的选择，实际上就是如何最有效地运用政府资金问题，通过测算某项财政资金投入与产出效果，来保证有限的资金所产生的效益最大，所以了解财政支出效益评价才能保证政府对财政支出进行有效管理。

一、财政支出效益评价的概念

财政支出效益是指政府活动中财政支出与所获得回报之间的对比关系，体现财政支出的效率，即"花最少的钱办最好的事"，对一个支出项目进行全面、系统评价，来保障支出项目的适当性、效率性和有效性。而合理的财政支出结构是提高财政支出效益的重要因素，政府将有限的资源集中进行支配时需要考虑如何分配才能增加社会财富，推动经济增长，产生更大的收益。通常来说，建立适当的支出规模和合理的支出结构最终目的就是为了实现财政支出的最大效益，所以提高财政支出效率是财政支出的核心问题。

二、财政支出效益的评价方法

一般用来评价财政支出效益的方法有三种，分别为成本—收益分析法、最低成本法、公共定价法，具体内容如下。

1. 成本—收益分析法

成本—收益分析法是通过比较各方案的全部预期成本和收益的现值，通过净现值、内部报酬率等指标来进行对比分析的一种经济决策方法。对于财政支出的成本收益分析，主要是对政府确定的建设目标，提出若干实现目标的项目和方案，通过分析比较各项目的净收益，选择出最优的政府投资项目，其具体的步骤如下。

（1）提出若干项投资方案。所提出的方案必须是由各方专家经过经济、技术等方面的考察，做到情况详细、数据准确，而且各方案的优缺点必须十分明确，如对公众的直接和间接影响、对土地及环境可能造成的后果等。如果不具备上述内容，就不能列入可选方案。

（2）确定投资方案的有效期。在进行成本—收益分析时，必须预先明确计划的有效期。一个具体的投资活动只能延续一定的时间，如果预算的有效期大于项目实际可行的年限，那么在超过的时间里其成本和收益就难以计算。如果预期的有效期小于项目实际可行的年限，就必须考虑残值的存在和处理问题。特别是在科学技术迅速发展的现代社会中，货币的时间价值是十分重要的因素，政府参与的项目一般具有较长的年限，所以在成本—收益分析中，"折现"是不容忽视的环节。

（3）以货币的形式对所提方案在执行期内的成本和收益做出估计。方案的成本和收益不仅包括实际的货币支出和收入，还包括不直接表现为货币形式体现的支出和收益，对于这部分也需要尽可能地以货币形式表现出来。

（4）用某一确定时点的货币价值、所要求的投资收益率，以及其他特点的衡量标准，对不同方案进行比较。

（5）进一步的补充分析，对必要的数据资料进行修正和调整。

（6）在所提方案中选择最优者，确定最终投资方案。值得注意的是，政府对公共事业的投资活动往往具有二重性，即作为政府的收入，它可以弥补其财政支出，但由于它来自社会公众，实际上也抵消了公众原应得到的一部分收益。因此，对政府投资活动的评价必须明确其成本和收益的内容。另外，公众所受损失也有两种情况：一种是最终确实由公众承担的损失，另一种是国家用其他方式赔偿了这种损失，从而造成政府投资金额的增加，公众实际上并没有受到损失。这些内容在评价时都必须予以说明。

通常，成本—收益分析法的计算方法可以用以下两种公式来表示。

（1）收益与成本差。

$$NPV = PV(B-C) = (B_0 - C_0) + (B_1 - C_1)/(1+r) + (B_2 - C_2)/(1+r)^2 + \cdots + (B_t - C_t)/(1+r)^t = \sum_{n=0}^{t}(B_n - C_n)/(1+r)^n$$

式中，NPV 是指净社会收益；PV 代表现值；B 代表收益；C 代表成本；r 代表贴现率；t 代表年限。如果 $NPV > 0$，说明该项目可行，选择数值最大的方案；如果 $NPV < 0$，说明该项目不可行；如果 $NPV = 0$，计算内部收益率，如果内部收益率大于资金的机会成本，如银行贷款利率，说明该项目可行。

（2）收益与成本比。

$$B/C = \frac{B_0 + B_1/(1+r) + B_2/(1+r)^2 + \cdots + B_t/(1+r)^t = \sum_{n=0}^{t} B_n/(1+r)^n}{C_0 + C_1/(1+r) + C_2/(1+r)^2 + \cdots + C_t/(1+r)^t = \sum_{n=0}^{t} C_n/(1+r)^n}$$

式中，B 代表收益；C 代表成本；r 代表贴现率；t 代表年限。如果 $B/C > 1$，说明该项目可行，选择数值最大的方案；如果 $B/C < 1$，说明该项目不可行。

由此可见，两种公式实际上是从不同角度进行衡量，但最终结果是相同的。

在完全自由竞争的市场中，对成本和收益的评价比较简单明了，只需要按照市场上的售价与其成本进行比较就可以解决。但现实的市场有很多缺陷，如不完全竞争、外部效应、信息不对称等，此时市场价格会发生某种程度的扭曲，不一定反映实际社会成本和收益。这样，就必须对现行价格进行调整，这种调整过的价格被称为"影子价格"，即社会成本价格 = 项目直接成本价格 + 外溢性成本价格；社会收益价格 = 项目直接收益价格 + 外溢性收益价格。例如，在人口充分流动的情况下，如果大量吸引城镇下岗职工再就业，就会使农村劳动力向城镇转移，这样会影响到农业生产，因此吸引城镇下岗职工就业的影子价格要比工资高，但是，高多少，不易计算。所以，"影子价格"的确定在很多情况下比较困难，但剔除各种人为因素的考虑后，计划项目的评价才更加接近真实社会评价。

从 20 世纪 30 年代开始，成本—收益分析法就已经在世界各国使用，最初用于美国联邦政府治理密西西比河流域水患，对建立管理机构的成本和收益进行评估，评估结果是治理水患的效益远大于成本，所以联邦政府决定斥巨资治理水患，并获得巨大的社会和经济效益。从 1960 年开始，美国联邦政府要求各类政府项目都需要进行成本—收益分析。但事实上，该政策并没有被严格执行，原因在于政府支出目标容易产生分歧，有些项目的相关成本收益很难量化。总体来说，成本—收益分析法适用于能用货币计量收益和成本的财政投资项目，如发电站、高速公路等项目；但对于涉及环境的优美或恶化、健康状况的好坏、知识的增进或倒退等很难用货币额衡量收益和成本时，通常处理该问题的基本方法就是把它们转化为数量指标加以衡量，如环境的优美可以用增进健康和休闲时间的增加来衡量、健康状况可以用减少就医的费用来衡量、知识的增进可以用工资水平来衡量。虽然成本—

收益分析法存在一定的局限，但它在政府公共工程投资决策时普遍适用，能为政府提供一个基本的分析框架。

资料链接 2-6

用具体案例来解释成本——收益分析的计算方法

假设政府某项目的施工期为 4 年，完工后使用期限为 16 年，在该项目中总生命周期内的投入和收益如表 2-19 所示。

表 2-19 投入和收益

年份	施工费用/万元	运营成本/万元	项目收益/万元	贴现率
第 1 年	1 000	0	—	
第 2 年	1 500	0	—	
第 3 年	1 000	0	—	
第 4 年	1 000	0	—	5%
第 5 年	0	50	600	
第 6～10 年	0	50	600	
第 11～20 年	0	100	600	

使用成本——收益分析法计算该项目的经济效益如下。

$NPV = (0-1000) + (0-2000)/(1+5\%) + (0-1000)/(1+5\%)^2 + (0+1000)/(1+5\%)^3 + (500-100)/(1+5\%)^4 + (500-100)/(1+5\%)^5 + \cdots + (500-100)/(1+5\%)^9 + (500-150)/(1+5\%)^{10} + \cdots + (500-150)/(1+5\%)^{19} = 1559.76$（万元）

通过计算可得该项目的 NPV=1 559.76 万元，大于 0，所以证明该项目可行。虽然总收入较投入来说相对较小，但是政府项目一般有较好的社会效益。

2. 最低成本法

对于不能运用成本——收益分析法的财政支出项目，可以运用最低成本法来进行分析。该方法最大的优势就是不用评估每项方案的社会效益，只从成本角度分析，并以成本最低为择优的标准，该方法又称最低费用选择法。

运用最低成本法来进行政府项目决策时，其基本原理同前述成本——收益分析法大致相同。首先，根据政府确定的建设目标提出几种备选方案；然后，分别计算出各备选方案的总有形成本，如果是多年持续的支出项目，需要进行贴现计算成本费用的现值，以保证备选方案的可比性；最后，按照费用的高低排出顺序，以成本最低作为选择标准选出最优方案。

最低费用选择法多用于军事、教育、文化、卫生等财政支出项目上。假定政府打算在 5 年内培养出 5 万名法学专业的大学毕业生，经过研究发现有三种方案能达到上述目标：第一，新建 10 所法学院，每所学院招生 5 000 人，这需要兴建校舍、招聘教师和管理人员；第二，扩建现有的法学院，这需要新建若干校舍，增加招聘若干教师和管理人员；第三，组织法学专业的自学考试，这需要组织辅导、考试等工作。虽然上述三种方案都能培养出 5 万名质量相当的法学专业毕业生，但各个方案的费用支出不同，经过比较分析，选出费用最低者为最佳方案，从而保证财政支出效率能达到最佳。

实际上，运用最低成本法来进行决策在技术上是不困难的，困难之处在于备选方案的确定，因为这里提出的备选方案需要无差别地实现同一个目标。

3. 公共定价法

在市场经济中，各经济主体都采取使自我利益最大化的行为，价格机制是实现资源最优配置的主要机制，由于政府需要提供大量满足社会公共需要的"市场性物品"，则这些物品和其他商品一样也面临着价格如何确定的问题，这就是所谓的公共定价。从定价政策来看，公共定价包括两方面：一是纯公共定价，即政府直接制定自然垄断行业的价格；二是价格管制，即政府规定竞争性管制行业的价格。政府采用公共定价办法，目的不仅在于提高整个社会资源的配置效率，而且更重要的是使这些物品和服务得到最有效的使用，提高财政支出的效益。

无论是纯公共定价还是管制定价都涉及定价水平和定价体系这两个方面。定价水平是指政府提供每一单位"公共物品"的价格。通常，定价水平按照成本加合理报酬得到的总成本来计算。定价体系是指把费用和需求共同考虑的各种定价组合。

现以自然垄断行业为例来说明公共定价的具体方法。一般来说，自然垄断行业的经营规模较大，会产生规模经济效应，随着产量的增加，平均成本呈递减的趋势，产量与单价关系如图 2-3 所示。

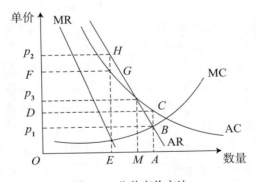

图 2-3　公共定价方法

假设部门定价有三种情况：第一种情况，当价格 P_1= MC（边际成本）时，产量为 A，该部门将产生图 2-3 中 P_1BCD 面积的亏损；第二种情况，由市场定价，则在利润最大化情况下即 MR（边际收益）= MC（边际成本），此时的价格为 P_2，产量为 E，则该部门的利润为图 2-3 中 P_2FGH 的面积；第三种情况，当 P_3= AC（平均成本）时，产量为 M，则该部门不亏不赢。比较这三种情况可知，产量按边际成本定价时的 A >按平均成本定价时的 M >按利润最大化定价时的 E，而价格的情况正好相反，按边际成本定价时的 P_1 <按平均成本定价时的 P_3 <按利润最大化定价时的 P_3。若公共事业部门按照利润最大化的原则定价，则满足社会需要的产量只有 E，它远较社会可能提供的公共事业部门的产量 A 要低。这就意味着

资源并未得到充分利用，公共事业部门的产出未能充分满足社会的需要。若按边际成本定价，部门处于亏损状态，但却提供了较大产量的符合社会需要的基础性产品或服务。至于亏损的弥补，部分可通过财政渠道以补贴形式来进行，部分则可通过自身的收费来弥补。

由此可见，政府若要既充分提供公共物品，又要提高有关财政支出的效率，就必须适当选择定价方法。根据上述分析，公共定价方法主要有以下几种。

（1）平均成本定价法。平均成本定价法是指政府在保持企业收支平衡的情况下，采取尽可能使社会经济福利最大化的定价方式。从理论角度来看，边际成本定价是最理想的定价方式，但它会使企业出现大量亏损，长此以往，企业很难持续提供足够的满足社会公共需求的物品，因为财政补贴也是有限度的。因此，为了使企业保持收支平衡，公共定价或价格管制可采用高于边际成本的平均成本定价。

（2）二部定价法。二部定价法是由两种要素构成的定价体系：一是与使用量无关的按月或按年支付的"基本费"；二是按使用量支付的"从量费"。因此，二部定价是"定额+从量"的定价体系。由于二部定价法中的"基本费"是固定的收入，所以有助于企业财务的稳定。该方法具有以收支平衡为条件实现社会经济福利最大化的性质，所以价格受管制的行业通常采用这种方法。

（3）负荷定价法。负荷定价法是指根据不同时间段的需要制定不同的价格。在电力、煤气、自来水、电话等行业，按需求的季节、月份、时区的高峰和非高峰的不同，系统地制定不同的价格，以平衡需求状况。在需求处于最高峰时，收费最高；而当需求处于最低峰时，收费最低。

4. 对效率和公平问题的考虑

在财政支出效益的评价时，还需要考虑公平问题。一个项目可以建在高收入地区，也可以建在低收入地区。在成本和利用率水平完全相等的情况下，如果建在高收入地区，就会因为高收入消费者能够支付较多而使计划项目的货币收益较高。但是，从社会效益角度来考虑，恰恰相反，由于边际效益递减的原理，花在低收入者身上的每1元比花在高收入者身上的可以带来更高的效益。所以，为将计划项目对不同收入者带来效益的差别考虑进去，评级时，必须运用"分配权数"，即对计划项目为不同收入阶层的人所带来效益进行加权之后再选择。例如，计划用50万元建设一个可容纳500人的养老院，如果建在高收入地区，入院者每人支付1 200元，项目直接经济效益是盈利10万元。而如果将该项目建在低收入地区，则入院者只能支付800元，结果是政府亏损10万元。如果从单纯的经济效益分析，当然应选择前者。但若考虑分配权数，评价结果则不同。假定每1元对低收入者的效用等于高收入者的1.8元，则低收入者付出的计算方法是$800 \times 1.8 \times 500 = 720\ 000$（元）。两者比较，低收入者付出更多，也说明该项目为他们带来的效用更大。从这个角度进行考虑将项目建在低收入地区对社会更加有利。

三、资本主义国家财政支出效益的评价体系

财政支出项目根据其特点可以分为两类：可分割的计划项目和不可分割的计划项目，这两类下又分别在规模固定的预算和规模不固定的预算中进行选择决策。

1. 可分割的计划项目

可分割的计划项目是指可供选择的项目对资金投入的要求没有固定的要求，资金小规

模的增加或减少都会对项目效果产生影响。例如，社会福利项目其资金的增加或减少都可以分割为货币的最小单位。

(1) 预算规模固定条件下的选择。

假设有一笔数额固定的预算资金要在 M 和 N 两个计划项目中进行分配，要求最终的组合取得最大效益，即计划项目的成本 C 已经固定，要求产生的收益 B 最大，两项目的边际收益曲线如图 2-4 所示。

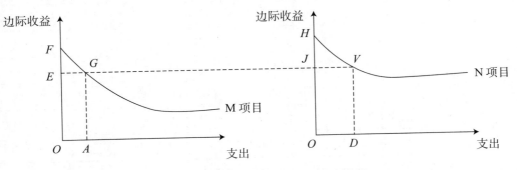

图 2-4　预算规模固定条件下计划项目的选择

M 项目和 N 项目的边际收益曲线表示在不同投资金额下 M 项目和 N 项目各自会产生的边际收益，约束条件为 $A+D$ 等于所允许的支出数额，A 为花费在 M 计划项目上的支出，D 为花费在 N 计划项目上的支出。由于预算规模是固定的，所以在 M 计划项目上多花费 1 元，就可能在 N 计划项目上少花费 1 元，也就是说，前者的机会成本是后者减少投资所引起的收益损失。为使两个项目收益之和最大（$E+J$ 最大），就要使花费在 M 项目上的最后 1 元收益等于花费在 N 项目上的最后 1 元收益，或者说两者的边际收益相等。

(2) 预算规模不固定条件下的选择。

规模固定的预算使采用一个项目的机会成本只能由放弃另一项目的收益损失来决定。而在实际工作中，预算规模往往是可以调整的，在项目必要时是可以追加投资的。在这种情况下，项目的选择就要与确定总预算支出同时进行考虑。公共计划项目的机会成本等于私人部门放弃投资的收益损失，因为公共项目投资的增加最终是由私人部门缴纳税收作为保证，即是由原属于私人的资源转化而来的。这时政府的决策就已经超出了对具体项目的选择，要同时考虑公共项目和私人项目的全部成本和收益，使总效益达到最大。这时就需要把 M 项目看作是公共项目，把 N 项目看作是个人项目，仍可以使用上述原则，使花费在公共项目上投资的边际收益等于花费在私人计划项目上投资的边际收益。

2. 不可分割的计划项目

不可分割的计划项目是指只有投资达到一定数额后，计划项目才可能完成，费用要求一次支付，有很多特定的项目属于这种类型，如公路、铁路、港口的建设，医疗器械的投资及某些科研项目的经费需要，投资如不能达到一定数额，整个计划项目就无法进行。在这种情况下，边际调整原则就不再适用，而需采用其他方法。

(1) 预算规模固定条件下的选择。

在这种情况下，有几种不同的选择原则。既可以考虑收益—费用比例最佳原则，也可以用净收益最大原则，还可以选择在所定预算额内尽可能地合理安排项目，使所剩预算资金最少。假定现有 150 万元用于 A 至 G 计划项目上,各计划项目的费用和收益情况如表 2-20 所示。

表 2-20 计划项目的费用和收益

计划项目	费用/万元	收益/万元	净收益/万元	收益—费用比/%
A	45.0	55.0	10.0	1.22
B	18.0	26.0	8.0	1.44
C	24.5	28.5	4.0	1.16
D	6.5	12	5.5	1.85
E	42.0	60.0	18.0	1.43
F	82.0	110.0	28.0	1.34
G	43.5	68.0	24.5	1.56

下面分别按照不同的原则进行选择。首先是收益—费用比例最佳原则。按照这个原则,优先考虑的应是 D 计划项目,其收益—费用比最高(1.85),然后依次从高到低选择,直到费用总和超出预算规定的数额为止。所选项目为 D、G、B、E(其收益—费用比分别为 1.85、1.56、1.44、1.43),总费用为 110 万元,总收益为 166 万元,净收益为 56 万元,预算还剩下 40 万元。其次是净收益最大原则,即在预算资金允许的条件下净收益尽可能多。按照这个原则,F、G、B 计划项目最符合要求,其总费用为 143.5 万元,总收益为 204 万元,净收益为 60.5 万元,预算还剩下 6.5 万元。最后是预算资金剩余最少原则,这时则应选择 B、D、F、G 计划项目,其总费用为 150 万元,总收益为 216 万元,净收益为 66 万元,没有预算剩余。

分析以上三项原则,可以看出,收益—费用比例最佳原则和净收益最大原则优点较多,是从较少的费用取得较多收益的角度考虑问题的。但将两者进行比较,收益—费用比例最佳原则又比净收益最大原则更优,因为其 1 元可能产出的收益为 1.51 元,高于按净收益最大原则选择项目的 1.42 元。当然,从净收益最大的角度选择计划项目也并非不可取,因为净收益是收益扣除费用以后的结果,仍可以获利。对于预算资金剩余最少原则,只有在必须严格按照固定预算执行,并且所剩预算资金无法退回的情况下才可以考虑。一般来讲,中央政府为了避免下级财政采取这种方案影响预算资金效益的发挥,在预算制度上,往往规定上年度预算资金结余可以转入下年度使用。

(2)预算规模不固定条件下的选择。

如果没有预算规模的限制,需要考虑资源归属于公共部门还是私人部门更有利,这就要求把眼光放在更广阔的宏观领域。但由于所讨论的又是不可分割的计划项目,无法用边际成本和边际收益的大小来进行比较,这时所能采用的原则只能是看计划项目的收益是否大于其费用来决定其可行性。

四、社会主义国家财政支出效益的评价体系

最初,社会主义国家对财政支出的经济效果评价问题没有足够的重视,一般只是把用

于社会再生产领域的支出称为"投资",认为只有那部分支出才能产生劳动成果,才有经济效益,而对其他财政支出只计算费用,没有考察其经济效果。直到20世纪80年代初,经济体制的变革使社会主义国家对很多经济问题进行了新的认识,逐步将经济效益问题作为讨论的重点。

1. 衡量财政支出绩效的方法

财政支出绩效的评价本质上是比较其费用与效用的问题。考虑到财政支出的特点,它不可能像其他经济投资那样,完全用货币形式的成本与收益进行比较,而是采用更能反映其实际效用的比较方法,一般有以下3种。

(1)费用—社会职能比较法,即将一定时期、一定数量的财政支出与公共机构所承担和完成的社会职能程度相比较。

(2)费用—贡献比较法,即将一定时期、一定数量的财政支出与其在国民经济发展、国民收入增加和社会经济效益提高等相关领域所产生的成效相比较。通常采用一些间接指标,如教育投资效果、科研投资效果的衡量等。

(3)费用—社会服务比较法,即将一定时期、一定数量的财政支出与其提供的社会服务水平或应达到的社会服务目标相比较,如民政部门所用经费与所服务对象对其工作满意程度的比较等。

2. 衡量财政支出的效益指标

财政支出涉及社会的方方面面,其效益反映在宏观和微观两个方面。因此,必须建立一个能综合反映各方面真实情况的指标体系,才能进行客观的评价。这个指标体系包括宏观效益指标和单项效益指标两大部分。其中,在宏观效益指标中,包含国民收入增长、国民收入生产和国民收入分配等几大类指标;在单项效益指标中,则分为物质生产性支出效益和非物质生产性效益两大类指标,其中非物质生产性效益指标侧重于从教育和科研的经济效益上进行评价。

(1)对教育支出的效益评价。

培养劳动者所需的教育费用可以分为两部分:一部分是必要教育费,即为普及教育所需的经费;另一部分是后续教育费,即为接受各种层次的专业教育所需的经费。对教育支出的效益评价可以分为两个层次。第一是所投教育经费与所培养出合格劳动者的数量之比,即 $r = (E_0 + E_1) / P_0$。其中,r 为培养出一个合格劳动者所需的教育经费,P_0 为就业人数,E_0 为必要教育费,E_1 为后续教育费,r 值越小,教育支出的效益越高。第二是合格劳动者的生产效率,$r = \Delta m / (C_1 + C_2) \times 100\%$。其中,$r$ 为受教育者的产出增长率,C_1 为劳动者占用的固定资产原值,C_2 为劳动者占用的流动资金量,Δm 为接受后续教育者和不接受后续教育者为社会提供的剩余产品价值的差额,r 值越大,则说明接受后续教育者比不接受后续教育者对社会经济所做的贡献越大。

由此可见,教育投资虽然没有直接用于物质生产领域,但却促进了物质生产的发展,带来了相应的经济效益。所以,可以用 $r' = \Delta m / (E_1 + E_0) \times 100\%$ 来表示教育投资的收入支出率。如果把教育投资用于物质生产领域,该投资可连续收益 t 年,每年的收益为 $Q_1, Q_2, Q_3, \cdots, Q_t$,则该项投资的资金收益率 i 可以由下式推算出来:$E_1 + E_0 = Q_1 / (1+i) + Q_2 / (1+i)^2 + \cdots + Q_t / (1+i)^t$。将 r' 与 i 进行比较就可以看出该项投资是用于教育还是用于直接物质生产更为有效,以确定财政的投资方向。

(2)科研支出的效益评价。

科学研究是现代经济发展的关键因素,而科研人员往往接受多年的教育才能胜任其工作,所以对科研支出的效益评价是比较复杂的,但可以分为三个层次。第一是培养合格科研者人均费用指标,即 $r=(E_0+E_1)/P$。其中,P 为科研人员的人数,E_0+E_1 仍为培养科研人员所支付的必要教育费用和后续教育费用,r 值越小,效益越高。第二是科研成果所需的费用指标,即 $r=s/n$。其中,r 为平均一项科研成果所需费用,s 为科研费用,n 为科研成果。第三是科研支出引起的技术进步指标,用科研支出带来的社会剩余产品价值的增加来表示,即 $r'=\Delta m/s \times 100\%$。其中,$r$ 为科研支出引起的社会剩余产品价值增加率,s 为科研费用,Δm 为剩余产品增加量。如假定将此项投资用于物质生产领域,在几年内的收益为 $Q_1, Q_2, Q_3, \cdots, Q_n$,则该项投资的资金收益率 i 可以由下式推算出来:
$E_1+E_0+S=Q_1/(1+i)+Q_2/(1+i)^2+\cdots+Q_t/(1+i)^t$,将 r' 与 i 进行比较,当 $r'>i$,说明该项投资用于科研是有利的;当 $r'<i$,说明该项投资用于物质生产是有利的;当 $r'=i$ 时,科研支出分配规模适度,达到最佳宏观经济效益。

 资料链接 2—7

三峡工程建设的成本——收益分析

三峡工程是迄今世界上最大的水利枢纽工程,工程竣工后,水库正常蓄水位为 175 米,防洪库容为 221.5 亿立方米,总库容达 393 亿立方米,充分发挥其在长江中下游防洪体系中的关键作用,并显著改善长江中宜昌至重庆 660 千米的航道,万吨级船队可直达重庆港,发挥防洪、发电、航运、养殖、旅游、保护生态、净化环境、开发性移民、南水北调、供水灌溉十大效益。如此规模巨大的一个工程,当时中国政府是如何做出投资决定?其财政支出效益如何?

20 世纪 80 年代中期,中国政府组织了四百多位专家和数千名勘测、调查、试验、设计和研究人员参加三峡工程的论证工作,对其成本和收益进行了深入系统的分析,得出可行的结论,1994 年三峡工程正式开工。

1. 三峡工程的效益分析

(1)防洪作用。长江中下游地区有耕地 900 余万亩,人口 7 500 万,是中国重要商品粮、棉、油基地,又是工商业较发达的地区。由于地面高度普遍低于洪水位数米至十数米,洪灾频繁而严重。三峡工程地理位置优越,可控制荆江河段洪水来量 95%,武汉市地理位置以上洪水来量的 2/3 左右。三峡工程建成后,有防洪库容 221.5 亿立方米,可使荆江河段的防洪标准从 10 年一遇提高到 100 年一遇。此外,三峡工程还可减轻武汉市的洪水威胁,为洞庭湖区的根本治理创造条件。

(2)发电效益。三峡水电站装机容量 1 768 万千瓦,年发电量 840 亿千瓦/时,主要供应华东、华中地区,小部分输送到川东,每年可替代煤炭 4 000 万~5 000 万吨,是供华中、华东地区的一个最优电源点。它将为华东、华中地区供应可靠、廉价、清洁和可再生的能源,并对缓和两地区的能源供应紧张、煤炭运输巨大压力及减少环境污染起到重大的作用。华东、华中地区的煤炭资源分别只占全国的3.6%和3.27%,目前急需从北方调入。华东地区水能资源开发殆尽,华中地区剩余的水能资源70%集中在三峡河段。据两地区电力发展规划,从1986年起测算5年内两地区需新增电力8 000万千瓦,30年内需新增1.7亿千瓦,按兴建三峡水电站并尽可能建设核电,预测2000年两地区从区外调入的煤炭仍分别达0.85亿吨和0.447 5亿吨,2015年分别达到1.7亿吨和1.15亿吨。若不建三峡水电站,煤炭运输将更为困难。

（3）航运方面。据有关方面预测,川江下水运量2030年为5 000万吨。而当时川江通过能力仅约1 000万吨。主要原因是川江航道坡陡流急,在重庆至宜昌的660千米航道上,落差120米,共有主要碍航滩险139处,单行控制段46处。三峡工程修建后,航运条件明显改善,万吨级船队可直达重庆,运输成本可降低35%～37%。

2. 三峡工程的成本分析

三峡工程的成本主要体现在工程建设成本、淹没农田和移民带来的成本,以及三峡工程对环境和生态的影响方面。

按照中国水电工程投资估算的有关政策和当时的物价水平,估算三峡项目的静态总投资为361.1亿元。其中,枢纽工程投资为187.7亿元,水库移民投资为110.6亿元,电网的输变电投资为62.8亿元。移民是三峡工程最大的难点,在工程总投资中,用于移民安置的经费便占到了45%。当三峡蓄水完成后,将会淹没129座城镇,产生113万移民,并且如果库尾水位超出预计,还会再增加新的移民数量。

三峡工程对库区及长江流域的环境和生态的影响也较大。建坝引起的水库淹没和河流水文、水力情势的变化是影响生态与环境的基本原因。三峡水库是一座典型的河道型水库,全长600余千米,平均宽度1.1千米,较天然江面宽度均增加约1倍。突然增加的一个巨大水面将会使当地传承千年的生物种群更迭,这将导致当地生态系统中的部分优势动植物种群消失,鱼类产量降低。

三峡工程的综合成本和收益比较如表2-21所示。

表2-21 三峡工程的成本和收益比较

类别	直接的		间接的	
	成本	收益	成本	收益
有形的	工程投资、移民支出	发电收入	库区农产品减少	缓和两地区的能源供应紧张、煤炭运输巨大压力
无形的	淹没资源	防洪、航运	库区环境破坏、人防、防震	减少两地区环境污染、库区旅游业发展

3. 三峡工程的成本—收益分析

按影子价格和10%的社会折现率,对三峡工程本身的投入、产出和早建、晚建、不建三峡工程进行了动态经济分析。计算结果表明,三峡工程的净现值（即产出总现值减投入总现值）为131.2亿元,经济内部收益率为14.5%。按规定,净现值大于零,或经济内部收益率大于10%,建设项目是可以接受的。这说明从国民经济总体角度衡量兴建三峡工程是有利的。

对早建（假定1989年开工）、晚建（假定2001年开工）、不建（以其他工程替代）进行综合分析,三峡工程早建方案费用总现值最小,晚建方案费用总现值大于早建方案,但小于不建方案。这说明三峡工程建比不建好，早建比晚建有利。

资料来源：马海涛，2018. 财政理论与实践 [M]. 北京：高等教育出版社.

 关键概念

财政支出　财政支出规模　财政支出结构　瓦格纳法则　替代—规模效应　购买性财政支出　转移性财政支出　成本—收益分析法　财政支出绩效评价

 本章小结

1. 政府的职能和公共品的性质决定财政支出的基本原则，虽然世界各国处于不同的政治经济环境，其财政支出原则也有所差异，但从总体上可以概括为量入为出或量出为入、公平效率兼顾、依法分配这三大原则。

2. 无论是从绝对规模还是从相对规模指标来看，全球范围内各国的财政支出规模呈不断增长的趋势，不会因为各国的经济发展水平和国家结构而不同，只是增长速度的快慢受经济、社会、政治等因素的影响。西方有关财政支出规模的理论依据主要包括瓦格纳法则、替代—规模效应理论、经济发展阶段理论。

3. 财政支出结构是财政资金用于政府各部门、国民经济和社会生活各方面的数量、比例及其相互关系，是财政支出分类的结果，发达国家的财政支出结构具有明显的福利保障性质，发展中国家的资本性支出相对较多。

4. 财政支出效益评价本质上是通过测算投入与产出效果来分配有限的财政资金，进而产生最大的效益，并同时兼顾公平和效率。发达国家对财政支出效益分析已经形成一套完整的理论体系，在方法上多采用数量分析法，而发展中国家更侧重定性分析。

 分析讨论题

1. 根据资料链接2-2的数据，运用财政支出理论分析我国财政支出变化趋势及其原因。
2. 根据资料链接2-5的数据，结合经济发展阶段理论，分析美国现在处于经济发展的哪个阶段，并针对这一阶段财政支出的特点，分析《2018财年国防授权案》的支出安排是否符合财政支出发展规律。
3. 结合资料链接2-7的分析方法，对建立公共图书馆的经济价值进行分析评估。

 本章拓展阅读书目

1. 匡小平，2011. 外国财政制度 [M]. 北京：中国财政经济出版社．
2. 财政部预算评审中心，2017. 中国财政支出政策绩效评价体系研究 [M]. 北京：经济科学出版社．
3. 格鲁伯，2015. 财政学（原书第4版）[M]. 林江，译. 北京：机械工业出版社．

第三章

财政购买性支出比较

学习概要

本章主要研究和阐述各国财政购买性支出的结构变化,以及投资性支出和消费性支出中基础设施、教育、卫生及其他支出的现状。通过本章的学习,要求学生了解购买性支出在总财政支出的重要性,比较各国各项支出的差异,掌握购买性支出的结构。本章的学习重点是购买性支出的构成,难点是理解各国购买性支出的差异。

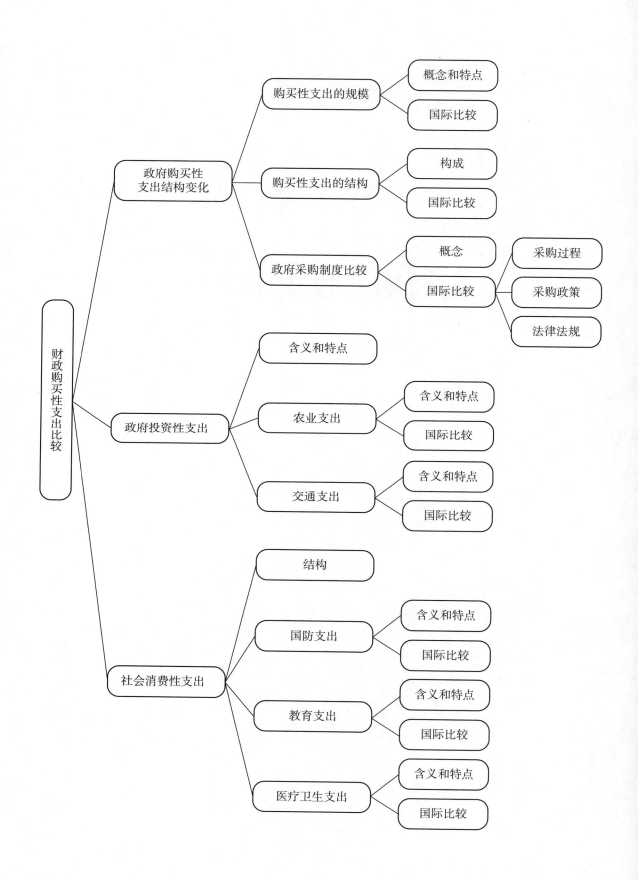

第一节　政府购买性支出结构变化

购买性支出作为财政支出的一部分，其数额和范围能够反映一定时期内政府为保障社会再生产的成本，对经济发展起着非常关键的作用，也是财政支出的重要组成部分。购买性支出和转移性支出划分的主要依据是是否具有补偿性的经济性质，也就是财政支出与商品和市场交换的密切程度。其中在国际比较时，购买性支出主要为雇员补偿、商品和服务的使用、固定资产的消耗和利息；转移性支出主要为补贴、赠予、社会福利和其他开支。财政支出中按照功能分类，分为一般公共服务支出、国防支出、社会治安与安全支出、经济事务支出、环境保护支出、住房与社区设施支出、健康支出、教育和社会保障支出。经济和功能分类可交叉分类，以显示某一特定功能交易的类型。对于某一特定职能而言，其所有支出不论具有怎样的经济性质，均应汇总计入政府职能分类的一个类别中。所以按照职能分类的数据中，既包含购买性支出，也包含转移性支出。本章首先按照经济分类对购买性支出进行国际比较，随后再按照职能对各部分的支出结构和规模进行比较。

一、购买性支出的规模

1. 财政购买性支出的概念和特点

财政购买性支出是指政府用于购买商品、劳务和公共工程方面的支出，如购买劳务的支出（公务员的工资、福利费、汽车修理费、邮政等）、购买物品的支出（公共设备、汽车等固定资产支出）、购买公共工程的支出（桥梁、道路、水库建设支出和资本性投资支出等），也就是政府通过支出将财政资金与微观经济主体提供的商品和服务相交换。而转移性支出是指不用于购买商品和劳务，是政府按照分配政策，单方面地、无偿地直接拨付给单位和个人，由其自行使用形成的社会购买力支出，主要就是各级政府的补助，如社会保障支出、政府的补贴支出等。所以，在计算政府的购买性支出时，我们采用财政总支出减去转移性支出等于购买性支出，转移性支出包括价格补贴、企业亏损补贴、债务还本付息支出、社会保障和就业四项。

由于政府通过购买性支出会直接参与商品和服务的购买，弥补市场缺陷或对市场失败领域的支出，所以会直接影响社会的生产和就业，从而直接影响社会资源和要素的配置，规模和结构也体现了政府的效率，同时也会对政府自身的财政活动形成较强的效益约束。由于乘数效应，此项支出产生的经济增长将会成倍增加。购买性支出中的投资性支出，将对社会福利的公平分布状态产生直接影响。另外，也会直接引起市场供需对比状态的变化，直接影响经济周期的运行状况，是政府财政政策的相机抉择的基本手段之一。所以，财政购买性支出直接体现了公共财政可以履行效率、公平和稳定三大职能。

政府购买性支出具有三个特点：有偿性、等价性、消耗性。有偿性决定了购买性支出必须在一定程度或形式上获得补偿。等价性决定了购买性支出在支付的同时获得了等价的服务，或者说在支付时能够实现政府的职能。消耗性决定了购买性支出在购买商品和服务后，商品和服务会被不断消耗掉，或者转移到其他的产品再生产过程中。

2. 财政购买性支出规模的国际比较

对于不同的国家而言，购买性支出占国家财政总支出的比例不尽相同，会随着国家发达程度而有所差异。经济合作与发展组织（Organization for Economic Co-operation and Development，OECD）成员国（以下简称OECD国家）（人均年收入在2万美元以上）购买性支出的占比平均在50%左右，会随着不同国家政府规模、国家的人口结构、社会经济发展水平的不同而有所差异。同时，由于各国制度不同，发达国家、发展中国家及新型经济体之间的购买性支出的比例有很大差异。如表3-1所示，发达国家主要处在45%～50%的水平，最低的德国和日本约在40%，最高的美国占60%左右，而发展中国家主要处于60%～70%的水平（除巴西外）。尽管发展中国家的统计标准与发达国家不同，但是粗略的比较，对于分析各国的财政支出结构促进经济社会发展的程度有一定作用。整体而言，随着各国的发展，购买性支出占财政总支出的比重在逐渐下降，转移性支出的比例逐步提高。同时，从第二章可知，财政支出占GDP的比重在逐渐增加，所以从金额上来说购买性支出的总额是增加的，这就解释了为什么各国都在不断提升本国人民的整体生活水平，最大程度上解决了贫困问题。

表3-1 部分国家购买性支出占财政总支出的比重　　　　　　　　　　单位：%

国家		年份							
		1995	2000	2005	2007	2010	2013	2015	2017
发达国家	美国	—	—	62.90	66.58	62.80	61.55	60.02	60.25
	日本	49.00	45.30	41.90	45.26	41.99	41.56	40.76	39.85
	英国	52.20	53.10	53.70	57.96	57.34	55.42	55.28	56.22
	德国	32.60	35.80	35.10	39.64	41.28	39.3	38.18	38.31
	法国	46.20	46.20	44.40	47.18	45.86	44.78	43.2	43.16
	瑞典	50.00	50.50	48.90	52.85	52.01	51.73	51.87	52.32
	意大利	55.00	49.70	47.80	52.06	49.4	47.61	46.78	46.92
发展中国家	中国	81.47	82.33	83.50	86.94	87.79	87.49	87.17	84.79
	巴西	—	—	—	49.06	49.43	46.82	47.33	44.67
	俄罗斯	—	—	—	—	63.47	62.7	59.76	—

说明：表中所列巴西在2017年的数据实际上是2016年的，俄罗斯在2010年的数据实际上是2011年的。

资料来源：中国的数据来自中国历年的统计年鉴；其他国家的数据来自IMF（International Monetary Fund，国际货币基金组织）和OECD官网。

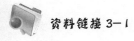
资料链接 3-1

中国政府支出经济分类与国际分类的差异

根据《2015年政府收支分类科目》，我国政府支出分类包括类、款、科目三个层级，最高层级的类有十二个，分别是 301 工资福利支出、302 商品和服务支出、303 对个人和家庭的补助、304 对企事业单位的补贴、305 转移性支出、307 债务利息支出、309 基本建设支出、310 其他资本性支出、399 其他支出（财政部，2014）。但是这与 SNA（System of National Accounts，国民账户体系），以及国际货币基金组织发布的 GFSM（Govement Finance Statistics Manual，政府财政统计手册）的有关分类比较起来，我国的政府支出类别更多，组成内容也较复杂。我国的政府支出分类与 GFSM 中的政府支出分类有相同或相似之处，也存在一些不同之处，如表 3-2 所示。总体说来，我国的政府支出分类科目除了缺少固定资本消耗类别外，所覆盖的范围要远大于 GFSM 所建议的范围，还包括了一些不影响政府净值的债务支出和投资支出。

表 3-2 GFSM 中的政府支出分类与我国的政府支出分类对照

GFSM 中的政府支出分类	我国的政府支出分类
21 雇员报酬	301 工资福利支出 303 对个人和家庭的补助（住房公积金等）
22 货物和服务的使用	302 商品和服务支出
23 固定资本消耗	无对应项
24 利息	307 债务利息支出
25 补贴	303 对个人和家庭的补助（生产补贴） 304 对企事业单位的补贴（对企业的补贴部分）
26 赠予	305 转移性支出 399 其他支出（赠予）
27 社会福利	303 对个人和家庭的补助（非雇员报酬、非生产补贴的部分） 304 对企事业单位的补贴（对部分事业单位和非营利机构的补贴）
因不影响政府净值，未纳入 GFSM 所定义的政府支出	309 基本建设支出 310 其他资本性支出 399 其他支出（贷款转贷）
28 其他支出	399 其他支出

经过比较可以发现，我国政府支出科目设置的思路与 GFSM 所建议的国际通行标准并不完全相同，这导致了我国现行的政府支出经济属性划分还存在一些错位、缺位和越位的问题。在当前加快政府职能转变、推进国家治理体系和治理能力现代化的背景下，我们要进一步深化政府收支分类改革，简化分类类别，优化政府收支科目设置，明确政府支出经济属性，促进财政

事权和支出责任的落实，为深化财税改革做好相应的技术准备。

资料来源：宋旭光，牛华，石涵琨，2017.中国政府支出经济属性的核算解析[J].财政研究（2）：14；15-24.

二、购买性支出的结构

1. 购买性支出的构成及比较

购买性支出，按照动态经济价值看，可以分为社会消费性支出和投资性支出，都是社会再生产正常运行所必需的支出。消费性支出细分为非民生消费性支出和民生消费性支出。非民生消费性支出是指政府服务支出，主要反映政府管理国家需要，但与个人和企业劳务无关的活动。民生消费性支出也是指政府服务支出，但主要是指政府直接向社会、家庭和个人提供的服务，关乎民生的支出。投资性支出是指主要用于政府经济管理，提高经济运行效率的支出。

两者的主要区别是：消费性支出主要是维护政府机构正常运转和政府提供公共服务所需的支出，不会形成社会资产，投资性支出主要用于基础设施（道路和桥梁）、经济建设、农业、高技术高风险产业的建设发展，支出最终会形成社会资产；消费性支出可以满足社会的共同需要，具有非常明显的外部性，而投资性支出可以刺激需求的不断增长，改善供给，具有非常明显的市场性，所以消费性支出是无偿的，而投资性支出是有偿的。

2. 购买性支出结构的国际比较

各国的政府投资性支出所占财政支出的比重存在较大差异，大多数国家的投资性支出都在20%以下，OECD国家平均购买性支出中投资性支出的比例为15%左右。如表3-3所示，发达国家中，日本的比例在近10年处于25%左右，美国、法国和瑞典在15%左右，英国、德国和意大利都在10%左右。影响投资性支出占财政支出比例的主要因素有两个：一是经济体制差异，市场经济国家政府投资性支出比例较低，而计划经济国家比例较高；二是社会经济发展阶段差异，发达国家政府投资性支出比例较低，而欠发达国家和中等发展中国家的政府投资性支出比例较高。

表3-3 政府投资性支出占购买性支出的比重 单位：%

国家		年份				
		2007	2010	2013	2015	2017
发达国家	美国	15.82	15.18	14.20	13.60	13.88
	日本	24.81	24.43	24.45	24.61	25.04
	英国	9.87	11.41	10.23	10.93	11.19
	德国	10.95	10.66	11.81	12.31	12.84
	法国	16.51	16.51	16.17	14.33	14.16
	瑞典	15.02	16.34	16.39	16.41	17.26
	意大利	11.81	11.86	10.02	9.62	9.95

（单位：%）（续表）

国家		年份				
		2007	2010	2013	2015	2017
发展中国家	中国	40.0	44.0	35.02	47.0	40.12
	巴西	8.13	11.11	9.31	7.08	6.31
	印度尼西亚	—	17.60	22.50	23.95	22.02
	俄罗斯	—	18.39	14.51	17.57	—

资料来源：IMF和OECD官网。说明：表中所列巴西和印度尼西亚2017年的数据实际上是2016年的数据；俄罗斯2010年的数据实际上是2011年的数据。

发达国家和发展中国家的计算方式不同。本节所述发展中国家的投资性支出，主要包括节能环保、城乡社区、农林渔、交通运输、资源探测信息、商业服务业、金融、援助其他地区、国土海洋气象、政府债务付息十项支出。

资料链接 3-2

我国政府支出结构与私人消费的关系

政府支出项目种类繁多，每项支出对私人消费产生的效应也不尽相同。Bennett假设政府支出不仅在总量上影响私人消费，而且还会在组成结构上影响私人消费，他把政府支出分解为投资性支出和消费性支出，但实证的结果却表明这两类支出对私人消费影响并不显著。之后，Kuehlwein、Steven、Baldi等人也进行过此类研究。其中Kuehlwein探讨了基于教育、卫生、住房、交通四类支出项目中政府购买与私人消费之间的关系，研究结果表明，在教育、卫生、交通三类支出中政府购买与私人消费是互补的，而在住房项目中政府支出能够替代私人消费。国内学者胡书东从一个一般性的理论框架出发，使用经济建设费、社会文教费、国防费和行政管理费逐年变动的时间序列分析其对居民消费的影响，结果显示，国防费、行政管理费对居民消费影响不显著，经济建设费、社会文教费与居民消费存在正相关关系。杨文芳、方齐云采用全国数据和省级面板数据就财政收支对居民消费率的影响进行了实证分析，他们分析得出财政消费性支出对居民消费具有挤出效应，而保障性支出有助于提高居民消费率。

从优化政府支出结构的角度出发，通过运用1991—2011年我国省际面板数据研究我国政府投资性支出、非民生消费性支出和民生消费性支出对私人消费的影响。实证的结果表明：①政府投资性支出对城镇私人消费和农村私人消费的系数并不显著，说明政府投资性支出对私人消费的影响不大；②政府非民生消费性支出对城镇私人消费有显著的挤入效应，而对农村私人消费影响不显著；③政府民生消费性支出对城镇私人消费有显著的挤出效应，但对农村私人消费有显著的挤入效应；④实证结果验证了居民收入对私人消费有促进作用。

因此，为了促进私人消费，政府可转变调控重点，减少投资性支出，增加对城镇居民的非民生消费性支出和农民居民的民生消费性支出；通过减税或转移性支出提高居民收入水平；完善社会保障制度。政府支出对私人消费的挤出或挤入效应同样在支出结构上也有所体现。

资料来源：缪慧星，2014.政府支出结构与私人消费的关系：基于挤出和挤入效应分析[J].广西大学学报（哲学社会科学版）(3)：31-35；41.

三、政府采购制度比较

（一）政府采购制度

政府采购制度是政府利用商业管理方法来管理政府公共支出的规则，是政府使用的非常有效的宏观调控手段，也是政府预算中公共支出管理的重要手段。具体而言，政府采购就是政府、政府机构和政府控制的企事业单位，以及政府采购职责范围内的其他机构，为了政府职能和公共利益，使用政府资金购买货物、服务或工程的过程。政府采购的主体就是政府采购单位，客体是政府采购的内容，大致上可以分为货物、劳务和工程三大类。政府采购是为了实现政府职能和公共利益的政府行为，所以其采购资金来自政府财政拨款等公共资金，采购过程需要遵循相关的国家行政法规的规定，做到公开、公平、公正。

（二）政府采购制度的国际比较

在进行国际比较时，主要从政府采购过程、政府采购政策和法律法规三个方面开展。

1. 发达国家的政府采购制度

（1）美国政府采购制度。

①政府采购过程规范。在政府采购过程上包括确定采购需求，签订采购合同和管理、执行采购合同；在具体的采购方式上分为小额采购和大额采购两种类型。一般情况下，如果采购金额在 2 500～25 000 美元，实行小额采购，金额超过 25 000 美元的采购，实行大额采购。政府机构购买力的大小或所得拨款的多少取决于一年一度的财政预算，而预算过程既涉及美国政府的行政机构，又涉及美国政府的立法机构。因此，整个采购过程和各种采购行为都有一定的法律规范和比较切合实际的操作方式。

②政府采购政策统一。联邦政府采购政策管理办公室是总统行政和预算办公室下设的职能机构，负责联邦政府采购的统一政策管理，不负责有关法律法规的具体执行和监督工作。美国国会下设联邦会计总署（General Accounting Office，GAO），履行政府预算支出和政府采购监督管理职能。根据美国宪法，GAO 有权处理国家支出情况，并对政府采购活动实施监督。GAO 负责对行政机关的采购计划进行评估并提出建议，可以获取所有的政府采购文件，对政府采购项目进行审计。此外，GAO 还是受理供应商投诉的权威机构。

③政府采购法律全面。政府采购法律主要包括《联邦财产和行政管理服务法》《合同竞争法》《诚实谈判法》《购买美国产品法》《小企业法》《信息自由法》《及时支付法》和世界贸易组织的《政府采购协议》。此外，还需要遵循《联邦采购条例》，这是专门的政府采购法规，比较详细地规定了最重要的采购制度、政策和程序，政府机构按照该法规具体实施政府采购。

（2）英国政府采购制度。

①政府采购决策受制约。从决策程序上看，各政府部门的政府采购都实行自我决策，各部门可以根据本部门的需要采取最符合合同要求的竞争形式进行采购，公平竞争仍是政府采

购的一条核心原则。但各部门在采购决策中要受到两方面的制约：一是这些部门的所有采购商品和服务都必须在财政部授权支出的范围之内；二是部门的所有支出都必须向议会负责。另外，采购的每个部门都有一名会计官员，主要负责公共财政秩序和法规，同时保证财政支出周全合理、物有所值，各部门的支出受议会的全国账户委员会的监控。

②政府采购方式有差异。英国政府采购的基本方式为：精心挑选供应商，要求他们以各自的生产产量、产品规格和生产执行情况进行竞争性投标，对于以价格为主要因素又相对较容易些的合同，采取公开招标方式；对较复杂的合同，采取协商和竞争招标相结合的方式；对于极少数极为复杂的合同，采取竞争性的协商谈判方式；对于极廉价的采购或极例外的特殊情况，采取单方面招标方式等。

③政府采购法律法规较全面。英国的政府采购是建立在相应的法律法规基础上的。其内容大致包括：一般合同与商业法律；法定职责，如遵守国际条例等；专门法律规定，如对行贿受贿或不公正合同条款的处理；旨在消除国别歧视、增强欧洲单一市场内商品和服务自由流动的欧共体条约及规定；世界贸易组织（World Trade Organization，WTO）政府采购协议和其他国际协定等。

（3）新加坡政府采购制度。

①政府采购过程简明。新加坡拥有简明的法定采购程序，同时每个环节在法律中都有具体明确的规定。一般项目的采购均应履行以下程序：确定采购计划、选择采购方式、审查供应商竞标、授予合同、履行合同等。政府在互联网上专门设立了招标信息服务网站，采购和供应双方可以非常方便、迅速地获取自己所需的采购项目、日程、报价及合同授予等信息。此模式从根本上解决了过去采购程序烦琐、手工操作复杂、数据不够准确、缺少透明度等问题。

②政府采购政策透明。新加坡是一个城市国家，没有地方政府。新加坡的政府采购政策由财政部预算署制定，其权限来自《财务程序法案》的授权以及内阁的授权。这种权力适用于所有的政府采购机关。1997年7月，新加坡加入世界贸易组织的《政府采购协定》并适用于新加坡的所有政府部门和25个法定机构。为更好地履行《政府采购协定》的义务，新加坡政府制定了《政府采购法案》，该法案采用了《政府采购协定》的规定。在制定政府采购政策时，对于非《政府采购协定》的项目新加坡财政部也尽量采用《政府采购协定》的规定，即加大《政府采购协定》的使用面，以减少财政的负担。新加坡政府采购的基本原则和目标是：公开和公平竞争原则，确保政府采购招投标合同是公开、公平的；物有所值原则，合同授予完全符合或很大程度上符合规格的最低价格投标商；透明原则，完全消除或尽量减少政府采购官员的贪污机会。

③政府采购法律简单。新加坡与政府采购相关的法律有《财务程序法》和《政府合同法》，在《政府合同法》中规定了可以代表政府签订合同的官员的资格要求。

2. 发展中国家的政府采购制度

（1）印度政府采购制度。

①政府采购过程电子化。印度属于联邦制国家，印度的公共采购过程发生在不同政府层级，包括中央政府、邦政府（次中央）及地方政府，此外还包括国有企业采购，缺乏中央层级领导部门。中央一级与邦政府一级公共机构和企业需遵循各自的采购规则，而这一切都要归因于印度错综复杂的民族关系和一系列历史遗留问题。2012年3月，印度中央政

府开始实施电子化采购制度，中央政府、中央公共部门企业在采购价值100万印度卢比以上的工程、货物或服务时，必须通过电子化采购程序购买。同时，为进一步推进电子化采购进程，最大程度地确保中央政府合同能够通过这一路径授予，印度在2015年4月将电子化采购门槛限额降至50万印度卢比，并在2016年4月进一步将门槛降至20万印度卢比。

②政府采购政策层级化。印度没有全国性的政府采购政策，其中央层级、各邦、国有企业甚至国防部与铁道部都有各自的采购法令、采购指南及相应的立法体系。采购系统也因为饱受决策效率低下的困扰，导致采购成本节节攀升及采购实体付款延迟。不仅如此，由于印度缺乏独立的采购监管机构及有效的争端解决机制，缔约当局常常与投标人相互勾结，使得该国的公共采购系统饱受质疑与挑战。

③政府采购法律层级化。印度主要通过各种采购框架规则、指南与手册管理着不同层级的采购实务。广义的法令和指令包括2005年的《总财政法》和《财政权授权法》中，更广义的法律框架还包括1872年的《合同法》、1930年的《货物出售法》《仲裁及限制法》以及最近的2005版《信息权法》。此外，印度还针对不同领域的采购制定了单独法律，如国防采购需要遵照国防部颁布的国防采购手册执行，中央政府部门则需通过中央物资局进行采购。随后，中央政府在2012年修订的《公共采购法案2012》覆盖范围就包括中央政府部门及国有企业，该法案参考了《联合国示范法》与世界贸易组织《政府采购协定》中的诸多优秀条例。同时，一些邦政府，包括拉贾斯坦邦、卡纳塔克邦与泰米尔纳德邦也都拥有适用于本邦政府的公共采购法律，这些规则在制定时大多参考了国际通用的公共采购标准。但具体实施中很难在透明度、有效性与公共合同授予的专业性方面体现出良好效果。

（2）中国政府采购制度。

①政府采购过程系统化。政府采购方式包括公开招标、邀请招标、竞争性谈判、单一来源、询价、竞争性磋商六种具体采购方式。政府部门逐步开始采用电子交易平台，促进政府采购的大数据分析应用，部分地区开展政府采购电子卖场建设试点与推广，构建了中国政府采购网等一系列平台。

②政府采购政策全面。完善政府绿色采购政策，优化节能环保清单调整机制。制定政府采购本国货物管理办法，运用首购、订购政策，结合非招标方式、政府购买服务等方式，建立健全支持创新产品和服务的政府采购政策体系。通过完善政府采购云计算服务、大数据及保障国家信息安全等方面的配套政策，支持相关产业发展。2018年11月，中国共产党中央全面深化改革委员会审议通过的《深化政府采购制度改革方案》中明确提出，深化政府采购制度改革要坚持问题导向，强化采购人主体责任，建立集中采购机构竞争机制，改进政府采购代理和评审机制，健全科学高效的采购交易机制，强化政府采购政策功能措施，健全政府采购监督管理机制，加快形成采购主体职责清晰、交易规则科学高效、监管机制健全、政策功能完备、法律制度完善、技术支撑先进的现代政府采购制度。

③政府采购法律较多。截至去年，中央政府已经出台了近60部针对政府采购的法律法规，形成了以《中华人民共和国政府采购法》为统领，以《中华人民共和国政府采购法实施条例》为支撑，以《政府采购货物和服务招标投标管理办法》《政府采购非招标采购方式管理办法》《政府采购质疑和投诉办法》等规章办法为依托，以各种指导性文件为补充的较为完善的政府采购法律框架，涵盖了体制机制、程序操作、政策执行、基础管理及监督处罚等方面的内容，为规范财政支出行为、维护政府采购市场交易秩序奠定法律基础。同时，2015年实

施的《中华人民共和国预算法》和2018年中共中央、国务院颁发的《关于全面实施预算绩效管理的意见》，进一步将政府采购预算和政府采购绩效纳入政府采购的法律法规范畴。

随着社会经济的发展，消费浪潮涌起，环境不断恶化，各国不断倡导要实现可持续发展。在此背景下，采购环境友好产品和服务成为一种世界性的潮流。各国政府开始在原有的政府采购框架下不断完善绿色采购制度，开始逐渐形成有规律性的模式、政策与措施，如推出鼓励和推动绿色采购的法律与行政命令，列出绿色采购产品清单等。各国政府的绿色采购制度的具体差异如表3-4所示。其中，美国和日本政府都有完善的法律保障和实施方案或行动，公开了相应的绿色清单，有相对有效、及时的采购网，以及政府相应的责任担当和示范作用。相比之下，德国的法律框架较规范，但仅标记了具有环保标签的产品。

表3-4 各国政府绿色采购制度对比

国家	法律制度	绿色清单	公开程度
美国	法律基础：联邦法令与总统行政命令（包括《资源保护与回收法》《政府采购法》） 采购计划：采购再生产品计划、能源之星计划、生态农产品法案等	具有产品特征的绿色清单	信息公开与及时更新
德国	《循环经济与废物管理法》	环保标签的产品	
日本	法律：《绿色采购法》 计划：政府操作的绿色行动计划	绿色采购的原则，各商品类别的指南，以及各个类别的产品列表	绿色采购网络
中国	法律：《中华人民共和国政府采购法》《节能产品政府采购实施意见》	环境标志产品政府采购清单	

资料链接3-3

我国政府绿色采购制度的问题

与其他国家相比，当前我国实施的政府绿色采购制度仍存在一些问题。

（1）"绿色"概念模糊。国外所指绿色产品实际涵盖了环保、节能、再生的含义，而且国外在实施政府绿色采购的初期似乎更强调产品的再生。而我们的绿色产品概念模糊，似乎只包括环保的含义，这种环保似乎与节能是相互独立的，从节能清单和绿色清单中都包含"打印机"可窥见一斑。

（2）缺少完备的法律支持。在我国政府采购的法律规范体系中缺乏对绿色采购的明确规定，执行中缺乏政策导向，不具有强制力，多依靠采购人员自身的环保意识。《中华人民共和国政府采购法》第九条只是笼统地规定，政府采购应当有助于实现国家的经济和社会发展政策目标，包括保护环境，促进中小企业发展等。政府采购应当优先采购高科技和环保产品，促进环保企业的发展，保证经济的可持续发展。但对如何体现保护环境的目标，以及如何权衡环保产品在某次采购中的权重等细节性的问题未做规定。

（3）环保、节能意识有待提高。由于长期以来公众对环保节能产品和服务不够重视，政府绿色采购的推行存在观念上的障碍。在日常采购工作中，一些采购人竟然不知道国家已经公布了节能清单、绿色清单，有一些采购人还会以各种各样的理由拒不接受采购节能产品、绿色产品的建议。采购人不愿意接受节能产品，不愿意变更采购方案，不愿意调整项目采购清单。

（4）采购清单不应该指定产品品牌型号。采购清单应该指定产品的内容特征，指定产品的品牌型号，容易给非再生产品生产商带来受歧视的感觉，也容易滋生腐败行为。虽然两种做法都要不断地更新清单，但更新产品的内容特征要比更新品牌型号容易得多。

（5）绿色清单与"国货优先"原则相悖。绿色清单中的"洋货"占了多数，没有充分利用政府采购保护国内产业。在未加入WTO《政府采购协议》之前，采取"国货优先"原则，名正言顺。美国至今仍沿用1933年的《购买美国产品法》，根据此法案，只有在美国商品价格高于外国商品价格25%的情况下才能向国外购买，可见发达国家也在用政府采购保护国货。

（6）政府绿色采购的对象有限。长期的粗放型生产方式强调增加投入来增加产出，不注重对环境和生态的负面影响。首先，我国环保产业最近几年才兴起，环保产品少，政府采购可选择的余地小，阻碍了政府绿色采购。其次，环保产品的信息不足，采购人员寻找环保产品非常困难，无形中增加了采购成本。

资料来源：姜爱华，2007.政府绿色采购制度的国际比较与借鉴[J].财贸经济（4）：37-40.

第二节　政府投资性支出

一、政府投资性支出的含义

政府投资性支出也称财政投资性支出、财政投资或公共投资，是指以政府为投资主体，将财政资金集中投资到各行业，满足公共产品或服务需要的同时，促进经济增长。投资性支出主要投资于国计民生的相关产业和领域，如经济建设、社会基础设施和基础产业等方面。政府投资性支出有三个特点：一是非盈利性，政府作为宏观调控的主体，社会成本和社会效益是政府投资的出发点和归宿，所以政府投资的项目大多能提高国家或地区的整体效益；二是外部性，政府投资主要是为了全体居民和各种市场主体的生产和生活提供公共性、基础性、社会性的条件，所以这些投资都集中在外部效应较大的关乎社会进步和国家发展的项目；三是长期性，政府投资主要依托政府财政资金，来源于税收和国有资产收入，所以政府投资通常主要投资于具有开发性和战略性且具有长期效益的项目。

由于投资性支出的功能不同，也可以进一步分为生产性财政投资支出和社会性财政投资支出。生产性财政投资支出主要投资于基础设施领域，如电力设施、交通运输、邮电通信等的建设，主要为政府财政资金在经济事务上的市场体现，直接促进经济增长。社会性财政投资支出主要投资于公共服务领域，如娱乐文化、卫生、科技教育、国防等，主要为政府财政资金在非市场领域开展的投资活动，通过长期提升人力资本，完善公共服务体系，从而长期且可持续地拉动经济增长。

由于各国的社会经济情况不同，因此指标的计算也不同。具体支出的项目，在本章第一节中已经阐述。投资性支出在不同的政府职能中所占的比重不同。下面只列出了主要发达国家的投资性支出在不同职能中的比重，发展中国家因没有数据故未列出。由表3-5可以看出，美国在投资性支出中占比最高的是经济事务，其次是国防和教育，另外环境保护的支出为 0，这也可以看出美国在环境保护上的再投资几乎没有，而在国防上投入了较多资金，基本与经济事务的投资比例接近。由表 3-6 可以看出，英国在经济事务上的投资较多，其次是国防和医疗保障，这表明英国在保障居民医疗健康方面的再投资较多。由表 3-7 可以看出，日本在经济事务上的投资性支出接近 50%，远远超过其他发达国家，其次在环境保护和教育上的支出也较多，都在 10% 以上。

表 3-5 美国政府投资性支出在不同职能中的比重　　　　　　　　　　单位：%

年份	一般公共服务	国防	公共秩序和安全	经济事务	环境保护	住房和社会福利设施	医疗保障	娱乐、文化和宗教	教育	社会保障
2007	5.85	26.53	3.13	27.66	0	4.82	10.74	1.79	18.86	0.64
2010	5.43	28.56	2.98	27.54		5.03	11.5	1.59	16.73	0.64
2013	5.34	26.73	3.17	29.18		4.43	12.42	1.41	16.64	0.68
2015	5.34	25.28	3.28	27.35		5.03	12.58	1.62	18.77	0.75
2017	5.27	24.23	3.29	29.47	0	4.58	12.28	1.68	18.42	0.78

资料来源：IMF 和 OECD 官网。

表 3-6 英国政府投资性支出在不同职能中的比重　　　　　　　　　　单位：%

年份	一般公共服务	国防	公共秩序和安全	经济事务	环境保护	住房和社会福利设施	医疗保障	娱乐、文化和宗教	教育	社会保障
2007	4.48	20.14	5.54	25.75	5.36	8.01	12.6	2.05	14.76	1.29
2010	2.75	21.48	4.57	26.19	4.46	9.37	14.53	4.88	10.71	1.05
2013	3.67	22.52	3.11	31.07	6.29	8.06	11.09	0.61	12.8	0.78
2015	3.73	19.55	2.81	34.55	5.88	8.81	11.32	-0.68	13.48	0.54
2017	5.68	17.78	3.22	35.42	6.26	11.67	10.63	-0.58	9.11	0.8

资料来源：IMF 和 OECD 官网。

表 3-7 日本政府投资性支出在不同职能中的比重　　　　　　　　　　单位：%

年份	一般公共服务	国防	公共秩序和安全	经济事务	环境保护	住房和社会福利设施	医疗保障	娱乐、文化和宗教	教育	社会保障
2007	4.51	5.4	3.3	49.41	13.76	7.72	0.71	1.83	12.09	1.27
2010	6.93	5.26	3.02	46.68	11.53	7.48	0.67	2.13	14.99	1.3

（单位：%）（续表）

年份	一般公共服务	国防	公共秩序和安全	经济事务	环境保护	住房和社会福利设施	医疗保障	娱乐、文化和宗教	教育	社会保障
2013	5.62	4.87	3.98	49.8	10.35	6.79	0.65	2.06	14.36	1.52
2015	6.26	6.1	4.57	47.2	11.28	6.82	0.75	2.82	12.31	1.89
2017	6.46	7.26	3.43	47.79	11.28	7.32	0.74	3.01	10.61	2.1

资料来源：IMF 和 OECD 官网。

德国、法国、瑞典和意大利的投资性支出的结构类似，经济事务都在30%左右，如表3-8～表3-11所示。一般公共服务有较大差异，德国在近十年间不断增加，从15%增加到22%左右；法国维持在12%左右；瑞典维持在27%左右；意大利在10%左右。教育支出同样也存在较大差异，德国在15%左右，但近十年表现出逐渐下降的趋势。

表3-8　德国政府投资性支出在不同职能中的比重　　　　单位：%

年份	一般公共服务	国防	公共秩序和安全	经济事务	环境保护	住房和社会福利设施	医疗保障	娱乐、文化和宗教	教育	社会保障
2007	15.24	9.95	4.27	32.4	5.75	5.35	2.52	6.26	16.86	1.41
2010	19.27	11.51	4.45	25.23	5.08	3.89	2.48	7.06	19.23	1.8
2013	18.64	11.28	4.4	29.79	6.39	3.37	2.66	5.18	15.96	2.33
2015	22.83	10.7	4.14	29.34	5.89	2.76	2.61	5.23	13.6	2.89
2017	22.52	11.75	4.27	29.41	6.32	2.67	2.58	5.24	12.55	2.71

资料来源：IMF 和 OECD 官网。

表3-9　法国政府投资性支出在不同职能中的比重　　　　单位：%

年份	一般公共服务	国防	公共秩序和安全	经济事务	环境保护	住房和社会福利设施	医疗保障	娱乐、文化和宗教	教育	社会保障
2007	13.23	5.33	3.1	32.78	6.27	9.71	8.61	8.94	8.97	3.05
2010	11.03	7.55	3.71	32.58	6.29	8.13	8.2	7.94	10.95	3.64
2013	13.69	6.92	2.36	32.25	6.37	7.83	8.4	9.21	9.44	3.54
2015	13.12	8.81	2.73	31.58	6.76	7.27	8.3	7.68	10.31	3.45
2017	12.37	9.21	2.83	31.77	6.61	7.23	8.04	7.63	11.08	3.24

资料来源：IMF 和 OECD 官网。

表 3-10 瑞典政府投资性支出在不同职能中的比重　　　　　　　　单位：%

年份	一般公共服务	国防	公共秩序和安全	经济事务	环境保护	住房和社会福利设施	医疗保障	娱乐、文化和宗教	教育	社会保障
2007	26.64	13.39	2.94	28.9	0.85	3.96	9.88	2.98	8.27	2.19
2010	26.52	10.37	3.42	30.1	0.51	4.6	11.66	3	7.47	2.33
2013	31.63	10.21	2.82	24.01	0.61	5.92	11.57	3.41	7.66	2.16
2015	28.76	4.88	3.12	27.17	0.57	6.54	11.38	3.74	10.79	3.06
2017	28.95	6.44	3	25.53	0.73	6.21	10.51	3.7	11.84	3.08

资料来源：IMF 和 OECD 官网。

表 3-11 意大利政府投资性支出在不同职能中的比重　　　　　　　　单位：%

年份	一般公共服务	国防	公共秩序和安全	经济事务	环境保护	住房和社会福利设施	医疗保障	娱乐、文化和宗教	教育	社会保障
2007	13.4	5.96	5.09	34.33	7.42	7.47	11.45	5.77	7.38	1.73
2010	10.41	9.26	5.45	34.09	6.58	9.02	12.67	4.45	6.64	1.44
2013	9.99	6.63	3.88	36.99	6.27	9.91	13.01	4.74	7.22	1.37
2015	11.85	10.03	2.49	35.72	6.04	9.53	12.14	4.26	6.66	1.29
2017	11.35	14.54	3.09	32.47	5.45	8.91	11.69	5.01	6.25	1.24

资料来源：IMF 和 OECD 官网。

通过表 3-5 至表 3-11 可以看出，各国政府的投资性支出中，经济事务在政府职能中的比重最高，根据《2014 年政府财政统计手册》，在经济事务中，包含了一般经济、商业和劳工事务，农业、林业、渔业和狩猎业，燃料和能源，采矿业、制造业和建筑业，交通，通信，其他行业，经济事务研发。因为农业作为国民经济发展及其他产业的基础，交通作为其他任何行业必需的基础设施，所以接下来我们注重研究农业和交通方面的支出。

二、农业支出

1. 农业支出的含义和特点

农业支出旨在用于维持和发展农业、林业、渔业和狩猎业所需要的财务支出，其中包括了农业（农业服务，洪水控制，灌溉设施的建设，稳定或提高农产品价格和农业收入的项目和计划的运行或支持，向农民提供推广服务或兽医服务、病虫害防治服务、作物检查和评级服务等）、林业（林业事务和服务的行政管理，向林业服务者提供推广服务、病虫害防治服务、防火服务等）、渔业和狩猎业（商业性和运动性捕鱼和狩猎等）。

2. 农业支出的比较

各国农业支出所占的比重不同。从表 3-12 可以看出，大多数国家的农业支出均在 10% 以下，日本的农业支出较高，可能的原因是日本将渔业也纳入到农业支出的范畴，所以日本的农业支出在 20% 左右。同时，各国的地理环境等也会影响农业支出在各国财政支出的比例，如巴西和南非受自然环境的影响，农业支出较低。

表 3-12 农业支出占总财政支出的比重　　　　　单位：%

	国家	2009	2010	2011	2012	2013	2014	2015	2016	2017
发达国家	日本	21.25	24.04	23.01	23.07	23.25	23.28	23.58	22.92	23.99
	英国	4.27	5.2	5.81	4.14	4.55	4.4	4.1	3.97	3.87
	德国	5.25	4.39	5.61	6.04	6.33	6.83	6.34	6.24	6.53
	法国	8.5	8.22	7.89	4.16	3.89	3.99	4.48	3.99	3.89
	瑞典	4.22	4.2	3.98	3.79	3.88	3.67	3.14	3.2	3.08
	意大利	8.5	9.02	9.36	7.4	7.32	7.18	5.88	6.33	6.38
发展中国家	中国	8.8	9.0	9.1	9.5	9.5	9.3	9.9	9.9	9.1
	巴西	1.2	1.3	1.3	1.0	1.4	1.1	0.9	—	—
	印度	7.7	6.3	5.0	6.0	5.6	5.8	5.6	6.7	7.4
	南非	1.9	1.6	1.7	1.6	1.6	1.6	1.5	1.3	—

资料来源：IMF 和 OECD 官网，金砖国家官网。

三、交通支出

1. 交通支出的含义和特点

交通支出属于基础设施投资范畴，是国家为了各地之间的商品和服务方便交流和互通而建设的交通基础设施，属于投资性支出，是其他产业的基础，具有基础性、长期性和成本高的特点。国际货币基金组织的《政府财政统计手册》规定，本项支出包括道路交通、水上交通、铁路交通、空中交通、管道和其他交通方面的支出。我国的交通支出包括公路水路运输支出、铁路运输支出、民用航空运输支出、成品油价格改革对交通运输的补贴、邮政业支出、车辆购置税支出。

2. 交通支出的比较

交通支出的比例在大多数国家的比例均在 5% 以下，只有瑞典、中国和南非的比重大于 5%，如表 3-13 所示。总体而言，2009 年至 2017 年，各国的交通支出比重逐渐下降，只有印度的交通支出比重逐渐上升。印度原有的交通系统设施非常差，且近几年大力修建地铁和高铁，希望能建成全球第四大铁路系统。非洲，尤其是南非地区，非常适宜修建铁路，所以非洲各国都采取相应措施，同时增加财政支出用于修建本国的交通系统。

表 3-13　交通支出占总财政支出的比重　　　　单位：%

国家		年份								
		2009	2010	2011	2012	2013	2014	2015	2016	2017
发达国家	日本	3.63	3.29	3.38	3.39	3.74	3.62	3.39	3.54	3.63
	英国	4.25	4.02	3.96	3.89	4.01	4.08	4.19	4.14	4.22
	德国	3.53	3.47	3.76	3.61	3.51	3.40	3.49	3.48	3.60
	法国	3.40	3.43	3.45	3.37	3.60	3.45	3.38	3.50	3.77
	瑞典	5.61	5.66	5.51	5.63	5.21	5.26	5.32	5.33	5.33
	意大利	4.43	4.05	4.06	3.56	3.44	3.33	3.39	3.19	3.02
发展中国家	中国	6.1	6.1	6.9	6.5	6.7	6.9	7.0	5.6	5.1
	巴西	1.4	1.8	1.6	1.5	1.4	1.3	0.7	—	—
	印度	2.0	3.8	3.7	3.8	4.1	3.9	4.7	5.3	5.7
	南非	6.3	5.0	5.0	5.3	4.7	4.5	4.8	4.8	—

资料来源：IMF 和 OECD 官网。

资料链接 3-4

建立非洲的基础设施——铁路

在过去的 50 年间，非洲从未大规模铺开的铁路网络却出现了收缩。通过大幅降低交通运输成本，铁路可以为非洲广大的地区带来众多经济发展机遇，特别是在该地区很多国家未来增长所依赖的农业和采矿业方面。未来的 10 年可能成为投资非洲的机会。从技术上讲，铁路建设几乎没有什么困难。与其他地区相比，非洲铁路网络的匮乏主要是政治因素带来的结果。根本原因有三点。(1) 铁路具有网络化的特征，其运营相互密切关联，作为统一整体运营更有效，因此，制定公共政策从而有效管理公共利益更加重要。(2) 铁路是固定成本相对于运营成本比例偏高的经典例子，也就是边际成本通常大大低于平均成本。从社会效率上看，价格应基于边际成本进行设定，但从商业可行性看，价格必须至少等于平均成本。定价矛盾需要获得政治上的解决方案，要么政府补贴，要么由那些对价格不太敏感的用户向那些依赖于低廉铁路服务的用户提供交叉补贴。(3) 非洲大陆分为很多国家，铁路不可避免地必须是国际性的，导致各个国家政体可能使跨国铁路网络的投资面临危险。由于非洲各国政府尚未有应对上述三大政治挑战的措施，非洲的铁路网络仍然不足。

由此可见，在非洲建立铁路网络主要需解决以下三个问题。

(1) 组建网络产业。非洲各国政府有很多迫切需要解决的问题，无法为铁路网的巨大成本买单，所以次要问题主要由私人部门来负责组织，但铁路网是受到监管的，资金和管理专业知识都应来源于私人企业。非洲的很多国家通过交换采矿特许经营权来获得更多由中国修建的铁路。由于涉及多国政府，目前切实可行的且具有自由裁量权的是国际争议解决委员会，该委员会的成员需由各国政府、投资者和客户批准，是标准的国际合同执行方式，也是在非洲的中国投资者常用方式。在进行投资前，一国政府、国际铁路投资者和铁路商业用户可以通过谈判协商达成各方满意的协议，并提交在出现争议时相应的流程处理条款。

（2）差别定价。非洲铁路网有两类主要用户，即采矿业和商业性农业用户。采矿作业必须具备铁路和海港的支持。即使没有农业用户，这些采矿企业也有能力用采矿获得的部分高利润承担铁路网的费用。采矿业日益成为资本密集型的产业，当地人得到的直接效益很少，所创造的就业机会也很少，并且往往对环境造成破坏。不过，商业性农业生产可以为小型农场主创造大量的付酬就业机会——大部分人将从因资源开采得以实现的铁路网络中受益。采矿业和农业之间利润率的差异，为两者之间的差异化定价提供了可能性，农业用户仅需支付铁路运营的边际成本。政府极力倡导多用户使用，从而增加效益。

（3）统一的铁路运营组织。同时，多用户网对铁路运营者的组织管理能力要求也极高，所有的铁路合同将包括一份基于差异化定价的与政府和商业用户签署的协议——如果发生争议，将提交争议解决委员会处理。此类合同是铁路公司募集修建铁路网络的充足资金所必需的根本保障，同时确保资源开采企业获得的收入能够收回最初的投资。另外，这将打消资源开采企业的疑虑，确保铁路服务不会受到政治动机的影响，而商业性农场也能够确保在交付产品时支付较低的运输成本。

（4）国家间铁路线路。多数情况下非洲的铁轨必须经过其他国家的国界。但过去50年，这些国家的政府均因无法达成各国的协商而未能保持必要的政治合作，从而也无法建设跨国铁路网来发挥作用。要想使跨国铁路建成，需建立独立于各国政府的铁路管理局，并授予其与铁路公司及其商业用户之间开展诚信谈判的足够权力。建立这类管理机构的权限不在各国交通运输部部长们，而在各国总统或议会。

所以，非洲各国政府如果无法平衡采矿企业和农业用户的利益，将在进行采矿协议谈判的过程中面临错失改变非洲大陆的交通运输基础设施的历史性机遇。非洲地区以往在铁路供给方面的困境并非是由于资金匮乏，而主要来自政治管理体制设计的不足。铁路无法通过竞争或监管（如非洲政府治理能力不足）进行良好运行，同时铁路上的争端和货物滞留，都需要提交争议解决委员会以及具有决策权的亚区域铁路管理局来处理。由于铁路建设拥有很高的固定成本，要实现社会效率，必须对价格敏感的用户提供补贴，差异化定价成为可能。所以，各国政府如果能抓住突破非洲地区地理障碍的机会，建立铁路网，做出正确的决策，将促进非洲大陆经济的快速发展。

资料来源：保罗·科利尔，2011.建立非洲的基础设施[J].金融与发展（12）：18-21.

第三节　社会消费性支出

一、社会消费性支出的结构

社会消费性支出是政府直接在市场上购买并消耗商品和服务所形成的支出，是国家执行其政治和社会职能的财力保证，具体包括国防，教育，医疗卫生，娱乐、文化和宗教支出，社会保护等。社会消费性支出本质上是用于满足社会共同需要，属于非生产性的消耗性支出，不会构成任何资产，与投资性支出共同构成社会再生产正常运行所必需的资源。根据享用服务的主体划分，社会消费性支出可以分为公共消费支出和个人消费支出。事业单位的办公用品、城市的公共基础设施等由集体共同享受的为公共消费支出，而事业单位人员个人的日常生活消费属于个人消费支出。

社会消费性支出有四个特点。一是无补偿性。消费性支出的结果会引起社会产品的消耗，甚至价值丧失，不能收回或补偿。二是连续性。消费性支出连续，只要消费单位存在，就必须连续不断地支出。三是增长刚性。消费性支出与人们的切身利益密切相关，增加容易减少难。四是一致性。消费性支出占财政支出的比例通常保持一致，很少受技术经济条件的制约。这些支出大多是民生性支出，也决定了其对于改善区域、地区和群体之间的不平等有很大作用。

资料链接 3-5

减轻亚洲的不平等：共享增长红利

亚洲人口占世界总人口的一半以上，是全球经济增长的引擎。经历 20 多年的经济快速发展之后，亚洲各阶层人民的收入水平均得到提高。尽管增长红利让数百万人摆脱了贫困，国际货币基金组织发布的《亚洲及太平洋地区经济展望》指出，经济发展未能平等地并以同样速度惠及该地区的所有人，因此导致收入差距不断扩大。在人口较多的国家，包括中国和印度，空间差异尤其是城乡差异给出了大部分的不平等加剧的原因。1990 年以来，中国经济增速极快，同时收入不平等也大幅提高。在印度，最高收入和最低收入阶层的收入占比之差也显著上升。不平等加剧可能会损害经济增长步伐和可持续性。精心设计的财政政策可以减缓不平等，同时不扼杀该地区创造财富的增长势头。

亚洲似乎不仅仅在高速和持续经济增长模式方面具有其独特性，而且在导致不公平的与各种政策相关的促动因素的独特效果方面也是如此。例如，在世界其他地方，金融深化往往导致不平等加剧，但在亚洲却起着改善平等的作用。在一些亚洲经济体，政府政策成功扩大了金融服务覆盖面，让低收入家庭和中小型企业获得信贷。在其他地区，教育和社会福利发挥着促进经济平等的作用，但在亚洲却未能起到减少收入不平等的作用，甚至起到加剧不平等的作用。如世界其他地方一样，累进税制预计能改善亚洲的收入不平等。然而，部分由于政策的针对性不强，支出未能缓解收入不平等。与世界其他地区相比，亚洲的社会保障支出较低（图 3-1），税收收入减少导致支出覆盖面减小，其中包括社会保障方面的支出。

亚洲领取养老金的退休人员比例是 22%，属世界最低水平之列，与撒哈拉以南非洲水平基本持平，相当于发达经济体和新兴欧洲水平的四分之一（图 3-2）。亚洲的失业福利也很低，而且同所有其他社会福利一样，分布不均匀。社会福利开支的覆盖面不合理，加之支出针对性较差且不成比例地惠及富裕人口，给国家预算造成压力，导致财政政策不能实现改善社会公平性的目的。此外，亚洲存在相当严重的机会不平等（其他地区也如此），这非常值得重视，因为这导致个人努力与经济成果脱节，加剧了收入差距，阻碍了大量中产阶级的涌现。缺乏教育机会和不能获得医疗卫生服务加重了教育和健康后果，阻碍了生产率提高，导致收入不平等继续存在。此外，金融服务不足也限制了人们，尤其是低收入者借款用以投资和资助教育支出的能力。

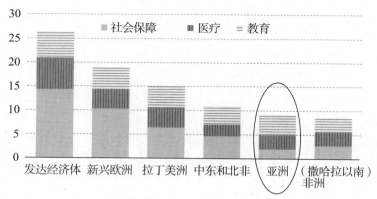

说明：本表为2010年的数据。
资料来源：经济合作与发展组织；欧洲统计局；亚洲开发银行；
联合国；世界卫生组织；世界银行和国际货币基金组织工作人员的计算。

图 3-1　全球各地区社会支出构成（占 GDP 的百分比）

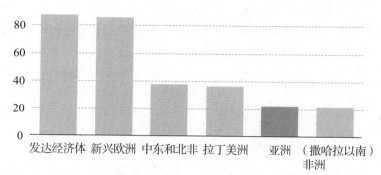

说明：本表为2010年的数据。
资料来源：世界劳工组织（2009年）；欧洲统计局（2009年）；
世界银行（2009年）；国际货币基金组织工作人员的计算。

图 3-2　全球各地区养老金领取率（占法定退休年龄以上人口总数的百分比）

亚洲各国可以采取什么措施扭转不平等加剧的趋势呢？加强财政政策的再分配效应可以有所助益，同时不会危及该地区的减贫增长。在支出方面，改善和扩大医疗保健服务和高等教育等社会消费性支出，同时还需设计有针对性的转移支付计划，避免成本高昂的普遍价格补贴计划，从而提高收入潜力和降低收入差距。

资料来源：国际货币基金组织博客网。

二、国防支出的国际比较

1. 国防支出的含义和特点

国防支出是指国家用于国防建设，军队建设、管理和训练的军事支出。国防支出是纯公共品，具有非竞争性和非排他性。国防可以作为国家和政府对辖区内所有公民保护的重要方式，不同的公民之间所受的保护是相同的。同时，政府一旦提供国防服务，辖区内的所有人都能够享受共同的服务。国际货币基金组织的《政府财政统计手册》中的国防支出包含军事防御、民防、对外军事援助、国防研发、未列入其他类别的国防事务。我国的国防支出主要包括人员生活费、训练维持费和装备费。

2. 国防支出的比较

各国国防支出的差异主要是由于各国的军事政策和策略不同，同时也受国家经济发展情况的影响。通过国际比较，绝大多数国家的国防支出占财政支出的比重维持在5%以下（见表3-14），如日本、德国、法国、瑞典、意大利、巴西、南非。其余几个国家都在5%以上。美国大约在10%，也是全球军事支出最高的国家，在2008—2012年间均在10%以上，2013年之后下降到9.6%，2015年下降到8.6%，呈逐年下降趋势。英国部分年份（2008年至2013年）也在5%以上，之后下降到5%以下，也呈逐年下降趋势。印度常年维持在16%左右，主要是受印巴长期军备竞赛的影响。我国近十年都在5%以上，从6.7%下降到5.1%，属于全球军费支出第二的国家。尽管美国国防支出的百分比约为中国的两倍，但实际的国防支出金额约为中国的4倍，日本的15倍。

表3-14 各国国防支出占财政支出的比重 单位：%

国家		年份									
		2008	2009	2010	2011	2012	2013	2014	2015	2016	2017
发达国家	美国	10.84	10.68	10.86	10.77	10.45	9.63	9.07	8.66	8.38	8.33
	日本	2.36	2.32	2.23	2.19	2.25	2.23	2.34	2.33	2.26	2.35
	英国	5.33	5.35	5.39	5.41	5.21	5.08	4.96	4.93	4.75	4.75
	德国	2.29	2.38	2.3	2.39	2.53	2.41	2.28	2.22	2.29	2.39
	法国	3.23	3.3	3.28	3.17	3.15	3.1	2.94	3.08	3.25	3.17
	瑞典	2.95	2.81	2.99	2.88	2.73	2.81	2.51	2.29	2.4	2.4
	意大利	2.64	2.79	2.65	2.7	2.5	2.32	2.37	2.38	2.64	2.66
发展中国家	中国	6.7	7.5	5.9	5.5	5.3	5.3	5.5	5.2	5.2	5.1
	巴西	2.3	2.3	2.9	2.7	2.4	2.6	2.4	1.7	—	—
	印度	17.8	16.2	16.4	15.6	15.2	16.3	17.1	16.4	17.2	16.8
	南非	4.2	4.1	3.4	3.7	3.3	3.1	3.3	3.1	2.9	—

资料来源：IMF和OECD官网，金砖国家官网。

资料链接3-6

中国与世界主要军事大国国防支出灰色关联度分析

新时期新形势下，我国面临着一系列新的挑战与威胁，美国新的亚太战略剑指中国，用心险恶。特别是2012年初以来，以菲律宾、越南、日本等国为代表的周边国家，相继在我国南海和东海及周边地区挑起领土争端，挑战中国主权。为捍卫国家主权、领土完整，我国国防支出在适当范围内逐步增加。但引起我国国防支出增加的这些新挑战与威胁具体来源于哪个国家，以及该国对我国的影响程度，需要通过数据的实证支撑。本文把我国国防支出作为因变量，其他主要军事大国的国防支出作为自变量，采用灰色关联度分析两者之间的关联程度，从而揭示出新挑战与威胁的来源以及影响程度，为我国国防战略计划的制定提供理论借鉴。

本文主要采用 2001 年至 2010 年间，中、美、英、法、德、俄、日、印、韩 9 个国家的国防支出作为样本，没有考虑对我国国防安全影响较小的其他国家，这里将它们作为随机误差项处理。结果表明，我国国防支出与其他主要国家之间的关联度排序为：美国＞俄罗斯＞印度＞韩国＞英国＞法国＞日本＞韩国。

表 3-15　2001—2010 年中国与世界主要军事大国国防支出　单位：百万美元

国家	年份									
	2001	2002	2003	2004	2005	2006	2007	2008	2009	2010
中国	17 416	20 625	23 042	26 570	30 219	37 382	46 714	60 126	72 490	78 779
美国	378 925	425 471	484 255	527 799	552 966	561 555	576 294	618 940	668 604	687 105
英国	47 112	49 977	52 765	52 541	52 579	52 475	53 122	55 291	57 907	57 424
法国	59 308	60 525	62 364	64 076	62 724	63 059	63 272	62 642	66 869	61 285
德国	48 170	48 306	47 646	46 183	45 460	44 411	44 454	45 730	47 453	46 848
俄罗斯	28 833	32 035	34 080	35 454	38 669	42 317	45 908	50 937	53 330	52 586
日本	52 314	52 844	52 954	52 470	52 270	51 616	50 905	50 221	51 008	51 420
印度	22 557	22 487	22 989	26 679	28 196	28 365	28 765	32 106	33 819	34 816
韩国	16 711	17 171	17 755	18 535	20 047	20 778	21 717	23 138	24 372	24 270

说明：表中除我国以外的其他国家数据来源于斯德哥尔摩和平研究所官方网站。在我国国防支出上，由于斯德哥尔摩和平研究所公布的数据与我国官方公布的数据有些出入，因此我国国防支出原始数据来源于中国国家统计局官方网站。

所以，我国与美国的国防支出关联度最高。这些年美国把我国的和平发展看成是对其霸主地位的挑战，认为我国会不断抢占国际生存空间，导致其利益边界回撤，影响其国家利益，于是采用各种手段压制我国发展。主要表现在与亚太多国结成军事同盟，在地缘政治上对我国形成 C 形包围圈。将现役 11 艘航空母舰中的 10 艘部署在亚太地区，始终维持在该区域强大的军事存在。美国这些战略姿态和行为决策对我国国防安全形成较大的影响，这种影响表现在最高关联度的国防支出上。

我国与俄罗斯国防支出关联度仅次于美国。其主要原因为：一是俄罗斯经济的快速发展使其财政收入稳步提升，国防支出随之增加，国防支出增加的动力和路径与我国有相似之处；二是尽管与我国保持着睦邻友好的关系，但我国的快速发展仍然让其感到担忧，于是加强在西伯利亚地区的军事部署；三是俄罗斯一直致力于重返国际舞台一线，做政治、军事强国。这些都在关联度上得到了体现。

位于关联度第三层次的是印度、韩国、英国、法国和日本。其中，与印度、韩国的关联度偏高。两者与我国经济发展的同步性为其原因之一，但主要还是由于安全因素。"金砖四国"中的印度从未放弃谋取地区霸权的努力，然而我国在一定程度上阻碍了其目标的实现；同时印度与我国领土纷争至今仍未解决。韩国则紧随美国步伐，打着"反恐"旗号，频繁与美国实行军事演习。这些导致两者近些年的国防支出与我国的关联度呈上升趋势。英国、法国与我国地理位置相去甚远，相互之间的安全影响不显著，关联度略高主要源于维持自身大国发展的需要以及作为北约成员国在军事行动上与美国一致的对外政策。为捞取政治选票，日本政府尽管近期在钓鱼岛问题上咄咄逼人，平时与我国关系也时好时坏，但双方的摩擦主要集中在政治、经济以及社会民众等方面，这些摩擦没有集中向军事方面转化，作为战败国，美国为其提供核保护伞，减轻了其防务压力，所以与我国的关联度相对不高。但其政治军事大国的诉求、悬而未决的岛屿纷争以及民族矛盾可能导致国防支出上与我国的关联度增加。

第四个层次是德国。战败后，德国将主要精力用在经济发展上，国防投入的变动相对较小，同时强大的经济实力使德国在国际事务上没有像英、法一样跟随美国，而是坚持独立自主的外交政策，因此在国防支出上与我国的关联度较低。

维护国防安全不仅取决于自身实力的发展，同时也要以外部力量系统的变化和影响作为依据。以上我国与不同军事大国国防支出的关联度及其原因的论述，能在一定程度上为我国国防战略方向以及国防支出结构的优化提供参考。

资料来源：杨昌杰，朱文波，2012. 中国与世界主要军事大国国防支出灰色关联度分析 [J]. 军事经济研究，33（10）：10-12.

三、教育支出的国际比较

1. 教育支出的含义和特点

教育支出是政府用于维持和发展各类教育事业方面的财政支出。按照国际货币基金组织的《政府财政统计手册》的标准，可以分为学前和初等教育、中等教育、中等教育后的非高等教育、高等教育、无法定级的教育、辅助性教育服务、教育研发及未列入其他类别的教育等支出。我国的教育支出主要包括教育管理事务、普通教育、职业教育、广播电视教育、留学教育、进修及培训、其他教育支出。教育支出的程度及效率是衡量国家人力资本的主要标准，不是短期效益最大化的投资，而是长期效益最大化的投资，正如"十年树木，百年树人"。

教育支出的主要特点包括一定程度的非排他性和竞争性。一定程度的排他性是指在一定程度下，一个人消费某种教育产品，无法规避其他人也同时消费。但是由于教师资源是有效的，学生千差万别，所以为了教学效果和效益的最大化，教育部规定了班级人数，从而产生一定的排他性。一定程度的竞争性是指在一定程度下，随着把班级人数的增加，消费某种教育产品的边际成本减小。同时由于教育投入是有限的且相对稳定，所以对于优质教育的消费竞争更加激烈。而且不同层次的教育产品的特点不同。义务教育具有较强的非排他性和非竞争性。中等教育和高等教育，因是个人选择的结果，所以具有私人性。同时，由于其有助于促进社会经济的可持续发展且缩小贫富差距，所以具有公共性。

2. 教育支出的比较

各国对教育的财政支出占比存在较大差异，各国基本保持在一个恒定不变的比重，也体现了不同政府对于教育的重视程度和社会教育需要的稳定性。由表3-16可以看出，南非的教育支出占比最高，基本维持在19%左右；美国的教育支出占比较高，长期维持在16%左右；我国的教育支出占比在15%左右；瑞典的教育支出占比紧随其后，在13%左右；印度的教育支出基本维持在4%左右；日本、英国、法国和意大利的教育支出占比呈下降趋势；德国和巴西的教育支出占比呈上升趋势。

表3-16　各国教育支出占财政支出的比重　　　　单位：%

国家		年份									
		2008	2009	2010	2011	2012	2013	2014	2015	2016	2017
发达国家	美国	16.22	15.61	15.57	15.51	15.6	16.02	16.01	16.09	15.97	15.82
	日本	9.44	9.29	9.09	8.86	8.84	8.79	8.87	8.72	8.57	8.54
	英国	13.02	13.1	13.17	12.63	12.12	11.79	11.98	11.75	11.6	11.28
	德国	8.98	9.05	9.21	9.58	9.51	9.55	9.63	9.53	9.39	9.35
发达国家	法国	10.11	9.92	9.92	9.74	9.61	9.6	9.59	9.59	9.65	9.59
	瑞典	12.86	12.9	12.79	12.81	12.72	12.63	12.88	13.1	13.41	13.72
	意大利	9.13	8.96	8.76	8.27	7.98	8.03	7.9	7.85	7.84	7.86
发展中国家	中国	14.4	13.7	14.0	15.1	16.9	15.7	15.2	14.9	15	14.9
	巴西	2.6	2.9	3.9	4.5	4.3	5.3	5.2	4.4	—	—
	印度	3.7	4.3	4.6	4.7	4.8	4.6	4.1	3.8	3.7	3.7
	南非	18.1	18.3	19.6	20	19.9	19.4	19.3	19.3	18.8	—

资料来源：IMF 和 OECD 官网。

教育支出包括初等教育支出、中等教育支出、高等教育支出及教育研发等，不同的国家的差异也较大。尤其是义务教育和高等教育，政府的职责不同，财政支出的现状也不同。高等教育被定义为准公共产品，而义务教育被定义为纯公共产品，政府的财政责任不同，财政支出制度也应有所不同。

 资料链接 3-7

高等教育公共支出的国际比较分析

世界各国由于经济体制与教育体制不同，高等教育公共支出数量、结构与比例存在着巨大的差异。本文以 OECD 十五国高等教育公共支出的两个指标——高等教育公共支出与 GDP 之比和高等教育公共支出与公共总支出之比为基础，以"经济论"和"教育模式论"来探索差异背后的成因与变革。"经济论"强调人均 GDP 越高，政府教育经费占 GDP 之比越高。"教育模式论"认为，各国院校与政府的关系越紧密，对公共财政的依赖性大。值得关注的是，学院模式国家在新自由主义影响下，公共支出减少，私人支出扩大，逐步与市场模式国家靠拢。

1. 高等教育公共支出与 GDP 之比

根据 OECD 统计，其十五国高等教育公共支出占 GDP 的比例整体呈上升趋势，且各国的比值相差较大，如图 3-3 所示。2012 年，各国比值分布在 0.9~1.8，而 OECD 国家均值为 1.3，欧盟 21 国为 1.2。对各国 2012 年的比值进行排序，1.5 以上的国家是奥地利、加拿大、新西兰、荷兰和美国；1.0~1.5 的国家是比利时、英国、瑞士、法国、澳大利亚和西班牙；1.0 以下的国家是韩国、葡萄牙、意大利和日本。与之相比，中国高等教育公共支出占 GDP 之比保持较快增长，2000 年为 0.5，2012 年为 0.8，与日本、意大利和葡萄牙相同。2012 年，瑞士、加拿大、澳大利亚和荷兰的人均 GDP 超过 5 万美元；奥地利、比利时、美国、日本和法国的人均 GDP 为 4 万~5 万美元；英国、新西兰、意大利和西班牙的人均 GDP 为 3 万~4 万美元；韩国和葡萄牙的人均 GDP 为 3 万美元以下；中国的人均 GDP 只有 5414 美元。此排序与高等教育公共支出占 GDP 的比值大小显然没有很强的相关性，"经济论"得不到很好诠释。

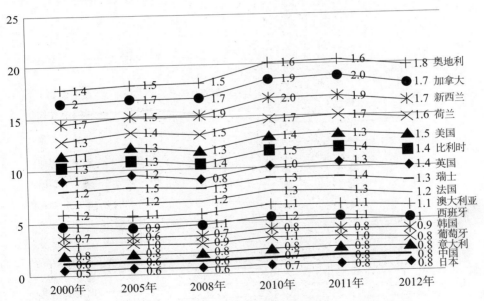

图 3-3　2000—2012 年各国高等教育公共支出占 GDP 的百分比

资料来源：OECD 官网，中国统计年鉴，中国教育经费统计年鉴。

从"教育模式论"看，瑞士是官僚控制模式的典型代表，比值排在第八位；美国和加拿大是市场模式的典型代表国家，比值却排在第五位和第二位。这个结果同样得不到解释。中国高等教育公共支出占 GDP 比值低，但与葡萄牙、意大利和日本同列，并不完全是受经济发展水平的影响。

高等教育公共支出是高等教育经费总支出的一部分，还包括私人支出。如果以高等教育经费总支出与 GDP 之比来看，2012 年比值排在前列的国家是美国、加拿大、韩国、新西兰和英国,都是市场模式和学院控制模式;排在后面的国家是意大利、西班牙、葡萄牙、瑞士和比利时,都是官僚控制模式。私人支出增加,扩大高等教育服务总支出,使得不同国家之间有了分野。由此可知,"教育模式论"发挥了根本的作用。2000—2012年,OECD国家的教育公共支出占经费总支出之比的均值从92.1%下降到90.6%,欧盟21国从95.1%下降到92.8%;同一时期,OECD国家的高等教育公共支出占经费总支出之比的均值从72.7%下降到69.7%,欧盟21国的均值从84.9%下降到78.1%。"经济论"意味着扩大公共支出;"教育模式论"意味着不仅要扩大公共支出,还要扩大私人支出。

2. 高等教育公共支出与公共财政总支出之比

高等教育公共支出与公共财政总支出的比例大小是衡量政府对教育努力程度的另一个重要指标。2000—2012年,十五个OECD国家比值升降不明显,百分值相差很大,分布在1.6～5.2,如图3-4所示。OECD所有国家均值为3.0,欧盟21国均值为2.6。按照2012年的百分比大小排序,4.0以上的国家是新西兰、瑞士和加拿大;3.0～4.0的国家是奥地利、美国、澳大利亚、荷兰和英国;3.0以下的国家是比利时、韩国、法国、西班牙、葡萄牙、日本和意大利。与十五个OECD国家相比,中国排名第三,比值为4.1。

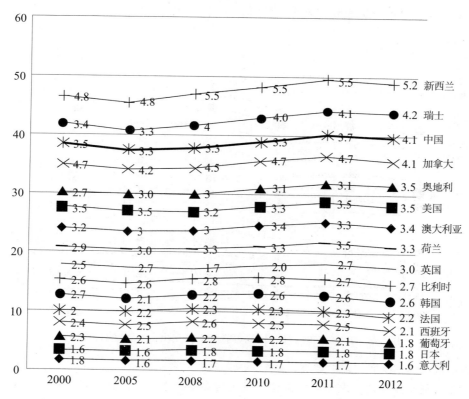

图3-4 2000—2012年各国高等教育公共支出占公共总支出的百分比

如果把图3-3与图3-4进行对照,两者具有较高的一致性。在此,"经济论"的解释力是有限的。"教育模式论"强调了经费支出与组织行为的相关关系,要增加公共支出,那么院校行为将受到更多的束缚;或者说,院校要提高自治行为,就要减少公共支出或扩大私人支出。因此,为了提高院校的自治程度,防止政府对院校的过多行政干预,减少公共支出或扩大私人支出不失为一条可供选择的策略。一个潜在的解释就是，高等教育公共支出与公共总支出之比的弹性较小，仅仅依靠公共财政来提供高等教育服务是有限的，并非"油多不坏菜"。还可以说，高等教育需要建立有别于义务教育的公共财政制度，把高等教育纳入统一的公共教育财政制度建设中是有失妥当的。

对于中国来说，在图3-3和图3-4中，比值分别是0.8和4.1，排名分别为第十四和第三，两者差异很大，原因主要有三点：首先，20多年来，财政性教育经费占GDP的比例一直在4%之下，高等教育公共支出占GDP的比例同样很低，这是由较低的经济发展水平所决定的；其次，为了完成义务教育普及化和高等教育大众化，自1993年以来，教育公共支出占公共总支出的比例保持在14%～17%，与十五个OECD国家相比，只排在新西兰之后；最后，在高等教育经费总支出中，公共支出比例不断扩大，公共支出占公共总支出的比例也就扩大。

公共财政资源有限，政府需要在众多支出项目如医疗、养老保险和国防等之后权衡教育支出，而公共支出膨胀容易加重纳税人的负担。那些最昂贵的高等教育服务，招收的一般是那些中上阶层的子弟，学费加上根据家庭背景的资助，可以使纳税人更合理地分担高等教育成本，使高等教育最大限度地获得可以利用的资源，是一种效率最高也更公平的公共资金使用方式。相对于公共支出，高校对私人支出具有更大的自主权。这些都是教育公共支出的制约因素。

资料来源：晏成步，2017.高等教育公共支出的国际比较分析：兼议高等教育财政制度转型[J].中国高教研究（5）：76-81；97.

四、医疗卫生支出的国际比较

1. 医疗卫生支出的含义和特点

医疗卫生支出是政府财政支出用于医疗服务和公共卫生服务等方面的全部资金投入。在国际货币基金组织的《政府财政统计手册》中，政府卫生支出主要包括医疗产品、器械和设备，门诊服务，医院服务，公共卫生服务，医疗卫生研发，未列入其他类别的医疗卫生等支出。我国的医疗卫生支出包括医疗卫生与计划生育管理事务、公立医院、基本医疗卫生机构、公共卫生、中草药、计划生育事务、食品和药品监督管理事务、行政事业单位医疗、财政对基本医疗保险基金的补助、医疗救助、优抚对象医疗、其他医疗卫生与计划生育支出。总体上，就是公共卫生服务和医疗卫生服务两类。公共卫生服务具有外部性和非竞争性，资金由政府财政统一支付。医疗卫生服务具有排他性和竞争性，资金通常由个人支付。

2. 医疗卫生支出的比较

各国医疗卫生支出的比重存在较大差异，但总的来看，发达国家的医疗卫生支出的比重较高，大多在13%以上；发展中国家的比重较低，除南非外，大多在10%以下。同时，各国的医疗卫生支出的比重大多在增加，除了少数国家（包括意大利、巴西和印度）基本维持不变。由表3-17可以看出，美国的医疗卫生服务占财政支出的比重最高，从20%上升到24%，在10年间提高了4个百分点；日本、英国和德国在10年间提高了2个百分点；瑞典提升了1个百分点；我国增加了3个百分点。这也能体现出各国对人民生命健康和人力资本的重视。

表 3-17　各国医疗卫生支出占财政支出的比重　　　　　　　　　　单位：%

国家		年份									
		2008	2009	2010	2011	2012	2013	2014	2015	2016	2017
发达国家	美国	20.12	20.16	20.5	20.98	21.53	22.15	23.19	24.1	24.36	24.58
	日本	17.38	17.43	18.13	18.49	18.84	18.83	19.05	19.46	19.38	19.64
	英国	15.46	16.25	16.04	16.13	16.09	16.77	17.37	17.82	18.27	18.2
	德国	14.79	14.95	14.75	15.2	15.39	15.75	16.23	16.29	16.23	16.16
	法国	13.98	13.92	14.03	14.09	14.02	14.08	14.31	14.22	14.28	14.22
	瑞典	13.16	13.4	13.33	13.59	13.48	13.45	13.71	13.93	13.91	14.01
	意大利	14.7	14.62	14.88	14.48	14.14	14.06	14.06	13.97	14.10	14.01
发展中国家	中国	4.4	5.2	5.3	5.9	5.8	5.9	6.7	6.8	7.0	7.2
	巴西	5.1	5.0	5.4	6.0	5.2	5.8	5.6	4.3	—	—
	印度	2.0	2.0	2.1	2.0	2.2	1.9	1.9	2.0	2.0	2.3
	南非	10.3	10.4	11.5	11.8	11.7	11.5	11.3	11.4	11.4	—

资料来源：IMF 和 OECD 数据官网，金砖国家官网。

资料链接 3-8

紧缩时期的医疗卫生问题

改善医疗卫生保健和增加健康人口数量是国家的重要发展目标，但即使是经济快速增长的发展中国家，也不可能增加实际的医疗卫生保健支出，主要原因在于提高税收收入有一定难度，以及实现在不同部分资金的分配也非常难。但是决定人口健康的许多关键因素不在于医疗卫生保健体系，而在于创新的税收和补贴改革可以带来更好的健康结果，同时又不需要大幅提高政府卫生项目的支出。

医疗卫生体系之外，决定健康的因素还有：获得洁净的水和卫生设施；空气质量；提供和使用厕所、肥皂和安全套；社区的步行便利程度；烟草和酒使用率；糖和精粮等营养物质的摄入。其中，许多因素可能会受到税收变化或补贴变化的影响，如可以向损害健康的商品（酒、烟草、食盐和糖类等）征税，补贴有益健康的商品。例如，2015—2016 年，印度给食物、肥料和石油这三种可能会对健康造成直接或间接影响的大宗商品提供了总计 350 亿美元补贴，金额为国家和地方政府直接卫生支出的两倍。

1. 征税

政府长期以来对烟草和酒征税，并总结了很多通过征税来影响健康行为的经验教训。（1）税收以及随之而来的价格上涨必须产生实质性影响，才能达到预期的消费变化。因为对通货膨胀进行周期性调整，消费税才可能奏效。（2）各国政府必须通过堵住漏洞和防止走私及非法制造来防止国内和区域避税行为，因为大幅增加税收对于取得成效非常重要。在区域层面必须统一协调政策制定和执行,尤其是对烟草产品,因为这些产品很容易被非法运输和进行交易。(3)如果只在一个地区征税,税收的设计必须考虑到相关产品的范围以及消费者可能会做出的改变。例如,如果对含糖饮料征税而没有对含盐高脂肪零食征税,消费者可能会转而食用这些零食。(4)年轻人和低收入人群往往对不健康食品、饮料、烟草和酒的价格上涨反应最为强烈。(5)可以考虑将一部分收入分配给旨在改善营养状况、空气质量和推动积极生活方式以减少心脏病、中风和糖尿病发病率的资金补贴计划。

从经济角度来看,对烟草、酒和糖类征税不仅是为了解决滥用这些产品给社会带来的不良影响,而且还可以提高政府收入。最优的酒类税收入增加部分可能等同或超过滥用酒类的不利影响。因此,财政方面的考虑可以显著加强对高额酒类税的支持。同样,给补贴重新定向可能会让一些面临其他税收限制的国家也有一定的支出喘息空间。

导致肥胖的食品(包括白面粉和白米等精制谷物)在许多国家得到了大力补贴。随着肥胖人数的增加,应该重新定位这些补贴,应不断提高这些被补贴食物的营养成分。印度的豆类生产和消费(主要是干豆类)已经停滞不前,而粮食和糖类产量却在增加。在印度,根据2013年通过的《国家粮食安全法案》,政府预计每年将支出250亿美元来补贴粮食作物。这项补贴可以改善一些家庭的食品安全问题,而将这些资金用于豆类、水果、蔬菜和牛奶的公共补贴将对营养产生更大的有益影响。

2. 补贴

可能会有害健康的因素不仅包括消费者的饮食或吸烟,但这些影响可以通过税收或补贴来加以改变。几乎每个国家都对煤、汽油和柴油进行补贴,而这些矿物燃料却是颗粒物的主要生产者,会导致呼吸道感染、慢性阻塞性肺病、癌症和心脏病,并加剧了患肺结核的风险。根据2015年IMF的《全球能源补贴知多少?》这份工作报告,2015年各国政府的能源补贴支出为5.3万亿美元,相当于世界GDP的6.5%。而且许多国家的能源补贴超过了公共卫生和教育支出,如孟加拉国、印度尼西亚和巴基斯坦等。最近,补贴有所下降,尽管这在很大程度上是由于过去五年全球柴油价格下降引起的。重新分配燃料补贴,向清洁燃料倾斜,取消对污染最严重的燃料提供补贴,这将极大地改善人们的健康,同时缓解了政府资金短缺的压力。

政府使用税收和补贴作为实施卫生政策的工具有两种顾虑。一个顾虑是,取消补贴和征税通常被认为是反贫困的,在政治上不受欢迎。然而,烟草和酒带来的健康负担和经济负担对穷人的影响最大。在世界各地,心脏病和中风是导致大病支出的主要原因,而在印度等国家,这些支出是造成家庭陷入贫困的主要原因。另一个顾虑是,取消农业补贴会损害农民和小型制造商的利益。诚然,在许多国家,种植甘蔗和烟草的农民在经济上都很宽裕,但解决问题的方法并不是让他们破产,而是帮助他们过渡到种植不危害人类健康的作物。分配税收和调整补贴向改善健康的财政政策倾斜,可能会带来双重效益。但为了实现这一目标,政策制定者必须明确阐述增加税收和重新分配补贴的理由,并说明这些政策变化的输家将如何得到补偿,确保他们的生计不会受到影响。

资料来源:拉玛南·拉斯梅纳理恩,伊恩·帕里,2017. 紧缩时期的医疗卫生问题[J]. 金融与发展(9):42-45.

 关键概念

购买性支出 政府采购制度 投资性支出 社会消费性支出 农业支出 交通支出 教育支出

国防支出 医疗卫生支出

本章小结

1. 财政购买性支出是指政府用于购买商品、劳务和公共工程方面的支出，是政府可以支配的支出，具有有偿性、等价性和消耗性的特征。购买性支出的比重会随着国家发达程度而有所差异。

2. 政府采购制度是政府利用商业管理方法来管理政府公共支出的规则，是政府使用的非常有效的宏观调控手段，也是政府预算中公共支出管理的重要手段。在国际比较时，通常从政府采购过程、方式和法律三方面比较。

3. 投资性支出主要投资于国计民生的相关产业和领域，是国家促进经济可持续发展和宏观调控的关键手段。其有三个特点，分别是非营利性、外部性和长期性。

4. 社会消费性支出是政府直接在市场上购买并消耗商品和服务所形成的支出，本质上是用于满足社会共同需要，属于非生产性的消耗性支出，不会构成任何资产。其有四个特点，分别是无补偿性、连续性、增长刚性和一致性。

分析讨论题

1. 阅读资料链接 3-1，详细分析我国和国际货币基金组织的支出分类差异，根据财政职能理论分析我国在社会经济发展过程中形成此支出分类的原因及改进的措施。

2. 阅读资料链接 3-2，分析不同财政支出类型对私人消费形成影响的原因和机理。

3. 阅读资料链接 3-3，并查找近 10 年来我国政府采购制度的变化，阐述现有政府绿色采购制度是否完善及存在的问题。

4. 阅读资料链接 3-4，并查阅有关亚区域管理（如欧盟、金砖五国）的管理模式，阐述对于亚区域管理者而言，如何进行整体的基础设施建设。

5. 根据资料链接 3-5，分析我国社会消费类支出类型对收入不平等的影响。

6. 根据资料链接 3-6，分析我国 2010 年后国防支出的变化趋势以及和其他国家国防支出的关系。

7. 根据资料链接 3-7，分析我国不同教育阶段支出在总教育支出的结构并解释原因。

8. 根据资料链接 3-8，分析我国医疗卫生支出的现状和变化趋势。

本章拓展阅读书目

1. 邓晓兰，2015. 财政学 [M]. 3 版. 西安：西安交通大学出版社.
2. 姜维壮，2012. 比较财政管理学 [M]. 3 版. 北京：北京大学出版社.
3. 国际货币基金组织，2014. 2014 年政府财政统计手册 [R]. 华盛顿：国际货币基金组织.

第四章

社会保障制度比较

学习概要

本章主要研究和阐述社会保障的性质和范围、社会保障资金来源,以及社会保障体系中的养老、医疗、失业保障制度等。通过本章的学习,要求学生掌握社会保障的性质和范围、社会保障资金筹集方式和原则,了解社会保障体系中养老保障制度、医疗保障制度、失业保险制度及其他辅助险种制度的内容、特点、设立原则。本章的学习重点是社会保障的概念、性质和范围以及社会保障资金的来源渠道和筹集原则,难点是养老金、失业保险等各项社会保障的计算和给付原则。

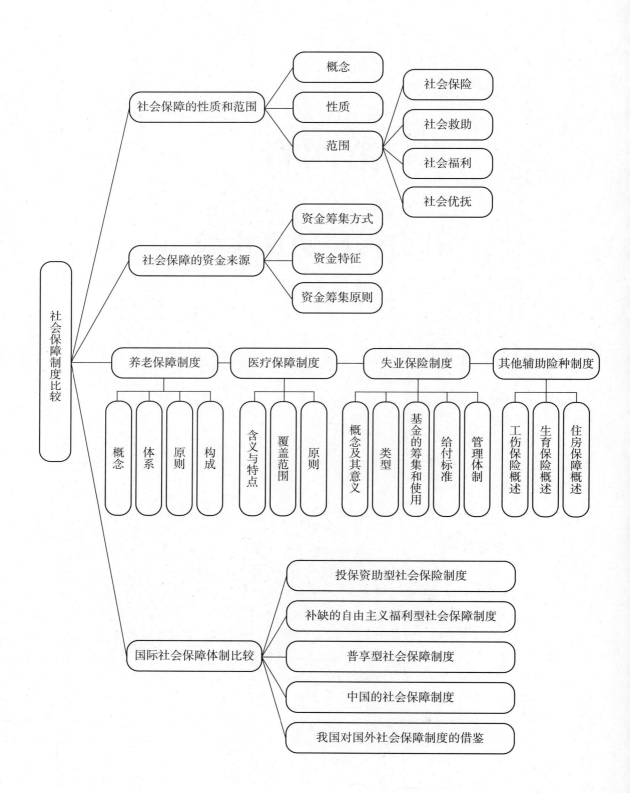

第一节 社会保障的性质和范围

一、社会保障概念

"社会保障"一词是由英文"social security"翻译而来的,最早出自1935年美国颁布的《社会保障法案》。国际劳工组织是对社会保障一词含义的阐述最具权威性的组织之一,它对"社会保障"的定义为:"社会保障是社会通过一系列的处置经济和社会灾害的公共措施为其成员提供保护,以防止他们由于疾病、妊娠、工伤、失业、残疾、老年及死亡而导致的收入中断或大大降低而遭受经济和社会窘迫,它由社会保险、社会救助、国家补助金、家属补助金、储蓄基金、雇主补充条款等方面组成。"

英国的《新不列颠百科全书》对"社会保障"一词的定义为:"社会保障是对病残、失业、作物失收、丧偶、妊娠、抚养子女或退休的人提供现金待遇。对医疗、康复、家庭疾病护理、法律帮助和丧偶的待遇可能以现金,也可能以实物(服务)的形式提供,社会保障可以由法庭的命令提供(如对事故受害者的赔偿),也可以由雇主、中央或地方政府或其他半公共或独立的机构提供。"

我国是在1986年的中华人民共和国第六届全国人民代表大会第四次会议通过的第七个五年计划中首次使用"社会保障"一词,并将其定义为"社会保障是国家和社会通过立法,采取强制手段对国民收入进行分配和再分配,形成社会消费基金,对基本生活有困难的社会成员,给予物质上的帮助,以保证社会安定的一系列有组织的措施、制度和事业的总称。"

 资料链接 4-1

社会保障制度的起源与发展

人类社会自古就有关于社会保障的思想观念和行为制度的萌芽。早在公元前6世纪前后,中国学者就提出"故人不独亲其亲,不独子其子;使老有所终,壮有所用,幼有所长,鳏寡孤独废疾者皆有所养"的"大同"的理想。古希腊先哲柏拉图在《理想国》一书中也有类似的设想。16世纪以后,空想社会主义者提出了人人都参加劳动,公平分配,每一个人的基本需要都得到保障,社会弱者和残疾人受到照顾等理念。这些思想对现代社会保障制度的形成产生了重要的影响。现代社会保障制度是从社会保险制度的建立开始的。它是在工业革命推进的过程中,伴随着生产的社会化和市场经济的形成建立起来的。德国是世界上第一个建立社会保险制度的国家。19世纪下半叶,工业革命使一些欧洲国家从小生产走向社会化大生产,从以农业为主的自然经济走向以工业为主的市场经济,这一转变大大加快了社会发展的进程,同时也伴随着更高的社会风险。工伤和失业是工业革命直接的产物,工业化和城市化改变了人们的就业和生活方式。在市场经济的激烈竞争中,人们因老弱病残、企业破产、失业等原因危及基本生活的风险大大增加。社会经济的发展要求一种新的、更有效的社会风险化解机制。美国是世界上第一个制定《社会保障法》的国家。第二次世界大战以后,社会保障制度进入了以高福利为特征的全面发展阶段。20

世纪 80 年代以后，世界上出现了社会保障制度改革的热潮。

资料来源：贾晔，2003. 社会保障 ABC（二）：社会保障制度的起源和发展 [J]. 人口与计划生育（2）：46-47.

二、社会保障的性质

社会保障作为一个保证社会成员基本生活和维护社会稳定的体系，就其体系中的主要保障项目或措施来看，社会保障具有以下八个方面的基本特性。

（一）保障性

社会保障是以保障社会成员的基本生活为基本目标来维持社会稳定的一种社会经济制度。在社会生活中，当社会成员遇到年老、疾病、失业和伤残等问题时能够及时给予物质帮助与服务，使其能够维持基本生活。这种保障性通常由国家立法加以确定，政府和社会组织加以保证。《中华人民共和国宪法》（以下简称《宪法》）第四十四条、四十五条规定："退休人员的生活受到国家社会的保障""中华人民共和国公民在年老、疾病或者丧失劳动能力的情况下，有从国家和社会获得物质帮助的权利""国家和社会帮助安排盲、聋、哑和其他有残疾的公民的劳动、生活和教育"。

（二）强制性

强制性体现在社会保障是通过国家立法来强制实施的。在法律上规定了国家、单位和个人的权利和义务。它涉及收入的再分配，如果不通过国家立法，很难强制执行，不强制执行，就不能保障所有因故不能获得劳动报酬的劳动者的基本生活，就不能实现社会的安定和经济的发展，就达不到社会保障的目的。

（三）福利性

社会保障的福利性表现为社会保障事业是一种社会福利事业，它以非营利为基本目的，指导思想也以造福所有社会成员为前提。在提供资金支持的同时，还提供医疗护理、伤残康复、职业介绍、职业培训及各种社会服务；特别是对待特殊群体（如老年、儿童、残疾人等），为他们设置了较高的福利待遇。

（四）普遍性

对于社会成员来说，社会保障是不分部门和行业，不分就业单位的所有制性质和有无职业，不分城市和农村的，只要生存发生了困难，都应无一例外地给予基本生存所需的物质保证。社会成员之间只存在保障基金筹集方式、保障项目、给付标准及支付方式的差异，而不存在社会保障有无的问题。

（五）公平性

实现公平保障是社会保障追求的目标。社会保障基金的分配虽然不可能绝对公平，但社会成员在享受社会保障的机会和权利上具有机会均等和利益均享的特征。也就是说，凡是生存发生困难的社会成员，都可以均等地获得社会保障的权利和机会，而且每个社会成员从社会保障中获得的帮助是基本均等的。

（六）鼓励性

社会保障形式的选择，具有在保障基本生活的同时，又鼓励社会成员积极从事劳动的功能。例如，对暂时或永久丧失劳动能力者的社会保险，与其以往的劳动贡献挂起钩来，通过给付标准的差别鼓励劳动者在就业期间积极劳动，不但在职时可以多劳多得，将来也会享受更多的社会保障待遇。又如，在社会救助上，对残疾人和无固定职业、无固定收入等社会成员给予物质帮助，根据不同特点安置就业，鼓励其参加力所能及的劳动，为社会多做贡献。

（七）互济性

互济性体现在社会保障的国民收入再分配功能上，尤其在社会救助和社会福利方面最为明显。在社会保险方面，除了个人账户筹资模式缺乏互济功能外，其他几种模式均能体现出"取之于己，部分用之于人；或部分取之于人，用之于己"的再分配功能。每个劳动者遭遇的情况不同，退休后的寿命期也有差别，对社会保障的需要量不同，因而每个劳动者社会保障基金的扣除、储存、分配和使用，在数量上、时效上是不相等的。有的人分配使用的数量少于扣除、储存数，其扣除、储存的社会保障基金是"部分用之于己，部分用之于人"。

（八）储存性

社会保障资金先行扣除、缴纳和储存，然后进行分配和使用。尤其是劳动者的社会保险金，应依照法律强制进行扣除、缴纳和储存，不论是企业还是职工个人都需缴纳。即，劳动者在能够劳动时，社会就将其所创造的一部分价值逐年逐月进行强制性扣除，储存起来，等劳动者丧失劳动能力或失业时，再根据实际需要进行分配和使用。劳动者的社会保障基金的分配与使用是将原来储存的社会保障基金返还给劳动者，其实质是"取之于己，用之于己；能劳动时储存，不能劳动时返还"。储存性还意味着部分基金形成后，除增值目的外，一般不用于生产，也不根据经济原则进行分配，以便在任何情况下都能使社会保障获得物质保证。

三、社会保障的范围

由于经济发展水平、文化传统和历史背景，以及对社会保障概念理解的不同，世界各国的社会保障提供保护的范围和程度存在差异。国际劳工组织 1952 年发布的《社会保障最低标准公约》中，对社会保障项目作了以下划分：医疗护理、疾病和生育津贴、失业津贴、家庭补助、工伤保险、残疾老年和遗属保险。此后，国际劳工组织在 1952—1982 年期间正式采纳规范化的概念，认为构成社会保障的各种要素或组成部分包括社会保险、社会救助、福利补贴、家庭补助、储蓄基金、社会保障等。从实际情况来看，各国实际所确立的社会保障体系，在参考国际劳工组织的指导性意见的同时，更主要的是从本国情况出发确定合适的框架。

我国《宪法》第四十五条规定："中华人民共和国公民在年老、疾病或者丧失劳动能力的情况下，有从国家和社会获得物质帮助的权利。国家发展为公民享受这些权利所需要的社会保险、社会救济和医疗卫生事业。国家和社会保障残废军人的生活，抚恤烈士家属，优待军人家属。国家和社会帮助安排盲、聋、哑和其他有残疾的公民的劳动、生活和教育。"因此，以我国为例，社会保障范围可以概括为社会保险、社会救助、社会福利和社会优抚，具体内容如下。

（一）社会保险

社会保险是国家通过立法，对劳动者在遇到生、老、病、伤、死、失业等风险时，由于暂时或永久丧失劳动能力或暂时失去工作机会，给予的帮助。其含义是：遭受风险的原因是在职业过程中丧失劳动能力或失去工作机会；保障对象是全体劳动者；资金来源强调权利与义务的对应关系，国家、企业与个人共同负担一定的比例；支付标准是维持基本生活水平；支付期限是丧失劳动能力或失去工作机会期间。其基本项目包括养老保险、失业保险、医疗保险、工伤保险、生育保险等。提高社会保险待遇的方式包括：现金补助，如职工享受的养老金、女工生育期间的产假工资；实物补助，如职工因病获得的药品；提供服务，如对失业职工的培训和就业指导、对孤寡老人的生活扶持。

（二）社会救助

社会救助是国家和社会对无劳动能力，或者因自然灾害等原因造成生活困难的人，为维持其最低生活水平而向其提供的各种形式的援助，是公民的一项基本权利。其含义是：对每一个公民来说，是其应享受的权利，对于国家和社会来说，则是其应尽的社会义务；社会救助只有当公民因自然灾害或社会经济等原因造成生活困难，不能维持其最低生活水平时，才发挥作用；社会救助的对象通常包括城乡居民中的灾民、生活发生严重困难的人或在享受社会保险之后仍然生活在贫困线以下的人或家庭；提供满足最低生活需要的物质保障，要兼顾公平和效率；资金来源于财政拨款，或通过税收减免进行间接补助；救济期限为临时的短期补助，需要救助者依法提出申请，经批准后即可获得帮助。

（三）社会福利

社会福利的概念有广义和狭义两种。广义的社会福利概念基本等同于社会保障的概念，是指国家和社会为全体社会成员所提供的用以满足其物质和精神生活基本需要的各种政策和社会服务。狭义的社会福利则是从属于社会保障概念，指在公共资金的支持下向社会成员无偿或低偿提供物质产品和服务的制度和过程。社会福利按其覆盖范围大小一般包括以下两类：公共性福利，即政府和社会提供给全体社会成员所共享的物质和文化环境，包括公共文化、教育、文化、体育等设施和服务；特殊人群福利，即政府和社会为老人、儿童、残疾人等社会中需要特殊关照人群所提供的社会援助，主要包括老人福利、未成年人福利、残疾人福利、劳动者福利等。

（四）社会优抚

社会优抚是群众优待和国家抚恤的总称，是指国家和社会依据法律规定对那些为保护人民利益和国家安全而牺牲、伤残的人员及其家属提供生活和工作上的优待、抚恤和照顾的制度。优抚对象主要包括现役军人，退伍、复员、转业军人，军队离退休干部，现役军人家属，牺牲、病故军人家属，伤残军人及其他特殊对象。社会优抚的内容主要包括退伍军人安置，伤残人员或烈属抚恤，军烈属优待，社会优抚事业（疗养院、教养院、干休所等）。

社会保障除以上内容外，还有慈善事业、社区服务、企业年金、商业保险等非正式的社会保障措施，它们在不同程度上发挥着社会保障的作用，因而也是现代社会保障体系的有机组成部分。党的十九大提出，要按照兜底线、织密网、建机制的要求，全面建成覆盖全民、城乡统筹、权责清晰、保障适度、可持续的多层次社会保障体系。随着我国经济的不断发展，社会保障体系将不断扩展，更好地实现保障社会成员的基本生活和提高社会成员生活质量的目标。

  资料链接 4-2

印度的社会保障制度

印度的社会保障系统在很大程度上受福利国家理念的影响，养老保障主要分为正式部门和非正式部门的养老保障两大部分。正式部门养老保障体系主要包括公务员养老保障体系、公共部门企业的养老保障体系、银行和保险公司的养老金计划。非正式部门养老保障体系主要包括公共公积金、社会救助计划、印度农村寿险业。两套体系承担了全体社会成员的养老。具体来说，印度的社保制度主要由六大部分组成。

1. 政府公务员社保基金计划

印度的政府公务员社保基金计划主要包括以下几个。①公务员养老保险计划，由印度中央政府单独管理，是收益固定型养老保险计划，参保成员为政府和军队雇员、铁路、邮政和电信等部门的员工。该计划由各邦和中央政府完全负责缴费，参保人在职期间不用缴费，只是将雇主的缴费存入自己的账户。养老金为工作最后 12 个月的平均工资收入的 50%，但是工龄要达到 33 年。②公共公积金计划。大多数政府公务员还享受政府公积金，缴费额为其工资的 6%～8.33%，缴费部分进入公共账户，但只能被用来弥补政府的赤字，实际上是一种隐性债务。③政府离职退休福利。除了政府公积金之外，政府雇员还可一次性领取离职退休福利，但条件是工龄至少 5 年以上，金额为工作期间每年 15 天的最终收入，但最高不超过 350 000 卢比，全部由雇主承担。④新养老金计划。从 2004 年 1 月开始，印度政府将新进入中央政府（军队除外）的公务员纳入新养老金计划，该计划为固定缴费、可转移式基金计划，目的是避免参保人在退休前因换工作提前取款，也无须强制性购买年金。

2. 私营部门雇员公积金计划

私营部门的雇员主要通过三个社保基金计划得到保障。①雇员公积金计划。这是养老金计划中最大和最重要的项目，保险金由雇主和雇员共同负担，缴费计入会员的个人账户，养老金的支付额根据其缴费额及其产生的利息（或利润）确定，可以用于结婚生子、子女教育、疾病治疗、建房买房以及购买人身保险。②雇员养老金计划。雇员的收益固定，取决于雇员就业最后一年的平均工资和工作年限。但一些雇员指责该计划的收益不如雇员公积金高。因此雇员在退休时可领取两笔福利——一次性领取雇员公积金和每月领取雇员养老金。③雇员存款保险挂钩计划。参保人身故后一次性领取福利，金额为参保人身故前 12 个月在雇员公积金计划账户中的平均余额，最低为 25 000 卢比，外加账户金额的 25%，但最高限额为 60 000 卢比，缴费存放在公共账户中。

3. 公营部门企业社保计划

公营部门企业包括保险公司、印度储备银行、公营银行、电力部门、油气公司等。这些企业大多数都有自己相对独立的社保养老计划，一般由雇主缴费，有固定收益，目前的趋势是从固定收益向固定缴费转变，但较少受到监管，其财务报表的养老金负债的披露也缺乏透明度，所以难以确知其运作状况，因此有必要对其加强监管，增强透明度。

4. 职业养老金计划/退休离职金计划

该计划主要是指由雇主设立的养老金计划，定期向雇员提供退休收入，受印度《所得税法》管理，可以是固定收益或固定缴费计划，以设立信托基金的形式，由养老基金自己管理，或者委托印度人寿保险公司来管理。1956年以来，印度人寿保险公司将其管理的退休养老金的95%投资于政府债券，5%投资于股票。而自管式信托基金的投资渠道受到严格限制，因而收益率一直很低。随着印度保险业的私有化，上述养老金计划可以由保险监管和发展局进行监管，允许所有保险公司投资于上市股票。

5. 自愿储蓄养老计划

具有税收优惠的自愿储蓄养老计划包括小型储蓄计划、寿险公司的个人和团体年金计划。此外还有向非组织部门的工人为其老年收入保障进行积累性储蓄计划。根据规定，参保人缴费自愿，每年可以向自己的账户存入100～60 000卢比；领取自由，并可以在3年后申请贷款；可以享受政府的退税，年利率高达11%，而且完全免税。积累起来的基金存入印度国家银行和邮政储蓄银行，并可以通过商业银行和邮政储蓄银行转移账户资金。

6. 非组织部门社会救助计划

印度中央和邦政府还通过社会救助计划向终身贫困的穷人提供援助，资金来源主要是政府预算，因此取决于政府的财政状况，通常资金明显不足，并存在明显的漏损情况。目前占印度劳动力人口4/5的非组织部门的雇员只能通过福利组织、社区和非政府组织获得保障。因此政府正在制定针对非组织部门的社会保障制度。

资料来源：秦永红，张伟，2011. 印度社会保障制度改革及其对我国的启示[J]. 南亚研究季刊（2）：48-55.

第二节 社会保障的资金来源

一、社会保障的资金筹集方式

由于社会保障是一个相对庞大的体系，需要有雄厚的资金来支撑，因此，社会保障的资金来源亦趋向多渠道化，包括政府财政拨款、企业与个人的社会保障缴费及其他渠道等。

（一）征税方式

在现代社会保障制度中，最主要的责任主体无疑是政府，政府财政拨款是筹措社会保障资金的一个固定的、主要的来源渠道。没有国家财政作为经济后盾，不可能建立社会保障制度，或者即便建立了相应的社会保障制度也不可能获得健康的发展。

国家财政资金来源于税收。如果我们将社会保障作为一个调节个人收入分配的机制，亦可以找出与之对应的特定税收来源。它大体包括以下几种：一是个人所得税或工薪税；二是遗产税；三是捐赠税；四是利息税等。这些税种面向个人征收，无论其是否专用于社会保障，均是财政资金的重要来源，均可视为支撑财政性社会保障项目的税收基础，从而调节个人收入分配、促进社会保障制度建设。西方发达国家通常采取这种方式来筹集社会保障资金。

征税方式的好处在于其强制性，有利于提升社会保障化的程度；保险项目简单明了，缴税和支付管理简便。其不足之处在于税收形成财政资金后，只能通过年度预算来安排，且通常以年度收支为基本目标，从而在事实上无法积累社会保障资金，无法抗拒周期性的社会保障风险，一旦遇到经济危机，或者人口老龄化趋势加快，均可能因缺乏社会保障资金积累而对国家财政造成巨大冲击，进而影响国民经济的持续稳定发展。征税方式通常只能与现收现付型社会保障制度相适应，而不能适应完全积累型社会保障制度的要求。

（二）征费方式

征费方式是指政府职能部门依据有关法律规范，向企业与劳动者强制个别征收并用于特别社会保障项目的筹集方式，它一般限于社会保险。之所以采取征费方式筹资，主要是因为社会保险资金是分项来源于雇主与劳动者个人的缴费，并必须分项专门用于特定的社会保障项目，这一特点决定了社会保险基金从性质上有别于财政资金。

征税方式的特点是在强制性征税的同时，具有一定的灵活性，如既可以采取类别费率，又可以采取综合费率；既可以混合筹集，又可以分项筹集。与征税方式相比，征费方式根据不同的社会保险种类，设置不同的缴费率。向不同的社会保险管理机构缴纳，实行收支两条线管理；而征税方式由政府统一管理的各种社会保险通过社会保障税统一征收。征费方式不仅可以与现收现付型社会保障制度相适应，同样可以与完全积累型社会保障制度相适应。

（三）强制储蓄制方式

强制储蓄制方式也称个人账户制，是指雇员和雇主按规定缴费率将社会保险费存入为雇员设立的个人账户，需要时按规定从个人账户中支取的一种筹资模式。在国家立法规范下，在强制储蓄制覆盖范围内的任何单位和个人都必须根据有关法律法规的规定参加强制储蓄，不得擅自更改或中途退出。强制储蓄制一般仅适用于完全积累型的养老保险等社会保险项目。

（四）基金运营方式

对于现收现付型社会保障制度，基金的储存一般只是为了应付即期与下期支付的需要；采取基金制的社会保障制度，基金的储存则是为了实现社会保障制度长期稳定的收支平衡和良性运行。从各国社会保障改革、发展的趋势来看，由于基金制有利于应付由于人口老龄化加剧所带来的冲击，有利于调整在职职工与退休职工之间的关系，有利于促进受保障者权利与义务的统一，已越来越受到各国政府的重视和欢迎。

（五）自由筹资方式

除了上述的几种常见方式之外，社会保障的筹资实际上还有多种方式。例如，发行福利彩票，可以筹集到相当数量的社会保障资金；面向服务对象收取一定的服务费用，则构成了福利事业的重要经费来源；还有社会募捐等方式。这些虽然并非法律强制的筹资方式，但同样可以对社会保障资金起到重要的补充作用。

二、社会保障资金的特征

（一）强制性

社会保障属于政府行为，是由国家通过立法手段在全社会强制推行的。凡属于法律规定范围的社会成员都必须无条件参加社会保障，并按规定履行义务。社会保障资金的筹集、支付的标准和方式都是国家以法律和政府的条例规定的形式确定的，企业和劳动者个人均无权自由选择或更改。

（二）储蓄性

社会保障作为克服社会风险的制度，国家是风险的最后责任承担者，因此，国家有义务帮助人们抵御未来可能出现的老、病、失业、伤残等风险。当劳动者有劳动能力时，国家和社会以强制手段向其征缴费用，进行储存积累；当风险出现时，国家充当社会安全网，将资金返还给劳动者以保障居民的基本生活水平。

（三）专门性

社会保障资金通过专门的渠道和方式筹措，专用于社会成员的基本生活保障，不能挪作他用。《全国社会保障基金条例》及有关社会保险项目的决定中明确指出，社会保险基金实行"收支两条线管理，要保证专款专用，禁止挤占、挪用和挥霍浪费"。

（四）金融性

由于筹集到的社会保障基金，除了一部分用于当前社会成员的基本生活保障外，还有相当一部分要储蓄起来以备将来开支，为实现这部分资金的保值增值，可以委托专门的机构用于投资，成为融通资金的一个组成部分。

（五）互济性

在国民收入的分配与再分配中，资金来源于社会，统筹于社会成员，个人享受的权利与义务并不严格对应。例如，在社会保险基金形成过程中，高收入的社会劳动者比低收入的劳动者缴纳更多的保险费。而在社会保险基金的使用过程中，则是根据需要进行分配的，不完全按缴纳多少给付，实际体现了在收入再分配过程中社会成员的互助互济。

 资料链接 4-3

埃及社会保障税的收取办法

埃及是非洲地区经济发展前景较好的国家之一，其社会保障税的结构虽然简单，但具有一定的代表性。埃及社会保障中主要险种的税率结构如下。(1) 养老、伤残和死亡保险。养老、伤残和死亡保险税率为：雇主负担基本工资的26%，变动工资的24%；雇员负担基本工资的14%，变动工资的11%。(2) 医疗保险。对于包括生病和产妇的医疗保险税率为：雇主负担工资和薪金的4%（对职工提供现金和医疗福利的雇主可以降至3%）；雇员负担工资和薪金的1%。全国私营与公共部门社会保险基金机构负责管理缴费和现金待遇，健康保险组织通过下属医院提供医疗服务，健康和人口部负责监督。(3) 工伤保险。工伤保险全部由雇主缴纳，税率为工资和薪金的3%。如果雇主对职工提供临时伤残福利的，则可以降至2%。(4) 失业保险。失业保险也全部由雇主缴纳，税率为工资的2%，政府进行一定的补贴。在工头雇用的合同中，工头应当按照所有工资和28%的税率缴纳社会保障税，其中按18%税率计算的部分由工头直接负担。

埃及的工伤保险、失业保险资金均由社会保险与社会事务部的全国私营与公共部门社会保险基金机构负责管理，财政部负责监督。在埃及就业的外国雇员，一般不纳入社会保障计划。

资料来源：王翻，薛茗文，2013.浅析埃及社会保障税的收取办法[J].学理论（18）：88-89.

三、社会保障资金筹集原则

（一）确保社会保障制度正常运行的原则

社会保障资金的筹集必须以保障社会保障制度的正常运行为基本出发点，因此，在资金来源渠道上应有多种准备，既要有正常条件下的资金来源，又要有特殊情况下的资金来源。在资金筹集量上要把握"收支平衡，略有结余"的方针，这里讲的"收支平衡"，既是短期的收支平衡，又是长期的收支平衡。

（二）妥善处理积累和消费关系的原则

社会保障资金的筹集涉及宏观经济中积累与消费的关系问题。应根据经济发展的不同阶段和宏观经济的不同形式，科学地确定在社会保障资金中积累部分的比例，科学地确定企业和员工社会保障资金的负担程度，这对于国民经济正常运行十分重要。

（三）有利于资源有效配置的原则

社会保障资金用于抵御风险，但是抵御风险的程度是不同的。经济学证明，随着风险程度的降低，降低风险所需的成本将递增。社会保障资金的筹集取决于社会保障水平的确定。在经济发展水平不高的发展中国家，社会保障水平不能太高，必须将发展经济放在首位。

第三节　养老保障制度

一、养老保险的概念

养老保险是指劳动者达到法定退休年龄退休后，从国家和社会得到一定的经济收入、物质帮助和生活服务的一项社会保险制度。其基本制度一般由国家立法强制实施，享受待遇的首要条件是达到法定退休年龄。它是老年社会保障的一种形式。养老保险在社会保障体系中具有十分重要的地位，世界各国都十分重视养老保险制度的建设。养老保险这一概念主要包括以下三层含义。

（1）养老保险是在法定范围内的老年人完全或基本退出社会劳动生活后才自动发生作用的。所谓完全，是以劳动者与生产资料的脱离为特征的。所谓基本，是指参加生产活动已不成为主要社会活动内容。需要强调的是，法定的年龄界限（各国标准不同。例如，中国的法定退休年龄为男性60周岁，女性55周岁；荷兰、丹麦、德国和西班牙等国将退休年龄设为65周岁；韩国、法国、日本等国为60周岁；美国为66周岁；而英国、意大利、澳大利亚、奥地利、阿根廷等国的退休年龄为男性65周岁，女性60周岁）才是切实可行的衡量标准。

（2）养老保险的目的是保证老年人的基本生活需求，为其提供稳定可靠的生活来源。

（3）养老保险是以社会保险为手段来达到保障目的。养老保险是世界各国较普遍实行的一种社会保险制度，一般具有以下几个特点：由国家立法强制实行，企业单位和个人都必须参加，符合养老条件的人可向社会保险部门领取养老金；养老保险费用一般由国家、单位和个人三方或单位和个人双方共同担负，并实行广泛的社会互济；养老保险具有社会性，影响很大，享受人多且时间较长、费用支出庞大，因此必须设置专门机构，实行现代化、专业化、社会化的统一规划和管理。

二、养老保险体系

养老保险按照为不同职业或不同阶层的劳动者设立来划分，可分为企业职工养老保险、公务员养老保险、农民养老保险、自由职业者养老保险、其他职业者养老保险等具体项目。

（1）企业职工养老保险。这种养老保险面向企业工作的全体劳动者，包括国有企业、城镇集体企业、乡镇企业、三资企业、私营企业等一切符合国家社会保险法律法规的企业的劳动者，是养老保险社会中的主体业务。其养老基金应通过向企业与劳动者个人征收形成，国家不给予补贴。其待遇标准应在考虑劳动者的贡献与工龄等条件的基础上有差别性，其享受条件是劳动者达到国家规定的退休年龄及其他有关规定。

（2）公务员养老保险。这种养老保险面向政府，具有公务员身份的各级各类工作人员。其养老金应由政府（或通过其所在单位）预算补贴和公务员个人缴费组成。其待遇标准可在考虑公务员职级、任职年限等条件的基础上有差别性。其享受条件是公务员应达到国家规定的退休年龄及相应的任职年限。

（3）农民养老保险。这种养老保险面向从事个体农、林、牧、副、渔等生产经营活动的农业劳动者。其养老金主要应由劳动者自己缴纳，政府给予相应的优惠（如减免农业税，给予管理费补贴），农村集体经济有实力的亦可给予补贴。其待遇标准可视个人缴费水平而定。享受条件可参照企业职工养老保险的规定。

（4）自由职业者养老保险。这种养老保险面向无固定工作并从事非农产业工作的城乡劳动者，如个体医生、律师、自由撰稿人、演艺人员、个体工商业者均属于自由职业者的范畴，应纳入自由职业者养老保险。其养老基金应由受保者个人缴纳，国家出面组织，待遇标准视个人缴费水平而定。

（5）其他职业者养老保险。这种养老保险面向各级各类事业单位，如学校、医院、科研院所、文化艺术团体、新闻出版单位及其他公益事业单位等的劳动者。其养老基金的筹集和待遇标准、享受条件等可根据事业单位的性质（公立、私立、混合）分别参照公务员养老保险与企业职工养老保险等予以规定。

 资料链接 4-4

日本老龄化下养老金缺口问题及启示

1. 日本人口老龄化与养老金缺口

日本是世界上人口老龄化最严重的国家，世界卫生组织报告显示截止到 2016 年，世界上 60 岁人口比重超过 30% 的国家只有日本一个。根据日本总务省统计局统计，1951 年日本 65 岁以上人口即达到总人口数的 4.9%，1986 年该比例上升至 10.3%，到了 2005 年，日本 65 岁以上人口占总人口比例达到 20.2%。而在养老保障体系方面，日本自 1961 年便建立了有较高福利保障的、覆盖全部国民的公共养老保险制度，但此后十几年间，日本快速跨入老龄化社会。随着社会人口结构中高龄人群数量不断增多，日本的社会保障性支出特别是公共养老保险支出急速上涨，社会整体养老保险收支压力不断增大，部分国民开始对公共养老保险制度产生怀疑，而由此引发的公共养老金未纳问题又进一步压缩了日本养老保险金的缴费规模。实际上由于国内经济衰退迹象显现，加上人口老龄化速度超出人们预期，日本的公共养老金体系自 20 世纪 80 年代后期带来的财政压力就已有所显现。作为日本负责医疗卫生和社会保障的主要部门，厚生省每年会公布其年金情况。根据其公布的财务报告可以看出，厚生年金在 2001 年开始出现赤字，且金额高达 7 000 亿日元，而之后从 2002 年到 2009 年之间，日本公共养老保险金实际上一直处于"收不抵支"的状态，亏空高达 7 万亿日元。

2. 日本相关应对政策

日本作为全球人口老龄化最严重的亚洲发达国家，其应对人口老龄化背景下养老金缺口的经验教训对中国处理养老金缺口具有很高的借鉴意义。陈静（2014）研究认为，直接导致日本养老金缺口产生的原因包括日本人口老龄化速度高于政策预期、公共养老基金投资收益率低于预期、公共养老基金未纳率过高、日本经济持续低迷而养老金给付水平过高，日本政府的应对措施包括开源节流、市场化运营养老基金和提升国民信心。因此，中国可以参考其科学严谨的设计和完善养老金制度、养老保障给付标准要与国民经济发展和社会变动水平相适应、长期建立部分积累制并提升财政支持能力以及注重养老金制度代际间的公平性和提高运营收益。眭党臣、吴雪（2013）分析之后得出日本政府为了解决公共养老金信用危机，恢复国民信心与养老金的缴纳率，分别在相关法律制度、公共养老金财务和养老基金管理三个方面进行改进。日本政府通过提高养老金缴费率，延迟退休年龄来改善养老金的缴纳与支出，通过改革公共养老金管理机构和运作方法来实现养老金的保值增值，通过彻底改革"一元化"年金制度来维护民众待遇恢复国民信心，从而进一步缓解公共养老金的财政压力。总体来说，中国可以借鉴的日本在养老保险制度方面的经验主要有以下四个方面：一是适当提高社会保障特别是养老保险方面的财政支出，减轻国民自身养老负担；二是建立健全多支柱、多层次的养老保障体系；三是渐进式推迟职工法定退休年龄，减轻财政负担压力；四是推进养老保险全国统筹，提高养老保险基金管理收益率。

资料来源：巴曙松，方堉豪，朱伟豪，2018. 中国人口老龄化背景下的养老金缺口与对策 [J]. 经济与管理，32（6）：18-24.

三、建立养老保险制度的原则

（1）保障原则。养老保险的目的就是对劳动者退出劳动领域后的基本生活提供保障。这一原则更多地强调社会公平，有利于低收入阶层。劳动者还可以通过参加补充养老保险（企业年金）和个人储蓄性养老保险，获得更多的养老收入。

（2）公平与效率兼顾原则。公平与效率相结合原则要求给被保险人的待遇水平，既要体现社会公平，又要体现不同人群之间的差别。因此，要将这两个方面结合起来，在不同的养老保险体系下采用不同的方式。在实行"普惠制"（基本养老保险体系普遍适用于全体国民）制度时，更多体现的是公平因素，而在"非普惠制"制度下，更多体现的是差别因素。

（3）权利与义务相对应原则。权利与义务相对应原则是商业保险的普遍原则，目前养老保险制度也引入了这一原则，即被保险人必须在履行规定义务后才能具备享受养老保险待遇的权利。这些义务包括依法参加基本养老保险制度，依法缴纳基本养老保险费（税）并达到规定的最低缴费（税）年限。

（4）广覆盖原则。社会保险的基本特征是运用"大数法则"，在某一社会范围内分散劳动者或社会成员的风险，从而构筑起一个"社会安全网"。从国际上看，养老保险的覆盖范围呈逐步扩大趋势。

（5）管理服务社会化原则。管理服务社会化原则的基本要求是，政府制定养老保险政策并进行监管，但不直接经办养老保险事务，而是按照政事分开的原则，委托或建立一个社会机构管理养老保险事务和基金。建立独立于企事业单位之外的基本养老保险体系，基本养老金实行社会化发放。

（6）分享社会经济发展成果的原则。退休人员的基本养老金一般来说是比较稳定的，但在社会消费水平普遍提高的情况下，退休人员的实际生活水平就可能相对下降。因此，应通过建立基本养老金调整制度，使退休人员的收入水平随着社会经济发展而不断提高，分享社会经济发展的成果。

（7）法制化原则。养老保险行为必须在法律法规的范围内进行。同时，养老保险范围、主体、筹资方式、基金模式、待遇水平和管理方式等，都需要由法律法规来加以界定。

四、养老保险制度的构成

（一）退休年龄与享受资格

养老保险一个重要的享受条件就是法定退休年龄的确定。根据国际劳工组织《社会保障最低标准公约》（第102号）规定，享受养老保险的年龄条件一般不低于65岁。各国实际退休年龄差异较大，发展中国家大多规定退休年龄男性为60岁，女性为55岁，而发达国家则规定不分男女，一律为65岁，且普遍趋势是逐步提高退休年龄。

享受养老金的资格与退休年龄相关，但世界上大多数国家的养老保险待遇给付条件都是复合型的，需要满足两个或两个以上的资格条件才能享受待遇。一般来说，除了年龄之外，还要考虑投保年限、工龄和居住条件等。有的国家规定投保人到达了一定的年龄，并缴纳一定数额的保险费或投保满一定年限，才有资格领取年金；有的国家要求养老金领取者要达到一定的年龄，并且要有若干年的工龄；有的国家以投保人的年龄和其是否是公民或以居住在该国的期限作为享受养老金的条件。目前以年龄和投保年限作为条件的国家占大多数，未达到规定条件的，没有领取保险待遇的资格或只享受减额保险待遇的资格。

（二）养老金的计算和给付

1. 养老金的计算方法

养老金的计算方法有两种：均一制和工资比例制。均一制也称绝对金额制，是将被保险人和他们的供养亲属按一定的资格条件划分为若干等级，每一等级均按同一绝对金额享有养老保险待遇，而与被保险人就业时的薪金收入无关。这种计算方法多在实行普遍保险制度的国家应用。工资比例制也称薪金比例制，是被保险人丧失劳动能力前某一阶段内的平均工资收入或最高工资收入的一定百分比，并考虑被保险人的投保年限、缴纳保险费的数额及就业年限等资格条件，计算其应得的养老金待遇。百分比的确定一般可采取固定的、累进的和累退的三种方式，比例的高低，一般由投保年限、工龄、工资收入档次等条件决定。例如，德国规定养老金按照被保险人月供平均工资的1.5%乘以投保年数来计算。

2. 养老金的给付

养老保险待遇给付范围的大小、项目的多少取决于国情、工业化程度、保险制度建立的早晚等因素。实行普遍保险的国家，养老金发放的范围为全体居民。实现与就业相关联保险的国家，其范围是包括全体劳动者还是部分劳动者，一般取决于保险建立时间的长短。保险一般首先在工商业从业者中实行，而后逐步扩大到所有的工薪收入者，以及个体劳动者和农业工作者，其范围先是投保本人，而后扩展到家属，个别国家还包括了居住在本国国内的外籍公民。

世界各国养老保险金的项目也不尽相同，概括起来除了基本退休金、企业补充退休金外，还包括低收入补助、护理津贴、配偶和未成年子女及直系亲属补贴等。

（三）养老金的筹集

养老保险基金的筹集形式一般有两种：一种是缴费形式，另一种是税收形式。一般来说，实行投保资助模式的国家，多采取按工资的一定比例缴费，由雇主和雇员分别缴纳的方式，但也有些国家为了提高管理效率，将缴费改为缴税，征收社会保障税或工薪税。而实行普遍保险模式的国家，其资金来源主要是国家财政补贴，国家将经常性税收收入通过转移支付的方式向普通养老金供款，这里的税收收入既有社会保障税也有个人所得税等经常性税收。

养老保险基金的征收比例与基金的筹资模式密切相关。养老保险基金存在三种模式：现收现付制、完全积累制和部分积累制。从征收比率的角度看，现收现付制在开始征收比率低，但在人口老龄化的情况下，由于制度赡养率（退休人口与劳动人口之比）不断降低，征收比率会不断提高，国家和企业的负担会不断加重；完全积累制因要考虑基金积累，征收比率在开始时比较高，并长期保持这样一个征收比例，这是在职劳动者自我保障的需要。但是如果一个国家原为现收现付制，要想转向完全积累制，必须要增加国家和企业的双重负担，一方面要承担原制度下退休人员的养老金，另一方面又要为在职职工未来养老做准备。因此，在养老保险制度改革过程中，多数国家往往选择部分积累制。

第四节 医疗保障制度

一、医疗保险的含义与特点

医疗社会保险简称医疗保险，是国家和社会通过立法，建立医疗保险基金，为劳动者提供疾病所需医疗费用资助的一种社会保障制度。其目的是使患病劳动者的正常生活免受重大影响，以利于治疗和康复。医疗保险是医疗保障体系中的核心内容。作为社会保险的一个项目,除具有强制性、互济性、福利性和社会性的共同特征外,与其他社会保险项目相比,医疗保险还具有以下特点。

(1)普遍性。医疗保险是社会保险中保障范围最广的一个项目,其覆盖对象原则上是全体公民,因为疾病风险是每个人都可能遭遇且难以避免的,不像生育、失业、工伤、残疾甚至年老等风险的保障对象主要是劳动者,而且有些人甚至可以避开这些风险。

(2)复杂性。首先,医疗保险涉及医、患、保,还有用人单位等多方面复杂的权利与义务关系。其次,为了确保医疗保险资源的合理利用,医疗保险还存在着对医疗服务的享受者和提供者的行为进行合理控制的问题。最后,医疗保险不仅与国家的经济发展有关,还涉及医疗保健服务的需求和供给,这些都是其他社会保险所没有的特点。

(3)医疗保险采用医疗服务的补偿形式,为确保医疗保险基金专款专用,对享受者主要采取提供医疗服务的补偿形式,补偿多少与享受者所缴的保险费无直接关系,与病情需要关系更大。这不同于其他保险项目实行定额现金给付,而对其最终用途没有明确限定的做法。

(4)医疗保险的发生频率高,且费用难以控制,生病是不可避免的,有的人甚至会多次遇到疾病风险,每个人每次医疗开支的费用都不会相同,发生数额差别较大,低时不会影响生活,高时又足以置患者于困境。因此,相对于其他保险项目来说,医疗保险的风险预测和费用控制是一个重要的问题。

(5)商品属性。在市场经济条件下医疗保险服务不可避免地采取商品货币形式。以货币为媒介进行交换活动,特别是医疗单位和药品生产供销单位在实施医疗保险过程中所提供的服务,具有更为明显的商品属性。

 资料链接 4-5

国家医保局:骗保显示基金监管漏洞,将建失职渎职问责机制

沈阳两家民营医院骗取医疗保险基金的案件,让医保基金安全性这一老问题再一次浮出水面。2018年11月21日上午,国家医保局召开新闻发布会,介绍打击欺诈骗取医疗保障基金专项行动。在这次会议上,国家医保局通报了沈阳骗保案的相关情况。2018年11月14日,中央电视台《焦点访谈》栏目曝光了沈阳于洪区济华医院、沈阳友好肾病中医院骗取医保费用的问题。沈阳警方经工作查明,沈阳于洪区济华医院于2017年1月开通医保后,院长叶某找到中间人方某为其介绍所谓的"病人"。双方约定,根据介绍"病人"的数量,按比例给予提成。从2017年3月开始,方某拉拢持有医保卡的"病人"到济华医院进行所谓的住院治疗。医院给这些所谓的"病人"伪造病志,开具用药处方,但实际并未给"病人"用药,只做简单的理疗或不予治疗。这些所谓的"病人"住院周期一般为4天。事后,他们均能得到300元的现金提成。一部分人在出院后还可以领取到米、面、油等物品。沈阳友好肾病中医院于2017年4月开始,在院长孙某的授意安排下,通过该院信息科科长刘某及下属在外招募虚假病人,进行虚假治疗。其间,一日三餐免费提供,住院满5~7日后办理出院手续,招募的虚假病人均能得到300元的现金提成。目前,两家医院的院长及方某等主要犯罪嫌疑人已全部到案。沈阳警方已依法传唤相关人员242名,刑事拘留37名,监视居住1名,取保候审1名。这一案件的发生反映了医保基金监管仍然存在很多漏洞。国家医保局将以沈阳骗保案为警示,全面提升医保基金监管水平,建立"该发现的问题没发现是失职,发现不处理是渎职"的问责机制。

资料来源:国家医保局:沈阳骗保显示基金监管漏洞,将建失职渎职问责机制[EB/OL].(2018-11-21),https://baijiahao.baidu.com/s?id=1617714816979842653&wfr=spider&for=pc. 第一财经.

二、医疗保险的覆盖范围

医疗保险范围是指根据国家有关规定或保险合同的相关条款,可以享受医疗保险待遇的公民范围。从理论上讲,医疗保险涉及全体社会成员,应以全民为医疗保险对象。但由于各种条件的限制和经济发展水平的差异,特别是一个国家内部的经济社会发展的不平衡,要想做到人人享有医疗保障困难很大,大多数国家在医疗保障对象上都有一定的条件限制。

各国医疗保险的覆盖范围,是由国家社会发展的状况和经济文化背景所决定的。从历史发展看,大多数国家医疗保险的实施范围都是从小到大逐渐扩展起来的,通常都是从靠工资为生,收入较低的生产工人开始,然后进一步扩大到其他特定的社会群体,最后达到全体公民。例如,英国、意大利等16个国家已将全民作为覆盖范围;法国、德国等12个国家将主要受雇人员确定为医疗保险的享受范围;美国的实施范围是65岁以上的退休职工。还有一些国家,其医疗保险有多个体系,分别覆盖职业人口中的某些类别的人员。

三、医疗保险的原则

从各国医疗保险建立与发展的历史经验总结,医疗保险建立的原则一般包括以下几个。

(1)法制化管理原则。法制化管理是指医疗保险管理工作要有法可依,依法参保、依法享受医疗保险待遇,依法协调医疗保险机构、约定医疗单位、参保单位或参保人之间的利益关系,这是由社会保险强制性特点所决定的。

(2)保障基本医疗原则。医疗保险把"保障基本医疗需求"作为医疗保障水平的目标。基本医疗是指基本用药、基本技术、基本服务和基本收费,即医疗保险规定范围的医疗服务,基本医疗服务之外的各种医疗服务,只有通过补充医疗保险或商业保险来解决。

(3)公平与效率相结合的原则。医疗保险的公平性,一是按规定比例缴纳医疗保险费,无论实际金额是多少,享受的医疗待遇是一样的,二是医疗保险面前人人平等,不存在"特权阶层"或"特权人物"。所谓效率,是指筹集医疗保险基金的效率和使用医疗保险基金的效率。参保单位和个人缴纳医疗保险费的积极性越高,筹集的资金越多,说明基金筹集的效率越高,执行因病施治、合理检查、合理用药、合理治疗的医疗原则越好,医疗保险基金浪费越少,说明使用医疗保险基金的效率越高。

(4)鼓励节约、减少浪费原则。这一原则有两层含义:一是医疗服务的"供方"医院要做到因病施治、合理检查、合理用药、合理治疗和合理收费,主动适应医疗社会保险制度,加强医护人员教育,避免过度提供医疗服务,减少不合理的医疗费用支出;二是医疗服务的需方,即参保人要转变观念,减少不合理治疗和用药,节约开支。

(5)属地化管理原则。以地级市为中心打破行业界限,无论是中央各部委新办的企业还是省属企业,都必须参加当地的医疗社会保险,实行这一原则是由于如果医疗保险基金的统筹层次太高,如省级或全国统筹,管理难度太大;医疗保险基金的统筹层次太低,医疗保险的抗风险能力不强,将难以达到医疗保险的目的。因此最佳统筹层次是城市以地级及市级为单位，农村以县为单位。

（6）社会化原则。现代社会劳动者已是社会劳动力，劳动者的身体健康状况和家庭经济状况直接影响着劳动力再生产，而劳动力再生产又是社会再生产的重要条件。因此，社会化生产中劳动力的修复，必须在依靠个人力量抵御疾病风险的同时，依靠社会力量。

第五节 失业保险制度

一、失业保险的概念及其意义

（一）失业保险的概念

失业社会保险简称失业保险，是指国家通过立法强制由社会各方筹集建立失业保险基金，对非因本人原因失去工作而中断收入的劳动者，在法定时期内为保障其基本生活需要而提供物质帮助以及相应职业培训和就业机会的一项社会保险制度。失业保险的核心内容是通过建立失业保险基金，分散失业风险，为失业者提供基本生活保障，并通过专业培训、职业介绍等形式积极促进其再就业。

（二）失业保险的特点

作为一种社会保障制度，失业保险具有社会保障的一般特点，如强制性、互济性、社会性等，但其又具有与其他社会保障不同的独特性。首先，失业保险的对象为失业的劳动者，具有正常的劳动能力，是参保人享受失业保险的一个必要条件。其次，失业保险待遇具有期限性。失业保险只能在法定期限内享受，超过法定期限，即使劳动者仍处于失业状态，也不可再享受任何保险待遇。最后，失业保险保障形式具有多样性。失业保险既要保证失业者在失业期间的基本生活，还肩负着对失业者进行培训，提高劳动者就业能力，促进劳动者再就业的任务，具有双重目的和双重功能。

（三）失业保险的意义

（1）失业保险是市场经济顺利发展的前提和保障。失业保险制度的建立有利于解决失业带来的问题，提高综合国力，造福于人类和社会，促进社会经济的发展，对政府进行宏观调控、完善市场机制、保障人才流动、合理配置劳动力资源、完善劳动力市场具有重大作用。

（2）有利于保护劳动者权益，维护社会稳定。失业保险制度为失业的人群提供因失业而导致收入损失的保障，劳动力的再生产得以顺利进行，生活得以稳定。这种功能尤其是在失业问题严重、经济衰退时期显得十分重要。

（3）有利于促进社会公平分配。失业保险制度是国家通过合法的经济手段对个人收入的分配实行直接的干预，国家通过中级保险费再分配给丧失收入来源的劳动者，为他们提供了必要的社会保障，帮助他们解决生活困难，在一定程度上实现了社会公平分配。

二、失业保险类型

根据各国失业保险实施的总体情况，可以把失业保险制度分为以下三类。

（1）国家依法实施的强制性失业保险制度。强制性失业保险是目前采用最多的失业保障模式，强制性失业保险由政府直接管理或政府委托一个机构负责管理，凡属失业保险法覆盖范围的劳动者都必须依法参加，依法缴费，个人无选择的自由。

（2）非强制性失业保险制度。非强制性失业保险模式允许劳动者自愿选择是否参加失业保险，失业保险由社会组织建立，政府提供大量资金，失业保险的管理一般由失业保险基金会负责。

（3）失业救助制度。失业救助制度有多种具体实施形式，既可以由政府或雇主支付一次性失业救助金或一次性解雇费，也可以由政府和社会对不具备享受失业保险待遇的失业者提供标准较低的失业救助，还可以由政府组织对不具备领取失业保险金资格的失业者申请失业救助，但要接受家庭经济状况调查，符合救助条件者才可以领取。

在以上三种模式的基础上，各国在实施过程中又出现了几种新模式。①非强制性失业保险制度与失业救助制度并行的模式，如瑞典，劳动者可以自愿加入由劳动者工会建立的失业保险组织，一旦失业并且符合规定条件即可获得失业保险金，未参加失业保险组织或参加时间不足一年的失业者，由政府提供失业救助。②强制性失业保险制度和失业救助制度并行模式，如德国。在德国首先实行强制性失业保险制度，对超过失业保险金的给付期限，仍未找到工作和没有领取失业保险金资格的人可以领取失业救济金，失业救济所需资金由联邦政府负责筹集，主要来自联邦政府的税收收入。③强制性失业保险制度和非强制性失业社会保险制度相结合模式，如日本。

三、失业保险基金的筹集和使用

失业保险基金是国家依法筹集的用于化解失业风险，给予符合领取条件的失业者经济补偿的资金，没有失业保险基金，失业保险制度的建立就只能是空中楼阁。

（一）失业保险基金的筹集原则

失业保险基金的筹集原则与社会保险基金的筹集原则一致，即尽量做到资金筹集与资金支出基本平衡。失业保险支出的影响因素主要有给付水平、给付期限、失业保险等。由于失业保险属于短期给付，在一国经济稳定发展的情况下，其年度开支将保持一个相对稳定的水平。因此，失业保险的筹资模式可以采用现收现付制，即每年根据预先的粗算估计提取必要的资金，保证当年的开支。目前，世界上大多数国家的失业保险都采用现收现付制筹资模式。

（二）失业保险基金的筹集

失业保险基金的筹资来源有雇主缴纳的失业保险费、雇员缴纳的失业保险费和政府财政补贴。失业保险基金的筹集方式有三方共同承担的，也有一方或两方负担的，其中采用三方共担方式的国家最多。究竟采用何种筹集方式及负担的比例取决于以下几个方面的因素：政府、企业、劳动者个人对失业责任的认知；国家、企业及劳动者个人的经济承受力；就业政策的指导思想和原则。目前，雇主、雇员和政府三方共同负担失业保险基金的国家有日本、德国、美国、加拿大等。荷兰企业和雇员共同负担失业保险基金。意大利企业和政府共同负担失业保险基金。卢森堡雇员和政府共同负担失业保险基金。印度尼西亚企业全部负担失业保险基金。澳大利亚、新西兰政府全部负担失业保险基金。

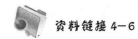 资料链接 4-6

员工主动辞职可以领取失业保险金吗？

个人主动辞职的情况也是有可能领失业金的。其实我们失业金领取的条件只有三个。第一，失业保险缴费满一年以上。一般每缴费一年可以领取三个月的失业金待遇。《中华人民共和国社会保险法》规定，缴费十年以内的，领取失业金时间最长不超过 18 个月；缴费十年以上的，最长不超过 24 个月。第二，有求职意愿。办理了就业创业登记证，积极参与劳动部门组织的技能培训或招聘活动。第三，非本人意愿失业。

非本人意愿包含了很多种具体的情形，一般依据《实时＜中华人民共和国社会保险法＞若干规定》里的规定，主要有以下六类情况。

（1）劳动合同期满；用人单位被依法宣告破产、吊销营业执照，责令关闭撤销或决定提前解散的。合同期满很好说，用人单位不愿意续签劳动合同的，应当支付经济补偿金，职工也可以领取失业金。后续的几种方式都是用人单位不存在了，那肯定也可以领取失业金。

（2）由用人单位依照《劳动合同法》第 39、40、41 条规定解除劳动合同的，实际上是用人单位裁减和解除职工的一些情形。

（3）用人单位依照《劳动合同法》第 36 条规定，向劳动者提出解除合同，并与劳动者协商一致解除劳动合同的。

（4）有用人单位提出解聘劳动合同，或者被用人单位辞退、除名和开除的。其实不管怎样，只要不是本人原因都是非本人意愿失业。

（5）劳动者本人依照《劳动合同法》第 38 条规定解除劳动合同的。这一项条款比较特殊，劳动者辞职确实也可以解除劳动合同，不过《劳动合同法》第 38 条规定的是由于企业的违法行为，导致的职工可以解除劳动合同。这些情形主要包括没有提供劳动保护和劳动条件，没有及时支付劳动报酬，没有给劳动者缴纳社会保险费，用人单位规章制度违反法律法规规定，侵害劳动者权益等。其实《劳动合同法》规定，违反 38 条规定，职工可以主动申请解除劳动合同，如遇到特别激烈的情况，可以直接现场解除劳动合同，不仅可以领取失业金，而且用人单位还要给予相应的经济补偿金。

（6）法律、法规规定的其他情形。

总之，确实劳动者可以主动辞职并享受失业金和经济补偿金待遇，但是主要是企业有错在先才可以。所以劳动者主动辞职，也不要太任性了，否则失去的不仅有失业金，还有经济补偿金。

资料来源：个人主动辞职可以领取失业金吗？不要忘记索要经济补偿金 [EB/OL].（2018-12-14），https://baijiahao.baidu.com/s?id=1619781805011952643&wfr=spider&for=pc. 暖心人社．

（三）失业保险基金的使用

基金的使用就是基金的基本用途开支，失业保险基金的使用主要有失业保险待遇支出、促进就业支出和日常行政管理费支出三个方面。

（1）失业保险待遇支出。这主要包括失业保险、失业补助和附加补助金。一般来说，各国的失业保险待遇支出构成了失业保险基金使用的最大比重。

（2）促进就业支出。这主要包括职业培训支出、职业介绍支出、抑制失业支出、开发就业岗位支出等。因为各国共识的传统救济事业观念已经向积极促进就业的观念转变，所以这一部分支出的比重呈现上升趋势。例如，德国 40% 的失业保险基金都用于促进就业支出，几乎占到了失业保险基金支出的半壁江山。

（3）日常行政管理费支出。这一支出一般是从失业保险基金中按一定比例或固定金额提取的，在总量一定的情况下，其结果可能是由于失业保险管理费用支出的增加，减少了其他项目的开支，从而在一定程度上影响了失业保险的实施效果，有些国家如中国、日本等不提取该项费用，该项费用支出列入政府预算，完全由财政补贴。

四、失业保险的给付标准

（一）给付原则的确定

一般来说，当失业保险的给付标准高时，人们宁愿失业也不愿意工作，失业率则高；当失业保险的给付标准低时，人们就愿意选择工作，失业率则低。可见，失业率的给付标准影响着失业率的变动，影响着劳动力的供应，进而对经济增长产生重要影响。因此，确定失业保险的给付标准，应当遵循以下几点。

（1）保障失业者及其家属基本生活的原则。劳动者失业后，失业保险金是其主要的生活来源，失业者及其家属的基本生活需要决定着失业保险的给付水平。

（2）失业保险的给付标准应低于失业者原工资水平的原则。也就是说，失业保险的给付标准应当是一个适度的水平，标准过低会使基本生活不能得到满足；但标准也不能过高，否则既达不到促进失业者再就业的目标，又会对在职劳动者产生负面影响。

（3）权利与义务相结合的原则。失业保险的给付水平还应结合劳动者各自履行义务的不同情况而有所差别。

（二）给付标准的基数

虽然影响失业保险给付标准的因素很多，但世界各国在确定失业保险的给付标准时，一般都涉及基数和比例（即计算方法）两个要素。具体而言，确定失业保险给付标准的基数主要有四种：一是失业前失业者本人的工资收入；二是社会平均工资；三是法定最低工资；四是最低生活保证标准。

（三）给付金额的计算方法

由于世界各国的失业保险制度和法规不同，确定失业保险的给付标准的方法也不同，归纳起来主要有以下三种。

（1）工资比例法。按照失业前失业者本人工资水平的一定比例计算失业保险给付标准。例如，日本规定，一般被保险人每天的失业津贴相当于其失业前 180 天平均日工资的 60%～90%。

（2）均等法。国家对所有符合条件的失业者一律按相同金额支付失业保险金的方法，如英国和瑞典。

（3）混合法。把工资比例法与均等法结合起来，确定失业保险给付标准的方法，如芬兰。

1988年，国际劳工大会第75届会议通过的《关于促进就业和失业保护的公约》对失业保险的"给付标准"进行了详细说明。①当津贴数额以受保护人所缴的费用或以其名义缴纳的费用或以前的收入为依据时，其数额应定为以前收入的50%以上。对津贴的数额和所考虑的收入可定出最高限额，如这一限额可与技术工人的工资或有关地区工人的平均工资挂钩。②当津贴数额不以所缴纳费用或以前的收入为依据时，应按不少于法定最低工资或一个普通工人工资的50%，或按基本生活费用的最低额确定，以其中最高者为准。

当然，我们也可采用失业保险金替代率作为失业保险给付标准的衡量尺度。失业保险金替代率是失业保险金与失业前失业者工资收入的一定比例，通常发达国家的替代率为50%～60%，发展中国家为40%～50%。而欧洲大部分国家的失业保险金替代率偏高，丹麦和瑞士则高达80%，美国的失业保险金替代率为50%。

五、失业保险的管理体制

由于世界各国的国情不同，失业保险的管理体制也不尽相同，归纳起来主要有以下三类。

（1）政府直接设置专门的保险机构进行直接管理。这一管理体制从宏观上对失业保险进行调控，实现保险、就业、职业培训的有机结合，促进劳动力的合理流动，世界上大多数国家都采用这一管理模式，如美国、英国、日本。

（2）政府监督下的工会管理。这一管理体制能更好地反映劳动者的愿望，并能相对减轻政府负担，它主要存在于工会力量强大的北欧国家，如丹麦、瑞典、芬兰。

（3）政府监督下的自治机构管理。由政府、雇主、雇员三方代表共同组成自治机构进行协作管理的形式，有助于各方积极参与失业保险，如法国、德国、意大利等国家采用这一管理模式。

第六节　其他辅助险种制度

一、工伤保险概述

（一）工伤保险的概念

工伤保险是指劳动者在生产经营活动中所发生的，或者在规定的某些情况下，遭受意外伤害、职业病以及因这两种情况造成死亡、暂时或永久丧失劳动能力时，劳动者或其遗属能够从国家社会得到必要的物质补偿，以保证劳动者或其遗属的基本生活，以及为受工伤劳动者提供必要的医疗救助和康复服务的一种社会保险制度。工伤保险是世界上产生最早的一项社会保险项目，从1884年德国制定《劳工伤害保险法》开始，迄今有100多年的历史。

（二）工伤保险的特点

工伤保险除了具有社会保险制度所具有的强制性、保障性、互助互济性等共同特点外，还有其自身特质，其显著特点表现在以下几方面。

（1）工伤保险实现"无责任补偿"原则。无责任补偿原则是指当发生工伤事故时，无论事故的责任人是雇主、雇员还是第三人，受伤害的雇员都可以获得法定的补偿。对于受到事故伤害的劳动者而言，雇主承担工伤事故的赔偿责任并不违背公平原则，同时雇主承担责任也与劳动关系的隶属性相符。

（2）工伤保险的待遇比较优厚，服务项目较多。不管是工伤事故还是职业病，都会给受到伤害的劳动者及其家庭带来沉重的损害，因此，比较而言，工伤保险比其他各项社会保险的待遇标准高，享受条件宽，服务项目多。

（3）"雇员无须缴费"原则。大多数国家都实行雇员无须缴费原则，工伤保险费用由雇主承担，雇员不缴纳。劳动关系的隶属性要求雇主对工伤事故负责，通过工伤保险这种社会保险形式，雇主分散了责任风险，由雇主单独缴费，不失为一种相对公平的安排。

（4）工伤保险待遇法定性。工伤保险的各项待遇标准都由法律做出明确规定，待遇的内容和水平高低依照雇员受到伤害的程度来决定。通过法定程序鉴定后，按照法定的标准予以定级，不同级别的保险待遇由法律做出明确的规定。

二、生育保险概述

（一）生育保险的概念

生育保险是指国家和企业为怀孕和分娩的妇女提供医疗服务、生育津贴和产假，以保证那些因生育而造成收入中断的妇女和孩子的基本生活的一种社会保险制度。

（二）生育保险的特点

（1）保障范围通常只限于已婚女性劳动者。生育保险的保障对象仅包括已婚女性劳动者，覆盖面有限。也就是说，只有符合年龄的已婚女性劳动者才有权享受生育社会保险待遇。

（2）福利性。生育保险不仅保障了生育期女职工本人的健康恢复和基本生活水平的需要，维持妇女劳动力的简单再生产，而且通过生育保险的给付也保证了劳动力的扩大再生产，因此生育保险给附带往往较其他的社会保险项目要高，具有明显的福利性。

（3）实行"产前和产后都享受"。生育保险待遇既照顾到生育活动开始前的一段时间，也照顾到生育活动完成之后的一段时间。生理学和医学科研成果表明，妇女妊娠七个月以后需要减轻工作，多休息，产前休息过少会影响新生儿的体重，妇女在分娩阶段生理系统会发生重大变化，要遭受很大的痛苦和折磨，虚弱的身体需要相当时间方能复原，妇女在哺乳期要付出很大的体力和精力，如果早上班就会使乳汁减少，质量下降，不利于婴儿的健康。

（4）生育保险的风险是一种特定的生理活动。妇女生育活动所引起的劳动力的暂时丧失，是一种特定的但属于正常的生理变化，是劳动力的暂时丧失；其劳动力的恢复无须特殊治疗而重在休养和补充营养；其收入中断的时间较短，而且是有期限的。

（三）生育保险的意义和作用

生育保险作为一项社会保障制度，无论是对已婚女性劳动者本人，还是对社会发展与社会进步都有着重要的意义。首先，建立生育保险能使生育期女职工获得基本生活保障，从而解除其后顾之忧，使身体迅速得到恢复，保障女职工的劳动力再生产的正常进行。其次，生育保险有利于婴儿的健康生存和成长，使其得到正常的孕育、出生和哺育，获得健康的体魄和较好的智力，有利于提高人口质量。再次，妇女的生育是社会必要劳动的一部分，同物质资料再生产紧密相连，具有重要的社会价值，应当对她们的正常生育劳动给予合理的补偿。

三、住房保障概述

（一）住房保障的概念

住房保障是由政府和社会负担起给所有社会成员提供最基本的居住条件的责任而设置的社会保障项目。它是由政府作为责任主体，以解决国民住房困难和改善住房条件为目的，具有经济福利性的国民居住保障系统。它是一种在住房领域实行的社会保障制度，其实质是政府利用国家和社会的力量，通过国民收入再分配为特殊的阶层家庭（在大多数情况下为低收入家庭，但是某些条件下也包括中低收入家庭）提供适当住房，保障居民的基本居住水平。

（二）住房保障的特点

（1）政府的干预性。住房保障是政府从社会保障的角度，为体现公平原则，以政府投资为主，由政府或其委托的机构兴建并向社会提供公共住房，政府以实物或货币形式进行社会再分配的一种方式。为此，公共住房的开发、建设、分配、消费和管理，住房保障的实施，都必须有政府的介入。

（2）需求对象的有限性。住房保障的目的是解决低收入家庭的居住问题，从住房需求者的角度看，主要是政府给中低收入阶层供应住房保障，是为了解决中低收入阶层居民的居住问题而实施的一种综合性的普遍保障，虽然其实施范围面向社会全体居民，但必须符合法律规定的要求，才可以按照规定标准享受保障。

（3）经营目的的非营利性。住房保障是一项社会保障政策，不以营利为目的，公共住房建设和经营的基本原则也不以营利为目的，在实际运行中还存在亏损，需要政府补贴。

（4）价格的低廉性。在住房保障中，政府所提供的公共住房主要面对中低收入家庭，低于市场价格租售，其差价主要源于政府在土地供应、房租和税收等方面的政策性补贴。

第七节　国际社会保障体制比较

一、投保资助型社会保险制度：以德国、日本为例

（一）德国的社会保障制度

德国的全称是德意志联邦共和国，地处欧洲中部。第二次世界大战前，德国是仅次于美国的世界第二经济大国。德国是高度发达的工业国家，经济总量位居欧洲首位。同时，德国也是世界上最早建立社会保障制度的国家，1881年《黄金诏书》的颁布标志着其以社会保险立法为基础的社会保障制度的形成。历经多次军事、经济及政治斗争的冲击，德国在曲折历程中日益发展完善，逐步建立起涵盖社会所有公民生老病死全过程以及养老、失

业、教育和住房等在内的健全的社会保障体系，成为目前世界上社会保障制度最为完善的国家之一。图 4-1 显示了从 2009 年到 2018 年德国社会保障覆盖率的变化情况。

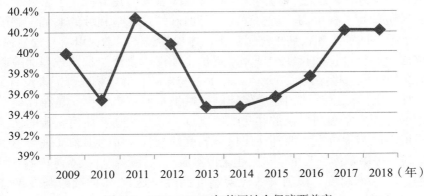

图 4-1　2009—2018 年德国社会保障覆盖率

资料来源：German Social Security Coverage Data，Trading Economics. [OL]. Available：https：//zh.tradingeconomics.com/germany/social-security-rate.

德国社会保障制度属于典型的投保资助型模式，强调权利与义务的相对应，即社会成员只有通过缴纳一定比例的保险费，才能在患病、失业或年老时获得对应的保险金。因此，其本质在于厘清政府、企业和个人社会保险责任的基础上，由政府主导，通过社会契约明确各方关系，为社会成员提供全面而有效的社会保障。

（1）德国的养老保险制度。德国养老保险制度的三支柱体系由法定养老保险、企业养老保险和私人养老保险三部分构成，具体构成如表 4-1 所示。德国现行养老保险体系可以概括为三层次保障模式：第一层次为由基础养老金提供的基本保障，这一层次主要由一般养老保险、独立从业者养老保险等构成；第二层次为与资本市场相结合的补充保障，主要由政府支持或税收减免的企业补充养老保险体系承担；第三层次为其他补充保障，主要由传统的私人养老保险和寿险组成。这三层次模式本质是以法定养老保险为主干、其他两个层次为补充。

表 4-1　德国养老保险三大支柱体系构成

法定养老保险	企业养老保险	私人养老保险
1. 法定养老保险 2. 农场主养老保险 3. 公务员和军人养老保险 4. 独立从业者养老保险	1. 直接保险 2. 退休储蓄 3. 退休基金 4. 互助基金 5. 直接承诺	1. 保险产品 2. 银行产品 3. 不动产
正常保障功能	补充保障功能	补充保障功能

（2）德国医疗保险制度。德国医疗保险制度以社会医疗保险制度为主，由强制性法定医疗保险为主、自愿性私人医疗保险为辅的多层次医疗保险体系构成。"收入水平决定保费

缴纳"是该体系运作的重要原则,而医疗保险服务并不因投保人缴费高低而有所不同,体现了德国"高收入帮助低收入、团结互助、社会共济、公平"的社会医疗保险的宗旨。

(3)德国长期护理保险制度。德国长期护理保险制度的建立实现了家庭护理向社会化护理的转变,其范围宽、标准高、运行稳定,是西欧护理保险领域的典范。德国长期护理保险的目的,主要是向病人和长期护理服务提供方提供经济帮助,以减轻社会福利的负担,而不是对全体居民各类登记的长期护理需求提供全面保障。德国长期护理保险制度最大的特点是保费的缴纳标准与投保人的劳动收入相关,与年龄、健康状况等因素没有关系。

(4)德国住房保障制度。德国住房保障制度最根本的特点为:一是在社会市场经济模式下,实行饱受合作主义福利国家的住房保障制度;二是建立全面而完善的住房保障政策体系。统一后的德国为促进东、西部住房保障制度的融合,对德国东部进行了多项以住房私有化为目标的住房保障体制改革,包括租金改革及公共住房制度改革等内容。

(5)其他社会保障制度。德国失业保险制度经过长达80年的改革与发展,已经形成"三位一体"的制度体系,即职工在职阶段的权益保障、失业阶段的保险金救助和求职阶段的再就业促进。工伤保障制度是德国社会保障体系中最悠久的分支,几乎覆盖了所有从业人员和受教育人群。德国工伤保险制度从规章防护、技术防护、组织防护和教育防护四个方面体现鲜明的"预防优先"原则,建立了多层次、全覆盖的职业安全和健康防护组织体系。德国家庭保障制度涉及儿童和青少年、在职妇女和家庭妇女、老年人、残疾人四类群体的福利保障。德国近年来的改革目标在于提高出生率,调整有子女家庭和无子女家庭、多子女家庭和少子女家庭的收入分配,为子女及其父母提供生活保障,保障儿童在受教育等方面机会均等。德国还具有社会赡养赔偿制度及国际社会保障制度。前者反映德国政府对历史和社会责任的承担,后者则是德国在欧盟"统一市场"的大环境下对国际社会保障责任的重视,即按照唯一国原则、国民待遇原则、工作地原则、累积原则和按比例支付原则对流动人口进行保障。

(二)日本的社会保障制度

日本的社会保障制度主要包括社会保险制度、社会救济制度、社会福利制度、公共医疗卫生制度和老人保健制度等。根据日本财务省官方网站公布的2012—2017年日本预算报告分析得出,2012—2017年,日本政府财政支出中社会保障和就业支出总额保持持续增长的趋势,由2012年的263 901亿日元增加到2017年的324 735亿日元。

日本的社会保障财政事权划分为中央和地方政府事权,"三分自治、七分集权"是日本财政制度的鲜明特点,指的是税收收入的初次分配,中央政府掌握财政收入的主要来源,约占70%,地方政府只占30%左右。日本社会保障收入主要来自保险费、税收、资产及其他收入四个部分。其中,保险费收入是主要的资金来源。在社会保障支出方面,中央财政支出主要负担社会保障与福利等内容,地方政府则主要负担社会福利、医疗卫生等保障方面。另外,中央政府通过地方交付税、国库支出金和地方让与税三种方式对地方政府进行转移支付,地方政府可以利用转移支付资金补充地方社会保障等项目支出。

表 4-2　日本社会保障及其他项目财政支出情况

年份	社会保障和就业/亿日元	一般公共服务/亿日元	国防/亿日元	教育/亿日元	全国一般公共社会预算支出/亿日元	社会保障支出占比/%
2012	263 910	45 734	47 138	54 057	903 339	29.21
2013	291 224	52 853	47 538	53 687	926 115	31.45
2014	305 175	59 685	48 848	54 421	958 823	31.83
2016	319 738	59 737	50 541	53 580	967 218	33.06
2017	324 735	59 763	51 251	54 567	974 547	33.32

资料来源：杨鹃，杨昊雯，2019. 公共财政与社会保障体系关系研究——兼析美、日、澳国家社会保障财产制度[J]. 价格理论与实践（03）：69-72.

日本的社会保障制度分为社会保险、社会救助、社会福利、公共卫生四个部分。社会保险是社会保障制度的核心内容，包括以下五个方面。

（1）养老保险。日本养老保险分为基本养老保险、补充养老保险（企业年金及职业年金）和个人储蓄型年金。基本养老保险包括国民年金（所有国民强制加入）、厚生年金（企事业单位职工加入）、共济年金（公务员加入）。国民年金缴费比例为家庭收入的 1.4% 左右；厚生年金缴费比率与职工工资挂钩，约占工资的 15%；共济年金缴费比例约占工资的 7.2%。

（2）医疗保险。医疗保险包括健康保险和国民健康保险。健康保险以所有从业人员为缴纳对象，缴费比例个人与单位各占 25%（个人缴费约占工资收入的 8.2%），剩余 50% 由政府承担。国民健康保险加入对象是农民、自营业者、学生、儿童及无业的家庭主妇。国民健康保险的加入者在因生病或受伤到医院或诊疗所时，只要支付医疗费总额的 30%，余下 70% 由保险负担。

（3）雇佣保险（失业保险）。按照日本《雇佣保险法》的规定，所有职工都必须加入就业保险，个人和企业各负担 50%，约为工资收入总额的 1.45%，部分行业可以达到 1.65%～1.75%。个人部分由企业从工资中扣除代缴。

（4）职业灾害保险（劳动者灾害补偿保险）。职业灾害保险即工伤保险，日本称之为"劳动者灾害补偿保险"，具有强制性，由政府机构进行管理。缴费实行差别费率，一般在 0.3%～10.3% 不等。

（5）介护保险。2000 年 4 月，日本实施介护保险制度，保险费由政府、用人单位与参保人共同负担。参保人分为 65 岁以上高龄者和 40～64 岁的人群两类。65 岁以上高龄者保费由政府和个人各负担 50%。40～64 岁的人群保费由政府承担 50%，剩余部分由用人单位和个人承担。

资料链接 4-7

不同国家的社会保障制度

世界各国社会保障制度的内容有其共性，也有特性。共性在于，一般都包括社会保险、社会救济、社会福利和社会抚恤四大领域，但考虑到社保资金筹集、给付及资金运营等，又存在多处不同。从社会保障资金的筹集角度来划分，主要的出资主体有政府、企业及个人；而根据权利与义务相对关系，社保体制的类型主要可以划分为以瑞典为代表的福利性国家负担型，美国为代表的国家统筹、三者共负型，以及新加坡为代表的企业、个人负担型，如表4-3所示。各国实行不同的社保征收及运营机制，背后的根本原因在于各国所处的宏观经济环境、人口及文化特征、资源配置需求等均存在一定差异。此外，各主要经济体社保体制均经历了多次改革得以最终成型，但也存在进一步修正的可能。各国社保负担比较如表4-4所示。G20国家2018年社会保障覆盖比较如图4-2所示。

表4-3 社会保障制度的大类划分

类型	特点	代表国家
福利性国家负担型	普遍性、全面性	瑞典、英国、加拿大、新西兰等
	财政负担	
	现收现付	
国家统筹、三者共负型	权利与义务对等	美国、德国、日本等
	自我保险为主，国家资助为辅	
	强制性、自愿性	
企业、个人负担型	强制性	新加坡、澳大利亚、智利等
	实质为储蓄计划	
	共济性弱	

表4-4 各国社保负担比较　　　　　　　　　　　　单位：%

国家	养老	医疗和生育	失业	工伤	合计
智利	1.15	0	2.4	0.95	4.5
美国	6.2	1.45	0.6	0	8.25
澳大利亚	9.5	0	0	0	9.5
韩国	4.5	3.19	0.9～1.5	0.6	9.19～9.79
英国	11.9	1.9	包含在养老费	包含在养老费	13.8
日本	8.737	5	0.85	0.25～8.9	14.8～23.4
新加坡	16	0	0	0	16
德国	9.45	8.325	1.5	1.3	20.575
埃及	17	4	3	2	26
瑞典	15.73	12.48	2.91	0.3	31.42

(单位：%)（续表）

国家	养老	医疗和生育	失业	工伤	合计
平均值	10.017	3.635	1.216	0.540	15.408
中国	20	6.5	2	0.75	29.25

注：为简化失业、工伤两列的平均值计算，范围型数据取下界，英国数据值取0。

资料来源：覃汉，王佳雯，2018. 各国社会保障制度比较分析[R]. 北京：国泰君安证券研究所。

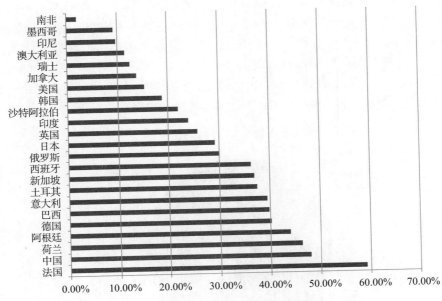

图 4-2　G20 国家 2018 年社会保障覆盖率比较

资料来源：https://zh.tradingeconomics.com/social-security-rate.

二、补缺的自由主义福利型社会保障制度：以英国、加拿大为例

（一）英国的社会保障制度

英国是世界上第一个工业化国家，也是世界上最早建立社会保障制度的国家之一。1601年，《伊丽莎白济贫法》的颁布标志着英国开始建立社会保障制度，而1942年的《贝弗里奇报告》则为英国福利型社会保障制度的案例奠定了思想基础。《贝弗里奇报告》指出，贫困、疾病、无知、肮脏和懒散是影响英国社会进步、经济发展和人民生活的五大障碍，国家要采取措施解决上述问题。在贝弗里奇思想的指导下，英国相继颁布了《家庭补助法》（1945年）、《国民健康制度白皮书》（1946年）、《国家卫生服务法》（1946年）、《国民救济法》（1948年）等一系列法律，最终形成"从摇篮到坟墓"的福利型社会保障制度。

英国社会保障制度不仅规模大，而且结构庞杂，覆盖了所有人群。从社会保障体系的构架而言，包括三大系统。养老保险制度系统是英国现行社会保障制度的主体部分。养老

保险资金来源于两部分：一是由雇员、雇主共同缴纳的国民保险税，二是通过一般税收收入安排的财政补贴。目前，英国每年养老保险支出约占整个社会保障支出的41%，其中财政补贴占养老保险支出总额的11.5%。社会救助系统直接取代了原来的《伊丽莎白济贫法》的济贫职能，构成其现代社会保障制度的重要组成部分。受益人无须缴纳费用，但是收益数额也不高，主要用来满足低收入居民的生活困难。受益人必须经过严格的审查才能领取到救济金。社会服务系统是指政府有关部门和社会志愿者对具有特殊困难的居民提供的各种福利设施和各类服务。这类人群包括被抛弃儿童、老人、精神失常者等有特殊需要的人，通过为他们提供社区服务等，使其能得到社会福利的关心，解决其基本生存问题。

与社会保障的三大系统相对应，英国社会保障支出按享受人群的不同可以分为7类，包括儿童家庭支出、失业保障支出、低收入人员支出、老年人支出、病残人支出、丧失亲人支出、其他支出。2009—2010年7类社会保障支出中，老年人支出、低收入人员支出、儿童家庭支出、病残人支出等占社会保障支出的比例分别为41.64%、22.08%、18.11%、15.17%，共计占社会保障支出的97%。由此可见，英国社会保障的对象主要是老人、穷人、儿童和病残人群。图4-2为2009—2010年英国7类社会保障支出情况。

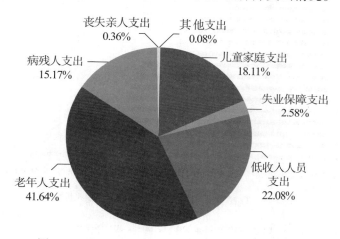

图4-3 2009—2010年英国7类社会保障支出情况

资料来源：英国财政研究所，2010. 英国福利体系调查报告[R]. 伦敦：英国财政研究所。

（1）英国养老保险制度。英国的养老保险制度由国家养老金、职业养老金和个人养老金三大支柱构成。国家养老金计划包括国家基本养老金、第二养老金和养老金补贴制度，其共同特点是由政府提供，并由政府承担兜底责任。职业养老金计划和个人养老金计划均属于私人养老金计划，采取市场运作模式。国家养老金仅能保证员工退休后的基本生活需要或者说最低生活需要，更高的退休待遇主要依靠职业养老金和个人养老金来满足。

国家基本养老保险基金的资金来源于国民保险税，除残疾人等特殊人群可以免除缴纳外，雇主和年收入5 000英镑以上的雇员均要缴纳。职业养老金计划由私人和公共部门的雇主自愿提供，分待遇确定型、缴费确定型和二者混合型三种类型。个人养老金计划是一种个人自愿参加的计划。英国法律规定，没有为雇员提供职业年金计划的雇主必须与一家或多家保险公司达成协议，使其雇员能够参加这样的计划。雇员可以在确定的保险公司和投资种类中自愿选择参加，雇主将为选择参加这些计划的雇员代扣应缴费并向保险公司缴纳。

（2）英国国民保健制度。英国实行国民保健制度，为全体国民免费提供医疗和健康保障，所有在英国有居住权的人都享有免费使用该系统服务的权利。该制度被世界卫生组织誉为世界上最好的健康服务体系之一，其目的为让每一个社会成员免费或低价享受医疗卫生服务。国立医疗机构的经费95%来自政府拨款（其中，82%来自普通税，13%来自医疗方面的国民保险收入），另外5%来自服务收费。英国的国民医疗保健并非一个系统，而是四个系统，英格兰、苏格兰、威尔士和北爱尔兰分别都有自己的国民保健系统，它们的服务范围和收费水准也有所不同。

英国医疗制度最高权力机构是卫生和社会保障部，下设地区、社区、卫生局共三级。地区的职能是计划，社区是提供医疗服务的执行机构。国民保健系统引入竞争机制，进行管理型市场化，将医疗服务的筹资者、购买者和提供者分开。

（3）英国其他社会保障制度。除了上述主要社会保障制度外，英国还设有就业政策与失业保险制度、家庭和儿童的社会福利与救助制度、低收入者社会救助制度、患病和残障人士社会救助制度、老人社会福利和救助制度、丧失亲人的抚恤制度及住房保障制度等。其中，家庭与儿童的社会福利包括产假津贴、生育津贴、孕妇健康补助金、儿童福利金、儿童信托基金、监护人津贴、儿童税收抵免、教育维持津贴等。低收入者社会救济包括工作税收抵免、收入补助金、议会税津贴、社会基金等。患病和残障人士社会救助包括法定患病工资、无工作能力福利、就业及援助津贴、伤残生活津贴、护理津贴、照顾者津贴、战争负伤补助金、工伤福利金、独立生活基金、残疾人特别交通基金等。丧失亲人的抚恤制度主要包括丧亲补助金、丧亲津贴、鳏寡父母津贴、牺牲军人遗属的保证收入抚恤金、战争遗属抚恤金等。

综上，英国社会保障制度历史悠久，保障项目多、范围广，显示出了不可比拟的优越性。同时，英国福利制度也存在着种种弊端，如福利开支的规模庞大、福利开支结构不合理、福利开支的效率低下等。但是英国作为第一个建立现代福利制度的国家，其福利制度的确定经过了一个漫长的历史时期，其过程曲折而复杂，成就与教训交杂，都为我们构建自身的福利体系提出了宝贵的借鉴。

（二）加拿大的社会保障制度

社会保障是政府职能的重要部分，因此，一般由政府对社会保障制度承担资金责任。通常把社会保障支出占GDP的比重及财政社会保障支出占财政支出的比重作为衡量社会保障支出水平的主要指标。加拿大社会保障支出作为财政支出的重要组成部分，在国家财政预算中列支，属于社会保障预算模式中的政府公共预算模式。从表4-5中可以看到，近些年加拿大政府社会保障支出总额每年仍在随着经济发展而不断增加，但其占GDP的比重比较稳定，维持在18%左右；占财政总支出的比重也基本稳定，接近一半。这说明加拿大联邦政府对社会保障的重视程度和投入力度很大，加拿大的社会保障水平很高。

表4-5　2009—2013年加拿大社会保障支出情况

年份	2009	2010	2011	2012	2013
社会保障支出／百万加元	256 253	270 104	278 579	283 385	287 900

续表

年份	2009	2010	2011	2012	2013
占 GDP 比重 / %	18.5	17.9	17.4	17.4	17.2
占财政总支出比重 / %	38.6	39.0	38.7	38.3	37.9

资料来源：张浩，2015. 加拿大财政社会保障制度状况及启示 [J]. 新疆农垦经济（6）：79-85；92.

在近 150 年的发展史中，加拿大凭借特有的国家发展道路实现了从英属殖民地向世界资本主义经济强国的巨大转变，建立起了全面且完善的现代社会保障体系，成为西方典型的高福利国家。加拿大社会保障制度主要包括养老保险、医疗保险、就业保险及公共救助计划。加拿大实行联邦政府、省、地区政府和市政府三级行政体制。自 1993 年改组成立人力资源开发部以来，该部门统一管理除医疗保险以外的各项社会保险，负责制定法案，规定保险的基本标准和条件，具体事宜则由省自行规定。

（1）养老保险。加拿大养老保险分为三个层次。第一层次为老年收入保障计划。其资金来源于国家税收，主要有三项支出，一是老年保障金，二是收入保障补贴，三是配偶或鳏寡补助金。第二层次是退休金计划。这项保障费用来自雇主和雇员的缴费。政府规定凡年满 18 岁已参加工作的雇员需缴纳工资收入的 2.95% 作为将来退休的福利，雇主也按同样比例缴纳，自谋职业者全部由个人缴纳。第三层次为私人养老金。其常见形式是企业年金计划或补充养老保险计划。另外一种形式就是没有企业年金计划的人要么参加国家为他们提供的类似年金的储蓄计划，要么自己投保，即建立一个个人养老金计划。

（2）医疗保险。加拿大实施全民健康保险制度，全体公民公平地享有医疗保障。每位国民都享有广泛的住院服务保险和医生门诊服务保险，个人直接支出的医疗费用很低，个人不会因医疗费用支出而降低生活水准。医疗保险制度由住院保险和医疗保健两项公共福利计划组成。1984 年国会通过的《加拿大卫生法》包括全民、全面、便利、转移和公共管理五项主要原则。其医疗保障制度以公费医疗为主，由私人医院和医生提供医疗服务。医疗保险总开支的 68.7% 左右由各级政府负责，大约 31.3% 的费用来源于私人或独立医疗保险计划，或就医者直接掏腰包。

（3）就业保险。加拿大政府在 1940 年首次颁布《失业保险法》，1995 年修订更名为《就业保险法》，这一保险项目是与员工在失业期间所失去的那部分收入相对应的一个险种。其覆盖范围原则上涵盖了加拿大的所有受雇者，包括 65 岁以上仍然受雇于他人的老人，也包括兼职工作者。但自我雇用者被排除在外。

（4）公共救助计划。公共救助计划是加拿大最早的社保形式之一，它是政府负责筹资和管理的一个主要收入分配计划。以家庭为基础的社会救助计划也是自由主义福利体制国家的一个悠久传统。加拿大秉承地方自治传统，其公共救助计划由各省负责。公共救助水平不是固定的，它通常是一个由家庭生活必需品和服务的价格所计算出来的结果。

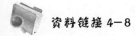

资料链接 4-8

社会保障制度为什么首先在德国而不是在英国建立?

自 1601 年,英国《伊丽莎白济贫法》(旧)出台,为国民提供福利救济起始,到 1834 年新《济贫法》颁布,英国是公认的社会救济制度的发起者。然而,历史上第一部真正的社会保险立法却是 1883 年诞生于德国的《疾病社会保险法》。下面从 19 世纪中后期两国的经济、政治、思想理论渊源和工人运动因素四个方面探讨其原因。

1. 经济方面

19 世纪第一次工业革命爆发,英国作为当时最大、最先进的工业国家,经济实力在欧洲各国之中遥遥领先,而当时的德意志各邦国还处于分裂割据之中。到了 1871 年年初,普鲁士国王威廉一世正式即位为德意志帝国皇帝,德国统一终于完成。德意志的统一为帝国的经济发展提供了巨大的动力。

2. 政治因素

社会保障制度的建立既是为增进人民福利的措施,亦是统治阶级内部各个集团利益争斗的产物。在德意志帝国建立初期,德国的阶级关系极为复杂,封建主义、资本主义、社会主义和宗教主义各种因素并存。在利益争夺的调和下,统治阶级出台一系列的社会保障立法来平息内部的争夺。德意志帝国统一之后,经济的飞速发展,使得统治阶级看到了世界霸权的希望。1990 年之后,德国的经济发展已经超过英国,成为欧洲的头号强国,政治与经济的不平衡加剧,统治者迫切需要改变其国际形象,于是国内的稳定成为首要的保障。

3. 思想理论渊源

在德国社会保障立法的理论渊源上,除了社会保障学者们公认的新历史学派的影响(这里不做赘述),还有天主教传统、普鲁士君主社会主义传统、普鲁士民间互助传统的影响。英国有着德国无法相比的社会救济制度和传统,但直接影响英国立法的费边主义是 1884 年出现的,1887 年才制定出纲领,这比德国 1873 年成立的社会政策协会(亦即后来的新历史学派)晚了近 10 年。

4. 工人运动因素

社会保险立法的最强大的动力来源于社会工人运动。无论统治阶级还是资产阶级,对工人运动的恐惧都是非常真实而深刻的。然而,在德意志工人运动如火如荼地进行的时候,英国的工会还没有形成。

社会保障制度的建立为德意志帝国带来了稳定和繁荣。纷纷成为各国效法的典范,德国在首先完成工业革命并有着悠久的社会救济传统的英国之前颁布立法,有其特定的社会历史、经济政治原因。如今,德国已经建成福利国家。而一百多年前的这一系列社会保障立法亦已成为了社会保障史上最重要,最辉煌的一笔。

资料来源:许晓辉,2009.德国社会保障制度先于英国产生的原因探析[J].现代商贸工业,21(10):135-136.

三、普享型社会保障制度:以瑞典为例

瑞典地处欧洲北部,是一个具有悠久历史的国家,在 17 世纪曾经是欧洲强国。当前,

瑞典经济发达、社会稳定，人民的生活水平较高，是经济与合作发展组织成员国之一，人均国内生产总值位居世界前十位。瑞典社会发展具有独特性，虽然实行的是多党制，但是具有长期稳定的政党体制，工会组织高度发达，注重通过政治妥协和经济合作解决各种经济社会问题，这些都为瑞典高福利社会保障制度奠定了扎实的经济社会基础。

作为福利国家的典型代表，瑞典社会保障制度的建立、发展与改革有其深刻的政治、经济和社会历史背景。第二次世界大战结束后，瑞典社会保障制度迎来了快速发展，福利型国家社会保障制度全面确立，与经济社会发展形成了良性互动，被称为"瑞典模式"。但在20世纪70年代，受两次石油危机影响，资本主义经济出现"滞涨"，瑞典的高福利社会保障制度带来的负面效应开始显现，高福利逐渐成为社会经济发展的制约因素，瑞典模式反而被诟病为"瑞典病"，社会公众对高福利社会保障制度的态度也发生了转变，瑞典社会保障制度进入改革时期。

瑞典的高福利社会保障制度以高税收为代价，在20世纪80年代税制改革之前，个人所得税最高边际税率曾经接近90%，企业所得税最高税率接近60%，但是高税率也抑制了资本和劳动的供给，降低了瑞典的国际竞争力。其后，瑞典对税制进行了改革，逐渐降低了所得税的最高边际税率。个人劳动所得需先向所在地政府缴纳地方个人所得税，税率在28.89%~34.9%。此外，对于高收入者还要向中央政府缴纳中央个人所得税，实行20%和25%两档超额累进税率，因此，居民个人所得税的最高边际税率接近60%；企业所得税税率为28%。作为高福利国家，瑞典还征收社会保险税，社会保险税约占税收收入的27%。瑞典税收收入占GDP的比重在世界上也处于较高水平，如表4-6所示。

表4-6 税收收入占GDP的比重　　　　　　　　　　单位：%

年份	2007	2008	2009	2010	2011
瑞典	47.4	46.4	46.6	45.4	44.2
经合组织成员国平均水平	35.0	34.5	33.6	33.8	34.1

瑞典的社会保障部门将其社会保障支出划分为家庭及儿童保障支出、疾病与残疾保障支出、老年保障支出、其他支出等。老年保障支出是社会保障支出的最大项目，疾病与残疾保障支出位居第二。社会保障支出占GDP的比重呈现稳步下降趋势。

（1）瑞典的养老保险制度。从2003年1月起，新的养老金体系已经完全取代了原来的国家基本养老金和收入相关联的补充养老金计划，变成全面的收入相关联养老金模式，将现收现付制的名义缴费确定型个人账户与基金积累制的强制性个人账户结合起来，同时为低收入者和无收入者提供一份最低保障养老金。新的国家养老金体系由收入型养老金、累积型养老金和保证型养老金构成，不仅为每一位瑞典人提供了一份最低保障养老金，同时也给所有具有收入来源的劳动者提供了一份与收入相关联的养老金。

（2）医疗保障。医疗保险对象为全体公民、在国外工作不足一年的瑞典人和在瑞典工作的外国人。投保人按照规定缴纳社会保险税后，本人及其家属就可以享受医疗保险待遇。医疗保险基金模式采取现收现付制，基金主要来自雇主和个人缴费。2007年雇主按照工薪总额的8.78%缴纳保险费，职工的医疗保险税率为2.95%。由于存在资金缺口，国家每年还必须从税收中拨款给予补充。瑞典的医疗保障制度主要由医疗费用补贴和现金补贴两个部分构成。医疗费用补贴指医疗费用报销,即患者在治病、买药时可以直接享受折扣优惠和免费医疗,以此降低患者的医疗负担。医疗费用补贴包括药品补贴、牙科补贴等。现金补贴,即收入损失补贴,指患者在患病时可以获得相关补助,来弥补因患病带来的现金损失,主要包括病假工资、疾病补贴、护理亲属补贴、交通补贴、疾病携带者补贴等。瑞典医疗卫生事业支出占政府公共支出的比例如表4-7所示。

表 4-7 瑞典医疗卫生事业支出占政府公共支出的比例 单位:%

年份	2007	2008	2009	2010	2011
总卫生支出占GDP的比重	8.9	9.2	9.9	9.5	9.5
公共支出/总卫生支出	81.1	81.4	81.5	81.5	81.5

(3)其他保障制度。瑞典政府采取的事业保险制度是国家补助的自愿保险和劳动力市场的事业救济相结合的双重制度,包括基本失业保险和与收入关联的失业保险。基本失业保险是由政府部门主办和实施,而与收入关联的失业保险是工会主办,个人自愿参加,国家给予财政支持,通过失业保险基金负责向失业者提供失业津贴,也称之为自愿失业保险。基本失业保险为非工会会员、受益期满但仍未工作的失业者、64岁以上的雇员、家庭劳动者以及不符合就业条件的其他人员提供保障,但基本失业保险在申请者年满20岁后才会支付。与收入关联的失业保险覆盖了年龄在65岁以下并且参加了工会的雇员或自营劳动者组建的失业保险基金的自营劳动者,在满足一定条件后,这些人员均可以享受自愿保险。

瑞典的基本生活保障制度由儿童基本生活保障、家庭基本生活保障及残疾人基本生活保障等组成。儿童基本生活保障包括儿童补贴、领养津贴、单亲儿童补助、残疾儿童护理补贴等。家庭补贴是针对有孩子家庭的,主要有父母保险、老年生活补贴和住房补贴。残疾人基本生活保障制度的实施是为了帮助残疾人最大限度地康复,促使其独立,让他们能像其他社会成员一样参加所有社会领域的活动。瑞典从住房需求和供给出发,实施了广泛、连续性的住房政策,投入巨额财政资金,直接投资建造大量针对中低收入阶级居民的廉价且高质量的合作房和出租房。同时政府还运用利息补贴、住房津贴、地方补贴等住房补贴政策,确保住房公司为居民提供价格合理的良好住房。瑞典政府把教育提到事关国家前途、民族命运的高度,对国民教育给予高度的重视。人人享有平等的受教育权,公共教育体系对每个国民开放,从学前到大学,无论是学前班、义务教育、高中、成人教育及高等教育都是免费的。为了鼓励学生接受继续教育,政府财政预算拨款资助学生学习,提供学习补贴、学习援助等。

总体来看,瑞典的基本生活保障制度项目多、标准高、覆盖面广、公平性强。社会保障对象具有普遍性特点,所有公民都可以获得相应的社会福利。据统计,产假工资覆盖率、病假工资覆盖率、养老金覆盖率都接近100%,几乎涵盖了所有瑞典国民以及在瑞典居住的外国人。瑞典社会保障制度还具有法制性强的特点,社会保障政策不仅是以国家法律法规的形式颁布实施,而且也是由国家法律机关,即多层次的社会保障法院监督执行的。

四、中国的社会保障制度

从计划经济时代的传统社会保障制度到能够与市场经济体制和社会发展相适应的新型社会保障体系,中国社会保障制度走过的是一条并不平坦的改革与发展之路。整个社会保障体系已经实现了从国家—单位保障制到国家—社会保障制的转型。现阶段,中国已经从一个发展不足、供应短缺的落后农业国家转变成了一个物质丰裕、民生日益富足的工业化国家,共同贫穷成为历史,正在向共同富裕的社会主义现代化强国快步迈进。与此同时,中国的社会保障制度经过艰辛探索,已经从适应计划体制的传统制度安排转型为适应市场经济体制与社会发展进步的新型社会保障体系,不仅极大地化解了城乡居民的各种生活风险,而且事实上成了全体人民共享国家发展成果的基本制度保障。尽管当前我国社会保障整体处在共助保障的范畴内,但由于我国特有的二元经济特征,社会保障模式在农村和城镇的表现形式有所不同,再加上公务员这一特殊群体,我国社会保障制度呈三个板块、三种模式。我国社会保障制度的三种模式具体如表4-8所示。

表4-8 我国社会保障制度模式

模式	内容
农村地区共助保障模式	包括新型农村合作医疗制度、新型农村社会养老保险制度等。由个人缴费、集体扶持和政府资助的方式筹集资金,再辅以农村低保制度、五保供养制度、灾害救助制度,以及面向老年人、残疾人、儿童的社会福利制度
城镇职工共助保障模式	城镇社会保障制度改革构建了由企业供款、职工供款和各级政府财政补助构成的社会统筹与个人账户相结合的企业职工基本养老保险和基本医疗保险制度
公务员国家保障模式	已退休的行政机关公务员、事业单位干部职工的退休生活费和医疗费仍主要由国家财政负担。2015年1月14日,国务院发布的《关于机关事业单位工作人员养老保险制度改革的决定》,要求机关事业单位参照企业职工基本养老保险的政策框架,建立机关事业单位工作人员养老保险制度,并由个人、集体、社会、国家共同承担养老保险费用。

五、我国对国外社会保障制度的借鉴

改革开放以来,中国政府从国情出发,大力推进社会保障制度改革,积极探索建立中国特色的"三条保障线"制度,在法制建设、模式建设和制度建设诸方面取得了长足的进展,有力保障了广大劳动者的基本生活,有力保障了改革开放的经济建设的顺利进行。但是,由于我国经济发展水平滞后,社会保障体系不太完善,加上人口老龄化程度高,失业与新增就业压力大,医保基金严重超支等,中国社会保障制度的改革困难重重。因此,尽快建立我国新型的社会保障制度已是迫在眉睫。我国的社保体制涵盖社会保险、社会救济、社会福利、社会优抚四个方面,其中社会保险包含养老、医疗、失业、工伤及生育五大险种。社保的出资方为企业、个人及政府,但主要负担集中在企业和个人,且中国企业社保缴费比例极高,不仅普遍高于发展中国家,而且高于大多数发达国家。通过对世界各国典型社保

制度的比较，我国社保制度的建立应遵循以下原则。

（一）防止收入差距过分扩大

收入分配不平等背离中国人民对"公平"的追求和向往。在社会保障领域，应体现为注重再分配的作用，提供就业机会，保障人劳动的基本需求，福利制度向社会弱势群体倾斜，如保障农民工的合法利益，关注残疾人身体健康与心理健康等。

（二）选择部分积累制分配社会保障基金

人口老龄化是困扰发达国家和部分发展中国家社会保障事业的重要问题，我国面临着这个问题。在人口老龄化的趋势下，仅以现行的现收现付方式分配社会保障基金，必将入不敷出。而完全积累制因缴费率和管理水平太高，不符合中国国情。所以应选择部分积累制，一方面满足现阶段支出的需要，另一方面为迎接人口老龄化的到来积累一定的储备基金。

（三）完善社会保障管理体制，实现社会化管理

我国实行集散结合的社会保障管理体制，把在管理上具有较多共性的养老保险、医疗保险以及不实行积累筹资但与养老保险有密切联系的生育保险集中起来，交给中央劳动和社会保障部门实行集中管理；而把与促进就业、工伤预防密切相关，不实行积累筹资的失业保险、工伤保险集中起来，交给地方劳动和社会保障部门管理，从而较好地处理了社会保障管理上统一性与独立性的关系。我国推行一体化的社会保障管理制度，即，统一社会保障对象；统一社会保障基金的筹集和支付；统一社会保障服务；统一社会保障积累基金的保值增值运作与监督管理。建立高效的社会保障管理网络，在社会保障机构设置方面，按照政、事、企分离的原则，建立由社会保障的行政管理机构、经办机构和监督机构组成的分工明确、职责不同的管理组织系统。建立社会保障银行。其主要职责是：代理国家的社会保障金库；管理社会保障的滚存积累及其短期的投资运营；代理社会保障管理机构发放各种社会保障基金。加快社会保障法制建设，实现社会保障的社会化、法制化管理。

资料链接4-9

中国社会保障40年：经验总结与改革取向

1. 社会保障改革的缘起与动因

从20世纪80年代中期地方试点开始，社会保障制度的改革与建立已有近40年的历史。养老保险制度起源于1984年沿海发达地区推进合同工基本养老保险和固定工退休费用社会统筹，医疗保险制度的改革源自1984年卫生部和财政部联合提出对传统公费医疗制度进行改革，失业保险制度的建立发端于1986年实施的国营职工"待业保险"规定。1997年国务院颁布《关于在全国建立城市居民最低生活保障制度的通知》；1998年颁布的《国务院关于建立城镇职工基本医疗保险制度的决定》，意味着统账结合的城镇企业职工基本医疗保险制度在中国正式确立；1999年国务院颁布《失业保险条例》，正式在全国范围内实施失业保险制度；1996年原劳动部发布《企业职工工伤保险试行办法》，2003年国务院发布《工伤保险条例》，确立了工伤保险制度；1994年原劳动部发布《企业职工生育保险试行办法》，建立起生育保险制度。

2. 社会保障40年的基本经验

社会保障取得成就的最基本经验在于其体制优势;"多点试错"在决策程序上节省了机会成本;"央地共管"模式"坐实"了各级政府的责任实体;各级财政为建立社会保障奠定了坚实的物质基础。

(1) 借鉴国外经验,与中国实际相结合。

改革开放之初,部分学者和官员走出国门,对发达国家和发展中国家不同模式的社会保障制度进行调研考察,写出大量研究报告,试图在吸收不同国家社会保障制度特征和优势的基础上,为我所用,构建一个近期利益与长期利益兼顾、公平和效率兼得、共济性与可持续性兼有、中国国情与国外制度创新相结合的社会保障制度。

(2) 循序渐进,"多点试错"。

在短短的40年里,中国的人均财富增长几十倍,财富总量增长几百倍,一代中国人经历和跨越了发达国家几代人的财富增长阶段,建立与之配套的社会保障制度存在诸多意想不到的困难。为了让全体中国人民同步分享国民经济飞跃发展的成果,只能坚持问题导向,"多点试错";待局部试点成功和总结经验之后,再逐渐向全国推广。

(3) 发挥中央和地方的积极性,实施"央地共管"模式。

中国社会保障制度实行的是"央地共管"模式,2000年正式确定为"国家统一决策与分级管理相结合",即中央政府负责制定统一政策,地方政府负责基金的征缴与管理以及待遇的发放与报销,所以,以县市级为统筹核算单位的管理体制始终是中国各项社会保障制度的主要特征。

(4) 发挥公共财政的作用,支持社会保障制度建设。

随着改革开放的不断深化,中国逐渐建立起具有中国特色的公共财政制度。在中国社会保障改革进程中,公共财政在惠民生、保发放中起到了极为特殊的支撑作用。在1997年亚洲金融危机、2008年国际金融危机时期和供给侧结构性改革中,公共财政从全局出发,为反周期做出了不可替代的贡献。

资料来源:郑秉文,2018. 中国社会保障40年:经验总结与改革取向[J]. 中国人口科学(4):2-17;126.

关键概念

社会保障 社会保障资金 养老保险 医疗保险 失业保险

本章小结

(1) 社会保障作为一个保证社会成员基本生活和维护社会稳定的体系,就其体系中的主要保障项目或措施来看,具有保障性、强制性、普遍性、福利性、公平性、鼓励性、互济性和储存性八大特点。社会保障范围包括社会保险、社会救济、社会福利和社会优抚。

(2) 社会保障的资金来源亦趋向多渠道化,包括政府财政拨款、企业与个人的社会保障缴费及其他渠道等。社会保障资金筹集需要遵循确保社会保障制度正常运行、妥善处理积累和消费关系以及有利于资源有效配置这三大原则。

(3) 养老保险是指劳动者达到法定退休年龄退休后,从国家和社会得到一定的经济收入、物质帮助和生活服务的一项社会保险制度,按照为不同职业或不同阶层的劳动者设立来划分,可分为企业职工养老保险、公务员养老保险、农民养老保险、自由职业者养老保险、其他职业者养老保险等具体项目。

（4）医疗保险是国家和社会通过立法，建立医疗保险基金，为劳动者提供疾病所需医疗费用资助的一种社会保障制度。根据国家有关规定或保险合同的相关条款，可以享受医疗保险待遇的公民均属于医疗保险范围。

（5）失业保险是通过建立失业保险基金，分散失业风险，为失业者提供基本生活保障，并通过专业培训、职业介绍等形式积极促进其再就业。根据各国失业保险实施的总体情况，失业保险制度可分为三类：强制失业保险制度、失业救助制度、非强制失业保险制度。

分析讨论题

1. 在我国社会保障性质和范围的基础上，阅读资料链接 4-2，分析印度社会保障制度与我国的区别与联系，并进一步思考有哪些方面值得我国借鉴和学习。

2. 阅读资料链接 4-4、4-5、4-6，结合各国养老保险、医疗保险、失业保险及工伤保险制度的总体情况，指出我国社会保险制度在实际应用过程中的优缺点。

本章拓展阅读书目

1. 彭华民，等，2009. 西方社会福利理论前沿：论国家、社会、体制与政策 [M]. 北京：中国社会出版社.
2. 林闽钢，2007. 社会保障国际比较 [M]. 北京：科学出版社.
3. 贝弗里奇，2008. 贝弗里奇报告：社会保险和相关服务 [M]. 社会保险研究所，译. 北京：中国劳动社会保障出版社.
4. 郑功成，2000. 社会保障学：理念、制度、实践与思辨 [M]. 北京：商务印书馆.

第五章

税制体系与结构比较

学习概要

　　税收在国家财政体系中处于关键地位,不同国家的税制体系和税制结构在一定程度上取决于该国经济社会的发展需求。本章简要介绍中西方与税收概念相关的理论和学说,阐述不同国家税制体系和税制结构的异同。通过本章的学习,要求学生了解中外税收概念、税收理论、税制体系及税制结构的异同,以及税制结构的历史演进和发展趋势。本章的学习重点是中外各国税制体系和税制结构,难点是结合税制历史演进对不同税制结构和税制体系进行比较和评述。

```
税制体系与结构比较
├─ 税收的概念及理论的比较
│   ├─ 中西方税收概念及比较 ─── 主体 ── 目的 ── 性质
│   └─ 中西方税收概念学说
│       ├─ 税收来源理论
│       ├─ 社会政策税收理论
│       ├─ 国家税收学说
│       ├─ 社会契约论
│       └─ 税收交换说
├─ 税制体系及比较
│   ├─ 税制体系的概念
│   └─ 中外税制体系比较
├─ 税制结构及比较
│   ├─ 税制结构概念及分类
│   │   ├─ 以商品劳务税为主体的税制结构模式
│   │   ├─ 以所得税为主体的税制结构模式
│   │   └─ 双主体的税制结构模式
│   └─ 中外税制结构比较
└─ 税制结构的历史演进与发展趋势
    ├─ 税制结构的历史演进
    │   ├─ 以古老直接税为主体税种
    │   ├─ 以间接税为主体税种
    │   ├─ 以直接税为主体税种
    │   └─ 以直接税和现代间接税为双主体税种
    └─ 税制结构的发展趋势
```

第一节 税收的概念及理论的比较

对于税收的概念的不同表述，反映了对税收的基本内容、形式特征及本质内涵等基本理论问题的不同理解。本节通过比较税收的概念和相关学说，明晰不同国家有关税收的定义，对于正确认识税收的基本特征、有效发挥税收的调控作用具有重要的指导意义。

一、税收概念的比较

税收的概念或定义是税收内在规定性的集中概述，中外的许多学者对税收的概念进行着持续研究，现代中西方财政经济学界对于税收的概念的表述不尽相同，本书选择其中具有代表性的观点进行介绍。关于税收的概念的不同观点散见于有关理论文章、教科书和辞典条目中。

（一）西方国家对于税收的定义

英国的《新大英百科全书》对税收的定义是："税收是强制的和固定的征收，它通常被认为是对政府财政收入的捐献。税收主要用以满足政府开支的需要，而并不表明是为了某一特定的目的。税收是无偿的。它不是通过交换来取得的，这一点与出售公共财产或发行公债等政府的其他收入不大相同。税收总是为了纳税人的福利而征收，每一个纳税人在不受利益支配的情况下承担了纳税的义务。"

《美国经济学词典》认为："税收是居民个人、公共机构和团体向政府强制转让的货币（偶尔也采取实物或劳务的形式）。其征收对象是财产、收入或资本收益，也可以来自附加价格或大宗的畅销商品。"美国《现代经济学词典》中写道："税收的作用是为了满足政府开支需要而筹集稳定的财政资金。"

德国则通过立法对税收进行了定义。德国1919年12月23日生效的《帝国税收通则》第1条规定："公法团体以收入为目的，对所有符合法律规定给付义务之构成要件者，课征一次性或继续性的无对价金钱给付。"德国1977年《税收通则》第3条规定："称租税者，谓公法团体，为收入之目的，对所有该当于规定给付义务之法律构成要件之人，所课征之金钱给付，而非对特定给付之特定相对给付者；收入得为附随目的。"德国《税收通则》运用债的理念和观点对税收进行了界定，同时，也以"税收债务"为核心，对税收实体法和税收程序法的通则部分进行了完整的规定，并形成了一个有机的整体。

日本的《世界大百科事典》中对税收有着比较详细的论述："所谓税收，就是国家及其他公共团体以满足其一般经费开支为目的而运用财政权力向人民强制地征收金钱或实物。税收既不同于捐款这种仅体现提供者单方面意志表示的奉献收入，也不同于公有财产收入和公共事业收入这种根据提供者与作为接受者的国家及其他公共团体之间的合同而取得的合同收入，它是不必得到纳税者承诺的强制性收入。税收并不像手续费、公共设施使用费和受益费那样仅仅向获得特别利益的人征收，它是以支付国家及其他公共团体的经费开支为目的的一般性收入。"

在经合组织的分类中，税收被定义为"对政府的强制性的、无偿的支付"；世界银行则将税收定义为"为公共目的而收取的强制性的、无偿的、不可返还的收入"。

（二）中国对于税收的定义

在我国，税收又可以称为"赋税""租税""捐税"。在我国古代对税收没有明确定义，但在赋和税并存的时期，为了说明两者的区别，有："有税有赋，税以足食，赋以足兵"（《汉书·食货志》）的表述[①]，随着现代经济学科在我国的流行与发展，我国学术界对税收问题展开了深入研究，税收的概念也有了科学的界定。

《税收经济学导论》一书中对税收做了以下界定："税收是国家为了满足一般的社会共同需要，按事先预定的标准，对社会剩余产品进行的强制、无偿的分配。"

按照《中国税务百科全书》的定义："税收是指国家为了向社会提供公共产品、满足社会共同需要、按照法律的规定，参与社会产品的分配，强制、无偿取得财政收入的一种规范形式。"

《中国税务辞典》指出："税收是国家为满足社会公众需要，凭借政治权力，用法律强制手段，参与国民收入中剩余产品分配的一种形式。它体现以国家为主体的一种分配关系。税收和其他财政收入相比，在形式上具有强制性、无偿性和固定性三个特征。"

目前，学术界具有广泛代表性的是《国家税收》（1984年修订本）中的提法："税收是国家凭借政治权力，按照预定标准，无偿地征收实物或货币所形成的特定分配关系。"这一定义包括了四项要点：一是税收是国家为了实现其职能而取得财政收入的一种方式；二是国家征税凭借的是国家的政治权力；三是税收有其固定的形式特征，即强制性、固定性和无偿性；四是税收是社会再生产过程中的分配范畴，体现着特定的分配关系。

此外，对于税收的定义还有"政府支配论"和"收入转移论"等不同解释。"政府支配论"认为税收是根据政府需要征收和支配使用的，政府支出需要是征税的基本依据。如有的学者认为税收是国家为了实现其职能的需要，按照法律规定，以国家政权体现者身份，强制地向纳税人征收货币或实物所形成的特定分配关系。"收入转移论"认为税收是政府将纳税人的一部分收入通过立法，转移到政府手中，供自己使用的一种分配形式。这种观点将税收看作国家通过立法程序规定的一种比较固定的收入形式，具有义务缴纳的性质，反映了纳税人和国家之间的经济关系。

（三）中西方税收概念对比分析

中西方经济学家基于各国的经济社会、法律制度等现实基础对税收概念进行界定，不难看出关于税收的定义有以下几个共同点：第一，税收的主体是国家或政府，有的学者认为社会团体也包含在内；第二，税收的纳税人是国民或者说是居民个人和经营团体；第三，税收的目的是为了满足国家经费开支需要；第四，税收的表现形式主要是货币，也有观点认为除货币外，还包括实物或劳务。

除上述共同点外，中西方税收概念定义方面也存在一定的分歧，主要包括两个方面。第一，税收究竟是收入还是分配关系？有的观点将税收等同于税收收入，认为税收本身就是一种财政收入，而有的观点则将税收与税收收入区别开，认为税收是国家取得收入的一种形式或者工具，有的观点从本质角度出发将税收定义为一种收入分配方式。第二，税收

---

① 说明税是满足国家经济发展要求的，赋是用于国防开支。

区别于其他国家收入的特征是什么？绝大多数概念都认为税收具有强制性和无偿性的特征，我国理论界还强调税收的固定性，西方理论界则主张税收具有有限性。税收的固定性是指法律规范提前规定了课税对象和征收比例。税收的有限性是指税收征收规模和数额应有一定限度，避免过重的税收危害资本的正常发展。

二、关于税收概念的不同观点及学说

税收是随着国家的产生而出现的一个古老的事物，在人类社会中已经存在了数千年。古今中外的学者从不同角度出发，针对税收的定义和本质做了大量研究，并形成了系统性的税收理论。这些理论不仅对于教学工作，而且对于指导税收工作的实践，都具有十分重要的意义。

（一）亚当·斯密的税收来源理论

亚当·斯密（1723—1790年）是英国资产阶级古典政治经济学的主要代表人物之一。他的代表著作《国富论》建立了资产阶级古典政治经济学的理论体系，也对财政税收理论做了系统的研究。亚当·斯密揭示了税收的来源，他认为："个人的私收入，最终总是出于三个不同的源泉，即地租、利润和工资。每种赋税，归根结底，必定是由这三个收入源泉的这一种或那一种或无区别的由这三种收入源泉共同支付的。"在论述税收源泉之后，为了便于对各种赋税的分析，亚当·斯密提出了著名的税收四原则，即税收平等原则、税收确定原则、税收便利原则和税收经济原则。

（二）瓦格纳的社会政策税收理论

德国经济学家阿道夫·瓦格纳是社会政策学派财政学的集大成者和资产阶级近代财政学的创造者。瓦格纳根据其所处政治经济及社会背景，通过吸收、整理、总结以前社会政策学派的思想及观点，逐步形成了以社会财政、税收思想为核心的理论体系。他给税收下的定义是："从财政意义上的税收，就是公共团体为满足其财政上的需要，凭借其主权，作为对公共团体的事务性设施的一般报偿，依据一般原则和准则，以公共团体单方面所决定的方法及数额，强制地征自个人的赋课物；社会政策意义上的税收，就是满足财政上的必要的同时，或不同财政上有无必要，以纠正国民收入的分配及国民财富的分配，借以矫正个人所得与个人财产的消费为目的所征收的赋课物。"瓦格纳从他关于税收可以矫正个人所得和财产分配的思想出发，将租税按照取得、所有和使用三个环节分为收益税系、所有税系和使用税系，设计了所谓理想的租税体系。为了更好地制定和实施他的社会政策税收的目标，瓦格纳提出了著名的"四项九端"税收原则：财政收入原则，包括收入充分和税收弹性原则；国民经济原则，包括税源和税种选择的原则；社会正义原则，包括普遍和平等原则；税务行政原则，包括确实、便利和最小收费原则。

（三）马克思主义国家税收学说

作为马克思主义思想中重要的组成，马克思主义税收思想在马克思、恩格斯经典著述中有很多相关论述。马克思认为，国家起源于阶级斗争，是阶级矛盾不可调和的产物，是阶级统治、阶级专政的工具。与此相联系，马克思主义国家税收学说认为，税收既是一个与人类社会形态相关的历史范畴，又是一个与社会再生产相联系的经济范畴。马克思和恩格斯将税收定义为社会再生产的分配形式，是对社会产品分配体系的一种分配形式，分配的是剩余产品和剩余价值。马克思和恩格斯指出，税收是国家机器的经济基础。税法是国家制定的以保证其强制、固定、无偿地取得税收收入的法律规范的总称。税收的本质指税收作为经济范畴并与国家本质相关联的内在属性及其与社会再生产的内在联系，税法的本质则是通过法律体现的统治阶级参与社会产品分配的国家意志。马克思主义税收思想奠定了我国财政税收理论基础，国家分配论和国家意志论成为我国税收和税法本质学说的支配观点。

（四）社会契约论

在税收漫长的发展历史过程的早期，"纳税"似乎是人与生俱来的义务，而"征税"似乎也是国家顺理成章的权利（权力），但是，这一观念的合理性在14、15世纪文艺复兴运动兴起后开始受到挑战。这一挑战最初来源于对国家的起源问题的探讨。荷兰伟大的法学家和思想家格劳秀斯把国家定义为"一群自由人为享受权利和他们的共同利益而结合起来的完全的联合"，提出了国家起源于契约的观念。英国思想家霍布斯认为，国家起源于"一大群人相互订立信约"，"按约建立"的"政治国家"的一切行为，包括征税，都来自人民的授权。英国资产阶级革命的辩护人、思想家洛克在试图以自然法学说解释国家的起源和本质问题时，提到："诚然，政府没有巨大的经费就不能维持，凡享受保护的人都应该从他的产业中支出他的一份来维持政府。"18世纪，法国启蒙思想家孟德斯鸠认为，"国家的收入是每个公民所付出的自己财产的一部分，以确保他所余财产的安全或快乐地享用这些财产"。因此，在古典自然法学家们看来，国家起源于处于自然状态的人们向社会状态过渡时所缔结的契约；人们向国家纳税即让渡其自然的财产权利的一部分，是为了能够更好地享有他的其他自然权利以及在其自然权利一旦受到侵犯时可以寻求国家的公力救济。国家征税，也正是为了能够有效地、最大限度地满足上述人们对国家的要求。所以，人民之所以纳税，无非是为了使国家得以具备提供"公共服务"或"公共需要"的能力；国家之所以征税，也正是为了满足其创造者——作为缔约主体的人民对公共服务的需要。

（五）税收交换说

自17世纪以来，随着民本主义的契约思想和民生主义的交换意识深入人心，税收交换说日渐流行起来，主要代表人物有霍布斯、萨伊等。霍布斯是英国著名的唯物主义哲学家，他认为人们之所以向国家缴税，是想以税收换取和平安定的环境，获得自由和平产生的社会福利。为此，霍布斯倡导赋税平等论的思想，提出每个税收负担者所缴纳的税收应该与他从国家公共服务中接受的利益成比例。法国经济学家萨伊从交换说出发，提出"所谓课税，是指一部分国民产品从个人之手转到政府之手，以支付公共费用或供公共消费"。总的来看，交换说认为国家征税和公民纳税是一种权利和义务的相互交换，税收是国家保护公民利益时所应获得的代价。国家行为与纳税人之间，完全是相互交换的关系。

 资料链接 5-1

历史上最奇葩的税——英国的窗户税

本杰明·富兰克林曾说过："世界上只有两种事情是不可避免的，那就是税收和死亡。"纳税是纳税人的义务，大多数的税种都是基于调节经济需要的目的开征的，但历史上也存在一些堪称奇葩的税种，英国的窗户税便是其中的代表。

英国窗户税的前身是壁炉税。1696 年前,税款以每户的壁炉数量来衡量,这需要税务员进屋查看,民众不可能欢迎税务员进门核实实际数目,故收税很不顺利。1697 年,英国光荣革命以后,威廉三世执政。英法战争让英国政府财力严重吃紧,政府经费紧缺。威廉三世下令将壁炉税改为窗户税。征税标准以窗户数量来计算,税费以两先令起,然后按照窗户数量累积加收。窗户税开征的第一年,就收取窗户税约 120 万英镑,大大缓解了英政府的财政压力。

窗户税的评税工作相对其他税项简易,房屋愈大,窗户愈多,业主就要相对缴纳更多的税。窗户税对当时的中产阶级构成很大负担,使之相当不受欢迎,有舆论更认为此举无异于向"光和空气"征税。不少人为了减轻负担,索性将一些窗户封起,以致阻碍室内的阳光透射和空气流通,直接影响了人体健康。因此,至今英国到处仍可见到一些窗户被封起的历史建筑。对富有人家而言,房产拥有大量窗户却变相成了标榜身份及地位的手段,所以不少富家大族都爱在他们的房产上多设窗户。

19 世纪,英国瘟疫流行,如何防治瘟疫成了头等大事。当时的医学工作者经过大量的临床实验和研究发现,充足阳光和流动的新鲜空气,有利于防止传染病。可是,窗户税的存在,让很多人不敢在房子上开(安装)窗,即使安装了也不敢安装大窗户。在 1850 年及 1851 年之交的冬天期间,英国舆论强烈要求政府废除窗户税,最终促使政府在 1851 年 7 月 24 日正式废除窗户税,取而代之的是房产税,向有住人的房屋开征。

资料来源:梁发芾,2017.英国征收窗户税没想到的后果[N].深圳特区报,11-21(B11).

资料链接 5-2

请客吃饭也要缴税?历史上的"筵席税"解读

为引导合理消费,提倡勤俭节约社会风尚,国务院于 1988 年 9 月 22 日发布了《中华人民共和国筵席税暂行条例》。筵席税是指对在中国境内设立的饭店、酒店、宾馆、招待所以及其他饮食营业场所举办筵席的单位和个人,就其一次筵席支付金额达到或超过一定数量的金额征收的一种行为税。承办筵席的饭店、酒店、宾馆、招待所以及其他经营饮食业的单位和个人为代征代缴义务人。筵席税按次从价计征,税率为 15%~20%。征税起点为一次筵席支付的金额(包括菜肴、酒、饭、面、点、饮料、水果、香烟等价款金额)人民币 200~500 元。筵席税属于地方税种,是否征收,由地方各级政府确定。

筵席税的出发点是为了控制消费欲望膨胀、抑制大吃大喝、促进廉政建设,但事实上,筵席税自 1988 年开征以来,税收收入一直不丰。到 1994 年,全国筵席税收入仅为 87 万元。除内蒙古、陕西等少数省份开征外,多数地方都停征了筵席税。筵席税名存实亡主要有几方面原因:一是税负过高,15%~20% 的税率结合 200~500 元的起征点,给顾客和餐饮店都造成了繁重的负担;二是征管难度大,筵席税征收环节需要饭店、酒店等餐饮单位的配合,而商家为了拉拢生意会想尽办法帮助顾客逃税;三是筵席税已经无法适应经济发展的趋势。国家开征筵席税,本意是引导消费,制止腐败。但随着计划经济向市场经济过渡,国内市场由原来的供不应求,变为供过于求,扩大内需已成为当务之急。

筵席税的开征和废止说明税制体系的设置不是一成不变的,而是动态调整的过程,税制体系必须适应经济社会发展形势的客观需要,如果在实际操作过程中发现某一税种已经无法很好地实现调节经济、提高税收收入等目标，国家税务部门应该及时进行调整或清理。

资料来源：刘佐，2008.话说筵席税[J].地方财政研究（3）：39-41.

第二节　税制体系及比较

税制体系反映了一国税收制度的整体布局和总体结构，一个国家通过税制体系建设，合理地设置各种税种，从而形成一个相互协调、互相补充的税制体系，是有效发挥税收职能的前提，也是充分体现税收公平与效率原则的有力保证。

一、税制体系的概念

税制体系是指一国在进行税制设计时，根据本国的具体情况，将不同功能的税种进行组合配置，形成主体税种明确，辅助税种各具特色和作用、功能互补的税种体系。简单来说，税制体系从构成上就是各种不同组合搭配的体系，根据体系内税种的多寡可以分为单一税制和复合税制。

单一税制是指以一种课税对象为基础设置税种所形成的税制，它表现为单一的土地税、单一的财产税、单一的消费税、单一的所得税等较为单纯的税种构成形式。其优点表现为征收范围小，减少了纳税人负担，征收办法简单，征收费用少。单一税制理论由来已久，但在实践中，单一税制由于其自身缺乏弹性，难以发挥税收筹集财政收入和调节经济的作用，还从未被任何国家真正采用过。

复合税制则是指由多种征税对象为基础设置税种所形成的税制，它是由主次搭配、层次分明的多个税种构成的税收体系。相对于单一税制，复合税制的优点比较明显：首先，复合税制税源充裕，各税种互为补充，能保证财政需要并适应其变化；其次，复合税制覆盖范围较广，税收收入弹性较大，能全面发挥税制的功能、捕捉各种税源；最后，复合税制可以兼顾各项税收原则，能够涵养税源，促进经济与社会的协调发展。但是，复合税制亦有其缺点，主要表现为税种设置过多、税负分布不均、征收管理复杂等。

由于单一税制的缺点突出，所以世界各国普遍实行复合税制体系，但由于各国历史传统、经济条件和政策目标不同，在税种设置和税收分布格局上也各有特色，甚至存在较大差异，因而也形成了各具特点的税制体系。

二、中外税制体系比较

（一）发达国家税制体系

1. 美国的税制体系

美国税制被认为是世界上最完备的税收体系。由于美国是联邦制国家，税收管理体制分为联邦、州及地方政府三级。美国各级政府都有一套相对独立的税制体系，除了联邦政府向全国统一征收的税收外，美国并不存在一套统一适用于全国的地方税制度。

从税种来看，美国主要对财富、交易、财产、雇用、所得征税。对财富征收的税主要是遗产税、继承税和赠与税；对交易征收的税主要是消费税、销售税和使用税；对财产征收的税主要是不动产税和私人财产税；对雇用征收的税主要是社会保障税和失业保险税；

对所得征收的税主要是公司所得税和个人所得税。

美国联邦、州和地方政府根据各自的权力、税收征收管理水平和经济发展水平等因素，选择了不同的税种作为各自的主体税种，形成不同的税制模式，体现了与美国的联邦制的分权特征相适应的税制特征。联邦政府征收的税种主要有社会保障税、个人所得税、公司所得税、消费税等，州政府征收的税主要有销售税、财产税、个人所得税、公司所得税等，具体划分如表 5-1 所示（表中列出的只是美国最主要的税种，州一级政府还征收其他一些各具特色的税种，难以详细列举）。

表 5-1 美国联邦、州和地方政府现行主要税种

主要税种	联邦政府	州和地方政府
个人所得税	征收	征收
公司所得税	征收	征收
社会保障税	征收	征收
消费税	征收	征收
销售税	不征收	征收
财产税	不征收	征收
运输税	征收	征收
许可证税	不征收	征收
海关关税	征收	不征收
遗产税与赠与税	征收	不征收

2. 英国的税制体系

英国作为一个君主立宪制国家，高度集权的政体决定了税收管理体制的高度集中。全国的税收立法权由中央掌握，地方只对属于本级政府的地方税才享有征收及适当的税率调整权和税收减免权。中央政府的财政职能主要包括资源配置、稳定经济、提供公共服务等方面，地方政府的财政职能主要包括地方行政管理、城市建设与维护等方面。英国税制由个人所得税、公司所得税、资本利得税、石油税、资本转移税、印花税、土地开发税、增值税、关税、消费税、遗产及赠与税等组成。中央政府课征了几乎所有的税种，只有财产税由地方政府课征。中央政府征收的税种主要包括个人所得税、公司所得税、社会保险税、增值税等，地方政府主要征收的税种是房产税。2010 年以来，英国中央税和地方税征收比例大致为 9:1，地方财政的主要财源是中央对地方的财政补助。

3. 法国的税制体系

法国的税收制度十分完备，是西方国家税收体制的典型。法国税制由直接税和间接税两部分构成，全部税收按管理权限划分，又可分为中央税和地方税。法国目前开征的税种大约有 20 多个。

按照课税对象的不同，法国税收可划分为所得（收入）税、商品和劳务税、财产和行为税三大类。其中，所得（收入）税包括公司所得税、个人所得税、工资税；商品和劳务

税包括增值税和消费税；财产和行为税包括不动产销售登记税、商业实体产权转让登记税、公司登记税、继承与赠与登记税、印花税、机动车执照税及其附加、私人机动车污染附加税、公司机动车税、已开发土地税、未开发土地税、居住税和房产空置税、财富税、股份转让税、金融交易税、地方经济捐税，以及垃圾清理税和特别发展税等。

按照收入归属，法国税收可划分为中央税和地方税两大类。中央税主要包括所得税、商品、劳务税和部分财产税；地方税主要包括土地税、居住税和房产空置税、地方经济捐税等财产和行为税以及垃圾清理税等其他税收。此外，为弥补社会保障资金的不足，除社会保险分摊金外，法国还征收社会保险相关税收。

4. 日本的税制体系

第二次世界大战后，日本在美国的主导下重建国家财政。经过两次重大税制改革和多次调整完善之后，日本建立起了成熟的现代财政体系。日本是中央集权的多行政层级国家，实行中央地方分级管理的税收体制。税收的立法权统一在国会，主要税种的管理权集中在中央，地方税税率确定和减免权在地方。税收按中央、都道府县和市町村三级课征，主要功能是筹集公共资金、调节收入分配、稳定经济增长。

日本是以直接税为主的国家。现行的主要税种有法人税、个人所得税、继承和赠与税、消费税、酒税、烟税、印花税、汽车重量税、居民税、法人事业税、不动产购置税、汽车税、汽车购置税、轻油交易税、固定资产税、城市规划税等。日本针对企业和个人所得征收五种税，包括两种国税——法人税、个人所得税；三种地方税——都道府县居民税、事业税、市町村居民税。针对流通交易征收四种税，包括两种国税——登记许可税、印花税；两种地方税——房地产购置税、汽车购置税。此外，日本还针对消费和财产的所有、转移等征收消费税、遗产税、赠与税等其他约19种税目。

5. 德国的税制体系

德国是高税收国家，税收制度严谨、周密、细致。作为联邦制国家，德国行政管理体制分联邦、州和地方（乡镇）三级。每一级行政管理级别有各自的职能和分工，为履行这些职能而产生的费用也由其承担。因此，德国纳税人所缴纳的税费并不统一划入联邦财政，而是实行分税制，即将全部税收划分为共享税和专享税两大类。共享税为联邦、州、地方三级政府或其中两级政府共有，并按一定规则和比例在各级政府之间进行分成；专享税则分别划归联邦、州或地方政府，作为其专有收入。按照征收对象，德国的税种主要可以分为三类：一是所得税类，包括个人所得税、公司所得税、工商税、附加税等；二是财产税类，包括遗产税、土地税等；三是流转税类，包括增值税、土地购置税、保险税、关税等。

（二）发展中国家税制体系

1. 俄罗斯的税制体系

俄罗斯实行分税财政管理体制，按照税收管辖权将税收分为三级：联邦税、地区税（也称联邦主体税）和地方税。联邦税在俄罗斯境内普遍实行，但其税收并不统归联邦预算。地区税由联邦主体的立法机关以专门法律规定，并在相点地区普遍实行。地方税由地方自治代表机关以法规形式规定并在其管辖区域普遍实行。其中，联邦税包括增值税、某些商品和资源的消费税、企业和组织的利润税、自然人所得税、国家预算外社会基金缴纳、国家规费、海关关税和规费、地下资源开采税、动物和水生资源使用权税、水资源税、生态税、联邦许可证签发手续费等；地区税包括企业和组织利润税、不动产税、道路交通税、运输税、销售税、博彩税、地区许可证签发手续费等；地方税包括土地税、自然人财产税、广告税、继承或赠与税、地方许可证签发手续费等。

2. 印度的税制体系

印度是一个实行分税制的联邦制国家，联邦、邦及地方政府均有各自的税种，但税收收入主要集中在联邦。自20世纪90年代印度实行财税体制改革以来，税制结构趋于合理，在提高财政收入、促进经济发展方面起到了越来越重要的作用。印度《宪法》规定，将现行税种分为中央税、地方税和共享税。其中，中央税主要包括个人所得税、公司所得税、财富税、遗产和赠与税、超额利润税、联邦销售税、社会保险税、增值税、注册税、支出税、印花税和关税等；地方税主要包括农业所得税、职业税、土地价值税、交通工具税等；共享税主要包括土地税、租金税、土地增值税、广告税等。

3. 巴西的税制体系

巴西实行联邦、州、市（县）三级政府的分税制。各级税权划分由宪法确定，不得自行改变。巴西税制以直接税为主，间接税为辅。1988年，巴西《宪法》规定联邦征收的税种有进口税、出口税、土地税、公司税、个人所得税、消费税（生产者货物税）、金融交易税、对大宗财富的征税；规定州征收的税种有增值税、汽车税、继承与赠与税；规定市（县）征收的税种有不动产税、劳务税、液体汽车燃料零售税。

4. 埃及的税制体系

埃及实行以所得税和消费税为主体的复合税制。埃及税收占中央财政收入的一半以上，其他为非税收入。埃及开征的主要税种有公司税、个人所得税、消费税、关税、社会保险税、印花税、赠与及继承税、不动产税、土地税、登记费等。

5. 中国的税制体系

中国的税收制度从改革开放起，经过20多年的发展，有了长足的进步。税种由37个缩减到目前的18个，结构逐步合理，杠杆运用纯熟，既保证了财政需要，又有效调节了经济的健康运行。1994年，我国进行了全面的、结构性的税制改革。改革后我国的税制由37个税种缩减到25个：增值税、消费税、营业税、企业所得税、外商投资企业和外国企业所得税、个人所得税、资源税、城镇土地使用税、房产税、城市房地产税、城市维护建设税、耕地占用税、土地增值税、车船使用税、车船使用牌照税、印花税、证券交易税、契税、烟叶税、固定资产投资方向调节税、屠宰税、筵席税、关税、农业税和牧业税。其中，固定资产投资方向调节税和筵席税已经停征，国内外企业所得税合并，"营改增"后，营业税全部改征增值税。因此，目前我国的税种共有18个。我国现行的税种比较多，名称各异，可以从不同的角度、根据不同的标准，进行多种分类。

首先，按征税对象分类。征税对象不仅决定着税种的性质，而且在很大程度上也决定了税种的名称。因此，按征税对象进行分类是最常见的一种税种分类方法。按征税对象进行分类，可将全部税种分为流转税类、所得税类、财产税类、资源税类和行为税类等。

（1）流转税类。流转税是以流转额为征税对象的税种。流转额具体包括两种。一是商品流转额，它是指商品交换的金额。对销售方来说，是销售收入额；对购买方来说，是商品的采购金额。二是非商品流转额，即各种劳务收入或服务性业务收入的金额。由此可见，流转税类所指的征税对象非常广泛，涉及的税种也很多。但流转税类都具有一个基本的特点，即以商品流转额和非商品流转额为计税依据，在生产经营及销售环节征收，收入不受成本费用变化的影响，而对价格变化较为敏感。我国现行的增值税、消费税、营业税、关税属于这类税种。

（2）所得税类。所得税是以纳税人的各种应纳税所得额为征税对象的税种。对纳税人的应纳税所得额征税，便于调节国家与纳税人的利益分配关系，能使国家、企业、个人三者的利益分配关系很好地结合起来。科学合理的收益税类可以促进社会经济的健康发展，保证国家财政收入的稳步增长和调动纳税人的积极性。所得税类的特点是：征税对象不是一般收入，而是总收入减除各种成本费用及其他允许扣除项目以后的应纳税所得额；征税数额受成本、费用、利润高低的影响较大。我国现行的企业所得税、外商投资企业和外国企业所得税、个人所得税属于这一类。

（3）财产税类。财产税是以纳税人拥有的财产数量或财产价值为征税对象的税种。对财产的征税，更多地考虑到纳税人的负担能力，有利于公平税负和缓解财富分配不均的现象，有利于发展生产，限制消费和合理利用资源。这类税种的特点是：税收负担与财产价值、数量关系密切，能体现量能负担、调节财富、合理分配的原则。我国现行的房产税、城市房地产税、车船税、城镇土地使用税都属于这一类。

（4）资源税类。资源税是以自然资源和某些社会资源为征税对象的税种。资源税类的征收阻力小，并且资源税类的税源比较广泛，因而合理开征资源税，既有利于财政收入的稳定增长，也有利于合理开发和利用国家的自然资源和某些社会资源。这类税种的特点是：税负高低与资源级差收益水平关系密切，征税范围的选择也比较灵活。我国现行的资源税、城镇土地使用税属于这一类。

（5）行为税类。行为税也称特定行为目的税类，它是国家为了实现某种特定的目的，以纳税人的某些特定行为为征税对象的税种。开征行为税类的主要目的在于国家根据一定时期的客观需要，限制某些特定的行为。这类税种的特点是：征税的选择性较为明显，税种较多，并有着较强的时效性，有的还具有因时因地制宜的特点。我国现行的城市维护建设税、印花税、契税、土地增值税都属于这一类。

另外，按税收收入的支配权限分类，我国全部税种可以分为中央税、地方税和中央地方共享税。

（1）中央税。中央税指由中央立法、收入划归中央并由中央管理的税种，如我国现行的关税、消费税等税种。

（2）地方税。地方税是指由中央统一立法或授权立法、收入划归地方，并由地方负责管理的税种，如我国现行的房产税、车船税、土地增值税、城镇土地使用税等税种。

（3）中央地方共享税。如果某一种税收收入支配由中央和地方按比例或按法定方式分享，便属于中央地方共享税。我国共享税由中央立法、管理，如现行的增值税、印花税、资源税等税种。

资料链接 5—3

"一带一路"沿线国家税务制度和优惠

近年来，税收在消除跨境贸易和投资障碍、推动国际经济合作、促进区域协调发展和经济全球化包容性增长等方面承担了日益重要的使命。进一步加强税收合作，有利于为"一带一路"

建设发展提供重要支持和有力保障。

"一带一路"沿线 65 个国家的经济发展水平各异,既有以新加坡为代表的高收入国家,以罗马尼亚为代表的中高收入国家,也有以印度为代表的中低收入国家,还有以柬埔寨为代表的低收入国家。不同国家在税制方面的共性在于均以公司所得税、个人所得税(个别国家没有,如阿联酋和卡塔尔)和货物与劳务税(大多为增值税)为主,差异在于税制结构因经济发展水平不同而不同。经济发展水平越高,则所得税比重越高,货物与劳务税比重越低。

具体到税种和税负,公司所得税的平均税率为 19.3%,最高为阿联酋的 55%,最低为乌兹别克斯坦的 7.5%;个人所得税的平均税率为 23.4%,最高为以色列和斯洛文尼亚的 50%,最低为黑山的 9%;货物与劳务税的平均税率为 16.7%,最高为匈牙利的 27%,最低为也门的 5%。社会保障税(费)也是企业的重要负担,雇主负担的平均税(费)率为 18.5%,最高为俄罗斯的 47.5%,最低为缅甸的 3%;雇员负担的平均税(费)率为 11.2%,最高为波黑的 31%,最低为白俄罗斯的 1%。

2018 年 5 月 14 日,首届"一带一路"税收合作会议在哈萨克斯坦首都阿斯塔纳开幕。会议以"共建'一带一路':税收协调与合作"为主题,由哈萨克斯坦国家收入委员会、中国国家税务总局、经济合作与发展组织等有关机构共同主办。来自 50 多个国家、地区和国际组织的 200 多名代表与会。各方将就税收合作机制、税收法治、纳税服务、税收争端解决和各国税收能力建设等议题深入交换意见。参会各方就税收法治、纳税服务、争端解决和能力建设等议题深入讨论并达成广泛共识,联合发布了《阿斯塔纳"一带一路"税收合作倡议》。

"一带一路"建设体现了中国构建人类命运共同体,建设共同繁荣、开放包容的新世界的崇高目标。在新通过的《中华人民共和国宪法修正案》中,推动构建人类命运共同体被写入宪法序言,正式上升为国家意志。"一带一路"建设为实现这一目标提供了落地平台、推进动力和支撑机制。中国的国际税收合作将以服务"一带一路"建设为重点,以推动形成全面开放新格局为目标,以建立国际税收合作机制和平台为抓手,更好地成为全球化进程的推动者、公平正义国际税收秩序的维护者、全球经济治理体系的建设者、人类命运共同体的贡献者。

资料来源:廖体忠,2018."一带一路"税收合作新格局 [J]. 国际税收(7):22-24.

第三节 税制结构及比较

税制体系是不同种类税收的集合,而各类税收在该体系中所占的比重表现就是税制结构。税制结构的研究范围主要包括主体税种的选择以及主体税与辅助税的配合等问题。它是社会经济制度及其变化在税收领域中的反映,是社会经济现象在税收制度上的具体体现。

一、税制结构的概念及分类

税制结构是指实行复合税制的国家,在按照一定标准进行税收分类基础上所形成的税收分布格局及其相互关系。税制结构实质上是构成税制体系的各税种在社会再生产中的分布情况及相互之间的比重关系。

(一)税制结构的分类

一国税制结构的形成与发展,受其客观的社会经济条件的制约,不以人们的主观意志为转移，不同国家拥有不同的税制结构模式。税制结构模式就是指由主体税特征所决定的税制结构类型，主要包括以商品劳务税为主体的税制结构模式、以所得税为主体的税制结构模式、商品劳务税和所得税双主体的税制结构模式。

1. 以商品劳务税为主体的税制结构模式

以商品劳务税为主体的税制结构模式就其内部主体税特征而言，又称以间接税为主的税制结构模式，还可进一步分为两种类型。一是以一般商品劳务税为主体。也就是对全部商品和劳务，在产制、批发、零售及劳务服务等各个环节实行普遍征税。一般商品劳务税具有普遍征收、收入稳定、调节中性等特点。一般商品劳务税在课税对象确定上，既可以对收入全额征税，也可以对增值额征税。前者称为周转税（产品税），征收简便易行，但重复课税，不利于专业化协作；后者称为增值税，可避免重复征税但对征管有较高要求。二是以选择性商品劳务税为主体。也就是对部分商品和劳务，在产制、批发、零售及劳务服务等环节选择性征税。选择性商品劳务税具有特殊调节作用。

2. 以所得税为主体的税制结构模式

以所得税为主体的结构模式就其内部主体税特征而言，又称以直接税为主的税制结构模型，还可进一步分为三种类型。一是以个人所得税为主体。以个人所得税为主体税一般是在经济比较发达的国家，个人收入水平较高，收入差异较大，需运用个人所得税来稳定财税收入，促进个人收入的公平分配。二是以企业所得税为主体。在经济比较发达，又实行公有制经济的国家，在由间接税制向直接税制转换过程中，有可能选择以企业所得税而不是个人所得税为主体税。三是以社会保障税为主体。在部分福利国家，政府为实现社会福利经济政策，税制结构已由个人所得税为主体转向社会保障税为主体。

3. 商品劳务税和所得税双主体的税制结构模式

双主体税制结构模式是指在整个税制体系中，商品劳务税和所得税占有相近比重，在增加财政收入和调节经济方面共同起着主导作用。一般来说，在由商品劳务税为主体向所得税为主体的税制结构转换过程中，或者由所得税为主体扩大到商品劳务税的过程中，均会形成双主体税制结构模式。从发展的角度看，这种税制模式是一种过渡性税制结构模式，最终会被其中一种主体税取代其双主体地位。

（二）不同税制结构的差异

不同的税制结构模式具备不同的特征，归根结底，研究不同税制模式之间的差异，就是研究商品劳务税和所得税，即间接税和直接税之间的差异。

（1）在公平负担方面存在差异。顾名思义，间接税与直接税的区别在于税负能否转嫁，也就是税收的经济负担最终归谁。其中，间接税是指纳税义务人不是税收的实际负担人，而是可以通过提高价格把税收负担转嫁给别人的税种。其中，增值税、营业税、消费税、关税等都属于间接税。例如，对香烟销售征税，香烟销售者不是税负承担者，因为香烟价格提高之后，消费者会承担大部分甚至全部税负。同样，各行各业的增值税、消费税、关税，销售者最终都会把税负转嫁给消费者。直接税则是指直接向个人劳动、企业收入、投资所得或财产征税，纳税义务人就是税收的实际负担人，直接税没有税负转嫁的渠道，个人所得税、房产税、企业所得税、遗产税等都属于直接税，而社保费也相当于直接税。

（2）在调节作用方面存在差异。直接税对经济周期"自动稳定器"效应更大。这种"自动稳定器"作用表现为：在经济过热时，随着收入和盈利好转，个人和企业所得税等直接税适用税率会自动跳升到更高档次，从而给经济降温；在经济下行周期，收入和盈利减少的趋势下，直接税适用税率会下降到更低档次，起到自行减税效果，从而鼓励投资和消费。相反，间接税多数都是基于商品价格直接征收，"顺周期"特征更加明显。

（3）在财政收入方面存在差异。直接税受经济波动和企业经营管理水平影响大，不易保持财政收入的稳定，加之稽征手续复杂，要求政府具有较高的税收征管水平；而间接税具有收入比较稳定，不易受企业经营变动的影响及稽征和管理较为方便等特点。

二、中外税制结构比较

（一）发达国家的税制结构

当前，世界上的经济发达国家大多实行以个人所得税（含社会保险税，下同）为主体税种的税制结构。这一税制结构的形成与完善建立在经济的高度商品化、货币化、社会化的基础之上，并经历了一个长期的演变过程。对于发达国家而言，经济发展已经达到较高的阶段，贫富悬殊、分配不公问题显得十分突出。为了缓和社会矛盾，保持社会稳定，发达国家的税制更偏重于公平目标。当代欧美主要发达国家的税制结构主要分为三大类。一是实行公平型税制结构的国家，主要包括美国、加拿大、澳大利亚、日本和新西兰等国。二是实行效率型税制结构的国家，主要包括法国、希腊、冰岛、瑞典、挪威、葡萄牙和芬兰等。这些国家的税制结构设计偏重于效率原则，筹集税收收入的任务主要依靠国内商品劳务税。三是"兼顾型"的税制结构，在对于所得税和国内商品劳务税的课征选择上，兼顾公平和效率，实行两税平衡的税制结构，更接近于"双主体"税制结构。这些国家包括荷兰、英国、意大利、比利时、爱尔兰、德国、丹麦、瑞士、西班牙、卢森堡等。无论哪一种税制结构，发达国家的所得税一般都以个人所得税为主。相比之下，发达国家公司所得税占的比重很小，是为了避免给公司生产经营带来过多的消极影响。

（二）发展中国家的税制结构

大多数发展中国家（特别是低收入国家）实行以商品劳务税为主、所得税和其他税为辅的税制结构。同发达国家的税制结构比较，发展中国家的税制结构更突出国内商品劳务税的地位。这种税制结构的形成是与发展中国家的社会经济状况紧密相连的，尤其受到发展中国家较低的人均收入和落后的税收征管水平等因素的制约。发展中国家国内商品劳务税的税基较宽，计征简便，更适合成为主体税种。更重要的是，重商品税、轻所得税的安排有利于增进效率、促进经济增长。国内商品劳务税是间接税，税款最终转嫁给消费者负担，实际上就是对消费的课税，有利于抑制消费，增加储蓄。同时，高比重的国内商品劳务税减小了所得税的压力，一定程度上会鼓励劳动投入以及储蓄和投资的增加，为发展中国家加速经济发展创造了前提条件。因此，这种税制结构更适合发展中国家储蓄水平低而经济亟待发展的国情，但不利于社会公平。

（三）我国现行税制结构模式

我国现行税制是在1994年工商税制改革的基础上形成的，建立了以增值税为主体，消费税、营业税为两翼的商品劳务税体系；在2008年又颁布并实施了统一的企业所得税，初步形成了以流转税为主，企业所得税为辅的双主体税制结构。目前，我国的税制结构与多数低收入国家的税制结构相似，均表现出以商品劳务税为主体的税制结构特征。

从目前世界各国税制结构的发展趋势来看，发达国家正逐步提高商品劳务税的地位，发展中国家随着经济发展水平的提高，所得税在税收收入中所占的比重逐步扩大，形成了以增值税为代表的商品劳务税与所得税"并驾齐驱"的态势。因此，商品劳务税和所得税并重是包括中国在内的世界各国税制结构发展的最终目标。

（1）商品劳务税与所得税并重的模式的选择，符合我国长期经济政策和发展的客观实际。商品劳务税一直是我国的主体税种，在组织收入调节经济方面发挥很好的作用。商品劳务税作为我国现行的主体税种地位不能削弱。从长远发展趋势来看，随着社会生产力的发展，人均国内生产总值稳定增长，企业效益大幅度提高，社会经济管理水平及核算水平迅速提高，征管水平和措施日益完备，所得税的征税范围将会逐步扩大，在税制结构中的地位也将大大提高，这就使得所得税上升为一种主体税种成为一种必然趋势。

（2）商品劳务税与所得税具有不同的功能效应，二者的配合有利于税制结构多元目标和整体效应的实现。在商品劳务税与所得税主体模式的税制结构中，既有收入及时、稳定、中性特征的增值税作为主体税种，能够保证市场对资源配置的基础性作用，符合效率原则，又有能够起调节收入分配作用的所得税作为主体税种，具有公平效应，从而更好地发挥税制结构的整体效应。因此，商品劳务税与所得税在现代税制中的有机结合就是效率和公平调和均衡的结果。

 资料链接 5-4

临近收官，税收立法全面加速攻坚

落实税收法定，是落实依法治国方略的重要前提。加快税收立法，到2020年完成税收法定任务，任务繁重。因此，从我国实际出发，基于财税立法的全局性、技术性和复杂性，秉持《中华人民共和国立法法》精神，定位税收立法中的各部门和各个参与主体之间的关系模式，很有必要。截至目前，我国现有税种已有8个完成立法，按照2020年前落实税收法定原则，还有8个税种的实体法，以及一部程序法即税收征收管理法有待立法。目前相关部门正在紧锣密鼓推进相关准备工作，敲定立法时间表。

业内权威专家预计，资源税、城市维护建设税、印花税等有望在2019年内完成立法，税收征管法等有望年内提交审议，而增值税法等涉及重大税制改革内容的，年内预计在内容起草等方面也会有实质推进。2013年，党的十八届三中全会通过的《中共中央关于全面深化改革若干重大问题的决定》首次明确提出"落实税收法定原则"。按照这一原则，新开征的税种应制定相应的税收法律，现行的税收条例应通过修改上升为法律。近年来，我国多项财政法律、法规制定工作踵疾步稳。尤其是自2018年下半年以来，几乎每次人大常委会会议都有相关税收法律审议内容，税收立法步入快车道。

今年全国两会期间，全国人大财政经济委员会副主任委员乌日图表示，截至目前，全国人大常委会已制定了环境保护税法、烟叶税法、船舶吨税法、车船税法、耕地占用税法以及车辆购置税法，修改了企业所得税法和个人所得税法，同时对资源税法草案进行了初次审议。下一步，财经委将督促有关部门抓紧增值税法、消费税法、房地产税法、关税法、城市维护建设税法、契税法、印花税法、税收征收管理法（修改）等法律草案的起草，做好法律草案的初步审议，确保按时完成落实税收法定原则的立法任务。

中国法学会财税法学研究会会长、北京大学法学院教授刘剑文表示，落实税收法定原则，2019年是关键的一年、攻坚的一年。目前立法机关、行政机关等各部门都在加快步伐落实这一重大决策部署。财政部日前披露的2019年立法计划也显示，今年将力争年内完成增值税法、消费税法、印花税法、城市维护建设税法、土地增值税法、关税法等部内起草工作，及时上报国务院。

资料来源：孙韶华，2019.临近收官，税收立法全面加速攻坚[N].经济参考报，04-02（A01）.

第四节　税制结构的历史演进与发展趋势

为了实现国家的税收职能，税制结构的变化应能够体现国家建立税收体系的基本政策目标，即在保证财政收入、调控宏观经济的同时，兼顾效率和公平的目标。因此，政府在效率和公平两个目标之间的权衡就成为贯穿整个税制结构调整的核心主线。

一、税制结构的历史演进

税制结构的确定取决于一国的社会经济条件和生产力发展水平，从世界各国看，税制结构的历史演进大体经历了四个阶段。

（一）以古老直接税为主体税种的阶段

在漫长的奴隶社会和封建社会，世界各国生产力的发展都处于较低水平，世界各国的经济结构主要以自给自足的农业经济为主导，商品货币经济不发达，以土地为中心的农业经济决定了当时国家财政收入主要来源于按土地面积课征的土地税和按人口课征的人头税等税收。例如，在历史上曾经存在过的地亩税、灶税、窗户税等都属于当时具有代表性的税种。这些税通常以课税对象的外部标志，如土地面积、灶台数、窗户数等作为计税标准，与纳税人的负担能力很不相符，税收负担也极不合理。因此，这种与当时社会经济条件相适应的税制结构体现了一种原始的、简单的直接税特征。

（二）以间接税为主体税种的阶段

到了资本主义发展初期，生产结构发生了重大变化，商品生产和商品流通规模不断扩大，以商品流转额为课税对象的关税和国内商品税逐渐取代了原始的直接税，成为世界各国税收制度的主体。例如，美国从建国到第一次世界大战前，一直是采取以间接税为主体的税制结构，这期间又分为两个阶段。第一个阶段是从1789年转向联邦制到1861年的南北战争前，主要实行的是以关税为主的间接税。1861年美国关税的平均税率已提高至24%左右，关税收入成为美国财政收入的主要来源，为其他财政收入的5~10倍。第二个阶段是从1861年到1913年第一次世界大战前，实行的是以产品税为主的复合税制。1861年，联邦政府提高了国内消费税税率，扩大了其征税范围，从对烟、酒等大众消费品的课征扩展到对工业品、广告、执照和金融业务的课征，使国内消费税收入首次超过了关税收入。从此美国国内消费税收入在财政收入中的比重不断上升，到1865年几乎占全部财政收入的55%，1902年更是占到了全部财政收入的92%。

(三) 以直接税为主体税种的阶段

随着市场经济的不断发展，欧美各国政府很快意识到这种以间接税为主体的税制结构有损市场经济的效率，不利于资本主义经济的进一步发展，需要寻求更适宜的税制结构予以替代。为了取代间接税在税制中的主体地位，减轻间接税带来的效率损失，许多国家开始发展和完善所得税制度和财产税制度。同时，随着经济发展水平的提高和市场化进程的加快，资本主义工商业得到了更大的发展，这一方面为政府提供了日益丰富的所得税税源，另一方面也为所得税的征收管理奠定了必要的物质基础。伴随这一过程，所得税在许多国家税制中的地位逐渐提高，两次世界大战给欧美各国的所得税发展带来了重要转机，使其一跃成为财政收入的主要来源，并进一步取代了商品税而成为税制结构中的主体税种。

税制结构的这种变化，首先源自欧美各国不断扩大的财政支出规模。财政支出与税制结构之间是一种互动的关系：政府的财政支出规模受一定的税制结构制约；同时，政府一定的财政支出规模又要求有适当的税制结构与之适应。财政支出的规模迅速增长，往往会导致税制结构的变化，两次世界大战使欧美各国的国防支出激增，为筹集到更多的财政收入，各国政府均采取了提高税负和开征新税的措施，考虑到大幅增加所得税要比大幅增加产品税对生产的影响要小，因此，战时欧美各国巨大的财政支出主要是通过高累进的所得税来维持的。1913 年美国所得税收入只有 0.35 亿美元，1927 年所得税收入已占联邦政府总收入的 64%，此后该比重仍然有所上升，1941 年达到联邦政府总收入的 66%。1918 年英国的所得税收入已占到全部税收收入的 83%，1945 年第二次世界大战结束时这一比重仍然超过了 40%。此外，政府财政支出中社会保障支出的上升也进一步强化了税制结构的这种变动趋势。与此同时，1929 年至 1933 年的经济危机所带来的政府与市场关系的改变，也对欧美各国税制结构的变动产生了深远影响，此次危机使欧美各国政府纷纷放弃了长期以来实行的"自由放任"经济政策，转而对经济进行全面干预，在政策目标取向上，各国政府开始由追求效率转向寻求社会公平。第二次世界大战后，尤其是 20 世纪 50—70 年代，许多国家纷纷出台了一系列福利政策，目的就是实现收入分配的社会公平。

(四) 以直接税和现代间接税为双主体税种的阶段

20 世纪 70 年代以后，新自由主义理论成为欧美各国政府制定经济政策的主要理论指导，在新自由主义思潮的影响下，为了克服滞胀、重振经济，欧美各国纷纷把税收政策的首要目标重新转向了经济效率，即从过去注重财富的公平分配转变为注重经济增长。战后所得税占绝对主体地位的税制结构尽管有利于社会公平，但高所得税严重抑制了纳税人工作、储蓄、投资和承担风险的积极性，并且导致"地下经济"活跃，阻碍了资本积累和技术进步，对经济效率造成了严重损害。基于这种认识，很多西方国家进行了效率优先、兼顾公平的大规模税制改革，调整了税制结构。美国率先于 20 世纪 80 年代中期推出了降低税率、拓宽税基的改革。到 20 世纪 80 年代末，许多发达国家也先后降低了个人所得税的边际税率和公司所得税的平均税率。此外，许多国家还开征了增值税，国内商品劳务税的比重稳中有升，直接税、间接税的比例逐步趋向合理。

世界各国税制结构的演进轨迹表明，经济发展水平的提高、市场化进程的加快、生产结构的高级化是推动税制结构变动的物质基础与保障；而政府与市场关系的变化、财政支出规模和社会政策目标的选择则是影响税制结构变动的最主要因素。

二、税制结构的发展趋势

世界各国税制结构的格局并不是一成不变的。随着世界各国政治经济形势的变化，特别是随着世界经济全球化进程的加速，世界各国的税制结构也呈现出趋同的发展趋势。一方面，发展中国家经济发展水平不断提高，税收征管水平不断上升，使其直接税占税收收入总额的比重有所上升，间接税所占比重下降；另一方面，自20世纪80年代以来，发达国家为了刺激经济发展，纷纷推出了以减税为核心的税制改革方案，其结果是所得税边际税率大幅度下降，而增值税和环境税则逐步被各国政府所接受，其在税收收入总额中所占比重不断提高。

（1）从总体税制结构看，所得税，包括个人所得税和公司所得税仍是多数发达国家满足政府公共支出需要的主要财源。从税制的历史演变看，所得税最初在许多国家都以"战时税"的形式，作为临时性税种为筹集战争经费而出现的。19世纪末20世纪初，它以其突出的优点被世界各国普遍接受并逐步成为一种"大众税"。尽管20世纪80年代后期，特别是21世纪以后世界各国税制改革纷纷降低了个人所得税和公司所得税的边际税率，但所得税作为主体税的地位仍没有改变。根据OECD的收入统计报告，自1965年以来近50年的时间里，OECD成员国所得税课征一直处于较稳定的地位，个人所得税占税收总额比重保持在25%以上的水平，公司所得税的比重保持在9%。

（2）社会保障税在世界各国税制中的地位迅速提升。社会保障税也称社会保障缴款，主要是用于满足社会保障支出的一种专款专用的税。随着各国社会保障制度的发展，特别是随着人口老龄化加剧对公共财政支出压力的增加，世界各国大多开征了社会保障税或社会保障缴款。根据OECD的统计报告，自1965年以来近50年的时间，OECD成员国社会保障缴款占税收总额的比重平均从18%提高到26%。其中，有10个国家的社会保障缴款已经成为政府一般财政收入的最主要来源，它们是奥地利、捷克、法国、德国、希腊、日本、荷兰、波兰、斯洛伐克和西班牙。社会保障缴款在税收收入总额中比重的迅速上升主要是近年来世界人口老龄化导致医疗、保健、社会救助等公共支出增加所引起的。

（3）商品劳务税仍是发展中国家的主要收入来源，增值税得到广泛推广和实施。鉴于经济发展水平和税收征管能力的制约，多数发展中国家仍实行以商品劳务税为主体税种的税制结构。特别是自20世纪90年代以来，许多发展中国家陆续以较为中性的增值税取代了传统的具有重复征税性质的商品劳务税。增值税本身所具有的可避免重复征税的特征有利于社会化大生产发展等优点，使其被称为现代间接税，成了商品劳务税的发展方向。从目前看，不仅多数发展中国家积极推广以增值税为主体税种，许多发达国家如法国、德国等，也把其作为重要税种。因此，增值税具有广阔的发展空间。

自20世纪80年代以来，随着世界各国政治经济形势的不断变化，特别是世界经济全球化进程的加速，世界各国都在不断完善本国的税制结构，由此，世界各国税制结构呈现出明显的趋同特征。一方面，近些年来，发达国家越来越重视间接税的建设，特别是随着增值税被各国普遍采纳后，增值税所占比重稳步上升，而随着发达国家所得税减税浪潮的深化，直接税中所得税所占比重有所下降。这样，发达国家可能会逐步形成以直接税为侧重的"双主体"税制结构。另一方面，发展中国家随着国民经济的发展和人均收入水平的提高，居民的收入差距在不断扩大，贫富分化的现象日益严重，社会公平的问题逐渐突出，因此越来越注重具有调节收入分配作用的直接税的建设，所以发展中国家直接税所占比重有所上升，间接税所占比重有所下降。这样，发展中国家从另一个角度可能会朝着以间接税为主体的"双主体"税制结构模式靠近。综上所述，世界各国的税制结构的发展趋势是朝着趋同的方向发展，最终可能会形成具有不同侧重点的"双主体"税制结构。

 资料链接 5-5

美国税改的前世今生

20世纪80年代以来，美国曾先后实施了三轮大规模税改。"他山之石，可以攻玉"，通过梳理历次美国税改的前因后果，分析减税政策如何影响经济运行，以期为中国减税提供借鉴与启示。

（1）里根减税：走出滞胀，迈向大稳健。20世纪70年代，美国经济饱受"滞胀"困扰，经济衰退、通胀高企、失业率迭创新高。美联储曾采用紧缩型货币政策，成功遏制了通胀，但也令经济重回下行通道。里根政府认为，高税负抑制了私人部门投资和生产的热情，是经济低迷的症结所在，并在1981年和1986年先后实施大规模减税方案。其核心内容包括：下调企业所得税税率、个人所得税税率和资本利得税税率，加大研发扣除力度。实施减税后，美国企业利润增速大幅回升转正，居民收入增速持续走高，并带动投资、消费改善。经济增速在税改的第三年出现回升，失业率也持续回落，美国经济步入"大稳健"时期。

（2）小布什减税：鼓励研发，应对衰退。互联网泡沫破灭和恐怖袭击事件令美国经济在21世纪初再次陷入衰退，经济通胀双降，失业率攀升。小布什政府在2001年、2002年和2003年接连出台减税方案。其核心内容包括：研发抵税永久化，购买设备抵税，小企业加速折旧，个税增加一档最低税率并提高第一档收入上限。减税政策实施后，企业利润增速回升并创下8年以来新高，居民收入增速止跌企稳，经济增速在2001年见底回升，失业率则在2003年见顶回落。

（3）奥巴马减税：激活经济，走出危机。2007年次贷危机爆发，美国经济遭受重创，GDP增速创下二战以来新低，失业率则创下20世纪80年代以来新高。为应对危机，奥巴马政府在2010年、2013年先后通过两项减税法案。其核心内容包括：企业投资税收减免，延长就业、研发费用、新能源投资税抵免，雇员工资税率下调以及个税最高边际税率上调。以减税为代表的积极财政政策，叠加以量化宽松为代表的宽松货币政策，令美国经济触底反弹，GDP增速在2010年第三季度创下新高，回调后稳定在2%~3%，而失业率也在2010年见顶回落，并持续降至5%以下。

（4）特朗普减税：新一轮税改已经启动。2017年12月底，美国国会投票通过税改议案，并提交特朗普总统正式签署通过，第四轮税改正式启动。其核心内容包括：下调企业所得税税率、下调最高档个税税率，住房利息抵扣及海外利润汇回减税。根据美国税务政策中心测算，本轮税改将在未来十年为企业减少应缴税额2.77万亿美元，将令2019年个人税后收入提升1.6%。

（5）美国税改并不神秘：改善盈利收入，小政府大市场。回顾美国税改，主要有三方面经验值得借鉴。一是从盈利到投资，从收入到消费。美国三轮税改背景都是经济遭遇冲击导致有效需求不足，三轮减税都是通过修复企业、居民资产负债表，从而实现"从企业盈利到投资""从居民收入到消费"的传导，最终令经济回暖。二是小政府大市场，宽松货币配合。除20世纪90年代以外，美国几乎每十年实施一轮税改，主要有两方面原因。一方面是美国政治周期，里根、小布什、特朗普均属奉行"强调维护自由、反对政府干预"的共和党，其"大市场、小政府"的执政理念，最终引发了减税政策的实施。另一方面是美元降息周期，前三轮税改均处于美元降息周期，减税令企业盈利改善，而信贷宽松则加速了从盈利改善到投资扩张的传导。三是警惕债务扩张，政策相机调整。减税政策也有其代价，一味减税将导致财政赤字扩张、债务攀升。里根政府时期、奥巴马政府时期，美国财政赤字率先后攀升至6%、10%，而2016年底公众持有债务率已突破80%。但这并非无解，1993年克林顿上台后，大力推行振兴美国经济的"综合经济发展计划"，通过提高企业、个人所得税税率以及削减预算支出，降低财政赤字，在创造就业机会的同时，也平衡了联邦预算。克林顿政府时期，美国经济持续繁荣，财政收支扭亏为盈，也为后来小布什政府实施税改创造了有利条件。

资料来源：海通证券宏观分析报告《美国税改的前世今生——财税改革系列之四》.

关键概念

税收概念　税收学说　税制体系　直接税　间接税　税制结构

本章小结

1. 税收作为组织财政收入、调控国家经济的重要工具，在不同时期和不同国家均发挥着非常关键的作用，税收的概念也一直是中外学者研究的重点。中西方各国的学者从征税的目的、税收的形式、税收中的权利与义务关系等各个角度出发，对税收的概念进行定义。通过学习和比较中西方各国的税收理论，能够更加深刻地理解税收的起源和重要意义。

2. 税制体系反映了一国税收制度的整体布局和总体结构，税制体系的合理性和有效性是税收发挥职能的前提。目前世界各国普遍实行复合税制体系，但在主体税种设置和各级政府税收分配格局上存在较大差异，体现出各国财政制度、经济条件和政策目标的不同特征。

3. 税制结构就是复合税制体系中各个税种的比例，体现了主体税种的选择以及主体税种和辅助税种之间的配合，主要可以分为以商品劳务税为主体的税制结构模式、以所得税为主体的税制结构模式、商品劳务税和所得税双主体的税制结构模式。当前，发达国家大多施行以所得税为主体的税制结构模式，大多数发展中国家实行以商品劳务税为主、所得税和其他税为辅的税制结构模式，我国则施行商品劳务税和所得税并重的税制结构模式。

4. 税制结构的演变反映了一个国家政府职能和经济调控目标的变化，取决于一国的社会经济条件和生产力发展水平。整体来看，税制结构演变经历了以古老直接税为主体税种的阶段、以间接税为主体税种的阶段、以直接税为主体税种的阶段、以直接税和现代间接税为双主体税种的阶段。随着世界经济全球化的加速，各国的税制结构也呈现出趋同化的发展趋势。

分析讨论题

1. 结合资料链接5-1和5-2，分析英国"窗户税"和我国"筵席税"不能顺利实施的原因，并总结在开设税种时应该遵循哪些原则。

2. 结合资料链接5-3，分析不同国家间的税收合作在"一带一路"建设中的作用。

3. 结合资料链接 5-4，分析税收立法对于我国税制结构优化会产生哪些积极影响和促进作用。

4. 结合资料链接 5-5，学习美国税改的主要内容、重点措施和取得成果，完成一份案例研讨报告，探讨美国税改对我国税收制度改革的借鉴意义。

 本章拓展阅读书目

1. 李香菊，郑春华，2018. 基于赛斯模型的最优个人所得税最高边际税率研究：以工资、薪金为例 [J]. 财经论丛（12）：21-27.
2. 刘佐，2018. 中国税制改革 40 年 [J]. 中国税务（11）：26-30.
3. 付敏杰，2019. 新时代高质量发展下的税制改革趋向 [J]. 税务研究（5）：30-33.
4. 曹婧，毛捷，2019. 美国减税对中国经济的影响：基于跨国数据的实证研究 [J]. 国际贸易问题（2）：100-112.

第六章

税收制度比较

学习概要

通过比较各国或地区税制发现，各国或地区税制既存在共同点，也存在诸多差异。本章对各国或地区的商品劳务税、所得税、财产税和税收征收管理进行比较分析，通过介绍各国或地区税收制度结构及其特征，认识税收制度设计与客观经济之间的关系，理解经济决定税收这一税收基本理论。通过本章的学习，要求学生了解发达国家或地区与发展中国家或地区增值税、消费税、个人所得税、公司所得税和财产税制度的基本规定及其存在的差异，熟悉近年来各国或地区税收征管制度的变化和税收征管的改革措施，对比分析各国或地区税收征管法律制度的共同点，探讨我国税制改革发展方向。

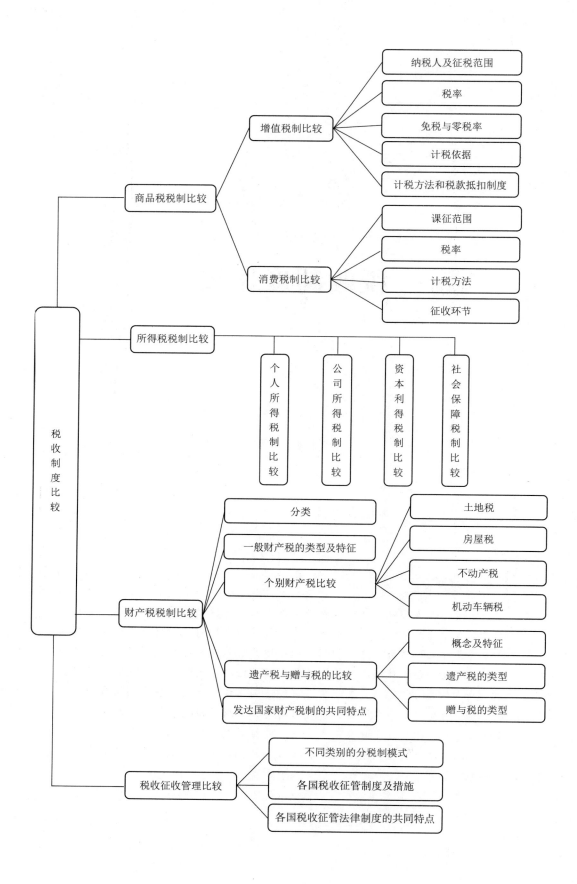

第一节 商品税税制比较

商品劳务税（Goods and Services Tax，GST）是以商品和劳务的销售额为课征对象的一种税。国际上的商品劳务税主要包括增值税（一般销售税）和消费税。

一、增值税制比较

全球 220 多个国家和地区中，有近四分之三的国家和地区开征增值税或类似性质税种。从收入规模看，目前增值税已成为全球第三大税种，仅次于社会保障税和个人所得税，远远超过企业所得税、消费税和财产税。

资料链接 6-1

美国为何不引入增值税？

美国耶鲁大学经济学教授亚当斯（T.S. Adams）是提出增值税概念的第一人，他 1917 年就在《经营课税》（The Taxation of Business）一文中首先提出了对增值额征税的概念。法国人莫里斯·洛雷（Maurice Laure）是推动增值税成功实施的第一人。1954 年，时任法国税务局局长助理的莫里斯·洛雷积极推动法国增值税制的制定与实施，并于当年在法国成功地实施了增值税，成为世界上最早实施增值税的国家。

半个世纪以来，增值税是税制体系中发展速度最快的税种。在 OECD 的 34 个成员国中，除了美国以外，其余 33 个国家都已经开征增值税，增值税的税收收入占税收总额的五分之一左右。增值税之所以能在较短时间内得到快速发展，其根本原因在于增值税具有道道课税但税不重征的特点，从而能保证税收的公平合理，而且该税税基广泛，能够保证财政收入的稳定增长，因而受到世界各国的普遍欢迎，增值税已经成为世界商品课税制度改革的方向。

尽管增值税已经风靡全球，但经济最发达的美国却并未引进增值税。一直以来，美国国内都有关于开征增值税的讨论，1993 年美国国会还收到关于实行增值税的正式报告，而且美国也曾经有开征增值税的历史。为了应付连年的财政赤字，密歇根州曾在 1953 年开征了增值税，原定一旦财政状况转好后立即停征，但因实施效果良好，直到 1967 年才停征。

增值税之所以在美国千呼万唤不出来，是有其深刻背景的。最直接的原因，就是增值税本身的局限性令美国决策层认为引进它是弊大于利。第一，增值税往往会形成一种实际上的累退性，从而损害低收入阶层的利益，造成税负上的不公平。美国税制追求的首要目标是公平的，增值税的累退性与公平间的矛盾已经成为它进入美国的一大障碍。第二，增值税的税负归宿不确定。由于增值税是多环节征税，税收负担在流通过程中的归宿受各种市场因素影响，很难确定。第三，增值税征收管理较困难。因为以增值额为课税对象，所以增值税的征管工作量非常大，征管成本较高。第四，美国主流观点认为在采用抵扣式计税的情况下，增值税税负会转嫁给消费者，导致通货膨胀。

除了直接原因外，更深层次的障碍来自美国的联邦体制和反政府干预、反中央集权的传统。增值税本质上是一个要求在全国范围内统一协调的税种，如果美国要采用增值税，最可行的方案就是在各州现有消费税的基础上再在联邦一级增设增值税。如果要不加重纳税人的负担，就必须削减各州的零售税，各州的财政经济自主权就将缩小，这就涉及美国敏感的联邦政府和州政府的利益分配问题。美国实行的是自由市场经济模式，一直有反对政府干预和反对中央集权的传统。由于增值税筹集收入的功能较强，开征增值税本身就已被美国人看作是政府的扩张而遭到反对。如果再因为引进增值税而限制各州的独立性、缩减州的税权，则必然受到州和地方的强力抵制而无法通过。

资料来源：秦汝钧，2000.美国为何不引进增值税及启示[J].涉外税务（9）：30-32.

（一）纳税人及征税范围比较

增值税的纳税义务人是指各国税法规定的直接负有缴纳增值税税款义务的人。由于各国增值税的征税范围不一，纳税义务人的范围定义有着很大的差别。

欧盟和其他一些发达国家，增值税的征税对象范围很广，涉及所有的交易领域，除政府通过税法特案规定免征增值税的交易项目外，不论是企业还是个人，从事任何销售商品、进口商品和提供劳务活动都要缴纳增值税。

发展中国家在纳税义务人的定义上往往采取列举与征税对象范围相结合的定义方法，以所列举的征收增值税的交易和劳务活动的当事人为纳税人，如阿根廷、乌拉圭、科特迪瓦、摩洛哥、智力、阿尔及利亚及中国。

（二）增值税税率比较

增值税税率分为单一税率和复式税率两种类型。

单一税率是指增值税只有一个比例税率，不管征税对象是什么也无论在哪个环节纳税，一律按照同一税率征税。目前，实行单一税率的国家主要有丹麦、厄瓜多尔、智利、巴拿马、危地马拉等。实行单一税率的最大优点是计算简便，征管效率高，缺点是对所有商品包括奢侈品和必需品都同等对待，可能会导致税负不公平。

复式税率一般由两个以上，即由基本税率、高税率和低税率组成。基本税率体现增值税的基本课税水平，适用于一般商品税和劳务。基本税率的高低取决于通过增值税计划取得财政收入的规模和消费者的承受能力。

从目前世界各国增值税的实践来看，增值税税率设置呈现以下特点。

（1）大多数国家（地区）以"单一税率"和"一档标准税率加一至两档低税率"为主。

据有关资料统计，截至 2013 年，在实施增值税的 167 个国家（地区）中，有 83 个国家实行单一税率，占全部国家（地区）的 49.7%。在实行多档税率的国家（地区）中，有 36 个国家实行一档标准税率加一档低税率；有 37 个国家（地区）实行一档标准税率加两至三档低税率；少数国家实行四档以上税率。

（2）大多数国家增值税的标准税率设置为 10%～20% 的范围。

增值税标准税率设置在 10%～20% 的国家（地区）有 128 个，占实施增值税国家（地区）的 76.6%；标准税率低于 10% 的国家（地区）有 16 个，占 9.6%；标准税率高于 20% 的国家（地区）有 23 个，占 13.8%，主要是高福利、高税收的欧洲国家，以及少量的拉美国家。

（3）OECD成员国中大多采用一档标准税率加低税率模式。

2020年，有21个OECD成员国的增值税标准税率设置在20%及以上，多为实施欧洲传统型增值税制度的国家；标准税率在10%及以下的OECD成员国有5个，分别是澳大利亚（10%）、加拿大（5%）、日本（8%）、韩国（10%）、瑞士（8%）；标准税率处于10%（不含10%）至20%（不含20%）之间的OECD成员国有7个，分别是智利（19%）、德国（19%）、以色列（18%）、卢森堡（15%）、墨西哥（16%）、新西兰（15%）、土耳其（18%）。

除日本和智利实行单一税率外，其他OECD成员国都设有一档或多档低税率。澳大利亚、加拿大、韩国等少数国家实施的是一档标准税率加零税率模式；与之相比，欧洲国家的增值税税率设置得复杂一些，多为一档标准税率加一档（或两档）低税率。

在欧盟成员国中，除丹麦实行单一税率（25%）外，其他国家都实行多档税率，且标准税率基本处于15%～25%之间，有17个国家的标准税率高于20%。只设有一档低税率的国家有9个，除拉脱维亚（12%）外，其他国家的低税率均设在5%～10%之间。设有两档低税率的国家有16个，设有三档及更多低税率的国家有卢森堡、爱尔兰、法国。

（4）亚太地区国家大多将标准税率设置在10%以下且税率结构较为单一。

在亚太地区开征增值税（或类似增值税）的18个国家（地区）中，大多数国家（地区）的标准税率在10%及以下，标准税率高于10%的国家（地区）有中国（13%）、新西兰（15%）、斐济群岛（15%）、印度（12.5%～15%）、菲律宾（12%）和斯里兰卡（12%）。除日本之外，其他17个国家（地区）均设有零税率，中国、印度、越南还设有低税率，实行多档次的税率结构。我国增值税标准税率2019年降为13%，与国际上大多数国家（地区）的增值税税率（10%～20%）水平差不多。在亚太地区的范围内，我国增值税标准税率与其他国家（地区）相比略高（韩国为10%，新加坡为7%）。但是，与欧盟成员国增值税15%～25%的标准税率水平相比，我国增值税标准税率略低。除了标准税率和零税率外，我国增值税低税率共有2档，分别为9%、6%，加上小规模纳税人适用3%的征收率，我国增值税税率实际共有5档。过多的税率档次会对增值税的税收中性产生影响。与欧洲国家相比，我国的税率档次明显较多，如表6-1所示。

表6-1 各国增值税税率比较（不包括零税率）

国家	增值税税率档次	增值税最高税率
法国	4	20%
丹麦	1	25%
德国	2	19%
英国	2	20%
日本	1	8%
荷兰	2	21%
加拿大	1	5%

续表

国家	增值税税率档次	增值税最高税率
新西兰	2	15%
意大利	3	22%
韩国	1	10%
泰国	1	7%
俄罗斯	2	18%
阿根廷	3	21%

(三) 增值税免税与零税率

1. 免税

增值税免税是指对企业从事某些特定的生产经营活动所获得的销售收入或报酬,以及某些进口行为不征增值税。

目前各国增值税法都明确列举了对商品和劳务的免税项目,免税项目的列举大体有以下几种形式。

(1) 列举法。大多数国家或地区采用这种方法。例如,西班牙税法依据纳税人的身份列举某些免税项目。

(2) 按营业额确定征免税界限。规定起征点,对未达到起征点的纳税人免税,对达到或超过起征点的纳税人一律全额征税。

(3) 以业务范围确定免税项目。例如,土耳其税法规定,用于文化、体育、教育、娱乐、科学、社会和军事的商品与劳务交易免税。

2. 零税率

增值税零税率的含义是对商品交易免征增值税,并允许抵扣进项税额。零税率使享受这一待遇的纳税人不负担任何税收,真正免除了增值税。

实行增值税的国家通常对出口商品实行零税率,但也有国家对基本食品的供应、农产品的供应、公共运输、农业服务等方面也采用零税率。

(四) 增值税计税依据比较

在各国税法中,增值税的计税依据为纳税人销售货物和提供劳务所取得的增值额。增值额是以其销售货物或提供劳务取得的全部价款和各种费用扣除相应购进及其成本费用后的余额。但是,在某些特殊情况下,商品销售和劳务提供的计税依据要做特殊处理,主要有以下几种情况。

1. 视同销售行为

视同销售一般包括纳税人自我供应和私人使用两种情况。各国税法一般都明确规定,商品的自我供应应该征税。如果是货物,则计税依据是相同货物的市场购买价格;如果无可比市场价,则按组成计税价格确定。如果是劳务,则计税依据是使用此项劳务发生的有关费用总额。由于自我供应劳务难以把握,因此多数国家对自我供应劳务不征税。但也有些国家比照第三者提供劳务时的价格征税,如比利时、西班牙、葡萄牙、爱尔兰、丹麦等国家。

2. 折扣的税务处理

大多数国家对无条件折扣以折扣价作为计税依据,对有条件折扣以全价作为计税依据。无条件折扣是当商品甩卖时,只要购买商品就给予折扣;有条件折扣是指对顾客提供折扣后还附加一定的要求,如顾客要得到折价优惠就必须继续购买一定数量的商品等,如果顾客继续购买了一定数量的商品其获得折扣优惠,通过签发通知单来调整其原来的税负。

3. 以旧换新的税务处理

以旧换新是市场条件下的一种典型的促销方式。各国对此类交易的税务处理各异,有三种处理方式。

(1) 按全部价款征税。如果购买新商品时,价款一部分用现金支付,一部分用旧商品价支付则以全部价款作为计税依据。英国、法国、比利时、丹麦、葡萄牙、意大利等国采用这种办法。

(2) 按差额征税。在这种交易下,折价的旧商品价值不构成增值税的计税依据,而仅以新商品销价与旧商品折价的差额作为计税依据。爱尔兰、荷兰等国就采取这一办法。

(3) 视同两笔交易。把提供旧货和换取新货看作是两笔交易,分别按新货价款和旧货折价做两次确定计税依据。中国和德国等国采用这种办法。

4. 以货易货

两个纳税人之间的以货易货(或劳务互相交换),多数国家视同两个纳税人互相销售商品(或提供劳务),作为两笔应税交易对待,计税依据为商品或劳务的正常价格。如果不知道正常价格,则以组成计税价格作为税基。

5. 旧货

各国对于旧货的税务处理大体有三种情况。

(1) 按全部销售额征税,以销售价为计税依据。丹麦等国采取这种办法。

(2) 按购销差价征税。比利时税法规定,除海、陆、空运输工具的转卖外,经常从非企业主手中购进二手商品再出售的企业,经财政部许可,以进价和售价的差额作为计税依据。

(3) 规定某些旧货运用特别税率。荷兰税法规定,非免税企业出售旧货一般要缴纳增值税,但拍卖古董、艺术品、铸币和邮票按低税率6%征税。

有些国家还同时采用两种方法,如英国、丹麦、葡萄牙、比利时等。

(五) 增值税的计税方法和税款抵扣制度比较

1. 计税方法

世界各国增值税的计税方法主要有三种。

(1) 税基列举法,也称"加法"。即把构成商品和劳务增值额的各个项目如工资薪金、租金、利息、利润等直接相加从而得到增值额,然后用增值额乘以税率,计算出应纳税额。计算公式如下。

$$增值额 = 本期发生的工资薪金 + 利息 + 利润 + 其他增值项目$$

$$增值税实际应纳税额 = 增值额 \times 适用税率$$

(2) 税基相减法，也称"减法"。即，从一定期间内的商品和劳务销售收入中减去同期应扣除的项目从而得到增值额，然后将增值额乘以税率，计算出应纳税额。计算公式如下：

增值额 = 本期应税销售收入额 − 规定扣除的非增值额

增值税实际应纳税额 = 增值额 × 适用税率

(3) 税额扣减法，也称"扣税法"。即先以厂商一定期间内的商品和劳务销售收入额乘以税率，计算出至本环节为止的累计税额，然后再从中减去同期各项外购项目的已纳税额，从而得出应纳税额。计算公式如下：

增值税实际应纳税额 = 当期应税销售收入额 × 适用税率 − 当期进项税额

2. 增值税税款的抵扣制度

(1) 发票法。欧盟国家采取发票法进行税款抵扣。发票法主要有以下两个优点。

第一，计算简便。采用发票法，纳税人只要将发票上的销项税额减去进货发票上的进项税额就可以计算出应纳税额。整个抵扣税额的计算依据购货发票，不涉及扣税项目的认定和数据汇集等问题。

第二，会形成纳税人之间自动钩稽效应。购货者在购买应税货物或劳务时，必须向对方索取税务发票，根据发票上注明的增值税税额计算进项税额，否则已纳税款不能扣除。因此，发票法在很大程度上使纳税人之间互相监督、牵制，形成自动钩稽、自动监督的机制。

(2) 账簿法。账簿法是指增值税的计算以账簿记录为依据，可抵扣的进项税额和销项税额的多少不与发票直接挂钩，发票只是作为记账的原始凭证，纳税人不可能通过伪造假发票骗取抵扣款或多得退税，税务机关也容易通过账簿记录的审计，监督纳税人的行为。一般来讲，当一个国家发票管理制度和法制不健全时，采取账簿法更合适。

但是，账簿法也存在一些缺点。一是计算复杂。由于进项税额的有关数据需要从有关账户、报表中汇集，因此容易发生计算错误和引起纳税人与税务人员之间的争执，特别是在一国实行多档次税率、免税项目较多而征税范围又较窄的情况下，工作量相当大，征税成本过高。二是难以形成纳税人之间的自动监督机制，偷税漏税现象严重。三是对那些没有财务会计制度或财务会计制度不健全的纳税人而言，无法有效地实行账簿法。

通过上述对各国增值税实施情况的介绍可以发现，国际上现行的增值税既有许多共同之处，又有一些明显的差异。相同的方面如各国增值税在计税方法上是一致的，都采用了税款抵扣法，对出口一般都实行零税率，对进口普遍征税；一般都实行统一的发货票制度，使税款的征收建立在法定的凭证基础上，提高了税收的可靠性和准确程度。在征税范围上，欧洲多数国家的增值税全部实行到零售环节，其中有的还将农业和服务业包括在课征范围内。拉美及亚洲的一些国家一般都实行到商品零售和服务行业。非洲国家有些只实行到生产环节。发展中国家绝大多数对农业不征增值税，对服务行业只就列举的一些劳务或少数几项劳务征税，对商品的免税范围一般要比发达国家的大。在增值税类型的选择上，消费型增值税是世界增值税制的主流。

二、消费税制比较

消费税对于筹集财政收入、引导合理消费、调节收入差距、保护环境、促进节能减排都有重要的作用。20世纪70年代以来，消费税在世界各国财政收入中的比重有所下降，但随着环境污染、资源枯竭、贫富不均等问题的态势日益严重,各国都开始重视消费税制能引导合理消费、间接促进资源合理配置的作用。

(一)消费税课征范围

消费税的课征范围比较灵活,各国根据实际情况具体确定应税品和应税行为。一般而言,发展中国家的消费税课征范围宽于发达国家,消费税收入在总税收收入中的比重相应较高。目前,世界上120多个国家(地区)开征的消费税,其课征范围大体可以分为有限型、中间型、延伸型三类。

1. 有限型消费税的课征范围

有限型消费税的课征范围仅限于传统的货物项目,包括烟草制品、酒精饮料、石油制品,以及机动车辆和各种形式的娱乐活动。此外有的国家还把糖、盐、软饮料等某些食物制品和钟表、水泥等纳入课征范围,但总体来看,征税品目不会超过10~15种。

目前,消费税课征范围属有限型的有美国、巴哈马、巴拿马、巴西、哥伦比亚、智利等60多个国家。实行这类消费税的国家比较多,集中在南北美洲和西欧等地区。

2. 中间型消费税课税范围

中间型消费税应税项目除包括传统的消费税项目外,还涉及食物制品,如牛奶和谷物制品,有些国家还包括一些被广泛消费的商品,如纺织品、鞋类、药品,以及某些奢侈品,如化妆品、香水等,甚至有些国家还涉及某些生产资料,如水泥、建筑材料颜料、油漆等。采用中间型消费税的国家约占实行消费税国家的30%,主要有丹麦、法国、德国、爱尔兰、意大利、奥地利、芬兰、冰岛、挪威、葡萄牙、马来西亚、叙利亚、伊朗、土耳其等30多个国家。

3. 延伸型消费税课税范围

延伸型消费税的应税项目最广,除了中间型课征范围包括的应税项目外,还包括更多的消费品,如收音机、空调、电视机、冰箱、音响、摄影器材等,以及一些生产性消费资料,如钢材、铝制品、塑料、树脂、橡胶制品、木材、电缆、电池等。实行延伸型消费税的有日本、希腊、牙买加、尼加拉瓜、海地、巴勒斯坦、尼泊尔、韩国、印度、埃及、利比亚、孟加拉国、尼日利亚、加纳等20多个国家,其中日本、韩国和印度等国的消费税应税项目几乎包括全部的工业品。因此,有时也把日本等国的消费税看作一般消费税。

为便于规范比较,我们将消费税的征收范围分为八大类:烟草产品、酒类产品、奢侈品、矿物能源产品、机动车、污染产品、特定服务和其他产品。从发展中国家消费税的具体征收范围来看,其具有以下特点。

(1)对烟、酒、能源产品征税很普遍。能源产品主要指化石能源,包括燃油、煤和天然气,有的国家还包括电力。

(2)对奢侈品征税比较普遍。从各国实践看,奢侈品主要包括:金银、珠宝首饰;化妆品;游艇、飞机和高档汽车;其他一些高档商品,如皮衣、家具等。

资料链接 6-2

对卫生巾征收奢侈品税

2017年7月,据美国有线电视新闻网报道,印度政府要对卫生巾征收奢侈品税,这是印度政府公布的大规模税改方案的一部分。印度国内卫生巾生产能力不足，1/4需要进口。这是征收卫生巾关税的原因之一。

一项调查显示，印度3.55亿名妇女中，只有12%的人使用卫生巾。卫生巾在印度的售价在每包5卢比至12卢比不等，折合成人民币仅仅只有5毛到1块3，在不同的邦有不同的税率，一些邦的税率高达14.5%。可这看似便宜的价格对于印度农村地区的众多贫困妇女来说，却无力购买，这种生活必需品竟成了"奢侈品"。所以印度女议员Sushmita Dev发起了一场请愿活动，要求对女性卫生用品免税，有40多万人签名支持；印度女性团体发起"洗刷耻辱，打破经期禁忌"的运动；而印度社交媒体上也掀起反对"流血税"运动。2018年7月，印度政府终于宣布对卫生巾不再征收12%的进口关税。

不过，女性卫生用品的高成本已成为一个全球性问题。目前世界上只有爱尔兰、肯尼亚和加拿大等少数几个国家对女性卫生用品免税。

在美国，有40个州对女性卫生用品征税，只有10个州免税。纽约州去年7月刚刚签署了对女性卫生用品免税的法案。

资料来源：印度取消卫生巾税 卫生巾曾被列为奢侈品征12%关税，http://finance.sina.com.cn，2018.7.30.

（3）对机动车征税相当普遍。机动车是多数发展中国家消费税的重要税目。大部分国家机动车是消费税的一个税目，少部分国家单独征税。

（4）对污染产品征税较少。发展中国家消费税的环保考量较弱，虽然对能源产品、机动车多数征收消费税，但主要基于财政目的，对其他污染产品征税比较少，总体上消费税的绿化程度较低。

资料链接 6-3

用地沟油生产柴油免征消费税？

众人嫌弃的地沟油也能变废为宝，而且还能享受一些政策优惠。《财政部 国家税务总局关于对利用废弃的动植物油生产纯生物柴油免征消费税政策执行中有关问题的通知》（财税〔2016〕35号）和《财政部 国家税务总局关于对利用废弃的动植物油生产纯生物柴油免征消费税的通知》（财税〔2010〕118号）正式将包括地沟油等废弃动植物油生产纯生物柴油，纳入免征消费税的适用范围。

其中，"废弃的动植物油"主要包括以下四大类。

（1）餐饮、食品加工单位及家庭产生的不允许食用的动植物油脂，主要包括泔水油、煎炸废弃油、地沟油和抽油烟机凝析油等。

（2）利用动物屠宰分割和皮革加工的废弃物处理提炼的油脂，以及肉类加工过程中产生的非食用油脂。

（3）食用油脂精炼加工过程中产生的脂肪酸、甘油酯及含少量杂质的混合物，主要包括酸化油、脂肪酸、棕榈酸化油等。

（4）油料加工或油脂储存过程中产生的不符合食用标准的油脂。

2011年6月29日，随着荷兰皇家航空公司一架搭乘171名乘客的飞机飞上蓝天，荷兰航空成为全球首家使用生物燃料进行商业飞行的航空公司。对此，荷航总裁卡米尔·厄尔林斯表示，荷航在阿姆斯特丹往返巴黎的200多个航班上正式使用生物燃料作为动力。此后，国内50多家收集加工地沟油的中小型企业向这家公司表达合作意向。

目前国内已有很多中小型企业在研究将"地沟油"变成生物柴油技术，技术已很成熟。目前国内还没有生物柴油的标准，地沟油炼成的生物柴油不能百分百地替代汽油，只占到混合燃料的10%到15%。

资料来源：财政部、国家税务总局：地沟油变柴油免消费税，http://news.ifeng.com，2011.07.01

（5）特定服务征税。征收消费税的特定服务主要涉及赌博（墨西哥、俄罗斯、哥斯达黎加、厄瓜多尔、洪都拉斯、秘鲁、老挝、菲律宾、泰国、越南、哈萨克斯坦），电信（墨西哥、埃及、阿根廷、哥伦比亚、厄瓜多尔、多米尼加、巴拿马、老挝、马来西亚、泰国、巴基斯坦），娱乐（阿根廷、洪都拉斯、柬埔寨、老挝、印尼、马来西亚、菲律宾、泰国、越南），广告（印尼、巴基斯坦），餐饮（哥伦比亚、马来西亚），旅游（洪都拉斯、印尼、巴基斯坦），航空（洪都拉斯），高尔夫（老挝、泰国、越南），职业中介（马来西亚），船运（巴基斯坦）等。

（6）其他产品。有一些国家受历史传统因素或其他因素影响还对其他产品征税。例如，马来西亚对所有糖类饮料、醋、玩具、游戏设备和运动器材、空调、冰箱、冷却设备、电视广播接收机等征税；南非对手机、自动贩卖机、化妆品、电视接收器、计算机、音响设备、照相器材、手表、轻武器等征税；洪都拉斯对鱼、咖啡、茶、橄榄油、电视机、电动玩具、打火机等征税；巴拿马对枪支、手机、音响、电视机、打印机等征税。

（二）消费税税率

消费税征税对象的选择性和多样性决定了消费税税率的复杂性，不仅税率方式有从价和从量两种，而且不同税目往往适用不同的税率，甚至相同税目基于不同的调节目的也会适用不同的税率。不同国家消费税税率的差异较大。例如，OECD成员国无铅汽油的消费税税率，除墨西哥不实行从量定额计征以外，其余成员国都实行单位税额，且税额标准差异很大，如美国每升 0.109 美元，土耳其每升 1.483 美元，相差 12.6 倍。不同国家香烟的消费税税率差异更大，巴西最高可达 300%，墨西哥为 160%，而巴拉圭为 13%，马来西亚为 5%～20%。

从消费税税率的发展变化看，有以下两个基本特点。

（1）税率调整的环保因素日益明显。即开始转向按对环境影响的程度来设置税率，污染程度越高，税率越高，反之，污染程度低，税率也低，甚至给予减免优惠。以汽油消费税为例，除多数国家都对含铅汽油征重税外，有的国家按含硫量征税，对高含硫量汽油征重税，如奥地利、比利时、芬兰、德国、卢森堡；有的国家对添加一定比例的酒精（包括生物酒精）或其他生物燃料的混合汽油实行低税率，如奥地利、保加利亚、拉脱维亚、立陶宛、美国；有的国家按燃油的污染程度征收特种环境税，如丹麦、芬兰、瑞典的二氧化碳税，英国的气候变化税，韩国的能源环境税等。此外，不少国家的能源税和机动车税开始考虑按排污量、碳排放量或含硫量等污染因素来设置税率。中国对汽油除区分含铅与无铅外，没有考虑任何其他的环保因素，可以说还有很大的改善空间，譬如说提高含硫汽油的税率，对添加酒精的混合汽油实行低税率等。

（2）消费税税率存在逐步提高的趋势。特别是自 2008 年国际金融危机以后，这种趋势更为明显，不断提高能源消费税税率标准的调增机制，更有利于事先形成节能的导向。

（三）消费税的计税方法

消费税通常有从量定额和从价定率两种计征方式。一些国家对有些应税产品同时适用两种计征方式征税。总体上消费税从价计征是主流，没有一个国家对所有消费税应税品目实行从量定额征税，阿根廷、洪都拉斯（烟酒计征方式不详）、墨西哥、乌拉圭、南非、巴西、柬埔寨等国基本上全部实行从价计征，其余多数国家同时采用两种计征方式，即部分应税品目从价计征，部分从量计征，其中也以从价计征为主，只有烟、酒、燃油等少数应税品目采用从量计征，或者在从价计征的同时采用从量计征。

从理论上说，从量征税和从价征税各有利弊。从量征税征管简便，税收收入不受价格波动的直接影响，但税负随价格的上升而下降，因此有利于高价产品生产而不利于低价产品生产；从价征税税负稳定，税收收入能够随价格的上升而同步增加，但征管相对复杂，需要核定价、量两个指标，容易引发压低应税价格的避税行为，在价格下跌时，会直接影响税收收入。因此，在价格总体趋于上升的情况下，为确保消费税的收入功能和调控效果，实践中更倾向于采用从价定率征税。而且，不同税目，往往适用不同的税率，甚至相同税目，基于不同的调节目的也会适用不同的税率，如机动车会因车型、排气量或污染物排放量的不同实施不同的税率。

（四）消费税的征收环节

1. 进口环节征收

应税消费品在进口环节征税、出口环节退税是国际惯例。应税产品按零税率进入国际市场统一按消费地国的税制征税，有利于不同产地的产品在国际市场公平竞争。

2. 服务提供环节征收

由于服务的提供过程就是服务的消费过程，因此，应税服务的消费税都是在服务提供环节征收。在具体操作上，分两种情况：一是对服务提供者征税，二是对服务的消费者征税。但从发展中国家来看，多是对服务提供者征税，如赌博税对赌博经营者（经营场所）征税，电信服务对服务提供商征税等。

3. 生产环节征收

多数国家在生产环节对生产商征收，只有极少数国家对少数应税品目在批发或零售环节征收。

第二节 所得税税制比较

所得税是以所得或利润为课税对象，主要包括公司所得税和个人所得税。在发达国家和越来越多的发展中国家，所得税体系中还包含社会保障税、资本利得税等。

一、个人所得税制比较

个人所得税是对个人（即自然人）或自然人性质的企业取得的各类应税所得征收税款的一个税种。其自1799年在英国诞生至今征收历史已超过200余年，在政府运用税收调控收入分配差距的作用机制中不可替代。

（一）个人所得税的税制模式

按照征收方式的不同，个人所得税的税制模式可分为分类所得税、综合所得税和分类综合所得税三种类型。

1. 分类所得税

分类所得税是指将纳入课税范围的全部所得按照来源的不同划分为若干类别，对各种不同类别的所得分别适用不同的税率计算其应纳税额，如工资薪金所得、劳务报酬所得和利息所得等。分类所得税的计税依据是法律规定的各项所得，并不是个人的总所得，其税率多为比例税率或较低的超额累进税率两种形式。

分类所得税的优点在于：一是可以按不同性质的所得分别采取不同的税率，实行差别对待；二是分类所得税征收比较简便，易于进行源泉控制，一次性征收，不需要汇算清缴，节省稽征费用。但分类所得税的缺点在于，无法反映纳税人的真实纳税能力，所得来源渠道更多且综合收入更高的纳税人缴税可能更少，不能有效地贯彻量能负担原则和税收公平原则的要求。分类课税模式首创于英国，但目前纯粹实行这种模式的国家很少。

2. 综合所得税

综合所得税是指将纳税人一定时期内的各种不同来源的所得汇总起来，减去法定扣除额和宽免额后，对余额依法课征所得税。其计税依据是纳税人的全部所得，不论所得来源于什么渠道，也无论其所得采取何种形式。

综合所得税的优点是既能体现纳税人的真实收入水平，又能照顾到纳税人的不同家庭负担差异，做到高收入者多缴税、低收入者少缴税，对个人收入分配的调节作用较强，符合量能课税、公平税负的原则。但综合所得税的缺点是计算复杂、征管难度大。一方面，由于综合所得税模式建立在纳税人自行申报制度基础之上，不便于实行源泉扣缴，征税及纳税手续比较繁杂，逃避税风险更高，要求纳税人纳税意识强、税收遵从程度高，以及较健全的财务会计体系相配套。另一方面，综合所得税对征管的要求比较高。为了准确掌握纳税人的全部所得信息，征管机关必须具有较高的工作效率和先进的税收管理手段，征税成本较高。综合所得税最早出现于德国，后来逐渐被世界各国普遍采用。

3. 分类综合所得税

分类综合所得税也称二元所得税或混合所得税，是将分类所得税和综合所得税结合在一起的一种所得税课税模式。这种模式先对纳税人在一定时期内各种不同来源的所得，采取源泉扣缴的办法，分项课征，然后再将全部所得汇总起来，扣除法定项目之后，按照累进税率课征所得税，对分类阶段已经缴纳的税款允许扣除，多退少补。分类综合所得税制是法国在1917年第一次世界大战期间开始实行的。

分类综合所得税既坚持按能力纳税的量能负担原则，对不同来源的所得综合计征，体现税收公平；又坚持差别课税、源泉扣缴，对不同性质的所得进行区别对待，实现税收的政策性调节功能。同时，它还具有便于征管、减少偷逃税等优点，因此，分类综合所得税模式在一定程度上集合了分类所得税和综合所得税的优点。

世界各国或地区由于历史文化背景的不同，立法需求和社会目标的不同，收入水平和征管水平存在差异，个人所得税的模式也存在不同。在欧洲除葡萄牙、英国采取分类综合所得税制外，其他国家或地区都采取综合所得税制；在拉丁美洲除尼加拉瓜、多米尼加、厄瓜多尔、智利实行混合所得税制，大部分国家或地区也实行综合所得税制；在非洲只有苏丹实行分类所得税制，塞内加尔、莱索托、摩洛哥、喀麦隆、阿尔及利亚、安哥拉实行混合所得税制，其他国家或地区实行综合所得税制；在亚洲，也门、约旦、中国香港地区、黎巴嫩实行分类所得税制，其他国家或地区基本都实行综合所得税制；大洋洲各国或地区基本实行综合所得税制。中国自2019年实行分类与综合个人所得税制。

综上，虽然世界上大多数国家或地区都采取综合所得税制，但并不是说混合所得税制和分类所得税制就必将被综合所得税制取代，因为一个国家或地区的所得税模式受到多种因素的影响，而且实际上，世界上没有任何一个国家或地区实行彻底的综合课税模式，即使是发达国家的综合课税模式也是相对而言的。例如，美国虽然实行综合课税模式，但其对资本性所得与其他所得在课税上也是区别对待的。

（二）个人所得税的纳税义务人

个人所得税的纳税义务人是指具有独立法人地位的自然人。如何确定一国税法的自然人范围及其承担的纳税义务，取决于一国采用何种税收管辖权。

在世界各国的税法实践中，对于自然人居民身份的确认，通常采用的判定标准主要有以下三种。

1. 住所标准

住所标准是以自然人在一国境内是否拥有永久性住所或习惯性住所为标准，决定其是否为居民纳税人。其中住所一般是指自然人的配偶、家庭以及财产的所在地，由于住所具有永久性和固定性的特征，采用这种标准较易确定纳税人的居民身份，目前主要有中国、法国、德国和日本等国采用此标准。

2. 居所标准

居所标准是以自然人在一国境内是否有居所为标准，决定其是否为居民纳税人。各国税法中所说的居所可能不尽相同，但一般是指一个人在某一时期内经常居住的场所，却不具有永久居住的性质。居所标准能在更大程度上反映个人与其实际工作活动地之间的联系。采用居所标准的国家主要有英国、加拿大、澳大利亚等国。

3. 居住时间标准

居住时间标准是以自然人在一国境内居住是否达到或超过一定期限为标准，决定其是否为居民纳税人。采用这种标准的国家很多，但在税法上规定的居住期限并不一致，有些国家规定的居住期限为半年，如英国、印度、印度尼西亚等国；有些国家则规定为1年，如中国、巴西、日本等国。

各国根据本国的实际情况选择适合本国的居民判别标准。当然，一个国家并非只能选择某一个居民判别标准。事实上，大部分国家会同时选择两个甚至两个以上的判别标准，以最大限度地保障本国的税收权益。例如，我国个人所得税法规定，凡是在我国境内有住所的自然人，或者在一个纳税年度中在我国境内居住满一年的自然人，都构成我国的居民纳税人。

近年来，由于交通、通信的便利，人员在国际流动大大增加，而各国之间个人所得税的税负水平却相差巨大，为防止税款流失，各国政府对居民纳税人的判定标准正变得越来越复杂、越来越严格。

（三）个人所得税税基的确定

世界各国的个人所得税制都允许从列入征税所得范围的毛收入中扣除必要费用，排除掉不反映其纳税能力的部分，然后计算应纳税所得额。费用扣除项目是纳税人进行正常生产经营活动和保证劳动力再生产所必需的费用，其收入数额的多少和相关费用支出有着密切的联系。

由于各国国情不同，在确定个人所得税应纳税所得额时，扣除项目的具体规定存在差异（见表6-2），但总体上可归纳为五大类。

1. 成本费用扣除

成本费用扣除是指为了产生或得到应税收入而发生的成本和费用。它必须是与取得所得密切相关的费用支出，对此，各国都明确规定了具体的标准。

2. 个人基本扣除

个人基本扣除也称生计扣除，是指为补偿劳动者的基本消耗，以实现简单再生产为目的的扣除，这部分扣除通常被认为是维持基本生活所必需的。个人基本扣除可采取两种办法：一是规定起征点，即当纳税人的应税所得没有达到规定的基本数额时不征税，而一旦达到规定的数额，其全部所得都要纳税；二是通常所说的免征额，即不论个人所得多少，一律给予扣除规定的数额，如美国和加拿大的标准扣除，这一扣除标准一般每年都要根据通货膨胀情况进行指数化调整。

3. 赡养扣除

根据纳税人的家庭结构、婚姻和子女状况来确定赡养扣除。赡养扣除通常对无收入来源的配偶和子女规定不同的标准，有些国家还根据子女的数量、年龄和子女之中是否有残疾者等具体情况做出了不同的规定。

4. 个人特许扣除

为了照顾某些纳税人的特殊开支需要，实现真正对净所得征税而给予个人特许扣除。

例如，某些纳税人因身体原因而发生大额的医疗费、为子女所负担的学费、由于未投保而受到的灾害损失、老年人和残疾人的照料费等。

5. 再分配性扣除

再分配性扣除是指为了体现国家在个人所得税方面的优惠税收政策而给予的扣除。这类扣除的目的是鼓励纳税人按一定方向分配其所得，以实现国家的某些政策目标。例如，鼓励纳税人将其所得用于政府鼓励的经济活动，或者用于某种储蓄或某种消费。在加拿大，纳税人的风险投资允许被扣除，纳税人用于注册养老金计划的储蓄也允许被扣除。

表6-2　世界部分国家确定个人所得税时的主要扣除项目

国家	扣除项目
加拿大	①奖金在限额内允许扣除 ②提取的退休金按规定扣除 ③个人按规定扣除生计费 ④经营性利息据实列支 ⑤捐赠在限额内列支 ⑥对亲戚的生活资助在限额内列支 ⑦医疗费在限额内列支
美国	①标准扣除。扣除项目根据不同的纳税身份确定，老年人或残疾人还可享受额外扣除。每年根据通货膨胀进行指数化调整 ②分项扣除。扣除项目包括医疗费用、慈善捐赠、住宅抵押贷款利息、州和地方所得税、财产税、偶然损失和其他杂项费用
澳大利亚	①一般扣除，包括获取应税所得或经营过程中发生的必要费用 ②符合条件的教育费支出在限额内列支 ③赡养费全部扣除 ④慈善捐赠可全部扣除，政治性捐赠按限额扣除
日本	①对人的扣除，包括基础扣除、配偶特别扣除、抚养扣除、老人扣除等，按规定标准扣除 ②对事的扣除，包括社会保险费、小企业互助基金、人寿保险费、财产保险费、灾害损失扣除、医疗费、捐款等，按规定标准在限额内扣除
韩国	①基本扣除，每人每年100万韩元 ②附加扣除，适用于老年人、赡养的残疾人或其他有赡养负担者 ③小家庭扣除 ④特别扣除，指限额内的保险费支出、医疗支出、教育支出、住房贷款利息支出、捐赠支出等

续表

国家	扣除项目
巴西	①个人基本扣除 ②赡养费和养老缴款 ③医疗费和医疗保险支出 ④教育支出限额扣除 ⑤与收入有关的诉讼费和律师费
俄罗斯	①标准化扣除，指针对某部分纳税人规定一个统一标准的最低定额扣除 ②专项扣除，包括社会类、财产类和职业技能类三类税收扣除

资料链接 6-4

不同国家个人所得税生计扣除比较

1. 发达国家个人所得税生计扣除标准

一般而言，发达国家单身个人和三口之家的税前生计扣除额低于人均 GDP 和就业人口平均工资，甚至低于贫困线，但是绝对额比较高，非标准扣除（据实扣除）项目多。例如，2013 年，美国人均 GDP 为 48 387 美元，据美国劳工部的统计数据，全职就业人口（不含自营业者）平均工资为 43 460 美元，三口之家的税前扣除额为 16 350 美元，单身个人的税前扣除额为 6 200 美元。同年，根据美国移民局的数据，美国三口之家的贫困线为 19 350 美元。不考虑成本、费用、损失等据实扣除项目，美国的个人所得税生计扣除数额大大低于贫困线。其他一些 OECD 国家的生计扣除额也都低于人均 GDP、平均工资，甚至是贫困线。

2. 发展中国家个人所得税生计扣除标准

发展中国家（不包括中国）个人所得税生计扣除额比人均 GDP 和就业人员平均工资要高，一般为人均 GDP 的 2 倍左右，就业人口平均工资的 1.5 倍左右，高于最低工资标准和贫困线。发展中国家的个人所得税单身个人和三口之家的生计扣除相差不大，生计扣除的绝对额比较小，但其他法定扣除（据实扣除）项目也比较少。

例如，2002 年，巴西人均 GDP 为 2 600 美元，就业人口平均工资为 2 544 美元，最低工资标准为每年 972 美元，而巴西单身个人的税前扣除额为 4 289 美元，三口之家的税前扣除额为 5 394 美元；单身个人税前扣除额为就业人口平均工资的 1.7 倍，人均 GDP 的 1.6 倍，但是单身个人与三口之家的税前扣除额相差不大。

值得注意的是，生计费用扣除只是发达国家费用扣除的一部分而非全部，除此以外，发达国家还有大量其他扣除项目，特别是直接成本、费用扣除和损失扣除等据实扣除项目占很大比重。事实上，就全部税前扣除的绝对数额而言，发达国家扣除的绝对数额还是远远高于发展中国家。

资料来源：解学智，张志勇，2014. 世界税制现状与趋势（2014）[M]. 北京：中国税务出版社：48-49.

（四）个人所得税的税率

目前，尽管比例税率和累进税率在各国的个人所得税制中并存，但累进税率是各国个人所得税最主要的税率形式。

1. 累进税率

现阶段世界各国，特别是采用综合所得税制的国家，个人所得税都采用超额累进税率形式。在累进税率推出初期，各国累进税率的级数比较少、边际税率也不高，但随着累进税率的发展，税率级次增加、边际税率上升，虽然累进税率在税收公平方面起到了较强的作用，但是其多级次、高税率的特点也给社会经济的运行带来很多负面影响，特别是阻碍投资意愿和储蓄倾向，产生了严重的效率损失。而且，在高额累进税制下，名目众多的税收优惠常常因为政治方面的原因而不可避免，其结果导致中低收入者依然承担了大部分个人所得税，根本无法实现高额累进税制所希望达到的公平收入分配的目标。所以，20世纪80年代以来，世界各国纷纷对个人所得税进行了"简并级距、降低税率"的改革。

2. 比例税率

大多数国家在对综合所得实行累进税率的同时，通常对不合并在综合所得中征税的一些资本利得或股息、利息等投资所得，偶然所得适用比例税率，实行分类所得税的国家也往往区别不同的所得类别，实行差别比例税率。例如，我国对股息、利息、租金、财产转让所得，偶然所得等统一实行20%的比例税率；美国在对大部分综合所得累进计税的同时，对不同性质的资本利得也适用差异化的比例税率。

（五）个人所得税的纳税单位

在各国的个人所得税实践中，个人所得税的申报制度可分为个人制和家庭制两种类型。

1. 个人制

个人制的优点在于，对结婚不惩罚也不鼓励，即对婚姻"中性"，夫妻双方如果收入未变化，则无论婚前还是婚后应纳的个人所得税都是相同的。

但是这种方法也存在以下缺点。

（1）在夫妻双方收入悬殊，一方需纳税或运用较高档次的累进税率，另一方不需纳税或只适用较低的累进税率的情况下容易出现家庭成员之间通过分散资产、分计收入的办法分割所得，逃避税收或避免适用较高档次的累进税率。

（2）以个人为基础的方法不能做到按纳税能力负担税收。因为取得同样收入的不同纳税人，会因其赡养人口数量不等，家庭负担不同而具有不相同的纳税能力，在个人制下负税能力不同的人负担同样的税，税负不公平。从家庭角度看，还有可能出现高收入家庭不纳税，低收入家庭反而纳税的情况。假设两对夫妻甲和乙，甲夫妇每月工资薪金收入各为3 000元，月总收入为6 000元，乙夫妇只一方取得工资薪金收入6 000元，如果以个人为纳税单位，甲夫妇不必纳税，乙夫妇却要纳税，从家庭角度看，显然不公平。此外，若甲、乙夫妻双方都工作并且总收入相等，但夫妻收入占总收入的比例不同，其税负也不相同，家庭的税负随夫妻对总收入的贡献的比例不同而变化，这种情况不符合量能征税和税负公平原则。

2. 家庭制（包括夫妻联合申报制）

家庭制即以夫妻或整个家庭为申报纳税单位的申报制度。其主要特点是必须将夫妻或全体家庭成员的收入加总，按规定向税务机关申报纳税。

家庭制的优点在于，充分考虑了家庭成员的收支状况定税收负担，有利于税收负担的公平与合理。此外，还可以防止家庭成员通过资产和收入分割逃避税收。

但是这种方法也存在以下缺点。

（1）对婚姻产生干扰，会鼓励收入悬殊的一对男女结婚，而惩罚收入接近的一对男女结婚。共同组成一个家庭无疑提高了家庭每一方的纳税能力，但是只同居而不结婚同样可以享受到消费方面规模经济的好处，而又不会受到更高的累进税率的打击。

（2）家庭制可能会降低妇女的工作意愿，是对已婚妇女基本权利的一种阻碍，尤其是在高税率、多档次的累进税率下。因为如果妇女参加工作，获得的收入要与丈夫收入合并计算，会提高适用税率的档次，增加税收负担。

二、公司所得税制比较

公司所得税是指公司或企业法人在一定时期内取得的生产经营所得和其他所得课征的一种税。它是在全球背景下对资本流动影响很大的税种之一，中国习惯称之为企业所得税。

（一）公司所得税的税制类型

从国际上看，公司所得税按其与个人所得税的关系（尤其是对股息是否存在双重课税）主要分为四种类型：古典制、归属制、双率制、股息扣除制。

1. 古典制

古典制即对公司的全部所得征收公司所得税，其向股东分配的股息不能在公司总利润中扣除，股东取得的股息还必须作为股东个人的投资所得缴纳个人所得税的公司所得税类型。目前，实行古典制的国家主要有卢森堡、比利时、瑞士、荷兰等。

古典制的优点是税制简便易行、有利于保证财政收入；缺点是对已分配利润存在重复征税，从而加重公司的实际税负，造成公司和非公司的税负不公，并可能扭曲资本市场配置、企业的利润分配决策和筹资方式选择，加大企业的债务风险。

2. 归属制

归属制又称归集抵免制，是指将公司所支付税款的一部分或全部归属到股东所取得的股息中，用于抵免股东的个人所得税，它是减轻重复征税的一种有效方法。具体计算时，先将股东获得的股息还原为税前所得，然后与其他所得项目合并，按累进税率计算股东应纳的个人所得税，再从股东应纳的个人所得税中抵扣全部或部分已由股息承担的公司所得税税款，得出股东实际应纳的个人所得税。

虽然归属制对保留利润仍存在税收歧视，但在完全合并公司所得税和个人所得税尚不可能的情况下，是解决重复征税的好办法，因而在世界各国广泛采用。

3. 双率制

双率制是指对公司已分配的利润和保留利润分别按不同税率课税的制度。一般对已分配利润适用较低的税率，而对保留利润课以较高的税率。这种制度的实施难点在于两种税率的设计，只能减轻对股息重复征税的程度，并未从根本上消除对股息的双重征税。如果双率制中的两种税率差别不大，实际上就接近于古典制，如果二者相差太大，则公司所得税实际上就变成了对未分配利润的征税。所以现在很少有国家采用这种类型的公司所得税。

4. 股息扣除制

股息扣除制是指在计征公司所得税时，对于所分配的股息允许从公司应纳税所得额中全部或部分扣除，这实际上是把股息的支付视同费用支出。目前，实行这种制度的国家主要有芬兰、挪威、瑞典等。允许把公司分配的股息红利全部作为公司费用扣除，公司所得税实际上变成了只对公司保留利润征税，而对已分配利润免税。因此，在这一制度下消除重叠征税的程度取决于股息扣除数的多少。如果在计算应纳税所得额时，允许股息全部扣除，则可以消除重叠征税问题，同时由于股息支出与利息支出具有同等的税收待遇，因此企业在筹资时举债与持股之间的扭曲现象也可得到消除。然而，这一制度不利于企业保留利润，不利于企业的可持续发展。

（二）公司所得税的纳税义务人

在公司所得税制中，一般将公司分为居民企业和非居民企业。目前各国对居民企业的认定标准主要有注册登记地、公司所在地和实际管理控制中心三种标准。大部分国家都是以注册登记地或实际管理控制中心作为判定公司居民身份的主要标准。有的国家是两者择其一，但更多的是两者兼用。

1. 注册登记地标准

在注册登记地标准下，依据公司的注册登记地来判定公司是居民企业还是非居民企业。一个公司只要本国注册登记，即为本国居民公司，政府有权要求该居民公司就来源于世界范围内的收入纳税。采用这一标准的国家主要有美国、瑞典、澳大利亚、加拿大、挪威、丹麦、印度、新西兰、荷兰等。

2. 公司所在地标准

公司所在地标准是指公司的所在地位于哪一国，公司就属于哪一国的居民公司。目前，采用这一标准的国家主要有德国、奥地利、比利时、西班牙、法国、意大利、葡萄牙、瑞士等。

3. 实际管理控制中心标准

实际管理控制中心标准是指公司的管理控制中心在哪个国家，该公司就属于哪国的居民公司。公司管理控制中心的判定标准主要有公司董事会开会的地点、公布分红的地点、公司进行营业活动的场所的所在地、公司的各种账簿保管地点、股东大会召开的地点等。

不同国家对"实际管理控制中心"的认定依据略有差异。英国从实质性角度确认管理、控制中心，倾向于观察公司的实际经营地区及其地址。加拿大则规定决定企业管理、控制中心所在地的因素包括：董事居住和会议场所所在地；经理居住和会议场所所在地；组织执行其主要业务及营运，并保存其账册记录所在地。如果管理、控制中心位于两个不同的地方，则该企业可能在这两个地方都被视为居民企业。一般来说，由董事控制管理、控制中心，在这种情况下，企业的董事会议场所所在地被视为是加拿大的居民公司。澳大利亚的判定标准是实际控制管理的场所、机构在澳大利亚或其拥有控股权的股东是澳大利亚居民。印度则规定，管理和控制机构完全在印度的企业被认为是印度的居民公司。除此以外，也有少数国家采用总机构标准，如日本规定总部或主要办公地点设在日本的公司为居民公司。

（三）公司所得税的计税依据

公司所得税的计税依据一般被称为应纳税所得额，是指公司生产、经营、投资活动取得的纯收益、净所得。各国通常都有关于确定计税依据的具体规定。一般来讲，在确定计税依据时，应考虑以下内容。

1. 应计税的收入项目

各国应计税的收入项目通常包括：销售利润，即销售收入减去销售成本；权利金、佣金、奖金以及不必偿还的债务收入；前期已支付费用的补偿收入，如保险收入等；利息、股息收入；财产租赁收入；财产变价收入；其他损益，如营业外收入等。

2. 免予征税的收入项目

各国在确定应纳公司所得税的收入时，有些项目免予征税。免予征税的收入项目主要有两种类型：一是出于政策原因，对某个行业或某项所得免税；二是出于管理的原因，对某一些收入，如资本得利、不动产所得等规定不征收公司所得税，而征收其他税。

3. 税法规定准予扣除的项目

征收公司所得税时只能扣除与取得收入有关的那部分必要的费用支出。因此，在确定扣除项目时必须区分业务支出与个人支出、营业性支出与非营业性支出、收益性支出与资本性支出。上述个人支出、非营业支出、资本性支出不准予扣除。

资料链接6-5

公司所得税计税依据确定中的具体规定

1. 存货估价

在销售成本的计算中，存货估价占重要地位。在一个纳税年度内，企业销售收入可以按照实际发生额计量，但销售成本的计量却有多种选择，特别是存货的估价。从各国的实际做法看，主要有三种方法。一是"先进先出"法，即先进货的先销售或先进货的先投产。这种方法在客观上反映了货物流通的时间顺序，但是，在物价不断上升的情况下，存货的增值实际上构成了企业利润的一部分，被课征以公司所得税。二是"后进先出"法，即后进货的先销售或后进货的先投产。这种方法在价格上涨时利润较少，当价格下降时，损失也较少。因此，与"先进先出"法相比，它可以提供一个稳定的税基，从而自然地消除由于通货膨胀而增加的税收收入。三是"市场与成本孰低法"，即在稳健主义思想的指导下，在计量存货价值时，如果市场价格低于成本，则按照较低的价格计量。此外，有些国家对存货的估价还采取"加权平均法"和"最高进价先出法"等方法。

2. 折旧和摊销

公司购买的厂房、机器设备等固定资产在生产过程中会不断磨损，公司拥有的专利、非专有技术等无形资产随着时间的推移也会不断贬值，为了维持公司的基本再生产，就需要对固定资产和无形资产计提折旧和摊销，作为一项费用在税前扣除，以弥补资产的磨损和损耗。

资产折旧和摊销（以下简称折旧）的计算，主要涉及折旧的计税基础、资产的残值率、折旧的期限和折旧的方法等问题。各国常见的折旧方法包括直线法、余额递减法、年数总和法。不同的折旧方法直接影响计入公司各期的利润和应纳税所得额。一般来说，折旧期限越短、折旧速度越快，越有利于企业尽早收回投资成本，起到延期纳税的效果。

纵观各国税收折旧制度，虽然做法各有不同，但具有以下共同趋势和特征：①由于直接减免税对征税的公平性产生不利影响，各国税收政策已走向间接税收鼓励，对税收的加速折旧制度尤为青睐；②各国的税收折旧制度对各种折旧方法及其适用的范围等都有详细规定，而且都具有一定的灵活性和弹性；③各国的一般税收折旧制度侧重于直线法和余额递减法；④各国的特殊税收折旧制度都明显地倾向鼓励新技术、新项目的开发与运用；⑤在折旧基础上，各国通常以固定资产的原始价值（即历史成本）为准。但是在严重通货膨胀时期，按原价计提折旧不能保证有足够的资金更新资本设备，为此一些国家采用以下两种方法来应对通货膨胀的不利影响：一是对固定资产原值进行指数化处理按调整后的基数计提折旧；二是准许企业按照固定资产的重置价值计提折旧。

3. 准备金

财务会计制度规定，基于资产的真实性和谨慎性原则考虑，为防止企业虚增资产或虚增利润，保证企业因市场变化、科学技术进步，或者企业经营管理不善等原因导致资产实际价值的变动能够真实地得以反映，要求企业合理地预计各项资产可能发生的损失，提取各项准备金。但由于准备金只是对未来损失的预估，提取准备金时，资产损失并没有实际发生，所以各国公司所得税法对准备金的税前扣除往往限制较多，管理也非常严格。

大多数国家都不允许会计上计提的准备金在税前扣除，只有当资产损失实际发生时才允许据实扣除。例如，美国、加拿大规定，只有当年实际发生的应收账款和负债损失允许扣除。有的国家即使允许准备金在税前扣除，也会对扣除的条件和金额进行一定的限制。例如，俄罗斯规定，允许税前扣除的坏账准备金不得超过报告期内销售收入的10%；日本规定，基于特定事件（如破产）的坏账准备金可以全部扣除，一般的坏账准备金则有限扣除，扣除的限制依据前三年的实际坏账损失比例计算；印度规定，不允许扣除坏账准备金，但银行和保险公司可以享受对准备金的有限扣除。

4. 业务招待费

一般企业业务招待费是指企业为生产、经营业务的合理需要而支付的应酬费用，它是企业生产经营中所发生的一项必需的成本费用。由于在业务招待费中不可避免地包含各种私人消费因素，为了防止税基侵蚀，各国对业务招待费的税前扣除都有非常严格的规定，但是具体做法各不相同。例如，英国税法规定，业务招待费能否税前扣除取决于招待的对象，如果招待的对象是本公司的雇员，那么可以扣除，除此以外，如果招待的对象是客户，则不予扣除（符合条件的小额商务广告宣传性礼品除外）；日本税法则规定，中小企业允许扣除的业务招待费限额为800万日元（根据2013年的税制改革，2013年4月1日及以后财年提高后的标准。以前允许扣除90%的费用，上限是540万日元），中小企业以外的其他企业不允许扣除任何业务招待费；加拿大规定，除特殊情况外，企业只能扣除50%的招待费，且此扣除并不适用于雇员招待（如员工圣诞派对）。

5. 亏损的结转

由于种种原因，企业在经营过程中往往会出现亏损。各国公司所得税制在对亏损的税务处理上存在很大不同。

从结转方式上看，主要分以下几种情况。一是允许同时回转和向以后年度结转，前者是指将亏损转回到以前年度，冲抵以前年度内的应纳税所得，这种方法可以使纳税人的亏损尽快得到弥补，有利于促进风险投资，但这可能会使国家承担退税责任；后者是指将亏损结转到以后年度，冲抵未来的利润或应纳税所得，这会造成以后年度纳税义务的减少，一般情况下，各国在规定回转期限和向以后年度结转期限时有不同的做法，多数国家规定的回转期限为3年或5

年，向以后年度结转的期限为 5 年、8 年和 10 年，也有一些国家允许无限期结转。二是只允许向后结转，不允许回转。许多发展中国家和部分发达国家采取这种方式。三是不允许结转亏损，目前有少数发展中国家采用这种方式。

从结转冲抵的范围看，主要分两种情况：一是亏损不分类，可综合冲抵所有来源的所得或利润；二是亏损按收入类型分类，某类亏损只能用来冲抵同类所得或利润，不得混合冲抵。

资料来源：李晶，2001. 公司所得税税基的国际比较与借鉴[J]. 辽宁财税（3）：50-53.

（四）公司所得税的税率

公司所得税税率既反映公司所得税的法定税收负担水平，又体现一个国家税收政策取向，税率的高低对公司投资的积极性和公司的市场竞争能力有着重大影响。公司所得税税率不宜过高，税率过高会大幅减少公司利润，抑制公司的投资意愿，并降低本国公司的国际竞争力，引发资本外逃，影响本国经济的正常发展。公司所得税的税率在实践中有比例税率和累进税率两种形式。

1. 比例税率

比例税率是指对公司应纳税所得统一按比例征税的一种税率形式。在具体实践中，比例税率又可分为单一比例税率和分类比例税率两种形式。

（1）单一比例税率。目前，多数国家和地区实行单一比例税率，这种税率简便易行，是当今公司所得税税率设计的主流。

（2）分类比例税率。在税务实践中，有些国家根据纳税人的不同性质、不同行业或不同公司类型，实行分类比例税率。具体分类方法有以下几种：一是按照企业的规模和收入规模划分不同的税率；二是根据是否为居民企业确定不同的税率；三是按行业或公司类型划分不同的税率；四是按地区确定不同的税率。

2. 累进税率

世界上尚有少数国家按累进税率征收公司所得税。例如，韩国实行两级超额累进税率，美国 2017 年以前实行 15%～39% 的超额累进税率。

（五）公司所得税的税收优惠

从各国税法来看，公司所得税的税收优惠内容十分丰富。从税收政策目标看，世界各国主要从产业政策目标和社会政策目标等方面实施税收优惠，具体包括刺激投资，鼓励科研开发、环境保护、节能，促进区域开发，吸引外资，扩大就业，提高企业竞争能力等。从税收优惠形式看，有比较简单、易于操作的免税期、优惠税率、加速折旧等形式，还有较为复杂的抵免、退税、递延纳税等形式。

1. 减免税

减免税是指对纳税人按税法规定计算的应纳税额给予减少征收和不予征收的优惠。按减征的方式不同，可以分为比例减征和减率减征；按政策实行的长短不同，可以分为永久减免和定期减免。

减免税由于直接作用于应纳税额，因此具有影响程度大、作用效果快的特点，一般运用于政府大力支持的产业、领域和项目上，以达到短期内快速融资的目的。但从长期的角度出发，直接减免税优惠首先是以牺牲国家一定的财政收入为代价的，其次容易导致企业的过度投资,最终造成区域和行业发展的不均衡,所以不宜大范围、长期使用。

2. 投资抵免

投资抵免是指对纳税人特定项目的固定资产投资,允许按投资额的一定比例抵免应纳税额的一种税收优惠措施。实行投资抵免是国家鼓励企业投资、促进经济结构和产业结构调整、推动产品升级换代、加快企业技术改造步伐、提高企业经济效益和市场竞争力的一种重要手段,是世界各国普遍采取的一种税收优惠政策。从目前各国的税收实践来看,投资抵免政策往往对不同类别的固定资产规定不同的扣除比例,不仅可以起到刺激投资的作用,而且可以引导企业资金流向。例如,我国税法规定,企业投资环境保护、节能节水、安全生产的专用设备,可以按照设备投资额的10%抵免应纳的企业所得税,当年不足抵免的,可以在以后5个纳税年度结转抵免。

3. 加计扣除

加计扣除是指对某些费用扣除项目在实际发生数额的基础上,再加成一定比例,作为计算应纳税所得额时的扣除数额的一种税收优惠措施。加计扣除的目的是鼓励企业从事政府所需要重点扶持的某些领域。目前,中国、英国、澳大利亚、印度、巴西等很多国家的税法都对研究开发费用规定了加计扣除的税收优惠,英国还对中小企业规定了比大企业更高的加计扣除比例。

4. 减计收入

减计收入是指对企业某些经营活动取得的应税收入,准予按一定比例减少计入应税收入额,而其对应的成本费用可以正常扣除,进而减少应纳税所得额的一种税收优惠措施。与加计扣除类似,减计收入也是一种间接税收优惠方式。

5. 加速折旧

加速折旧是指准予特定企业、行业采取余额递减法、年数总和法等办法,加快固定资产的折旧速度,减少其资产折旧前期应纳税所得额的一种税收优惠措施。对企业来说,虽然其总税负未变,但税负前轻后重,达到延期纳税的效果,等同于政府给予一笔无息贷款之效;对政府而言,在一定时期内,虽然来自纳税企业的总税收收入未变,但税收收入前少后多,有收入迟滞之弊,政府损失了一部分税收收入的"时间价值"。很多国家允许研究开发投资享受加速折旧,还有的国家允许中小企业的资产进行加速折旧。加速折旧可以起到减轻企业所得税税负、加速企业资本回收的作用。

6. 降低税率

降低税率是指准予特定企业以低于标准税率的低税率来计算应纳税额的一种税收优惠措施。降低税率的税收优惠效果非常直观,也属于直接优惠。例如,英国、法国、西班牙、中国等很多国家都对中小企业或小微企业实施更低的优惠税率。

三、资本利得税制比较

资本利得税又称资本收益税,是指对个人或公司出售或转让资本性资产而取得的增值收益课征的一种税。常见的资本利得有买卖股票、债券、贵金属、房屋、建筑物、机器设备、土地、商誉、商标、专利权等所获得的资本增值。如果资本性资产的处置价格大于原购入价格,为资本利得;反之,则为资本亏损。从税种性质上来看,资本利得税的课税对象也是收益额,因此国际上通常将其归为所得税类。

(一)资本利得的特点

资本利得是从资本性资产的出售或转让中所实现的利润,即已获得的资本性资产的增值收益,其与一般经营所得存在诸多不同之处,主要表现在以下几个方面。

1. 属于非勤劳所得

所得按照性质不同可划分为勤劳所得和非勤劳所得两大类。由于资本利得不是通过辛勤劳动和努力经营所获得的,因此它属于典型的非勤劳所得。一般来说,资本利得主要是由资源稀缺和通货膨胀因素共同作用形成的。

2. 实现所得时间周期长

经营性资产强调缩短资金周转率,以获得更高的投资回报,而资本性资产经营周期一般较长,资产交易频率较低。所以,投资者如果投资于经营性资产,可以在短期内通过市场交易活动收回投资、获得利润;而如果投资于资本性资产,则需要经过一个相对较长的时间周期,才能获得相应的投资收益。

3. 具有非经常性和风险性

资本性资产是纳税人长期持有和使用的资产,也是生产要素的一个重要组成部分,与经营性资产相比,其资产交易具有非经常性和非持续性的特点,这就决定了资本利得并不是一种定期取得的常规性所得。此外,由于大部分资本投资具有较强的投机性,且资本利得的实现需要经过一个相对较长的时间周期,在此期间各种市场供求因素可能发生很大的变化,这使资本利得的实现具有很大的不确定性和风险性。

4. 不是纯粹的资本性所得

以资本利得形式体现的所得,并不是纯粹的资本性所得。因为在现实生活中,资本利得的形成受到公司保留利润的转化、资产供求关系的变化、加速折旧、通货膨胀等各种因素的影响,资本利得中也可能包含其他性质的所得,特别是投资所得转化而来的所得。例如,股息是一种投资所得,如果公司将税后利润不进行股息分配,而将这些盈余资本化,公司的总资产就会相应增加,公司股票的价格也会随之上涨。因此,出售升值股票所获得的资本利得,就包含了投资所得转化而来的成分。换言之,此时的资本利得是由资本性所得和部分正常所得组成的混合体。

(二)资本利得的类型

由于资本利得是从对资本性资产的处置中获得的收益,因此,资本利得的分类也应以资本性资产的分类为基础,具体包括以下几种。

(1)不动产利得。这是指出售或交换土地、房屋、建筑物等不动产所取得的所得,一般按实现的价值扣除原值来计算。对不动产利得,各国都无一例外地将其作为资本利得的组成部分,但在具体判定时,可采取不同方式。

(2)有形动产利得。这是指出售机器、艺术作品等获取的所得。

(3)有价证券利得。这是指从事股票、证券等有价证券的买卖而获得的所得。

(4)无形资产利得。这是指转让无形资产,如著作权、专利权、商品权、土地所有权、矿产权、生产及贸易许可权、专有技术权、商誉、计算机软件、长期购销合同等取得的所得。

(三) 资本利得的课税模式

在税收实践中，各国或地区对资本利得的课税主要有以下三种模式。

1. 综合课税模式

综合课税模式即将资本利得并入一般正常所得，根据资本利得的主体不同分别课征个人所得税和公司所得税，资本利得与其他所得的税负相等。这种课税模式的优点是简化税制、节省税收征纳成本；缺点是不利于区别对待、体现国家或地区的政策调控意图。目前这种模式为大多数国家或地区所采用，如日本、韩国、加拿大、澳大利亚、俄罗斯、中国等。

2. 单独课税模式

单独课税模式即将资本利得从一般正常所得中分离出来，单独计征资本利得税，如法国、德国、意大利等国家采用这种模式。对资本利得单独课税的国家大多在税率设计上给予资本利得适度的优惠待遇，资本利得税的税率通常明显低于一般性所得，以抵消通货膨胀使资本利得有效税率提高的倾向，防止产生投资锁定效应，同时以此来刺激资本积累和鼓励承担风险；或者根据实现资本利得的时间长短，设置高低不等的税率，对投资达到一定时间期限的资本利得大幅降低适用税率水平，以鼓励长期投资。这种模式的优点是便于对资本利得实行特殊优惠政策，可以按照经济发展状况的变化和宏观调控的需要，灵活进行税制调整；缺点是使税制复杂化，容易加大税收遵从成本和税收管理成本。

3. 免税模式

免税模式即对资本利得免税。只有很少数的国家或地区（如巴巴多斯、安提瓜、新加坡、中国香港地区等）对资本利得实行免税政策。

实际上，各国或地区对资本利得的具体税务处理细节差异性非常大。例如，英国对个人获得的资本利得单独开征资本利得税，税率比一般所得更低。

资本利得课税的核心问题是如何设定资本利得税的税率，即如何正确处理资本利得和一般所得的税负关系，按照资本利得和一般所得的税负轻重不同，资本利得的税收负担政策可以分为高税负、等税负和低税负三种不同的类型。在各国或地区实践中，极少有国家或地区对资本利得采取高于一般所得的税收负担政策，有部分国家或地区对资本利得采取等同于一般所得的税收负担政策，但大部分国家或地区，无论是采取综合课税模式还是采取单独课税模式，往往基于抵消通货膨胀、防止锁定效应、鼓励投资等原因，给予资本利得一定的税收优惠，使资本利得的整体税收负担明显低于一般性所得。

 资料链接 6-6

各国对资本利得给予税收优惠的方式

各国对资本利得给予税收优惠的方式主要涉及以下五个方面。

1. 税基减征

税基减征是指仅将资本利得的一定比例而不是全部数额作为应税所得来征税。例如，加拿大税法规定，只对个人资本利得的50%课税，这相当于对资本利得减半征税，使资本利得的税负比普通所得下降了一半。还有一些国家按照资产持有期限的长短来确定资本利得税的减征比率，长期持有资产的资本利得减征率通常更高一些，而短期持有资产的减征率则更低一些，或者没有减征率，与普通所得同等课税。

2. 降低税率

许多国家，无论是采用单独课税模式还是综合课税模式，都直接对资本利得规定比普通所得更低的个人所得税或公司所得税税率。例如，美国从2014年开始，对于长期资本利得，若普通所得适用最高累进税率39.6%级距的个人，资本利得的税率为20%；若普通所得适用25%、28%、33%或35%税率级距的个人，资本利得的税率为15%；若普通所得适用10%或15%税率级距的个人，资本利得的税率为0%。一些国家即使不对资本利得全面实施低税率，也会选择其中的部分项目（如长期资本利得）适用低税率。

3. 通胀调整

一般来说，资本性资产的持有时间越长，受通货膨胀的不利影响越大，极端情况下甚至还会出现相关资产名义上增值、实际上贬值的现象。在对资本利得课税时，如果不考虑通货膨胀因素，不仅可能使资本利得承担过重的税负，而且存在侵蚀资本的风险。所以，不少国家采取指数化调整的措施来消除通胀对资本利得实际价值的影响。例如，英国在对公司的资本利得课税时，就根据零售物价指数来调整资产的历史成本，这是最常见的通货膨胀调整措施，但它会在一定程度上增加税制的复杂性，所以，英国在对个人资本利得课税时，没有采取指数化调整的做法，而是代之以按纳税年度统一扣除一笔固定数额的免税利得，只有超过免税额的资本利得才需要缴纳资本利得税。

4. 再投资纳税递延

政府对资产处置收益的课税减少了企业可用于未来再投资的资金规模，特别是对用于再投资的"融资转换型"资产转让的利得课税，其"锁定效应"更加明显。为了鼓励再投资，有些国家的公司所得税法规定，若企业将现有旧资产出售后取得的资金，在一定时间期限内用于购置新的替代资产，则出售原旧资产应纳的所得税款可以暂时冻结，无须立即缴纳，而是递延到未来企业处置新的替代资产时再一并纳税。对纳税人而言，相当于推迟了资本利得税的纳税时间，获得了纳税递延。通常，相关国家对享受再投资纳税递延的资产类型会根据经济政策、产业政策做出一定的范围限制。

5. 亏损结转

资本亏损的税务处理与一般经营亏损的税务处理原理和方法是一致的，政府通过盈亏互抵，分担了纳税人的一部分投资风险。不同国家对资本亏损的结转弥补范围有着不同的规定，如有的国家只允许冲减同类资本利得，有的国家允许冲减所有资本利得，还有的国家将盈亏互抵的范围放宽到一般经营性所得。而在资本亏损的结转方式上，绝大多数国家都只允许向后结转，不允许向前结转。总的来说，资本项目的亏损结转规则比一般经营性亏损更为严格。

资料来源：解学智，张志勇，2014. 世界税收现状与趋势（2014）[M]. 北京：中国税务出版社，2014.

四、社会保障税制比较

现代政府的一项重要职能是为社会成员提供社会保障，以确保其不因特定事件的发生而陷入生存困境。该职能是否能实现，在很大程度上取决于有无充裕、稳定的社会保障资金。20世纪初，西方各国先后开征了社会保障税。第二次世界大战后，社会保障税进入了一个迅猛发展的时期,一方面开征社会保障税的国家数量大增;另一方面,社会保障税的课征范围越来越广,扩大到绝大部分劳动者,而且在各国税制中的地位也越来越重要。

(一)社会保障税的特征

尽管社会保障税属于所得税的范畴,但由于其主要是为筹集社会保障资金而设立的,因此在具体的制度设计中,社会保障税在课税对象和税率等方面与其他所得税比具有其特殊性。

1. 课税对象的特殊性

从课税对象看,社会保障税的征税对象是经立法通过的一定数量的工资,包括在职职工的工资、薪金及自营人员的事业纯收益。与个人所得税相比,社会保障税的课税对象具有以下特点。

(1)对工薪收入通常附有最高应税限额的规定,它不是就全部工薪收入征税,而只是对一定限额以下的工薪收入课税。

(2)没有宽免或费用扣除,而是把毛工薪收入直接作为课税对象,因而无须经过一系列的计算过程。

(3)不包括纳税人除工薪收入以外的其他收入,如资本利得、股息所得、利息收入等均不计入社会保障税的税基。因而,社会保障税的税基比以综合收入为税基的个人所得税的税基更小。

2. 税率的特殊性

从税率看,社会保障税一般实行比例税率。由于社会保障的范围及种类不同,一般对不同种类的社会保险规定不同比例的税率,如规定失业保险税率、医疗保险税率、老年人和遗属保险税率等,由于它们的征税对象一般是工资薪金所得,因此也可以把它们加总在一起统称社会保障税率。

此外,从缴纳方法看,社会保障税一般采取源泉扣缴法,即由雇主统一在支付雇员工资时扣缴,形成社会保障基金。

由于社会保障税是一种"专款专用"的税,因此,它虽然由税务部门负责统一征收,但税款入库后则一般集中由负责社会保障的专门机构统一管理,专门用于社会保障的各项支出。

(二)社会保障税的课税制度

社会保障税是各国为筹集社会保障资金而开征的税种,具有明确的目的。尽管各国社会制度存在差异,但社会保障税制在设计上却存在一定的共性。

1. 纳税人

社会保障税的纳税人一般为雇员和雇主,纳税义务由双方共同承担,具体分担的比例各国不同,有些国家雇主和雇员各承担一半,如美国、瑞士等,有些国家则全部由雇主缴纳,如奥地利(健康保险)、德国(事故保险),有些国家则全部由雇员缴纳,如荷兰(丧失劳动能力保险)。

对于自营职业者,由于不存在雇佣关系,也没有确定的工薪所得,关于是否将其纳入征税范围,各国做法不同。根据专款专用的原则,只有纳税者才有权享受社会保障的利益,因此,多数国家把自营职业者都纳入了征税范围。

对于雇主和雇员纳税人的确定一般以境内就业为准。凡在征税国境内就业的雇主和雇员必须承担纳税义务，不论其国籍和居住在何地。本国居民被本国居民雇主雇用在国外工作的，有些国家也要求缴纳社会保障税，如美国和巴西。

2. 征税对象

社会保障税的征税对象一般为雇员的工资、薪金收入和自营职业者的经营纯收益。工资以外的投资所得、资本利得等所得项目无须缴纳社会保障税。雇员的工资、薪金收入，不仅包括雇主支付的现金，还包括具有工资性质的实物收入和等价物收入。

关于计税依据的规定，各国差异较大，有的国家规定了单项扣除，有的国家规定了最高应税限额，只对一定限额以下的工薪收入征税。至于最高限额的数额，各国的规定也不尽相同，一般随着消费物价水平的变化而每年进行调整。社会保障税一般没有减免额或费用扣除额，也没有个人免征额。实践中，雇主为雇员缴纳的社会保障税通常可以作为费用在计算公司所得税时全部扣除。

3. 税率

世界各国对社会保障税税率的设计，一般取决于社会保障制度的覆盖面和受益人收入的多少。除少数国家实行单一的比例税率外，多数国家按不同的保险项目分别规定不同的差别税率，然后按项目分别规定由雇主和雇员各自负担的税率。

资料链接 6-7

各国社会保障税的税率形式

社会保障税的税率形式主要分为以下两种。

1. 比例税率

多数国家社会保障税采用比例税率，但这一税率在不同国家又有不同的表现形式。

①单一比例税率。根据库伯斯·里伯兰德国际税收网提供的资料，目前在开征社会保障税的国家中，采用单一比例税率的国家和地区有巴巴多斯、根西岛、泽西岛、智利、塞浦路斯、多米尼克、多米尼加、斐济、加纳、直布罗陀、意大利、肯尼亚、利比里亚、利比亚、塞内加尔、马耳他、巴布亚新几内亚、巴拉圭、葡萄牙、圣卢西亚、圣文森特、坦桑尼亚、乌干达、沙特阿拉伯等。

②分项比例税率，即按保险项目分别规定不同的税率。目前采用这一税率形式的国家很多，大部分为发达国家。据统计，实行分项比例税率的国家和地区有阿根廷、奥地利、玻利维亚、加拿大、哥斯达黎加、荷兰、法国、德国、冰岛、印度、牙买加、日本、黎巴嫩、墨西哥、荷兰、巴拿马、秘鲁、波多黎各、瑞典、瑞士、土耳其、美国、乌拉圭、赞比亚等。

③差别比例税率，即根据纳税人不同情况规定差别不同的税率。目前采用这一类型税率的国家主要有澳大利亚、比利时、科特迪瓦、新喀里多尼亚、挪威、委内瑞拉等。

④分档次比例税率，即按一定标准将纳税人分成若干档，每一档规定一个比例税率。例如，阿曼根据公司雇员人数将纳税人分为四档，雇员人数为 20~50 人的适用税率为 2%，51~300 人的税率为 3%，301~1 000 人的税率为 5%，超过 1 000 人的税率为 6%。

2. 定额税率

定额税率即按应税工薪额的一定数量直接规定固定的税率。例如，英国规定，个人从事各项独立劳动的所得，按固定税额征收社会保障税。哥伦比亚规定，由雇主和雇员共同负担的社会保障税部分，按工薪收入的高低定额征收，低的每周236元，高的每周162元。

资料来源：解学智，张志勇，2014.世界税制现状与趋势（2014）[M].北京：中国税务出版社：269.

4. 社会保障税的税目

由于世界各国社会保障的范围存在差异，因此各国社会保障制度的保险项目也有多有少，随着社会经济发展水平的提高以及社会保障范围的扩大，保险项目逐步增加。社会保障税的保险项目主要有养老保险、失业保险、医疗保险、伤残保险和遗属保险五项。

（1）养老保险。

养老保险是社会保障税中最重要的一项，它规定缴纳社会保障税的劳动者在达到标准退休年龄后，可以享受以社会保障税给付的退休金。许多国家对老年人享受社会保障税的养老保险还规定了其他资格条件，包括缴纳期限、受保期限及在本国的最短居住时间等。

（2）失业保险。

劳动者就业时缴纳社会保障税而在其非自愿失业时可以向政府申请失业救济，但未满规定缴纳期限或就业期限，以及自愿离职或因违反国家有关规定被解雇者不能享受失业保险的待遇。

（3）医疗保险。

医疗保险也是社会保障税中的一个重要保险项目。因为国民的健康是社会经济发展的基本保障，因此，为了保证劳动者拥有良好的健康状况，各国往往把医疗保险作为重要保险项目纳入社会保障范围。一般来讲，医疗保险项目包括医生出诊、医院门诊、住院治疗、基本药品的提供、产前产后的医疗等。

（4）伤残保险。

伤残保险是社会保险制度中为那些因公长期丧失劳动能力的人而设立的一个税目。纳税人或缴款人如果因公失去了劳动能力，则可向政府申请救济，得到保障。

（5）遗属保险。

遗属保险是社会保险制度下，向已故受保人的遗属（妻子、丈夫、未成年子女及其生前赡养的父母等）提供的救济。

5. 社会保障税的征收

几乎所有国家社会保障税的课征都采取由雇主源泉扣缴的征收方法。具体来说，雇员应缴纳的税款，由雇主按月在支付工资、薪金所得时负责扣缴，连同雇主应缴纳的税款一并向税务机关申报缴纳，无须雇员填写纳税申报表，简便易行。自营职业者的应纳税款，则需要其本人自行申报缴纳或委托代理人缴纳，一般与个人所得税一并缴纳。

各国征收社会保障税的途径主要有两种：一种是由单独的（或多个）社会保障机构征收；二是由税务部门和其他税种合并征收。OECD报告显示，在所考察的48个国家中，由单独的（或多个）社会保障机构征收社会保障税的国家有29个，由税务部门征收社会保障税的国家有19个。从世界各国近20年来的发展趋势来看，将社会保障税和其他税种由税务机构合并征收的国家越来越多。

第三节 财产税税制比较

财产税是世界上最早开征的税种之一。在古代社会,财产税曾经是许多国家重要的财政收入来源。直到近代,财产税的地位和作用才随着商品税的盛行和所得税的发展而逐步下降,在现代社会,虽然财产税已经不再是整个税收体系中的主体税种,但因其所具有的独特功能,依然在各国的经济社会生活中发挥着重要的作用。

一、财产税的分类

1. 静态财产税和动态财产税

以课税对象为标准,将财产税分为静态财产税和动态财产税。静态财产税是对财产所有人某一时点的财产占有额,依其数量或价值进行课征,由于处于静止状态的财产主要体现为财产的保有,所以静态财产税习惯上也被称为财产保有税。动态财产税是对财产所有权的转让或变动进行课征,也被称为财产转让税。

2. 一般财产税和个别财产税

根据课征范围的大小,静态财产税又可被进一步细分为一般财产税和个别财产税。一般财产税也被称为综合财产税,是对纳税人拥有财产的综合课税,但在课征时常常考虑对一定价值以下的财产和生活必需品实行免税,并允许扣除负债。个别财产税也被称为选择性的财产税,它是对纳税人拥有的某一类或某几类财产,如土地、房屋、资本等单独或分别课征,课征时一般不考虑免税和扣除。一般财产税课税范围较广,公平性较强,筹集的收入相对较多,但计征方法比较复杂,偷逃税问题比较突出。个别财产税以土地、房屋和其他特定的财产作为课税对象,课税范围相对较窄,计征方法相对简便。实践中,发展中国家多选择个别财产税制度,也有少数发达国家征收个别财产税。

二、一般财产税的类型及特征

一般财产税是财产保有税的主要形式,其纳税人是财产的所有人。在大多数国家一般财产税的纳税人,既包括个人,也包括法人。与所得税一样,一般财产税的纳税人被区分为居民纳税人和非居民纳税人。居民纳税人需就其全球范围内的所有应税财产,向居住国政府缴纳财产税;而非居民纳税人则仅需就其位于所在国国内的财产,向所在国政府缴纳财产税。

(一) 一般财产税的类型

从世界各国实行的一般财产税制度看,基本上有三种类型。

1. 名为一般财产税实是选择性的财产税

其课税对象以不动产为主,很多地方也将营业设备、商品存货等有形动产包括在内,但无形动产几乎被排除在外。

2. 净财富税

净财富税亦称净值税或财富税,它是以个人资产总额(动产和不动产)减去负债后的净额作为课税对象,设免税扣除及给予生活费豁免,税率设计采用比例税制,实行净财富税制的国家主要在欧洲。另外，亚洲少数国家和几个拉丁美洲国家也实行这种净财富税制。

3. 累进税制的一般财产税

累进税制的一般财产税计税标准与净财富税相同，但免税扣除额较大，如印度、瑞典等就采用此种做法。

（二）一般财产税的特征

从各征税国家的实践看，一般财产税的课征制度具有以下特征。

1. 课税权主体不一

有些国家的一般财产税的课税权在中央，属中央税收，如瑞典；有些国家则由地方征收，如美国；还有一些国家由中央和地方两者征收，如挪威。

2. 对不同纳税人区别对待

一般财产税的纳税人是财产的所有人，分为居民纳税人和非居民纳税人。凡属居民纳税人，无论其财产在本国境内还是境外，均要纳税，即负有无限纳税义务。凡属非居民纳税人，则只就居住国境内的财产纳税，即负有限纳税义务。除了少数国家对公司法人不征税外，大多数国家的纳税人包括个人和公司法人。

3. 课税对象的非全面性

一般财产税，严格地说，其课税对象应包括纳税人的所有财产。但从各国的实际情况看，只是以列举的有选择的部分财产为课税对象，并且以不动产为主，原因在于动产容易隐匿，不易查实征收以及有些财产难以估价，如家具、珠宝、首饰、艺术收藏品、商标商誉权、著作权、非营利性专利权等，均不在应税范围之内。具体地说，各国根据自己的情况选择不同的课税对象范围，大致包括土地、房屋等不动产；机器设备、商品存货等有形动产；汽车、摩托车、船舶等家用动产；资源开采权、营业性专利权、股权、公司债券、有价证券等无形动产。对居民纳税人的国外不动产，少数国家也不进行课征。

4. 税率偏低

一般财产税最早实行定额税率，后演变为比例税率。当今各国多实行比例税率，税率一般在1%左右，少数实行超额累进税率的国家，最高税率也不超过3%，税率显然较低。

5. 财产估价灵活多样

对财产的正确估价是征收一般财产税的前提，它关系到财政收入的多少和纳税人实际税负的轻重。现今各国主要采用现行市场价格法、收益现值法、重置成本法等各种方法对财产估价。由于这几种方法各有特色，并有各自的适用范围，所以各国一般对不同财产价值采用不同的方法估定，而不是仅限定于哪一种方法。

（三）净财富税的特征

净财富税与一般财产税都是对人们拥有的所有财产课税，而不是按不同财产类别分别开征。其与一般财产税的主要不同在于课税标准上，即净财富税征税时仅就财产总额中扣除纳税人债务及其他外在请求权以后的财产余额课税。净财富税课征制度的特征如下。

1. 课税权主体多单一性

从净财富税的实际情况看，多属中央税收，由中央政府征收。与地方财产税种的关系安排是，在地方政府征收一般财产税的同时征收净财富税。例如，德国除征收财产税外，还征收净财富税。净财富税收入占全部税收收入的比重一般在1%～5%，哥伦比亚最高，占税收总额的5%。

2. 纳税人的非全面性

净财富税的纳税人，大多数国家只定为自然人，只有德国、法国、印度少数国家对公司也征税。

3. 以财产净额为课税对象

净财富税的课税对象虽是纳税人在一定时期拥有的全部财产，但计税时要进行债务和有关项目的扣除。

4. 存在免税额规定

净财富税仍属一般财产课税，各国都设有免税额，一般都比较低，是个人同期所得的2～3倍。少数国家因主要对巨富者征收，免税额要高得多，如印度。

5. 多采用比例税率

净财富税的税率一般为比例税率，为0.5%或1%，也有少数国家用累进税率，为0.5%～3%。

6. 合并申报

净财富税的征收一般采用申报缴纳，多以家庭为申报单位，配偶或子女的财产合并申报。一些净财富税由中央政府征收的国家，实际征收中净财富税有时与所得税同时申报，甚至还用同一张申报表。

资料链接6-8

美国、德国、法国和新加坡的财产税

1. 美国的一般财产税

美国的一般财产税从一开始就是地方税。美国联邦政府不征一般财产税，州级政府近几十年也逐渐退出了这一领域，一般财产税主要由地方市级政府征收，税收收入全部归地方所有。一般财产税是地方政府重要的财政来源，是地方税的主体税种，它占地方政府税收收入的比重一直在80%以上。美国一般财产税的征收制度内容如下所述。

（1）纳税人。美国一般财产税的纳税人是拥有财产（主要是房地产）的自然人和法人，分为居民纳税人和非居民纳税人。居民纳税人需就其境内外的财产纳税。纳税人包括住宅所有者、住宅出租者，但不包括住宅承租者。例如，加利福尼亚州相关税法规定，凡当地财产（以房地产为主）拥有者都是财产税纳税人。

（2）征税对象。美国一般财产税的征税对象是纳税人拥有的动产和不动产，以不动产为主。不动产包括农场、住宅用地、商业用地、森林、农庄、住房、企业及人行道等。动产包括设备、家具、车辆、商品等有形财产，以及股票、公债、抵押契据、存款等无形资产，美国现代地方财产税中，最重要的课税对象是非农业地区的居民住宅和非农业的工商业财产。

（3）税率。美国一般财产税在各个地方之间并无一个统一的比例税率，而是因地而异。名义税率高的可达应税财产价值的10%，低的不足3%。某一特定地方也无一固定的税率，而要因年而异。美国的财产税税率不是以法律的形式"固定"下来的，而是"算"出来的。税率的高低，通常要根据各地方的财政需要逐年确定。其步骤是：首先，各地方政府依据地方公共支出和其他收入（指除财产税以外的收入）之间的差额，确定应收财产税收入总额；然后，再依据应收财产税收入总额和财产的估定价值之比确定当年的财产税税率。由于估定的财产价值往往远低于财产的实际价值，所以财产税的实际税率也就远低于名义税收财产税收入。

（4）优惠规定。美国一般财产税的优惠规定主要是依据财产所有者的类别、财产的类别和财产的用途制定的，分为减免税项目、抵免项目和递延项目。一般对政府、宗教、教育、慈善等非营利组织免税；对低收入家庭，当纳税人缴纳的财产税和个人所得税的比率达到一定的标准时可享受一定的抵免额，用来抵免个人所得税或直接退回现金；所得有限的老人和残疾人、欠发达地区的农场主可享受税收递延。

（5）财产估价。对财产价值的评估主要依据市场价值、最佳和最高使用价值、资本价值、出租价值、土地位置价值等。房地产的价值不是由买卖双方成交价格来定，而是由评估员及税务等行政部门考虑多种因素来主观确定的。按房地产评估价值征税，能比较客观地反映房地产价值和纳税人的承受能力，使多占有财产的纳税人多缴税，少占有财产的人少缴税。同时，随着经济的发展及房地产市场的变化，房地产价值随之上下浮动，评估价值也会相应调整，体现了公平的原则。

财产价值评估的方法一般有三种，地方税务部门通常综合运用两种以上方法进行财产评估。

①市场价格法，即以应税财产的市场交易价格为准做出估价。一项财产的现值取决于该项财产在市场上的交换价值。从这一角度出发，在市场机制健全，财产类别大致相同的条件下，运用市场价格法对应税财产进行估价不仅较为合理，而且简便易行。

②资本还原法，是一种租赁资产收入资本化的方法，即根据财产租金和市场利率，通过折算取得资本化的财产现值。这种方法可作为市场价格法的补充。按资本还原法得到的结果还要同近期同类财产的市场交易价格进行对比，如果相差不多，即可以作为计税依据。但若差别很大，则需做进一步调查研究，以便做出更准确的估价。

③原值法，即以应税财产的原始价值、实际购入价格或建筑价格为准做出估价。由于财产的购入价格总是可以在企业或个人的账簿中找到，所以这种方法对估价人员来说十分方便。在整个经济较为稳定的条件下，原值和现值不会发生较大差异，这一方法也就不会产生大的失误。但若处于通货膨胀或经济萧条时期，则必须采用其他方法对财产进行重新估价。

2. 德国的财产净值税

（1）课税对象。德国的一般财产税也称为净值税。对自然人来说，是以应税财产价值减去负债后的净额作为课税对象，在此基础上，有免税项目规定，扣除纳税人一定生活费用；对于法人而言，以全面财产价值为课税对象，并规定 1 万马克的起征点。

（2）税率。一般财产税税率依自然人与法人有所不同，前者是 0.7%，后者是 1%。对于已经缴纳的个人所得税、公司所得税及在国外已缴的税收实行一定的扣除。

（3）课征方法。每 3 年查实一次，按年征收，每年税额分 4 次缴库，财产变动大的，可在变动当年予以调整。

3. 法国的财富税

法国是一个高税收、高福利国家，税收制度是政府对社会财富进行重新分配的重要手段。"共享社会财富"是法国税制一大理念，最具有"削富济贫"特点的是社会团结财富税。法国从 1982 年开始征收"巨富税"，1989 年起改称社会团结财富税。根据法国法律，如果纳税人的财产净额超过 76 万欧元，即应缴纳社会团结财富税，其税率从 0.55% 至 1.8% 不等。如果纳税人财产净额超过1 581万欧元，该税种税率封顶至1.8%。社会团结财富税每年缴纳一次，其纳税下限随居民收入增加而不断上调。2006年，法国有近46万户家庭缴纳社会团结财富税，总额达到36.8亿欧元，约占总税收的1.6%。法国公共财政团结工会的一份研究报告称，法国"财富税"应缴税家庭数量快速增加，由2002年的28.1万户增加至2010年的59.4万户。2000年开始的最初几年，法国共有350～400户应缴财富税的家庭离开法国，2004—2006年开始有所增加，此后大致稳定在每年700～800户，2010年共有717户本应缴纳"财富税"的家庭离开了法国。

4. 新加坡的一般财产税

新加坡的财产税属一般财产税，主要对不动产课征。

（1）纳税人。纳税人是土地、房屋及其他建筑物等财产的所有人，包括居民纳税人和非居民纳税人。

（2）计税依据。财产税的计税依据是估定价值。房地产的估价一般是按租金收入估定；旅馆的估价是按空地售价的15%，再加上销售食品饮料等收入的5%进行评定。

（3）税率。一般财产按估定价值的13%课税。个人主要自用住宅适用减低税率4%。非居民纳税人还需另交10%的附加税，拥有套房或6层以上公寓者可免纳附加税。非居民、公司纳税人的营业用不动产免纳附加税。

（4）税款缴纳。财产税可分1月和7月两次缴纳，也可按月预缴财产税。

资料来源：新华网，法国费加罗报官网。

四、个别财产税比较

在历史上，个别财产税是最早的财产税课征形式，国际上实行个别财产税制度的国家。其主要税种包括土地税、房屋税、不动产税及机动车辆税等。

（一）土地税

土地税是以土地为课税对象征收的税收，过去又称租税、田赋。土地税若按其性质不同可分为土地财产税、土地收益税、土地所得税和土地增值税。

1. 土地财产税

土地财产税是以财产税方式征收的土地税，有从量、从价之分。从量课税一般按单位面积进行课征，也叫地亩税。另外还有在此基础上，根据土地肥沃程度、生产条件、地理位置等不同而分别适用不同税率征收的土地等级税。从价课征以土地单位价值作为课税标准，理论上应按市价计征，但因市价涨落不定，或因有价无市，故实际上大都采用估价计税方法。

2. 土地收益税

土地收益税是以土地的收益为课税标准而征收的税。按其计算收益额方法的不同又细分为土地总收益法、土地纯收益法、租赁价格法和估定收益法。土地总收益法以土地的年总收益额为计税标准，采用比例税率征收。土地纯收益法按总收益减去各项成本费用后的净收益课征。此方法较总收益法公平合理，但因费用计算与扣除都较麻烦，实际上实行很困难。租赁价格法是以地租为计税标准的方法，近代荷兰、英国都曾实行此法。估定收益法以查定的土地纯收益为准，按一定时间，如3年或5年的纯收入平均数课征土地税的方法。

3. 土地所得税

土地所得税是以土地所得额为课税标准而征收的税,它不仅课征土地的租赁所得,还课征土地使用中所获得的所得,现多将其列入所得税课征。

以上三种不同性质的土地税,从公平角度看,土地所得税优于土地收益税,土地收益税又优于土地财产税;就课征手续而言,土地财产税优于土地收益税,土地收益税又优于土地所得税;就计税标准的固定性而论,土地面积最为持久,土地价值次之,土地收益和所得则更容易变化;再从土地税的历史演变来看,先是从地亩税改为地价税,然后又改为收益税和所得税,其中较为理想的是地价税。

4. 土地增值税

它是以土地增值额为课征标准而征收的一种税,基本可归于土地财产税,但它与其他土地财产税、土地收益税、土地所得税有显著不同。其区别在于,一般土地税是对土地或其劳动收入课税,土地增值税则是对不劳而获的土地收益课税。

(二) 房屋税

房屋税又称房产税,是指以附着于土地上的房屋及有关建筑物为课税对象而征收一种税。因为房屋与土地密不可分,所以很多国家将房屋和土地合并课征房地产税。房屋税按照不同的课税标准,大致可以分为财产房屋税、所得房屋税和消费房屋税。目前各国征收的房屋税大都属于财产房屋税。

最早的房屋税多是从量课征的,主要有灶税,按灶数课征;窗户税,按窗户数课征;房间税,按房间数或面积课征;房基税,按房基及其附属建筑物的面积课征。

从价课征的房屋税按房屋的价值计税,是各国普遍采用的课税方法。从价课征方法较为公平合理,但是对房屋的估价相当困难,需要考虑房屋的间数、层数、面积、装饰、建筑材料、租金、房屋所处地理位置及用途等多种因素。

(三) 不动产税

不动产税是对土地和房屋等不动产课征的一种税。各国或各地区对不动产课税主要有两种形式。

1. 区分不动产的性质,分别规定不同税率

根据不动产的性质对不动产进行分类,适用不同税率。例如,巴西的不动产税将不动产分为农业不动产、林业不动产和土地财产等,分别确定不同税率课征。目前,许多国家或地区运用这一形式征收不动产税。

2. 对不动产采用统一税率

以不动产为单一的课税对象,适用统一税率,如中国香港地区的不动产税,即是对不动产所有人或使用人的土地与建筑物课征。不动产的价值按不动产税评价法评定,税率为统一的比例税率。目前,采用这一形式的国家或地区不多。

(四) 机动车辆税

西方发达国家对机动车、飞机、船舶等动产大都单独课税,特别是对机动车。机动车辆税是地方税,主要用于公路等交通运输场地的维修。机动车辆税的纳税人大多是机动车辆的所有者。一般按照机动车辆的用途、种类、功率、质量等,采用差别比例税率,也有

采用定额税率和累进税率的。

五、遗产税与赠与税比较

(一) 遗产税和赠与税的概念及特征

1. 遗产税和赠与税的概念

从严格意义上讲，并非死者的全部遗产都要纳税，纵观各国或地区的遗产税制度，都有免税项目及不计入遗产的财产规定。同样，为避免税负过重、课税不合理，赠与税的课税对象也并不是任何时期、任何情况下赠与的财产。基于这两点，我们把遗产税与赠与税的概念分别定义为：遗产税是指被继承人死亡之后，对其遗留的应纳税财产依法征收的一种税；赠与税是指自然人在特定时期内将自己的财产赠与他人时，依法对赠与财产课征的一种税。这里特定时期的赠与应不包括赠与人死亡之前短期内的赠与。例如，我国台湾地区的遗产与赠与税法规定，被继承人在继承开始前三年内，对于继承人及其配偶赠与依法视为遗产，不作为赠与财产征税。

2. 遗产税和赠与税的特征

(1) 遗产税和赠与税属于财产税。财产税指以纳税人拥有或取得的财产数额为征税对象的税，遗产税和财产税的客体均具有此特点。

(2) 遗产税和赠与税属于直接税。遗产税的纳税主体是遗产取得人，依其取得遗产额按规定税率纳税。赠与税则一般由受赠人取得受赠物后纳税。但是也有国家或地区规定纳税人为赠与人，赠与人不明或赠与人尚未在规定期限纳税，且在境内无财产可供执行，则以受赠人为纳税义务人。遗产税和赠与税都难以转嫁，故属直接税类。

(二) 遗产税的类型

世界各国或地区遗产税的税制设计通常有以下三种模式。

1. 总遗产税制

总遗产税是对遗嘱执行人或遗产管理人就被继承人死亡时所遗留的财产净额课征的一种遗产税。总遗产税一般采用超额累进税率，通常设有免征额和不征税项目、扣除项目、抵免项目等。

总遗产税的特点是：在遗产处理上先税后分，即先对被继承人死亡时遗留的财产课税，然后才能将税后遗产分配给继承人或受遗赠人；在税率设计等方面，不考虑被继承人与继承人之间的亲疏关系和负担能力等。美国、英国、新加坡等国家采用这种税制类型。

2. 分遗产税制

分遗产税制又称继承税制。分遗产税制是对各继承人取得的遗产份额课税，以遗产继承人或受遗赠人为纳税人，以各继承人或受遗赠人获得的遗产份额为课税对象，税率也多采用超额累进税率，允许抵免。

分遗产税的特点是：遗产处理程序是先分后税，即先分配遗产，然后再按规定就各继承人取得的遗产份额课税；在税率设计等方面考虑的因素较多，如被继承人与继承人之间的亲疏程度，继承人自身的经济状况和负担能力，甚至包括继承人的预期寿命等，进而分别课以差别税率。日本、韩国、法国、德国、波兰、保加利亚等国家采用这种税制类型。

3. 总分遗产税制

总分遗产税制又称混合遗产税制,是将总遗产税制和分遗产税制综合在一起的税制,即对被继承人死亡时遗留的遗产总额课征一次总遗产税后,在税后遗产分配给各继承人的遗产份额达到一定数额时再课征一次继承税。总分遗产税制的遗产处理程序是先税、后分、再税。目前采用这一税制类型的国家有菲律宾等。

三种遗产税制模式比较来看,总遗产税制先税后分,税源可靠,税收及时,计算相对简单,征管相对便利,征管费用相对较少,但因不考虑被继承人和继承人之间的亲疏关系及各个继承人自身的情况,税负分配不太合理,较难体现公平原则;分遗产税制先分后税,考虑了各继承人经济状况和负担能力等,较为公平合理,但易给纳税人以偷逃税机会,计算较为复杂,征管费用较多;总分遗产税制先税后分再税,可保证收入,防止逃漏,也可区别对待,量能课税,但对同一笔遗产征收两道税,手续烦琐,计税复杂,不符合便利原则。

总之,各遗产税制类型没有绝对优劣之分,各国开征时应考虑本国的社会经济政治状况、法律制度、税收政策目标、国民素质、税收征管水平、纳税历史习惯等因素。

(三) 赠与税的类型

赠与税是作为遗产税的辅助性税种而出现的,其开征的目的在于防止纳税人采用生前赠与财产逃避遗产税。因此,赠与税的税制模式必然要与遗产税制相配合。国际上的通常做法是:实行总遗产税制的国家,选择总赠与税制;实行分遗产税制的国家,选择分赠与税制;采用总分遗产税制的国家,也多选择分赠与税制。不过,由于赠与税遵从成本很高,有些国家又开始废除赠与税,如新西兰每年要花费约 7 000 万新西兰元的遵从成本,因此决定从 2011 年 1 月 1 日起废除赠与税,以提高税收效率。

1. 总赠与税制,又称赠与人税制

这是对财产所有者生前赠与他人的财产课税,以财产赠与人为纳税人,以赠与他人的财产额为课税对象,采用累进税率。

2. 分赠与税制,亦称受赠人税制

这是对受赠人接受他人的财产课税,以财产受赠人为纳税人,以受赠财产额为课税对象,也采用累进税率。

资料链接 6-9

为什么一些国家和地区纷纷停征遗产税

近二十多年来,加拿大、澳大利亚、新西兰、意大利、印度、马来西亚等国家以及中国香港特别行政区等地区先后取消了遗产税,美国在小布什执政时期,也曾计划取消联邦遗产税。为什么有着悠久历史的遗产税,会在众多经济发达国家和地区停征或是准备停征呢?

1. 遗产税的公平社会财富作用有限

遗产税仅对因发生死亡而转移一定数额以上的财产征收,征税面窄,而且相当一部分富裕阶层,利用种种途径减少甚至是逃避缴纳遗产税,从而使得遗产税在公平社会财富方面的作用受到了较大限制。

2. 遗产税的征收成本较高

遗产税的课征需要设置专门的机构，聘请具有专业知识的人员，花费相当多的时间和精力对遗产进行核实、评估和征收。多数国家和地区遗产税的征收成本都比较高，而遗产税的收入却相对较低。

3. 遗产税并未真正有效提高财政收入

遗产税的纳税人通过各种手段有效规避了遗产税，同时改变原有的经营行为，从而使得开征遗产税的国家和地区原有一些高税收行业的税源大大缩水。此外，一些经济学家还认为遗产税降低了人们储蓄和投资的动力。

4. 遗产税的征收不利于吸引大量的投资和人才流入

大多数国家和地区采用属人与属地相结合的原则，同时对不定居于本国或本地区的个人拥有的位于本国或本地区的全部财产，当其死亡时也要征收遗产税或继承税。这种征收的办法，无法鼓励国外投资者到本国或本地区投资，同时使得投资人对所投资产没有安全感，常常以投机的心态从事经营活动。

资料来源：郑博文，2005. 遗产税为何纷纷停征 [N]. 国际金融报，1-14.

六、发达国家财产税制的共同特点

尽管西方国家的财产税在总税制中已不占重要位置，但仍是重要的收入和财富再分配工具，其财产税体系的建立也相对完善。发达国家财产税制具有以下共同特点。

1. 税种设置相对稳定且覆盖面广

各国的财产税税种主要有房屋税、土地税、不动产税、动产税、不动产转让税、资本利得税和土地增值税等，覆盖了财产的占有、使用、转让和收益各环节，体现了税制调节其课税对象价值运动全过程的整体客观要求。

2. 征税范围相对广泛且主要以不动产为课税对象

不仅局限于城镇房地产，而且包括农村、农场建筑物和土地，从而使财产税的课税对象更具有广泛性和普遍性，也更有利于使财产税在税收收入体系中的地位得到进一步提升。

3. 以市场价值或评估价值为税基

财产税普遍建立以市场价值或评估价值为核心的税基体系，并建立严密的财产登记制度和税收征管制度，以达到公平税负、税款充分征收的目的。从各国财产税的实践来看，财产税的计税依据大体有三种：土地面积、市场价值、其他价值（如账面价值）。目前，在市场经济比较发达、财产课税制度比较完善的国家，一般以财产的市场价值为计税依据。

4. 税率设计多为比例税率和累进税率

一般来说，对财产转让、占有、使用环节多采用比例税率，对收益和所得环节多采用累进税率，但这也不是完全绝对的，各国可根据自己的经济、社会环境来设计符合自身国情的各具特色的税率制度。

5. 重视财产税征收管理

通过对各国财产税制度相关资料的分析可见，完善财产税体制，重视财产税税收征管，尤其是纳税人财富资料的搜集整理和财产价格的评估是各国共同的做法。例如，美国的财产信息管理制度，美国各地政府通过设立财产估价部门，以计算机辅助批量评估系统为依托，形成了系统的财产估计标准和估价方法体系。

第四节　税收征收管理比较

税收征收管理是各国税务征收机关依据有关法律，对税款征收进行的组织、管理、检查等一系列工作的总称。税收征收管理主要包括纳税服务、征收监控、税务稽查、税收法制和税务执行五个方面，是整个税收管理活动的中心环节，是实现税收管理目标，将潜在的税源变为现实的税收收入的实现手段。

一、不同类别的分税制模式

税制模式是税收管理体制和国家政治经济体制的有机组成部分，也是税收制度的重要内容。目前大多数国家根据本国国情，建立了不同的分税制模式。

1. 典型的分税制模式

这一模式以美国为代表。美国实行联邦制政体，政府机构分联邦、州、地方三级，与此相适应，美国税收管理体制也是三级分权，各级政府都有明确的事权和独立的征税权，是典型的分税制。

2. 税权适度集中、税种共享、财政平衡的分税制模式

这一模式以德国为代表。德国的财政体制也分为联邦、州和地方三级，三级政府的财政收入比例分别为50%、37%和13%，而支出比例则为45%、35%和20%，联邦政府财政收入的比重大于支出比重，以确保联邦政府对整个国民经济的宏观经济调控。

3. 集中税权分散事权、税种让与和专项补助的分税制模式

这一模式以日本为代表。日本政府机构分为中央、都道府县、市町村三级，各级政府的事权、财权划分和相应的法律制度以及政策决策管理权均集中在中央，但地方自主权特别是举办事业的自主权仍得到保证。因此，在财政上表现为大部分税源由中央掌握，由中央行使征税权，而财政支出的大部分由地方政府承担。

4. 大权集中小权分散与中央补助的分税制模式

这一模式以法国为代表，大多数发展中国家也主要采用该模式。长期以来，法国一直实行中央集权的管理体制，与此相适应，税收管理体制也高度集中，无论是征税权还是税款的分配使用权都由中央掌握，只把次要的税源划给地方。

 资料链接 6-10

美国、德国、日本、法国分税制的主要特点

一、美国分税制的特点

　　1. 税种分为联邦税、州税和地方税

联邦税以所得税、社会保障税为主体，辅之以货物税、遗产税和赠与税、关税。州税以营业税为主体，另外还有个人所得税、公司所得税和货物税。地方税以财产税为主，此外还有地方政府的营业税和个人所得税。

联邦、州和地方三级政府之间还存在着复杂的税源共享关系。这种税源共享关系如下：

（1）税收补征。联邦和州以及地方政府对同一税源分别按不同税率各自征收。其主要有两种方式：一是下级政府采用上级政府的税基，以自己的税率征收；二是税收寄征，即上级政府替下级政府征收，然后拨给下级政府。

（2）税收扣除。在计算纳税人的应税所得时，允许从总收入中扣除已向州和地方政府缴纳的所得税。

（3）税收抵免。纳税人对州和地方政府的纳税额可以抵消向联邦政府缴纳的税款。可抵免的税种有遗产税和失业保险税等。

（4）税收分享。上级政府将所征收的某种税款按一定比例分给下级政府，此办法处理州和地方政府之间的关系。

（5）税收免征。即对购买州和地方政府债券所得的利息收入免征个人所得税，以利于州和地方政府筹措资金。

2. 三级政府各自行使独立的税权

联邦税由联邦政府立法和执行，州税由州政府立法，地方税由地方政府立法，形成统一的联邦税收制度和有差别的州及地方税收制度并存的格局。各级政府都有自己的管理机构，它们之间不存在领导和被领导关系，只存在相互配合的工作关系。

3. 实行自上而下的补助金制度

美国的分税制不是绝对的分税制，存在收入分享成分，收入分享表现为自上而下的补助金制度。从政府层次看，补助金主要有联邦对州和地方政府的联邦补助金，以及州对地方的州补助金。联邦补助金主要有以下三大类。

（1）一般目的补助金。属于一般的收入分享，不附带条件。

（2）使用范围较宽的补助金。对这类补助金，联邦政府均确定基本使用范围。获得这项补助金的州或地方政府，可在联邦政府确定的基本使用范围内，确定具体的兴建或支付项目，此项补助金不要求使用者提供配套资金。

（3）规定用途的补助金。联邦政府在提供此项补助金时规定了特定用途，地方政府只能在规定用途内使用此项资金，而且一般还要依照项目的性质提供全部项目开支的5%～50%不等的配套资金。在联邦补助金结构中，第三类补助金比重最大，约80%，第二类约13%，第一类约7%，美国通过财政手段以及法律手段，来实现联邦政府对州和地方政府的控制。联邦政府正是通过这种自上而下有控制、有目的的资金流动，来实现自己的政策意图。

4. 联邦、州、地方三级政府之间收入与职责划分清楚

各级政府的支付主要依靠自己的收入。美国宪法对各级政府的财权作了一些具体的限制，即任何一级政府都不能妨碍其他政府的合法活动。因此，联邦政府在州和地方区域内的财产，州和地方政府不能对其课征财产税；州和地方政府也不能对联邦政府发行公债的利息所得征税；对卖给联邦政府的产品所获得的销售收入，州和地方政府也不得征收营业税。

二、德国分税制的特点

1. 税权适度集中

大多数税种立法权归联邦政府，收益权和征收权则分为州和地方两级。联邦拥有对关税和国库专营事业税的立法权，对收入的全部或部分应归联邦所得的税收拥有共同立法权，即优先立法权。各州不但在宪法未赋予联邦立法权的范围拥有自己的立法权，而且在得到联邦法律的明确授权下也享有一定的立法权。此外，州还可以立法决定州税是否应归地方所有。地方政府

有权决定某些地方性税种的开征、停征、减免税优惠政策等。

2. 以共享税为主体，共享税与专享税并存

各级财政的主要收入来源是共享税，税额大的税种均为两级或三级财政的共享税，包括个人所得税、工资税、营业税、公司所得税、增值税等。这些税种要按规定的比例在各级政府之间进行分成。除增值税外，其他共享税的分配比例一经确定相对固定不变，增值税的分配比例根据联邦和州收支情况的变化，每两年磋商调整一次，其他小税在联邦、州、地方之间明确划分。属于联邦税的有各种消费税（如烟草税、咖啡税、茶、糖、盐，照明税等）、公路税、关税、资本流转税、交易所营业税、保险税、兑换税、所得税和增值税附加。专享税则分别划归联邦、州或地方政府所有，作为本级政府的固定收入。各州的专享税主要有财产税和行为税，包括财产税、遗产税、地产购置税和机动车税。地方政府的专享税主要有企业资本和收益税、娱乐税、土地税等。

3. 实行横向和纵向的财政平衡

财政平衡分为联邦与州之间的纵向平衡和州与州之间的横向平衡。联邦政府运用财政职能，通过三级层次的分配来达到使各州财力大致平衡的目标。一是利用共享税的调节功能，提高人均财政收入低于全国平均值92%的贫困州的共享税分成比例。二是在富裕州和贫困州之间进行调剂，凡人均财政收入达到全国平均值102%以上的州为富裕州，需从其超过部分中拿出部分财力来帮助贫困州，使之人均财政收入达到95%。三是联邦政府从联邦财政收入中拨专款给贫困州，使贫困州的收入补到全国平均收入的99.5%。

4. "一套机构，两班人马"的税收征管方式

在德国，税收的征收管理由各州的财政总局负责。总局内分设联邦管理局和州管理局两个系统。联邦管理局作为联邦政府的代理人进行活动，负责管理联邦所有的税收，其组织和官员也由联邦规定；州管理局则负责州税的征管工作。财政总局的局长由联邦政府与该州政府协商任命，局长既是联邦政府的官员，又是州政府官员，其工资由两级政府各支付一半。地方税务局作为各州政府的派出机构，只征地方税，并向地方政府负责。这种税收征管方式，既可以加强各级政府之间的业务协调，提高办事效率，又可以避免政府机构的过于臃肿。

三、日本分税制的特点

1. 税种划分为国税和地方税

凡是征收范围广、影响全国利益的税种，如个人所得税、法人所得税、继承税、赠与税、酒税、消费税等均列为国税。属于都道府县的税种有都道府县居民税、事业税、不动产税、汽车购置税等，属于市町村税的有市町村居民税、固定资产税、电税、煤气税等。地方税一般征收范围窄、税源小，国税则征收范围广、税源大。国税收入总额占全部税收收入总额的2/3。日本基本上不搞同源共享。

2. 立法权集中执行权分散

税收立法权都归国会，地方政府征收的税种原则上只限于地方税法中所列的法定税种。

绝大部分地方税种均由地方税法规定标准税率或税率上限。地方政府不得随意改变全国统一的法定税率，不过地方政府经中央政府批准，可在法定税种以外开设普通税（普通税指不与支出直接联系，没有指定固定用途的税）。日本设有国税、地方税两大税务系统，国税由大藏省下设的国税厅及其分支机构负责征收，地方税由都道府县、市町村所属税务机构负责征收。

另外，在税种结构上采取双主体结构，即每一级政府都以两种税为主体税种。中央的主体

税种是个人所得税和法人所得税，都道府县的主体税种是都道府县居民税和事业税，市町村的主体税种是市町村居民税和固定资产税。

3. 实行国家下拨税、国家让与税、国库支出金制度

在日本，税收收入大部分虽然由中央政府征收，使用却大部分交给地方政府。日本通过国家下拨税、国家让与税和国家支出金方式，实现中央政府对地方政府的财力转移。国家下拨税是中央财政为保证各地方政府有足够的财力执行其应办的事业，而把国税中的所得税、法人税和酒税按一定的比例下拨给地方的一种税。国家下拨税是地方政府重要的收入来源，贫困地区得到的国家下拨税的比例更高，国家下拨税不确定专门用途，不附加其他条件，地方政府可以自由使用，如同地方政府税收一样，使地方政府能有一个比较稳定的收入，同时，它又是中央政府的一种地区平衡手段，用以平衡地区之间的收入差别。

国家让与税是中央财政为了让地方拥有财力以修建公路、维修机场或有关设施等，将地方道路税、汽车重量税、飞机燃料税、石油气税、特别吨位税五种国税的收入按一定的标准转让给地方政府的一种税。

国库支出金是中央政府为了对地方政府进行财政控制，对财政活动进行政策诱导，按特定目的和条件下拨地方政府的专项补助金。补助金有三类：一是国库负担金，即中央与地方共同承担的事务中全部由地方负责办理，中央按自己负担的份额拨给地方的经费；二是国库委托金，属于中央事权范围，但委托给地方承办，应由中央支付全部费用的国库支出金；三是国库补助金，中央出于宏观社会经济发展方面的考虑，给予地方兴办的某些事业以资金或奖励的支出。

四、法国分税制的特点

1. 既无共享税种也无同源课征

法国税收分国税和地税两大部分。税源大的主要税种列为国税，包括个人所得税、公司所得税、增值税、消费税、登记税、印花税、工资税和关税等。这些税种的收入列入中央预算，不与地方分成。列入地方税的是一些税源零星的税种，主要有建筑土地税、非建筑土地税、行业税、财产转移税、娱乐税、居住税等。

2. 税收的立法权和征税权均集中在中央

法国无论是中央税还是地方税，税收法律和主要政策均由中央政府统一制定，地方只能按国家的法律政策执行，但地方也享有某些机动权力，如制定地方税税率，开征一些捐费，对纳税人采取某些减免税措施等。

3. 一般补助和专项补助相结合的纵向财力分配制度

法国中央财政对地方财政的补助约占地方全部财政收入的25%，补助具体形式有一般补助和专项补助。一般补助是按市镇人口比例和征税情况进行补助，人口越多，征税越多，得到的补助也越多，主要是为了维护地方财政的收支平衡。专项补助是对地方兴修的专项工程给予的补助。

资料来源：石坚，1987. 国外分税制的比较分析 [J]. 经济社会体制比较（6）：29-31.

二、各国税收征管制度及措施

进入21世纪以来，世界各国税收征管改革的步伐明显加快。许多国家在充分吸收理论研究成果的同时，借鉴企业管理的成功经验，形成了一套新的税收征管制度和征管措施。

(一)引入客户理论建立新型的税收征纳关系

当代西方国家的税收管理将企业营销管理中的客户理论运用于对纳税人的管理。将税收征管中管理者与被管理者的关系,变成了一种税收服务的提供者与接受者之间的关系。税务机关通过提供完善高效的服务,为纳税人履行纳税义务提供方便与帮助;纳税人则在接受税务机关服务的过程中履行自己的纳税义务。目前,世界上的许多国家都把税务机构称为service,如美国、加拿大、意大利、韩国、智利等国。还有许多国家则在很多场合下把纳税人称为customers,如爱尔兰、加拿大、澳大利亚、英国、新加坡等国。把纳税人当成客户,无形中改变了纳税人和税务机关的关系,对于重建税务机关与纳税人之间的信任关系,提高纳税人对于税务机关税收征管工作的满意度,具有非常重要的意义。

这一新理念的引入不仅改变了税务决策者和税收征收管理者的思想观念,而且已经外化为西方税务机关税收征管管理与改革的重要目标。美国税收战略规划明确税务机关的任务是,"通过帮助美国纳税人理解并履行税收义务,正直、公平地对全体公民执行税收法律,从而为纳税人提供最优质的服务"。澳大利亚税收战略规划中则明确表示,"税务管理方法的首要问题是帮助纳税人及其代理人了解权利和义务"。荷兰税务工作规划中明确提出,"在未来的工作中坚持以下原则:以一种恰当的并且是以顾客为导向的态度来展开工作;必须具备能够提供独立而专业的意见;避免任何形式的利益冲突;处理违规行为要做到有理有据;必须为税收行动和决定承担责任"。加拿大税收总体工作规划中明确提出,加拿大税务局"必须始终贯彻公平、高效和可靠的工作方针,保持加拿大人民对税收管理体系公平性和公正性的信心"。

总之,客户理论的引入,是现代国际政治民主化和经济全球化趋势下税收征管改革的发展趋势和必然结果,它导致了税收征管的理念变革和税收征纳关系的重新定位,使得税务机关与纳税人之间的关系更加自然、和谐。

(二)以提高税收遵从为税收征管的重心

自20世纪80年代税收遵从理论在美国产生和发展以来,很多国家将税收遵从的概念引入其税收管理体系,将提高税收遵从确定为税收管理的根本目标。爱尔兰国家税务机构早在2005年1月发布第五个战略规划时就明确了主要战略目标是最大化自愿遵从的水平,其"国税局的主要目标是尽可能保证每个人遵从纳税义务,在正确的时间缴纳税款,以及履行税法规定的所有义务"。荷兰税收工作规划中明确宣布,"我们的工作围绕着'遵从'开展:税务和海关管理局必须保证纳税人和辅助福利申请人的想法和意愿(在原则上)能够符合有关法律的规定"。澳大利亚税收规划中明确规定,2007—2008年度的首要任务目标是"实现公众对澳大利亚税收和养老金法律的更高的主动遵从度"。挪威税收战略规划中也明确宣布,"2005—2008年度,遵从将会是我们的首要任务"。

(三)提升纳税服务水平

基于大多数国家对纳税人的诚实推断,在税收征管中,加强为诚实纳税人的纳税服务,减轻诚实纳税人的纳税成本,成为现代西方国家税收征管改革的一个主要内容。为此,西方国家在提供纳税服务方面进行了大量的改革,力图为诚实的纳税人提供更多、更好的服务。

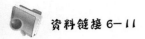

资料链接 6-11

美国优化纳税服务的战略目标

为了帮助诚实的纳税人理解并履行纳税义务,美国国内收入署制定了优化纳税服务的战略目标,并将其细化为三个不同的子目标。

1. 为纳税人提供更多的服务选择

其具体方法和策略如下所述。

(1) 扩展电子化服务范围的途径,包括开发新的申报和纳税方式;将电子申报扩展到企业所得税和免税项目;关注合伙企业申报表、不动产申报表、雇员申报表及个人申报表等;电子支付手段多样化;为新企业提供快速注册流程,为执业者更新软件包;等等。

(2) 为不能使用电子化服务的纳税人提供教育培训和替代服务,包括重新校订 1 600 种税法出版物;使用更多的沟通方式;增加信息发布途径;等等。

(3) 确保对税法咨询的及时、准确答复。

2. 提高公众在税收体系中的参与度

此子目标的主要目的在于吸引不主动的纳税人参与到税收体系中来,使之主动寻求帮助、自觉履行纳税义务。其具体方法与策略如下所述。

(1) 为纳税人提供多种技术手段,帮助他们参与税收体系,包括为纳税人提供更多的渠道与国内收入署进行互动;通过互联网登录纳税人账户,相互讨论解答咨询和解决问题,为纳税人提供自助服务;为不常使用互联网的纳税人制定专门的方案,帮助他们使用国内收入署的网点;等等。

(2) 为语言、文化或其他方面有障碍的纳税人消除困难。

(3) 为新纳税人提供教育,帮助他们加入"自愿遵从的税收体系"。在纳税申报期,志愿者通过"所得税志愿辅导组织"的网站向纳税人提供申报服务;根据客户需求,完善服务项目;联合其他机构为纳税人提供一站式服务;启动多语种服务;等等。

3. 简化办税流程

其具体方法与策略如下所述。

(1) 对所有类别的纳税人简化纳税申报和税款缴纳的流程,具体包括简化纳税申报表格,便于他们更适应电子平台;改造现行的电子申报系统,方便纳税人一次性提交不同类型的纳税申报表;根据客户需求,开发并提供更完善的工具,以更准确迅速地传递通知、信件及退税;等等。

(2) 通过减少记录保管期限减轻纳税人负担,并尽可能减少纳税申报表填报和复核过程。

(3) 确保各类税收指引能恰当地满足纳税人的需要,以清晰、准确、易懂的语言描述,并及时发布。

资料来源:金瑛,宋英华,2010.西方国家"税收遵从"的经验及借鉴[J].经济研究导刊(32):95-96;103.

(四) 强化执法力度

在税收征管中,税收不遵从是很难完全消除的。在对税收遵从的纳税人提供高质量纳税服务的同时,加强对税收不遵从纳税人的严格执法,也是现代各国税收征管改革的另一项重点内容。

资料链接 6-12

部分国家对不遵从税法的纳税人采取强化税收执法的战略

一、美国强化税收执法的战略

美国战略规划中针对不遵从的纳税人明确提出了强化税收执法的战略。根据该战略,美国国内收入署在分析了不同主体在税收流失中所占比例的基础上,针对高收入人群和企业滥用违法交易避税的意图进行严格执法,为此,设计了四个不同的子目标,并针对不同的子目标制定了具体的方法与策略。

1. 重点打击与遏制公司和高收入个人的税收不遵从行为

其具体策略和战略包括:①对不遵从可能性较高的领域进行重点审计;②缩短审计周期,改善审计覆盖率和成效;③加强对滥用不正当避税交易的执法力度;④改善分析检测税收不遵从的手段;⑤优化执法资源的配置;⑥通过其他政府部门、外部合作伙伴、利益相关人和媒体提高执法工作的效率。

2. 确保律师、会计师和其他税收从业人员恪守专业标准和法律要求

其具体策略和战略包括:①加强与执业者合作以建立最高的职业精神,同时改善税收遵从度;②为执业者建立清晰、健全而且符合时代要求的执业准则;③建立一个有活力、目标清晰、有效的执业者监管体系;④对不遵守执业规范的执业者建立一个公平有效的处罚体系。

3. 查处国内及离岸的税收和金融犯罪

其具体策略和战略包括:①优化犯罪调查业务流程,加快案件挑选和调查的进度;②查处公司偷税行为、高收入个人滥用税收筹划行为、恶意不申报行为、国际间避税筹划,以及与恐怖活动有关的金融犯罪。

4. 查处免税组织和政府组织中滥用税收权利的行为及第三方利用该类组织进行避税的非故意行为

其具体策略和战略包括:①加强对特定领域的审计调查,减少免税组织内部人员非故意行为造成的优惠滥用;②调查其他组织滥用税收优惠避税的非故意行为;③防止免税组织成为恐怖主义及其他金融犯罪的财产转移场所。

二、爱尔兰强化税收执法的战略

爱尔兰战略规划中针对不遵从的纳税人,采用了基于风险的目标审计和其他干预措施以及适当的制裁手段来对税收不遵从的纳税人进行干预,为此,专门制定了保证个人遵从纳税责任的战略目标,并将其具体化为三个不同的目标。

1. 保证高效的征收和及时的遵从

根据该目标,所有 3 年以上的可回收税款应该强制执行或通过支付协议征收,到 2010 年末,可回收税款占毛税收收入的水平降到 1.3%。

2. 通过更有针对性的干预改进遵从

根据该目标,将包含新数据来源的 REAP[①] 风险分析模型作为选择被审计案件的主要工具,

---

① REAP 的全称是 Rural Education Action Project,即农村教育行动计划。农村教育行动计划是一个从事项目影响评估的组织,由美国斯坦福大学、陕西师范大学和中国科学院等机构联合发起,它的目标是为中国教育、健康和营养政策制定提供决策依据。

在2008年到2010年末扩展到薪酬税、消费税和关税风险等领域;为了增加干预的比例而进行案件干预计划;在战略规划期内至少开展15项衡量特定税收减免等遵从水平的计划;从2008年开始大力开展计算机审计;在2008年完成对国税局情报来源管理的可靠性研究;等等。

3.通过适当的制裁改进遵从

根据该目标,首先,对严重的逃税行为和其他违法税收与关税的行为进行起诉。每年至少对40起严重的违法行为进行调查并起诉;对不遵从税法和关税义务的起诉逐年增加;起诉的范围扩展到对没有恰当记录或者没有开增值税发票等单个案件。其次,增加披露避税交易的激励。最后,出于利益和强制征收的考虑,重新开发系统和执行新的IT系统。

三、荷兰强化税收执法的战略

荷兰税务和海关管理局在通过计算机实现大规模程序化处理纳税事务的基础上,用更多的力量对不遵从的纳税人进行监督,以风险为导向监管具有典型性的恶意逃税现象。这就意味着监管的重点将不是数量的多少,而更加侧重于监督的具体内容和监管的实际效果。同时,加大对企业的横向监管和与其他监管机构的合作,并与许多市(郡)管理当局签订合作协议,以打击税收违法行为。

四、加拿大强化税收执法的战略

加拿大税务局针对不遵从的纳税人在战略规划中制定了两个项目:一是应收款和申报遵从度,二是报告遵从度。针对欠税,通过实施增加核心业务的手段,以达到抑制不遵从和最大限度追缴欠税的目,通过有目的的审计和强制措施,处理和阻止重点地区的非遵从行为,包括对过激税收筹划行为的关注;继续打击地下经济和税收欺诈;改善对"主动举报方案"的管理;等等。

五、挪威强化税收执法的战略

挪威国家税务局明确提出"与地下经济和涉税犯罪做斗争"的战略目标。根据该战略,挪威国家税务局实施既能够发现涉税犯罪和逃税又有预防效果的方法,同时,分配更多的资源进行有目的的监管和税款征收,并对严重不遵从的行为优先进行处理,并建立特殊工作组,使用新方法与涉税犯罪进行斗争,公开逃税案件的后果及对其监管的后果。

总之,通过对不遵从纳税人的主动干预和对税收违法犯罪行为的严格执法;维护了税法的权威性和严肃性,保障了国家的税收收入和财政需要;提高了税务管理工作的效率,减轻了税务机关的工作压力;使纳税人真正认识到税收违法犯罪的后果,从而对促使纳税人自觉遵从税法起到了极大的促进作用。

资料来源:王鸿貌,2010.当代世界各国税收征管改革的最新趋势:以美、加等七国近五年税收战略规划为蓝本[J].财税法论丛(1):209-225;5.

(五)完善征管措施

随着国际经济全球化及电子信息技术的快速发展和世界各国政治、经济形势的变化,各国进行了相应的税收征管改革:细分纳税人并根据纳税人的需要改革税务机构和税收管理方法;加强税务人员的业务培训;优化税收征管信息系统;改革税收征管流程;加强与其他部门的合作。

三、各国税收征管法律制度的共同特点

（一）具有共同的法理基础

体现现代民主法治精神的纳税人自我评定制度（Self-Assessment System，SAS）是现代税收管理的重要标志和基本特征，是当代发达国家税收管理制度建立的共同法理基础，其内涵主要包括以下内容。

（1）纳税人依法自主评定自己的税收义务，主张法定的减、免、抵、退等税收权益；有权要求税务机关为其自我评定税收义务提供必要的服务和帮助。

（2）纳税人有正确履行申报纳税，报送与自主申报相关的涉税信息，保存与自主申报相关的账册、资料、文书等法定义务。

（3）税务机关对受理的纳税申报有法定的税收评定职责，通过审核、审计等措施对纳税人的申报做出确认或调整。在税收评定过程中，纳税人有法定的协助义务，对其自主评定的纳税申报承担说明、证明责任。

（4）税务机关对涉嫌税收欺诈、滥用税法等严重违法的纳税人有权开展违法调查，对不依法履行法定缴税义务的税收义务人有权实施强制征收。

（5）纳税人认为税务机关的税收评定等执法行为侵害其合法权益，有权提起申诉，获得法律救济。

（二）核心管理流程基本一致

大多数国家的税收管理法在结构安排上体现出基本一致的税收管理的过程逻辑。

以美国为例，在《美国国内收入法典》中"程序和管理"排在第F编，共20章（第61～80章）1 873条。其中，有2章规定纳税人申报纳税及信息报送规则，有5章规定税收评定规则，有6章规定税收征收规则，有1章规定违法调查规则，有1章规定争议处理规则。其他国家的税收管理法律结构安排也体现出相似或相同的税收管理的过程逻辑。

这种一致的税收管理的过程逻辑包括：现代税收管理过程由五个基本程序构成，即纳税人自我评定程序、（税务机关）税收评定程序、税收征收程序、违法调查程序、争议处理程序。这五个基本程序相互联系，形成现代税收管理的核心流程，即纳税人自我评定、税收评定、税收征收、违法调查、争议处理。

（三）主要管理职责具有趋同性

各国在税收管理各主要阶段的职责也有明显的趋同性。

1. 税收服务

在纳税人申报纳税和信息报送阶段，普遍把帮助纳税人正确履行税收义务，促进自愿遵从，规定为税务机关的法定责任。在这一阶段税务机关主要有两方面的职责：一是帮助纳税人进行自我评定；二是为纳税人提供便捷的办税服务。

2. 税收评定

税收评定是税务机关受理申报后，依法对纳税人纳税申报中计税依据和应纳税额等做出确定或调整，也就是对纳税申报的真实性、准确性做出确定或调整。

3. 税收征收

为了保障国家税收权益不受侵害，针对纳税人怠于履行税收债务清偿义务等行为，各

国税法普遍赋予税务机关征收职责。税收征收是税务机关对应申报未申报、受理申报、税收评定、违法调查、税收争议裁决等法定情形下形成的欠缴税金，依照法定程序实施强制追征。

4. 违法调查

为了维护国家正常的税收秩序，各国税法普遍赋予税务机关税收违法调查职责，对涉嫌税收欺诈、滥用税法等严重违法的纳税人，依法进行调查处理。

5. 争议处理

纳税人认为税务机关的税收管理活动侵害其合法权益，形成税收争议。依照法定程序处理，解决各种税收争议是法律赋予税务机关的争议处理职责。

（四）涉税信息管理规则健全完备

涉税信息是法律规定的由纳税人和其他社会主体保存、报送、提供，或者由税务机关依法采集的应用于税收管理的各种数据、资料、文件等。涉税信息管理法律规则是国家税收管理法律的重要方面。

涉税信息管理主要包括纳税人、其他主体信息报送及保存，税务机关依法主动采集信息，国际间税收情报交换以及涉税信息保密等。其主要法律规则如下。

1. 纳税人信息报送及保存义务规则

各国对纳税人信息报送义务规定了非常严格的法律规则。

（1）列名信息报送规则。明确规定纳税人按时报送分税种的信息名目。

（2）强有力的授权规则。除了纳税人必须按时报送列名信息外，法律还授权税务机关根据需要，要求纳税人报送其认为必要的信息。

（3）电文数据报送特别规则。为了便于税务机关有效获取各种外部电文数据，法律规定了数据电文的法律效力及报送规则，明确了纳税人提供电文数据的法定情形，必须提供计算机软件源代码的特定情形。

2. 其他主体涉税信息报送规则

除了明确纳税人涉税信息报送义务外，对其他主体也制定了非常严格的涉税信息报送义务规则，这成为税务机关获取涉税信息的重要组成。其主要包括：购买方、供应方申报交易信息规则；各种支付形式的支付方申报支付信息等规则；第三方信息保管人保存涉税信息及随时接受查询等义务规则。

3. 税务机关主动获取涉税信息的法律规则

各国税法都赋予税务机关强有力的主动获取涉税信息的权力。例如，现场勘查，书证、物证获取，要求纳税人和相关方接受传唤、询问，出具证明等。

4. 国家间税收情报交换规则

为了保障跨国涉税交易税收管理的需要，各国税法都确立了国际税收协定的法律地位，为国家间的税收情报交换提供法律保障。

（五）征纳双方证明责任分配合理

税收证明责任是征纳双方在税收争议处理过程中，各自对其主张提供证据予以说明的法定责任，不能承担证明责任的一方在税收争议处理中将承受不利的法律后果。证明责任集中反映在税收争议的处理阶段，但它的具体要求贯穿于税收管理活动的全过程。

发达国家税收管理法律普遍建立了比较完备的证明责任规则体系,把处理各种税收争议的证明责任分配和税收管理各阶段的不同特点紧密联系起来。原则上证明责任由持有相关证据的一方负担,随着税收管理活动的展开,证明责任逐步由纳税人一方向税务机关一方转移,形成征纳双方在税收管理活动中科学合理地证明责任分配格局。

除了以上共同特点外,发达国家税收管理机构的设置,虽然在体制结构上有扁平化和层级制之分,但内设机构设置比较接近,总体上按照税收遵从管理、税收法制管理和税收支持保障三大序列设置。税收遵从管理和税收法制管理序列的机构主要有税收服务、税收评定、税收征收、违法调查、法制管理等,与税收管理法确定的法定职责、体现的过程逻辑都是一致的。

为了解决成文法固有法律在实施过程中出现的语焉不详、条文歧义、规则空白等问题,各国都采取了相应的措施,授权税务机关对存有不确定性的税收法律规则进行具有法律效力的解释。同时国家的税收管理法不仅与税收实体法互为表里,与刑法、刑事诉讼法、民商法、其他行政法等紧密衔接,减少了税收法律体系中的法律空白、冲突等问题,也便于征纳双方准确有效地适用和遵从法律。例如,澳大利亚税收管理法在整个法律文本中大量使用脚注、引注等方式引用其他法律条文条款,做到了相关法律条文的紧密衔接。

 关键概念

商品税 所得税 财产税 增值税制 消费税制 个人所得税制 公司所得税制 资本利得税制 一般财产税 净财富税 个别财产税 遗产税与赠与税 分税制模式 税收征管制度

 本章小结

1. 税收是各国财政收入的主要来源,主体税种的设计大体一致,主要有增值税、消费税、个人所得税、公司所得税、社会保障税、财产税等,但是各税种的具体征收制度存在差异。

2. 伴随着国内和国际贸易的迅速开展,各国商品税体系日趋完善,商品税收入在税收总额中所占的比重逐步提升,商品税成为大多数国家的主体税种。20世纪中期以后,经济发达国家商品税的相对规模虽有较大幅度下降,但对大多数发展中国家来说商品税仍然是主体税种。

3. 2008年国际金融危机后很多国家提高了增值税标准税率。2008—2018年,OECD成员国的增值税平均标准税率提高了1.5个百分点,在这段相对较长的时间里,增值税标准税率提高呈现加速态势。提高增值税标准税率是各国在危机之后实现财政整顿目标的共同战略。近年来,增值税标准税率不断提高的趋势已经基本停止,增值税标准税率维持相对稳定,一是各国财政状况已经大为改善,二是增值税标准税率在很多国家已达到较高水平,限制了税率进一步提高的可能性。

4. 各国现行增值税的相同之处是在计税方法上的一致,都采用了税款抵扣法,对出口一般都实行零税率,对进口普遍征税;一般都实行统一的发货票制度,使税款的征收建立在法定凭证基础上,提高了税收的可靠性和准确程度。但在征税范围上存在差异:欧洲多数国家的增值税全部实行到零售环节,其中有的还将农业和服务业包括在课征范围内;拉美及亚洲的一些国家一般都实行到商品零售和服务行业;非洲国家有些只实行到生产环节;发展中国家绝大多数对农业不征增值税,对服务行业只就列举的一些劳务或少数几项劳务征税,对商品的免税范围一般要比发达国家的免税范围大得多。在增值税类型的选择上,消费型增值税是世界增值税制的主流,适应各国财政收入和经济发展的需要。

5. 世界各国由于历史文化背景的不同,立法需求和社会目标的不同,收入水平和征管水平存在差异,个人所得税的模式也存在不同,主要有分类综合所得税制、综合所得税制和分类所得税制。虽然世界上大多数国家都采取综合所得税制,但并不是说分类综合所得税制和分类所得税制就必将被综合所得税制取代,因为一个国家的所得税模式受到多种因素的影响。而且实际上,世界上没有任何一个国家实行彻底的综合课税模式,即使是发达国家的综合课税模式也是相对而言的。

6. 税收管辖权的选择是由各国的政治、经济、文化背景,对外政策等多种因素决定,各国根据本国的国情独立选择行使不同的税收管辖权。一般行使公民或居民税收管辖权的国家会同时兼顾地域税收管辖权,相应所得税的纳税人就分成居民纳税人和非居民纳税人。居民纳税人负有无限的纳税义务,要就其境内外的全部所得向居住国政府纳税,而非居民纳税人只负有限的纳税义务,仅对来源于境内的所得向收入来源国征税。

7. 在各国实践中,极少有国家对资本利得采取高于一般所得的税收负担政策,大部分国家,无论是采取综合课税模式还是采取单独课税模式,往往基于抵消通货膨胀、防止锁定效应、鼓励投资等原因,给予资本利得一定的税收优惠,使资本利得的整体税收负担明显低于一般性所得。

8. 第二次世界大战以后,社会保障税进入迅猛发展时期,一方面开征国家数量大增,不仅开征的发达国家越来越多,数量众多的发展中国家也陆续开征社会保障税;另一方面,社会保障税的课征范围越来越广,扩大到绝大部分劳动者,而且在各国税制中的地位也越来越重要,从一个无足轻重的税种发展成为一个举足轻重的主要税种。

9. 各国政治、经济和文化背景的不同,决定了其对财产课税模式的选择不同。经济发达国家大多建立起了一套宽税基、多税种或多税目、整体配合、功能协调的财产税体系。这一方面是因为经济发达国家税收征管手段先进、征管制度较为严密,而且公民纳税意识较强;另一方面也是因为经济发达国家采取了逐渐降低少数人集中财富比例的政策,再加上经济发达国家财产种类繁多,财富标志不仅仅体现为土地和房屋,故其多选择税基范围较广、课征技术要求较高的综合课征的财产税,并相应开征了遗产税和赠与税。而发展中国家的财产税,因为税源相对狭窄、征管体系不健全、纳税观念淡薄以及农业仍在整个国民经济中占重要地位等,所以大多选择以土地和房屋为主要课税对象的个别财产税,而且由于征收成本高昂和评估机制滞后等因素的影响,许多发展中国家并未开征财产税和赠与税。

10. 当代各国税收征管有较明显的趋同性,具有共同的法理基础,主要管理职责和核心管理流程基本一致,重视提升纳税遵从和纳税服务,重视现代信息技术在税收征管中的运用,强化执法力度,加强与其他部门的合作等。

分析讨论题

1. 结合资料链接 6-1 美国不实行增值税的理由,分析增值税是否具有累退性?如何通过制度设计降低其累退性?

2. 根据各国消费税征税范围比较分析其共性。

3. 根据本章第四节的内容,对比中外社会保障费或税的差异,并结合我国实际国情说明我国社会保障制度改革的必要性。

4. 结合资料链接 6-5,总结各国公司所得税确定计税依据的一般做法。

5. 结合四种类型所得税制的优缺点,说明为什么大多数国家不选择双率制所得税?

6. 结合资料链接 6-8,借鉴各国财产税制设计经验,你认为应如何设计我国的财产税制?

7. 结合资料链接 6-9 部分发达国家停止征收遗产税的原因,分析论述我国是否应该开征遗产税。

 本章拓展阅读书目

1. 解学智,张志勇,2014. 世界税制现状与趋势(2014)[M]. 北京:中国税务出版社.
2. 艾伦·申克,等,2018. 增值税比较研究[M]. 崔威,等译. 北京:商务印书馆.

第七章

国家公债制度比较

学习概要

本章主要研究和比较各国公债制度及现阶段公债规模和债务风险等内容。通过本章的学习,要求学生熟悉我国与其他国家在公债发行、流通管理、偿还制度等方面的异同,了解各国公债规模及债务风险的源起与化解之道。本章的学习重点是公债发行、流通管理和偿还制度,难点是公债规模及债务风险分析。

```
                                        ┌── 按发行区域划分
                                        ├── 按偿还期限划分
                   ┌── 发行种类 ────────┼── 按发行主体划分
                   │                    ├── 按流通与否划分
                   │                    └── 按举债方法划分
        公债制度概念
        │
        公债发行制度比较 ── 发行对象
        │                  └── 发行方式
        │
国家    公债流通管理
公债    及偿还制度比较
制度    │
比较    ├── 公债流通管理制度比较 ┬── 中国国债流通管理制度
        │                       ├── 发达国家公债流通管理制度
        │                       └── 发展中国家公债流通管理制度
        │
        └── 公债偿还制度比较 ┬── 中国国债偿还制度
                             └── 发达国家公债偿还制度

        各国公债规模比较 ┬── 债务规模 ┬── 应债能力
        与债务风险       │            └── 债偿能力
                         └── 债务风险
```

第一节 公债发行制度比较

公债作为政府收入的主要来源之一，其具备弥补财政赤字、支持建设性支出的功能。国家对公债发行的各种条件（如期限、利率）以及募集和偿还办法等的各种规定的总称就是公债制度。公债发行制度是公债制度中十分重要的组成部分，其内容包括了公债发行种类、发行对象和发行方式等。而不同国家的公债发行制度也必然因其财政制度、经济环境的不同而有所不同。

需要说明的是，由于部分国家并没有地方债的概念，国债即等同于公债，同时又由于部分国家对于地方债务相关信息的披露程度较低，获取难度大。因此，本章在编写时，多采用国债相关信息与数据，当然在必要之处，也会介绍一些地方债的内容，在此提醒读者在阅读时，注意公债与国债的区分。

一、公债发行种类比较

公债的发行种类有不同的划分标准，常见的有：按发行区域可分为国内公债和国外公债；按偿还期限可分为短期公债、中期公债和长期公债；按发行主体可分为国家公债和地方公债；按流通与否可分为可转让公债和不可转让公债；按举债方法可分为强制公债、爱国公债和自有公债等。划分标准的多样化造就了公债种类的繁多，据统计，美国的公债品种多达200余种，英国则有50多种，意大利也有40种以上。不同的公债品种往往有着不同的发行方式、发行对象与偿还方式，因此，公债品种结构分析对公债管理而言至关重要。

（一）我国公债发行种类

我国的公债发行历史较为曲折。中华人民共和国成立初期，我国发行了人民胜利折实公债、国家经济建设公债、东北生产建设折实公债、地方经济建设公债和对外借款这5种公债，分属国债、地方债和外债这三大类。而后，国债和地方债的发展走向了不同的轨道。

改革开放后，我国陆续发行了多种国债，使其品种增加到了13种，包括国库券、国家重点建设债券、财政债券、国家建设债券、特别国债、保值公债、转换债、定向债券、无记名国债、凭证式国债、特种定向债券、记账式国债和专项国债。1995年，我国将国债的种类统一为记账式国债、无记名国债、凭证式国债和特种定向债四大类。而后，我国也发行了专项国债、特别国债等，但都是昙花一现。1999年，我国还启动了浮动利率债券。目前，我国的国债主要分为面向个人投资者为主的储蓄国债和面向机构投资者为主的记账式国债两大类。2000—2018年我国公债种类结构如表7-1所示。

表7-1　2000—2018年我国公债种类结构　　　　　　　　　　单位：%

年份	记账式国债	凭证式国债	储蓄国债（电子式）	地方政府债	总计
2000	58.40	41.60	—	—	100
2001	63.14	36.86	—	—	100
2002	75.18	24.82	—	—	100

（单位：%）（续表）

年份	记账式国债	凭证式国债	储蓄国债（电子式）	地方政府债	总计
2003	86.66	13.34	—	—	100
2004	69.45	30.55	—	—	100
2005	71.60	28.40	—	—	100
2006	73.55	21.95	4.50	—	100
2007	94.43	5.43	0.14	—	100
2008	77.88	15.33	6.79	—	100
2009	70.94	9.56	8.34	11.16	100
2010	73.73	9.61	6.55	10.11	100
2011	72.79	6.44	9.07	11.70	100
2012	74.49	0.57	9.47	15.47	100
2013	66.11	5.86	10.73	17.30	100
2014	70.94	—	9.30	19.76	100
2015	30.94	—	3.19	65.87	100
2016	30.55	—	2.21	67.24	100
2017	44.64	—	2.37	52.99	100
2018	43.26	—	2.69	54.05	100

资料来源：由中国债券信息网、中华人民共和国国家统计局提供数据整理计算所得，其中凭证式国债数据为估算所得。

我国国债的期限划分标准为1年及1年以下的为短期国债、1年以上5年以下的为中期国债、5年以上的为长期国债，与国际通用标准有所不同。在统计中，也常用1年期以下、1～3年期、3～5年期、5～7年期、7～10年期、10年期以上的分类方法。现阶段，我国发行的中长期国债居多，发行的短期国债较少，具体的国债期限结构如表7-2所示。

表7-2　2008—2018年我国国债期限结构　　　　　　　　　　单位：%

年份	1年期以下	1～3年期	3～5年期	5～7年期	7～10年期	10年期以上	总计
2008	—	—	—	—	—	100.00	100
2009	—	—	—	—	45.59	54.41	100
2010	—	—	—	—	54.27	45.73	100
2011	—	—	—	—	67.24	32.76	100

（单位：%）（续表）

年份	1年期以下	1～3年期	3～5年期	5～7年期	7～10年期	10年期以上	总计
2012	—	—	—	17.98	64.59	17.43	100
2013	—	—	—	48.67	39.49	11.84	100
2014	—	—	7.65	40.66	40.00	11.69	100
2015	—	—	26.88	34.87	28.88	9.37	100
2016	—	12.38	25.39	25.20	23.11	13.92	100
2017	—	23.75	23.58	20.40	19.05	13.22	100
2018	6.22	26.10	17.23	18.94	17.30	14.21	100

资料来源：由 Wind 数据库提供数据整理计算所得。

我国国债工具的种类逐渐丰富，既有固定利率国债，也有浮动利率国债，既有1年期以下的短期国债，也有发行了30年期的超长期国债，中国现在已经成为当今世界上为数不多的能够发行超长期国债的国家之一。在期限设计上更多地体现了主动性和灵活性，投资者可选择的投资品种越来越多，这对于国债的顺利发行和提高二级市场流动性发挥了很重要的作用。但同时国债发行仍面临国债品种比较单一及品种之间缺乏梯次的问题，不能满足不同类型投资者的需求，特别是缺乏作为央行短期调节金融市场工具的发行品种。另外，我国国债期限结构整体偏长，这个是财政部在发行之初主要从缓解国债偿还压力角度来考虑的；但同时由于缺乏短期国债的运用，央行通过公开市场买卖国债发挥稳定经济的作用并没有发挥出来，还有改进空间。

而就地方债而言，其发展受到地方政府无权发行公债这一思想的限制。《中华人民共和国预算法》第三十五条规定："地方各级预算按照量入为出、收支平衡的原则编制，除本法另有规定外，不列赤字。"使地方政府丧失自主发债权，致使地方政府不得不通过非正规渠道举债。因此，地方债主要可以分为隐性债务和非法债务两大类。在过去的20年间，其债务规模不受控制地膨胀，滋生了巨大的债务风险，甚至威胁到了经济发展。直至2014年，地方债被纳入预算管理，才算给失控的马车上了套子。目前，我国地方债问题得到了暂时缓解，但要彻底解决还有很长的路要走。

 资料链接 7-1

储蓄国债与凭证式国债有何区别？

我国于2006年推出了储蓄国债，希望用这种符合国际规范的国债品种取代现有的凭证式国债。那么，储蓄国债和凭证式国债有什么区别呢？

凭证式国债是我国财政部于1994年推出的，主要面向个人投资者销售的国债品种，这种国债要在"凭证式国债收款凭证"上记载购买人的姓名、发行利率、购买金额等内容。

而储蓄国债在西方国家已有多年历史，它是财政部为满足个人长期储蓄性投资需求，较多偏重储蓄功能而设计发行的一种国债。目前国际上以美国的储蓄国债为代表，它是美国财政部面向其国内个人投资者发行的一种长期凭证式国债。

之前我国的凭证式国债，一般是通过获得承销团资格的商业银行下属营业网点和邮政储蓄部门，面向社会发行。在发行期内，投资者在这些机构营业网点购买。身为承销团成员的商业银行采取包销的方式向社会销售，先向财政部就其包销额度交款，然后再发行凭证式国债。

而美国的储蓄国债由全美获得财政部授权的政府部门，和数量超过4万家的金融机构进行发行和兑付。个人投资者可以"随时随地"通过金融机构的柜台交易（如财政部的国债局、银行、储蓄和贷款协会等）、工资的自动扣除计划、在互联网上直接交易等各种便利方式购买。

从发行期限和兑付、流通方式来看，我国的凭证式国债只有2年、3年、5年期这3种中期国债，可以记名、可以挂失，但不能上市流通。投资者购买后如需变现，可以到原购买网点提前兑取，除偿还本金外，还可按实际持有天数及相应的利率档次计付利息。

而储蓄国债的期限一般较长，可以满足个人长期储蓄性投资的需求。例如，美国的储蓄国债一般为10～30年期的长期国债，分为I、EE、HH这3个系列，也不可以流通转让。而且对于提前兑付有一定的罚息规定，规定必须持有债券期限超过6个月后才能提前兑取，若持有期超过5年，投资者可以获得截至当时的全部收益，无任何损失。投资者需变现时，可以到任何代理机构办理提前兑付。储蓄国债的兑付款项逐级划付，最后由财政部直接付款，因此没有本金风险。

在利率的确定和计息方式上，我国的凭证式国债是根据同期限商业银行储蓄存款利率来确定，一般稍高于同期限储蓄存款税后收益率，发行时都是按面值平价发行。采取单利的计息方式，利率在债券存续期内是不变的，到期一次还本付息。

美国的储蓄国债利率根据市场化的基准利率确定，发行时分平价发行和贴现发行，票息确定比较市场化。债券以复利计息且在存续期内定期浮动，有助于投资者规避利率风险。

另外，我国的凭证式国债利息收入免收所得税。而美国的储蓄国债利息收入免缴州和地方所得税，但不免联邦所得税。

资料来源：许翔，2005.储蓄国债与凭证式国债有何区别？[N].中国证券报，06-08（6）.

（二）发达国家公债发行种类

1. 美国公债发行种类

美国公债即美国联邦债务，其发行历史已经有200余年，数目繁多、品种齐全。美国大部分的联邦债务是由财政部发行的，仅有少部分由其他政府机构发行，因此机构债务所占份额往往很小，所以联邦债务通常指的就是国债。一般按其流通性，将美国国债分为可流通国债和不可流通国债两大类。

可流通国债是指在财政部初次发行后，可以在金融市场买卖、转让相应所有权的国债，包括短期、中期、长期的名义国债和中期、长期的通货膨胀指数联系型国债（Treasury Inflation-Indexed Securities，TIIS）。短期国债是指剩余期限小于或等于1年的国债，通常按债券面值的一定比例折价发行；中期国债是指剩余期限大于1年并且小于或等于10年的国债，每半年支付固定金额的利息；长期国债是指剩余期限大于10年的国债，每半年支付固定金额的利息。特别的是，美国的长期国债在发售时附带赎回条件，即美国财政部有权在债券到期前的5到10年内的任何时候，硬性要求债券持有者把债券卖给政府，而美国财政部只需支付债券面值的金额。由于短期国债的流动性最高，市场需求最为旺盛，美国的可流通国债以短期国债为主。美国财政部从1997年1月开始发行中期和长期的通货膨胀指数联系型国债，其本金和利息都根据消费者价格指数进行相应的调整，并以5年、20年、30年的形式发行。美国的可流通国债结构如表7-3所示。

表7-3　1980—2018年美国可流通国债结构　　　单位：%

年份	短期国债	中期国债	长期国债	中期TIPS	长期TIPS	总计
1980	76.83	20.40	2.77	—	—	100
1981	77.89	19.70	2.41	—	—	100
1982	76.53	22.21	1.26	—	—	100
1983	74.96	21.89	3.15	—	—	100
1984	71.71	24.82	3.47	—	—	100
1985	72.59	23.58	3.83	—	—	100
1986	71.76	25.00	3.24	—	—	100
1987	70.45	26.79	2.76	—	—	100
1988	72.71	24.99	2.30	—	—	100
1989	70.61	26.21	3.18	—	—	100
1990	71.16	26.03	2.81	—	—	100
1991	70.74	26.44	2.82	—	—	100
1992	72.33	25.51	2.16	—	—	100
1993	72.90	25.61	1.49	—	—	100
1994	75.31	23.58	1.11	—	—	100
1995	74.73	24.14	1.13	—	—	100
1996	71.62	26.85	1.53	—	—	100
1997	71.88	24.89	1.61	1.62	—	100
1998	73.69	22.64	1.85	0.91	0.91	100
1999	77.34	19.76	1.23	0.87	0.80	100
2000	82.48	15.65	0.96	0.63	0.28	100
2001	84.63	14.06	0.66	0.45	0.20	100
2002	84.41	14.96	—	0.63	—	100
2003	81.53	17.83	—	0.64	—	100

（单位：%）（续表）

年份	短期国债	中期国债	长期国债	中期 TIPS	长期 TIPS	总计
2004	80.71	17.87	—	1.17	0.25	100
2005	81.80	16.52	—	1.27	0.41	100
2006	81.13	16.39	0.63	1.37	0.48	100
2007	82.25	15.32	0.90	1.14	0.39	100
2008	80.30	17.59	0.92	0.89	0.30	100
2009	70.60	26.77	1.84	0.60	0.19	100
2010	67.66	28.68	2.44	1.01	0.21	100
2011	70.86	24.89	2.38	1.54	0.33	100
2012	69.99	25.77	2.29	1.65	0.30	100
2013	71.56	24.15	2.23	1.75	0.31	100
2014	69.08	26.05	2.53	1.99	0.35	100
2015	70.81	24.59	2.50	1.76	0.34	100
2016	73.56	22.60	2.24	1.33	0.27	100
2017	75.64	20.90	2.11	1.12	0.23	100
2018	75.47	21.26	1.95	1.22	0.10	100

资料来源：由 Wind 数据库提供数据整理计算所得。

不可流通国债是指由政府发行、采用注册制，且不可转让、不可抛售，但在持有一年后可赎回的债券，主要有储蓄债券、投资债券和特别发行债券。储蓄债券是指专门用于吸收居民储蓄资金的债券，它是不可转让公债最重要的表现形式。在美国，储蓄债券分为系列 EE 类储蓄债券和系列 HH 类储蓄债券。前者属于零息债券，目前有 17 年和 30 年两种期限，有从 50 美元到 1 万美元 8 种面额；后者属于付息债券，半年付息一次，有 500 美元、1 000 美元、5 000 美元和 1 万美元 4 种面额。投资债券是专门面向公共投资者发售，有 A 类和 B 类两种。前者可兑换成现金，后者不能兑换现金，只能换成 5 年期的可转让债券。特别发行债券是指面向联邦政府管理的 12 个基金账户强制发行的金融债券。

美国国债种类的多样化设计，为美国政府管理国债规模风险、调控经济提供了有效的手段。

 资料链接 7—2

美国地方政府债券基本情况

美国是典型的联邦制国家，行政结构包括联邦政府、50 个州政府以及 8 万多个县、市、镇、学区及其他特别服务区。美国宪法确立了各级政府的职责和支出责任，同时也赋予了各级政府相应的征税权，使联邦、州和地方各级政府的财权和事权明晰。这样分级自治的政治体制和财税体制决定了美国各级政府都拥有举债权，因此早在1812年，美国第一只地方政府债券就应运而生。经过200多年的发展，美国地方政府债券市场发展成为仅次于股票市场、国债市场以及企业债市场的美国第四大资本市场。

1. 市场概况

2002年以来，美国地方政府债券每年的发行额维持在1 500亿～3 000亿美元之间，余额在美国GDP中所占比重基本保持在10%～20%。2011年共发行了3 550亿美元的地方政府债券，多数为期限20～30年的固定利率债券。截至2011年6月，美国未到期的地方政府债券余额为3.73万亿美元，占整个债券市场的比重为10%。未到期的地方政府债券只数为120万只，发行地方政府债券的主体超过5 000家。

按照发行人的种类划分，发行量排名居前五位的分别为州属债务融资机构、州政府、地方政府部门、学区和市级地方政府，发行量分别为940亿美元、636亿美元、579亿美元、542亿美元和509亿美元，占比分别为26%、18%、16%、15%和14%。按照发行债券募集资金用途划分，主要用于一般性政府投资、教育等。

地方政府债券因其免税特点，多数为个人投资者持有。2011年，地方政府债券的交易规模为3.3万亿美元，年换手率不足100%，显著低于美国国债等流动性较好的品种，日均交易量约为130亿美元，交易笔数约为41 000笔。

2. 债券分类及偿债来源

美国地方政府债券按发行人及偿债来源的不同，主要分为一般责任债券（general obligation bonds）、收益债券（revenue bonds）和项目渠道债券（appropriation/conduit bonds）三类。一般责任债券发行人为州或地方政府，债务偿还以政府全部信用和征税能力为保障，偿债资金在一般预算中列支。收益债券的发行人一般为政府机构，为水利、交通、高等教育和公共医疗等特定项目筹集资金，如加州大学管理局为建设集合医疗中心、纽约市水务局为建设城市自来水系统发行收益债券，偿债资金都来源于投资项目的收益。项目渠道债券比较特殊，是政府或非政府企业通过特定的融资平台进行筹资。例如，加州有健康设施融资平台、基础建设和经济发展银行等融资平台，加州还通过州公共事业委员会发行租赁收入债券，纽约市政府通过临时融资管理局发行资产证券化债券。这一类债券的偿付资金也来源于项目收益，并且必须得到政府法律批准才能发行。

一般来讲，一般责任债券的信用和安全性最高，评级也相应较高，在相当长的时间里，州与地方政府长期债券大多数都是一般责任债券。20世纪50年代以后，收益债券和项目渠道债券开始大量出现，债务余额不断提高。近年来，收益债券和项目渠道债券规模已超过一般责任债券。以上三类债券的发行期限都比较长，通常在10～30年之间，此外地方政府出于现金管理的需要也会发行少量的短期债券，如加州政府发行当年到期的收入预期票据。

资料来源：《美国地方政府债券市场培训报告》，2012-08-15，美国财政部.

2. 日本公债发行种类

日本公债由国债、政府短期债券、借入金、政府保证债、地方债等组成。其中，国债包括普通国债和财政投融资债，普通国债又包括新发债、年金特例国债、复兴债和借换债。

新发债即新规财源债，分为建设国债和特例国债两种。日本《财政法》第4条第1项规定，国家岁出原则上要靠国债及借入金以外的财源填补，但是由于公共事业费等特殊情况造成的支出可以靠发行国债来填补，这部分国债称为建设国债，又叫"四条公债"。当公共事业费以外的支出国家财源仍不足时，政府根据特殊法律制定国债发行计划，这部分国债称为特例国债，其性质是赤字国债，靠借换债偿还。借换债是指用新发行的国债来替代已经存在的国债，如果到期需要偿还的国债数额太集中，借换债数额太大时政府可以采取发行"倒账债"方式，即提前多发借换债，减少当年借换债数额。复兴债则是为东日本大地震重建筹集财源而发行的国债。

日本国债按期限主要分为四种：短期国债、中期国债、长期国债、超长期国债。短期国债主要指国库券，包括6个月和1年期的国债，为贴现国债。中期国债包括2年期和5年期的国债，是近年来日本最受欢迎的国债。长期国债主要以10年期国债为主。超长期国债有20年、30年、40年期，均是固定利率附息债券，每半年支付一次。除此之外，还有15年期浮动利率和10年期物价联动利率，以及面向个人的短期贴现国债。同时，上述国债还可以按照支付方式分为利率国债和贴现国债。利率国债即按票面利率每半年支付一次利息，到期本息一同支付，贴现国债则按低于面额价格销售，到期按面额支付，一般为短期国债。除短期国债和面向个人的国债不允许转让外，其余国债都允许自由转让。日本国债期限结构如表7-4所示。

表7-4 1989年以来日本国债期限结构　　　　　　单位：%

年份	超长期（20年及以上）	长期（10年）	中期（2～5年）	短期（1年以下）	其他	总计
1989	6.05	48.36	9.40	33.58	2.61	100
1990	5.32	47.84	8.13	37.21	1.50	100
1991	4.23	45.13	6.11	43.25	1.28	100
1992	5.44	44.44	5.44	43.53	1.15	100
1993	4.57	39.50	18.11	36.94	0.88	100
1994	4.86	39.56	19.59	35.99	—	100
1995	5.34	36.56	24.07	34.03	—	100
1996	4.77	35.78	22.18	37.27	—	100
1997	4.86	36.43	19.85	38.86	—	100
1998	5.25	35.18	22.42	37.15	—	100
1999	4.28	24.82	31.02	39.88	—	100
2000	3.64	20.89	37.44	34.74	3.29	100
2001	4.11	22.05	40.11	29.84	3.89	100
2002	4.83	20.45	40.15	29.36	5.21	100

（单位：%）（续表）

年份	超长期（20年及以上）	长期（10年）	中期（2~5年）	短期（1年以下）	其他	总计
2003	6.15	20.10	38.45	30.03	5.27	100
2004	7.81	20.04	37.69	28.35	6.11	100
2005	8.79	20.96	37.53	25.28	7.44	100
2006	10.53	22.39	39.29	21.95	5.84	100
2007	11.03	23.52	40.48	20.78	4.19	100
2008	12.79	22.86	41.86	19.76	2.73	100
2009	12.87	18.18	40.44	23.93	4.58	100
2010	13.44	18.49	42.02	21.01	5.04	100
2011	14.08	18.23	42.00	20.73	4.96	100
2012	14.45	18.61	42.04	20.09	4.81	100
2013	14.55	18.78	42.92	19.16	4.59	100
2014	15.52	19.81	41.95	17.29	5.43	100
2015	17.07	20.24	39.43	16.96	6.30	100
2016	17.41	20.68	38.37	17.02	6.52	100
2017	17.40	20.67	37.38	16.85	7.70	100
2018	16.99	20.86	36.66	16.10	9.39	100

资料来源：由 Wind 数据库提供数据整理计算所得。

近年来，日本财务省为加强国债的流动性和确保发行计划的完成，针对不同类型的投资者还增发了许多国债新品种，主要包括超长期固定利率国债、中长期不流通国债、浮动利率国债、通胀指数国债等。

日本作为一个典型的单一制国家，其地方政府发行公债的历史也十分悠久，可以追溯到明治维新时期。目前，日本的地方政府债券有两种类型：一种债券由地方政府直接发行，称为地方公债；另一种债券由地方公营企业发行、地方政府担保，称为地方公营企业债券。前者主要用于地段开发、地方基础设施建设、供应住宅建设、医疗教育等公益事业；后者则主要用于下水道、自来水和交通设施建设等。从期限上来看，日本地方债券多为中长期债券，期限以 10 年以上为主。

多年来，日本公债结构设计一直注重多样化、长期化，不仅使融资渠道多元，也可以降低国债成本，缓解国债集中偿还的压力。得益于此，日本财政也较好应对了世界经济危机以及东日本大地震等的冲击。

3. 英国公债发行种类

英国公债主要包括国库券、金边债券、国民储蓄债券和地方当局债券这四大类。

英国是发行国库券最早的国家。国库券是指由英国政府发行的短期债券，其期限最早规定为 12 个月以内，后统一规定为 91 天。较短的期限使得国库券的流动性和变现性极高。国库券是以不记名贴现形式，由英格兰银行通过招标方式发行的，还可以在债券市场上进行买卖，其面额有 5 千英镑、1 万英镑、2.5 万英镑、10 万英镑、25 万英镑和 100 万英镑不等。

金边债券是指英国除国库券以外可在证券交易所买卖的所有政府公债，即伦敦证券交易所公开上市且其价格稳定的优良债券总称，通常被认为是英国国债，或被称为英国政府公债。由于这种债券带有金边，代表着全国最高信誉和最小的风险，并被认为是最稳定可靠的债券，因此被称为金边债券。金边债券包括常规金边债券（conventional gilts）、指数联系型金边债券（index-linked gilts）、双到期日金边债券（double-dated gilts）、无到期日金边债券（undated gilts）四种。目前只有常规金边债券和指数联系型金边债券仍在发行，双到期日金边债券和无到期日金边债券已经停止发行。此外，英国政府也发行少量的短期国债。

国民储蓄债券是指国民储蓄银行吸收的存款，它是政府筹款渠道中，仅次于英格兰银行的第二大渠道，约占国家债务的 20%。国民储蓄债券具体包括国家储蓄债券、有奖储蓄债券和从源扣除储蓄契约等。国家储蓄债券是 5 年期的债券，有奖储蓄债券的期限则不固定，且利息以资金的形式支付，而从源扣除储蓄契约是期限为 5 年期并与物价指数挂钩的指数化债券。

地方当局债券是由英国和北爱尔兰的地方当局发行的债券，但发行额度由英格兰银行控制，此外，若干水利机构及房产抵押机构也有发行。地方当局债券的期限一般为 1～5 年，并可以上市交易。

（三）发展中国家公债发行种类

1. 印度公债发行种类

对于印度中央政府而言，其债务包括国债和其他债务两部分。印度中央政府发行的短期债券主要指国库券（treasury bills），初始发行期限一般不超过 1 年，期限在 1 年及 1 年以上的印度政府债券称为国债，有期间公债、基金公债、长期公债和永久性公债等不同形式。此外，印度中央政府还面向中央国有企业，包括印度石油公司、印度化肥公司、印度食品公司等发行的石油债券、化肥债券、食品债券等特种债券（special securities），这些也属于国债，特点是收益高、期限长，目的是替代中央政府对这些公司的现金补贴。此外，印度国债还包括印度主权黄金债券（sovereign gold bond）。在印度国债中，10 期印度国债是反映印度国家主权风险的基准国债品种。而其他债务里，则包括了小额储蓄和准备基金等。

印度中央政府可以同时发行国库券和国债，邦政府不能独自发行国库券，其发行的邦政府债券被称为邦政府发展贷款（state development loan）。

2. 巴西公债发行种类

巴西作为"金砖国家"之一，近年来经济发展吸引着世界目光，同时，巴西的公债发展在发展中国家里也是较为突出的。目前，巴西债券市场上采取竞争性招标发行的联邦公债主要有固定利率债券、通胀指数债券和浮动利率债券三种。

固定利率债券包括四个期限的短期国债和两个期限的中长期国债。通胀指数债券则涵盖了 B 系列国债和 C 系列国债。通胀指数债券则是六组由巴西财政部不断滚动发行的、期限由短到长的、与巴西全国消费者物价指数挂钩的债券。浮动利率债券是以隔夜利率作为基准利率发行的债券，目前，该债券仅有 4 年期和 5 年期两个品种，发行量相对较少。

二、公债发行对象比较

公债的发行对象，即公债的应债来源，是指公债的发行收入来源于何处，或者说政府债务的债权人是谁。一般而言，公债的发行对象主要是银行系统内的中央银行与商业银行以及非银行系统中的非银行金融机构、政府机构、居民个人和非居民。

各国政府往往利用国债应债来源的选择和变化来执行不同时期的经济政策，实行宏观经济调控，维持经济的稳定发展。公债的应债来源选择力求与经济形势的需求相适应。不同的应债来源会产生不同的经济效应。接下来，将对多个国家的国债发行对象进行讨论比较。

（一）中国国债发行对象

改革开放以来，我国国债的发行对象主要分为企事业单位、政府机构、商业银行、非银行金融机构和个人，但是总的来看，还是以居民个人为主。

我国国债的个人认购比例一直维持在 30%～50%，这一比例与英美日等国家相比是最高的。而机构投资者中则主要是由几家大型国有商业银行持有大部分国债，数量较多的中小金融机构反而持有很小的部分。

国债主要集中在个人投资者及大型金融机构手中，造成了我国国债持有者结构单一的问题。众所周知，国债发行最基础性的作用是弥补投资缺口，因此国债的承购对象应该是金融机构。而我国却与此相反，国债主要由居民个人认购，因此国债每次发行都会导致银行储蓄转向认购国债，因而国债投资作用基本被遗弃。

（二）发达国家公债发行对象

1. 美国公债发行对象

美国公债的发行对象中，除了国内机构和个人购买者，还有相当大一部分的国外购买者（主要是外国政府），使得美国有别于其他国家。

如图 7-1 所示，从 2018 年美国公债发行对象结构来看，海外和国际投资者所占比重约为 36%，在所有发行对象中占比最大，是美国公债最主要的应债来源。可见国外持有者扮演着至关重要的角色。从 2001 年开始，海外和国际投资者所持美国公债额显著上升，如图 7-2 所示。据美国财政部资料显示，从 2001 年至 2018 年，国外所持数额从 1.199 万亿美元上升到了 6.391 万亿美元，增加了 5.192 万亿美元。

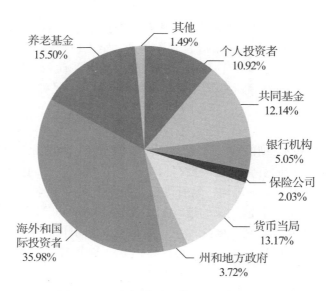

图 7-1　2018 年美国国债发行对象结构表

数据来源：由 Wind 数据库提供数据整理计算所得。

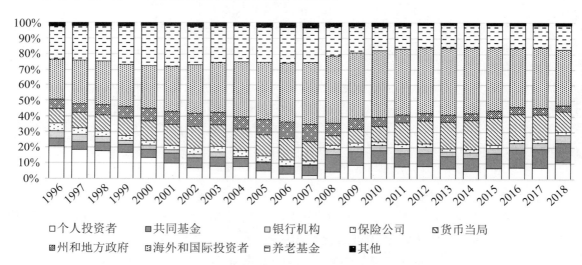

图 7-2　1996 年以来美国国债发行对象结构变化表

资料来源：由 Wind 数据库提供数据整理计算所得。

美国联邦政府债券发行对象的变化是具有明显的政策性的。在 20 世纪 30 年代经济大危机时期，由于联邦政府债券的绝大部分都是在银行系统中销售的，美国国债的主要发行对象是银行系统。第二次世界大战期间，由于巨额军费支出导致了经济过热倾向，国债发行对象的焦点便转向了非银行系统，代表之一就是以居民为发行对象的储蓄债券。二战后的 30 多年内，总体上看美国的经济政策是以反危机和减少失业为主导思想，因此这一时期银行系统的债券持有份额很高，基本保持在 30% 左右。一直到 20 世纪 70 年代经济出现"滞胀"后，政府为了遏制通胀，开始降低银行系统的公债持有份额。2008 年以来，随着次贷危机的爆发，美国国债由之前严重依赖于国外投资者开始转向国内居民。

2. 日本公债发行对象

日本公债的发行对象包括证券公司、商业银行、日本银行、保险公司、财政投融资资金、政府年金基金以及居民和国外持有者，呈多元化分布。

据日本财政部数据，截至2018年12月末，日本已发行了1 013万亿日元的公债。其中，日本银行所占比例为46.01%，占比最高；其次是保险和银行等金融机构，其持有比例分别为20.45%和16.91%；此外，公共年金、年金基金合计占比7.55%；值得一提的是，国外持有者的占比仅为6.39%，如图7-3所示。不难发现，日本公债近85%是由日本银行和金融机构持有的，90%以上由国内债权人持有。

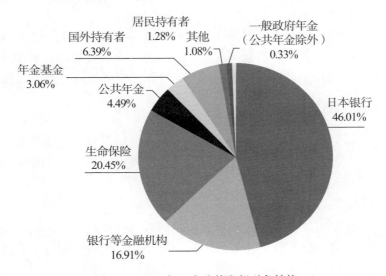

图7-3　2018年日本公债发行对象结构

资料来源：日本财政部网站。

总的来说，日本公债发行对象结构多元，且以国内债权人为主。由于公债主要由国内债权人持有，其受汇率波动的影响较小，即公债的汇率风险相对较低，这对于有效管理公债有着重要意义。基于此，学界普遍认为只要日本较大的金融机构、日本银行等不出现危机，日本的公债市场就是稳定和安全的，不必担心日本公债的发行和承购。尽管，日本公债市场是封闭的，但它同时也是安全稳定的。

3. 英国公债的发行对象

英国公债的债权人包括个人和机构两类。机构主要包括：银行体系，如各清算银行、各苏格兰银行及爱尔兰银行、各贴现所及各大商业银行等；保险公司，英国保险公司是债券发行市场上的主要团体投资者；退职金与养老金基金，退职金与养老金基金主要来源于企业界职工工资的扣缴额，其投资对象多以政府发放的长期债券为主；国民储蓄机构，为了吸收国民小额储蓄，英国设有两类储蓄银行，一类是邮政储蓄银行，另一类是信托储蓄银行，其投资对象也多为政府债券。

英国持有公债份额最高的机构为保险公司及养老基金，约占40%。其次为海外机构，持债比例通常在30%左右。除此之外，个人和中小投资者也对购买公债也有较高积极性，其持有公债的比例约占25%。

（三）发展中国家公债发行对象

下面以印度为代表分析发展中国家的公债发行对象，由于印度地方债的代表性，除中央政府债券以外，也对邦政府债券的发行对象进行介绍。

对于印度中央政府债券而言，其最主要的发行对象是金融投资机构。据统计，2014年，印度中央政府债券存量约41.58万亿印度卢比，其中最大的投资者是印度商业银行（占比43.30%），其次是保险公司（占比20.87%）、印度储备银行（占比13.48%）、社会养老基金（占比7.58%）。外国机构投资者在2013年至2015年持有印度中央政府发行债券的占比分别为1.61%、1.68%、3.67%，虽然总体占比还较低，但反映了海外投资者逐渐看好印度发展趋势，加大在印度的投资，因此其占比增加速度较快。

对于印度地方政府债券而言，其主要持有机构为印度商业银行（占比42.91%）、保险公司（占比33.16%）、社会养老基金（占比15.78%），这三类机构持有印度地方政府债券总量占比为91.85%。与中央政府债券不同的是，外国投资者不能投资印度地方政府债券。

三、公债发行方式比较

公债发行管理是公债管理的重要环节。其中，公债的发行方式是决定公债发行条件的关键性因素。一国采取何种国债发行方式，要受到国家的经济、金融体制与公债市场发达程度的制约。

（一）我国国债发行方式

我国国债发行在经历了行政摊派和承购包销的发行体制后，逐步向市场化发行方式过渡，初步形成了以公募招标发行为主体，向特定对象私募发行、通过柜台进行场外交易为辅助的发行机制，并于2013年7月引入了预发行机制，使得国债发行机制进一步成熟。现阶段，我国国债发行机构主要为财政部，下设国债管理机构即中国国债协会，负责债券业的自律管理，维护债券市场秩序。

目前，我国的记账式国债、特别国债主要采用竞争性招标的发行方式向规定的国债承销团成员发行，招标方式既包括单一价格招标也包括修正的多重价格（即混合式）招标，招标标的为利率或价格。而凭证式国债、储蓄国债（电子式）是采用承包购销的发行方式向全社会公开发行，由承销团成员通过其营业网点柜台向个人投资者代销。

（二）发达国家公债发行方式

1. 美国公债发行方式

美国公债的发行通常采用拍卖方式，拍卖规定主要包括两个方面：拍卖周期及竞价方式。具体的国债发行时间、过程、拍卖办法等均由美国财政部决定。当前的拍卖周期包括每周进行的3个月和6个月短期国债拍卖；每3周一次的"年债券"拍卖；每月一次的2～5年中期国债；以季为周期的10年和30年长期国债拍卖，这种长期国债拍卖又常被称为再融资拍卖（refunding auction）。财政部一般会在拍卖日前数天宣布拍卖有关事项，包括发行国债金额、拍卖时间及债券的期限等。有时一些已经上市或拍卖过的品种会进行增量拍卖（re-open），即已经拍卖过的品种，追加了新的发行额。增量拍卖是对已经拍过的品种增加数量，而不是新品种的发行。

拍卖出价的具体方式有两种，非竞争性出价（noncompetitive bid）和竞争性出价

(competitive bid)。非竞争性出价是由那些愿意以拍卖程序决定的价格购买债券的一种参与形式,如个人投资者、小机构投资者常采用这种方式。由于不涉及具体价格,所以这种出价只表明自己愿意承购的金额。目前,美国财政部对非竞争性出价拍卖有最高承购额的限制。其中,短期国债不得超过 100 万美元,对附息票债券不得超过 500 万美元。对附息票债券的出价既包括对价格的要求,也包括对承购资金来源的说明。参与附息票债券竞标的主要是经纪商、存款机构和一些大型货币资金管理公司等。

拍卖结果的决定过程为:首先从参拍的总额中除去非竞争性出价金额和非公开认购额(如由财政部自己购买的金额),剩下的是供竞争性拍卖的总额;然后在剩下的金额中,按收益率从低到高的顺序分配,直到全部剩余金额分配完为止。财政部所接受的最高收益率称为终止收益(stop yield),如果剩余金额刚好与全部竞拍这一收益率的所有竞拍者的金额一致,则全部的竞标金额将被接受,否则,将以竞拍金额按比例分配。

所有的国债拍卖均为一价式拍卖(single-price auction),在这种拍卖形式中,所有的竞拍者均按财政部所接受的最高收益定价,即按竞争性拍卖中财政部最后接受的最高收益率确定债券的收益率,也称荷兰式拍卖(Dutch auction)。历史上,美国国债也曾用过多价拍卖,即除去非竞争性拍卖的认购额后,其余的按出价人可接受的收益率由低到高分配债券金额,以实际出价为债券的收益率。从 1992 年 9 月起,美国财政部开始在 2~5 年的中期债券中使用一价式拍卖,并最后于 1998 年 11 月将全部的国债拍卖改成了一价式拍卖。

2. 日本国债发行方式

由于历史原因,日本国债在明治初期就已经形成公募发行方法,但鉴于其发行费用昂贵,1932 年之后就很少实行了。直至日本由最初的统制式发行转向市场化发行,公募发行这种发行方式才在日本发展起来。目前,日本的国债发行方式仍是以公募发行方式为主,多种发行方法并行的形式存在。现行的国债发行方式主要包括公开募集发行、面向个人投资者发行和面向金融机构的私募发行。

公开募集发行具体分为公开招标发行和承销团承购两种方式。公开招标发行是日本国债现今最常用的发行方式,由认购方对国债认购条件进行投标,根据投标结果决定认购方以及国债发行条件与发行额。其包括价格竞争投标、利率竞争投标、非竞争投标以及第 I 非价格竞争投标和第 II 非价格竞争投标。目前除了 10 年期固定利率国债外,其他国债都可以由投标决定发行利率和发行量。承销团承购则是指由证券公司、银行、保险公司等金融机构组成承销团,由日本银行代表政府与承销团谈判的方式决定国债的价格、收益率等相关事宜,意见一致后,由各个金融机构认购向社会公开发售,剩余的则由承销团自己认购的一种方式。承销团包括证券公司、城市的商业银行、长期信贷银行、区域银行、信托银行等共 35 家成员金融机构。这一方式仅适用于 10 年期固定利率国债。其中在 10 年期固定利率国债的发行中,85% 的发行额通过竞争性投标或非竞争性投标由金融机构承购包销,其主要任务是向个人推销国债;剩余的 15% 募集余额由承购团按固定比率认购,认购价格为竞争性投标的平均加权竞标价格。承销团认购方式从 1966 年再次发行国债开始就为二级市场的稳定和发展发挥了关键性的作用。

面向个人投资者发行指的是这一部分国债只针对个人私募发行,一般是在证券公司、银行等金融机构和邮政局约 1 100 家投资机构根据其承销发行国债的额度而以个人投资者为发行对象的国债。其主要类型包括 3 年期固定利率国债、5 年期固定利率国债及 10 年期浮动利率国债。从 2007 年 10 月起，为了便于个人投资国债，在邮政柜台设立新窗口发售 2 年、5 年及 10 年期附息国债，其中 3 年期每月发行一次，5 年期和 10 年期的发行频率为每年 4 次。

面向金融机构的私募发行不同于公募发行，因为公共部门发行的国债主要是由日本银行、财政投融资资金、邮政储蓄及公共年金等财政投融资特别会计承购的国债。这一方式主要属于日本政府内部强制性交易，主要目的是为了保证国债的顺利发行。而私募发行多通过日银认购，即"日银乘换"，是指日本银行为避免民间机构由于资金不足影响国债发行计划，日本银行从民间机构回购国债的行为。日银认购是保证战前大量顺利发行国债的基本方法。二战后，由于这种认购国债的方法引起的货币超额发行会引发通货膨胀，因此日本政府在其《财政法》第五条中规定，公债不得由日本银行直接认购。1972 年，《财政法》补充规定，日本银行可以承购短期国债和借换债，认购的借换债数额需要以其所持有的期满的国债数额为限度；其中债认购银行团认购的国债，一年以后可以由日本银行负责收购。该项措施的实施目标是为确保国债银行团成员有足够的闲散资金认购下一年度的国债，确保国债的顺利发行。即当市场上发行大量借换债，导致民间资本短缺时，日本银行可以以收购借换债的形式向民间发放一定数额的货币，从而保证国债顺利发行及国债市场的平稳运行。

3. 英国公债发行方式

英国对于国库券，主要有两种发行方式。第一种方式是每周标售法，这种方法是由财政部每周提供定量的国库券，由金融机构等参加投标而一次售出。此种以标售办法发行的债券（即标售券）为金融机构及社会大众所持有，构成政府的有效短期负债的一部分。招标发售后，大部分都在市场上持续发生交易，因此被称为市场国库券。第二种方式是随时零售法，又称随借，是按固定利率或价格，随时售予拥有临时资金的各级政府机构。零售券为政府各机构所持有，差不多是名义上的债券，仅代表政府内部会计上的交易，原则上不进入市场；只有英格兰银行为吸收剩余资金而向市场售出国库券时，才出售若干零售券。除此以外，还有一类分档发行方式。分档发行是英格兰银行以相同的条件在市场上出售以招标方式发行的同种公债。它与随借的区别在于，随借发行是出售原先预发行的国债数量中没有被预购或分配的部分，而分档则是出售原先预发行的国债数量之外的重新增加部分。

金边国债的发行方式一般采用公开拍卖及非公开发行两种。公开拍卖是由英格兰银行公告发行条件和拍卖底价，国债交易商依照规定参与投标；非公开发行是由英格兰银行发行部购入全部所发行的国债，这些保存在英格兰银行投资组合中的债券，视金融市场需要，随时通过与国债交易商交易投入二级市场。英格兰银行通常在周五下午宣布将要发行的公债，投标申请必须在下个星期四上午报英格兰银行。1979 年以前，招标方式的发行价在宣布之日即固定下来，在市场收益率下降时，投标人可以轻易获取发行价格和市场价之间的价差利润，从而发生投标严重超标的情况。从 1979 年开始，英格兰银行采用价格招标方式，通常英格兰银行确定一个最低招标价格，发行公债的数量分配按招标价格从高到低分配给投标人，投标人所支付的实际价格统一为中标的最低价格。未发出去的部分，先由英格兰银行的债券发行局全部认购，然后由该局派出政府经纪人向金边债券的批发交易商发售。这一发售方式称为开关制，即批发交易商随时可向政府经纪人申请购买金边债券，而后则根据市场需求情况决定买与不买、买多或买少，就像一个开关。通过这种发行方式，英格兰银行把发行金边债券作为货币调控的一种工具。

（三）发展中国家国债发行方式

1. 印度国债发行方式

印度国债采取由印度储备银行拍卖发行的方式。拍卖是通过印度储备银行核心银行服务平台完成的，主要市场参与主体是印度商业银行、城市合作银行、一级交易商及社会养老基金（provident fund）。印度储备银行按惯例在每星期三发行国库券，星期四进行结算；每星期五进行中长期国债拍卖，在次周星期一完成结算。印度储备银行在每个月的第二和第四个星期二进行邦政府债券的拍卖。

2. 巴西国债发行方式

联邦公债由巴西财政部组织发行，通过 SELIC 2 电子招标系统进行，只有在系统中注册并经过授权的机构才可参与。

巴西财政部每年年底会对市场公布下一年度的联邦公债发行计划安排，每月月初公布当月发行债券的债券期限、投标上限、缴款日期等具体细节。固定利率债券的招标安排在每周四进行。为了提高二级市场活跃度，较短期限的短期国债和期限略长的中长期国债每周轮换一次，交替发行。B 系列国债的招标每两周一次，一般安排在每周二举行。期限更长的 20 年、30 年和 40 年期债券则每月发行一次。

整个招标过程包括竞争性招标和非竞争性招标两类，承销团成员在竞争性招标结束后有权（非义务）参与所谓的"特别操作"，即联邦公债的第二轮招标，在竞争性招标平均中标价格的基础上再购买一定数量的债券。

第二节 公债流通管理及偿还制度比较

广义上的公债管理是指政府围绕公债运行过程所进行的决策、组织、规划、指导、监督和调节等一系列工作。狭义上的公债管理，主要体现在根据国家财政经济状况确定公债发行数量、利息和期限、进行公债的折换和整理，以及到期还本付息等较为直接的方式，而不包括运用债券利息、行市等的间接方式。前文已经对各国的公债发行品种、发行对象、发行方式做了较为具体的介绍，因此，本节将着重于介绍各国公债流通的管理制度及偿还制度。

一、公债流通管理制度比较

一般而言，公债管理既包括对内债的流通管理，又包括对外债的风险控制。因而公债流通管理制度一般指内债流通管理制度，即公债流通市场管理，包括市场监管、间接调控和公开市场业务管理等内容。由于间接调控和公开市场业务管理更接近公债管理政策，因而市场管理往往被认为等同于市场监管，属于证券市场监管的范围。

建立一个完善的公债流通管理体制对于任何一个国家都是至关重要的。下面就来介绍各个国家的公债流通管理制度。

（一）中国国债流通管理制度

相较于发达国家，我国国债流通市场成型较晚，直到 20 世纪 90 年代，才随着证券流通市场的发展而逐步成熟起来。因此，我国对于国债流通市场进行监管的历史也比较短。

国家对国债市场开始有较为规范的监督管理最早可追溯到20世纪90年代。1992年6月，我国建立了国务院证券管理办公会议制度。后以此为基础，成立了国务院证券管理委员会和中国证券监督管理委员会。其中，前者负责有关证券市场发展的法律法规、方针政策的制定，后者则在前者领导下，对证券市场实施具体监管。我国证券监督管理机制自此开始逐步建立。1998年8月，国务院决定取消证券监督管理委员会，将其职能并入中国证监会。至此，中国证监会成为国债场内交易的监督机构。我国又于1997年6月专门成立了由商业银行、保险公司等参加的银行间债券市场，由人民银行负责实施监管。此外，我国国债交易结算方面也并不是空白。1996年，国家成立了中央国债登记结算有限公司，负责全国债券的统一托管和集中结算。财政部还于1997年颁布《中华人民共和国国债托管管理暂行办法》，从法律上明确了中央国债登记结算有限公司负责建立国债托管系统，初步从法律方面规范国债交易。

我国国债市场的行业自律组织也随着市场发展而逐步建立起来。20世纪90年代，上海证券交易所和深圳证券交易所先后成立，为国债规范的场内交易奠定了基础，为加强国债自律管理建立了平台。并在而后近30年间制定了一系列的规则和制度，以加强对会员单位的管理。1991年8月，我国证券发展史上第一个全国性的行业自律组织——中国证券业协会正式成立。同年，中国国债协会成立，它是由当时财政系统的证券公司和从事国债业务的法人会员，以及从事国债研究的个人会员构成，是国债业界的全国性自律组织。

我国目前已基本形成了以政府统一管理与市场自律管理相结合的监管体制，即中间型监管体制。一方面，由中国证监会和中国人民银行分别负责交易所市场和银行间市场监管，负责拟定有关的法律法规、方针政策，对证券市场参与者进行统一管理。另一方面，由证券交易所和证券业协会根据有关法律法规制定相应的证券交易行为规则，并依法对所属会员进行自律管理。同时，会计师事务所、律师事务所、资产评估师事务所等中介机构作为独立的法人组织，依照有关法律法规和行业准则，对上市公司和证券公司等进行规范和监督。

（二）发达国家公债流通管理制度

1. 美国公债流通管理制度

美国公债流通市场监管是典型的集中型监管模式，即政府通过制定一系列专门的法律法规，并设立全国证券监管机构来对证券市场进行统一管理。

美国政府制定的证券相关法律主要有1933年的《证券法》和1934年的《证券交易法》等，前者标志着美国运用专门的法律监管证券市场的开始，而后者则标志着美国证券交易委员会（United States Securities and Exchange Commission，SEC）的成立。美国政府为监管公债流通市场还设立了《国债法修正案》和《政府证券法》。在1993年通过的《国债法修正案》中，国会授予财政部对国债市场的永久管理权。由财政部下属的联邦监管局对国债市场进行监管，在财政部制定了监管政策后，由证券交易委员会负责具体的执行工作。而《政府证券法》则通过对美国政府证券市场的一系列规定，来提高对市场的监管力度，从而保证监管机构有必要的工具来管理美国国债市场。此外，《马诺尼法》《美国证券投资者保护法》《金融服务现代化法》等法律的制定也对美国国债市场有着重要意义。

美国的证券监管机构,即证券交易委员会,是对全美证券市场进行统一监管的最高监管机构。它下属两个分支机构:联邦证券交易所和全国证券交易商协会。联邦证券交易所执行美国证券交易委员会的部分职能,是一个半经营、半监管的机构,其主要职能是监管"场内交易",即全国的各个证券交易所。全国证券交易商协会作为一个半官方、半民间的组织,则主要负责监管"场外交易",即在该协会注册的证券交易商。

在集中型监管模式下,美国政府通过设立法律法规和相关监管机构积极参与公债流通市场管理,并且在资本市场管理中占主导地位。除此以外,各类自律组织,如各大交易所和行业协会,也制定了相关规章对证券从业者进行了约束,起到了协助政府监管的作用。

 资料链接 7-3

美国地方政府债券监管与风险管理基本经验

美国地方政府债券监管体系是较为完善的,体现在以下几个方面。

1. 自律监管的法律建设

美国《证券法》规定,州及州以下地方政府发行市政债券不需要向美国证券交易委员会报告和登记。也就是说,美国法律对地方政府债券的发行行为没有约束,只是对地方政府债券的承销、托管和交易等环节进行监管,保护投资者利益。

联邦政府层级对于整个地方政府债券市场的影响力主要体现在以下两个方面。一是维护市场的公正透明。美国证券交易委员会有权依据反欺诈条款和持续信息披露条款等法律,制定或委托制定约束市政债券参与各方的规则,并根据反欺诈条款对市政债券参与各方进行事后监管。二是税收减免。如果地方政府债券在发行时需要享受免税政策,则必须符合联邦税法的有关规定。例如,不得用债券筹集到的资金投资应税债券进行套利;债券筹集到的资金必须在规定时间内使用完毕等。

2. 分散的监管体系

美国地方政府债券市场的监管模式是以规则制定与执行分开、多头分散监管为特征。证券交易委员会下辖的行业性自律组织——美国市政规则制定委员会实际承担了制定市政债券规则的主要责任,其制定的规则范围包括从业资格、公平交易、簿记、交易确认、清算和交割等。

美国市政规则制定委员会提出有关地方政府债券市场的监管提案后,由证券交易委员会掌握批准权,而实施和控制提案,由美国财政部税务局、通货监察局、银监会、保监会和美联储相关部门共同执行。

3. 成熟的信用评级体系和信息披露制度

为保证能以较低成本发行债券,美国地方政府债券发行人特别采取公开发行方式发行的发行人自觉接受惠誉等三大评级公司的评级,并将评级结果公示于众,发行人非常重视自身信用评级任何变化。三大评级公司经过多年的发展,也各自形成了专门针对市政债券评级的一套方法。

信息披露对于发行人而言,既是满足监管要求,同时也是吸引投资者的一种自发行为。公开发行的市政债券一般要通过正式的官方声明来公布地方政府的责任和义务。市政债券上市前后要经有资格的审计机构对发行人的财政状况、债务负担、偿债能力等出具意见。市政债券发行后,发行人和相关责任人还必须定期地及时更新披露信息。美国市政规则制定委员会主持建立的市政债券电子信息平台是信息披露的重要平台。

4. 科学的债务监测指标

美国的各州法律对地方债发行规模均有所限制，大多针对一般责任债券，监管指标主要有以下几个。一是负债率，即当地政府债务余额/当年地方GDP。其主要反映地方经济总规模对政府债务的承载能力及地方政府的风险程度，或地方经济增长对政府举债的依赖程度，该指标值越大，说明风险越高。二是债务率，即当地政府债务余额/当年财政收入。其主要反映地方政府通过动用当期财政收入来满足偿债需求的能力，该指标是对地方政府债务总余额的控制。三是人均债务率，即当地政府债务余额/当地人口数。四是债务与收入的比值，即当地人均债务/当地当年人均收入。如果一个辖区的人均债务负担过重，任何新增债务和税收都将影响到纳税人的纳税能力或付税意愿。五是偿债率，即当地债务支出/当地当年经常性财政收入，反映了地方政府的承债能力及预算灵活性。六是偿债准备金余额比例，即当地偿债准备金/当地债务余额。一般情况下，州审计部门负责定期监控地方债务，并在情况恶化时提供技术服务。

5. 严格明晰的预算管理制度

在市场机制的作用下，美国州及州以下地方政府采取了多种措施控制债务风险。其主要手段包括以下几个。

（1）预算管理。

美国州及州以下地方政府预算一般都实行分类管理，将预算分为经常性预算和资本性预算分别管理。资本性预算可以使用负债筹集资金，而经常性预算一般要求收支平衡。目前，几乎所有各州和地方都在州宪法或法令中规定政府必须遵循平衡预算，这一规定有效地避免了政府使用债务资金弥补日常开支不足，造成财政状况的崩溃。

政府在编制项目预算过程中，往往经历一个长时间、严格的过程，其中包括在编制和审批过程中的各种质询和听证。由于项目预算程序非常透明，项目立项比较客观、公正、科学，从而保证了项目资金的及时足额供应，保证了资金的用途，保证了项目的效益，同时又充分考虑了经济发展需求和债务承受能力。

（2）规模控制。

多数州对于市政债券，特别是一般责任债券发行规模有所控制。根据美国全国州预算官员协会2002年进行的调查显示：在州宪法和法令规定允许发行一般责任债券的47个州中，有37个州在其宪法和法令中对一般责任债务规定了限额，以检查自己的负债情况和还贷能力，并据此实施严格的债务管理。

（3）偿债准备金。

为防止债务不能按时还本付息，部分州及州以下地方政府还设立了偿债准备金制度。偿债准备金数额往往与每年所需偿还的本息总额相关。资金来源于发行溢价收入、投资项目收益等，资金使用仅限于投资低风险的联邦政府支持债券，投资债券期限不能长于偿债剩余期限。

资料来源：《美国地方政府债券市场培训报告》，2012-08-15，美国财政部．

2. 英国公债流通管理制度

英国发行公债有着较长的历史，其市场也成型较早，对公债流通市场的监管也随着市场发展经历了一个变化过程。

历史上的伦敦证券交易所对本所的业务制定了严格的交易规则，并且拥有较高水准的专业性券商，具有严格的注册制度和公开说明书制度，此外，各种自律性组织都有各自的条例、准则来对证券市场进行监管。因此,英国证券市场传统上是完全自治、放任自由的,不受政府干预。在早期发展阶段,英国政府并未设立统一的证券市场监管机构,而是对证券市场实行自我管制,由证券交易商协会、收购与合并问题专题小组、证券业理事会和一些政府机构负责对市场的监管,属于市场自律型监管体制。

20 世纪 90 年代,英国政府对证券市场监管进行了一系列的改革,打破了传统的自律监管模式。金融服务局,作为由 2000 年初通过的《金融服务与市场法》正式创设的监管机构,取代了原先的自我管制机构,使得英国证券监管走向了集中型监管模式,英国政府第一次建立既统一又相对独立的证券监管机构监管证券市场。

目前,英国公债市场管理的体制可分为三层。第一层是金融服务局,是证券市场的直接监管当局。它的监管集中在债券发行的核准上,属于一种程序性监管。特别的是,金融服务局对信用评级不做强制性要求,仅要求发债人披露信用评级的结果,但金融服务局对发债人的信用状况并不做任何评价,以免影响投资人的判断,并避免政府在发债过程中承担误导的责任。第二层是行业自律,即证券市场上各类行业协会所进行的监管。行业自律组织制定债券交易的规则,并对市场交易行为进行监督。如果协会成员违反规则,不仅要受到来自监管当局的处罚,也会受到来自行业自律组织的处罚。最后一层是英国债务管理办公室(UK Debt Management Office,DMO),即债务管理局。债务管理局创立于 1997 年,其作为英国财政部的代理人,负责执行财政部制定的债务管理政策,而后又取代了英格兰银行作为英国政府的代理人发行金边债券,并出于市场管理目的持有部分金边债券。债务管理局同时兼有国库现金管理的职责,后合并了公共项目贷款委员会和国债赎回委员会这两个内部部门,履行向地方政府提供信贷支持和管理特定公共基金的投资的职能。相较于金融服务局,债务管理局侧重于从整体上对债权市场的整体运行情况进行监管,保证债券市场能够健康平稳运作。

(三) 发展中国家公债流通管理制度

下面以马来西亚为例介绍发展中国家的公债流通管理制度。在 20 世纪 80 年代以前,马来西亚联邦政府发行公债有着严格的约束,同时政府对公债流通市场的发展也没有给予充分的重视。直到 1982 年,由于当年过高的财政赤字,马来西亚联邦政府才开放了公债的流通市场,以促进公债的发行,缓解财政紧张。

马来西亚联邦政府还于 1983 年重新修订了证券业的相关法律法规,使之能够适用于公债的流通。重新修订后的法规规范了马来西亚的证券市场,为联邦政府公债在市场上的良性流通奠定了法律基础。而鉴于过去许多政府机构都有权对证券市场进行监督,容易造成管理工作不协调,马来西亚联邦政府于 1992 年设立了官方管理部门——证券交易和管理委员会,来对证券市场进行统一的监督管理,进一步理顺了证券市场管理机构的法律关系,大大优化了马来西亚公债流通管理体制。

二、公债偿还制度比较

公债的偿还是指政府依约偿还债券本金、支付债券利息的行为。而规定了一国的公债应当用何种方式还本付息、用什么资金还本付息,以及涉及的操作程序、流程等的制度就是公债的偿还制度。任何国家的公债偿还制度都必须与其应偿券种、偿还机构及其管理体系相适应。因此，不同国家间的公债偿还制度也必然有所不同。接下来，将对多个国家的偿还制度进行一一介绍。

(一) 中国国债偿还制度

就国债偿还方式而言，中国的国债还本方式包括到期一次偿付法、抽签轮次法、以新替旧法、期中选择偿付法、延期偿付法和到期还本分期付息法等。利息的支付方式包括到期一次支付、按年支付和每半年支付等。目前，中国国债还本往往采用借新还旧的方式，增加了筹措还债资金的灵活性，同时也提高政府债券的吸引力。尽管从2000年开始，国债利息支付开始列入财政经常性预算，但中国的国债利息支付方式基本上采取到期一次性支付为主的方式，容易产生集中偿付压力过大的问题，最终造成财政困难。

从国债偿还程序来看，中国基本上建立了比较完善的偿还体系。中国财政部将利息支付及到期偿还本金等事宜委托给中央结算公司，证券登记公司上海、深圳分公司及商业银行办理，持有者可通过银行网点、证券公司、信托投资公司以专业银行柜台等多种渠道办理偿还业务。中国国债兑付期分为集中兑付和常年兑付，其中财政部集中兑付期为国债到期之后4个月之内。同时为及时了解国债在偿付过程中存在的问题以及时解决，财政部规定国债偿还需要建立兑付报告，以此来监督各地的国债偿付情况，为保证国债信誉发挥了重要作用。

目前，中国偿债基金也已经建立并日趋完善。从总体上看，中国偿债方式还比较合理，但随着国债余额的逐步增加，国债偿还风险也随之加大，对其应提高警觉。

 资料链接 7-4

我国地方债置换政策出台的即时效应和长远意义

地方债置换有助于缓解地方政府债务集中还款的压力。根据2013年底的审计报告，2014—2016年为债务的偿还高峰期，其中2015年全年需要偿还的债务达1.86万亿元，占政府负有偿还责任的债务比重的17%；2016年需要偿还1.26万亿元，占比11.6%。需要注意的是，由于这里反映的是2013年6月底的情况，之后新发生的地方政府性债务没有统计进来，因此，地方政府实际的还款压力可能更大。但从近几年宏观经济环境看，经济下行压力仍然较大，特别是房地产市场的降温，意味着地方政府的"土地财政"模式难以持续，财政赤字的压力会越来越大，偿还债务将更为困难。而通过债务置换，可以达到延长债务期限和降低利息成本的目的。

地方债置换可以防止在建项目资金链的破裂，避免国民经济增长出现断崖式下跌。根据监管机构的要求，各家商业银行近年来均收缩了政府融资平台贷款，但在当前各地固定资产投资需求量仍然很大，特别是在建续建项目资金需求量较大的情况下，"只堵不疏"的政策可能造成地方政府偿债风险、项目"烂尾"风险，不仅会导致金融机构风险水平的上升，而且会给项目相关联的产业及企业带来影响，对经济发展形成连锁式冲击。地方债置换政策在"堵暗道"的同时"修明渠"，不仅可以有效缓释存量贷款的风险，而且为经济转型提供了所需的资金支持。

地方债置换有助于建立规范的地方政府融资机制和财政资金运作机制。一方面，地方债置换为建立市场化的地方政府融资机制奠定了基础。从设计初衷上看，政府融资平台应当是由政府发起、以市场化原则运作的，但在实践中，平台企业的融资行为往往由政府提供明确的或隐含的担保，与真正的商业化、市场化尚存在较大差距。通过地方债置换，政府不再为平台企业担保和兜底，平台发生的资金借贷将由其经营性收入还本付息，而地方政府则通过债券市场为其融资，从而厘清了银行、政府、平台企业和投资者之间的关系，市场在资源配置中真正发挥了决定性作用。另一方面，地方债置换有助于建立规范、透明的地方财政资金运作机制，为管控财政风险创造了条件。目前，对融资平台企业缺乏有力的监管，多头管理、各自为政的情况十分突出。一个突出的体现就是，2013年审计署审计后地方政府债务新增了多少，没有权威的统计数据发布。若信息不透明状态持续下去，政府债务风险累积，可能引发财政风险，进而传递到金融等其他领域，将对社会稳定造成不利影响。地方债置换工作首先要求完成对各地区政府债务的清理、甄别、审核、确认工作，并将各层级的政府债务上收至省级，纳入预算管理，从而可以健全地方政府债务管理体制，加强政府债务的集中统一管理。

资料来源：詹向阳，郑艳文，2015.地方政府债务置换的影响[J].中国金融（20）：32-34.

（二）发达国家公债偿还制度

1. 日本公债偿还制度

日本的国债偿还机制是由偿债基金为主要偿还方式、多种偿还方式辅助偿还构成的。

偿债基金又称减债基金，在日本被称为国债整理基金。偿债基金主要用来偿付一般会计发行的部分国债，并由《财政法》对年度偿还额度及偿还期限进行明文规定。其主要包括四部分内容：固定比例转入部分、基金再投资增值部分、股票买卖收入部分及发行借换债的收入部分。

固定比例转入部分的资金主要有三个来源。一是一般会计预算固定转入资金，是从一般会计预算中划拨上年度国债总额的1/60，即将每年国债余额的约1.6%作为每年固定转入国债整理基金的资金额度，即遵循60年还本原则。采用这一原则是因为日本在战后发行建设国债时建筑物的平均使用年限为60年，所以国债偿还则采取了60年进行全额偿还的方式。其中，建设国债和赤字国债每年实行10%的现金偿还，其余都采用发行借换债将债务延期偿还，60年必须全部还清。复兴债则规定25年全部还清。财投债的偿还虽然也需要每年把所需资金从财投特别会计转入国债整理基金特别会计，但是，财投债不能使用借换债偿还，必须由独立行政法人的贷款回收金及运营收入等现金偿还。二是财政结余资金转入部分。按照日本《财政法》规定，必须将一般会计决算中，不低于财政结余金的1/2转入下一年度中，由国债整理基金统筹运用。三是预算转入部分。在国债偿还困难年份，根据《国债整理基金特别会计法》规定，根据市场需求将预算中制定的比例转入国债整理基金中。

基金再投资增值部分则是国债整理基金除了持有国债之外，还可以运用的部分基金。其中损益部分计入国债整理基金特别会计。而股票买卖收入部分，主要是日本中央政府把日本电话电信株式会社和日本烟草株式会社改为民营后，其股票买卖收入部分成为偿付国债本息的来源。其中，日本电话电信株式会社全部股票的2/3及日本烟草株式会社全部股票的1/2股票收入交由国债整理基金处理，这两种股票的收入已经成为国债偿付的主要来源之一。

影响国债整理基金的因素包括基金总额占债务总额的比例、国债的平均偿还期限、分期支付利息占偿还总额的比例及发行借换债占年度偿还额度的比例。只有针对这几个因素进行具体测算，才能制定出国债整理基金的合理比例，日本的国债偿还机制才能得以持续，才能保证国债的顺利发行与交易。

除了设立偿债基金之外，日本国债偿还方法还有借新债还旧债、买入注销式偿还方法等。多样化的偿还方式，提高了国债偿还的效率，减轻了还本付息的巨大压力，是国债能够按时偿还的强有力的保证。

2. 英国公债偿还制度

在英国历年发行的有期国债和无期国债中，二者的偿还方式有所不同。对于有期国债的偿还，在国债定期时，由英格兰银行组织，通过证券银行、金融性公司、证券交易所等所有的分支机构办理到期债务事宜。无期国债一律不办理还本事宜，通常由英国的证券银行、经纪人、金融性公司，在每年的一定时期向债券持有人支付当年利息；至于本金，只有政府决定收回某种无期债券时才由证券银行办理还本事宜，否则是不能还本的。因此，一般情况下，政府只有按期支付利息的责任，没有还本责任。

英国公债的偿还采用现金偿还方法，所需资金通过政府发行转换公债来筹集。一般情况下，在偿还公债之际，为了避免集中偿还干扰金融市场的正常运行，由英格兰银行从市场上买进待偿期不超过 3 个月的公债，采用全额现金偿还；对于政府有关机构持有的公债，采取更换的方法进行偿还。

3. 德国公债偿还制度

在德国，联邦、州和市镇的年度财政预算中的信贷筹资计划部分，都必须把到期公债本金和当期支付的利息纳入财政计划。当年的偿还数额和当年新借贷的数额都纳入财政预算。每年的净借贷收入是重要计划指标。如果财政政策制定者认为国家财政的债务负担不重，就采取扩张的财政政策，那么净借贷数在财政计划中可能是逐年增长的；相反，如果财政政策制定者认为国家财政的债务负担太重，则采取紧缩的财政政策，那么在财政计划中，净借贷数必然是逐年下降的。

（三）发展中国家公债偿还制度

下面以印度为例介绍发展中国家公债偿还制度。印度公债的偿还主要依靠偿债基金的设立。

对于印度中央政府而言，其公债由印度统一基金偿还。印度统一基金包括印度政府的一切税收收入、印度政府发行国库券取得的一切款项、贷款、贷款与筹款预付、他人偿还政府贷款而交付的一切款项。中央政府的其他债务由印度公共账目基金偿还。该账目是指印度政府或他人代表印度政府收到的一切公款。而地方政府的债务由邦统一基金和邦公共账目基金偿还。

印度统一基金和公共账目基金以及邦统一基金和邦公共账目基金的保管，应由议会以法律形式做出规定，在议会未做规定以前，中央暂由总统制定规则，地方则暂由邦长或土邦五大首领制定规则。从印度统一基金和公共账目基金以及邦统一基金和邦公共账目基金中拨付任何款项，都必须依照法律并遵从宪法的目的和程序。

自印度统一基金和各邦统一基金中支付的债务，其预算不必提交议会表决，但议会两院可对该类支出的预算进行讨论。一旦数额确定，在任何情况下均不得超过原先提交议会的财政年度报告中的规定数字。

第三节　各国公债规模比较与债务风险

公债作为国家筹集资金的一种渠道,其规模不是越大越好。因为公债的发行和偿还都会使经济主体产生损失进而对国民经济造成负面影响。因此,公债的规模应当被控制在适度的范围内。如果公债规模小于这个范围,政府对于公债的应用就不够充分,不能很好地调动经济活力。但如果公债规模超过这个范围,政府很有可能面临偿还无力的困境,进而演变成债务危机。本节将从各国国债规模入手,分析各国债务风险的成因及出路。

衡量一个国家国债规模是否在适度范围内,一般主要从以下两方面来研究,即应债能力与偿债能力。应债能力视认购主体负担能力的高低为判断国债规模的主要因素。国债的应债来源,从内债角度来看,有赖于国民经济总体形势,即 GDP 总量和增长速度。通常用当年国债余额占 GDP 的比重来衡量国债规模,即国债负担率。此外,国债借债率,即当年新发国债占当年 GDP 的比重,以及居民应债能力,即当年国债发行额与居民储蓄存款余额之比,也都是较好的衡量指标。偿债能力则是决定国债规模的另一个重要因素,通常用当年国债发行额与财政支出的比例,即债务依存度来衡量。而国债偿债率,即当年国债还本付息额与财政收入之比也可以用来衡量偿债能力。对于国债负担率来说,国际公认的警戒线,即《马斯特里赫特条约》(以下简称《马约》)中规定的欧盟国家加入货币联盟第三阶段(即实施单一货币欧元)所要求的经济趋同标准之一:公共债务不得超过 GDP 的 60%。对于发展中国家,这一指标的国际警戒线为 45%。而国债借债率的国际经验值一般为 5%~10%。《马约》中对国债依存度规定的标准为 20%,对国债偿债率的标准则是 10%。

以下将以此为主要依据对多个国家的国债规模进行衡量。

一、中国公债规模与债务风险

我国国债市场的建立经历了一个相当长的过程,但主要是在 20 世纪 90 年代后才茁壮发展起来的。到目前,一个遵循市场化、按照国际惯例运作的国债市场初步建立起来。随着市场的逐步健全,国债在货币市场上发挥着越来越大的作用,并且对以公开市场业务为代表的货币政策工具的实施产生着越来越深的影响。同时我国也面临国债规模迅速膨胀、中央财政对国债的依赖程度越来越大、财政风险增加的严峻形势。

由图 7-4 可以看出,2018 年,我国国债余额已近 15 万亿元人民币,国债规模呈不断扩大态势。从应债能力来看,我国的国债负担率也一直维持在 15% 左右的水平,低于国际警戒线 45%,这与世界其他国家相比是较低的。而衡量应债能力的另一指标——国债借债率,则一直低于 10% 的国际经验值,甚至达不到 5% 的下限。从偿债能力来看,我国国债依存度基本上维持在 20% 以下的水平,低于国际警戒线。而国债偿债率,则在经历了下降后又重新超过了 10% 的国际警戒线。

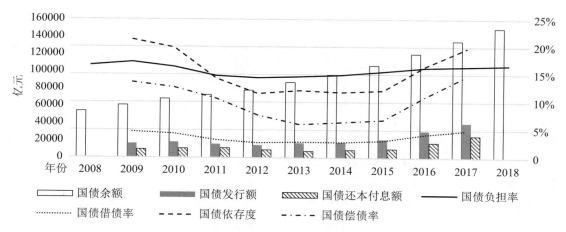

图 7-4 2008 年以来我国国债规模相关数据及指标

资料来源：由 Wind 数据库提供数据整理计算所得。

从指标结果上看，我国国债的负担较轻，应债能力较强，有进一步发债的空间。但要考虑到我国人均 GDP 水平相对偏低，而且举债历史也不长，应债能力无法与公债运作已较成熟的国家相比，直接引用 60%、45% 的国际标准说服力并不强。特别是在偿债能力指标并不乐观的情况下，我国只能更多地依靠发新债的方式来偿还旧债，此非长久之计。

同时，我们还必须认识到我国地方债仍存在较大问题。由图 7-5 可以看出，尽管 2014 年地方债务纳入预算管理后，地方债务规模首次出现了负增长，下降幅度达到 4.22%。但该指标于近年来持续回升，2018 年已经达到了 11.36%，增速惊人。而地方财政债务率，即地方政府债务余额和地方一般公共预算收入之比，虽呈现逐年降低趋势，但一直维持在 100% 的国际警戒线之上，表明地方政府债务风险仍较为严峻。除此之外，地方债务规模的不断膨胀还为地方政府财政体系、地方金融体系积聚其他风险。又由于部分隐形债务未被统计以及地方债务规模基数庞大等原因，地方政府债务问题仍不容乐观。

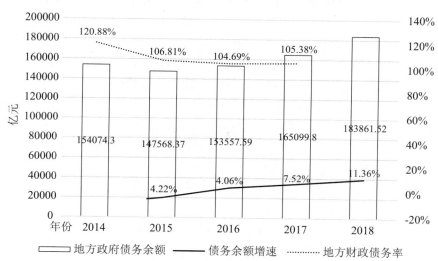

图 7-5 2014—2018 年地方政府债务余额规模及其增速图

资料来源：财政部官网。

究其成因，我国地方债问题主要是由于财政体制的缺陷导致了地方举债规模不断增长。分税制改革带来地方政府财权和事权不匹配，使得财政赤字规模进一步扩大，为弥补财政收支缺口，地方政府广泛地举债融资。而后地方政府又陷入财政收入难以增长、财政支出反而增加的困境。一方面，经济危机使我国实体经济受挫，作为地方重要税源的乡镇企业发展艰难，而国家相应的调控指令与税收减免政策又进一步削弱了地方财力。另一方面，政府在公共服务领域代行市场职能造就较重的支出压力，而进入转型期的经济现状使得地方财政支出需求增大，此外，应对经济危机的宽松宏观政策又进一步为支出膨胀提供了温床。地方财政收支缺口扩大，本可以通过转移支付进行调整，但由于中央对地方的转移支付结构失衡，均衡性的一般转移支付较少，地方财力得不到有效支持，过度举债成为弥补财政赤字的无奈之举。

除此之外，预算软约束的存在也成为地方举债不受控的原因之一。我国中央和地方政府间存在预算软约束的问题，这是由于我国没有政府破产的概念。当地方政府出现财务危机时，会由中央政府为其兜底，其自身无须承担债务清偿责任。对于地方政府而言，举债的成本远不及预期的收益，必然会引起过度举债的冲动，而这种由中央政府提供隐形担保的债务却并不在中央政府的管控之下，风险巨大。预算软约束的存在也使得融资平台公司或国有企业在向银行和金融机构申请贷款时常以较低审查标准"轻松过关"，对地方政府偿债能力的考核往往被忽略。另外，我国的金融机构也与地方政府有着"紧密"联系，地方政府在贷款融资方面可谓"一路绿灯"。地方政府能够便捷获取没有偿债压力的债务资金的优势以及大部分债务收支未纳入预算管理的局限，使得地方债务问题的治理更为严峻。

因此，我国亟需改良完善现有公债管理体制，探索地方债问题的解决之道。一方面，要从根本上完善事权与支出责任相匹配的财政体制。不仅要明确政府职能的范围，科学界定财政作用边界，还要理顺央地关系，解决地方政府事权与支出责任失衡的矛盾，有效缓解地方财政支出压力。另一方面，更要强化政府债务管理。遵循《国务院关于加强地方政府性债务管理的意见》国发〔2014〕43号的精神，严格地方债务限额管理，全面监控或有负债规模，杜绝地方政府违规借债乱象的滋生，同时探索优质筹资渠道，创新财政融资方式。

资料链接 7-5

在深化改革中实现地方债标本兼治

当前我国的地方政府债务以全国的经济和财政实力计，尚处于国际公认的安全线之内。尽管在总体规模上不足忧虑，但脱出全局视野而深入到不同地区，就会发现，在总体风险可控的同时，由于区域经济发展状况不同，对于地方政府债务管理水平及其控制松紧程度的差异颇大，有些地区已经出现偿付困难，具有隐患，因而事实上存在着局部风险。脱出短期视野而着眼于长期态势，也可以发现，由于深藏在地方政府债务风险背后的各种体制性因素仍在发挥作用，在短期风险可控的同时，部分地区的严峻情势有可能向全国蔓延，因而事实上存在着长期风险。

要化解地方债的风险，就要找准地方债风险问题的病根，认识到非健全的债务人人格源于非健全的财政管理体制，做到对症下药。

第一，着眼于体制根本变革，积极推进地方政府债券自发自还试点。无论从哪个方面看，作为一级政府财政，作为一级政府行为主体，都是应当拥有举债之权的。对于地方政府举债，宜疏不宜堵，在疏的同时加强对地方政府举债的管理。事实上，也只有通过类似地方政府债券自发自还试点这样的改革行动，让包括局部和长期风险在内的各种缠绕于地方政府债务身上的问题浮出水面，才有可能在求解问题中走出一条适合中国国情的地方政府债务管理之路。但应注意的是，地方政府债券自发自还试点所触动的，充其量只是地方政府债务问题的外在表现形式，而非它的内在核心内容。故而，从其入手，由表及里，逐步逼近地方政府债务问题的体制性痼疾，最终在体制上做大手术，应是地方政府债券自发自还试点的归宿所在。

第二，破旧立新并举，构建匹配国家治理现代化的地方政府政绩评估体系。地方政府对于政绩的追求不能仅仅局限在 GDP 上，更不能落实于对招商引资的无限和盲目追求中。应在淡化、破除 GDP 考核的同时，坚持破旧立新并举，站在推进国家治理现代化的总体角度，将地方政府及其官员的政绩评估作为经济体制、政治体制、文化体制、社会体制、生态文明体制以及党的建设制度改革的交汇点，从根本上建立一种适合全面评估地方政府政绩需要的制度体系。以此为基础，让地方政府走出唯 GDP 马首是瞻、以招商引资为主要施政手段的怪圈，进而踏上正确的政绩实现轨道。

第三，以健全地方财政体系为着力点，重构分税制财政体制格局。有别于预算单位财务，作为一级政府财政的最基本的内涵，就在于它同时拥有两种财权：相对独立的收支管理权和相对独立的收支平衡权。这两种财权，无疑要建立在健全的财政收支体系基础之上。也就是说，脱离了健全的收支体系支撑的地方财政，肯定是不能相对独立地行使收支管理权和收支平衡权的地方财政，也肯定不是本来意义上的分税制财政体制格局下的地方财政。毋庸赘言，坚守"分税制"的改革方向，通过重构分税制财政体制格局健全地方财政收支体系，是让地方政府具有健全债务人人格的前提。

面对健全地方财政收支体系和重构分税制财政体制格局的艰巨任务，澄清并确立以下几个基本认识显然是非常必要的。

其一，"分税制"不是"分钱制"。1994 年实行分税制财政体制的改造对象，就在于"分钱制"——无论总额分成、收入分类分成，还是财政大包干，本质上都是分钱制。因而，在划分中央税、地方税和中央地方共享税的基础上，让中央和地方财政各自保持或拥有一个健全的收支体系，在一个相对稳定的体制条件下各过各的日子，是分税制的基本特征之一。

其二，分级管理财政不是"打酱油财政"。在我们这样一个大国搞分级财政管理，不能建立在根据交办事务多少而拨付相应资金的基础上。那样做的话，分级财政管理很可能会蜕化为预算单位财务管理，或者分级财政管理很可能会蜕化为单级财政管理。因而，按照分级财政管理的原则分别建立起中央和地方各级次的健全的财政收支体系，在分级管理的体制条件下各过各的日子，是实行分级财政管理的基本前提之一。

其三，税权不等于财权。在我国，强调税收立法权高度集中于中央无疑是必需的。但是，税收立法权的高度集中绝不等于财政管理权不能下放给地方。相反，在坚持税收立法权高度集中的前提下，赋予地方政府相对独立的组织收支、平衡收支的财政管理权力，不仅是实行分级财政管理，而且是实行分税制财政体制的必要条件之一。

资料来源：高培勇，2014. 以深化改革推进地方债步入新常态 [N]. 光明日报, 09-10（015）.

二、美国公债规模与债务风险

2008 年美国金融危机爆发以来，美国国会多次提高国债法定限额，到 2018 年 2 月已将国债的"红线"提至 20.5 万亿美元,同时,允许美国财政部"越线"继续发债直至 2019 年 3 月 1 日。而根据美国财政部的数据显示,截至 2019 年 2 月 11 日,美国公共债务规模已突破 22 万亿美元。但美国国会预算局预计,财政部的非常规措施或仅能维持到 9 月底 2019 财年结束,如果届时国会仍未提高联邦政府的债务上限或者未允许其继续"越线"发债,政府或将面临公共债务无法偿付的困境。美国背负着巨额国债又一次引起了全世界对于其可能出现债务违约的担忧。

如图 7-6 所示,通过对 2000 年以来美国国债规模相关数据进行指标分析,可以发现,不仅是美国国债余额在呈现逐年上升的趋势,其国债发行额也是一路攀升,尽管现阶段发行更多的国债可以为财政提供充裕资金,但这无疑大大增加了未来偿债的压力,并非长远之计。就应债能力而言,美国国债负担率近年来一直维持 100% 左右的水平,大大高于《马约》所定的 60% 的标准。而国债借债率则在 30%~50% 之间波动,超过了 10% 的国际经验值。从偿债能力来看,尽管美国的国债依存度曾有过下降趋势,但多年都保持着高于 100% 甚至高于 200% 的水平,远超国际警戒线。

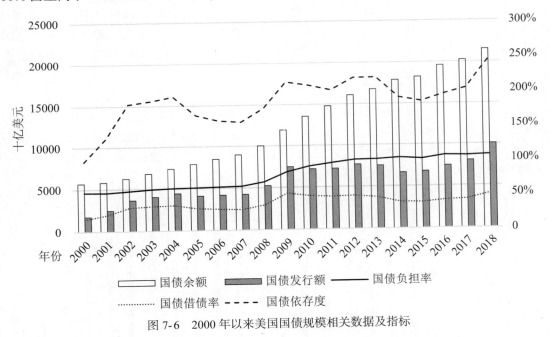

图 7-6 2000 年以来美国国债规模相关数据及指标

资料来源:由 Wind 数据库提供数据整理计算所得。

就指标结果而言,美国国债不管是应债能力还是偿债能力都令人担忧,其规模是极不合理的。特别是,如此大规模的国债余额中有相当大部分将于近几年到期,对于金融危机阴影还未完全消散的美国国内经济来说,这负担是十分沉重的。

美国国债规模的膨胀也源于金融危机的冲击,这可以从图 7-6 中看出,所有的指标在 2008 年后都经历了一个较大幅度的上升。金融危机之后,政府为了减缓经济增速的下滑,提高就业率,刺激经济和社会福利,推行了赤字财政政策。但短期内政府不能从税收等手段筹集资金,最简单便捷的方法就是举债,以实现扩张性财政政策的目的。因此,美国巨额国债形成的罪魁祸首是美国的赤字财政政策,此外,庞大的社会保障体系和医疗开支也使美国财政不堪重负，巨大的国防开支更是雪上加霜，同时低廉的资本成本，使得美国政府对滥发国债少有顾忌。这种种原因，最后促成了美国的巨额国债。

对于美国来说，尽管其国债规模日益扩大，数额惊人，但其自身依然能维持政府的正常运作，而没有面临严重的债务危机，其根本原因在于，美国国债是用于遏制美国经济增速下滑的，避免了恶性循环。除此之外，美国政府能维持高额的负债继续运转也是由于其世界第一大经济体的地位，美元作为全世界通货和所有国际大宗交易的计价工具，美国政府可以通过印发美元来降低全球其他国家的货币价值，从而在过程中稀释国债的价值量。除此之外，在以美元为中心的国际货币体系中，全世界中央银行被迫以手中结余的美元购买美国国债和其他国际金融产品，这也是在为美国的收支赤字和美国的国内预算融资，从而维持美国高额的国家债务。

尽管如此，美国庞大债务的解决前景仍不容乐观。据测算，如果按美国目前的举债速度和赤字增加速度，到2023年，美国政府的全部收入将主要用于偿付到期债务及利息，根本不可能用于其他如国防、教育、卫生等正常的公共开支。换言之，届时，美国政府将被"债务大山"压倒。为了避免潜在的债务危机，美国政府可以通过不断提高债务上限，实现以新债还旧债，同时还可以利用美元贬值减轻债务负担，此外，大幅增加税收或削减政府开支促使美国经济重回良性循环的轨道，扩大美国国债海外市场等方式也是解决巨额国债的有效途径。

三、日本公债规模与债务风险

近20年来，日本国债规模伴随其国债发行额的波动上升，呈现出一个逐步上升的态势。2018年，日本国债发行额为152.2万亿日元，其中新发国债35.4万亿日元、复兴债0.6万亿日元、借换债104.1万亿日元、财投债12万亿日元。新发债中包括了8.1万亿日元的建设国债和27.3万亿日元的赤字国债。

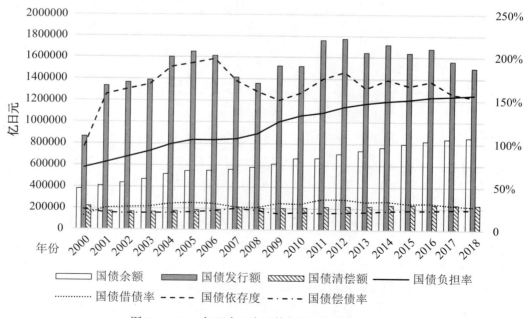

图 7-7　2000年以来日本国债规模相关数据及指标

资料来源：由Wind数据库提供数据整理计算所得。

就 2000 年来日本国债规模相关数据及指标而言，日本国债问题不太乐观，如图 7-7 所示。日本国债负担率呈现逐年上升的趋势，观察年份中即使是最小值也超过了 60% 的国际警戒线，而国债借债率则在 30% 的水平来回波动。这两个指标都反映了日本较弱的国债应债能力。日本国债的偿债能力也并不乐观。国债依存度虽然近年来较为稳定，但其水平远高于国际警戒线。日本国债偿债率虽然维持在 20% 以下，但仍离 10% 的"红线"有着较远距离。日本国债发行前景堪忧。

日本的债务规模增长速度如此之快，主要有以下几个原因。第一，金融危机的冲击使得经济增长受阻，日本政府为刺激经济增长而采取增加公共投资的扩张性财政政策，而财政支出急剧扩大，导致政府不得不举债度日。第二，经济增长停滞导致税收收入减少，而财政收入大幅度下降，使得日本政府入不敷出，更加依赖举债。第三，随着债务的累积，利息支出越来越大，使得日本政府为了还旧债而不得不发新债。第四，随着日本人口的老龄化，社会保障支出不断增长，也给本就困难的日本财政增加了压力。

2000 年以来，虽然日本政府债务水平一直在升高，政府财政赤字状况也没有改善迹象，但与欧债危机中的其他国家不同的是，日本国债利率一直在降低，而不是随着债务规模的扩大而上升，这就使得日本可以一直以较低成本借债，并在债务规模不断扩大的同时避免债务危机发生。

日本国债的反常现象，可能是由于以下原因。第一，与深陷债务危机的南欧诸国不同，日本国债中 92% 都由国内机构和个人持有，不容易受到外部信心波动的影响。与此同时，日本国债基本以日元计价，即使真的还债无力，日本政府还可以开动印钞机进行融资。第二，日本尽管对内负债累累，但对外却是主要的债权国之一。由于日本一直保持着旺盛的出口，同时不断增加对海外的投资，日本的贸易和投资收益一直处于盈余状态，从而保持巨额的经常账户顺差。第三，日本家庭储蓄率一直维持在较高水平，支持了日本政府的债务融资。同时，日本积累的家庭资产中，大部分以存款、国债等安全资产的形式存在，风险性金融资产的比例较小。

四、希腊公债规模与债务危机

2009 年，希腊政府公开政府财政赤字，其中央政府负债占 GDP 比例高达 110%，远超欧盟《稳定与增长公约》规定的 60% 的上限，国际三大信用评级机构相继下调希腊主权债券评级，导致希腊主权信用受到怀疑，信用融资成本上升，希腊陷入偿债困境，同时依旧面临融资需求。但是希腊早已没有能力解决这些问题，由于缺乏用于经济发展的资金，希腊的债务危机最终演变经济危机。

在最初加入欧盟时，希腊的中央政府负债占 GDP 比例就超过了规定的比例。但由于希腊的经济发展一定程度上依赖于其国债资金的支撑，希腊面临着难以达成的"非债务性"融资需求。然而，美国高盛集团采用"货币掉期交易"的特殊手法为希腊筹集债务 10 亿美元，同时这一债务并未在中央政府负债中列示。从图 7-8 中可以明显看出，在 2009 年以前，希腊的各项债务指标都处在较为合理的区间，直到债务危机爆发后，才显现了"真容"。但长期依靠"隐形"高额负债来发展本国经济本身就存在极大的风险，在一定程度上加剧了希腊经济的脆弱性，为希腊债务危机埋下了导火线。

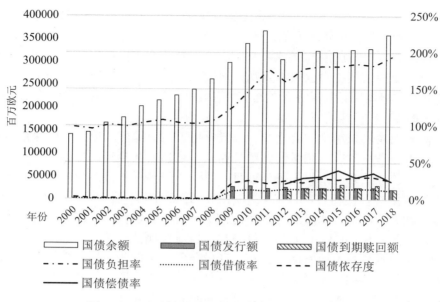

图 7-8 2000 年以来希腊国债规模相关数据及指标

数据来源：由 Wind 数据库、世界银行数据库提供数据整理计算所得。

希腊债务危机的根本原因主要有两个。一是希腊本国经济发展结构失常。希腊本国由于平均劳动生产率低下，产品缺乏国际竞争力，以至于希腊进口远大于出口，长期存在较大的贸易逆差，导致本币严重外流，同时希腊的经济结构失衡，三次产业增加值比重为 3∶17∶80，本国第二产业增加值占比过低，过度依赖于第三产业。同时旅游业是希腊的支柱产业之一，受到 2008 年金融危机影响，国际旅游业萎缩，其支柱产业受到较大打击，导致国内经济进一步衰退。二是希腊本国的高福利政策。南欧边缘国家大量的社会保障支出以及相应的各种社会福利需要巨大的资金支持，但是希腊本国的经济受到冲击，经济增长乏力，同时希腊劳动力市场僵化，沿用传统的希腊劳工法，以至于产生劳动工作时长较短而自主解雇员工受限，使得整个国家的经济发展严重受限，所以通过经济增长以提高税收维持福利政策的方式并不可行，希腊面临社会融资需求，而借款渠道早被自己堵塞。而且希腊筹集到的资金大多流向非生产性方向，资金的使用效率低下，这也进一步导致了平均劳动生产率低下。

如上所述，希腊面临较大的融资需求，而希腊政府的融资有两个方向：开源与节流。一方面，希腊政府可以通过降低社会保障支出来降低政府压力，或者改变福利方式，但是这是一个存在已久的社会制度，短时间内希腊并没有很好的方式去改变。另一方面，国家财政收入的两个主要来源——税收和举债，前者已经是不可行的方式，所以希腊只有举债一条路可走，最终导致了希腊债务规模居高不下。

此外，造成希腊危机的另一个深层因素是希腊地处欧元区。欧盟的未来发展方向可以概括为：统一市场，统一货币，统一政治。但是目前在统一货币的条件下欧元区并未实现统一市场，存在以国家为主体的市场分割，使得劳动力不能自由流动，导致劳动生产率难以趋同。而希腊作为一个劳动生产率较低的国家，应当对应着较低的汇率。但由于统一货币，希腊不能自主调节汇率，只能面对出口产品价格上升带来贸易逆差。不容乐观的是，欧元对美元的汇率在近几年一直处于上升期，这会导致巨大的贸易逆差和本国的货币外流，也是希腊债务的成因之一。

尽管西方各国的临时援手暂时拯救了希腊，但是希腊还需展开自救，否则难以摆脱债务危机的阴影。希腊债务危机的根源在于希腊经济结构失衡，以及希腊本国的社会福利制度。所以对于希腊而言，一方面，应当调整本国的经济结构，发挥本国的资源优势，重新思考希腊的出路；另一方面，应当改变现有的社会福利制度以及工作制度，以促进平均劳动生产率的提升。但是，这两方面在短期内都较难实现，所以，希腊在短时间内依旧将面临债务的困境。希腊自救之途，道阻且长。

资料链接 7-6

欧债危机对法国债市影响及其应对措施

在希腊的主权债务危机爆发后仅一年多的时间里，欧债危机从希腊和冰岛主权债务危机开始蔓延到爱尔兰、葡萄牙、西班牙、比利时、意大利等国，并使欧元区核心国且是其第二大经济体的法国面临危机。

1. 欧债危机对法国债券市场的影响

欧债危机期间，随着全球 AAA 顶级信用国家减少，可供投资者选择的主权债不多，人们对欧元区危机担忧，避险情绪上升，使法国国债受益。1985 年，经合组织国家中有 85% 的国家拥有 AAA 主权信用评级，目前只有 20% 的经合组织国家保住了 AAA 评级。国际货币基金组织 2014 年 4 月发布的报告预测，全球安全资产正迅速缩水，到 2016 年总共将有 9 万亿美元的主权债务不再安全，也就是说全球安全资产很可能将缩水 16%。

在欧元区，德国债券仍是避险资产的首选，但回报率低，甚至是负值；芬兰债信评级较高，但债券市场不大，交易量也小；意大利和西班牙长期债券回报率高，但风险大。法国主权债信评级先后遭到国际评级机构标准普尔和穆迪下调，法国国债收益率不升反降。同时，在全球安全资产供应紧缩，欧元区形势仍然脆弱，市场避险需求加大的情况下，法国政府债券成为国际投资者多元化避险的选择。相比较而言，法国国债风险小于南欧国家，回报大于德国，而成为投资者的主要选择之一。与此同时，法国债券市场规模大，流动性较好，市场不缺机会，总有卖家和买家，这些因素也吸引了很多投资者。

2. 法国应对措施

第一，财政紧缩政策。作为欧元区第二大经济体和欧盟的核心成员，法国肩负着救助陷入债务危机的希腊、西班牙等国的任务，赤字将不可避免地继续攀升，法国的公共债务也让人忧心忡忡。法国政府财政近 40 年都未平衡，财政赤字一直处在寅吃卯粮和入不敷出的状况。导致这一状况的原因包括老龄化社会的到来，以及移民政策的失误等。简单来说，就是干活的人少，花钱的人多。受欧债危机的影响，公共债务的扩大也是必然。法国政府面对这一严峻形势，于 2011 年 8 月底和 11 月初两次出台紧缩政策，承诺将大力削减债务和赤字，力争逐步降低预算赤字占 GDP 的比重：2011 年为 5.7%、2012 年为 4.6%、2013 年为 3%，达到欧元区规定的标准。法国政府将设法在今后三年内累计节省 800 亿欧元的财政开支，或者每年节省 250 亿～270 亿欧元的开支。

为保证在经济增长放缓情况下仍能实现削减财政赤字的既定目标，法国政府采取缩减公共开支和有针对性地提高税收收入。增税计划包括对高收入人群征收临时所得税，上调对烟草、酒类产品和软饮料的税率，进一步减少合理避税项目。将除日常必需食品、能源和残障设备和服务之外的增值税税率从 5.5% 提高至 7%，将法定退休年龄延至 62 岁的改革措施提前一年至 2017 年实施。此外，法国政府还将冻结总统和部长工资增长，直至公共财政恢复平衡。在紧缩计划的众多措施中，向富豪及年收入 50 万欧元以上的家庭征收特别捐税和减免企业的部分优惠政策构成了萨科齐经济政策的转折。

第二，货币宽松政策。从 2011 年 7 月起，为了应对欧债危机带来世界性总需求的减少，各国央行纷纷降低实际利率的刺激措施，以提振经济增长。其主要手段多为直接下调利率或推出资产购买计划，以增加货币市场的流动性。欧洲央行累计降息 50 个基点至 1%，并推出了两次旨在增加银行间流动性的长期再融资计划，以纾解银行业的流动性困局。鉴于欧债危机仍未得到妥善解决，欧洲央行未来继续降息的可能性仍旧存在。因降息一方面可以降低以欧元计价债券的融资成本，另一方面可以间接降低欧元汇率，支持欧洲的出口。目前欧洲推出的长期再融资计划规模已达 1 万亿欧元，期限为 3 年，这也为欧洲奠定了今后相当一段时期的宽松基调。

第三，债券置换政策。由于 2012 年 3 月希腊有 152 亿欧元的债券集中到期，因此，私人债权人是否自愿参与债券置换是希腊能否获得第二轮援助的关键环节，也是欧洲在结束债务危机努力上面临的一次大检验。早在 2010 年 2 月，欧洲政策研究中心主任格罗斯和德意志银行首席经济学家梅尔在《如何应对欧洲主权债务危机：建立欧洲货币基金》文章中，就描述了债务重组的可能方案，即建立一个以布雷迪债券的成功经验为依据的简单机制。当债务国可能出现债务违约时，欧洲货币基金向其债权人提供债券置换，以统一的市场价格折扣方式将债务国的公债债券置换成欧洲货币基金担保的布雷迪债券，可规定欧洲货币基金最多只支付该国 GDP 60% 的债务额度。如果债务国公共债务占 GDP 的比值为 120%，那么该折扣就是 50% GDP 的债务。当然，该方案的实施有待于所有债权人的一致跟进。为防止某一债务国债务重组引发其他国家纷纷跟进的道德风险，欧盟领导人之前已承诺在 2013 年前不得强迫私人部门债权人承担债权减扣。但由于违约风险增大和债务危机迟迟不能得到根本性解决，希腊政府最终于 2012 年 2 月底批准了债务减记法案，规定私有债权人必须在 3 月 8 日前做出决定，是否自愿参加希腊债券置换计划，并称将对那些不"自愿"参与债券置换计划的投资者进行违约。为防止进一步的损失，截至 2012 年 3 月 9 日，85.8% 的希腊债券私人持有者已表示将参与债券置换，而截至 4 月 5 日，97% 的私人部门债券投资者（包括持有 1770 亿欧元根据希腊法律发行债券的投资者和部分持有根据国外法律发行债券的投资者）都同意参与债券置换，并承担 75% 的损失以交换新的债券。这成功避免了短期内希腊因债务集中到期而引发的无序违约。

资料来源：《欧债危背景下法国国债市场建设》，财政部官网，2014 年 6 月 27 日。

关键概念

公债制度　公债发行制度　公债管理制度　公债应债能力　公债偿债能力

本章小结

1. 公债作为政府收入的主要来源之一，其具备着弥补财政赤字、支持建设性支出的功能。

国家对公债发行的各种条件（如期限、利率）以及募集和偿还办法等的各种规定的总称就是公债制度。而不同国家的公债制度也必然因其财政制度、经济环境的不同而有所不同。

2. 目前，我国的国债主要分为面向个人投资者为主的储蓄国债和面向机构投资者为主的记账式国债两大类。而其他发达国家已发行的公债数目更为繁多，品种也十分齐全。我国国债发行对象主要是居民个人，不同于美国以国外购买者为主的结构和日本的多元化结构。经过多年发展，我国初步形成了以公募招标发行为主体，向特定对象私募发行、通过柜台进行场外交易为辅助的发行机制，但仍有许多改进空间。

3. 我国目前已基本形成了以政府统一管理与市场自律管理相结合的监管体制，即中间型监管体制。而美国公债流通市场监管是典型的集中型监管模式，即政府通过制定一系列专门的法律法规，并设立全国证券监管机构来对证券市场进行统一管理。英国早期的监管模式为市场自律型监管体制，后走向了集中型监管模式。

4. 我国的国债还本方式包括到期一次偿付法、抽签轮次法、以新替旧法、期中选择偿付法、延期偿付法和到期还本分期付息法等。利息的支付方式包括到期一次支付、按年支付和每半年支付等。现阶段，我国偿还国债的方式主要为以新换旧，而其他国家多为设立偿债基金。

5. 当前，世界各国都或多或少面临着债务问题。我国的地方债问题不容乐观，美国的巨额国债带来的偿债风险令世界各国的投资人担忧，日本国债的反常现象引起多方关注，希腊目前还未走出债务危机的阴影，仍需探索自救之法。

分析讨论题

1. 根据我国国债品种结构的相关内容，结合资料链接7-1与其他相关资料，分析我国目前国债品种结构的优缺点。

2. 根据本章中对我国地方债现状及其问题的介绍，阅读资料链接7-3、7-5和其他国家地方债管理的相关信息，在借鉴美国等国家地方债管理经验的基础上，分析我国地方债应该如何管理以达到化解风险、避免危机的目的。

3. 根据希腊公债规模及其债务危机的相关分析，阅读资料链接7-6，结合课外资料，归纳总结希腊债务危机的自救之法。

本章拓展阅读书目

1. 高培勇，宋永明，2004. 公共债务管理 [M]. 北京：经济科学出版社.
2. 张馨，1997. 比较财政学教程 [M]. 北京：中国人民大学出版社.
3. 杨志勇，2005. 比较财政学 [M]. 上海：复旦大学出版社.

第八章

国家预算制度比较

学习概要

政府预算是公共治理的核心议题，预算管理制度的创新与演进也成为整个公共管理制度变革的关键。本章主要介绍西方预算管理制度与预算编制方式的演变、西方预算理论的发展、一些典型国家预算改革以及我国政府预算制度改革的内容。通过本章的学习，要求学生了解西方预算制度的发展历程以及预算编制方式的演变，以及我国预算制度与国外预算制度的不同特点。本章的学习重点是国外预算制度与我国预算制度的比较、预算编制方式的演变，以及国外和我国预算制度改革的历程和体制演变，难点是西方预算理论的形成发展及对预算管理制度的影响。

```
国家预算制度比较
├── 西方预算管理制度与管理方式的演变
│   ├── 早期西方预算管理制度的产生
│   └── 西方预算管理方式的演变
│       ├── 分行列支预算制度
│       ├── 绩效预算制度
│       ├── 计划—规划—预算制度
│       ├── 规划、计划、预算与执行制度
│       ├── 规划预算
│       ├── 新绩效预算
│       └── 零基预算
├── 西方预算理论的发展
│   ├── 渐近预算理论
│   ├── 公共选择中的预算理论
│   │   ├── 中间投票人模型理论
│   │   └── 官僚预算最大化模型
│   ├── 预算支出增长理论
│   ├── 公共决策中的预算理论
│   │   ├── "排队"理论
│   │   ├── 费用论
│   │   └── 报酬论
│   └── 政策过程中的预算理论
├── 近代其他一些国家预算制度的改革与发展
│   ├── 新加坡的预算制度
│   │   ├── 改革历程
│   │   └── 新加坡政府的预算管理
│   ├── 日本的预算制度
│   │   ├── 改革历程
│   │   └── 日本的复式预算制度
│   └── 俄罗斯的中期预算制度
│       ├── 俄罗斯的"双方案"预算编制方法
│       └── 俄罗斯中期预算制度的内容
└── 我国政府预算制度的改革
    ├── 改革历程
    ├── 政府预算管理体制
    └── 我国政府预算编制的特点
        ├── 部门预算
        ├── 收支分类
        ├── 国库集中收付
        └── 政府采购
```

第一节　西方预算管理制度与管理方式的演变

一、早期西方预算管理制度的产生

从西方国家来看，现代政府预算制度产生于商品经济发展和资本主义生产方式出现时期，是新兴资产阶级与封建专制统治阶级进行斗争时作为一种斗争手段和斗争方式产生的。在资本主义以前，从奴隶社会开始，就出现了国家的财政收支活动。然而在现代政治体制建立之前，"家天下"与"公天下"并不能严格区分，统治阶级的家庭财富与国家财富无法割裂，此时难以产生关于国家财政的完整且系统的预算管理体制。此外，在商品经济并不发达的农业经济中，政府也难以事先进行详尽的财政预算。

封建社会末期，欧洲商品经济兴盛，资本主义生产方式出现，新兴资产阶级逐渐发展起来，社会财富逐渐向新兴资产阶级阶层聚集。例如，英国从最初的商业高利贷资本、商业资本，到商业资本拥有产业资本，到制造业独立为产业资本等。随着城市的发展，各地区间的经济联系日益加强，中世纪封建割据和关卡林立的局面严重妨碍商品的生产和流通，成为当时社会生产力进一步发展的阻力。经济的发展、生产关系的变化和统一市场的逐步形成导致了社会的变革，从14世纪起，西欧有些国家已出现政治统一和中央集权的趋势。在国家政权集中化过程中，国家机关的扩大，常备军的建立，封地制度的取消，国家机关官吏薪金俸给的增加，都使得国家的财政支出大量增加，于是产生了筹集经常性收入来源的要求。因此，掌握着国家政权的封建统治阶级，对新兴资产阶级和农民横征暴敛，而自己却挥霍浪费，不负担任何捐税，从而严重地损害了新兴资产阶级和广大劳动大众的利益。在这种情况下，从封建社会里成长起来的新兴资产阶级为维护自身的利益，以议会制度为手段与封建统治阶级展开尖锐的斗争。国家的预算制度就是在新兴资产阶级同封建专制统治阶级进行较量的过程中，作为一种经济斗争手段而产生的。这场斗争最初集中在限制国王的课税权上；继而扩大到限制国王的财政资金支配权；最后发展到要求取消封建统治阶级对财政的控制权和在财政上享受的特权，国家财政与王室财政被分离，国家的岁入岁出受到议会的监督，现代意义上的预算制度基本形成。从上述内容可以看出，利用议会审议监督王室财政收支是新兴资产阶级从经济上制约封建王朝的重要手段，现代政府预算制度的产生过程就是国家财政收支法制化的过程。

现代国家预算制度最早出现在英国，其思想可以追溯到1215年的《大宪章》中"非赞同毋纳税"原则，以及1295年"模范议会"中"涉及所有人的问题，应由所有人来批准"的基本原则。在14—15世纪，英国的新兴资产阶级、广大农民和城市平民就起来反对封建君主横征暴敛，要求对国王的课税权进行一定的限制，即要求国王在取得财政收入开征新税或增加税负时，必须经代表资产阶级利益的议会同意和批准。随着新兴资产阶级的力量逐步壮大，他们充分利用议会同封建统治者争夺国家的财政权。新兴资产阶级通过议会审查国家的财政收支，政府各项财政收支必须事先做计划，经议会审查通过才能执行，财力的动用还要受议会的监督，从而限制了封建君主的财政权。1640年资产阶级革命后，英国的财政权已受到议会的完全控制。议会核定的国家财政法案，政府必须遵照执行。在收支执行过程中，还要接受监督。最后，财政收支的结算，还必须报议会审查。到 1688 年，英国资产阶级议会还进一步规定皇室年俸由议会决定，国王的私人支出与政府的财政支出要区分开，不得混淆。1689 年还通过了《权利法案》，重申规定，财政权永远属于议会；君主、皇室和政府机关的开支都规定有一定的数额，不得随意使用。政府机关和官吏在处理国家的财政收支上，都规定其权限和责任，必须遵守一定的法令和规章。这样，国家在财政工作上与各方面所发生的一切财政分配关系，都具有法律的形式，并有相关的制度加以保证。这种具有一定的法律形式和制度保证的财政分配关系，就是现代政府预算，其具体表现形式是政府年度财政收支计划。

但作为一个较规范的现代预算制度，还需经过很长时间才能建立起来。到 18 世纪末，英国首相威廉·皮特于 1789 年在议会通过一项《联合王国总基金法案》，把全部财政收支统一在一个文件中，至此才有了正式的预算文件。至 19 世纪初，才确立了按年度编制和批准预算的制度，即政府财政大臣每年提出全部财政收支的一览表，由议会审核批准，并且规定设立国库审计部和审计官员，对议会负责，监督政府按指定用途使用经费。从上述内容可以看出，作为一个较为规范的近代预算制度，是经过了很长时间才建立起来的，这既是新兴资产阶级与封建统治阶级在财权斗争中的手段，也是封建主义向资本主义发展的必然结果。

欧美其他资本主义国家预算制度确立的时间相对较晚，多是在 18—19 世纪建立了资产阶级政权之后才确立的。例如，法国大革命时期的《人权宣言》中对预算做出规定，到 1817 年规定立法机关有权分配政府经费，从而完全确立了预算制度。

美国预算制度的建立相较欧洲各国要晚得多。20 世纪以前美国从联邦到地方都没有一个统一的预算体制，更不用说完整的预算了。到 20 世纪初期美国财政连续出现赤字，这才促使政府考虑建立联邦预算制度，虽然早在 19 世纪初就规定了财政部需要向国会报告财政收支，但那时仅仅是汇总而不具有预算管理的性质。1910 年，时任美国总统的威廉·塔夫托要求国会研究建立联邦预算制度。1921 年，国会通过了《预算与会计法》，这才形成了美国现代意义上完整的预算管理制度。

二、西方预算管理方式的演变

在预算发展史上，西方市场经济国家的政府预算管理大体经历了以下的发展变迁历程：以控制为目标的传统预算或分行列支预算管理模式；以绩效和结果为导向的绩效预算模式；以经济计划为目标的计划—规划—预算管理模式和后来的规划预算；注重预算项目执行效率的目标管理预算模式；不考虑以前预算收支情况的零基预算；融合重塑政府思想的结果预算等。在此，我们对具有重要影响意义的部分加以介绍和说明。

1. 分行列支预算管理模式

虽然早在人类文明的初期就有了以某种方式来记录开支的做法，而作为现代意义上公共预算制度开端的分行列支预算（line item budget），在 1921 年美国的《预算与会计法》中首先被提出，这也是最基本、最传统的预算组织形式。在这一模式下，资金会根据预算科目体系分解到各具体的支出科目当中，并被详细地分行罗列出来，每一行就是一个支出科目，表明资金的具体用途。

分行列支预算最重要的特点是可以较好地把握政府开支。如上所述，资金会根据用途和需求被分解到具体的支出科目中，每一行就是一个支出科目，由于政府的每一项（类目）商品或劳务支出的详细记录，预算都可以明确地了解并进行控制，这便增加了政府支出的透明度，遏制政府腐败现象，也在一定程度上避免了无效支出。行政部门提出预算申请由财政部门审批，这一模式非常有助于对政府的支出进行预算控制，因而至今仍有广泛的应用价值。

但分行列支预算更适用于较低层级的组织部门而不是高层级的部门。由于在该模式下很难统筹多个部门进行的相同一份工作或者由一个部门组织的多项工作，如一项基础建设工程由多方合作完成时，分行列支预算难以将各部门的预算支出划分开来。另外，分行列支预算更多关注费用的增长方面，对真正的预算支出需求及其结果考察不足，不利于政府公共职能的实现。

2. 绩效预算模式

绩效预算（performance budgets）最早可以追溯到 20 世纪初。1907 年，纽约市政研究局提出"改进管理控制计划"的报告，该报告强调"通过对已批准项目的管理，提高资源使用效率"。绩效预算的历史包括成立于 1912 年的塔夫托委员会（Taft Commission），这使得绩效预算于 1934 年在美国农业部采用，于 20 世纪 30 年代末被田纳西河流域管理局（Tennessee Valley Authority）所采用，并在一定程度上提高了部门的运作效率。到了 20 世纪 40 年代，美国的"重组政府"运动方兴未艾，借此契机，第一届胡佛委员会在 1949 年的报告中，完整地定义了绩效预算，从而定下了绩效预算改革的基调。绩效预算作为公共预算管理的一种全新理念和方法，其要求将"绩效水平与具体的预算数额联系起来"。虽然其推行的成效并不尽如人意，政府行政绩效大幅提高的情形并未出现，且从 20 世纪 60 年代中期开始便不再继续采用或完善了，但此后政府预算的"绩效、效率"观念开始深入人心，对西方世界产生了巨大的影响。计划项目绩效指标的制定是否符合政府的立法意图是绩效预算中最核心的部分。这些指标理应成为政府机构关注的焦点，不加选择的设计指标反而会对政绩实质拙劣的公共管理者产生激励。传统的绩效预算试图以政府机构的直接产出编制预算，而这些产出未必是政府真正需要履行的职能。例如，公共卫生部门为预防儿科疾病所实施的接种疫苗计划，并不是为了采购疫苗，而是为了降低婴儿死亡率，该活动的目标是儿童的健康，而不是参与该项目的儿童数量，绩效预算指标的设计对此就显得力不从心了。

毫无疑问的是，绩效预算相较于传统分行列支预算的转变是非常明显且有进步意义的。首先，预算的管理对象从之前的重人事管理转向重活动管理，不再根据部门大小或人员多少来分配资源，而是通过对公共物品或服务的核算来进行预算编制。其次，预算是对活动进行度量，以确定其成本，并对从事这些活动的效率进行评估，而不是仅仅体现出行政部门自身的意图。再次，绩效预算可以更好地调动各部门的工作积极性并提高效率。最后，即便绩效中所设列指标并不完全是政府能够提供的"最终产品"，但是从理想的情况来看，将这些活动与受益结果或产出联系起来即是对政府职能履行的鞭策，也是对政府各部门考核的有效手段。总体来说，绩效预算的发展是有限的，尽管大家对绩效预算的期望很高，但实施的结果也并不理想。这主要是由于不同部门的工作性质以及工作方式差别很大，绩效设计在很多时候不具有可比性，并且难以用具体的指标来量化很多政府中社会性较强的项目，同时绩效易造成注重短期效益"冲绩效"的风气，也没有协调好行政执行部门和立法部门之间的关系。为了克服绩效预算存在的这些问题，结合绩效预算与规划预算二者特色的"新绩效预算"理念就应运而生了。

3. 计划—规划—预算管理模式

计划—规划—预算管理模式（Planning-Programming-Budgeting System，PPBS）是根据经济现状与发展趋势，以及未来所要达到的总体目标，利用系统分析以及成本—效益考察等分析工具，评价公共计划的成本效益，协助政府拟定最有效的预算决策，以期实现公共经济资源合理配置的一种预算管理制度。

计划—规划—预算管理模式是一种以程序为重点，而非以组织为重点，来评价短期与长期需求的预算管理模式。采用计划—规划—预算管理模式的首要意图，是使行政部门的预算摆脱渐进主义决策体系，而改为一种合理的综合决策方法。计划—规划—预算管理模式的主要特点包括：在"中期计划"框架的基础上，以周期滚动推进的方式实现规划、计划与预算的有机结合；跨越部门藩篱，按职能编制计划和预算；充分发挥专职预算编制机构的作用，统筹协调预算管理；形成制度化和规范化的工作制度与程序，注重预算管理的规范性。项目预算和成本—效益分析是计划—规划—预算管理模式最重要的内容。

计划—规划—预算管理模式未能持续下去的原因主要有以下几个。第一，PPBS强调年度预算与中期计划的结合，这就需要一个稳定的社会经济背景，20世纪60年代的经济危机使得年度预算难以和计划相结合。第二，政治需要是预算管理技术更迭变换的重要因素。在美国，每一任总统上台，都会根据自己所领导政府的施政理念与目标采用新的预算管理技术，如胡佛总统提出绩效预算的概念，约翰逊总统采用PPBS，尼克松总统停用PPBS推行目标管理，卡特总统推行零基预算等，预算管理也因为总统的政治需要不同而不断更迭。第三，其自身所固有的缺陷及特性不能较好地适应政府需要是根本原因。一方面，PPBS强调成本—效益分析，这就需要详尽的资料、严密的工作程序，较强的技术提高了成本，使得预算制度与评价都变得较为困难；另一方面，PPBS预算制度是理性主义的，在执行中往往会出现计划与现实中事前未知的不确定性冲突，使规划难以顺利实行。

 资料链接 8—1

PPBS 在美国的发展历程

计划—规划—预算制度（PPBS）的管理思想，萌生于美国的企业管理部门。早在1924年福特汽车公司就已经运用类似的管理模式，以试图提高企业效率。第二次世界大战期间，美国战时委员会制定的物资控制计划也援引了该方法。20世纪50年代，美国空军的兰德公司开始在武器系统检测中使用系统分析方法，并提出在空军的计划工作中使用所谓的"方案包"（也称为"规划包"）作为预算决策单元，但被当时的空军高层拒绝。1960年，希奇和麦基因合著的《核时代的国防经济学》一书出版，书中探讨了国防经济的效率问题，并建议在军事设计上将各种可行方案的成本与效益做出比较，由此，PPBS的思想理念得以基本确定。1965年，约翰逊总统命令全部联邦机构施行PPBS。到1967年，美国预算局指导21个政府部门采用PPBS，并推广到36个部门。根据美国运用PPBS情况的调查分析，60%的政府部门使用了这项预算制度，其中57%的部门认为该技术"非常有效"。然而，好景不长，1971年尼克松总统上台后宣布正式停用PPBS，推行"目标管理"。到20世纪80年代末，美国联邦政府除农业部仍采用PPBS外，其他部门都不再使用。

1961年，麦克纳马拉就任美国国防部长。他将兰德公司的管理模式逐步运用到国防部，据统计，其任职期间（1961—1968年）共节省国防开支约150亿美元，取得了巨大效益。随着美国国家安全和军事战略的调整，进入 21 世纪以来，美国国防部提出军事转型战略，同时也在寻求一种面向未来、基于能力的资源分配方法。美国防部认为，PPBS 过于刚性、反应迟钝，不太适应动态的、不确定的安全环境需要，而且过程烦琐，不能及时有效地将战略协调地融入国防计划中。因此，美国防部于 2003 年 5 月发布《第 913 号重大倡议决定》文件，宣布对 PPBS 进行重大改革。新的国防资源分配管理办法——规划、计划、预算与执行（PPBE）——于 2005 财年开始实施。实际上，PPBE 并没有抛弃 PPBS 的本质内核，而是在其基础上增加了对预算执行的评审阶段，从而使得 PPBS 更加适应美国国防部战略转型需要。

总体上看，PPBS 对于美国地方政府层面上的影响相对显著一些。根据对美国运用 PPBS 情况的调查，41% 的州政府和 35% 以上的市、县都在某种形式上采用了 PPBS，60% 的城市至少在某些部门实行了这一制度，在普遍实行这一制度的城市中，57% 的城市认为它"非常有效"。

资料来源：李璐，许光建，2009.PPBS 在美国政府和国防部演进轨迹的比较研究 [J]. 军事经济研究，30（8）：74-76.

4. 规划、计划、预算与执行制度

PPBS 虽然在尼克松总统时期就在美国联邦政府层面停止推行了，但美国国防部一直采用该模式编制国防预算。规划、计划、预算与执行（Planning, Programming and Budgeting Execution Process, PPBE）是美国国防部在 PPBS 运行 40 多年并取得较好成效的基础上，经过改进而形成的预算管理系统。为适应军事变革的深入推进，实现军队建设从"基于威胁"向"基于能力"的转变，美国国防部相应改革资源分配流程，针对 PPBS 反应迟钝、不够灵活和重投入轻产出的弊端，于 2003 年 5 月发布《第 913 号重大倡议决定》文件，提出采用新的 PPBE 来取代 PPBS，并于 2005 年正式实施。

PPBE 是一项由多方共同参与协作，划分不同阶段并滚动推进的系统性工程，可以大致分为规划、计划、预算与执行四个阶段。

（1）规划阶段。在这一阶段主要是要确定国家军事战略和战略规划，以在计划与预算阶段有方向性的指导。在该阶段，首先由参谋长联席会议制定《联合战略规划》。《联合战略规划》是对未来 6 年所能面对的威胁进行评估并进行应对的规划。而后分管政策的国防部副部长根据《联合战略规划》《财力指南》草案和总统的有关指示，拟订《国防指南》草案，并送到各军种、各司令部、参谋长联席会议和总统处征求意见，修改后送国防规划与资源委员会审议，报国防部长批准颁布。

《国防指南》是这一阶段的最终成果。《国防指南》是计划阶段各军种制订计划的依据和指导，每年制定一次，主要包括威胁评估、政策方针、战略指导方针、兵力规划、资源和财力测算等内容。

（2）计划与预算阶段。在 PPBE 中，计划和预算可以同时进行，主要是制订建设发展计划，并形成报国会审批的国防部预算草案。发布国防预算的偶数年为预算年，在预算年将制定预算计划提案，最终形成《计划预算决定》。非预算年则在预算年的基础上进行微调，完善预算计划和对预算进行调整和变动。预算年分为计划阶段和预算阶段。

预算年的计划工作，其主要任务是提出未来 6 年的计划项目和经费总体需求，形成《计划决策备忘录》，该文件是计划阶段最重要的文件，是国防部和各军种 6 年资源分配计划的基本依据。预算年的预算工作，其主要任务是根据战略指导，通过协调计划阶段的工作，

最终确定国防部预算草案。

（3）执行阶段。执行阶段是 PPBE 的最后一项工作，该阶段开始于预算经国会授权和拨款后。执行阶段是对军队预算的执行情况进行评审，其目的是用绩效度量项目的完成情况，执行评审通过绩效度量分析计划和预算执行的情况，评估产出效益，最终确定资源是否得到合理配置。执行评估的工作每季度进行一次，最终形成国防部年度绩效报告，有关内容纳入新一轮的 PPBE 工作中。

5. 规划预算

规划预算（program budgeting system）中"规划"的重点不在于支出的对象而在于支出的目的。即在该模式中，政府提供了什么样的公共产品和公共服务比政府将要支出什么样的花费更值得被重视。这就需要政府首先明确自身所需要履行怎样的公共职能，然后根据提供的公共产品和公共服务来组织预算。

规划预算与传统预算相比其主要特点在于，传统预算管理中，对资金的竞争是在政府部门之间或在政府机构内部进行的，以部门或各组织机构为预算单位进行的；在规划预算中，竞争是在相似的规划之间展开的，跨越了传统的组织本位界限。规划预算可以促使所有参与者将其注意力集中转向公共支出的效果，这些参与者包括部门管理者、部长、立法机关代表和公众。也就是说，"规划"与我们平常使用的项目并非是同一个概念。规划预算是按照有着特定目标的规划（与活动）、打破部门界限归集投入的预算资源，而不是按照组织机构来归集预算资源。这是规划预算不同于基于组织本位配置资源的传统投入预算的主要特征。

规划预算包括总目标、子目标、规划名称、预算资金、活动等各个方面。以规划作为预算拨款的基础，聚焦于由规划确定的各项活动的运行效率，围绕政府制定的战略目标做出资源分配决策，这不仅使得规划与资源配置相匹配，更增强了各预算支出机构的受托责任和预算透明度，使得政府与立法机构和社会公众的关系更为和谐友好。

通过对 PPBE 和规划预算的分析可见，其蕴含的预算理念以及追求的目标——效益，与绩效预算具有直接联系。而两者在注重投入预算、加强合规性控制的基础上，又突出了产出和效能的实现问题。因而，取其关键编制技术手段和管理理念，用于改造预算管理，搭建一座从投入预算向绩效产出预算过渡的桥梁，不失为现时条件下预算改革的可行之路。

6. 新绩效预算

20 世纪 80 年代以来，世界范围内掀起了新公共管理改革的浪潮，强调以企业家精神重塑政府，以减轻财政压力，提高政府的效率和服务水平，从而推动了很多国家的财政管理改革，绩效预算由此得到复兴。20 世纪 90 年代以来，以美国、澳大利亚、新西兰等为代表的 OECD 成员国，不论是中央政府还是地方政府，纷纷启动了以绩效为基础的预算改革。与传统绩效预算相比，新绩效预算在实施基础、配套改革、绩效评价、信息应用等方面有了很大的改变。现代政府"再造"运动对新绩效预算的发展具有重大影响。新绩效预算融合了传统绩效预算和规划预算的特点，与传统绩效预算关注任务、活动或直接产出不同的是，新绩效预算关注的是结果。从重要性上来说，新绩效预算综合了原有预算分类的思想。

新绩效预算的主要特点体现在，更加重视立法机关的参与，更加注重政府成本会计改革，促进绩效评价指标体系的完善，致力于绩效信息的提供和使用，同时引入企业管理的思想和方法等方面。尽管如此，新绩效预算仍旧未能全面解决在传统绩效预算中的已有难题。绩效优的项目才应该享受财政资助，但难道不正是因为缺少财政支持才造成项目的失败吗？绩效低的项目就应该被惩罚并减少对其的财政支持，难道不应该给予丰厚的财政支持以期提高这些项目的绩效？

关于新绩效预算所产生的长期影响，现在还很难进行预测。但是，不管最终形式如何，以结果为导向、将绩效和预算进行融合，很可能继续成为美国联邦预算过程乃至世界范围内公共预算管理变革的重要理念。

 资料链接 8-2

新绩效预算面临的挑战

威洛比和梅可斯（Willoughby &Melkers，2000）对美国一些预算官员展开过调查，在绩效预算的效果表现方面，某些预算决策者认为，绩效预算在安抚公众、改善拨款数额方面并"没有效果"。将绩效信息与预算决策联系起来，既是绩效预算的重点又是难点。沈春丽（2007）就曾指出，绩效和预算分配之间建立逐一对应的直接联系既不可能，也无必要，基于预算决策的政治属性，决策者不可能只采用理性数据来分配预算。因而，在新绩效预算的全面实施中仍然面临着一系列挑战。

1. 绩效信息与预算决策的关联度不高

将绩效信息与预算决策联系起来是 OECD 对新绩效预算模式的定义，各国在实践中也致力于将两者挂钩。然而，尽管近些年绩效信息日益增多，但对预算分配决策的影响依旧是有限的。绩效信息与资金分配并不存在自动的或公平的挂钩方式。如果一个项目的绩效不好，我们是应该因为这个项目浪费资金而将其预算削减，还是需要加大资金投入使其更好呢？这确实是一个两难的选择。由于存在许多情况，讨论出一种将绩效与预算决策联系在一起的机械的方式，往往是非常困难的。法国就曾经出现了一个非常有趣的情况：警方和军方使用同一指标——筛选司机酒驾的比例——来说明道路安全问题，警方以高比例来说明其控制是有效的，而军方则以低比例说明其预防是有效的。然而，警方多是在白天工作，军方则经常在晚上工作且其工作地点临近夜总会。在这一案例中，道路安全项目若以绩效指标来衡量，并由此决定项目资金的拨付，似乎并不可靠。

此外，许多项目存在多重目标，而单一维度的项目评分或绩效评级有时会误导政策制定者。较低的评分结果可能会导致预算的缩减，甚至在某些情况下还会引导决策者取消该项目。但如果这个项目是很重要的，较低的评估结果其实意味着需要在该项目上投入更多的人力资本、技术支持以及高效的管理。绩效信息和预算决策未必存在强烈的因果关系，如果仅以绩效评价结果来决定预算分配，似乎也并不科学。

2. 影响资源分配的政治因素难以消除

实施新绩效预算时，有些绩效指标的设置也难免会带有政治色彩。尽管绩效指标和评价体系本身不应受官员政治偏好的影响，但这种影响却是经常存在的。以美国为例，在实施 PART（Program Assessment Rating Tool，项目评估评级工具）的 2002—2008 年，民主党总统制定的项目一般会有较低的 PART 评分，大概比共和党总统发起的项目低 5.5 分，这显示了 PART 评分对某些项目是存在政治支持因素的。此外，奥巴马政府要求所有机构两年内完成"高优先排序绩效目标"，这很可能是为了及时取得成绩以寻求连任。目前，大多数国家的做法是将绩效结果应用于预算协商过程，或仅将其作为影响预算资源分配的参考因素之一。

资料来源：马蔡琛，朱旭阳，2019. 从传统绩效预算走向新绩效预算的路径选择 [J]. 经济与管理研究，40（1）：86-96.

7. 零基预算

零基预算（Zero-Based Budget，ZBB）是在编制预算时"一切从零开始"，不考虑以前年度的预算数字，重新核定每个项目的重要性，依据事情的轻重缓急统筹安排，并由此划拨年度预算资金。缓解财政压力是美国施行零基预算的直接原因。零基预算主要包括三个实施步骤。一是确立决策单位。这是整个零基预算的基础。决策单位可大可小，可以是一项计划、一个活动、一个组织等。二是建立决策包。这是零基预算的关键一步。决策包（decision package）是一个识别和描述特定活动的文件，通常由部门管理者负责制定。它包括对活动目的的陈述、活动的费用、人员需求、绩效考评标准、备择行动方案，以及对直接效益和间接效益的评价。三是排序。即将各决策包按照重要程度排序，决定可分配到资金的一揽子决策，同时哪些决策不能分配到资金，应予以取消。零基预算适合于管理日益减少的资源，当组织面临紧缩和财政困难时，管理者急需有效的手段来分配有限的资源，而零基预算正是这种手段。

在零基预算制度下，预算过程不再只是单纯关注于新增的支出项目或计划，而是就所有的预算资源需求，不论是正在进行中的还是新增的，都要从其出发点开始审议，即所谓"零基"。由此，一些不必要或过时的预算活动，将有可能被终止。鉴于此，零基预算制度往往不受以前年度预算资源配置格局的约束，可以重新确立支出项目的优先顺序，将有限的预算资源配置到使用效率更高的项目中，从而使得预算决策更具弹性。

20世纪70年代初期，零基预算编制方法异军突起，但旋即如昙花一现，20世纪80年代初期以后逐渐销声匿迹。零基预算失败的主要原因在于，其增加的工作量远远超过可能带来的收益，因此，只能适应政府支出结构调整的一时之需，而难以作为一种长期安排上的预算决策方式。目前，各国预算决策虽然在不同程度上体现了零基预算削减支出的思想，但总体上仍旧是以增量方式（我国所谓的"基数法"）编制下年度预算的。

中国实行零基预算始于20世纪90年代的中国政府预算改革，零基预算带有某些非常耀眼的色彩。我国的湖北、河南、陕西、甘肃、云南、福建、广东和河北八省先后实行了零基预算。

湖北、河南、陕西三省实行零基预算的具体做法大致相同。首先，这些省份实施零基预算的直接动因是控制预算总额，缓解财政压力。其次，强化定额管理，统一预算标准。再次，按照定员定额标准和基本数字台账，从零开始，分三个部分编制预算，人事支出和公用经费支出分别按照核定的人数和开支标准核算，专项经费由财政部门根据轻重缓急分别予以确定。

甘肃省按核定的实有人数和规定的工资标准全员核定人事支出。在公用经费支出方面，行政机关根据职能和工作性质，参考以前年度支出分类核定，事业单位根据工作性质和业务量确定标准、分类核定。专项经费按照"总量控制，统筹考虑，优化结构，保证重点"的要求分项排列、逐项审核、一年一定。总体来看，这样做具有优先安排教育、科技、农业、救灾扶贫和社会保障等重点支出和各项需要的特点。

云南省将人事支出与公用经费支出统称为正常经费，正常经费预算采用"划分档次、确定定额、不做基数、逐年审核"办法编制。在专项支出方面，各单位按照专款预算编制表格填报，依项目轻重缓急顺序排列。

福建省按照"收支统管、核定收支、定额拨补、超支自负、结余留用"的方法编制零基预算，提供"在职人员公用经费定额参照表"，将单位的公用经费支出规模控制在一定幅度内，分类制定定额，实施定员定额管理。

广东省和河北省核定人事支出和公用经费支出采用了以公式为基础的定额定员方法，专项经费采用部分基数法和部分零基预算的模式。

时至今日，在众多地方政府的预算编制指导原则中，实行零基预算仍旧具有非常突出的重要性。

需要指出的是，中国部分地区目前正在试行的零基预算的做法，与其他市场经济国家零基预算的典型经验是不尽相同的。其他市场经济国家实行的零基预算是以预算定编、定额、定标准等基础工作已经完成为起点，而中国各地区则是以预算定编、定额、定标准作为试行零基预算的起点。

资料链接 8-3

零基预算在中美实行中的差异比较

1. 推行方式不同

美国的零基预算改革由政府主导，制定了标准的零基预算指导。美国在20世纪70年代推行零基预算时，政府出台了非常详细的指导，从确认决策单位、发展决策包、决策包排序、准备执行预算四个步骤推动零基预算的实施。美国总统卡特还签署了备忘录，要求所有行政部门都要使用零基预算。我国虽然下达了预算编制的指导文件，但并没有像美国那样对零基预算做出详细定位和指导。我国一些省市尝试引入零基预算的动因缘于财政紧张，试图通过零基预算解决资金分配的冲突。这些省市实行的零基预算在预算编制上没有统一的政策规定，也没有按照严格的步骤来进行预算编制，但有很强地契合本地情况的色彩。

2. 起点标准不同

美国经过了漫长的预算制度发展，建立了现代政府预算体系，在施行零基预算前，定额、定编、定标准等基础工作已经完成，这为推行零基预算扫清了制度上和技术上的障碍。然而，我国没有"三定"的制度基础，是以零基预算作为"三定"工作的起点。这表明我国还是一种粗放经营式、经验式的预算管理，在这种基础条件下实行零基预算，许多基础工作就成为零基预算的起点，这也决定了在我国实行零基预算不可能一步到位。

3. 预算范围不同

美国实施零基预算时将所有政府支出划为零基预算的范围，适用范围广，按照零基预算编制的经费数额较为庞大。我国政府支出主要分为人员经费、公用经费和专项经费。人员经费和公用经费在一定程度上呈现一种基数增长状态，在预算编制上是一种公式预算，在预算决策中基本可看作是基数预算法。所以，零基预算实际上只适用于专项经费，不包括人员和公用经费。我国财政支出在保证人员工资、公用经费方面所占比例大，在保证这些支出的基础上可以用作专项经费的预算有限。所以，零基预算在我国应用的范围很小。

通过对中美零基预算实践的比较可以发现，我国零基预算是以基础工作的完善为起点，且在预算范围方面存在一定缺陷。而美国预算范围广,且有多种更为先进的预算方法作为辅助和补充。我国实行零基预算还需要付出更大的努力。

资料来源:王辰,李彤,2011.中美零基预算的比较及启示[J].经济纵横(8):97-99.

第二节 西方预算理论的发展

政府预算始于西方,发端于中世纪后期的英国,迄今已经历了数百年的实践。20世纪20年代,美国在改革传统预算的基础上,构建起了现代政府预算制度。在西方国家广泛的预算实践中,兴起了人们对政府预算的研究。政府预算理论也开始在以美国为代表的西方发达国家中形成和发展起来。本节主要介绍一些对我国目前和未来的政府预算改革有所启示和借鉴意义的预算理论。

一、渐进预算理论

渐进预算理论是由美国学者瓦尔达沃斯基和芬劳在20世纪60年代创立的。作为一种描述预算运作程序和政府官员预算行为的理论,渐进预算理论已成为最具影响力的预算理论。

瓦尔达沃斯基在《预算过程中的新政治》一书中对渐进预算理论进行了较为详尽的描述。第一,预算具有政治性,"预算过程是政治框架中的人类行为"。例如,在预算实践中,美国的预算决策是通过政治过程做出的,包括宪法、利益集团的压力、政治党派的立场、公众意见等在内的各方政治因素都会对预算决策产生影响。第二,预算具有渐进性。从一个预算周期到另一个预算周期、从预算过程的一个阶段到另一个阶段,预算拨款只是发生相对很小的变化。他通过对美国37个部门进行了为期12年的考察,发现其中3/4的部门预算变化数额在30%以内,而高于此比率的情况也可以解释为一种周期行为。第三,预算参与者通常会在预算过程中采用"简化"策略。由于人类的决策能力有限,因而在面对一些复杂情况时,人们会偏向于采用相应的策略使其简化,而不是去全力收集所有信息。第四,预算参与者会使用不同的策略来实现各自的目标。第五,渐进预算作为一种政治性预算,简化了预算决策过程,在政治上容易达成一致,而理性预算加大了预算决策难度,难以达成政治一致。所以,渐进预算优于理性预算。渐进预算建立起了一个比较完善的理论模式,比较好地描述、分析了政府预算过程,包括比较准确地描述了预算的政治决策过程,比较准确地解释了预算现象并做出预测,也为人们更加深入地研究预算程序奠定了良好的基础。

而一些批评者认为,渐进预算理论存在先天缺陷。例如,预算过程不一定是渐进的,预算增长不一定是稳定的,渐进预算理论对于预算决策的实际过程没有进行准确的描述,对于预算数据也没有进行正确解释,它混淆了过程渐进和结果渐进;渐进预算过程无法产生正确的预算结果;多元决策模式不一定是最优的预算资源分配方式等。

资料链接 8—4

渐进预算理论在实践中的争论与发展

20世纪60年代中后期至70年代,渐进预算理论已开始显现出其在公共预算研究领域的重要影响力。继瓦尔达沃斯基等人对美国联邦政府(非国防机构)的相关研究,使渐进预算理论很快应用于对美国州与地方政府及美国国防部、其他国家或地区、国际组织预算过程的描述和解释中，并获得了大量支持性的经验证据。尽管如此，自20世纪70年代开始，越来越多的研究向渐进预算理论发起挑战，批评和质疑主要来自渐进主义过程和渐进主义结果的混淆，以及宽泛的渐进变化衡量标准、渐进预算理论聚合分析层级的选择问题、渐进预算理论在统计分析方法上也存在一些问题等。

进入20世纪80年代，美国严峻的赤字形势与白宫"新主"里根的政策偏好，使得有关渐进预算理论的讨论也开始关注预算紧缩或削减问题。在此之前，"渐进主义"亦是预算的"渐增"，而这与渐进主义产生的时代背景——一个经济增长和政府规模不断扩大的时代不无关系，它鼓励了一种视增长为理所当然的预算行为模式以及资源可获得的假设。经济形势的恶化显然再无力支撑起这样的行为模式与假设，那么对渐进预算理论而言，这意味着什么，遭撒弃或做出调整以适应新的状况？于后一种选择而言，渐进主义可在方向上做出调整成为"渐减主义"。有学者认为渐减预算不可能在渐进主义逻辑下对预算削减过程做出解释，因为渐减预算是资源的再分配而非分配，其稳定性较弱，也将会产生更多的冲突。贝恩认为，预算削减不可能在分权化的、自下而上的渐进预算过程中实现。这一点在希克的研究中得到了印证，他发现包括美国在内的很多OECD国家在面临财政压力而紧缩预算时都会偏重或转向自上而下的决策过程，这一决策过程被希克称为宏观预算，它将逐步取代自下而上、专注部分而非整体的渐进预算或微观预算。直到20世纪80年代后期，虽然渐进预算理论的发展已尽显疲态，但仍然没有理论可以取代渐进预算理论来主导公共预算研究领域。

虽然渐进预算理论存在一些问题，但其在揭示预算过程的政治性本质以及将有限理性范式引入对预算决策过程的分析这两个方面，其重要意义丝毫不减当年，直到今天都未能有理论真正代替渐进预算理论。事实上，当一个理论无论在什么时候都适合任何情况时，它就不再是一种理论，而只能成为一种虚妄的迷思。渐进预算理论能否真正从"僵而不死"的状态中走出并获得新的续航能力，在很大程度上取决于它能否回答好"渐进主义在什么时间、为什么以及对于什么才是适用的"这样几个问题。

资料来源：於莉，2012.渐进预算理论50年：成就、论争与发展[J].武汉大学学报（哲学社会科学版）（6）：92-99.

二、公共选择中的预算理论

1. 中间投票人模型理论

中间投票人理论最早是由布莱克、唐斯和波恩于20世纪50年代提出的。中间投票人模型是一个关于公共产品需求的模型。中间投票人理论认为，在一定的假设条件下，政府预算主要是由中间投票人的偏好所影响和决定的。在中间投票人理论中，预算决策转变为了中间投票人的效用最大化问题，公共产品产出的均衡水平简化为了中间投票人的偏好，这是中间投票人模型的最大优点。

在公共决策中，常常采用投票的方式来显示个人对公共产品和服务的偏好，当全体一致投票同意才能保证政府决策是有效率的，但全体投票一致在实际中是不现实的，集体决策中更多采用的是多数投票规则（绝对多数或简单多数规则）。中间投票人就是在投票中持中间立场的人，在符合以下假设时，中间投票人起着决定作用。一是单峰偏好。这是指个人在一组按某种标准排列的备选方案中，对其中的一个方案偏好程度最高，对其他的偏好程度都低于这个方案。二是一维选择。这是指决策只涉及一个选择参数。三是无议程设置。议程设置是指各种各样的投票策略行为如选票排序、策略性投票和选票交易，或是任何一种有意违反多数投票规则的行为，而无议程设置即没有上述行为的设置。四是中间投票人可以用中等收入居民代替。

如果上述假设都满足的话，多数投票规则下的投票决策结果将反映出中间投票人的偏好。20世纪60年代后期起，该模型被广泛用于预测和解释政府公共产品需求、预算支出和预算行为，70年代开始被广泛接受。

然而，中间投票人模型也存在许多不足。例如，对中间投票人的界定是模糊的；该模式的解释范围较渐进预算理论的解释范围狭窄许多，它只能用于解释和预测通过投票程序来进行预算决策的预算结果等。

2. 官僚预算最大化模型

最早最著名的全面系统研究官僚行为的人是尼斯坎南。他在1971年出版的《官僚与代议制政府》中对公共产品的供给进行了深入分析，提出官僚预算最大化模型，并运用此模型试图解释一些现代社会普遍出现的现象：为什么政府机构越来越臃肿？为什么政府预算规模越来越大？

尼斯坎南官僚预算最大化模型是一个关于供给的模型，描述了政治家和官僚在预算交易中的关系，即官僚一直在争取预算最大化，并且官僚能够使预算最大化得以实现。1974年，米格尔和柏兰格认为官僚最关心和追求的是自由裁量的预算最大化，为此补充修正了尼斯坎南模型。当然，他们也认为预算总额影响自由支配的预算。尼斯坎南后来也认为，官僚的效用受自由裁量的预算和预算总额的影响。

尼斯坎南官僚预算最大化模型作为公共选择学派的一个重要预算模型，对公共选择学派的形成起了重要作用，也给现实提供了启示：一是政府预算具有自我膨胀趋势；二是政府官员在预算约束乏力下会放弃追求公共利益，而强化个人利益最大化，追求高额预算，并利用权力垄断把公共支出变为个人租金。所以，必须强化官员约束，加强相关法律、制度建设，以减少寻租行为。

三、预算支出增长理论

预算支出不断增长是一种全球经济现象，无论是从绝对量还是相对量上来看，预算支出都呈现出上升趋势。公共选择理论在对美国预算支出增加现象研究后认为，预算支出增长的根源主要在于公共产品需求决策和公共产品的供给过程中，或者说源于现行的预算制度中。其主要有以下三点原因。一是预算制度的缺陷。这主要表现在税收与政府支出分别决策，一些议员很容易迎合选民喜好支出更多，同时采用公债等方式使这种方式成为现实，另外预算决策的分散，使议会在评议各项公共支出时难以顾及总支出是否适度，最后在过半数的决策规则下，如果大家均摊成本，而其中只有51%的人享受了全部利益，即使支出超过收益，也会使得该项决策通过。二是预算参与者行为的影响。这主要体现在官僚预算最大化、政客选票最大化、特殊利益集团左右决策三个方面。三是社会公众的"财政幻觉"。这是指现有预算制度使个人在做出财政选择时产生幻觉，这种幻觉使纳税人认为他们所缴纳的税款低于他们的负担，或使公共产品的受益者认为政府所提供的公共产品的价值高于其实际价值。

公共选择理论认为正是由于现行预算制度中存在着种种弊端，才导致了预算的不断增长，因此，必须要对政府财政部门的税收和支出通过立法限制，布坎南提出了程序限制和数量限制两种方法。和传统的西方预算支出增长理论相比，公共选择理论的预算支出增长理论引入了对预算制度及政治决策过程的分析，把经济分析方法运用于属于非市场决策的政府预算领域，试图在政府预算和社会、个人选择之间建立起内在联系，因而这种预算支出增长理论更为深刻，并在一定程度上触及了问题的根源。

四、公共决策中的预算理论

1."排队"理论

公共决策中的"排队"问题是由公共资源短缺所引起的。解决资源短缺的基本方法是竞争，是一种重要的"排队"方式，也是提高资源配置效率的基本途径。一般来说，政府支出可根据效率规则和权力规则两种规则排队。按效率规则排队就是按效率原则来确定哪些公共需求应当列入现实的政府供给范围。权力规则又称权力竞争规则，权力竞争的根本问题是公共选择，但公共支出项目选择往往更取决于政府决策。而政府决策的特点，一是决策取决于少数精英，二是决策后果很大程度上取决于他们各自所处的领导地位和决策集团之间的利益分配。这种决策通常使用的"排队"方式是为了获得通过，项目支出单位必须找到上层领导，"拍脑袋、批条子"，召开相关会议等。由于这种决策违背了公共决策程序，难以避免决策中的随意性，导致决策失误。

2. 费用论

费用论又称投入预算理论，这种理论认为政府预算是实现公共服务的一种成本或投入，即公共服务费用。政府是一个公共服务机构，或者称为公共事务管理机关，政府事务的公共性决定了只有政府才有资格承担，而公共事务的公共性也决定了政府服务的无偿性。财政是政府资金供给的专门机构，其任务是为行政事业单位提供资金。因此，按费用论的观点，政府预算的目标是维持政府的存在，政府预算的分配应当首先考虑人员经费，即保证各行政事业单位的存在，其次才是办事。这叫作"先吃饭，后办事"。

3. 报酬论

报酬论又称产出预算理论，是以社会上存在的两大部门——公共部门和私人部门，两部门之间发生着的商品和劳务交换为其基本前提。报酬论认为，税收是政府的价格，政府预算是购买各项具体公共产品的价格。从报酬论的观点看，财政是政府总体活动的一个基本方面，即政府的理财活动。政府向行政事业单位拨款，并不是为了维持其存在，而是为了购买其劳务产品。因此，行政事业单位的人数并不是政府拨款的依据，而应当以他们向社会提供了多少效用为拨款依据。政府管理的重点不是过程，而是结果，对支出部门的绩效考核。

五、政策过程中的预算理论

渐进理论和公共选择理论都对政府预算过程进行了研究与解释，但都存在各自的局限性。由于对渐进主义预算模型和公共选择预算模型的不满，一些理论家开始从政策过程的角度来解释预算过程与结果。

与传统的渐进预算理论和公共选择预算理论模型相比，政策过程模型分析了预算参与者更加复杂的预算决策行为，这一理论最具代表性的当数鲁宾的实时预算模型。鲁宾认为，公共预算的政策过程模型是抛开渐进主义和公共选择预算理论另辟蹊径的结果。在鲁宾看来，尼斯坎南的预算模型过于简单，同时他还指出，在预算最大化之外，官僚还有其他一些他们非常重视的价值，如职业主义与公共利益。在鲁宾看来，由于各种新的预算形式的出现，如各种赋权型预算的出现，渐进主义预算模型也变得不能很好解释当代的预算过程与预算结果，并宣布了渐进主义的终结。鲁宾的公共预算模型是一个将宏观预算与微观预算结合在一起的预算模型，它不仅研究预算行动者，而且研究预算过程和环境对于预算决策的影响。在这个预算模型中，预算被分成收入、过程、支出、平衡和执行这5个相互独立而又前后相继的决策束。在每个决策束中，单个预算行动者的策略、预算过程和预算环境这些因素对预算结果的影响都需要考虑。而且，在整个过程中，还需要考虑到公共预算过程的五个主要特点及其影响，它们是环境的开放程度、目标相异的多元行为主体、纳税人与预算决策者的分离程度、预算文件定义公共责任的有效程度以及公共预算受到的各种限制与约束。该模型的特点是聚焦政策，因而实质上是一个预算领域中的政策过程模型。但是，该模型主要是关于美国各级政府预算的研究，其有效性在其他国家还未得到验证。此外，鲁宾也没形成关于公共预算的一些连贯的可被经验验证的理论假说。

 资料链接 8-5

预算理论应向何处发展？

当前，一些学者运用交易费用理论来解释公共预算制定与执行中的一些制度安排。例如赋权型预算、专款专用、议会的制度选择及影响、预算执行中的控制选择。史密斯和贝特茨（Smith &Bertozzi，1998）运用委托—代理理论解释了预算机构与支出机构之间的关系，并用纽约州的预算数据检验了他们从委托—代理理论推出的结论。新制度主义正在成为公共预算的又一新兴研究方法与角度。此外，一些研究者从政治文化的角度来研究公共预算。这是一种非常有趣的方法，加深了我们对不同预算体系下的公共预算过程的理解，也有助于我们从长期的角度来理解公共预算。

而为了构建一种一般性的、内在一致的公共预算理论，还有许多基础性的工作需要解决，包括公共预算的基本研究问题和因变量、基本的预算因素、各种预算体系中的解释性变量。正如鲁宾指出的，虽然预算理论是零碎和不完整的，但是"在一些地方，这个领域似乎正在朝一种共识推进，而在其他领域，分歧的程度似乎很激烈"。正在形成共识的领域包括：通过技术性约束和政策，预算与社会和环境联系起来；预算理论可以理解成"预算是一个决策过程"。仍然存在着很大分歧的领域包括：哪一种预算理论是我们最需要的？什么是基本的分析单位？我们正在研究的是什么？什么是恰当的研究方法？为了构建公共预算理论，对这些问题都必须形成某种共同的认识。

资料来源：马骏，叶娟丽，2003.公共预算理论：现状与未来[J].武汉大学学报（哲学社会科学版）（3）：336-344.

第三节　近代其他一些国家预算制度的改革与发展

一、新加坡的预算制度

1. 改革历程

新加坡独立初期，土地和自然资源十分贫乏，国内经济形势十分恶劣，财政收支矛盾十分突出。为最大限度地用好非常有限的财政资金，新加坡政府高度重视公共预算管理，认真学习吸收西方发达国家公共预算管理的成功经验，结合自身的政治经济体制和基本国情，不断改革和创新，使得公共预算改革和政治体制改革同步进行，保障并推动了经济社会长期高速发展。新加坡的政府预算改革从线性预算到项目预算，再到整体拨款预算、面向结果的预算，直到目前的预算管理框架，已经历了30多年的时间。在1978年之前，新加坡实行传统的线性预算，基于自下而上的方法编制预算，强调投入，对支出进行严格的控制，预算要经中央批准，支出单位几乎没有任何自主权。自1978年开始，新加坡开始迈向现代预算制度的改革历程。其改革过程可以划分为以下四个阶段。

（1）项目预算阶段（1978—1988年）。项目预算侧重于资源配置体系，要在预算选择和竞争性政策之间进行权衡。对每个项目来说，灵活性更大，但缺少中长期规划，项目预算也选择自下而上的编制方法，但前提是财政部能够找到相应的资金。有人认为项目预算也是以绩效为基础的预算，这里的关键是如何定义项目的目标，是基于产出还是基于结果。

（2）整体拨款预算阶段（1989—1995年）。从1989年起，新加坡政府引入了整体拨款预算，这是对自上而下方法的根本性转变。这种预算的核心是，对总预算设定上限（基于GDP的固定比例），各部门预算有清晰的重点领域。预算的灵活度更大，允许项目间的资金转移，这使得各部门有能力更快地应对各种变化。但是，预算强调的仍然是投入，而不是产出和结果。

（3）面向结果的预算阶段（1996—1999年）。1996年新加坡开始实行面向结果的预算，在预算和人力资源方面给予各部门更大的自主权，实现目标或产出，会配以各种激励机制。在改革之初，仅仅是在各部门采用若干指标，一两年后，各部门自然会找到更适合的指标。但是，这期间的预算制度并不能确保结果的可持续性和结果能够实现。

（4）深化绩效预算管理阶段（2000年至今）。自2000年以来，新加坡继续深化绩效预算管理改革，形成了具有新加坡特色的预算管理框架，重视资源管理，利用资源会计、资源预算和经济价值管理等工具，强调实现结果，强调原则、政策和过程，强调监测和评估。

2. 新加坡政府的预算管理

新加坡的财政年度为当年4月1日至次年3月31日，每年的6—11月由各部门提出预算草案，为提高公共预算的准确性和合理性，新加坡国家预算编审经历分析形势、确定限额、分解安排、形成草案四个阶段，每个阶段都由各部门与财政部门在平等沟通协商的基础上达成一致意见。每年的6—7月，各部门根据当年的经济形势，预测下一年的经济走势，提出部门预算限额；8—9月，财政部门召开政府全体部门会议，对各部门预算限额进行讨论、修改，确保全国公共预算相对合理、准确；10—11月，各部门根据确定的预算限额提出分解安排意见，编报部门预算草案，并逐个进行讨论、完善，确定最终的预算草案；12月，财政部门审核、汇总各部门的预算草案，形成国家总体预算法案；第二年2月提交国会审议通过，由总统批准签署发布实施。在预算的编审、执行乃至评价阶段，都实行全程的公开操作，这也控制了随意侵占公共资源，如预算草案提交国会的同时向社会公布并征询公众意见，议员咨询时间不少于7天，国会讨论投票预算法案时进行电视直播，接受公众监督。

 资料链接 8-6

2019年度新加坡政府预算

表8-1 2019年度新加坡政府预算

项目	2018年修订/十亿美元	2019年预算/十亿美元	变化额/十亿美元	变化率/%
总收入	73.67	74.90	1.23	1.7
各项税金	65.32	66.43	1.11	1.7
法定机构捐款	1.49	1.29	(0.20)	(13.2)
车辆定额保费	3.27	3.42	0.15	4.5
规费（不含车辆定额保费）	3.22	3.38	0.16	5.0
其他	0.37	0.38	0.01	3.3
减去：				
总支出	78.99	80.26	1.27	1.6
日常支出	58.63	60.79	2.16	3.7
发展支出	20.36	19.47	(0.89)	(4.4)
主要盈余/赤字	(5.32)	(5.36)		
减去：				
特别转账	9.00	15.30	6.30	70.0
特别转账，不包括捐赠和信托基金的追加	1.70	1.74		
基本盈余/赤字	(7.02)	(7.09)		
补充捐赠和信托基金	7.30	13.56		
加上：				
净投资回报	16.44	17.17	0.73	4.5
总预算盈余/赤字	2.12	(3.48)		

说明：由于四舍五入，表中数字可能出现相加尾差差异；括号代表负数。本表内容根据新加坡财政部公布数据编制，项目内容有所精简。

资料来源：新加坡财政部网站。

在资源配置方面，新加坡预算管理体制也有明确的绩效导向性。财政年度结束后，各部门必须向审计署提交年度预算绩效报告，内容包括：过去一年部门预算执行、运作的重点和成果主要指标完成情况；取得的经济效益和社会效益；本部门的突出表现；下一年和未来五年的目标等。审计署组织专人对各部门预算绩效报告进行独立审计，形成政府年度预算执行报告，并作为各部门今后增减安排财政资金的重要参考因素。

二、日本的预算制度

1. 改革历程

第二次世界大战后，日本政府预算制度由典型的中央集权型逐步过渡为"集权和分权的结合"。这一变化历程，既体现出日本政府预算制度的独有特点，也反映了20世纪八九十年代以来，西方国家在政府预算制度改革方面的总体趋势和基本潮流，同时，在很大程度上体现了西方国家现代政府预算制度发展变化的一般规律性。日本现行预算管理体制是第二次世界大战后建立的，在明确划分事权的基础上实行分税制，具有明显的地方自治与中央集权相结合的特点。

20世纪90年代中期以来，日本政府开始推进"地方分权化改革"。一是重新审视了中央对地方的干预问题，进一步明确了中央与地方政府的作用分工。中央政府主要承担在国际社会中的国家事务，以及那些以实行全国性统一规定为宜的事务等。有关居民日常生活方面的行政事务尽量由地方政府承担。二是减少了中央对地方的行政控制，废除了对地方政府的"机构委任事务"，将地方政府行政事务分类为"法定委托事务"和"法定自治事务"，进一步扩大了地方自主权，从而改变了原有的中央与地方政府间的主从、上下关系，形成对等、协作关系。三是提升地方政府在条例制定、自主课税等方面的权限，扩大了地方议会及其行政长官的职责。四是重新审定了中央以法令硬性规定地方公务员编制和机构设置的"必置规制"，废除或放宽了相关规定，以尊重地方政府的自主性、组织权并推动行政工作的综合化、高效化。五是推动市町村合并，放宽"核心城市"的指定条件，建立"特例市"制度，鼓励"广域联合"等，旨在推动权限下放，以便提高地方政府的财政能力并建立与之相适应的行政管理体制。市町村合并等措施的实施，让基层地方自治体能够拥有足够的权限处理最贴近民众生活的公共事务。

可以说，地方分权化改革使得日本地方政府基本实现了自主自立。财政管理体制由原来典型的中央集权型逐步过渡为"集权和分权结合"。近年来，日本政府进一步提出"建设能使国民有充裕感的地方分权型社会"，地方分权的趋势依然延续。

2. 日本的复式预算制度

日本实行复式预算制度，将中央预算分为一般账户预算、特殊账户预算和政府关联机构预算三种，基本上包含了政府的职能活动，使政府的职能活动与预算支出的职能统一起来。

（1）一般账户预算主要管理政府的一般性财政收支，以税收、国债收入等为财源，为中央政府的行政管理、社会保障、教育、公共投资等活动提供财力保障，反映的是中央政府在履行国家基本职能方面的支出情况。

（2）特殊账户预算主要是按规定设置的分类管理的事业型预算，具体内容随着政府职能的变化而变化，是国家在基本事务之外，在经营特定事业或占用、运用特定资金时，为区别于其他一般账目，按国家法令规定设置或者各地方政府经本级议会批准设置的、将特定收入用于特定目的的国家事业项目支出预算，其设立目的是保证特定事业项目的资金供给及运营。

（3）政府关联机构预算是指政府相关机构的财务预算，这些机构是依据法律设立、由中央政府提供全部资本金的法人，主要从事事业性项目的经营，尤其是融资性业务，如日本进出口银行、日本开发银行、中小企业金融公库等。该预算的设置目的主要是灵活运用企业经营规则，以提高其运营效率，但为了保证公正性，其预决算也必须接受国会审议，所以政府关联机构预算实际上相当于日本国有企业的财务收支计划。

日本的预算年度为当年4月1日至次年3月31日。预算编制开始于每年的6月份（确定预算编制方针并编制"概算要求书"），而参众两院审议和表决政府预算一般在次年的2月份。预算编制时间充裕，准备工作充分，预算准确性和科学性较高，而且，预算从编制、审批、执行、监督到审计、绩效评价等各环节都有明确而详细的法律规定，对于因特殊情况不得不编制临时预算或修正预算也有明确规定。在编制的全过程中，国会都发挥着重要作用，国会对预算案的审查时间长、环节多、审议深入具体，在审议预算草案过程中特别注重在野党的意见。

总的来看，日本政府预算包括政府的每一项支出和收入，具有预算编制的完整性，在复式预算下，基本上没有游离于预算外的政府资金活动，并且在某一特定年度发生的支出必须由本年度的收入予以补足。日本政府收入的来源包括税收收入和政府债券收入，预算详细说明年度内建设公债的发行数额，在规定的标准支出数额范围内决定债券融资的数量。在日本，当建设公债发行仍然弥补不了预算缺口时，就需要制定一项特别授权法，允许特别赤字公债的发行。为了维护财政纪律，年度特别赤字公债的发行都需要制定特别授权法，在预算中具体规定发行的额度，还必须得到国会的同意。

同时，日本政府预算的透明度相对较高，预决算各环节，除少数涉及国家机密的信息外，其他一般都向社会公布，接受社会监督，预算编制进程及重大情况等会随时报道公开。在国会审议预算案过程中，代表不同利益集团的党派一般都会在国会参与讨论，电台、电视台也会直播国会讨论情况，在一定程度上提高了国民对预算的关注度，这不仅有助于提高预算管理水平，同时也有效地推进了国家治理的民主化进程。

 资料链接 8-7

日本2019年度预算案会使日本走向财政危机吗？

日本共同社2018年12月21日报道称，日本政府的2019年度预算案以应对消费税增税为名，财政支出不断膨胀，一举突破了100万亿日元（约合人民币6.2万亿元）。虽说以保持经济稳定为最优先，但其中也有效果存疑的项目，也可以见到为呈现借款减少而调整账目的情况。平成最后一年的预算编制分寸欠缺，重整财政的难题被延后至下一个时代。

虽然把增税对策的2万亿日元用于拉动消费和公共项目，但作为核心的中小店铺积分返点不仅使用场合有限，规则也很复杂，对可能导致混乱的担忧挥之不去。鉴于2019年将举行统一地方选举和参议院选举，此举隐现出厚待商业街、建筑行业等执政党支持人群的意图。

在悬而未决的社会保障费方面，日本政府避开了关于支付和国民负担水平的讨论。预算案通过把政府机关的剩余资金计入收入，或是将防卫等部分经费转计入 2018 年度第二次补充预算案等方式，想方设法减少了新发国债额，看不到重建财政的决心。

人口老龄化使得日本的发展潜力难以提升，央行的货币宽松政策也似乎走到了尽头。展望未来，中美贸易摩擦余波未平，2020 年东京奥运后经济也可能出现停滞，支撑积极财政政策的税收增长今后可能会放慢脚步。

财政支出的三成以上，依然依靠借款的寅吃卯粮做法，将使下一代的负担进一步加重。若不能重拾危机感，日本或重蹈平成财政的覆辙。

资料来源：日本共同社 2018 年 12 月 21 日报道。

三、俄罗斯的中期预算制度

1. 俄罗斯的"双方案"预算编制方法

为了保证财政稳定，俄罗斯采取了"双方案"的预算编制方法。由于国家预算收入受国际市场石油价格的影响很大，政府决定编制与石油价格相关的双方案预算，即预算收入按预期的最高油价和最低油价制定两种方案，而预算支出只按预期的最低油价制定一种方案，这样便可以确保财政的平衡，而在国际市场行情有利的情况下则可实现财政盈余，盈余用作建立稳定基金。稳定基金用于保证非正常年份国家义务的完成，也可用于偿还外债。双方案预算的实行和稳定基金的设立，体现了普京的务实精神和体制要符合俄罗斯国情的原则。今后俄罗斯政府将继续实行稳定财政的政策，以保持国家预算与企业的良性互动局面。

2. 俄罗斯中期预算制度的内容

1998 年，俄罗斯首次制定《俄罗斯联邦预算法典》（以下简称《预算法》），之后经过 2003 年、2004 年和 2007 年几次较大改动后，基本确定了现行的预算制度。在结构上，作为一个联邦制国家，俄罗斯采取了预算联邦制，分为联邦—联邦主体—地方自治机构的三级预算模式，并逐步规范了联邦和地方政府的财政分权及政府间转移支付制度。在模式上，自 2004 年起，俄罗斯开始实行中期预算模式，以当年为预算年，第二、三年为规划期，在对三年的宏观经济进行预测的基础上，年度滚动编制中期预算。在保障措施上，俄罗斯建立稳定基金立法，将每年一定比例的油气收入和财政盈余补充到基金内，用于在财政紧张时补充预算。俄罗斯预算年度从 1 月 1 日开始，到 12 月 31 日结束，年度预算以国家法律的形式通过。预算草案应当于每年 10 月 1 日前递交国家杜马审议，预算起草的具体程序和时间表由政府决定，预算的起点是每年年初总统向国会两院所作的国情咨文中列出的国家发展目标，由政府总理领导的预算编制也必须紧紧围绕总统确定的年度目标展开。俄罗斯联邦预算编制流程如图 8-1 所示。

俄罗斯政府设立了预算委员会统筹领导预算编制问题。预算委员会由政府总理担任主席，成员主要包括财政部长、经济发展部长、工业能源部长、国防部长、教育部长、医疗和社会发展部长及国家杜马预算和税收委员会主席。按照总统总体战略规划的要求，在总理的领导下，俄罗斯联邦政府将基于宏观预测和绩效评价实施预算分配，既要充分考量化指标，又要体现联邦政府各部门的权力格局和各行政长官的影响力。联邦政府需要首先对未来一年和三年的国家宏观社会经济状况进行评估和预测，以确定中期预算的整体支出规模。在经济发展部负责下，该预测主要以"乌拉尔"石油价格为基准，对社会经济发展主要经济指数、对影响预算政策和预算收支状况的各种内外部因素进行预测和分析。

在宏观经济分析的基础上，经预算委员会批准，俄罗斯财政部将向各部门发布预算指导意见。各部门将根据自身情况向财政部提出针对既有项目的预算目标或新增预算项目，并在10月1日前递交国家杜马审议。杜马主席在收到草案后将草案发送给总统、联邦委员会和杜马各委员会、党派等机构，供其审议和提出批评建议。杜马还形成决议责成下属的预算和税收委员会进行研究，并提出针对草案的反馈意见。在预算和税收委员会意见的基础上，杜马主席决定将草案提交杜马全体会议审议，或退回政府责令修改。杜马预算和税收委员会在审议过程中也会组织包括学界、商界等人士进行咨询。经过审议和建议，杜马预算和税收委员会正式将预算草案连同各界的建议一同提交国家杜马进行共计三次的表决程序，因此，也被称为"三读表决"。一读的主要内容为原则性审议，对草案进行整体原则性表决；二读为细节性审议，针对预算草案的每一个项目、金额等细节进行逐一讨论和表决；三读为最终表决程序，对包括修正案在内的预算草案进行整体表决，一旦表决通过则法案获得通过。杜马三读表决完成后，预算法案被提交至议会上院联邦委员会审议，批准后经总统签字正式生效。俄罗斯联邦预算审议与批准流程如图8-2所示。

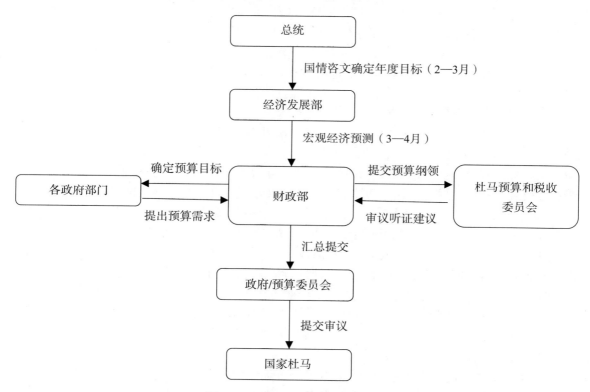

图 8-1 俄罗斯联邦预算编制流程

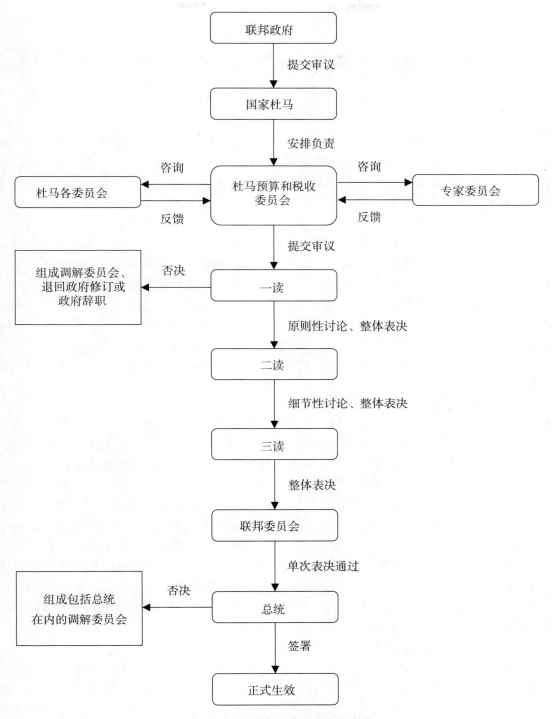

图 8-2　俄罗斯联邦预算审议与批准流程

第四节 我国政府预算制度的改革

一、改革历程

中华人民共和国成立以后，我国政府预算管理制度进行了一系列的改革。近年来，随着公共财政框架的基本确立，政府预算管理制度改革显得越发重要，逐步成为我国财政改革的关键。根据我国社会主义经济体制以及我国政府预算发展的特点，我国的政府预算管理制度主要经历了以下几个发展阶段。

1. 起始阶段（1949—1951年）

中华人民共和国的政府预算制度是伴随着国家的诞生而产生的。在中华人民共和国成立后，我国政府依据《中国人民政治协商会议共同纲领》中的有关规定着手编制了中华人民共和国成立以来第一次收支预算。同年，中央人民政府第四次会议上通过了《关于1950年财政收支概算编制的报告》，该预算报告是中国第一个财政预算报告，该报告的通过标志着中国政府预算管理制度的产生。1951年，为了统一我国的各项财政经济工作，中央人民政府政务院颁布了《预算决算暂行条例》，该条例是我国最早有关国家预算的专门法规，规定了国家的预算组织体系以及整个预算周期需要经历的程序等。至此，我国预算管理制度的基本框架就建立起来了。

2. 长期稳定阶段（1952—1977年）

自政府预算制度建立后，由于经济上的滞后性，我国的政府预算较长一段时间一直处于稳定状态。在计划经济模式管理下，预算实际上没有从计划经济中走出来，没有实现其对国家经济进行宏观调控的职能，预算编制简单粗糙且从上至下进行编制，科学性非常差，所以，对于国民经济的发展来讲，预算并没有起到应有的作用。1977年以前，尽管国家预算制度作为国家的一项财政制度存在，但是，由于1952年至1978年间，国家政治生活极不正常，预算活动也难以正常展开。1958年至1960年这3年连续出现严重的财政赤字。1966年至1976年间，全国人民代表大会停止召开，也没有进行正常的国家预算编制。在此阶段，预算以单一预算为主要形式，以实现国民经济综合平衡为预算编制原则，继续沿用基数法作为预算编制的具体方法，采用自下而上和自上而下相结合的、逐级汇总的预算编制程序。预算管理较为粗放，预算编制透明度低，部门之间预算管理方法不统一，存在着非程序化、非规范化等问题，预算还没能担负起管理国家政府民主的重任。

3. 重新确立与初步探索阶段（1978—1993年）

1978年，党的十一届三中全会以后，我国政府进入了全面的经济体制改革时期。这是一场以计划经济全面向市场经济过渡的改革，从此，我国政府开始全面发展市场经济，我国的政府预算制度改革开始了艰难的起步阶段。自1979年起，我国政府宣布正式恢复国家政府预算编制，颁布《国家预算管理条例》，并开始逐步恢复财政部向全国人民代表大会提交国家预算报告，必须经全国人民代表大会审议批准通过后才可以进行执行的法定程序。至此，我国政府预算制度开始逐步走向正轨。从1980年开始，随着中央财政权力的下放，各地方政府拥有更多更大的自主权，中央地方各负其责，中央政府开始只负责汇总地方预算，地方政府开始负责修改地方政府预算指标。从此我国政府预算实现了一级政权一级预算的管理方式，废弃了过去实行的中央统一编制国家预算的做法，规定了国家预算管理实行统一领导、分级管理、权责结合的原则。

4. 初步改革阶段（1994—2002年）

1992年，党的十四大明确提出把建设社会主义市场经济体制作为改革方向。1994年的税制改革和分税制体制改革，重在提高财政收入占GDP的比重和解决税收收入在各级政府之间的分配问题，初步确立了与市场经济相适应的税制体系和财政管理体制。这一时期预算改革最主要的目标就是初步建立与市场经济体制和建设"公共财政"体系相适应的预算制度，并且进一步提高预算完整性、科学性和法制化程度。主要的改革措施包括：1994年颁布《中华人民共和国预算法》（以下简称《预算法》），提高预算制度法制化水平；推进部门预算改革，规范预算编制方式；实施"收支两条线"管理改革，将全部财政性收支逐步纳入财政预算管理；实施国库集中支付改革；实施政府采购制度改革，加强财政支出管理，有效提高财政资金的使用效率。

5. 改革深化阶段（2003—2012年）

1994年以后进行的财税改革，使我国建立起了与社会主义市场经济体制相适应的财政管理制度。通过推行部门预算、收支两条线、国库集中收付和政府采购等预算管理改革，有效整合预算内外资金，增强了预算管理的规范性，为推动政府职能转变、提高依法理财水平、建立和完善公共财政体系奠定了基础，但仍存在不足之处，如预算约束性不强、预算透明度不够高等，特别是加入WTO后，我国财政管理制度急需与国际主流趋势接轨。为此，财政部积极推动深化预算管理改革，以建立公共财政体系为导向，加快预算制度转型。

（1）实施"全口径预算"管理改革，提高预算管理的完整性，将所有政府收支全部纳入预算统一管理，让预算外资金成为历史。

（2）初步形成政府预算体系。1994年颁布的《预算法》和随后出台的预算法实施条例中就已经将预算细化为政府公共预算、国有资本金预算、社会保障预算和其他预算四个部分（后在新修订的《预算法》中改为一般公共预算、政府性基金预算、国有资本经营预算、社会保险基金预算四个部分），但很长一段时间内，除了政府公共预算外，其他预算并未真正落实编报。2010年起，财政部正式向全国人大编报政府性基金预决算。2008年10月，十一届人大常委会第五次会议表决通过我国首部《中华人民共和国企业国有资产法》，明确了国有资产管理体制、国企分红与收益权等关键问题，从而奠定了我国国有资本预算制度的法律基础。2010年，国务院决定实行社会保险基金预算改革，将社保基金纳入预算管理。

（3）在部门预算、收支两条线、国库集中支付、政府采购和信息化等方面，深化预算编制与管理改革。

（4）探索政府会计改革，推进政府收支分类改革。2006年，财政部发布了《政府收支分类改革方案》，将政府收入分为税收收入、非税收入、债务收入等六大类，由原来的3级变为类款项目4级，更加全面细致地反映政府收入。同时，将政府支出按功能进行分类，建立新型的支出经济分类，将全部支出分为12类90款，使政府收支得到更为完整、准确的反映。

6. 推进建立现代政府预算制度阶段（2013年—至今）

自党的十八届三中全会提出完善和发展中国特色社会主义制度，推进国家治理体系和治理能力现代化以来，预算制度改革以符合现代国家治理为基本要求，紧密结合财政体制改革和税收制度改革相关措施，向着全面规范透明、标准科学、约束有力的现代预算制度不断迈进。

（1）完善预算立法，强化预算硬约束机制。2014年8月，十二届全国人大常委会审议新的预算法，重新修订后的《预算法》自2015年起实施。新《预算法》由原有79条增至101条，共计修改82处。新《预算法》在预算全口径管理、跨年度平衡机制、转移支付制度、地方政府债务等多方面提出了明确要求，强化了违法责任追究机制，对预算过程中各类违法行为和相关人员的法律责任作出了直接具体的规定，将预算制度法制化推到了新的高度。

（2）推动预算公开常态化、规范化。2015年实行的《预算法》对预算公开作了具体规定，"经本级人民代表大会或者本级人民代表大会常务委员会批准的预算、预算调整、决算、预算执行情况的报告及报表，应当在批准后二十日内由本级政府财政部门向社会公开""经本级政府财政部门批复的部门预算、决算及报表，应当在批复后二十日内由各部门向社会公开"。2014年9月，国务院印发《关于深化预算管理制度改革的决定》，明确除涉密信息外，政府预决算和部门预决算全部细化公开到功能分类项级科目，专项转移支付预算按项目按地区公开，所有财政资金安排的"三公"经费都要公开。2016年2月，中办、国办印发《关于进一步推进预算公开工作的意见》，要求各地区、各部门强化主动公开意识，扩大公开范围、细化公开内容、规范公开方式，进一步推进预算公开工作。同时，财政部门也采取了许多积极措施：报送全国人大审议的预算报告，除报告年度预算安排情况外，重点报告支出政策；在财政部门户网站公开中央政府预算时，开展"两会特别访谈"，组织财政部有关负责人、专家、新闻媒体等对预算进行解读，出版年度《中国财政基本情况》，解疑释惑，争取群众的理解和支持。

（3）积极推进财政中期规划，实现跨年度预算平衡。年度预算在财政纪律、优先性资源配置、营运绩效及财政风险和财政可持续方面具有十分明显的缺陷。因此，从20世纪开始，世界各国纷纷开展了中期预算改革，从跨年度视角重新审视公共预算。2008年，财政部便选取河北省、河南省焦作市、安徽省芜湖县作为中期滚动预算的省级、市级和县级试点单位总结经验。2015年，中央各部门和各地方政府开始编制2016—2018年度滚动财政规划，中期财政规划开始真正落实到预算编制工作当中。

（4）坚持"开前门，堵后门"的债务治理思路，强化地方政府债务管理。新《预算法》赋予省级政府发行地方政府债券举借债务的权力，同时，明确地方政府债务治理思路是"开前门，堵后门"。"开前门"就是为了满足地方建设、改善基础设施的融资需求，合理安排地方新增债务规模，"堵后门"则是严格落实地方政府债务限额管理和预算管理制度，健全风险预警和应急处置机制，加大对违法违规融资担保行为的查处和问责力度。

二、政府预算管理体制

政府预算管理体制是处理中央政府和地方政府以及地方各级政府间财政关系的基本制度，其核心是各级政府预算收支范围及管理职权的划分和相互制衡关系。其中，预算收支范围涉及的是国家财力在中央与地方以及地方各级政府间如何分配的问题；预算管理职权是各级政府在支配国家财力上的权限和责任问题。

我国政府预算的组织管理体系分为五级，即一级政府，一级预算。具体来说，我国政府预算由中央预算和地方预算组成。地方预算又分为四级预算，即省（自治区、直辖市）预算、设区的市（自治州）预算、县（自治县、不设区的市、直辖区、旗）预算、乡（民族乡、镇）预算。它们之间的关系如图8-3所示。

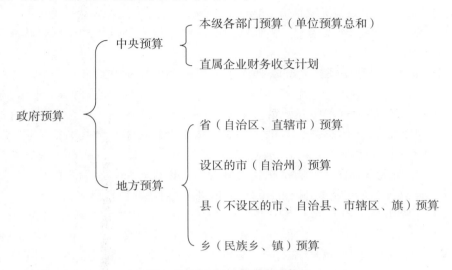

图8-3　我国政府预算管理体系

1. 计划经济时期的预算管理体制（1949—1977年）

从1949年到1977年我国实行的是计划经济。计划经济最大的特征就是高度集中，与此相适应，在1978年以前，我国预算管理体制总的特征是统收统支，但在不同时期由于政治经济形势的变化，会不断地做出一些调整。

第一个阶段：1949—1952年新中国成立初期。由于新中国刚刚从长期战乱的状态中走出，国民经济尚处于恢复时期，加之朝鲜战争带来的沉重军费负担，使得当时我国的财政状况非常窘迫，同时由于长期处于战时，各地财政工作多为分散经营，这种财力分散的格局更使中央政府的财政状况捉襟见肘。因此，这一期间中央财政工作的主要任务是从"分散经营前进到基本上统一管理"，集中收入，节约开支。经过一段时间的努力，我国初步建立起了统收统支，高度集中的预算管理体制，虽然财政收入并未实现统一，但财政支出实现了统一。从财政平衡来看，从1950年到1952年期间，财政收支始终能够保持平衡并有结余。

第二个阶段：1953—1957年"一五时期"。这是我国的第一个五年计划时期。根据1954年政务院的决定，预算管理采取划分收支、分类分成、分级管理的办法，预算层级仍然保留三级，但从前一个时期的"中央、大行政区、省（市）"改为了"中央、省（市）、县"，对大行政区的权力进行了削减，适当地下放了一些权力。1956年，毛泽东主席发表《论十大关系》，强调发挥地方积极性的重要性，这更促使了预算权力上向地方的分权。

第三个阶段：1958—1977年"混乱时期"。这一期间受到政治形势的影响，预算体制比较混乱，财政形势几次遭到严重挑战。1958—1960年，这一期间预算主张开始出现相应的"跃进"，提出所谓的"积极平衡"，结果造成1958—1960年三年间预算赤字连年创下新高，1960年预算赤字高达71.39亿元，到1961年，财政收入又比上一年下降了37.8%。这一时期虽然地方政府的财政权限得到了前所未有的扩张，但这种混乱的分权只是加剧了国民经济和财政状况的恶化。"大跃进"对国民经济的巨大破坏使得经济难以为继，1961年我国开始进入经济调整时期，在中央"调整、巩固、提高、充实"的大政方针下，财权再次向上集中，专区、县和公社的财权缩小，对预算外资金采取了"纳、减、管"的整顿治理办法，有效地改善了中央的财政状况。但是，正式的预算活动依然没有完全恢复，1961年和1962年依然没有正式编制国家预算。1966—1976年，人民代表大会被迫中断，正式编制国家预算和决算文件也就无从谈起。同期国民经济活动也受到巨大冲击，财政赤字也比较严重，到1978年赤字已达29.62亿元。

2. 市场经济转型过程中预算管理体制的初步建设（1978—1993年）

1978年以后，中国的政治生活开始恢复正常，中央工作的重心开始回到经济建设。与此相适应，停滞多年的预算工作开始重新恢复。1978年，十一届三中全会的召开标志着我国经济体制改革的起步。1984年，党的十二届三中全会通过了《中共中央关于经济体制改革的决定》，加速了从计划经济向市场经济转型的步伐。1992年，邓小平南方谈话，同年10月，党的第十四次全国代表大会提出建立社会主义市场经济体制的改革目标。随着改革进程的加快，建立与市场经济相配套的预算管理体制的迫切性越来越突出。

计划经济下企业的所有利润上缴国家，企业的所有支出由国家调配。"利改税"后不同了，企业开始向市场经济转型，它们开始有了自己的利益，改革的方向是要使国有企业成为自主经营、自负盈亏的市场经济主体，分配方式肯定要改。因此，在企业改革的同时，预算体制也在做相应的调整，基本思路就是改变过去国家与企业的行政隶属关系，使企业成为市场主体，企业以税收的方式向国家财政上缴利润。"利改税"是对政府与企业之间利益分配关系的重大调整，"利改税"不仅扩大了企业自主权，更彻底破除了政府和企业之间的行政隶属关系，为各种不同性质的企业在市场环境下公平竞争创造了环境，更重要的是从财政的意义上看，国家财政收入的主要来源开始变成税收，为我国建立现代税制和现代预算体制奠定了基础。

地方政府也一样，过去计划经济下地方政府的预算和决算由中央政府说了算，但现在地方政府开始有了很大的自主权。1979年是中央财政最为困难的年份，财政赤字高达170.67亿元。为了激发地方政府的积极性，中央以江苏和四川作为试点，试行了"划分收支，分级包干"的预算体制。1980年，国务院颁布了《关于实行"划分收支，分级包干"的财政管理体制的暂行规定》，这意味着"划分收支，分级包干"的预算体制开始从试点推向全国。由于承包制在农村改革和工业改革中最初都取得不错的成果，中央与地方的预算关系也开始实施承包制，即地方与中央签订财政合约，以划分收支为基础，各级财政分级包干自求平衡。这种财政上的"包干制"后来常被形象地称之为"分灶吃饭"。自此中央与地方开始划分收支，地方政府开始独立核算，这使得地方政府对于地方财政利益的追求更加强烈。

国有企业和地方政府开始有了自己的利益，一方面这使得改革主体各有积极性，但另一方面使得中央在协调各利益主体行为时难度加大。应当说，20世纪80年代的财政包干制确实极大地激活了地方政府的积极性，地方经济活力因此明显增强，甚至有人认为这恰恰是中国经济奇迹的重要原因。但是，财政包干制也引发了一系列问题，如"诸侯经济""以邻为壑"等，而最重要的是，它不仅未能从根本上改善中央政府的财政窘境，反而使中央政府的预算情况每况愈下。到1992年中央财政已经到了需要"向地方借款弥补资金缺口的境地"。1984年开始,全国预算收入的增速开始落后于GDP的增速,同时,中央财政收入占GDP的比重也开始出现下滑,促使中央政府下定决心对预算收入体制进行根本性的变革,即后来在1994年启动的"分税制"改革。

3. 分税制改革(1994年)

1994年,我国财政预算体制中最为重要的分税制改革启动。分税制改革的主要任务是在"很短的时间内建立市场经济的基本框架,为建立公共财政打基础"。如前所述,1992年时中央财政已经极度困难,这成为催生1994年分税制改革最重要的诱因。因此,这一时期改革的重点是如何筹集收入,如何使中央财政尽快摆脱困难。在1993年由学者王绍光和胡鞍钢发表的《中国国家能力报告》中,王、胡二人重点分析了20世纪80年代出现的地方保护主义以及"诸侯经济"等现象,更对中央政府财政汲取能力下降而可能导致国家能力危机的现象深表忧虑。文章一出即在社会上引起巨大反响,之后不久中国就启动了1994年的分税制改革,很多人认为这份报告推动了中国分税制的改革和建设。

1994年分税制改革的主要内容是:划分中央与地方的事权和支出;以税种划分中央和地方的财政收入;分级征管税收,成立国税局,由国税局负责中央税和共享税的征收,由地税局负责地方税的征收。这一改革思路基本遵循了市场经济国家的一般做法,采取"事权与财权相结合的原则",然而在现实中事权划分基本上延续了传统的政府职责分工,并没有进行严格的分工,主要做的工作其实还是划分收入。

此次分税制改革是在照顾地方既得利益的基础上进行的一场经过妥协的改革,它并没有充分体现出改革设计者最初的原意,只有保护了地方政府的既得利益,改革的阻力才可能降到最小,这种改革方法的负面效应就是改革不彻底,遗留的问题不但没有随着时间的推移而自我消逝,有些后来还导致了更加棘手的难题,这也是后来分税制改革备受诟病的重要原因之一。尽管如此,分税制为我国建立与市场经济体制相适应的现代财政体制打下了基础。自此之后,中央与省之间的财政关系开始走上规范化、制度化的道路。

资料链接 8-8

国地税合并

1. 国地税改革的历史背景

1994年国家将税务系统分设为国家税务系统和地方税务系统,虽然分设两套系统对划分中央和地方财权、调动地方政府理财的积极性、促进国民经济的健康发展等方面有着很大的积极作用,但其弊端也逐渐显现。与经济社会发展、政府职能转变、涉税服务优化的要求相比,我国税制还存在划分比例不科学、办税程序不便利、税收成本增加、税收征管效率不高等问题。

(1)国地税分设划分比例不科学。当下事权与财权高度不对称,大部分财政收入划归中央,地方政府的债务问题日益严重,长期面对资金缺口,且债务大多处于隐形状态。为了增加财政收入,地方政府过于重视土地开发,致使土地价格不断上涨,更使得房地产调控失灵。公共产品配置方面,分税制没有考虑到相关需要,事权与财权划分不科学,致使中央政府的宏观调控也受到了阻碍,地方经济的发展也更加不平衡。

(2)国地税分设使纳税成本和征税成本增长。随着经济总量与纳税人员数量的增加,我国国地税的征收难度和税收成本也日益增长。国地税分别设立不同机构,形成了资源的重复和浪费。在税务登记、纳税申报、税款征收等方面，国税、地税两套机构的设置有办公人员、场所等方面的重复，这进一步加剧了征税成本的增加。国地税部分业务的分别办理也给纳税人员造成了不便，程序的繁复也增加了一定的纳税成本。

（3）国地税分设不利于税收征管效率的提高。国地税分设存在许多不规范和不合理之处。地方分税制管理体制不够完善，部分税种的规定不规范，责任的范围欠明晰。而各级政府事权与财政支出范围不相匹配，也存在一些错位和越位的现象。税收征管信息软件、行业信息共享内容的不匹配，不利于税务征管效率的提高。

2. 国地税合并的意义

由于政府部门职能转变、税务机关服务优化的现实需要，国地税合并是税务机关进行管理创新、征管规范的必要举措，是依法治税、规范执法的时代要求。

（1）纳税人办税更便捷。国地税整合了两方资源，通过合作扩大了服务范围。联合设立办税服务厅，切实便利了纳税人的需求，解决了当前存在的纳税人"两头跑"和重复报送资料等问题，为纳税人提供了更为快捷、便利的办税环境。

（2）提高税收征管效率。国地税合并在资源整合、管理协同、征管互助和信息共享等方面进行了创新和发展，提高了资源利用和税收征管效率，减少国地税双方在人力物力上的重复和浪费，降低纳税遵从成本，切实减少纳税人员的办税负担。同时，国地税的合作促使税收政策更加简化，改变现有政策的复杂性。在促进税收征管高效的同时，也加快了政府职能的转变，促进了地方经济的协调发展。

（3）规范税收执法。依法治税是依法治国在税收领域的集中体现。国地税合作的推进，需要在国税局、地税局之间统一执法标准，加强执法协作，规范执法行为，保护纳税人合法权益，确保税收执法公平公正。国地税合并可以加强交流和沟通，促进信息共享，推进部门之间的互相监督和制约，提高税务工作人员的工作素质，促进税务部门整体形象的提升。

（4）有效开展税务宣传。国地税双方共同开展税收宣传活动，不仅可以减少双方的重复投入，降低宣传成本，也利于集合国地税宣传经费和人员，更全面准确地向纳税人推广和解读税收政策，普及税收知识，提高纳税人维护税收权益和履行税收义务的意识，促进办税环境优化，保障政府的财政收入。

资料来源：詹越，张星辰，2019.我国国地税合并的实践与意义 [J]. 新经济（4）：50-52.

三、我国政府预算编制的特点

我国政府预算编制一般采取自上而下和自下而上相结合、逐级汇报的程序。每年的第四季度由国务院下达编制下一年度预算草案的指示，财政部根据国务院下达的指示部署具体的事项。中央各个部门根据国务院的指示以及财政部的部署，结合本部门的具体情况，提出本部门预算草案编制要求，并汇总本部门预算草案；地方政府的各级财政部门根据本级政府和上级财政部门的指示与部署，具体布置本级各部门和下级财政部门编制预算草案，并汇总本级总预算。地方各级政府将本级人民代表大会批准后的预算报上一级政府备案后，本级财政部门向各部门批复预算。最后，财政部将中央预算草案和地方预算草案汇编成政府预算草案，上报国务院审查，并于次年的3月份提请全国人大审查批准。我国政府预算的编制流程如图8-4所示。

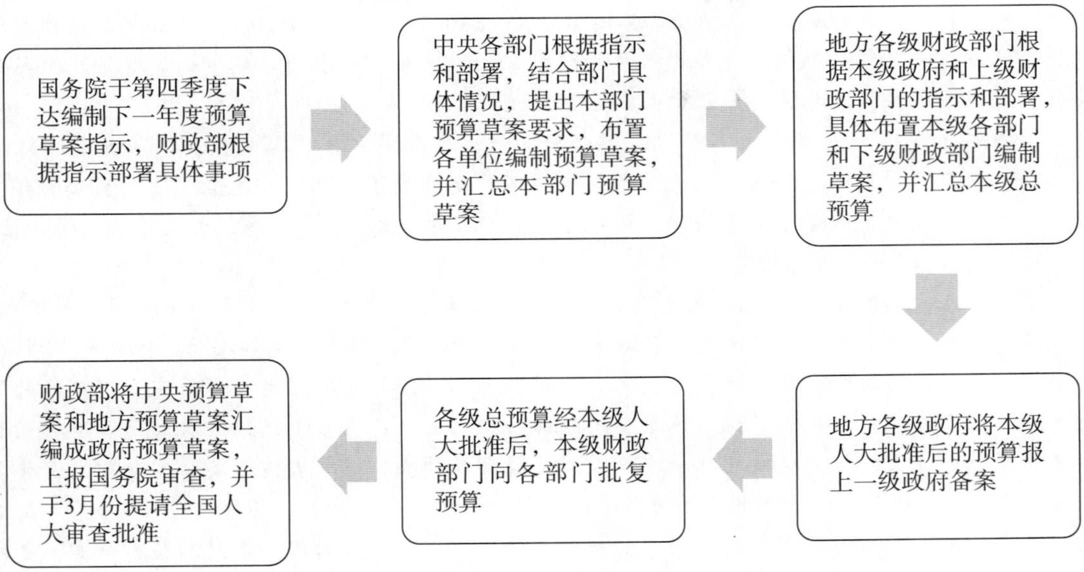

图 8-4　中国政府预算的编制流程

资料链接 8-9

人大关于预算否决权的行使

1. 昌吉市人大常委会否决政府财政报告

政府花纳税人的钱必须得精打细算了。2005 年，新疆维吾尔自治区昌吉市第六届人大常委会第二十次会议，否决了昌吉市人民政府关于 2004 年财政决算和 2005 年上半年财政预算执行情况的报告，理由是昌吉市政府财政支出超出了人代会批准的财政预算，预算执行中有违反《预算法》的行为。

昌吉市人大常委会否决政府财政预算执行情况的报告，这在昌吉市历史上尚属首次。有关人士称，此举充分体现了人大代表为百姓管好"钱袋子"，从财政资金方面制约和监督政府的施政行为。

昌吉市人大组成由人大代表及部分专业人员组成的检查组，对昌吉市 2004 年财政决算和 2005 年上半年预算执行情况进行了为期 11 天的检查。经检查发现，政府未能严格执行人代会批准的财政预算，2004 年和 2005 年上半年追加预算支出，支出前均未编制预算调整方案，也没有报昌吉市人大常委会批准；2004 年和 2005 年上半年，市财政未按规定向人大常委会报告预算外资金收支情况；政府违反《预算法》，随意动用预备费，政府部门预算缺乏透明度；在业务费安排上缺乏科学性、事权量化不规范、安排不合理等。为此，昌吉市人大常委会否决了政府这份财政预算执行情况报告，并要求昌吉市政府在两个月内整改完毕，并在昌吉市第六届人大常委会下次会议上重新报告。

2. 人大为什么不能否决不合理预算

2011 年召开的广东省两会上，《广东省 2011 年省级部门预算草案》显示，广东省委机关幼儿园、广东省育才幼儿园一院等 8 所机关幼儿园，一年所获财政预算拨款高达 6 863 万元。这个预算受到代表和委员的质疑,也受到媒体的质疑。《中国青年报》25日的"青年话题"发表惠铭生先生的评论《天价补贴何以年年遭批年年获批》,文章说:"一年一度的财政预算,人大不仅要看懂,关键还要有话语权——敢于否决不合理的预算。"

审议预算是人大职责之一,而否决不合理的预算自然是题中应有之意,如果只是审议而不能否决,政府提交的是什么,人大照原样一字不变地通过了,那么,这个程序还有必要存在吗?所以,审议就意味着可能有调整,甚至有否决,而绝不仅仅是念一遍,然后举手通过而已。这些都是预算制度的基本常识。

那么,人大为什么对于人们意见很大的这个天价补贴预算,不能行使否决权呢?是不敢,还是另有原因?事实上,一些代表不想得罪人,不敢行使否决权,是重要原因。但更重要的是,我国的预算制度不健全、不合理,使得人大否决预算非常困难,甚至可以说是完全不可能的事情。我国《预算法》只规定了预算草案由行政部门编制,由人大审批,但对人大是否享有预算草案的修正权没有规定。这就意味着,人大只能就预算的整体进行表决,要么完全同意,要么完全否决,不可能对于不合理的具体项目进行修改、调整或直接否决。

这样的制度设计,对于人大行使否决权造成严重的制约。因为政府提交的预算草案,也许大局是合理的、可取的,但是,存在局部的不合理,甚至非常严重的不合理。在这种情况下,人大就面临艰难的选择,如果批准预算,那么,不合理的预算就会搭车得到批准;如果否决预算,那么,因为局部瑕疵而否决全局,将使其他合理的预算也被否决而无法执行,造成严重的后果。这种情况下,人大是不可能轻易行使否决权的。几十年以来,人大从未否决过政府提交的预算草案,与这种制度安排是大有关系的。既然人大不敢冒巨大的政治风险而否决整体预算,那么,预算当中的小猫腻也就永远存在,天价补贴幼儿园事件,不过是一个例子而已。

资料来源:中国青年报[N].2005-9-2,2011-1-26.

1. 部门预算

传统的预算编制是根据政府的职能和经费性质对开支进行分类编制,对收入则采取按类编制,这样无法全面掌握一个部门全面的收支状况。部门预算是"一个部门,一本预算",可以使预算更加全面、完整、准确、细化。首先,一个部门行使所有职能的所有开支都在一本预算中反映,这样预算看起来更加完整清楚;其次,"一个部门,一本预算",可以有效解决预算外资金和制度外资金长期脱离于预算管理的状况,从而使得预算更加全面;最后,预算从基层层层汇总而成,汇总后的预算可以看到部门的全部收支总数,还可以看到部门下的具体单位构成,各单位之下还有具体的功能分类,这样可以使预算内容更加准确和细化,通过"收支两条线"管理,大多数预算外收入通过专户管理的方式纳入预算管理范畴,取消了过去不合理的收支挂钩规定,对部分按收入比例提取经费的部门,如海关、国税,也严格实施了"预算制",通过综合预算的治理,大多数预算外资金和全部的专项基金被纳入预算管理。

在部门预算的编制流程上,各部门通常采用"两上两下"的编制流程,由部门先编报预算建议,财政部门下达预算控制限额,部门再根据控制限额二次上报预算,财政部门予以批复。我国"两上两下"的部门预算编制流程如图 8-5 所示。

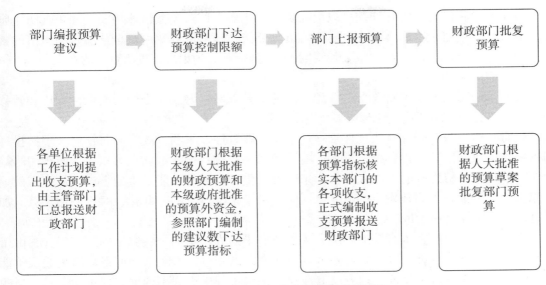

图 8-5 "两上两下"的部门预算编制流程

2. 收支分类

在传统的预算编制方式下,从收入看,覆盖范围有限,收入分类只包括预算内收入和基金预算收入,预算外收入则长期成为法外之地、制度外收入;从支出看,编制分类过于粗糙,导致"外行看不懂,内行说不清",以致人大的实质性审查难以有效进行。此外,过去开支根据性质分类,同时预算权力高度分散,同一性质的经费可能分散在不同部门,比如即使同为教育类支出,却分散在多个部门,涉及教育的建设支出则由计委负责,涉及教育的科技经费则由科技部负责,这样一来财政部要想掌握一个部门资金的整体使用情况就很困难。

在新的政府收支分类体系下,从收入来说,进一步统一了收入,将预算外收入作为非税收入纳入预算范畴,进一步强化了收入管理,同时,对科目层次进行了进一步的细化,使政府各项收入的具体来源能够更加全面细致地得以体现;从支出来说,改变了过去按照经费性质设置分类的方法,支出改为"支出功能分类"和"支出经济分类"相结合的方法。支出经济分类是对经费的经济构成分类;支出功能分类则是根据政府的具体职能和具体活动对经费进行分类。科目设置分"类、款、项、目",这也使预算更加细致、清晰、透明。

具体来说,我国公共预算收支分为四类,包括一般公共预算收支、政府性基金预算收支、国有资本经营预算收支和社会保险基金预算收支,各类下再具体分设款、项、目等。

3. 国库集中支付

国库集中收付制来源于国外的国库单一账户制度(Treasury Single Account,TSA),其含义是"从预算分配到资金拨付、使用、银行清算,直到资金到达商品或劳务提供者账户的全过程直接控制"。具体而言,财政部在中央银行设立一个国库账户,所有财政资金汇集于此,除资金使用权仍由各部门自行决定外,财政部全权负责资金收缴入库、管理资金、拨付资金的整个过程,资金拨付过程强调直达,禁止中转,即如果支付工资,则资金由国库直接支付到个人账户,如果支付商品或劳务款项,则直接拨付到商品或劳务提供者的账户。

国库集中收付制度的好处是可以提高资金使用效率，避免截留挪用，从源头上防止腐败，最重要的是由于国库集中收付制度可以完整清晰地监测到政府资金从流入到流出的整个过程，对于全面监管资金、提高预算执行力、强化预算约束具有极为重要的意义。

4. 政府采购

政府采购制度是我国财政支出管理方式的重要革新。财政支出分为购买性支出和转移性支出，政府采购制度就是针对购买性支出的制度。

政府采购由一系列配套法规详细地规定了采购程序、采购方式，同时，引入了招投标的市场竞争机制，整个过程公开透明、有法可依、有规可循，因此，可以大大减少"暗箱操作"的机率，防止政府工作人员作为采购方与供货商之间可能发生的合谋，从而有效地从源头上尽可能减少腐败发生的概率。同时，由于采购过程的公开化，对于细化预算、加强财政资金监督起到了非常好的作用。

政府采购制度的实施有效地解决了传统政府采购方式下的一些突出问题。例如，由于采购过程公开透明程度不高，致使腐败现象频发；由于过去零星采购使得政府机关议价能力不强，导致采购成本过高；地方政府在政府采购过程中表现出的地方保护主义等。新的政府采购制度实施后，财政资金使用效率大幅提高。通过公开招标引入卖方竞争可以降低单位采购成本，提高采购透明度，减少腐败现象的发生。

 资料链接 8-10

政府采购的进步

采购人 A 委托代理机构 G 就该单位"××监控系统采购项目"（以下称本项目）进行公开招标。2016 年 11 月 17 日，代理机构 G 发布招标公告，后组织了开标、评标工作。经过评审，评审委员会推荐 S 公司为中标候选人。采购人确认后，代理机构 G 于 2016 年 12 月 14 日发布中标公告，中标供应商为 S 公司。2016 年 12 月 21 日，投诉人提出质疑。2017 年 1 月 4 日，供应商 Z 公司向财政部提起投诉，称 S 公司所投产品的制造商 M 公司不能生产该产品。

财政部依法受理本案，审查中发现，S 公司所投产品的制造商是 H 公司，不是 M 公司。据此，财政部对本案作出投诉处理决定。后 Z 公司不服该处理决定，提起复议。复议机关维持了该处理决定。

财政部另查明，S 公司投标文件中提供的所投产品的检验报告，与检验报告出具单位提供的检验报告存档件的多项内容不一致，且不一致内容均为招标文件所要求的重要指标。对此，财政部依法启动了监督检查程序，审查终结后向 S 公司送达了《财政部行政处罚事项告知书》。对此，S 公司在法定期限内提出了听证申请，称其投标文件中提供的检验报告是其员工篡改的，属于个人行为，S 公司对此并不知情，且 S 公司已对相关责任人员进行了处理。财政部依法组织了听证会，经审查，认为 S 公司的辩解不成立，依法作出处罚决定。

资料来源：中国政府采购网 http://www.ccgp.gov.cn, 2019-8-6.

 **关键概念**

分行列支预算 绩效预算制度 计划—规划—预算制度 PPBE 规划预算 渐进预算
预算管理制度 预算管理体制 国库集中支付 部门预算 政府采购

 本章小结

1. 预算制度是在国家出现之后产生的一种财政管理制度，而且在"靠天吃饭"的小农经济下难以编制详尽的预算。商品经济的出现，以及对绝对权力的限制促使现代预算制度一步步完善。

2. 预算编制方式经历了分行列支预算、绩效预算、计划—规划—预算及零基预算等过程的演变，其每一次变革都与当时的政治、经济因素密切相关。

3. 预算理论的发展推动或影响着现实中的预算制度，对未来的预算制度改革有着一定的指引作用。

4. 我国现代化预算制度起步于晚清时期，中华人民共和国成立之后，预算制度也随着政治、经济的变化而不断调整，经历了六个阶段的发展，形成了以部门预算、收支分类、国库集中支付、政府采购为主要特点的预算管理制度。

 分析讨论题

1. 根据资料链接 8-1～8-3 及相关知识，探究我国预算编制方法中可以参考的内容与经验。

2. 根据本章第三节的内容，比较各国预算制度的异同及其成因，归纳出各国预算制度的特点，并结合第二节内容对现代预算制度的发展方向进行设想与探索。

3. 根据本章第四节的内容，理顺我国的预算管理制度，并思考我国预算管理制度在实际执行中存在的问题及其改革措施。

 本章拓展阅读书目

1. 匡小平，2011. 外国财政制度 [M]. 北京：中国财政经济出版社.
2. 姜维壮，2012. 比较财政管理学 [M]. 3 版. 北京：北京大学出版社.
3. 格鲁伯，2015. 财政学（原书第 4 版）[M]. 林江，译. 北京：机械工业出版社.
4. 马蔡琛，2018. 政府预算 [M]. 2 版. 大连：东北财经大学出版社.

第九章

财政管理体制比较

学习概要

　　财政管理体制是一国确定中央政府与地方政府以及地方各级政府之间的财政管理职责权限与收支范围的一项根本制度,其核心内容是划分各级政府间的财政收支范围与管理权责。由于各国的政治架构、经济体制类型、经济发展水平等各有不同,财政管理体制间也存在较大区别。本章将着重对中国、美国、日本及其他发达国家的财政管理体制进行比较分析,通过对比财政联邦制管理体制和财政单一制管理体制国家的典型做法,来分析不同财政管理体制在处理政府间财政资源分配问题时的优缺点,借以思考如何进一步推进我国分税制财政管理体制改革。

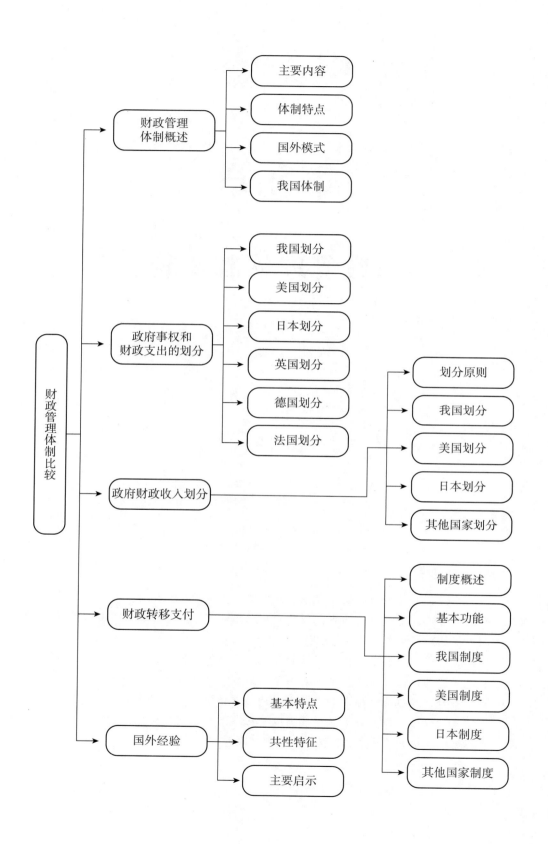

第一节 财政管理体制概述

财政管理体制是一国确定中央政府与地方政府,以及地方各级政府之间的财政管理职责权限与财政收支范围的一项根本制度,它主要由财政管理级次的规定、财政管理权限的划分、财政收支范围的确定和财政调节制度的安排等内容组成。但是,其核心问题是各级政府之间的事权与财权的划分问题,以及与之相应的支出责任与收入范围划分问题,一般通俗地称之为收支划分问题。

一、财政管理体制的主要内容

(一)财政管理级次

财政管理是对政府收入和政府支出活动的管理,在理论上,财政管理的体制安排为了更好地服务于公共服务的供给,可以采用多级分权结构、一二级分权结构、集中管理、其他各级委托等方式。但是从实际运行情况来看,为了考虑政治稳定和控制,以及财政活动的效率和财政委托代理的有效性,各国的财政管理体制更多地依赖于历史传统,尤其是政府体制和政府级次结构。因此,确定财政管理的级次是财政管理体制的一项基本内容。

(二)财政管理权限划分

各级政府财政的管理权限划分是指各个层级政府财政机构的职能分工,是各级政府财政应履行的任务。一般来说,各级政府财政的基本管理职责是提供相应地理范围内全体居民所需要的公共产品与服务。根据马斯格雷夫的理论,财政职能可以分为资源配置、收入分配和经济稳定三大项。因此,在不同的地理区域范围内,由于资源配置、收入分配和经济发展状况的不同,各级政府财政的具体管理权限与职责也不尽相同。各个层级政府财政在提供公共产品与服务过程中的职能和任务的划分是财政管理体制的重要内容。

(三)财政收支范围划分

各级政府财政的收入与支出范围划分是各级政府财政履行其职能的保证和根本条件。也就是说,各级政府财政的不同管理权限是各级政府财政之间划分收入与支出范围的必要条件。但是,在各国财政系统实际运作中,收入与支出范围的划分和管理权限的划分并非是完全一一对应的关系,它取决于运用收入和支出手段履行财政职能的方式、方法、技术及人员的工作效率等。因此,只能根据确定的管理权限和现在的管理职责与收支关系来大体划分各级政府财政之间的收支范围权限。由于客观经济发展状况和地理条件的限制,即使赋予各级政府财政充分的收支自主权,各级政府财政也很难独立完成各自的职责,因此各级政府财政间的相互协调工作是十分必要的。

(四)财政调节制度

财政调节制度主要是指各级财政间的转移支付制度。当一些财政层级的收支状况与其应完成的职能间出现了差距时,就需要通过各级财政间的转移支付进行相互协调。转移支付制度是指有关各政府财政间转移支付的原则、标准、判断、程序以及计算和决定的范围和安排，其主要包括中央政府财政与地方政府财政之间的转移支付，也包括各级地方政府财政之间的转移支付。

二、财政管理体制的特点

（一）分级性

通过分级、分层的制度安排，各级政府和财政的职能、权限得到了明确的划分与界定，从而使得有限的财政资源可以得到相对合理的配置和运用，这样各级政府和财政就可以自主地、创造性地履行各自的职能，以保证经济社会的稳定和健康发展。

（二）整体性

财政管理体制的整体性主要体现在两个方面。一方面，对各级政府的事权和财权进行明确的划分，使得各级政府具有相对独立性，保证各级政府财政在提供公共服务时的效率。另一方面，作为一个统一的国家和统一的政治经济实体，为了实现全国经济社会发展的目标，各级政府财政间又必须相互协调，并把多级财政组成一个统一的整体。这种公共财政的整体性特征，是保证国家统一和区域经济协调发展不可或缺的重要条件。

（三）规范性

财政管理体制是对各级政府和财政的责任与权力关系的正式安排，通常以法律形式加以确定与约束。由于涉及中央政府和地方各级政府的税收立法权、税收调整与减免权，以及中央和地方的财政责任、各级政府财政间的关系，许多国家都通过宪法和专项法律来进行严格界定，这集中体现了财政管理体制的规范性。

（四）稳定性

一个国家的财政管理体制一经确定后，就要在一定时间内保持稳定，尽量避免因体制变动而引起诸多消极影响。财政理论与实践表明，由于财政管理体制所涉及的责权利关系复杂而广泛，且与之相关的经济社会联动效应很强，往往和地方企业、居民的切身利益息息相关。因此，财政管理体制一般不宜经常变动和调整。当然，财政管理体制也需要随着政治体制的变动进行相应的调整，以适应新的政治经济关系。

三、国外财政管理体制的模式分类

从财政管理体制的差异来看，国外财政管理体制大体可分为两种模式：财政联邦制模式和财政单一制模式。

（一）财政联邦制模式

联邦制是一种国家政治体制，它通过宪法对中央（联邦）与地方（州、省）政府间的责任与权限进行划分，将国家统一性和地方自主性相结合。在联邦制国家，有关联邦政府与州政府间的权力划分问题，在宪法未指明或未列举的联邦权属之外，地方（州、省）政府有权立法并实施。联邦制国家的中央政府与地方政府间的关系有三个特点：第一，在宪法规定的事权范围内地方政府与联邦政府互不从属，都是不同范围的公众代理人，是相对独立、平等的关系；第二，地方政府遵循中央政府面向全国的统一法律规定，中央政府不干预属于地方范围内的事务；第三，中央和地方政府从不同的角度、领域及环节向地方辖区内的居民提供公共服务，增进社会福利，并以此为基础在某些共同事务上相互协调。

财政联邦制模式是在国家联邦制体制基础上的具体化，其基本特点是：第一，中央（联邦）财政与地方（州、省）财政划分支出范围和公共服务供给职能、收入划分范围和税收种类上分权自主，互不隶属，联邦以下各级政府拥有较大的财政决策权；第二，公共产品或劳务的供给以地方配置为主，在本辖区内取得的财政收入根据本辖区公众的意愿和要求来提供属于自己职能范围内的公共服务；第三，中央与地方实行以分权独立为基础的协调合作。目前，美国是财政联邦制的典型代表，德国、加拿大、澳大利亚等联邦制国家也属此模式。

（二）财政单一制模式

财政单一制模式是非联邦制国家普遍采用的财政管理体制。实行单一制政治体制的国家主要具有以下特征：第一，在法律体系上，由统一的中央立法机构根据宪法制定法律；第二，在政府间权力划分上，实行中央统一集权，强调国家权力和决策的相对集中，地方政府接受中央统一领导，地方政府的权力由中央政府授予，各级政府对中央具有较强的依附关系；第三，在政权体制控制上，实行层级控制，上层政府控制下层政府，中央政府控制地方政府；第四，地方政府享有的分权水平较低，自主性相对较小，相关政策及法律法规主要由中央政府统一安排，地方政府在中央授权范围内行使权力。

与政治体制一致，在单一制模式的财政管理体制中，州（省）等地方财政接受中央财政的统一领导，根据中央财政所划分的财政职能和权限进行财政活动。在财政单一制模式下，一般由中央政府统一安排全国范围的财政方针和主要的法律法规，地方政府在中央决策和授权范围内行使财政权力。目前，日本、英国、法国、意大利等国都属于财政单一制模式。

尽管财政单一制模式下地方所享有的财政分权水平较低、自主性较小，但并非没有自治或自主的权力。由于行政区划与行政管理采取多级政府的方式，因而每级政府都会被赋予一定的自主管理权力，只是这些权力相较于财政联邦制模式下的地方政府要小得多，主要表现在财政收支中以中央财政收入为主体，地方财政收入较少，地方政府支出中很大一部分需要依靠中央补助，其在财力上对中央依赖较多。第二次世界大战结束后，财政单一制模式的国家大都进行了财政分权改革，相较于改革前，目前不少财政单一制模式国家的财政分权自主特征也已较为明显。

财政联邦制模式和财政单一制模式各有其优点和不足，根据各国的财政实践，现将二者的特征、优势和不足进行归纳比较，具体如表9-1所示。

表 9-1 财政联邦制模式和财政单一制模式的比较

模式	财政联邦制模式	财政单一制模式
特征	中央财政和地方财政都有较大的独立性	地方财政缺乏自主性，类似于中央的"代理人"
优势	有利于防止中央集权和专制；有利于中央和地方政府两者积极性的发挥，提高财政管理效率	有利于统一管理；可以抑制区域财政差距，保证公平

续表

模式	财政联邦制模式	财政单一制模式
不足	容易造成政策不统一和区域发展不均衡； 容易形成地方政府"割据"； 容易形成过度财政竞争	容易造成中央政府专制和地方政府过分依赖； 容易抑制地方政府的积极性； 财政资源运行效率较低

四、我国的分税制财政管理体制

我国现行的财政管理体制是从 1994 年起开始实施的分税制财政管理体制，其最早出现于 19 世纪中叶的一些欧洲国家。分税制财政管理体制先是在中央与地方各级政府之间，根据各自的职权范围划分税源，并以此为基础确定中央政府与地方政府之间的税收权限和财政收支关系，这种财政管理体制是一种新的财政管理制度安排，与新中国历史上实施的多次财政管理体制改革相比较，能够比较好地处理中央政府与地方政府之间的财政关系。

分税制财政管理体制是在明确划分各级政府事权及其支出范围的基础上，按照事权与财权统一的原则，结合税种的特性，划分中央政府与地方政府的税收管理权限和税收收入，并辅之以补助制的方法。"分税"是指在划清各级政府事权的基础上，把税收划分为中央税、地方税、中央和地方共享税；"分权"是指中央政府与地方政府都对属于自己的税种有开停征权、调整税目税率和减免税权；"分征"是指当时成立了国税局与地税局，分别负责征收中央税（包括中央和地方共享税）和地方税；"分管"是指两套税务分管系统，分别负责管理中央税（包括中央和地方共享税）和地方税。分税制财政管理体制的具体内容包括：按照事权确定各级政府财政支出范围；按照税种划分各级政府财政收入范围；确定各级政府财政间的预算调节办法。与国外联邦制和单一制的财政管理体制不同，我国实行的分税制财政管理体制的显著特点是：淡化了各级政府对企业的行政隶属关系控制，有利于全国统一市场的形成；初步明晰了中央政府与地方政府之间的事权和财政收入，基本规范了各级政府之间的财政分配关系。

第二节 政府事权和财政支出的划分

各级政府的事权即各级政府的职能任务，政府间事权与财政支出划分是处理好中央政府和地方政府关系的重要制度安排。中央政府与地方政府有着不同的履行职能范围，各具有其具体的事权，中央政府与地方各级政府的财政支出方向也不尽相同，依据公共产品受益范围及公共产品供给效率，合理划分和明确中央政府和地方政府的事权和财政支出范围，保障基本公共服务与产品的供给。

一、我国的政府间事权与财政支出的划分

改革开放以来，我国中央与地方财政关系经历了从高度集中的统收统支到"分灶吃饭"、包干制，再到分税制财政体制的变化，财政事权和支出责任划分逐渐明确。特别是1994 年实施的分税制改革，初步构建了中国特色社会主义制度下中央与地方财政事权和支出责任划分的体系框架，为我国建立现代财政制度奠定了良好基础。

（一）我国财政管理级次的划分

财政管理级次的划分是政府间财政支出事权划分及财政收入财权划分的前提。财政管理级次的划分与一国的政权结构和行政区划密切相连的。我国财政的设立与政权体系的层次划分基本上是相对应的，即有一级政府相应设立一级财政。按我国现行的政权结构，政府财政分为五级财政进行管理，即中央财政、省（自治区、直辖市）财政、设区的市（自治州）财政、县（自治县、不设区的市、市辖区、旗）财政、乡（民族乡、镇）财政五个级次。其中，省（自治区、直辖市）财政、设区的市（自治州）财政及其以下各级财政属于地方财政。

（二）我国政府间事权与财政支出划分的目标与原则

按照中央有关财税体制改革的顶层设计要求，我国政府间财政事权与支出责任界定的总体目标是，科学合理划分中央与地方财政事权和支出责任，形成中央领导、合理授权、依法规范、运转高效的财政事权和支出责任划分模式，落实基本公共服务提供责任，提高基本公共服务供给效率，促进各级政府更好地履职尽责。根据这一目标，当前我国政府财政事权与支出责任划分主要遵循以下五项原则。

（1）体现基本公共服务受益范围。体现国家主权、维护统一市场以及受益范围覆盖全国的基本公共服务由中央负责，地区性基本公共服务由地方负责，跨省（自治区、直辖市）的基本公共服务由中央与地方共同负责。

（2）兼顾政府职能和行政效率。结合我国现有中央与地方政府职能配置和机构设置，更多、更好地发挥地方政府尤其是县级政府组织能力强、贴近基层、获取信息便利的优势，将所需信息量大、信息复杂且获取困难的基本公共服务优先作为地方的财政事权，提高行政效率，降低行政成本。信息比较容易获取和甄别的全国性基本公共服务宜作为中央的财政事权。

（3）实现权、责、利相统一。在中央统一领导下，适宜由中央承担的财政事权执行权要上划，加强中央的财政事权执行能力；适宜由地方承担的财政事权决策权要下放，减少中央部门代地方决策事项，保证地方有效管理区域内事务。要明确共同财政事权中央与地方各自承担的职责，将财政事权履行涉及的战略规划、政策决定、执行实施、监督评价等各环节在中央与地方间作出合理安排，做到财政事权履行权责明确和全过程覆盖。

（4）激励地方政府主动作为。通过有效授权，合理确定地方财政事权，使基本公共服务受益范围与政府管辖区域保持一致，激励地方各级政府尽力做好辖区范围内的基本公共服务提供和保障，避免出现地方政府不作为或因追求局部利益而损害其他地区利益或整体利益的行为。

（5）做到支出责任与财政事权相适应。按照"谁的财政事权谁承担支出责任"的原则，确定各级政府支出责任。对属于中央并由中央组织实施的财政事权，原则上由中央承担支出责任；对属于地方并由地方组织实施的财政事权，原则上由地方承担支出责任；对属于中央与地方共同财政事权，根据基本公共服务的受益范围、影响程度，区分情况确定中央和地方的支出责任及承担方式。

（三）我国政府间事权的划分

1. 中央政府的事权

我国中央政府的事权与公共产品范围主要包括：以国家为整体利益考虑的，对全国居民提供的公共产品和服务，如国防、外交、对外援助、跨区域特大基础设施建设项目、特大自然灾害救济、中央政府行政管理等；具有规模经济和经济外部性等特点，或在一定程度上涉及国家整体利益的一些公共产品，如教育、空间开发、环境保护、海洋开发、尖端科学、卫生保健、社会保险、公共防疫，以及全国性交通干线、通信、能源发展等；跨区域政府管辖范围内的不同行政区之间的收入分配；进出口调节权、关税权、国债权等；涉及总量平衡、大的经济结构调整、经济稳定发展及实施重大产业技术政策等事项。

2. 地方政府的事权

我国地方政府的事权与公共产品范围主要包括：制定和实施地区性经济社会发展计划，实施地区性产业技术政策，利用地区优势促进地区经济发展；根据本地区企业或居民对公共设施质量要求，通过税种和公共投资向企业或居民提供公共设施，优化投资环境，促进资源有效配置；提供地方行政服务、社会治安、文化教育、卫生保健、就业培训等公共服务。此外，在中央政府与地方政府之间还有职能交叉领域，属于"共同事权"，如教育、科研、环境保护等，要根据受益的覆盖面进行划分。例如，中央政府资助的科研部门应该是主要研究成果由全社会共享的基础研究内容。

（四）我国政府财政支出范围的划分

依据各级政府职能分工范围和社会公共需要的层次，我国把财政支出具体划分为中央财政固定支出和地方财政固定支出。凡是关系到国家政治经济发展全局，地方无力承担或不适宜地方承担的支出划归中央支出范围；凡是与地方政治经济发展关系密切，地方有能力承担又不会对全局产生消极影响的支出，应划归地方支出范围。

1. 中央政府财政支出范围

中央财政主要承担国家安全、外交和中央国家机关运转所需经费，调整国民经济结构、协调地区发展、实施宏观调控所必需的支出，以及由中央直接管理的事业发展支出。中央政府财政支出具体包括：国防费，武警经费，外交和援外支出，中央级行政管理费，中央统管的基本建设投资，中央直属企业的技术改造和新产品试制费，地质勘探费，由中央财政安排的支农支出，由中央负担的国内外债务还本付息支出，以及中央本级负担的公检法支出和文化、教育、卫生、科学等各项事业费支出。

2. 地方政府财政支出范围

地方财政主要承担本地区政权机关运转所需支出，以及本地区经济、事业发展所需支出。地方政府财政支出具体包括：地方行政管理费，公检法支出，部分武警经费，民兵事业费，地方统筹的基本建设投资，地方企业的技术革新和新产品试制经费，支农支出，城市维护和建设经费，地方文化、教育、卫生等各项事业费，价格补贴支出以及其他支出。

二、美国的政府间事权与财政支出划分

美国是立法、司法、行政"三权分立"的典型联邦制国家，也是近代联邦制的首创国。当前美国所实行的财政联邦制模式正是以政治联邦制为基础而建立的。所谓政治联邦制，就是指互不隶属的多个政治实体通过契约（宪法）来划分责任与权力，分工合作，从不同的层面对同一地区的居民事务进行治理的体制模式。有限政府、分权自主、主权在民是联邦制的核心原则。财政联邦制模式作为联邦制在财政领域的体现，其原则和精神是相同的，但是不同的历史时期有关财政责任和权力的划分却有所区别。现阶段美国的财政联邦制体

制是指近30多年来的美国联邦、州、地方政府的公共财政收支划分和公共服务供给的安排情况。

（一）美国政府级次和财政管理级次的划分

美国作为联邦制国家，其政府结构为三级政府：联邦政府、州政府和地方政府。不同于我国各级政府间的上下级隶属关系，由于美国是先有各州后有联邦，因此美国宪法尊重了各州已有权力，除了宪法明确授予联邦政府如外交权、宣战权、管理州际贸易和对外贸易权、货币发行权等权力，以及明确禁止各州拥有的权力如外交、铸币等权力之外，美国宪法规定联邦政府和州政府没有上下级隶属关系，政府权力在联邦政府和州政府之间进行划分，既没有将所有权力完全赋予联邦政府，也没有禁止州政府不能做什么。地方政府在美国法律上隶属于州政府，二者是一体的关系。然而，随着社会经济的发展，联邦政府、州政府和地方政府之间的关系并不总是完全遵循相关法律强制性的规定，州政府对地方政府的实际控制力是有限的，联邦政府也会经常代替州政府行使某些职能。

与联邦制国家体制相适应，美国的财政管理级次也分为联邦政府、州政府和地方政府三级财政管理体系，三级政府各自具有其独立的财政税收制度和法律，独立地编制、审批和执行本级财政预算。

（二）美国三级政府间的事权与财政支出责任划分

与其他国家相比，美国政府间的事权划分相对是比较科学的，各级政府间财政事权划分遵循"受益原则"和"效率原则"，即根据各级财政职责的受益对象和受益覆盖范围来确定应该承担该职责的政府级次。

1. 联邦政府的事权与财政支出责任

美国联邦政府主要负责全国性和跨州事务，很少直接为国内居民提供公共服务，其主要职责是保障国家安全、保持经济与社会稳定、促进科学与地区发展等全国性的公共事务，也就是负责那些以国家为整体，使全国公民共同受益的事务及地方政府不能负担或不能保证效率的服务。联邦政府所承担的财政支出主要包括国防费用、国际事务费用、科学与太空技术费用、联邦政府经费、邮政服务费用、退伍军人福利支出、社会保障与医疗保险支出、环境资源和能源支出、司法部门支出、农产品价格支持、地区发展支出、国家公园与野生动物保护支出等。

2. 州政府的事权与财政支出责任

美国的州政府主要负责地区性事务，其主要职责范围是提供联邦和地方政府以外的或地方政府不能提供的、受益范围包括全州居民的公共服务。州政府承担的财政支出主要包括法律、高等和基础教育、通往各县的长途道路交通、失业保障和就业帮助、福利救济和收入保障、综合医院和公共卫生、区域警察与治安、区域资源与环境等方面的开支。

3. 地方政府的事权与财政支出责任

美国地方政府主要负责政府管辖的本地事务，其主要职责是面向本辖区，提供本地居民受益的基本公共服务。其承担的财政支出主要包括初等教育、本地治安消防、公共事业（水电气）和公共设施、医院和公共卫生、住房和社区建设、本地道路交通、公园和娱乐休闲、登记和规划等开支。不同地方政府按照其辖区分工自治，也会提供各自不同的服务。例如，县政府负责统一性服务（土地管理、执行法律、规划记录、卫生防疫和州政府委托的福利服务等）和跨市乡镇的基本服务开支；乡镇村政府负责本地社区的基本服务开支；市政府负责市域内的基本事务开支；学区负责基础教育服务开支等。

在上述三级政府间的事权与财政支出责任中，存在部分交叉性支出，其主要包括社会保障、高速公路、教育、医疗卫生、资源与环境等基本公共服务与产品的开支。

 资料链接 9-1

2019 年美国三级政府财政支出主要服务项目占比及近年三级政府财政支出占比情况统计

表 9-2　2019 年美国三级政府财政支出主要服务项目占比情况统计　　单位：%

政府级次	联邦政府	州政府	地方政府
养老失业	25.1	14.6	2.8
医疗卫生	28.1	39.5	8.9
教育	3.4	17.7	37.9
国防	20.2	0	0
社会福利	8.3	6.2	5.1
保护（救济、治安）	0.9	3.9	9.8
交通	2.2	7.6	8.5
政府管理	1.1	3.3	4.3
其他	2.2	4.9	19.4
利息	8.5	2.3	3.3
总计	100	100	100

资料来源：根据 https://www.usgovernmentspending.com/year2019_0.html 的相关数据计算。

表 9-3　近年美国三级政府财政支出占比情况统计　　单位：%

财政年度	1980	1990	2000	2010	2019
联邦政府	54.1	53.1	46.4	47.9	48.3
州政府	18.4	19.1	23.3	24.5	24.9
地方政府	27.5	27.8	30.3	27.6	26.8

资料来源：根据 https://www.usgovernmentspending.com/total_spending 的相关数据计算。

三、日本的政府间事权与财政支出划分

日本属于典型的单一制国家，其行政体制实行中央集中领导下的地方自治体制，政府机构分为中央、都道府县、市町村三级，其财政管理体制具有明显的财政单一制模式特点，税权集中，事权分散，利用庞大的转移支付来进行分配调节。在1946年颁布新《宪法》后，日本先后制定了一系列法律法规逐步建立财政分权体制，1990年后，随着日本经济下滑和衰退，其开始了新一轮的财政体制分权化改革，目前已构建了中央集权与地方自治相结合的财政分权体制。

（一）日本政府级次和财政管理级次的划分

19世纪末期，随着市制町村制和府制郡制的正式形成，日本形成了包括中央、都道府县、市町村在内的三级政府结构，并以此建立了与之对应的财政机构，在中央设立了中央财政部（即大藏省），地方设立了都道府县财税局和市町村财税科三级财政，各级财政通过宪法、地方自治法、财政法、地方财政法、地方交付税法等一系列法律法规明确界定了各级财政的权限，具有较高的法制化程度。

日本的财政管理体制具有鲜明的中央集权和地方有限分权的特点。就财政权限划分而言，日本注重中央政府的主导能力，在确定政府间财政管理权限上，实行集权基础上的有限分权。财政立法权力都由中央立法机构行使，地方权限的大小由中央政府赋予，地方财政管理范围由中央确定，在财政政策、收支调整及预算划拨等多个方面都体现了中央政府立法权力的宽泛和权威。

日本这种财政管理权限的设定，虽然在一定程度上降低了地方政府财政政策的灵活性，但可以有效抑制地方权力的过度膨胀和不计成本的滥用，能够有效降低由于财政制度的原因而造成的人为分配不公，保证国家财政政策调控的有效实施，这也反映出了日本主导型经济体制所具有的政府力量在经济增长中的积极作用。

（二）日本三级政府间的事权与财政支出责任划分

日本早期的《地方自治法》中采取"限制性列举"的方式对日本各级政府的事权和财政支出责任进行了明确的划分，经过修改后，又采用"概括授权"的形式加以确定。其事权划分的基本原则是：与国家全局或与地方利益有关的事务由中央管理，与当地民众密切相关的事务交由基层政府负责，地方无力承担的事务则由中央加以协调。在上述原则下，日本法律明确规定了中央和各级地方政府提供公共产品与服务的责任。

1. 中央政府的事权与财政支出责任

日本中央政府主要负责具有全国性、普遍意义的事权，包括：关系国家主权等方面的事务，需要由中央统一规划办理的重大经济事务，地方自治的基本准则制定等事务，宏观政策，基本公共服务水平均等的实现与维持，以及与人民生活密切相关且需全国统一协调的事务，如纯属国家全局利益的国防、外交事务等。根据其所承担的事权，日本中央政府的主要财政支出责任包括社会保障、国债本息、地方交付税交付金（转移支付）、科技文教、地方特例交付金、国防、公共事业、经济合作、中小企业、能源、食品安全供给等开支。

2. 都道府县政府的事权与财政支出责任

日本都道府县政府主要负责如港湾等公用产品的管理，其事权主要包括：第一，统一性事务，指在都道府县内需要按照全国统一标准处理的必要事务，如本区域内的交通、教

育、社会福利等；第二，广域性事务，指超出市町村受益范围的事务；第三，联络调整性事务，指对市町村组织、运作、管理需要提出合理性建议、指导的事务；第四，补充性事务，指超过市町村自有能力的事务，如医疗保健设施的建设、高等教育、产业振兴等事务。与中央政府相比，都道府县政府所承担的财政支出责任要庞大许多，其支出责任主要包括警察、中央政府负责以外的国道、一级河流、省道、二级河流、港湾、公营住宅、中小学和特殊学校的人事开支、资助私立学校、对町村的生活保护、儿童福利、老人福利保健及保健院建设等公共事务的开支。

3. 市町村政府的事权与财政支出责任

日本市町村的事权范围是所有都道府县事权以外的其他地方性事务，主要涉及辖区内居民的日常生活。例如，消防、城市规划、卫生、住宅等广泛的地域性事务。其财政支出范围与都道府县基本一致，主要包括消防、城市计划事业、市町村公路、公营住宅、排水设施、中小学校和幼儿园、生活保护、老人福利健康、儿童福利、国民健康保险、卫生等公共事务的开支。但是，与都道府县政府相比，市町村政府的财政开支侧重点略有不同，其支出占比中，民生费、总务费、土木费、公债费和教育费的占比更高。

4. 政府间的共同事权与财政支出责任

日本都道府县和市町村两级地方政府自治范围内的大部分事务，名义上虽然属于地方事务，但是实际上是一种中央地方"共同事务"。日本《地方财政法》虽然明确了"地方事务地方出资"的原则，但是在该法中又规定了许多例外情况，中央政府必须为那些有共同利害关系的事务、符合国民经济发展综合计划的公共事业等地方事务提供经费，形成覆盖范围广泛的国家政府支出制度。为实现中央政府的政策目标，中央通过提供经费的形式来干预、引导、调控地方政府事权范围内的事务，主要涉及：从国家角度考虑，对维持国民生活相关的基本公共服务大体一致有重要作用的事务开支，如义务教育、社会保障等；有助于有计划、有重点地推进对国民生活水平提高有重要影响的基础设施建设开支，如地域开发、社会服务设施，以及道路、河流、港湾、住宅等骨干设施的开发与维护等；为推动全国普及而给地方政府的一些行为奖励开支，如公害行政、福利对策等；援助地方财政运行开支，如受灾地区援助等。从实际效果看，虽然这种共同事权的做法不符合严格意义的"财权事权统一"原则，但是对确保某些领域全国行政水平的统一确实起到了重要的作用。

资料链接 9-2

日本中央与地方政府的财政支出比例情况

日本向来有"大地方政府"之称，从第二次世界大战以后，日本地方政府提供了全国绝大部分的公共品和公共服务开支，从整体占比情况看，日本中央政府的财政支出占 1/3 左右，地方政府的财政支出占 2/3 左右，这一结构在近几十年基本保持稳定。中央与地方的各项支出比例安排如下：

（1）政府机关费用，包括一般行政费和司法、警察、消防费，中央财政支出占 16%，地方财政支出占 84%。

（2）国防费，全部由中央财政承担。

（3）国土保全及开发费，包括国土开发费（如基础设施、公共设施建设等）、国土保全费

（如环境保护）和自然灾害恢复重建费。这类支出由中央财政负担27%，地方财政负担73%。

（4）产业经济费。产业经济费包括两项：一项是工商费，专用于银行贴息贷款，支持中小企业发展；另一项是农林水产发展支出。这类支出由中央财政承担38%，地方财政承担62%。

（5）社会保障费。社会保障费包括民生费（主要用于社会福利、抚恤、失业救济等）、卫生费支出及住宅费。这类支出由中央财政负担20%，地方财政负担80%。

（6）恩给费。这是由政府支付给公务员的退休金，其中的绝大部分由中央财政负担。

（7）教育费。其中，学校教育费主要用于实施义务教育，社会教育费主要用于诸如图书馆、博物馆等公共文化设施建设。这类支出由中央财政负担20%，地方财政负担80%。

（8）公债费。这是政府债券的还本付息支出，其中由中央财政负担67%，地方财政负担33%。

（9）其他经费。这部分支出在财政支出中所占的比例很小，其中绝大部分由中央财政负担。

资料来源：刘明慧，2016. 外国财政制度 [M]. 3 版. 大连：东北财经大学出版社.

四、其他发达国家的政府间事权与财政支出划分

（一）英国的政府间事权与财政支出划分简介

英国是典型的单一制国家，各个地区只有中央设立的事务办公室，没有独立的政府层级，各个地区下设的郡（县）和区为二级地方政府。与大多数西方国家不同，英国地方政府的职能比其他国家地方政府小得多，只能管理中央政府允许的事务，不能在规定的事权范围外行使权力。因此，英国的财政体制也表现出中央高度集权的单一制财政体制特点。

在英国，中央政府的事权主要包括资源配置、稳定经济、提供公共服务和福利等方面。其中，中央财政的主要支出责任包括国防、外交、对外援助、高等教育、空间开发、环境保护、海洋开发、尖端科技、卫生保健、社会保障、中央政府债务、全国性的交通运输、通信和能源开发等方面。

英国地方政府的事权主要包括公共事业、基础设施建设、公共安全、社区发展和社会服务等方面。其财政支出主要由保护性事务支出、公共场所和环境支出、居民服务性支出、社会娱乐性支出、商业性事务支出这5类事务支出组成。

20世纪80年代后，随着英国政府和公共部门改革，其地方政府的职能范围进一步缩小，地方政府的服务项目和财政支出也进一步缩减。其主要表现在以下方面：第一，住房服务方面，社会福利房大规模向居住者出售，地方政府失去了建房和买房的权限；第二，教育服务方面，原隶属于地方管理的学院教育改由中央教育部管理，其相关开支直接由中央财政的转移支付来维持；第三，交通服务方面，地方公共汽车服务部门被私有化，地方铁路也不再由地方政府进行管理。

（二）德国的政府间事权与财政支出划分简介

德国是联邦制共和国体制，其政府结构分为联邦政府、州政府和地方（市或县）政府三级。根据德国1949年确立的《基本法》，三级政府间的财政关系按照适度集中、相对分散的原则进行协调与运转，各级政府必须各自负责本级政府的财政收支平衡。因此，德国的财政联邦制管理体制不同于美国，其呈现出在集权框架下的均衡财政分权特征。

根据德国《基本法》的规定，联邦政府的事权和主要财政支出责任包括：联邦行政事

务、财政管理和国家海关事务；外交；国家安全与武装力量；联邦铁路、公路、水运、空运和邮政通信；社会保障；重大科研计划；矿山开采等跨地区经济开发；等等。

州政府的事权和主要财政支出责任包括：州行政事务和财政管理；社会文化和教育事业；卫生与体育事业；法律事务和司法管理；环境保护；等等。

地方政府的事权和主要财政支出责任主要是各种地方性事务，包括：地方行政事务和财政管理；地方公路建设和公共交通事务；水电和能源供应；地方科学文化和教育事业；社会住宅建设和城市发展规划；地方性公共秩序管理；地方健康与体育事业；医院管理和医疗保障；社会救济；等等。

除上述明确划分的责任外，德国《基本法》还规定，交通运输、高等教育、地区经济结构调整、农业发展、能源和水资源供给等事项由联邦政府和州政府共同承担。此外，地方政府还会接受联邦政府或州政府的委托，承担公民选举、人口普查等任务。对于上述各级政府共同承担的事权，《基本法》规定，各州或地方政府承担并完成联邦政府委托的任务，所需财政开支全部由联邦政府承担，但必须专款专用；属于联邦政府和州政府共同承担的支出，由双方协商确定各自负担的比例；对于超过各州或地方政府财政负担能力的任务，联邦政府有义务通过特殊补助的形式协助完成。

（三）法国的政府间事权与财政支出责任划分简介

法国是典型的集权型国家，政府结构分为中央、大区、省和市镇政府四级，其中，大区、省和市镇政府为地方政府。相应的，其财政管理体制也由四级组成，大区、省和市镇政府三级财政共同组成了法国地方财政。受长久以来的中央集权传统影响，法国政府的财权主要集中于中央政府，地方政府的自主权十分有限，但是其各级政府的事权和财政收支责任划分比较清晰，预算各自独立，各级政府在预算允许的范围内行使其权力。

法国中央政府的事权主要包括：宏观管理与战略发展计划；根据已颁布的法律制定具体的政策法令；负责内政、外交、军事、经济、文化等国家事务。其主要财政支出分为费用支出（经常性事务开支）、资本支出（用于固定资产购置支出）和军事支出三大类，具体包括国防、外交、国家行政经费支出和重大建设投资、国家对社会经济的干预支出（即国家对某些经济部门的补贴）、国债还本付息，以及对地方政府的补助金等。

法国大区政府的事权主要包括：执行国家中长期计划，促进本地区经济开发；制订本地区5年发展计划，支持本地区所辖省、市镇的经济发展，协助国家推行领土整治政策、分配和使用国家调拨的财政经费；负责大区的地方公共投资等。其主要财政支出是负责经济发展和职业培训等方面的开支。

法国省级政府的事权主要包括：决定省级财政预算，负责地方税收；制定城镇规划，管理省内公路、港口和运输，建设中小学教育设施；社会保险管理；资助农村土地整治；分配中央政府调拨的经费，解决就业问题；对企业提供帮助等。其主要财政支出范围包括行政经费、道路、文教卫生事业费、地方房屋建筑费、警察、司法、社会福利支出和地方债务还本付息等。

法国市镇政府的事权主要包括：组织市镇行政机构和其他公共机构的运转；管理公共工程，建设公立公益设施；管理市镇公共医院等。其主要财政支出包括：行政经费、道路、文教卫生事业费、地方房屋建筑费、警察、司法、社会福利支出和地方债务还本付息等。

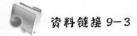

资料链接 9-3

法国政府间的财政支出特点

法国政府间财政支出主要有以下特点。

第一，在法国地方预算中，用于一般行政、警察和保险等方面的开支比重较大，超过地方预算支出总额的三分之一，高于大多数的发达国家。

第二，从财政支出安排的顺序上看，法国无论是中央预算还是地方预算，都始终将国内债务的还本付息支出放在首位。

第三，法国在财政资金管理上实行事权与财权相统一的原则，什么事由中央办，什么事由地方办，由哪级地方办，都划分得比较清楚，并在明确事权的基础上确定与之相适应的财权。例如，在教育上，小学教育一般由市镇政府管理，中学教育由省级政府管理，大学由中央政府管理，但是大中小学教员的工资都由中央财政支付；公路也是如此，连接大城市的大公路属于国家公路，连接各省的公路属于省级公路，连接市镇的公路属于市镇级公路，各类公路依据归属的政府层级实行分级投资、分级管理。

资料来源：曾康华，2011. 外国财政 [M]. 北京：对外经济贸易大学出版社.

第三节 政府财政收入的划分

政府财政收入划分是指政府财政的全部收入在中央政府和地方政府之间所进行的划分，包括财政收入划分方法的确定与财政收入范围的具体划分等内容。财政收入划分情况能够反映各级政府财政活动范围和财力分配权限的大小，它是正确处理中央政府与地方政府之间的分配关系的重要方面。

一、政府财政收入划分的一般原则

在市场经济条件下，税收是最主要的财政收入形式，在世界各国的财政收入中，其比重一般都在 70% 以上，因此，各国政府间财政收入的划分，往往以分税制为基本制度，主要特点是以税种和税权的划分作为各级政府财权、财力划分的载体。由于税收具有法律性和规范性，因此用划分税种和税权的方式来处理各级政府间的财政分配关系，保证了财政收入划分的规范性和稳定性。在对各级政府间的财政收入进行划分时必须遵循一定原则。

（一）财政集权与分权相结合

财政收入在中央政府与各级地方政府之间的划分问题，其实质是财政资金分配上的集权与分权问题。在不同国家或同一国家的不同历史时期，存在着较大差别。根据财政集权与分权、财力集中与分散程度的不同，财政收入和税权的划分大体上可分为集权型、分权型、集权与分权结合型三种类型。但是无论是联邦制国家，还是单一制国家，为了保持政策的统一性和社会稳定，维护中央政府的权威，在政府间初次分配时都会集中较多的财力，将收入份额较大的主体税种划归中央政府，从而体现出一定的财政集权特征。然后，再根据行政体制的不同将财权在各层级政府间进行分散，或多或少地淡化行政隶属关系对财政收入划分的影响，从而通过财政集权与分权相结合的方式，在确保中央对国家经济社会发展整体要求的情况下充分发挥地方政府自主性,以达到合理利用财政资源的目的。

(二)政府事权与财权相统一

财权和事权相统一的一个重要含义是指事权、财力的划分要以事权划分为基础,坚持事权与财权相结合、相统一的原则,在划分财政收入权限时,以各级政府的事权为基础,财权为事权服务。财权、财力划分的依据主要是各级政府承担的职责和任务即事权,根据各级政府事权的大小确定其财政收支权。按照一定时期经济社会条件要求划分各级政府事权范围之后,再按照事权范围确定各级政府财政支出范围和财政支出规模,最后以支出需要为依据确定各级政府财政的收入范围和收入规模。按照事权和财权相统一的原则建立财政管理体制并相应划分各自财政收入范围,使各级政府财政拥有相对稳定的财力保证其职能实现。

(三)体制公平与效率相兼顾

公平分配的原则是指在政府财政收入划分中对区域间的财力差距进行适当调节,使区域间的经济社会得以共同发展。这其中包含两方面含义:一是基于财力水平均等要求的上解负担公平;二是基于机会均等要求的发展条件公平。上解负担公平主要体现在财政收入划分上,它要求按照各地区的经济条件来确定其上解任务,是上解负担与上解能力相统一;发展条件公平主要体现在中央政府对地方政府专一性支付的调节过程中,它要求中央政府按照各地区经济发展的差异程度来确定转移支付数额,通过转移支付来缩小区域间财政能力和经济社会发展差距,使欠发达地区享有与发达地区大致相等的发展条件和社会服务水平。

效率原则是指各级政府财政职权的配置和收入关系的划分,应当有利于提高公共资源管理和使用水平,以及政府财政对经济社会活动发挥调控作用的效果。这其中也包含两层含义:一是基于优化资源配置要求的经济效率;二是基于财政管理体制有效运转要求的行政效率。经济效率要求财政收入划分时,应该有利于市场机制的有效运作,避免财权、财力划分对资源合理流动、竞争机制正常运作的不利影响,为市场机制充分发挥作用创造条件;行政效率要求财政收入划分时应该规范、简便、易操作,降低体制建立和运作成本,以尽可能少的行政费用支撑体制正常运转。

兼顾财政收入划分中的公平与效率,妥善处理二者之间的比例关系,既不能一味地强调公平,也不能一味地强调效率,要实现公平与效率的有效结合。在市场坚持效率优先与政府坚持公平优先的前提下,解决各级政府提供公共产品与服务过程中的公平与效率问题。

二、我国各级政府间财政收入的划分

中华人民共和国成立以来,财政收入在中央政府和地方政府之间的划分曾采用过多种方式。由于各地财政支出需要与收入来源状况不尽相同,地区之间的财力很不平衡,需要中央政府财政进行调剂,这就需要首先确定财政收入划分的方法。

(一)分税制条件下的政府间收入划分方法

在我国财政管理体制改革历史上,各级政府间财政收入划分主要采用了按照隶属关系划分的方法,即属于某一级政府管理的企业,它的收入主要划归给该级政府,在经济发展过程中我国曾先后采取过统收统支、收入分类分成、总额分成、收支包干等办法。经过分税制改革，我国现行的财政管理体制，主要按照事权与财权统一的原则，结合税种的特性，按现行税种划分中央政府与地方政府之间的分配关系。即一些税种划归为中央税，一些税种划归为地方税，还有一些税种由中央政府与地方政府分享。

（二）我国各级政府间财政收入范围的划分

分税制改革时，根据事权与财权相结合的原则，按照税种划分中央政府与地方政府的财政收入。将维护国家权益、实施宏观调控所必需的税种划为中央税；将同经济发展直接相关的主要税种划为中央与地方共享税；将适合地方征管的税种划为地方税。

1994年分税制改革后，我国中央政府的财政固定收入主要包括：关税、海关代征消费税和增值税，消费税，中央企业所得税，地方银行和外贸银行及非银行金融企业所得税，铁道部门、各银行总行、各保险总公司等部门集中缴纳的收入（包括营业税、所得税、利润和城市维护建设税），中央企业上缴利润等。外贸企业出口退税，除地方政府财政1993年已经负担的20%部分外，以后发生的出口退税全部由中央政府财政负担。

地方政府财政固定收入主要包括：营业税（不含铁道部门、各银行总行、保险总公司集中缴纳的营业税），地方企业所得税（不含上述地方银行和外资银行及非银行金融企业缴纳的所得税），地方企业上缴利润，个人所得税，城镇土地使用税，固定资产投资方向调节税，城市维护建设税（不含铁道部门、各银行总行、保险总公司集中缴纳的部分），房产税，车船税，印花税，屠宰税，筵席税，农（牧）业税，耕地占用税，契税，遗产税，土地增值税，国有土地有偿使用收入等。

中央与地方共享收入包括增值税、资源税、证券交易税。增值税中央分享75%，地方分享25%。资源税按不同的资源品种划分，大部分资源税作为地方收入，海洋石油资源税作为中央收入。证券交易税为中央和地方各分享50%。

之后，我国对中央与地方政府共享收入做了多次调整，主要调整情况是：对企业所得税和个人所得税收入实行中央与地方共享办法，2003—2006年中央与地方的分享比例分别是60%和40%；有关中央与地方共享的证券交易印花税收入分享比例也调整过多次，其中2002—2006年中央与地方的分享比例分别是97%和3%；从2004年开始，外贸企业出口退税由中央和地方共同负担，以2003年出口退税实退指标为基数，对超基数部分的应退税额，中央与地方的分担比例分别是75%和25%等。

"营改增"后，按照《国务院关于印发实施更大规模减税降费后调整中央与地方收入划分改革推进方案的通知》（国发〔2019〕21号）精神，为了调动中央与地方两个积极性，稳定分税制改革以来所形成的中央与地方收入划分总体格局，中央政府又提出了"要继续保持增值税收入划分'五五分享'比例不变""建立增值税留抵退税长效机制""后移消费税征收环节并稳步下划地方"等一系列收入划分调整措施。

三、美国各级政府间财政收入的划分

美国联邦、州、地方三级政府都有税收立法权、征收权和独立征收机构。其中，美国联邦政府的税收权限由联邦宪法赋予，各州享有包括税收立法权在内的各种税收自主权，但各州的税收立法不得与联邦立法相冲突。州以下地方政府的税收权限由州法律赋予，在

联邦和州法律规定范围内,地方政府可以制定本辖区的具体法规,行使税收管理权。所以,在美国,联邦政府、州政府和地方政府的税收自成体系,都有所得税、商品税、财产税和其他税,但是各有其侧重。

美国联邦政府的财政收入以覆盖面广、流动性强、综合性较高的所得税为主,其主要税收包括个人所得税(主体税种)和公司税、消费税(商品税)、遗产税与赠与税(财产税)和关税等。

美国州政府的财政收入主要以销售税和所得税为主,各州政府的主要税收包括:个人所得税和公司税(大多采取联邦所得税附加税形式,税率低,避免税负过重和影响联邦主导税的地位,但部分州的所得税收入仍占州政府财政收入的第一、二位),零售销售税(多数州政府的最大税种)和消费税(商品税),继承和赠与税及特定财产税(区别于联邦政府的遗产税和地方的财产税),以及汽车税和环境税等。州政府可以根据财政支出的需要通过自行调整税率和发行州政府债券来实现收支匹配或平衡。

美国地方政府的财政收入主要以税基流动性弱和不流动的财产税为主,各地方政府的主要税收包括:所得税(只有少数州的较大城市允许开征),零售销售税(州政府零售销售税的附加税),财产税(主体税种主要是房产税),以及旅馆税和登记税等。由于财产税收入相对稳定,地方政府税收可能无法完全满足地方公共服务的开支需求,因此,为了解决这一问题,各州政府的法律一般都允许地方政府自行调整税率和发行地方债。

从上述美国各级政府税收收入的划分情况可以看出,美国的税收收入分配制度具有明显的税源共享原则,所以为了防止税负过重,在对同一税源征税时各级政府会通过税收协调来进一步完善财政税收收入。税收协调具体表现在以下几方面。第一,各州政府征收所得税时,往往采用联邦所得税方法、实行较低的税率,或者按照联邦所得税的百分比(即附加税)进行征收,并让国内税务局代征。反之,联邦政府在征收所得税时,允许对州政府所得税进行扣除。第二,联邦政府在征收一般销售税时,尽量以低税率征收,并且只是作为临时性的税收收入。第三,联邦政府在征收遗产税和失业保险税时,对已缴纳的州和地方政府遗产税、失业保险税实行税收抵免。第四,在州和地方政府广泛重叠的税收中,为保证州政府和地方政府的相对独立和相互协调,往往采用税收分享的方式进行税收收入划分。

资料链接 9-4

2014 年美国三级政府税收收入的个税比重及近年财政收入占比统计

表 9-4　2014 年美国三级政府税收收入的个税比重统计　　　　单位:%

政府级次	联邦政府	州政府	地方政府
占本级税收比重:			
所得税	92.1	42.3	6.0
个人所得税	73.5	36.9	4.7
公司税	18.6	5.4	1.3

（单位：%）（续表）

政府级次	联邦政府	州政府	地方政府
商品税	6.7	55.6	22.0
财产税	1.0	2.0	71.9
占该税收入比重：			
所得税	80.4	17.8	1.8
商品税	16.5	65.1	18.4
财产税	4.0	3.5	92.2

说明：表中不包括社会保险税收入。

资料来源：王德祥，2016.现代外国财政制度[M].2版.武汉：武汉大学出版社．

表9-5 美国三级政府财政收入占比变化情况统计表　　　　单位：%

财政年度	1980	1990	2000	2010	2019
联邦政府	58.3	52.6	54.0	46.8	50.1
州政府	24.0	26.3	27.0	31.9	29.7
地方政府	17.7	21.1	19.1	21.3	20.2

说明：表中信息不包括社会保险收入和转移支付数据。

资料来源：表中数据根据 https://www.usgovernmentrevenue.com/total_revenue 的相关信息计算。

四、日本各级政府间财政收入的划分

日本是典型的中央集权制国家，其中央政府和地方政府在税收关系上实行分税制。第二次世界大战后日本实行税制改革时，一方面借鉴了德国的经验，将全部税收划分为中央税（国税）和地方税（都道府县税和市町村税），另一方面又学习了美国的做法，采取各级政府共享税源的形式，中央政府、都道府县政府和市町村政府都可以对所得、商品和财产征税。地方税收则是在都道府县和市町村之间按照普通税和目的税进行划分。由此，日本形成了以独享税为主、同源税为辅的特殊税制模式。

日本的中央税和地方税的划分主要遵循三个原则：第一，事权决定财权，各级政府事务所需经费原则上由本级财政负担；第二，便于全国统一征收的大宗税源归为中央，而零散的小宗税源划归地方；第三，涉及收入公平和宏观政策的税源归为中央，而体系受益原则的税源划归地方。根据上述原则，日本在税收体制上实行混合型的分税体制，中央和地方基本上互不干涉，税收分为中央税、地方税和中央地方共享税，各级政府同时有两种税作为财政收入的主体税种。

日本的中央税又称国税，是指由国家征收的税款，通常由大藏省所属的国税厅负责征收。其主要税种包括个人所得税、法人税、公司税、遗产税、赠与税、酒税、消费税、汽油税、烟草税、机动车吨位税、印花税、注册登记税、土地税、石油天然气税、有价证券交易税、航空燃料税、电力开发促进税、货币发行税、关税等。其中，个人所得税和法人税是中央财政的主体税种，个人所得税占到国税的40%左右。

日本的地方税以事权划分为基础，在确保受益原则的条件下，分为都道府县税和市町村税。都道府县税的主要税种包括都道府县居民税、汽车税、不动产购置税、汽车购置税、轻油交易税等。其中，都道府县居民税和事业税是其主体税种。市町村税的主要税种包括市町村居民税、不动产税、轻型机动车税、市町村烟草税、矿产品税、特别土地占有税、国民健康保险税等。其中，市町村居民税和不动产税是其主体税种。

此外，日本还设有中央与地方共享税，主要包括所得税、法人税、酒税、石油液化气税、地方道路税、飞机燃油税、汽车重量税、特别吨位税等。共享税的税收收入由中央、都道府县和市町村三级政府共享，但是征收管理权由中央政府控制。

 资料链接 9-5

2014 年至 2016 年日本三级政府主体税种在全国财政总收入所占比重

表 9-6　日本三级政府主体税种在全国财政总收入所占比重统计

税种	2014 年 税收额/10亿日元	2014 年 财政总收入占比/%	2015 年 税收额/10亿日元	2015 年 财政总收入占比/%	2016 年 税收额/10亿日元	2016 年 财政总收入占比/%
所得税	16 790	8.1	17 807	8.7	17 611	8.7
法人税	11 032	5.3	10 827	5.3	10 329	5.1
都道府县居民税	6 177	3.0	6 111	3.0	5 891	2.9
事业税	3 203	1.5	3 703	1.8	4 261	2.1
市町村居民税	9 559	4.6	9 548	4.7	9 574	4.7
不动产税	8 769	4.2	8 755	4.3	8 893	4.4

从表中数据可以看出，近年来日本中央政府的主体税种所得税和法人税在日本全部财政收入中的占比都是最高的。都道府县政府的主体税种都道府县居民税和事业税在财政总收入中占比最低，合计占比5%左右，反而市町村政府的市町村居民税和不动产税在日本属于较大的税种。从本质上看，都道府县居民税和市町村居民税也属于所得税，这意味着日本三级政府的最主要税种都是相同的，这也是日本税收划分的一个重要特点。

资料来源：根据 http://www.stat.go.jp/data/nenkan 的相关数据计算。

五、其他发达国家各级政府间财政收入的划分

（一）英国各级政府间税收收入划分简介

英国实行较为彻底的分税制，其税收收入主要分为中央税和地方税两种。其中，中央政府所征收的中央税几乎包揽了所有的税种，地方税种则寥寥无几。

英国的中央税主要包括三大类：一是所得税，包括个人所得税、公司所得税、石油收入税、国民保险税；二是商品和劳务税，主要包括增值税、消费税和关税等；三是资本和资产税，主要包括资本收益税和遗产税。在这些税收收入中，中央政府的最主要税种为个人所得税、国民保险税、增值税、公司税和石油收入税。

英国地方税的设置主要依据三个标准：一是地方政府应能对税收水平适时调整，以适应地方居民的偏好；二是税基在全国的分布应比较均衡，税基地域差别较大的税收只适宜作为中央税种；三是税收收入应比较充分，以利于地方政府发挥一定的经济调节作用。所以根据以上标准，英国只将财产税作为地方税种。

由于地方税的税种少，英国地方政府的税收收入比重一直偏低，并有不断降低的趋势。1975 年，英国地方税收占全国总税收的 11%，1985 年为 10%，而 2001 年则降至约 4%。在西方主要单一制财政管理体制国家中，英国地方税的水平与荷兰和爱尔兰相当，为地方税水平最低的一类国家。

（二）德国各级政府间税收收入划分简介

德国实行共享税与专享税共存，以共享税为主的模式来划分各级政府的税收收入。一般将调控力度强、收入数额大的税种划分为联邦专享税和共享税，将适合基层征收管理的税种划归为州和地方政府的专享税。其主要税种划分如下。

联邦专享税主要包括关税、各类消费税、公路税、资本流转税、交易所营业税、保险税、货币兑换税，以及民主德国和联邦德国合并后按工资额 8% 征收的团体互助附加费等 18 种税。

州政府专享税主要包括财产税、遗产税、土地交易税、机动车税、啤酒税、消费税、彩票税、赌场税、赛马税等 10 种税。

地方政府专享税主要包括土地税、营业税、资本利得税、娱乐税和地方消费税等。

尽管德国各级政府的专享税种类众多，但是收入规模却没有同源共享税的税种高。德国各级政府的共享税主要包括个人所得税、公司所得税和增值税。其中，个人所得税在联邦、州和地方政府的分配比例为 42.5%、42.5% 和 15%；公司所得税在联邦和州政府之间各分得 50%。上述两种共享税的分配比例由《基本法》固定，没有调整的余地，只有增值税作为调剂性共享税，联邦和州政府的分配比例随着双方财政状况的变化定期协商调整，《基本法》规定每 4 年调整一次。

（三）法国各级政府间税收收入划分简介

法国在税种划分上实行彻底的分税制，中央税种与地方税种完全分开，中央税及其收入由中央政府掌握，地方税及其收入由地方政府掌握，没有共享税。

法国的中央税主要包括个人所得税、公司所得税、增值税、消费税、关税、遗产税、登记税和印花税等。其中前四种税的税收收入占到中央政府税收总额的 85% 左右。

法国的地方税主要分为直接税和间接税两种。直接税主要包括房屋建筑地产税、非房

屋建筑税、动产税等。间接税又分为强制性和非强制性两种。强制间接税包括饮料销售税、演出税、娱乐税和通行税；非强制间接税包括居民税、矿泉水附加税、电力消耗税、广告税和打猎税等。

从上述税收收入划分情况可以看出，在法国，一些大宗税收都归中央政府所有，中央税收在全国税收总额中占主要地位，这是其集权型财政管理体制在财政收入划分上的具体体现。

第四节 政府间财政转移支付制度

政府间财政转移支付制度（一般简称"财政转移支付制度"）是指公共资金在各级政府间转移、流动和再分配的制度安排，它是成熟市场经济国家处理政府间财政分配关系的基本制度，是促进社会公正与统一市场形成的有效手段。财政转移支付制度作为财政管理制度的一项重要组成部分，在弥补政府间财政不平衡、体现中央政府调控意图、矫正区域性公共产品外溢性等方面发挥着重要作用。

一、财政转移支付制度概述

（一）财政转移支付制度的含义与基本形式

政府间财政转移支付是一个国家的各级政府之间或不同地区政府之间，在既定各自政府职能与财政支出责任和税收划分框架下的财政资金转移，包括上级政府对下级政府的各项补助，下级政府上缴的收入，发达地区对欠发达地区的补助等。财政转移支付主要有以下特征：转移支付只限于政府之间，包括财政纵向的各级次政府之间（纵向财政转移支付）或财政横向的各地区政府之间（横向财政转移支付）所进行的财政资金分配活动；财政转移支付是一种不以取得商品或劳务作为补偿的支出，这种资金分配不是等价交换，而是一种无代价的支出；财政转移支付是财政资金使用权从一个实体转到另一个实体，改变的只是财政资金使用权，只有接受转移支付主体使用资金才形成终极支出。有关财政转移支付的法律、政策规定和由此形成的规范做法就是财政转移支付制度，它是国家财政管理体制的一项重要内容。

财政转移支付制度比较常见的两种形式是：中央政府对地方和地区政府、上级政府对下级政府的财政资金转移，此种形式称为纵向财政转移支付；地方政府之间的财政资金转移，该形式称为横向财政转移支付。根据转移支付的目的和条件，财政转移支付又可分为一般转移支付和特定转移支付。一般转移支付是一种不带附加条件、不规定具体用途的财政资金转移，又称为无条件转移支付。而特定转移支付是带有附加条件、有特定目的、有使用要求的财政资金转移，又称为有条件转移支付或专项转移支付。

（二）财政转移支付制度的基本功能

1. 实现财政的纵向均衡

各级政府的财政收支划分是一个十分复杂的问题，仅从财力合理配置的角度看，各级政府的财力应与其服务支出需求相适应。但是，在实践中，考虑到宏观调控和稳定经济运行的需要，往往要求中央政府掌握较多的财政资源，而地方政府又承担着主要的支出职能。

因此，中央财政和地方财政在收入和支出上，经常会出现收支失衡或不匹配的现象，尤其是在集权程度较高的单一制国家中，这一问题更为突出。所以，为了解决这一问题，在客观上要求中央财政和地方财政之间需要进行纵向的转移支付。

2. 实现财政的横向均衡

受到社会经济条件和发展水平的影响，一个国家不同地区的财政能力与财政需求往往各不相同，如果要求全国各地的基本公共服务供给均等化或达到某一标准，一定会出现有些地方财力相对宽裕而有些地方财力紧缺的问题。如果不解决地区之间这种财力不均衡问题，一是会造成严重的公共服务供给差距，从而背离公共财政的公平分配原则，二是会加剧非正常的人口流动，降低资源配置的有效性，从而对全国的社会稳定和经济增长产生影响。因此，中央政府对财政能力较弱的地方政府进行纵向财政资金转移，或建立地区之间的横向财政转移支付制度十分必要。

3. 保证各级政府有效率的履行职能

政府间事权和支出范围的划分主要考虑公共服务的性质和受益范围，有时难以兼顾履行服务职能的效率问题，尤其是中央政府在面对一些需要其履行责任的地方事务时，直接管理会影响效率。所以，为了确保各级政府更好地履行其职能，通过转移支付来委托地方管理具体事务是一种比较高效的资源配置安排和协调机制。

二、我国的财政转移支付制度

我国现行的财政转移支付制度是1994年分税制财政管理体制实施后逐步形成的，它是分税制财政管理体制的重要内容之一。尽管分税制财政管理体制在淡化各级政府对企业的"条块"分割式行政隶属关系、清晰划分中央与地方财政收入方面具有诸多优点，但是，分税制财政管理体制只能从整体上对各级政府专享或共享税种进行一般性划分。因此，实行分税制财政管理体制的同时，必须建立与之相配套的财政转移支付制度。

财政转移支付制度的实施，对于完善我国分税制财政管理体制，充分发挥分税制财政管理体制的优势发挥了重要作用。同时，中央政府在保证本级基本支出需要前提下，将一部分资金通过不同形式或条件转移给地方政府使用，对于保障地方政府基本支出需求、促进地区间财力水平均衡起到了积极作用。我国现行的财政转移支付制度主要包括无条件转移支付和有条件转移支付两种形式。

（一）无条件转移支付

无条件转移支付又称一般转移支付。它是指中央政府向地方政府拨款，不附加任何条件，也不指定资金用途，地方政府可以按照自己的意愿自主决定如何使用这些资金。由于无条件转移支付不影响相对价格，也没有限定用途，因此中央政府向地方政府提供无条件转移支付的主要目的是解决纵向或横向的财政不平衡问题，弥补地方政府的财政收支缺口，以保证每个地方政府都能提供基本水准的公共服务。一般来说，因为无条件转移支付增加了地方政府的可支配收入，所以在一定程度上会降低地方政府对地方税的征收，同时能够有效地增加公共部门的支出和个人消费。

（二）有条件转移支付

有条件转移支付又称专项转移支付。它是指中央政府向地方政府指定拨款的用途，地方政府必须按照指定用途使用转移支付资金,或者中央政府在向地方政府拨款时,要求地方政府按一定比例提供配套资金。有条件转移支付的资金必须"专款专用",适用于特定的支出项目与目的,因此,它能够有效地贯彻中央政府的政策意图。有条件转移支付又分为配套转移支付(配套补助)和非配套转移支付(非配套补助)。

配套补助是指中央政府在向地方政府拨款时,要求地方政府必须自己筹集一定比例的款项作为配套资金。配套补助与无条件补助和非配套补助相比,能够有效地鼓励地方政府投资于符合中央政府意图的投资方向。配套补助又分为无限额配套补助和有限额配套补助。

非配套补助是指中央政府提供一笔固定资金,并规定了资金的用途,但不要求地方政府提供配套资金。非配套补助一般使用于区域外溢性比较强或受援地政府财政困难较大,难以保障供给的项目。实际上,非配套补助安排会使得受援地政府将其自有资金集中在非补助项目的提供上,因此过多使用不利于增强受援地政府的用款责任。

资料链接 9-6

我国财政转移支付制度的改革成效

近年来,党中央、全国人大、国务院高度重视转移支付制度改革工作。党的十八届三中全会通过的《中共中央关于全面深化改革若干重大问题的决定》和中央政治局会议审议通过的《深化财税体制改革总体方案》明确提出了完善转移支付制度的总体要求,新修订的《预算法》对完善转移支付制度作出了明确规定,《国务院关于改革和完善中央对地方转移支付制度的意见》(国发〔2014〕71号)提出了改革和完善转移支付制度的基本思路和具体措施。按照党中央、国务院决策部署和全国人大有关要求,财政部会同各地区、各部门,认真贯彻落实《预算法》规定,坚持以问题为导向,大力推进转移支付制度改革,取得了阶段性成效,转移支付管理的规范性、科学性、有效性和透明度明显提高。2016年中央对地方转移支付规模达到5.29万亿元,其中一般性转移支付3.2万亿元,专项转移支付2.09万亿元,有力地推进了基本公共服务均等化、促进了区域协调发展、保障了各项民生政策的顺利落实。

(一)转移支付资金管理办法逐步规范。一是落实《预算法》中"一般性转移支付应当按照国务院规定的基本标准和计算方法编制"的要求,对均衡性转移支付、县级基本财力保障机制奖补资金等一般性转移支付逐项制定了资金管理办法;二是制定了《关于印发〈中央对地方专项转移支付管理办法〉的通知》(财预〔2015〕230号),对专项转移支付的设立调整、资金申报分配、下达使用、绩效管理、监督检查等进行了全面规范;三是按照《国务院关于实施支持农业转移人口市民化若干财政政策的通知》(国发〔2016〕44号)要求,逐步调整完善现有转移支付测算分配办法,推进以人为核心的新型城镇化;四是按照全国人大有关决议和审计要求,对所有专项转移支付管理办法进行了逐项梳理和修订完善,集中解决了部分办法中存在的支持条件、范围、标准不明确,以及缺乏监督检查和责任追究条款等问题。

(二)转移支付结构进一步优化。一是落实《预算法》和全国人大有关决议提出的财政转移支付以一般性转移支付为主体的要求,稳步增加一般性转移支付规模,一般性转移支付占全部转移支付的比重由2013年的56.7%逐步提高至2016年的60.5%。二是在所得税增量放缓的情况下,及时改变均衡性转移支付与所得税增量挂钩的方式,确保均衡性转移支付增幅高于转移支付的总体增幅。2016年,均衡性转移支付增长10.2%,高于转移支付总体增幅4.6个百分点。三是贯彻落实党的十八届三中全会要求,连续多年大幅度增加对革命老区、民族地区、边疆地区、贫困地区的转移支付,老少边穷地区转移支付由2013年的1 081亿元增加到2016年的1 538亿元,年均增长12.5%。四是在整体压缩专项转移支付的前提下,优化专项转移支付内部结构,加大教科文卫、社会保障、节能环保、农林水等重点民生领域的投入力度。

(三)专项转移支付数量明显压减。贯彻落实党的十八届三中全会提出的"清理、整合、规范专项转移支付项目"的要求及全国人大有关决议,加大清理整合力度,取消了一批政策到期、预定目标实现、绩效低下等已无必要继续实施的专项,包括竞争性领域专项以及以收定支专项,整合归并了一批政策目标相似、投入方向类同、管理方式相近的专项。与此同时,从严控制新设专项。凡是新设专项必须经过严格论证,履行必要审批程序。2016年的专项转移支付数量已由2013年的220个大幅压减到94个,压减率达57%。

(四)转移支付预算执行进度明显加快。针对转移支付存在的下达迟缓、使用较慢、资金沉淀闲置等问题,财政部会同相关部门综合施策、多管齐下。一是做好转移支付提前下达工作,逐步提高转移支付提前下达比例,增强地方预算编制的完整性。二是进一步加快预算下达进度,凡是具备条件的项目都及时下达预算并拨付资金。三是加强资金和项目衔接。对于按项目法分配的专项转移支付,在提前下达和正式下达环节都要求一并明确到具体项目,避免资金、项目"两张皮"。四是大力盘活转移支付结转资金。对结转两年以上的专项转移支付资金收回预算重新安排使用;对结转不到两年的专项转移支付资金,也要求地方财政加大盘活力度。

(五)转移支付预算公开力度不断加大。按照"公开是常态、不公开是例外"的要求,财政部不断推进转移支付预算公开,提高预算透明度。2015年起,在报送全国人大审议的中央预算草案中,中央对地方转移支付预算已经做到了分项目、分地区编制,并对项目预算安排及落实到地区等情况逐一做了说明,在全国人大批准后向社会公开。2016年,财政部门户网站专门建立"中央对地方转移支付管理平台",集中公开除涉密信息外的各项转移支付信息,包括转移支付项目基本情况、资金管理办法、申报指南、分配结果等具体内容,便于社会公众查询监督。

(六)转移支付绩效管理稳步推进。按照《深化财税体制改革总体方案》和全国人大决议提出的健全预算绩效管理机制的要求,财政部出台了《关于印发〈中央对地方专项转移支付绩效目标管理暂行办法〉的通知》(财预〔2015〕163号),对绩效目标的设定、审核、下达、调整与应用等进行了规定。2016年,在报送全国人大审议的中央预算草案中增加了专项转移支付绩效目标有关内容。

资料来源:财政部,《国务院关于深化财政转移支付制度改革情况的报告》.http://www.gov.cn/xinwen/2016-12/26/content_5153165.htm#1,2016-12-26.

三、美国的财政转移支付制度

美国联邦政府的转移支付资助不同于一般意义上的对地区或地方政府的财力资助,它的资助指向或对象是个人、家庭和社会群体,而不是政府组织,其目的是使资助对象的生活和社会状况得到改善。美国联邦政府认为,资助这些个人和群体是联邦政府应有的责任,通过向州和地方政府转移支付只是让其明确自身责任,从而进行具体的组织和实施,而不是因为州和地方政府财政困难或不能履行公共服务供给责任。

由于美国特殊的财政分权体系,其三级政府都有较为充分的财政自主权,因此在美国基本上不存在财政分权是否合理、是否匹配的问题,所以也不像多数国家那样需要通过政府间转移支付的方式来弥补财政分权不足。就美国联邦政府而言，除了在经济危机时期，经国会批准后会设置临时性的"稳定性转移支付"项目来帮助州或地方政府外，再没有其他的对州或地方政府的资助性转移支付项目。而州政府对于地方政府的转移支付也仅仅是由于"共同职能"和"委托事项"，属于履行自身职能的一种形式，并不会为了资助地方政府而进行一般性转移支付。美国各级政府所秉持的这种"不救济原则"是其各级政府处理政府间关系的一项基本原则。

当前，美国联邦政府指向个人和社会群体的财政转移支付主要分为两类：分类补助和分块补助，包括由26个联邦机构负责的1 100个具体项目。1972年，美国国会通过了《联邦政府对州和地方政府的财政资助法案》，并以此为依据设立了总额补助转移支付项目，但是因为该项目对州和地方政府提供了一般性财政资助而受到质疑，最终于1986年被废除。

（一）分类补助

分类补助是一种专项资助，是联邦政府按类别（目前按农业发展、社区发展、教育区发展等分为21类）建立的、由各部门负责的专项发展资助类项目。它是联邦政府为了达到某种特定目标，对某些特定项目进行的补助。分类补助是美国联邦政府运用时间最长、项目最多、资金量最大的一类转移支付，有1/3的项目需要根据公式来确定分配金额，其资助额约占美国联邦政府每年资助总额的90%。

美国的分类补助主要有四个特点。第一，没有固定的模式。美国有许多分类补助转移支付项目，各种项目拨款的考虑因素都有所不同，有的是考虑到社会经济发展的需要，如公路建设项目，有的是考虑社会稳定因素，如救济穷人发放食品券。第二，分类补助项目按照法律程序确定，资金用途具有明确的规定，专款专用，如医疗补贴项目就是联邦政府转移给州和地方政府专门用于低收入群体的医疗保健项目拨款，不得作为他用。第三，分类补助项目以有条件的补助为主，需要州和地方政府进行配套。第四，分类补助的主要目的是为了增强联邦政府的影响力，促使各州和地方财力分配符合联邦政府的宏观政策要求，所以其在实施过程中具有比较强的透明性和公正性。

 资料链接9-7

美国联邦政府典型分类补助项目的资助方案

由联邦政府教育部所负责的"基础教育改善"项目是典型的分类补助项目。该项目的主要目的是对各地中小学中低收入家庭的孩子提供资助，使他们能够正常接受教育，以达到各州规定的学业标准。这项资助主要按低收入家庭的学生人数比例来决定拨款的地方政府和学区，资助拨款主要分为基本资助和集中资助两部分。其资助金额的计算方法如下。

基本资助额＝符合条件的在读学生人数×所在州每个学生的平均支出额×40%

其中，符合条件的在读学生人数＝低收入家庭的学生数＋接受AFDC补助（对带孩子的单身母亲的资助项目）的家庭学生数＋在非政府孤儿院中的学生数＋由政府出资寄养在他人家中的学生数。

各地方有资格接受资助的5～17岁的人数按照最新人口统计确定。计算所得基本资助金额85%由联邦政府教育部分类补助项目拨款，另外15%由资助对象所在地方政府进行配套。

该项目的集中资助部分是对贫困儿童集中的地区提供的额外资助。可以获得集中资助的地区必须满足两个条件之一：有资格享受基本资助的学生超过 6 500 名；有资格享受基本资助的学生占学龄人数的比例超过 15%。其资助金额的计算方法（以一个县为例）如下。

集中资助额＝基本资助额/在读中小学学生总人数×该地区超过 6 500 人以上的有资格享受基本资助的学生数或超过 15% 以上的有资格享受基本资助的学生数（同时满足时可选其中较高的学生数）

经计算后，联邦政府教育部将比较用于集中资助的法定资金额和各县需要的集中资助额，计算二者的比例，然后按该比例来确定各地区的集中资助额度。

该分类专项补助将直接落实到学生个人和家庭，项目实施后联邦政府教育部和白宫管理和预算局将对项目实施效果进行检查与评估。

资料来源：王德祥，2016. 现代外国财政制度 [M]. 2 版. 武汉：武汉大学出版社.

（二）分块补助

分块补助是一种有条件的转移支付。一般来看，分块补助与分类补助相比范围较为宽泛，一般按相关的部分具体划分为几个方面来分配资金，负责管理的联邦部门通常在符合条件的群体和社区自行申报的基础上比较选择资助对象，相关的州和地方政府在接受分块补助后除了要将资金下拨到被资助对象外，还要组织资助对象范围内的所有人员对具体实施问题进行研究与讨论，承担项目管理的任务，最后完成的项目任务必须达到联邦政府的标准，否则不再进行补助。

美国的分块补助起始于 1981 年，当时美国国会将 57 个联邦专项资助项目并入了 9 个分块补助项目，以便管理和评估，之后该项政策一直延续至今。最初设置的 9 个分块补助项目分别是健康（包括精神健康）、犯罪控制、社区发展、社会服务、就业培训、城市交通、贫困救助、妇幼照顾和基础教育。1996 年又增加了对贫困母亲和孩子的多年补助项目。

由于分块补助将转移支付按照一定的性质分成了大类，州和地方政府在大类内具有一定的自主支配权，同时又对大类服务标准进行了界定，并相应地考核地方政府的支出责任，因此此种转移支付方式被认为兼具总额补助和专项补助的优点，是近年来美国专项转移支付改革的主要方向。

四、日本的财政转移支付制度

日本作为财政单一制模式的典型代表国家，其绝大多数地方政府的自身财政收入能力都难以满足其事权范围内的支出责任，因此需要中央政府通过财政转移支付来对地方政府财政收入进行调节。作为财政分权制度的重要组成部分，日本的《地方预算法》《地方自治法》《地方税法》等法律文件对各级政府间的财政转移支付的内容与形式都有明确的规定，中央政府可根据地方经济发展的状况，通过以 "两税一金" 为主的纵向财政转移传导机制对地方政府的财政资金进行补贴与调整。这种自上而下的财政转移支付制度，有效地纠正了各个政府层级的财政收支失衡问题，不但平衡了不同发展程度的地方政府的财政资金需求，促进了地方横向分配公平，而且提高了财政资源使用和公共产品供给的效率，为地方所属企业的发展和地区特色产业政策的实施提供了极大的帮助。

日本的财政转移支付主要由地方交付税、国库支出金、地方让与税三部分组成。其中，地方交付税属于无条件拨款，国库支出金和地方让与税属于有条件拨款。每年日本的地方交付税和国库支出金基本占到中央对地方财政转移支付的90%以上。通过同源分割、核定科目或委托责任等方式，日本中央政府将本属于自身的财政收入以"两税一金"的形式直接向都道府县和市町村两级政府进行分配，以平衡和弥补地方政府履行在事权时所面临的财政资金缺口问题。

（一）地方交付税

地方交付税是日本中央财政利用一部分固定的税收收入向地方财政提供的无条件转移支付，地方政府所得资金作为其一般财源，由地方政府自主支配。它的主要目的是平衡地方的财力差距，谋求各地区财源的均衡化，保障地方行政计划的正常执行，确保公民可以公平地享有政府所提供的公共服务，从而促进地方自治宗旨的实现，强化地方政府的独立性。

从20世纪20年代末开始到1954年正式建立地方交付税制度，日本的地方交付税从起初以解决地方财政困难为目的的应急性措施，逐渐过渡到地区间财力差距的调节手段，最终转向以均等化为理念的机制性财力均衡制度。经过多年的发展与调整，日本现行的地方交付税制度堪称世界范围内最合理的"收支均衡型"转移支付制度之一。

日本的地方交付税制度主要有四个特点：第一，交付税总额与法人税、消费税、酒税等国税建立关联机制，计算过程规范、透明、有弹性；第二，中央政府分别对都道府县与市町村两级地方政府直接确定补贴，没有中间环节，从而有效避免了政策的变形；第三，交付税额要按照各地方政府基准财政收支情况来确定；第四，都道府县政府按标准收入的80%，市町村政府按标准收入的75%作为基准收入，并作为补助基础，这样既考虑了地方政府非均等化范围的支出需求，又可以有效调动地方政府的增收积极性。

在实际运作中，日本地方交付税资金来源的确定方法是，以所得税、法人税、酒税的32%，消费税的42%，烟税的26%三部分之和作为地方交付税的总额。其中，地方交付税总额的94%称为普通交付税，剩余的6%称为特别交付税。

普通交付税是地方交付税的主体，各地方政府的分配标准通过计算地方基本支出需求超过基本财政收入的差额来确定。其中，基本支出需求是指地方政府达到中央政府所规定的公共服务水平所必需的财政支出，包括警察与消防、公共市政工程、教育、福利与劳动服务、工业与经济发展、政府行政管理6项公共服务的总支出需求。基本财政收入是指地方政府可用于公共服务的自有财源，主要通过地方税基、地方标准税率和调整系数（都道府县为80%，市町村为75%）的乘积来确定。

特别交付税是对普通或基本交付税的一种补充，当出现以下三种情况时会由中央政府拨付给地方：第一，当地方基本支出需求中没有包括某些特殊财政需求时，这些需求由特别交付税来满足，如减轻自然灾害影响的费用等；第二，当中央政府估算的地方税收大于实际地方税收时，对地方税收的过高估计而导致的普通交付税减少则由特殊支付税来补充；第三，普通交付税在每年8月底以前确定，当后续产生一些未预计到的财政支出需求时，由特别交付税来满足。

（二）国库支出金

国库支出金是日本中央政府针对地方政府的特定支出给予的财政补助，是一种集规定用途和附加条件于一身的转移支付形式，它是日本中央政府影响地方支出、保证全国各地公共服务水平和质量标准化的一种重要手段。国库支出金在日本财政转移支付制度中的地位仅次于地方交付税。

国库支出金所涉及的支出责任本应由中央政府负担或中央与地方政府共同负担，但是考虑到效率原则，这些事权的履行都是依靠地方政府，所以为了履行中央政府的职责，并对地方政府的开支进行补偿或奖励，国库支出金根据作用不同分为三种形式：国库委托金、国库负担金和国库补助金。国库委托金是指本应完全由中央政府承担的事务，基于效率的考量由地方负责履行后，支出全部由中央负担。国库负担金是指本应由中央和地方共同承担的事务，基于效率的考量由地方负责履行后，中央政府按照自身应承担的部分支出金额进行转移支付。国库补助金是指对于地方政府一些值得鼓励的支出行为而进行的奖励或补偿，带有一定的引导性作用。原则上，中央政府对所有的地方政府同等对待，在分配国库支出金时不对任何地方政府实行任何歧视。

在分配方式上，国库支出金绝大多数都采取地方配套的形式。对于每个符合资助条件的地方支出项目，中央政府按照规定资助标准成本的一定百分比，资助比例因项目的不同而有所区别。一般来说，对于可能过度增加地方财政负担或中央政府有意重点发展的项目，中央资助的比例较高；对于本身属于地方政府职能范围内的项目，中央补贴的比例较低。例如，对于动物保护项目，日本中央政府支付标准成本的75%，地方配套支付25%；而对于公立小学和初中教师的工资，中央仅支付标准工资的50%，地方必须配套支付另外的50%。除法定的必须由中央补助的项目外，如果由地方政府上报的要求补贴项目超过了中央的财力，则由各主管部门选择其中的一部分予以补贴。

（三）地方让与税

地方让与税是日本中央政府针对地方特定项目支出不足而进行的一种转移支付，即将国税征收的地方公路税、汽车重量税、飞机燃料税、石油天然气税和特别吨位税5种中央税收收入的全部或一定比例转让给地方政府支配使用，以充实地方修建公路、港口、机场等基础设施的财源。

在具体分配方式上，地方公路税、汽车重量税和石油天然气税主要用在地方道路建设和维修经费的财源，转让依据是各地方政府道路的总长度和面积，与征收地点无关；飞机燃料税是根据飞机所有者装入飞机的燃料而缴纳的税金，中央政府将其转让给有关地方政府，主要用于维修机场和有关设施以及防止飞机噪声等；特别吨位税是对海运船舶在进入日本商港时按其吨位计征的吨税的附加，中央政府将其全部转让给商港所在地的市町村政府，并不指定其具体用途。

五、其他发达国家的财政转移支付制度

（一）英国的财政转移支付制度简介

英国是实行转移支付制度较早的国家之一，其中央政府向地方政府的转移支付主要包括无条件分块补助拨款和项目特别补助两大类。

无条件分块补助拨款是英国中央政府对地方政府的一种无条件转移支付，主要用来解决地区间公共服务供给能力不平衡的问题，以保证地区间财政能力的均衡。原则上，一个

地区的支出需求与其地方政府财政收入的差距越大，其所获得的分块补助拨款越多。无条件分块补助拨款的过程主要分为三个步骤：首先，中央政府根据宏观经济环境和财政支出预算情况决定分块补助拨款总额；然后，从社会服务、高速公路维护、警察、资本性支出、防火、教育和其他服务7个方面对各个地方政府提供公共服务的标准支出需求进行估计，并计算出全国各地的总标准支出需求额；最后，根据标准支出需求与标准地方税收收入的差额来决定对各地政府的分类补助额度。

项目特别补助是英国中央政府对地方政府按特定项目进行拨款的一种有条件转移支付，一般用于地方公共设施建设、社会治安、环境保护等方面。近20多年来，由于英国中央政府希望地方提供一些非传统的、但需要优先考虑的特殊服务，因此项目特别补助发展迅速，目前英国项目特别补助额已占到无条件分块补助拨款的四分之一左右。

（二）德国的财政转移支付制度简介

德国政府间的转移支付制度是其财政联邦制管理模式的重要组成部分，它的目的主要是保证各级政府的财力均衡，使各级政府在履行其职能时具有大体相当的能力。在2005年制度改革后，德国的财政转移支付主要分为销售税的预先均衡性分配、州际之间的横向转移支付和联邦补充拨款三种形式。

销售税的预先均衡性分配是指将销售税收入的75%按各州居民人数进行分配，剩余的25%分配给税收收入低于全国平均水平的州。其中，75%的消费税按照人口数进行分配，因为考虑到销售税主要由消费者承担，人口越多的州一般消费也越多，其缴纳的销售税占比相对越高。因此，根据最终消费地原则按人口数分配是对地方政府贡献的一种对称性鼓励，是税收重新返还各地区的一种合理方法。而剩余25%的销售税分配给税收收入较低的地方则是为了使最贫困的州的财政能力尽量接近全国平均水平，以保证各州公共服务供给水平基本一致。

州际之间的横向转移支付是德国为实现各州税收能力平衡，而将财政资金在各个州政府之间进行调整的一种转移支付手段。利用一整套完善的计算办法，德国政府可以在保证较富裕州的财政能力不降低至全国平均水平之下的基础上，通过将财政资金在各州间转移，使得财政困难的州政府财政能力达到全国平均水平的95%左右，从而平衡每个州的财政能力和财政需要之间的差异。这种地方政府间横向转移支付制度在德国整个转移支付体系中扮演着极其重要的角色，是德国财政管理体制的一大特色。

资料链接 9—8

2005年后德国州际之间横向转移支付的运作方式

2005年改革后的德国州际之间横向转移支付主要用财政收入能力指数和财政需求指数来衡量各州政府财力的强弱。其运作方式主要分为三个步骤。

（1）计算各州的财政收入能力指数。

财政收入能力指数＝该州政府税收总额＋该州所属各地方政府税收总额×64%

其中，2005年改革后为了提高富裕州的积极性，在计算各州财政收入能力时引入了激励机制，对税收收入增加额超过平均数的部分扣除12%，不计入财政收入能力指数的计算。

（2）计算各州的财政需求指数。

财政需求指数＝全国人均州税收收入×该州人口数＋全国人均地方税收收入×该州人口数

其中，改革后的人口修正因素不再按乡镇大小和居民密度估算，而是将人口稀少州的人口数量按102%～105%计算。

（3）比较各州财政收入能力指数和财政需求指数，确定转移支付获得的州政府和转移支付贡献的州政府。

转移支付获得州的确定方法是：当该州的财政收入能力指数低于财政需求指数的80%时，补贴所缺金额的75%；当该州的财政收入能力指数至少等于财政需求指数的80%，但低于93%时，补贴所缺金额的75%到70%；当该州的财政收入能力指数低于财政需求指数至少达到转移支付指数的93%时，补贴所缺金额的70%到44%。

转移支付贡献州的确定方法是：当该州的财政收入能力指数低于财政需求指数的107%时，上缴财政收入能力超过其财政需求的44%到70%；当该州的财政收入能力指数至少等于财政需求指数的107%，但低于120%时，上缴其财政收入能力超过财政需求的70%到75%；当该州的财政收入能力指数至少达到其财政需求指数的120%时，上缴其财政收入能力超过财政需求的75%。

资料来源：刘明慧，2016. 外国财政制度[M]. 3版. 大连：东北财经大学出版社.

联邦补充拨款是德国联邦政府向一些困难州政府提供的财政援助，属于纵向转移支付。在2005年改革后，联邦补充拨款分为一般性联邦补充拨款和特殊需要联邦补充拨款。其中，一般性联邦补充拨款主要面向财政收入能力指数低于其财政需求指数99.5%的州，而特殊需要联邦补充拨款主要用于因既有基础设施差距和结构性失业形成特殊超额负担的民主德国各州。

（三）法国的财政转移支付制度简介

由于法国政府的财权主要集中在中央，因此法国的转移支付制度主要以中央政府向地方政府的纵向转移支付为主。在法国的财政实践中，中央政府对地方财政的转移支付规模较大，一般占地方政府财政总收入的25%左右。通过转移支付制度，法国中央政府强化了对地方政府的管控，同时也实现了稳定经济政策和调节区域差距的目的。

法国中央政府向地方政府的财政转移支付形式一般分为一般性补助、专项补助、减免税补助和代缴税四种。其中，一般性补助是中央政府按照地方人口的比例和地方政府征税任务完成情况向地方政府提供的无条件补助，它是目前法国最主要的转移支付形式。专项补助是中央政府对地方兴建专项工程予以的专项补助，如地方修建学校、铁路等，都可以得到国家的专项补助。减免税补助是当地方政府因中央政府出台的一些减免税政策而导致收入减少时，或者为支持特定地区和特定产业发展时，中央财政给予地方的财政资金补贴。代缴税则是中央财政通过代替某些无纳税能力的企业或自然人向地方财政缴税来实现的转移支付。

第五节　国外经验对我国财政管理体制改革的启示

当前，我国经济发展已进入新常态，经济增速放缓、财政收入增速下滑所带来的新挑战对于我国的分税制财政管理体制提出了新要求。通过财政管理体制比较分析，吸纳国外财政管理体制的有效实践经验，开拓财政管理体制改革思路，有利于在推进我国财政管理体制改革的进程中，理顺政府间的财政分配关系，不断完善社会主义市场经济体制。

一、国外政府间收支划分的基本特点

世界各国都立足于本国国情来处理中央政府与地方政府间的财政分配关系，但不论是联邦制国家，还是单一制国家，其政府间收支划分基本上都具有以下五个特点。

（1）分税制是政府间财政关系的基本模式。在市场经济国家，无论是联邦制国家还是单一制政体的国家，在处理中央与地方政府财政分配关系上所选择的基本模式都是分税制。通过税种的划分来明确界定各级政府的财权和财力，厘清各级政府的财政关系。

（2）以法律规范各级政府的事权与财权。各国分税制的实践证明，法制的健全是分税制有效运行的重要保证。各国对各级政府职能、政府事务，以及相应的财力、财权分配，都由相关的法律作出明确规定，使得分税制体制的运行和调整有一套明确的法律体系予以保障，保证了体制的稳定性。

（3）权责划分以中央为主，地方为辅。根据财政的基本职能需要，世界各国的中央政府都侧重于掌握有利于公平分配、稳定经济的财权，在权责划分上普遍占据主导地位，而地方政府则是在其辖区内赋予其资源合理配置的财权，权责划分上相对被动。一般来说，联邦制国家的地方政府财权普遍大于单一制国家。

（4）地方税体系设计合理。从国外的分税制财政管理体制实践经验来看，科学合理的地方税体系设计一般有三个明显特点。一是多税种、多层次、多环节分别征收。市场经济发达国家的地方税体系基本覆盖了经济领域的全过程，调控面较广，力度也较大，规模适度，保证了地方政府运行职能的需要。二是地方税制体系中都有若干主体税种。通过设立主体税种，能够保证地方政府收入的基本实现，也可使其成为地方政府调控经济的主要税收杠杆。三是十分重视辅助税种的设置。通过各种辅助税种的合理搭配，发达国家地方政府的地方税体系完整性、功能健全性、收入可靠性和调控的灵活性都有了很大的提升。尽管辅助税所带来的财政收入有限，但是其在财政工作中所发挥的调节作用却至关重要。

（5）中央税权的主导性与适当赋予地方税权相结合。无论强调税权集中还是强调税权分散，世界各国大致上都将中央税权置于地方税权之上，中央拥有税收优先权，并且在整个国家的财力分配和调节中处于主导地位。同时在不影响全国税收统一和中央收入的前提下，适当下放地方税权，并使地方税权受到中央税权的制衡。

二、国外财政转移支付制度的共性特征

虽然世界各国因历史、政治、文化和自然等条件的不同，使得各国政府间财政转移支付制度在均衡目标、均衡程度及均衡方式的选择，以及一些具体制度设计上各有特色，但相对完善的转移支付制度也存在着共性特征。其主要体现在以下四点。

（1）都建立了相对稳定的资金来源机制。为了使转移支付均衡资金来源更为稳定，世界上大多数国家都以固定某种或某几种税收的一定比例作为转移支付的资金来源。

（2）都有明确的转移支付用途。虽然各国情况不同，其一般性补助和专项补助占的比重有很大的差别，但就专项补助的具体用途而言，各国都比较集中在教育、基础设施建设等项目，以达到使各地居民可以享受同样或相近水平的公共产品及服务的目标，而不是把补助投入到生产性领域。

（3）大都采用公式化方式进行转移支付分配。大部分发达国家都通过公式化计算来进行财政均衡性分配，尽管转移支付的数额很大、对象众多、结构复杂，但是具体操作流程都是有章可循、有法可依的，不仅使得转移支付的实施过程达到了程序化，而且使转移支付金额的确定实现了公式化。这种做法既考虑到了各地财政地位和收支状况的客观因素，也减少了中央政府在转移支付中的随意性和盲目性，提高了转移支付的透明度，也使得转移支付的过程更为公平合理，真正发挥了转移支付制度的调节作用。

（4）都采用多样化的形式来体现公平与效率。世界各国在设计转移支付制度时都面临着公平与效率的权衡。在实践中，大多数国家都采用一般性转移支付和专项转移支付相结合的方式，但是不同形式的转移支付交叉运用时主次分明。一般来说，当中央政府意图平衡各地区财政收入水平差异时，往往采用一般性转移支付为主的方式来实现公平。当中央政府想增强地方提供公共产品的能力时，则会采取以专项转移支付为主的方式来达到效率目标。特别是当中央政府出于激发地方政府积极参与意识的动机时，更多会采用配套性转移支付的手段来发挥转移支付的黏合作用，从而使得转移支付资金的使用更有效率。

三、对我国财政管理体制改革的启示

当前，我国经济增速放缓，财政收入增速下滑，增值税、消费税等流转税税收增速明显下降，然而财政支出则继续呈刚性增长，特别是诸如受到新型冠状病毒疫情等公共卫生事件的冲击，财政支出压力剧增，财政收支矛盾加剧。经济发展所表现出的新常态，意味着经济增长已进入中高速增长通道，经济发展应以优化结构、创新驱动来应对新的挑战。作为国家宏观调控的重要手段，财政工作应该主动适应经济发展的新常态，尤其是现行的分税制财政管理体制，在当前经济发展的大背景下，需要在合理配置资源、推动供给侧结构性改革、加快发展方式转变、保持经济社会稳定等方面发挥更为积极的作用。为了适应社会主义市场经济体制及公共财政改革对于分税制财政管理体制提出的新要求，深化我国财政管理体制改革已成为全国财政工作的一项重要任务。

通过比较分析可以发现，我国现行的分税制财政管理体制与国外规范的分税制相比较还存在许多问题，主要体现在以下几个方面。

（1）政府"事权"与"财权"界定不够清晰。中央政府和地方政府间"事权"与"财权"的划分仍不够科学，这直接导致了中央政府与地方政府间"财权"与"事权"的非对称性，以及地方性公共产品供给的短缺。尤其是在省级及其以下政府关系方面，许多权限还没有以法律规定予以明确，导致权力过于集中于省级层面，或是出现两级政府多头管理的现象，从而造成了政府间财政关系的混乱。

（2）税收制度体系不健全，税制体系建设缺乏系统性、协调性、前瞻性和衔接性。我国税收法定的宪法地位尚未实质性确立，适应社会主义市场经济体制的比较完善的税收制度体系也尚未完全形成。尤其是地方税体系，在"营改增"完成后，地方政府收入可持续增长乏力的背景下，由于没有税权和相应的地方税体系，地方政府很难在开征新税、设定税基、改变税率方面形成自主权，从而导致地方收入空间受到挤压，对地方政府的公共产品供给能力造成了明显影响。

（3）"税权"与"财权"纵向过度集权问题比较严重。根据相关测算，我国中央政府集中了50%左右的税收，地方政府也集中了50%左右的税收，而中央政府的支出只有15%左

右，地方政府支出的数额比例高达85%。这种"事权下压"与"税权上移"的现象，基层政府对转移支付的依赖程度偏高，尤其是一些困难区县政府，转移支付已成为其政府财政的主要资金来源，实属不正常现象。

 资料链接 9-9

2015 年至 2019 年我国中央与地方财政收支占比情况统计

表 9-7　2015 年至 2019 年我国中央与地方财政收支占比统计

年份	财政收入		财政支出	
	中央财政收入占比	地方财政收入占比	中央财政支出占比	地方财政支出占比
2015	45.48%	54.52%	14.54%	85.46%
2016	45.35%	54.65%	14.59%	85.41%
2017	47.01%	52.99%	14.68%	85.32%
2018	46.60%	53.40%	14.81%	85.19%
2019	46.91%	53.09%	14.70%	85.30%

资料来源：根据 http://www.mof.gov.cn 的数据计算。

根据上述我国现行分税制财政管理体制所出现的现实问题，结合国外成熟财政管理体制的实践经验，在我国接下来的财政管理体制改革过程中，可以从以下四个方面对现行分税制财政管理体制加以完善。

（1）加强政府间事权划分的法治化程度。为了给建立科学规范的政府间财政关系创造基础性条件，必须先在财政事权和支出责任划分上有所突破。在改革过程中，将中央与地方财政事权和支出责任划分的基本规范以法律和行政法规的形式予以规定，将地方各级政府间的财政事权和支出责任划分以相关制度、地方性法规或政府规章的形式予以规定，逐步实现政府间财政事权和支出责任划分的法治化、制度化、规范化，让行政权力在法律和制度的框架内运行，加快推进依法治国、依法行政进程。

（2）着力完善地方税收体系。深化税制改革，推进地方税体系建设，培育地方税源，加强地方税权，理顺税费关系，逐步建立稳定、可持续的地方税体系，这是当前我国财政管理体制改革急需解决的一项基础性工作。构建地方税体系，重点是确定科学的地方税规模，而决定地方税规模和结构的根本因素，还是地方政府承担的事权与支出责任。因此，构建地方税体系，最基本的约束条件就是地方事权与支出责任的确定。

（3）改革转移支付制度。政府间财政转移支付制度是确保各级政府正常发挥其职能的一个必要条件，是实现财政的横向均衡和纵向均衡，以及财政均等化目标的重要制度。我国现行的财政转移支付制度还存在着目标不够明确、功能相对弱化、标准不尽科学等问题。所以，为了完善各级政府间的转移支付制度，强化转移支付在调节中央与地方，以及不同地区间财政收入差距的作用，在明确财政转移支付目标的基础上，要合理运用多种财政转移支付手段，科学确立政府间转移支付的标准，进一步完善政府间财政转移支付制度。

（4）进一步规范地方政府间财政分配关系。规范省级以下分税制，完善地方税收体系是健全我国分税制财政体制的重要内容。现阶段，省级以下各级政府间财政关系还没有随着分税制财政体制的实行而得到规范。因此，省级以下的分税制财政管理体制要在中央的统一领导下，根据各地的基本情况进一步改革与完善，科学划分政府事权，合理划分税种，并建立相应比较完善的省级以下政府间财政转移支付体系，从而构建完整的中央、省区、市县三级分税制财政管理体系。

关键概念

财政管理体制　财政联邦制模式　财政单一制模式　分税制　政府事权　财政支出责任划分　财政收入划分　财政转移支付制度　一般转移支付　专项转移支付　配套转移支付　财政管理体制改革

本章小结

1. 财政管理体制是一国政府确定中央政府与地方政府，以及地方各级政府之间的财政管理职责权限与财政收支范围的一项根本制度，它主要由财政管理级次的规定、财政管理权限的划分、财政收支范围的确定和财政调节制度的安排等内容组成。从财政管理体制的差异来看，国外财政管理体制大体可分为财政联邦制和财政单一制两种模式。我国现行的财政管理体制是从1994年起开始实施的分税制财政管理体制，该体制先在中央与地方各级政府之间根据各自的职权范围划分税源，然后以此为基础确定中央与地方政府之间的税收权限和财政收支关系，这种财政管理体制能够比较好地处理中央与地方政府之间的财政关系。

2. 各级政府的"事权"即各级政府的职能任务，政府间事权与财政支出划分是处理好中央政府和地方政府关系的重要制度安排。我国财政的设立与政权体系的层次划分基本上是相对应的，即一级政府相应设立一级财政。我国政府间财政事权与支出责任的界定主要遵循：体现基本公共服务受益范围、兼顾政府职能和行政效率、实现权责利相统一、激励地方政府主动作为、支出责任与财政事权相适应五大原则。依据各级政府职能分工范围和社会公共需要的层次，把财政支出具体划分为中央财政固定支出和地方财政固定支出。

3. 美国是财政联邦制模式的典型代表，其政府结构分为联邦政府、州政府和地方政府三级，各级政府间职能、事权与支出划分比较明确，以"受益原则"和"效率原则"为基础，根据各级财政职责的受益对象和受益覆盖范围来划分各级政府的事权和支出责任。日本属于典型的财政单一制管理体制国家，政府机构分为中央、都道府县、市町村三级，财政权限划分上注重中央政府的主导能力，实行集权基础上的有限分权。

4. 政府财政收入划分是指政府财政的全部收入在中央政府和地方政府之间所进行的划分，包括财政收入划分方法的确定与财政收入范围的具体划分等内容。在市场经济条件下，税收一般是财政部门最主要的收入形式，因此，在政府间划分财政收入时，一般都是以分税制为基本制度，以税种和税权的划分作为各级政府财权、财力划分的载体。经过分税制改革，我国现行的财政管理体制主要以事权与财权相统一的原则，结合税种的特性，按现行税种划分中央政府与地方政府之间的分配关系，将维护国家权益、实施宏观调控所必需的税种划为中央税，将同经济发展直接相关的主要税种划为中央与地方共享税，将适合地方征管的税种划为地方税。

5. 美国联邦、州、地方三级政府都有税收立法权、征收权和独立征收机构，地方政府的税收自主权较高。在税收收入划分上坚持税源同享、税收协调原则，各级政府税收自成体系。日本在税收体制上同时借鉴了德国和美国的经验，逐渐形成了以独享税为主，同源税为辅的混合型分税体制，分为中央税、地方税和中央地方共享税。

6. 财政转移支付制度是指公共资金在各级政府间转移、流动和再分配的制度安排，它是成熟市场经济国家处理政府间财政分配关系的基本制度，在实现财政纵向、横向平衡，保证各级政府履行职能效率方面具有重要作用。比较常见的财政转移支付形式是纵向财政转移支付和横向财政转移支付。根据转移支付的目的和条件，财政转移支付又可分为一般转移支付和特定转移支付。我国现行的财政转移支付制度主要包括无条件转移支付和有条件转移支付两种。其中，无条件转移支付主要是解决纵向或横向的财政不平衡问题，而有条件的转移支付适用于特定的支出项目与目的，其能够有效地贯彻中央政府的政策意图。

7. 美国联邦政府的转移支付对象是个人、家庭和社会群体，而不是政府组织，其目的是使资助对象的生活和社会状况得到改善，主要分为分类补助和分块补助两类。日本的财政转移支付制度主要由地方交付税、国库支出金、地方让与税三部分组成，由中央政府直接向都道府县和市町村两级政府进行分配，以平衡和弥补地方政府履行事权时所面临的财政资金缺口问题。

8. 我国经济发展已进入新常态，经济增速放缓、财政收入增速下滑所带来的新挑战对于我国的分税制财政管理体制提出了新要求。通过对国外成熟财政管理体制的对比分析发现，我国现行的分税制财政管理体制与国外规范的分税制相比，还存在着政府"事权"与"财权"界定不够清晰、税收制度体系不健全、"税权"与"财权"纵向过度集权的问题。结合国外财政管理体制的有效实践经验，我国的财政管理体制可以从加强政府间事权划分的法治化程度、着力完善地方税收体系、改革转移支付制度、规范地方政府间财政分配关系四个方面加以改革完善。

 分析讨论题

1. 结合资料链接9-1，从美国三级政府财政支出主要服务项目占比来分析美国财政支出责任划分的主要原则是什么。

2. 结合资料链接9-2，分析日本政府如何合理处理政府间的共同事权与财政支出责任。

3. 结合资料链接9-3，分析法国实行的事权与财权相统一原则对我国政府间事权和支出责任的界定有什么启示。

4. 结合资料链接9-4，分析美国各级政府税收收入划分如何体现其财政分权的特点。

5. 结合资料链接9-5，分析日本财政管理体制在运行过程中如何保证地方政府的财政收入。其做法对我国完善地方税收体系有何借鉴意义。

6. 结合资料链接9-6，分析我国的财政转移支付制度对各级政府合理分配使用财政资金有何作用。

7. 结合资料链接9-7，分析美国财政转移支付金额的分配方式对我国财政转移支付制度的完善有何启示。

8. 结合资料链接9-8，分析德国的州际之间横向转移支付制度对我国进一步平衡各个地方政府的财政收入有何启示。

9.结合资料链接9-9,分析当前我国财政管理制度还存在哪些突出问题与不足。

 本章拓展阅读书目

1. 匡小平,2011.外国财政制度[M].北京:中国财政经济出版社.
2. 曾康华,2011.外国财政[M].北京:对外经济贸易大学出版社.
3. 姜维壮,2012.比较财政管理学[M].3版.北京:北京大学出版社.
4. 张馨,2004.比较财政学教程[M].2版.北京:中国人民大学出版社.
5. 陈共,2012.财政学[M].7版.北京:中国人民大学出版社.

第十章

财政政策比较

> **学习概要**

　　财政政策是各国从经济发展实际出发调控本国经济的重要手段。因此，财政政策也会呈现时间和国别的差异。本章首先介绍财政政策目标以及基本理论。在此基础上分析第二次世界大战以来西方国家的财政政策及其变迁，以及我国改革开放以来的财政政策。通过本章的学习，要求学生了解财政政策目标、财政政策理论、我国和西方主要国家的财政政策及其变迁过程。本章的学习重点是西方各国财政政策及其变迁，难点是我国改革开放以来的财政政策。

```
财政政策比较
├── 财政政策目标与概论
│   ├── 财政政策概述
│   │   ├── 财政政策概念
│   │   └── 财政政策内涵外延
│   └── 财政政策目标
│       ├── 物价稳定
│       ├── 充分就业
│       ├── 经济稳定增长
│       └── 收入合理分配
├── 西方国家财政政策
│   ├── 西方国家古典财政政策
│   ├── 二战后西方扩张性财政政策
│   ├── "滞胀"时期财政政策
│   ├── 20世纪90年代差异化财政政策
│   └── 应对金融危机财政政策
└── 中国改革开放后财政政策
    ├── 摸索阶段
    │   ├── 第一次财政紧缩时期
    │   ├── 恢复性财政宽松时期
    │   └── 第二次财政紧缩时期
    ├── 巩固阶段
    │   ├── 适度从紧的财政政策
    │   └── 亚洲金融危机后积极的财政政策
    └── 成熟阶段
        ├── 稳健的财政政策
        ├── 第二阶段的积极财政政策
        └── 十八大以来的财政政策
```

第一节　财政政策目标与财政政策概论

要对各国财政政策进行比较分析，需要厘清财政政策的基本概念，即什么是财政政策？财政政策包括哪些内容？一国制定及运用财政政策达成什么样的目标？这些是本章学习需要解决的首要问题。

一、财政政策概述

财政政策是一国进行财政工作的指导方针，是一国政府为实现一定的宏观经济目标，调整财政收支规模、收支结构及收支平衡时所采用的指导原则及政策工具。完整的财政政策是由支出政策、税收政策、预算平衡政策、国债政策组成的政策体系，通过对国民收入的分配和再分配，实现社会总供给和总需求平衡，也被称为"内在稳定器"。制定财政政策的主体只能是政府，一般而言是中央政府。

在国家职能不断深入和政府活动范围不断扩大的过程中，财政政策的内涵不断发展。一般认为，美国的罗斯福新政采用的干预经济手段，是现代财政政策的起源。由于凯恩斯财政理论在世界各国的广泛应用，经济学家开始针对财政政策进行系统研究。20世纪60年代，美国经济学家V.阿盖迪认为，"财政政策是税制、公共支出、债务等各种措施的整体，通过这些手段，公共消费和投资等国家支出总量和结构得以确定，并且影响私人投资总量和结构"。随着福利经济学的兴起，财政政策的内涵不断丰富，财富、收入分配及社会稳定等目标都被纳入财政政策之中，财政政策的内涵也在不断延伸。D.J.沃尔夫森认为，"通过利用公共支出、资源配置、公共企业和准公共企业的定价，财政政策实现对资源的控制，以增加全面福利"。

我国学者对财政政策的定义曾经带有浓厚的计划色彩。陈共教授在其1994年出版的《财政学》中指出，财政政策是"政府依据客观经济规律制定的指导财政工作和处理财政关系的一系列方针、准则和措施的总称"。对财政政策的认识在市场经济发展进程中不断科学化。在2007年出版的《财政学》中，陈共教授将财政政策表述为"一国政府为实现一定的宏观经济目标，而调整财政收支规模和收支平衡的指导原则及其相应的措施"。

尽管不同国家、不同经济制度下的学者对财政政策存在不同的理解和表述，但是对比发现，有两点是共通的：一是对财政政策的认识上，都认为财政政策是调控经济、促进经济增长、优化资源配置和实现收入公平分配的重要政策工具；二是都认为财政政策的内涵和外延是不断发展变化的，是随着政府活动范围的扩大而扩展的。

二、财政政策目标概述

政策目标是政策所要实现的期望值。财政政策目标就是利用政府税收和支出水平变化，来影响和改变社会总需求水平，以达到充分就业、物价稳定、国际收支平衡等宏观经济目标，最终实现宏观经济持续、稳定增长的总目标。根据我国社会经济发展的需要以及财政的基本特点，我国财政政策的目标，可以归纳为以下几个方面。

1. 物价稳定

物价稳定是世界各国都在追求的重要目标，也是财政政策稳定功能的基本要求。财政政策的扩张或收缩直接影响社会总需求的增加或减少，从而引起价格的上升和下降。物价总水平持续不断上升的现象就是通货膨胀；反之，物价总水平不断下降的现象就是通货紧缩。通货膨胀表示货币价值或实际购买力降低；通货紧缩表示货币价值或实际购买力增加。由于通货的剧烈波动是经济增长的主要障碍，所以财政政策必须考虑保持通货稳定，将物价总水平的波动约束在经济稳定发展可容纳的空间，即避免通货紧缩和抑制通货膨胀。

2. 充分就业

在任何时期充分就业几乎都是财政政策的最重要的目标之一。充分就业并不是百分之百的就业。因为即使有足够的职位空缺，失业率也不会等于零，也仍然会存在摩擦性失业和结构性失业。对于充分就业，凯恩斯认为，如果"非自愿失业"已经消除，失业仅限于摩擦性失业和自愿性失业，就实现了充分就业。另外一些经济学家认为，如果职位空缺总额恰好等于失业人员的总额，即需求不足型失业等于零就实现了充分就业。也有经济学家认为，如果再提高就业率必须以通货膨胀为代价，就是实现了充分就业等。西方经济学家通常以失业率作为是否达到充分就业的尺度标准。失业率的大小表示与充分就业的差距，一般而言，经济衰退期间失业率高，经济繁荣期间失业率低。具体到数量指标上，保守的观点认为失业率在2%～3%以下才算是充分就业，激进的观点认为只要失业率低于5%就可以算是充分就业。

3. 经济稳定增长

经济稳定增长是一个国家生存和发展的条件，同时也是财政政策的最终目标。它要求经济的发展保持在一定的速度区间，既不要出现较大的下降、停滞，也不要出现过热。因此，经济增长是实际增量，而不是由于通货膨胀造成的虚假增长；增长的速度应当持续，而不是大起大落。经济增长是全社会总量和实际增长和人均数量的实际增长。衡量经济增长除总量的增长外，还应包括质的提高，如技术的进步、资源的合理配置、社会结构、生态平衡等。经济增长对质的要求是非常重要的，如果只强调量的增长，将会带来一系列社会问题，如通货膨胀加剧、环境污染严重、生态失衡、能源紧张等。这些后果必将导致社会资源的浪费和经济发展的不稳定。因此，健康的经济增长，应该是经济的可持续均衡增长。作为财政政策，则在于如何去引导经济发展实现最佳的经济增长。

4. 收入合理分配

收入合理分配是指一定社会规范下，社会成员的收入分配公正、合理，既有差距又注意均衡协调的分配，体现了公平与效率相结合。财政在追求公平分配目标时要做到：首先，合理适度地确定纳税人的税收负担；其次，为纳税人创建一个公平的税收环境，不因国别、所有制不同而实施不同的税收政策；最后，要通过实行累进税率的个人所得税、财产税、遗产税等，对低收入阶层实行最低生活保障、社会保障等财政转移支付，防止和纠正收入水平的过分悬殊。

第二节 西方国家古典财政政策的理论基础与政策主张

财政政策的发展，经历了萌芽时期和发展时期两个阶段。在这两个阶段，关于财政政策和政府运用财政政策从事经济活动的认知具有显著差异。这也直接决定了萌芽时期的财政政策仅仅关注局部调节，对国民经济影响极其有限。直到 20 世纪 30 年代全球性经济危机爆发后，财政政策才得到了相对全面的认识，形成了系统的理论。

一、财政政策的萌芽时期

财政是国家得以存在并发挥其职能的物质基础，而财政活动又都是在一定的财政政策指导下进行的，因而财政政策起源于国家的产生。但实际上，财政政策理论伴随着 17 世纪下半叶资产阶级古典经济学的诞生才出现，直到 20 世纪 30 年代，这段时期是财政政策萌芽时期。这一历史阶段被称为自由资本主义时期，在经济生活中，国家仅仅充当"守夜人"的角色，任何形式的国家干预都被认为是违背经济生活中的自然法则的。在财政思想上，认为财政支出是非生产性的，是社会财富的一种虚费，必须严格加以控制；税收的作用只能是破坏，认为"凡属赋税都有减少积累能力的趋势，赋税不是落在资本上面就是落在收入上面"；公债是政府挥霍奢侈的产物，是国库虚空的标志，毁灭资本创造的手段，认为"当国家费用由举债开支时，该国既有资本的一部分，必逐年受到破坏，从而用以维持生产性劳动的若干部分年生产物，必会被转用来维持非生产性劳动"，由此举债会导致国家的衰弱，"不是国家毁灭公债，就是公债毁灭国家，两者必居其一"等。在这种财政思想的指导下，财政政策各学派具有这些共同特征：反对财政干预经济，认为资本主义经济是由市场机制这只"看不见的手"调节的一种自然有序的经济，任何形式的国家干预都会破坏经济的自然有序性；赋税必须坚持负担公平和尽可能地减少对再生产的抑制原则；公债是政府腐败的表现，必须排斥；严格控制政府开支规模，力求财政收支平衡。上述政策理论统治了二百年左右的时间，直到 19 世纪 70 年代自由资本主义逐渐向垄断过渡，才开始有所动摇。

19 世纪 70 年代以后，虽然资本主义经济仍然主要依靠市场调节，但是，市场机制作用的局限性已经逐渐暴露，国家对经济生活的干预开始逐渐增强，主要资本主义国家开始重视对财政政策的研究。19 世纪末，德国历史学派甚至明确指出财政政策应该成为经济科学的研究对象，认为经济问题的解决只能依赖于财政等经济政策，经济学应该成为一门政策性学科。但是尽管如此，由于这一时期财政政策往往侧重于对个别问题进行事后局部调节，因此没有形成系统化的理论。

二、财政政策理论的发展时期

1929—1933 年的全球性资本主义经济大危机，彻底地摧毁了人们对自由资本主义的一切美妙幻想，宣告了自由放任的不干涉主义的彻底崩溃。1932 年罗斯福新政标志着国家干预主义的全面到来。在这种情况下，资产阶级学者被迫面对现实，放弃了传统的平衡预算概念，提出了诸如发行公债、减少税收等企图走出经济危机的财政政策主张。与此同时，经济理论界爆发了举世瞩目的"凯恩斯革命"，标志着现代宏观经济学的诞生和系统化财政政策理论的形成，从此财政政策进入了长达 30 年左右的凯恩斯主义时代。

凯恩斯经济理论的核心是有效需求理论。凯恩斯认为资本主义经济危机的根源是有效需求不足，为增加有效需求刺激经济增长，政府必须积极干预经济，认为"要使消费倾向与投资引诱二者互相适应，故政府职能不能不扩大"，在利用财政政策时必须摒弃传统的平衡观念，实行扩张性的赤字财政政策。赤字财政政策是凯恩斯最基本的经济政策主张。

凯恩斯财政政策理论的主要内容是：财政是国家调节宏观经济的最主要手段，应该从促进经济稳定和发展的角度看财政的作用，不必也不应固守为财政而财政的传统预算平衡观；财政应以提高有效需求、促进充分就业、刺激经济发展为政策目标。为实现这些目标，应实行赤字财政政策，扩大政府支出，增加国家投资和公共消费。在具体政策操作时，凯恩斯认为，首先应该使用政府支出手段，"希望国家多负起直接投资之责"，这是增加有效需求、刺激经济发展的最直接、有效的手段，认为政府投资可以带来国民收入的倍数增长。其次，在使用税收手段时，应从以间接税为主转向以直接税、超额税和遗产税为主，应将比例税制改为累进税制，以达到缩小收入分配的悬殊、提高消费需求，并进而促进投资增长、扩大有效需求的作用。凯恩斯认为"国家必须用改变租税体系、限制利率以及其他方法，指导消费倾向"，"采取步骤，重新分配所得，以提高消费倾向，则对于资本之生长大概是有利无弊"。再次，公债被认为是增加有效需求的不可缺少的政策手段，它不仅是弥补财政赤字的有效工具，而且扩大政府投资也应利用举债办法，而不是增税办法。

凯恩斯以后，其追随者针对凯恩斯财政政策理论的不足之处，从不同角度发展了凯恩斯财政政策理论，最具代表性的有以保罗·安东尼·萨缪尔森等为首的新古典综合派和以英国剑桥大学经济学教授琼·罗宾逊夫人等为首的新剑桥学派。两者合称后凯恩斯主义或新凯恩斯主义。尽管两者都以凯恩斯正统派自居，但在经济理论及政策主张上两者是存在广泛争议的。在财政政策理论及主张上，两者也有明显的分歧。

资料链接 10—1

凯恩斯经济思想在近代中国的传播

凯恩斯虽然没有财政学专著问世，但是《就业、利息和货币通论》的出版却标志着西方财政理论的"革命"。凯恩斯主张扩大政府职能，塑造"大政府"的主体特色，政府不再仅仅充当"守夜人"的角色，而应积极干预社会经济活动；他一反传统财政理论中的"就财政论财政"，转而"就经济论财政"。

当时，关注国际经济学的中国学者很快对西方财政理论的这一"革命性"的变化做出了反应。姚庆三的《现代货币思潮及世界币制趋势》一书专门用"公共建设政策之理论"和"公共建设政策之例证"两节介绍凯恩斯的财政理论和财政政策。在财政理论方面，姚庆三主要介绍了凯恩斯财政理论对传统平衡预算理论的冲击。他认为，传统的平衡预算理论以每一年度预算平衡为目的，而当时的财政新思潮则以长期预算平衡为目的。姚赞成后者，试图用经济周期理论进行分析解释。在经济衰落时期，政府税收减少，同时又应积极推进公共建设，以增加就业人数，导致支出反而增加，所以赤字在所难免，但此种亏空可以用繁荣时期的预算盈余来弥补；在经济繁荣时期，政府税收即可增加，同时因失业人数减少，公共建设亦可从缓进行，使得支出反而减少，因此预算不但可以平衡，且或反有盈余，此种盈余即可用于抵偿衰落时期的财政赤字。所以，从短期看，预算不平衡，财政不健全，而从长期看，预算可以达到平衡，财政是健全的。在财政政策方面，姚庆三主要介绍了受凯恩斯财政思想影响的美、德、意等国实施的公共建设政策，认为这些国家通过公共建设促进了经济发展，解决了就业问题，中国应该仿行。他指出："罗斯福总统挟美国丰富之资金，以实现其复兴计划，固无足奇，而贫困如德、意，竟亦能完成其伟大之公共建设，何哉？盖德、意两国在独裁政治之下，其政府当局能以坚决之毅力，抛弃自由放任之传统政策，而采用有计划之统制政策固耳。我国失业问题之严重，甚于德国，而荒地太大，粮食不能自给，尤酷似意国；公共建设既可解决失业问题，又可发展国民经济，德、意两国之经验，不亦足资吾人之取法乎？"姚庆三还主张运用公债来推动公共建设。他建议学习德、意两国，设立国民经济建设委员会以统筹公共建设特别预算，以公债政策作为筹款的主要方式，外加利用外资。姚庆三熟识凯恩斯的投资乘数财政理论，认为"社会所得之增加额亦必远较此项公共建设之原投资额为大，其倍数可称为投资倍数"。这从一个侧面证明了增加政府投资的合理性，基本上把握了乘数理论的实质。总的看来，姚庆三主张的财政政策是基于凯恩斯财政理论和美、德、意等国的实践，关键点在于利用公共建设，增加财政赤字来推动经济建设。1940年3月《财政评论》刊出的徐宗士《英国经济学家凯恩斯》一文，对凯恩斯在财政学上的贡献也给予很高的评价。文章开篇指出："假使我们要指出近代经济学界一颗最灿烂的明星，我们不能不推崇凯恩斯。"该文认为，"凯恩斯的学说，不但影响了英国经济政策，而且与各国现行经济措施，亦不无联系。美国罗斯福总统所行新政与亏空财政政策，以及德国国社党所行经济财政政策，不难于凯恩斯学说中找寻理论的依据"。

1936年《就业、利息和货币通论》出版后，虽然凯恩斯财政理论很快就传入中国，但是对于宏观经济发展与经济政策等具体实践方面影响甚微。主要原因在于战时中国财政窘迫，通货膨胀严重，缺乏运用凯恩斯财政理论、政策等现实社会经济条件。中国学者更多关注的是战时财政，无论战时税收论还是战时通货膨胀论均以筹集战费为主要目标，从而忽视了公共建设对于经济增长的促进作用。

资料来源：宋丽智，邹进文，2015.凯恩斯经济思想在近代中国的传播与影响[J].近代史研究（1）：126-138.

新古典综合派针对凯恩斯财政理论缺乏微观基础等问题，在财政政策理论上强调了财政政策的微观化及与其他经济政策的协调配合。其政策主张主要有以下几个。一是财政政策与货币政策应该"松紧搭配"。即财政政策应与货币政策配合动作，具体使用上，扩张性（或紧缩性）财政政策应与紧缩性（或扩张性）货币政策相配合，达到以"松"促进经济发展，以"紧"防止通货膨胀的目的。二是财政政策的微观化。新古典综合派学者认为，财政政策除了要发挥总量调控作用外，还应针对个别市场和个别部门的具体情况制定区别对待的政策，如根据不同需要，实行不同的征税方法、确定不同的税率，个别调整征税范围以及政府对不同部门的支出安排等。三是财政政策与其他政策的配套。新古典综合派认为，为了不使财政政策与其他政策发生目标上的冲突，并保证财政政策目标的实现，在实行财政政策时，应相应调整收入政策、就业政策、汇率政策、消费指导政策的方向及力度。

新剑桥学派从收入分配角度发展了凯恩斯主义，认为要医治资本主义的"病症"，必须从调整收入分配制度，改变社会政策角度着手。其财政政策主张也包含于社会政策之中，主要包括：利用累进税制改变收入分配状况；给予低收入家庭以适当的补助和救济；减少军事支出，发展民用服务、环境保护等部门；提高失业者的文化技术水平；逐步消灭赤字，平衡财政预算；实施进口管制，发展出口产品的生产，为国内提供更多的工作岗位；实行没收性的遗产税（只给寡妇、孤儿留下适当的终身财产所有权），以便消灭私有财产集中，抑制食利阶层收入的增长，政府所得这部分收入可专用于公共目标，发展社会福利事业；用财政预算盈余购买公司股票，逐渐使政府占有大部分股份。前六项属短期调节措施，后两项属长期调节措施。

凯恩斯财政政策的作用和影响广泛而深刻。受其影响最深的是美国，第二次世界大战后英、法、联邦德国等也相继接受了凯恩斯财政政策，交替运用扩张性和紧缩性的财政政策调节经济，从 20 世纪 60 年代后期开始，日本也运用扩张性的财政政策刺激经济发展。不可否认，凯恩斯财政政策理论及主张，对缓解资本主义经济的周期性震荡及促进经济发展曾起到过积极的作用，以致美国总统约翰逊曾自豪地说："我们切断了几个世纪以来不断妨碍经济增长和前进道路上循环性经济衰退。我们已经没有必要把经济生活看成是冷酷动荡的东西"。但是，长期的扩张性财政经济政策自 20 世纪 60 年代末起导致了经济生活中的"停滞膨胀并发症"，为此，西方社会议论纷纷，"证据无可反驳地表明，1936 年，凯恩斯模式简单的、精炼的概括现在已经陈旧了""凯恩斯的办法十分严重地反害了自己"，就连凯恩斯主义者也发出了哀叹，认为凯恩斯的"治疗方案所造成的后果又往往和疾病本身一样坏"。由此，货币主义、供给学派、理性预期学派等理论纷纷崛起，凯恩斯主义最终丧失了其主流经济学地位。

三、财政政策理论的"百家争鸣"时期

随着凯恩斯主义的破产，各种反凯恩斯经济理论及政策主张的地位不断提高，经济学界出现了流派林立，群雄逐鹿的热闹景象。其中最有代表性的是货币主义和供给学派理论。它们都是以凯恩斯主义的反对者的面目出现的，都反对国家干预，主张经济自由。但是它们与古典学派的自由主义理论仍有本质的区别，它们所主张的经济自由，并不是指国家应退出经济领域，不需要经济政策，实行自由放任，而是指国家应从维护经济自由的角度出发实行有利于经济自由发展的政策。

现代货币主义最著名的代表人物是美国著名经济学家米尔顿·弗里德曼。自 20 世纪 70 年代以来，现代货币主义已成为凯恩斯主义，特别是新古典综合派的有力挑战者。其基本主张是反对国家干预和调节经济，恢复"自由放任"的市场经济，认为在经济生活中，货币是最重要的因素，通货膨胀等纯粹是货币现象等。根据这种理论，货币主义学派提出了一系列财政政策主张。一是实行单一规则的货币政策。针对凯恩斯扩张性的财政政策所带来的"滞胀"等一系列社会、经济问题，弗里德曼认为，要抑制通货膨胀，实行经济稳定，最根本的措施就是控制货币供应量，使之与经济增长大体适应。所谓"单一规则"的货币政策，是指把货币存量作为唯一支配因素，不同于传统的包括操纵利息率、信贷流量、自由准备金等因素的一种货币政策。二是尽量缩减税收和预算支出规模。货币主义积极主张把国家对公民的强迫（如缴纳税款）等减低到最低限度，同时主张要把公共方面的经济规模和政府活动范围减到最低限度，以此达到刺激经济、稳定通货的双重目的。三是实行负所得税方案。认为负所得税制不是一种传统的简单的补助制度，而是一种能同时起到对贫穷的补助和刺激人们工作热情从而促进充分就业的新的福利制度。货币主义理论及政策主张在英国颇受青睐，撒切尔夫人政府所实施的经济政策基本依据于此。正因为如此，弗里德曼获得了 1976 年的诺贝尔经济学奖。

供给学派是 20 世纪 70 年代中期在美国兴起的经济学流派，其代表人物有拉弗、孟德尔、万尼斯基等。供给学派反对凯恩斯主义的需求管理，主张恢复"供给创造自身需求"的"萨伊定律"，实行经济自由，通过供给管理，以减税等政策解决"滞胀"等经济问题。

供给学派的财政政策主张主要有两个。一是减税。供给学派以所谓的拉弗曲线为依据，主张大幅度减税。认为减税从短期看，一方面可以刺激消费，另一方面也可以提高投资的积极性，从而促进经济增长；从长期效果看，减税有利于扩大税基和增加税源，使国家税收总额增加，从而有利于消灭赤字和稳定通货。二是削减政府开支，实行平衡预算。供给学派认为只有实行小规模政府和无为而治，才能有利于经济通过自由竞争不断发展。为此，应大幅度削减政府开支，特别是政府福利支出，实行平衡预算。如此，一方面有利经济增长，另一方面有利于减少政府赤字。里根就任美国总统后所提出的"经济复兴计划"就是以供给学派理论为依据的。

资料链接 10-2

供给学派和凯恩斯主义的比较分析

1929—1933 年，美国、英国等资本主义国家出现了普遍性的经济大萧条，表现为工业生产总值下降、失业率上升、投资崩溃，传统信奉自由经济的新古典经济学无法做出解释，甚至产生了资本主义向何处去的困惑。西方经济学发展史上第一次大的理论危机出现了，而凯恩斯及时提出了解决问题的方案。1936 年，凯恩斯的《就业、利息和货币通论》的出版标志着凯恩斯主义经济学的正式诞生。20 世纪 50 年代以来，新古典综合派将凯恩斯经济理论和新古典经济学综合起来，形成了新古典经济学为内容的微观经济学和以凯恩斯理论为内容的宏观经济学，促进了凯恩斯主义经济学的发展，凯恩斯主义成为西方主要资本主义国家经济理论政策的基础。自二战结束到 20 世纪 70 年代初，凯恩斯主义在西方经济学中占据统治地位。但是进入 20 世纪 70 年代以后，美国及西方主要资本主义国家的经济呈现高通货膨胀率和低增长率并存的状况，凯恩斯主义经济学遇到了空前的理论危机，客观上需要新的经济理论来应对和解释。于是供给学派、货币主义、理性预期学派等体现自由主义思潮的经济学流派应运而生，可见从一开始供给学派就是作为凯恩斯主义的对立面产生的。

凯恩斯主义的理论体系以解决就业问题为中心，认为社会的就业量取决于消费需求和投资需求共同构成的有效需求，受边际消费倾向递减、资本边际效率递减、流动性偏好三大"基本心理规律"制约，资本主义经济会出现投资需求不足和非自愿性失业，结论是资本主义无法依靠市场机制实现充分就业的均衡，需要国家有效干预取代完全放任的自由经济，市场非出清、非均衡需要外部干预成为凯恩斯主义理论的逻辑出发点。而供给学派的理论渊源主要是古典经济学，和凯恩斯主义相比，供给学派的理论体系较为单薄，更偏重于政策主张。该学派认为，生产的增长决定于劳动力和资本等生产要素的供给和有效利用，经济发展的决定因素是商品与劳务的生产与提高生产率，为增加供给，需要运用税收等政策促进储蓄和鼓励企业投资。

在政策上，凯恩斯主义反对"自由放任"和"无为而治"的传统做法，否认市场可以自动维持充分就业和自动出清，主张国家运用财政政策和货币政策对经济生活进行积极干预和调整。在解决经济萧条和促进就业方面，凯恩斯主义认为财政政策比货币政策更有效，提出了功能性的财政预算政策，主张以赤字财政政策来解决经济萧条问题。新古典综合派作为凯恩斯理论的继承者，坚持国家干预为主、市场机制为辅的政策方针，丰富了凯恩斯的财政政策和货币政策理论，使得凯恩斯理论动态化和模型化的同时也继续传播了国家干预思想。而供给学派认为"滞胀"的出现是凯恩斯需求管理政策的恶果，提出重新肯定萨伊定律，主张在市场供求关系中把供给放在首位，调整政府干预的内容和方向，更多发挥市场机制的作用，通过减税等措施鼓励储蓄、投资和工作积极性，提高劳动生产率，促进经济增长。据此，针对当时美国的"滞胀"状态，供给学派认为美国经济的头号问题不是通货膨胀，而是生产率的下降，提高劳动生产率是解决通货膨胀的唯一办法。

作为西方经济学史上具有革命地位的凯恩斯主义，颠覆了信奉市场机制自由运行的传统古典经济学，提出了政府干预经济的全新指导思想，在危机中挽救了资本主义。凯恩斯革命使得西方经济学发展进入了一个新的阶段。现代西方经济学理论流派的形成与发展，既同凯恩斯主义有着直接或间接的联系，也和新古典主义经济学有着直接或间接的联系，虽然围绕着如何理解、继承和发展凯恩斯学说等问题，凯恩斯主义演化成了新古典综合派、新剑桥学派、凯恩斯主义非均衡学派、新凯恩斯主义学派等流派，但凯恩斯通过政府干预解决经济问题的基本思想还是得到了传承，其工资刚性、价格刚性等基础假设得到弥补和填充。凯恩斯经济理论注重社会心理分析，也为以后的货币主义、理性预期学派乃至行为金融学的研究提供了某种借鉴。1992年，美国克林顿政府实践新凯恩斯主义政策主张，推行既要刺激经济增长、实现充分就业，又要削减赤字、压缩债务的经济增长战略。2008年金融危机后，回归凯恩斯主义成了欧美领导人制定政策的现实选择，显示了凯恩斯主义强大的生命力。供给学派自然无法和号称"拯救了资本主义"的凯恩斯主义相提并论，它产生于传统凯恩斯主义遭到质疑及西方经济学流派纷纷兴起的时刻，它对美国、英国政府特定时期的经济政策产生了重要影响，但其理论没有继续丰富和完善，相比起传统凯恩斯主义及其以后的分支流派，其影响力都不能相提并论。

资料来源：李怀玉，2014.供给学派和凯恩斯主义的比较及启示[J].商业经济研究（20）：33-34.

然而，无论是货币主义、供给学派，还是其他的诸如理性预期学派等反凯恩斯主义理论及政策主张，如凯恩斯主义一样，都无法根本解决资本主义的"病症"。"供给学派的理论及措施，使美国走出了滞胀，同时又陷入了前所未有的'双赤字'困境，1987年10月全球性的股市暴跌敲响了供给学派的丧钟，凯恩斯主义再度崛起"，就是一个最现实的明证。

目前，凯恩斯主义固然丧失了其主流派地位，但还没有一种学说真正占据主导地位，各种流派群雄逐鹿，至今无法看到谁能战胜谁的迹象，但有一点似乎比较明晰，即各种学说正在开始走向一种"融合"，特别是新古典综合派率先吸收了货币主义和供给学派中的一些"有益成分"。可以预见，根据现代资本主义的特征，国家干预仍将被经济学家和政府决策者所关注，新的主流经济学及财政政策理论将很可能是一种"博采众长"的新凯恩斯主义。

第三节　第二次世界大战后西方国家扩张性赤字财政政策

第二次世界大战重创了欧美经济，为了迅速从衰败中复苏，美、英、德、日等西方国家纷纷奉凯恩斯主义为圭臬，制定全方位的扩张性财政政策，对国家经济进行全面干预。在石油危机爆发前，扩张性赤字财政政策取得了巨大成效。

一、美国的扩张性财政政策

第二次世界大战结束后，杜鲁门和艾森豪威尔政府采取了经济学家汉森提出的"补偿性财政政策",这一政策是凯恩斯主义理论的发展和实践。汉森认为,凯恩斯主义的财政政策是彻底消灭经济危机的全面性方案,而不仅仅是用来应对经济危机的临时性政策。因此,政府不需要拘泥于每年度的财政预算平衡。在经济萧条时期应当增加财政支出以扩大有效需求,促进就业。美国政府很快便接受了这一建议。1946年,美国国会以法律形式明确了联邦政府在宏观经济调控过程中的责任。在当年颁布的《1946年就业法》中,美国明确规定"联邦政府的持续的政策和责任,在于运用一切与其需要和职责相一致的可行的手段……来促进最大量的就业、生产和购买力",确认政府在保持经济增长、扩大就业和保持价格稳定方面的作用。

然而,在艾森豪威尔时期,补偿性财政政策导致美国三次陷入经济危机,同期的经济平均增长率也低于联邦德国、法国、日本等国家。这主要是因为补偿性财政政策要求政府干预遵循财政周期平衡约束,同时又将财政政策调控视为常态化的干预手段,而非应对经济危机的相机抉择政策。1961年肯尼迪就任总统后,为了解决经济多次衰退和长期低速增长的问题,走出"艾森豪威尔停滞",起用经济学家赫勒出任经济顾问委员会主任。赫勒认为,长期的补偿性财政政策,是美国出现经济增长停滞的重要原因。因为这一政策导致政府在经济危机之后必须采取增加税收和削减开支的政策措施,以弥补在经济危机时期产生的赤字,从而对经济增长造成阻力,导致总需求水平不足,继而导致实际产出与潜在产出之间的缺口不断增大。因此,赫勒和托宾提出,为了实现充分就业和经济增长,应当实行长期预算赤字政策,同时辅以扩张性的货币政策以刺激经济增长。这一政策也被称为"增长性财政政策",标志着凯恩斯主义财政政策从危机时期反危机、反萧条的短期扩张政策,转变为推动平常时期刺激经济持续长期增长的调控政策,成为政府干预思想和实践的最高峰。约翰逊接任总统后,进一步扩大增长性财政政策的干预范围,在教育、医疗、环保、反贫困等领域广泛实施政府干预,政府在国民经济社会发展中的地位和作用得到空前加强。在这一政策的作用下,美国经济在1961年2月至1969年12月期间,保持了106个月的持续增长,为二战后最长时期的连续经济增长。同时,全美就业水平也达到了凯恩斯所描述的充分就业状况,失业率在1969年降低为3.5%。直到20世纪70年代美国出现严重的"滞胀"问题,凯恩斯主义扩张性财政政策才逐渐退出历史舞台。

资料链接 10-3

"增长性财政政策"与林登·约翰逊的"伟大社会"改革

1964年2月26日,约翰逊签署《1964年减税法案》,减税政策的实施对20世纪60年代美国经济产生了巨大的刺激效果,为约翰逊"伟大社会"计划的出台奠定了经济基础。同时,肯尼迪—约翰逊减税也标志着20世纪30年代早期开始的美国财政革命的完成,即政府以赤字预算政策为主要手段干预经济,政府和市场一样承担资源配置、收入分配的职责,政府在经济领域开始承担更多责任。

1964年减税的主要目的是刺激总需求,包括投资需求和消费需求。减税发挥作用的传导机制是通过增加消费者和商业部门的购买力来扩大需求,消费者对减税的反应是花费大部分因减税而增加的额外收入来购买增加的商品和服务;对商业部门来说,减税使投资变得更为有利可图,使企业外部融资变得更加容易。减税的直接刺激经过一段时间后能够产生乘数效应,即因减税而产生的额外支出增加了国民产出水平,为家庭提供更多的收入和更多的就业机会;减税扩大了商品的销路,因而鼓励了更多的投资以扩大生产能力。

减税之后,个人可支配收入迅速增长,1964年第一季度,因减税而增加的可支配收入为36亿美元,第二季度达到119亿美元,第四季度更是高达171亿美元。伴随可支配收入的增长,消费支出迅速增加,1964年第一季度,因为减税而增加的消费支出为13亿美元,到第四季度达116亿美元。同时,减税之后,商业投资活动迅速增长,到1965年第二季度,商业固定投资和存货投资分别增加48亿美元和32亿美元。这些增加自然会导致国民生产总值的相应增加。

减税产生的乘数效应从1964年下半年开始显露,1964年第三季度到1965年第三季度的增长率达到了6.9%,大大地超过了此前4年的平均增长率。这种增长不仅仅具有以前的特征,而且极大地强化了。同期的公司利润增长率达到了19.5%,几乎为国民生产总值增长率的3倍,工厂设备支出水平上升了12%。

到1964年年底,经济已经连续增长了46个月,仅仅比历史上和平时期连续增长最长的1933—1938年少4个月,并且,根据对形势的预测和判断,这种增长势头肯定要创造历史纪录。当时得出这种判断的依据是有两个。一是在1962年和1964年的大幅度减税之后投资的大幅增长,研究和发展经费的大量支出已经显示出了良好的效果。根据《财富》杂志的计算,这些新技术在实践中的应用,每年要产生约200亿美元效益,它和减税政策的溢出效应使投资在一个广泛的领域和较长的时段内有空前增长。二是越南战争的升级使美国的军事开支急速扩大。

此前的军事开支为每年10亿美元,不足以对国家经济起到决定性的影响。战争升级意味着每年将增加数十亿甚至上百亿美元的军事支出。《华尔街杂志》1965年10月21日的一篇文章说,在一财政年度的军事预算是490亿美元,可能要达到520亿美元至530亿美元。政府支出的大量增加带来的不仅仅是商人投资增加,更多的是对未来需求的预期上升。

减税之后,美国经济增长加速,税收的基数增大,财政收入每年自动增加,联邦政府出现了财政盈余。财政盈余的出现,一方面可以满足联邦继续扩大减税、扩充联邦计划,或者增加联邦对州和地方政府的补助;另一方面,联邦计划扩展后,支出还是不能抵消财政盈余,就形成了财政拖累,即财政收入增长过多地抽取了私营部门的资金,减少了私人购买力,妨碍了经济增长。除非联邦政府处置每年的增加,通过减税或增加计划,强行把税金从循环圈里带出来,否则,财政拖累将会减缓经济发展。

20世纪60年代初,每年都有40亿~50亿美元剩余的、未指定用途的资金滚动到了下一个年度,但是这些资金又不能卷入第二年度的经济循环圈。因此就给政府带来了一个新的任务,就是怎么样在公共利益方面设计一个新的、可靠的计划来开支这笔资金。这种"幸福的烦扰"是约翰逊政府发动向贫困宣战运动的潜在动因,也是约翰逊在不牺牲中产阶级利益的前提下消除贫困承诺的经济基础。公众对经济形势的判断虽然没有经济学家那么仔细和准确,但他们并不怀疑这种繁荣可以无止境地延续下去。这使中产阶级把目光转向其他方面,支持贫困阶层扩大机会创造财富,而不担心自身机会减少,他们相信能够获得没有牺牲的回报。自由主义者认为美国占有充足的资源,国家应该尽可能地根据社会需要调整资源,以改革产生的红利支持改革,克服那些从一开始就困扰人类的弊病。

资料来源:王庆安,2006.林登·约翰逊和"伟大社会"改革研究 [D].上海:华东师范大学.

二、英国的扩张性财政政策

英国是自由主义经济思想的发源地,然而经过20世纪30年代的经济危机以及二战时期的战时经济体制后,国民普遍接受了国家干预经济的做法。这集中反映在1945年二战后第一次大选中,主张经济自由主义的保守党被大多数选民抛弃,直接决定了1945年至1979年的英国经济政策。在这34年间,无论是保守党还是工党政府,都将凯恩斯主义作为制定经济政策的指导思想。在获得战后第一次大选胜利后,主张福利国家的工党政府开始利用政权力量全方位干预国家经济。一方面,以扩张性财政政策刺激国民消费和投资,保证充分就业目标的实现;另一方面,通过"国有化"和"福利国家"建设,全方位提升经济社会发展水平。由于经济稳步增长,国家干预思想很快就成为两党的共识。保守党表示支持充分就业和福利国家政策,承认国家干预和市场经济共存。1948年,工党政府宣布"福利国家"已经实现,找到了可以将"个人自由与计划经济""民主与社会主义"相结合的新的社会主义模式。在34年扩张性财政政策的实行过程中,社会福利开支始终保持增长。到1975年,英国政府开支占国民生产总值的比重已达到58%,仅社会保障支出一项就达到25%,是1951年的两倍以上。至撒切尔执政时,邮政、电信、电力、煤炭、天然气、造船和铁路已经全部被国有企业垄断,飞机、钢铁、汽车和石油等产业,国有企业也占有大部分或相当部分。

三、日本的扩张性财政政策

日本经济在第二次世界大战中遭受重创,而面对恢复生产和通货膨胀的双重压力,日本政府在经济政策制定过程中面临艰难选择。1946年5月,时任首相吉田茂起用凯恩斯学派经济学家石桥湛山出任大藏大臣,推行"生产第一主义"的积极政策。采取"倾斜生产方式"等手段,促进煤炭等支柱产业发展。为了保证产业发展所需要的财政资金,石桥湛山在1946年的财政预算中安排了632亿日元的财政赤字。同时,在财政支出方面安排了102亿日元的"价格调整补助金",对煤炭、钢铁等行业进行专门补贴。同时,日本还设立国营的"复兴金融金库"和"开发银行",专门负责为支柱产业的重点企业发放巨额贷款。其中,"复兴金融金库"的贷款结存额高达1 320亿日元,占全国金融机构贷款总数的23.3%。考虑到日本当时高企的通胀率,这些贷款在偿还政府时相当于"政府赠送"。至1947年年底,国家贷款占企业外来资金的比率达到33.1%。扩张性的财政刺激政策使日本重工业迅速复苏。至1948年年底,煤炭工业恢复到战前90.6%,钢铁工业恢复到49.2%,电力工业恢复到56%。

1955年,日本经济开始起飞,在近20年高速增长过程中,日本始终坚持凯恩斯主义财政政策指导思想,通过扩大财政支出刺激制造业扩大生产。以造船业为例,1964年,日本政府规定航运公司只需要拥有船价5%~10%的资金就可以预定新船,其他资金中,由开发银行和进出口银行提供63%~66.5%的信贷资金,都市银行提供剩余的27%~28%的贷款。至1970年3月,日本进出口银行的出口贷款中,仅船舶出口贷款一项就占到60%。在扩张性财政政策的大力支持下,自1956年后日本造船业始终占据世界第一位。此外,日本政府还通过"特别折旧"加速更新和扩大企业固定资金。同时通过"价格补贴费"的方式扩大企业资本积累,最高时补贴费支出占政府一般会计支出近40.5%。这项政策直到1954年才完全取消。

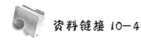

资料链接 10-4

战后日本的"海运财政补贴"

财政补贴政策是日本战后海运政策的重要一环，其目的主要是促进企业的资金积累，降低相关企业的负担，从而改善企业的经营状况，其内容主要包括设备近代化投资、造船利息补贴及航运补贴三类。设备近代化投资是国家针对造船设备更新而实施的一种直接投资，具有直接补贴的性质；造船利息补贴与计划造船紧密结合，是通过降低计划造船贷款利息、延长利息支付期限、对进行协调融资的民间银行的损失给予补偿等措施而实施的间接补贴措施；航运补贴则是对特定的航线给予一定的补贴，其目的根据对象不同而有区别，对三国间运输提供补贴是为了促进三国运输的发展，赚取更多的外汇，以平衡国际收支，而对移民航线及孤岛航线给予补贴则是为了改善相关航线的运营状况，以维持其运航。

设备近代化投资是促进企业设备更新的主要途径。日本海运业的设备近代化投资，首先主要体现在造船业的设备近代化投资方面。战后初期，由于日本海运造船相关企业的自我积累能力差，资金短缺，大大阻碍了企业自身设备近代化投资的进行。故此，这一时期的近代化投资不得不依靠部分政府资金。从1950年到1957年进行的设备近代化投资按照政府资金投入的多少及投资对象的不同，大体可分1950年至1953年、1954年至1957年两个阶段。日本政府最早进行海运造船设备的近代化投资是从1950年开始的。1950年度投入额为17.18亿日元，以后直到1953年，每年的投入额为30亿～40亿日元左右。这一阶段的设备投资是以柴油发动机、焊接、分段建造法的引进为中心进行的，合理化投资的色彩浓厚。1954年政府的近代化投资减少，特别是1955年以后设备投资出现以下趋势：首先，随着大型企业自有资金的充实，对国家资金的依存逐渐减少，国家投资主要投向中型企业；其次，与船舶大型化增加相对应，船台及船坞、新设大型分段组装用焊接工厂、涡轮及螺旋桨制造设备、大型清洁设备、钢材加工场等设备扩充显著。

造船利息补贴是适应日本经济走向自立及海运重返国际海运市场面临严峻的国际挑战的新形势而出台的，其直接原因是在融资条件及造船成本方面的落后，使日本海运业的国际竞争力低下，对日本海运的发展造成不利影响。战后初期，日本的海运企业主要是通过"计划造船"政策，接受政府财政投融资及民间融资建造远洋船舶的，融资利息在10%以上，而偿还年限又非常短（如民间融资为3～5年）；同期，欧美先进海运国建造新船的融资条件为年利率3.5%左右，偿还年限15～20年，有的甚至在20年以上。此外，日本与先进海运国的新船建造成本价格差货约25%，油轮约15%。这种差距在市场状况良好、运费维持高水平时尚不明显，但在市场状况恶化，运费降低时，便凸现出来，给日本海运企业造成打击，使其国际竞争力低下，不单成为海运部门的问题，还使国际收支恶化，对日本经济整体的健全发展造成不利影响。作为其主要的解决办法之一就是进行利息补贴，其主要内容包括降低银行及民间融资的利息、允许相关企业延期支付利息、对民间融资提供损失补偿。

航运补贴是海运财政补贴的重要组成部分，是主要针对航运业务而实施的一种补贴，包括三国间运输补贴及特殊航线补贴（如移民航线及孤岛航线补贴），而其中最主要的是三国间运输补贴。1957年以后，世界海运陷入危机，日本海运业基础薄弱及国际竞争力低下的缺陷表现得非常显著。为弥补这一不足而实施的利息补贴制度，却由于苏伊士运河繁荣而在1957年以后停止实施。故此，运输大臣于1957年8月向海造审提出了《关于强化海运企业基础》的咨询，

1958 年 8 月，海造审答询认为政府应对利息补贴、船舶营运补贴及税收保护措施三种补贴方法加以探讨。其中就营运补贴指出"营运是海运的核心，强化营运对于日本海运业的健全发展是必要的，作为强化营运的方策，应考虑采取航线补贴或给予航海奖励等。就目前的情况看，对于货船来说，将对在日本海运市场方面起支柱作用的三国间运输的奖励制度具体化比较妥当"。

资料来源：杜小军, 2003. 日本战后海运政策研究 [D]. 天津：南开大学.

二战后，日本政府支出占到国民生产总值的 17%～18%，其中投资性支出在 20 世纪 50 年代平均占 7%，60 年代提高到 9%。此外，政府对道路、码头、机场等公共事业进行的投资，间接刺激了国民经济的高速发展。1952 年，日本政府的公共事业费投资只占到一般会计支出的 7.4%，60 年代增加 20%，70 年代增加到 1952 年的 30 倍。全方位的扩张性财政政策刺激了日本经济长达 20 年的高速增长。1956—1970 年，经济年均增长率达到 9.66%，使日本一跃成为世界第二大经济体。

四、联邦德国（西德）的扩张性财政政策

和美国、英国、日本自二战后便执行凯恩斯主义扩张性财政政策不同的是，联邦德国并未在战后伊始采用该政策，而是实行了"社会市场经济"的发展模式。这一模式源自新自由主义，主张市场进行充分的自由竞争，政府进行适当干预，财政政策以"谨慎收支平衡"为原则。之所以采取这种模式，是因为德国曾经出现过两次严重的通货膨胀。因此，通货稳定成为财政政策最主要的目标。避免财政赤字、维持预算收支平衡成为联邦德国的共识。这一目标甚至被写进了《宪法》。在收支平衡政策的约束下，为了实现战后经济重建，联邦德国采用减税政策鼓励企业形成原始资本。1945 年，通过《初步纳税法》，联邦德国降低个人所得税最高税税率至 90%、统一企业所得税税率至 50%；1953 年，通过实行小税收政策，调降年收入 50 万马克以上个人所得税税率至 70%、年收入 25 万马克以上个人所得税税率至 62.5%；1954 年，通过实行"大税收政策"，进一步降低企业未分配利润所得税税率至 45%、年收入 100 万马克以上个人所得税税率至 73%；1958 年，个人所得税最高税率进一步由 73% 降至 53%。1951 年至 1960 年，联邦德国维持了年均 11.9% 的经济增长率，而在 1950 至 1966 年间，联邦德国基本保持财政收支平衡，全国财政累计总赤字占同期财政总支出比重不足 1%。

1966 年至 1967 年，联邦德国出现战后第一次生产过剩危机，经济增长率下降至 2.9%，反映出"社会市场经济"政策已不再适合联邦德国的经济形势。1966 年，社民党取代基民盟获得联合政府组阁权，随即联邦德国放弃了"谨慎收支平衡"的财政政策，改为以凯恩斯主义为理论基础的"总体调节"政策，对国民经济进行全面干预。1967 年 1 月，联邦德国出台《促进国民经济稳定与增长法》，提出了物价稳定、高就业、持续稳定的经济增长、国际收支平衡四大经济目标，同时以法律赋予政府通过财政政策、货币政策对国民经济进行干预的权限。从 1967 年到 1982 年，联邦德国始终坚持"总体调节"的经济政策措施，根据经济运行的实际情况，交替采用扩张性政策和紧缩性政策。其中，1967 年 2 月和 9 月先后实施的"经济促进纲领"和"特别经济状况与结构政策措施"，通过在建筑行业加大政府财政投资，使国民经济于 1969 年重现繁荣。1973 年，为了应对石油危机冲击导致的经济衰退，联邦德国政府于当年 5 月开始陆续出台一系列促进投资、促进需求的扩张新政策，实现经济复苏。

第四节 发达国家解决"滞胀"问题的财政政策

石油危机之后,西方国家深陷"滞胀"危机。一方面经济增长疲软,另一方面通货膨胀率居高不下。由于凯恩斯主义财政政策无法同时解决经济疲软和高通胀的问题,西方国家纷纷抛弃凯恩斯主义,转而奉行供给学派、新自由主义等学说,并据此制定财政政策。

一、凯恩斯主义的失灵与"里根经济学"时期的美国财政政策

在经历了长达 106 个月的经济持续增长后,美国出现了三次经济衰退,分别是 1969 年底至 1970 年、1974 年至 1975 年以及 1980 年至 1982 年。和 20 世纪 30 年代经济危机时低增长率伴随通货紧缩不同,1974 至 1975 年以及 1980 年至 1982 年的两次衰退伴随着严重的通货膨胀。传统的凯恩斯主义思想遇到了无法解决的难题。如果要采取紧缩性财政政策控制通货膨胀,就意味着经济衰退的进一步加剧,而如果要刺激经济,通货膨胀将会进一步恶化。这一期间执政的尼克松和福特在上台时,都将解决通货膨胀作为了财政政策的主要目标,意图通过削减政府开支、减少财政赤字的紧缩政策度过通胀难关。然而,经济衰退带来了严重失业问题,使得两位总统不得不在紧缩性财政政策实施不久就转向了以充分就业为导向的"增长性财政政策"。至 1976 年福特卸任总统时,美国财政赤字占 GDP 的比重已经将近 4%。1977 年卡特执政,降低失业率继续成为其经济政策的头等目标,扩张性的财政政策和宽松的货币政策不断抛出。然而,1978 年伊朗政局变化以及两伊战争爆发导致石油价格在 1979 年成倍暴涨,导致美国在 1979 年出现严重的通货膨胀。不得已的情况下,卡特又将经济政策的核心目标调整为控制通货膨胀。凯恩斯主义指导下的美国政府在反通胀和反衰退的政策取向中反复摇摆,全国经济陷入了"滞胀"的困境,也宣告了凯恩斯主义在理论和实践中的没落。

资料链接 10-5

美国滞胀经济的形成

1968 年,尼克松当选美国总统,这一年,美国通货膨胀率为 4.7%,还在美国政府可以忍受的范围内,故在尼克松执政初期,美国政府施政的重点并没有放在国内经济政策上。"通货膨胀是一个问题,但不是最令人忧虑的问题,也不是一个用牺牲其他目标,尤其是高就业所能应付的问题"。一般来说,与通货膨胀相比,民众更害怕失业,这从美国前总统卡特的悲惨指数公式就可以看出(悲惨指数=失业率×2+通货膨胀率),这一指数是卡特在 1976 年的总统选举辩论中首次使用的指标,它将失业率与通货膨胀率相结合用以衡量经济困难的程度。这一指数反映了失业比物价上涨更让人痛苦的普遍观点。

美国经济在经历了 20 世纪 60 年代较为繁荣的形势后,终于在 1970 年来了个逆转,经济增长率跌落到 0.2%,失业率在该年达到 4.8% 后开始节节攀升;1971 年经济恢复增长,通胀率也有小幅下降;但 1973 年在石油价格的冲击下,通胀率由上年的 3.4% 激增至 8.7%,由此美国经济进入高通胀期,经济增长随后下降,并于 1974 年跌进负增长。

在上述经济变化中，美国政府也做出了种种努力，采取了很多措施试图扭转局面，如冻结日用品价格，实施略为缓和的控制方案等。可是，通货膨胀依然没有降低的迹象，传统的宏观调控措施难以发挥效用。1975年，宏观经济跌到谷底。

从图10-1中可以发现，1968—1972年间通货膨胀率与失业率呈现此消彼长的菲利普斯曲线替代关系，符合传统理论的描述。1973年开始，通货膨胀率迅速上升，失业率不仅不下降，反而随通货膨胀率上升，1975年通货膨胀率和失业率同时处于6.9%和7.5%的高点，菲利普斯曲线的替代关系彻底被打破，美国经济进入典型的滞胀时期。

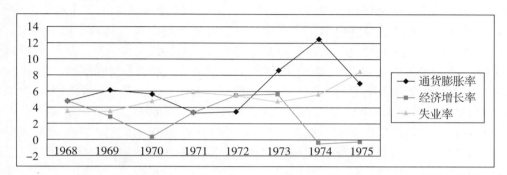

图10-1　1968—1975年美国经济形势

在滞胀经济的形成过程中，债务在美国经济活动中的影响也在迅速扩大。债务经济发展的基础是银行信用，它可以使人们透支未来消费满足当前需要，人们的消费欲望得以释放和实现，消费占国民生产总值的比重逐渐升高，储蓄不断下降，美国经济受此刺激而进一步发展，同时储蓄因为消费的不断增多而不足，储蓄率逐渐下降，"居民债务已经从1965年的3 590亿美元增长为1988年的将近33万亿美元"，居民债务在短短20年里增长了近100倍。有人认为储蓄率之所以下降，债务率之所以上升，完全是美国政府不当的税收政策所导致的，"这部分应归咎于美国政府，因为它加收资产收益和股息收入税，从而使人们不愿多存款，而对于债务，政府却减少利率收支税"。

经济滞胀的形成过程中，相伴的债务经济的发展是因还是果，这一问题尚无定论，但二者的相互影响和相互强化作用则不可否认。

由此可以看出，在20世纪70年代前后，美国经济已经处于病态，美国经济体系已经不再是一个供需平衡、相互促进的良性循环的体系。与此同时，尼克松政府对工资与物价时而控制时而放松的多变政策，以及美联储主席伯恩斯不合时宜的宽松货币政策，在美国经济波动中与前述因素综合，推波助澜，加剧了美国经济滞胀局面。由于凯恩斯主义经济学对此束手无策，美国经济陷入了长达13年之久的衰退，直到20世纪80年代初期才逐渐走出低谷。

资料来源：汤红艮，2013.1970—1980年代美国经济滞胀问题及其对外贸易[D].天津：天津财经大学.

此时，全面反对凯恩斯主义的供给学派，成为美国经济政策的重要依据。1981年里根出任总统后，任命供给学派的代表人物费尔德斯坦出任总统经济顾问委员会主任。费尔德斯坦明确提出，宏观经济政策应当以长期经济增长为核心，而不是短期的经济稳定与危机应对。因此，政府应当尽量少地干预经济运行，财政政策取向应当侧重促进储蓄与投资增长，通过放松政府管制与降低企业所得税等手段激发经济的潜在产出。根据这一政策建议，里根提交了"经济复兴计划"，意图通过大规模减税、削减政府开支、减少财政赤字、减少政府对企业管制干预的一系列政策组合拳解决通货膨胀的难题。自此，凯恩斯主义主张保证充分就业的经济增长不再是美国经济政策目标，供给学派所指引的低通货膨胀下的经济增长成为宏观经济政策的新方向。政策重点也从凯恩斯主义主张的总需求管理转向供给学派主张的总供给管理，财政政策的调控对象也从影响总需求的因素转变为影响总供给的因素。

"松财政"是里根两个任期财政政策的特点，但是和凯恩斯主义的"主动出击"不同，里根的"松财政"政策是经济自由主义下尽量减少对经济的干预。具体表现为两次大规模减税的税制改革，这在美国之前的财政政策中是从来没有出现过的。第一次大规模减税是出台《1981年经济复苏与税收法案》，法案中全面削减个人所得税，降低个人所得税最高边际税率，同时减免企业所得税，缩短企业固定资产折旧年限。第二次大规模减税是出台《1986年税制改革法案》，包括个人所得税边际税率的进一步降低，税率档次的简化，公司所得税税率和资本利得税税率的下调等。然而，在大规模减税的同时，里根政府并没有实现其政策中的另一个重要目标——削减政府开支。这导致里根政府的财政赤字超过了执行凯恩斯主义政策的各届美国政府。八年的执政生涯结束时，里根政府的财政总赤字是过去30年美国财政赤字之和的2.6倍。尽管美国国会于1985年通过《平衡预算和紧急赤字控制法案》，通过法律约束政府必须于1991年实现预算平衡。但是，由于1989年接任总统职务的老布什延续了里根时期的财政政策，这一目标最终并没有实现。相反，1991年和1992年的美国财政赤字连创历史新高，分别达到2 692亿美元和2 904亿美元。

二、撒切尔夫人的"新自由主义"财政政策

和美国相同的是，英国经济在20世纪70年代也陷入"滞胀"的困境。受到1973年经济危机重创的英国在1974年至1979年间，年均经济增长率不足1.5%，但是通货膨胀率基本保持在两位数，特别是1975年，通货膨胀率一度升至24.1%。这样的"滞胀"困境使得民众普遍对凯恩斯主义丧失信心。1979年撒切尔执政后，放弃凯恩斯主义，转而以新自由主义为理论指导，制定了货币主义的宏观经济政策。这一政策与里根的供给学派经济学有所不同，具体差异体现在撒切尔政府严格的"财政紧缩政策"。这一政策一方面要求政府严格控制开支，削减财政赤字。1985年开始，英国进行社会福利制度改革，大幅压缩占政府预算近1/4的社会保障费用。另一方面，大幅度降低公司所得税和个人所得税税率。至1986年，公司所得税税率已经由1978年的52%降低至35%。个人所得税最高边际税率和基本税率则分别由83%和33%降低至45%和25%。此外，大规模推行国企私有化，在为政府筹措财政收入的同时，也减轻亏损企业带来的财政负担。至梅杰上台时，国有企业的私有化率已经超过了50%。

资料链接 10-6

铁娘子的铁腕经济政策

撒切尔夫人2013年4月8日于家中去世，享年87岁。其新闻发言人蒂姆·贝尔爵士透露，

撒切尔夫人离世时"很平静"。

撒切尔夫人逝世后，英国和国际社会总体给予了很高的评价。舆论则显示出很大的反差。从英国各大报纸的标题就可以看出，《国际先驱论坛报》的标题是《保守党的不朽印记》，《独立报》的标题是《改变英国的女人》，《卫报》则以《她比强硬还要强硬》为标题，《每日镜报》则以《分裂一个国家的女人》对她的政治生涯进行了批评，同时质疑她是否有资格获得盛大葬礼。还有许多左翼报纸如《苏格兰人》《每日纪事报》等对她充满敌意，所选用的图片，显示她的强硬和严厉。

围绕着撒切尔夫人的争议，和她对英国经济社会进行的"巨大扭转"有着密不可分的关系。所谓巨大扭转，就是将大量的国企私有化并且削减从教育到儿童牛奶在内的福利开支。

"撒切尔夫人改变了英国'二战'后以凯恩斯主义为主导的经济和社会的框架。'二战'以后英国和欧洲绝大多数国家都按照凯恩斯主义来设计经济，这种思想在20世纪二三十年代世界经济危机以后有效解决了经济问题。特别是建立了福利国家，这种福利制度对资本主义的延续起了巨大作用。"钱乘旦表示，"但福利带来了新的问题，最主要是福利开支太大。入不敷出，政府不得不大量征税，导致经济竞争力下降。造成了新的现象——滞胀。这种现象从未出现过，所以人们都不知道怎么办。按照传统经济学理论，如果有通货膨胀，就会物价高涨，然后刺激经济发展。但滞胀以后物价高涨后，购买力反而降低了，经济反而不发展了。"

面对撒切尔夫人的私有化措施，英国全社会爆发了强烈的反弹，特别是在英国传统的采矿业，这里有着大英帝国工业革命的骄傲。对于工会力量，撒切尔夫人采取严厉的打击措施。在处理英国1984—1985年矿工大罢工时，撒切尔夫人早有充足准备，她早先已经扩大了煤的国家储存，所以罢工并未对发电厂的供应构成影响。罢工期间，警察除了阻止罢工的支持者接近罢工矿场，还与罢工矿工的纠察队在约克郡欧格里夫爆发了激烈的流血冲突。

这次大罢工最后以过半数矿工重回岗位，迫使工会无条件投降而告终。而保守党政府保证无意毁灭本土采矿业，又对罢工矿工承诺他们的职业受到保障。但在1994年采矿业私有化之前，政府依然关闭了15个亏损的国营矿场。这次大罢工是工会权力由盛转衰的分水岭。自此，工会的势力没有再恢复到20世纪70年代的水平，工会化的影响也透过撒切尔夫人和新的法规而遭到抑制，这些限制罢工的法规至今仍没有被废除。至于工党本身，也在不断摆脱与工会的既有关系。

"有些人就吃这个福利制度，劳动积极性也降低，也造成了所谓'英国病'。其他政治人物，都是按照凯恩斯主义解决滞胀问题，但是解决了'滞'，'胀'就来了，解决了'胀'，'滞'就出现了。撒切尔采纳了货币主义，压缩公共开支和政府行政费用。打压穷人，帮助富人，减少税收，钱要留在富人手里，让他们扩大生产，削减教育经费、医疗经费，给富人减税。她确实是一位很有魄力，非常出色，很了不起的政治家。所以她采取新的措施之后，英国失业率越来越高。她硬着头皮往前走，但最后走通了，把'英国病'解决了。"钱乘旦说。

在第二任期内，撒切尔夫人再接再厉，推动股市自由化，并向当时的新思潮与海外资本敞开了大门。这不啻于一场小型革命，其影响久远。由于她放宽了金融管制，伦敦作为金融中心而崛起，这是她留下的一项长久遗产。20世纪50年代就投身伦敦金融城的专业人士布赖恩·温特弗拉德表示"直到当时，伦敦金融城的发展始终十分缓慢。许多人反对金融大变革，但正是那场大变革造就了一流的金融中心。导致大量资本蜂拥而入，使伦敦打败了欧洲大陆的所有竞争对手。"

批评撒切尔主义者则表示，20世纪70年代的经济问题被夸大了，而且这些经济问题实际上是政府所不能控制的，如持续高企的油价造成石油危机，以致国内出现高通货膨胀，并对全球大部分工业国家的经济构成破坏。因此，他们认为当年的经济衰退并非如撒切尔夫人所言，是社会主义和工会一手促成。反对者亦认为，撒切尔夫人任内经济出现改善的迹象，只是一个巧合，税收增加的收益则是来自北海油田，所以这些才是英国经济复苏的原因，而非撒切尔夫人的政策。

资料来源：《商周刊》编辑部，2013. 变革者撒切尔夫人 [J]. 商周刊（8）：74-77.

三、目标多元的日本财政政策

1973年的世界经济危机也导致日本出现"滞胀"的困境，通货膨胀、财政赤字扩大、经济结构性问题突出。由于石油严重依赖进口，石油危机严重恶化了日本的通货膨胀，导致国内消费品物价水平一度上涨超过20%。因此，中曾根康弘内阁于1983年8月颁布《80年代经济社会的展望和方针》，将稳定物价放在了财政货币政策的首要地位。

同时，由于一跃成为资本主义世界第二强国，日本也在积极寻求经济动力的转型，尝试摆脱依靠外需实现经济增长的局面，希冀通过扩大内需来拉动经济增长。这就要求政府必须制定扩张性的财政政策，大幅增加财政支出。因此，20世纪70年代日本财政支出大幅增加，至1982年，日本全国财政支出净额较1953年增长46倍，财政投资贷款净增长62倍。1975年发布赤字国债后，财政赤字大幅增加，债务依赖度大幅上升。然而，扩张性的财政政策在80年代石油危机之后，刺激经济增长的效果也越来越差，国债利息支出的不断增加反而成为国民经济发展的沉重负担，成为日本财政政策转型的重要背景。

为了摆脱滞胀和举债度日的局面，解决经济结构性问题，日本开始了财政政策的重建。1979年，大平正芳内阁宣布从1984年起停止发行赤字国债；1982年，铃木善幸内阁强调要通过强制削减巨额开支，改革国家的财政支出结构；1983年中曾根康弘内阁宣布对国家行政机构进行精简，同时削减政府机关办公费用支出，将政府消费支出年均增长率从1980年的10.1%降至1983年的4.7%。伴随着财政预算规模的严格控制，日本也在进一步调整财政支出结构。经济结构优化、国民生活质量提升、区域经济社会均衡发展、平衡外贸结构都成为财政支出政策的侧重点。例如，在1982年的财政预算中，访问支出、对外经济合作支出、能源支出都保持了超过7.7%的增长。

四、联邦德国的"新自由主义"财政政策

德国社会民主党（以下简称社民党）执行的"总体调节"政策并没有使20世纪70年代的联邦德国取得60年代的增长成绩。年均2.7%的经济增长率远低于60年代的4.5%。然而凯恩斯主义的扩张性财政政策却使得同一时期财政赤字占GDP比重由1967年的2.4%上升至1981年的4.9%。1982年，德国基督教民主联盟（以下简称基民盟）卷土重来，联合德国基督教社会联盟（以下简称基社盟）、自由民主党组成新政府，科尔出任总理。科尔在上台后猛烈抨击"总体调节"经济政策，强调社民党不切实际的凯恩斯主义是联邦德国经济衰退的"罪魁祸首"，国家财政政策重新回到谨慎保守的紧缩性财政政策阶段。

和英国类似，这一时期的联邦德国也采取了压缩政府开支、减少预算赤字、放松政府

管制、促进私人投资的一系列政策。财政支出方面，至1987年，财政支出占GDP比重从1982年的49.8%下降至46.8%；企业和个人税负方面，1986年开始实行大规模减税，税收占GDP比重从1982年的52.5%下降至1988年的50.2%；社会福利制度方面，财政社会福利开支占GDP比重从凯恩斯主义时期的30%以上降低至1986年的27.9%。这一系列政策使得联邦德国经济企稳，1983年至1989年间保持了年均2.6%的增长率，同时通货膨胀率和财政赤字率得到有效控制。至1987年，财政赤字占GDP的比重下降到0.4%。

第五节 20世纪90年代后发达国家差异化的财政政策

进入20世纪90年代，无论是凯恩斯主义的政府干预还是自由主义的完全放任，都无法完全解决经济增长乏力、赤字率高企、通货膨胀率和失业率两难困境等问题。因此，介于凯恩斯主义和自由主义之间的"第三条道路"成为美、英、德三国政府财政政策的原则。而和上述三国不同的是，这一阶段的日本由于深陷泡沫破灭的大萧条之中，仍然采取了扩张性的财政政策，以期刺激经济走出困境。

一、"克林顿经济学"总量结构并重的美国财政政策

里根和老布什执政时期，美国实现了低通胀率下的经济持续低速增长。公认的是，低通胀率得益于紧缩的货币政策。但是，由于这一阶段的财政赤字率连续高企，经济的低速增长到底是需求侧管理的结果还是供给侧管理的结果，经济学家始终存在争议。例如，萨缪尔森和诺德豪斯就坚持认为，大规模减税引起的经济扩张，并不是供给学派所声称对潜在产出和总供给的影响，而是来自减税扩张的总需求，因此减税政策的实质是需求侧管理。同时，他们用大量的实证数据表明，美国经济的实际状况并不能印证供给学派的理论判断。因为供给学派所主张的拉弗曲线认为当调低过高的税率时，税收收入会随之上升，然而美国经济运行的实际情况表明税率下降的结果是财政赤字增加，而不是税收收入上升。模型模拟的结果甚至得出美国实际税率远在拉弗曲线拐点左侧的结论。此外，通货膨胀率下降的本质是高失业率，主张刺激储蓄的供给侧调控不但没有使得储蓄率净增长，还导致潜在增长率持续下降。

1992年，克林顿出任美国总统。在1993年的《国情咨文》中，克林顿提出了"综合经济发展计划"的施政纲领。这一纲领同时接受了凯恩斯主义和新自由主义的政策主张，既反对供给学派的自由放任，也反对凯恩斯学派的过度干预，走出了以适度干预为核心、具有"克林顿经济学"特色的第三条道路。"综合经济发展计划"的主要内容包括：通过短期刺激计划解决失业问题；通过长期投资计划增加人力资源、基础设施和高科技领域的投入，奠定经济长期增长基础。同时，为了有效化解里根和老布什政府的巨额财政赤字，计划中还明确了长期削减财政赤字的相关政策，"大幅度地、实实在在地和可信地减少联邦财政赤字"。

"克林顿经济学"的核心是总量与结构并重、需求与供给共管、政府与市场同时发力的政策组合。首先，在经济总量上坚持稳步增长，通过紧缩性的财政政策削减财政赤字，同时通过中性货币政策控制通货膨胀率，从而实现经济总量的稳步增长。其次，财政政策松紧结构化，不同于凯恩斯主义或供给学派全面刺激需求和全面刺激供给，克林顿实行"增中有减"的税收政策和"减中有增"的支出政策。最后，实行供给结构性调整，和凯恩斯

主义时期政府投资直接刺激经济、挤占私人投资不同，这一阶段政府投资的主要目的是为私人投资创造良好环境，通过财政政策推动高新技术产业发展，推动经济转型，增强经济内生动力，提高全要素生产率，从而推动美国经济持续增长。

 资料链接 10-7

克林顿时期的"新经济"增长奇迹

20世纪90年代，世界经济中最引人瞩目的是美国经济的高度繁荣，在经济增长中呈现了"一高二低"并举的现象，即高经济增长率、低通货膨胀率和低失业率并存。这种经济增长在以往的经济实践中从未出现过，从正统的宏观经济理论来看似乎也是不可思议的。针对这种情况，1996年12月30日美国《商业周刊》首次使用了"新经济"这一个词汇来描述美国良好的经济增长态势，引起了社会各界的兴趣，包括部分经济学家加入了讨论的行列，从各个方面对"新经济"增长进行了分析研究。到1997年7月东亚金融危机后，世界主要经济体中美国"一枝独秀"，"新经济"增长的呼声达到了高峰。

1997年11月，《商业周刊》主编斯蒂芬·谢波德在其文章《新经济，它到底意味着什么？》中首次对"新经济"增长的内涵进行了比较全面的界定，指出"新经济"增长具有以下六大特征：实际国内生产总值大幅度增长、企业利润持续递增、信息技术设备投资猛增、失业率创新低、进出口额大幅度上升、通货膨胀得到控制。

美国"新经济"现象的出现是美国经济迅速适应国内外政治经济变化的必然结果，它的出现有着深刻的历史背景和内外动因，是各种因素综合作用的结果。高新技术的迅猛发展、有利的国际环境、有效的宏观调控、对外贸易的发展、私人消费与民间投资的快速增长以及金融制度与企业制度的创新等都是"新经济"增长出现必不可少的条件。这些因素中，有效的宏观调控政策，特别是适宜的经济目标，明智的财政政策和货币政策为美国经济的发展起到了正确的引导和保驾护航作用。

在财政政策方面，克林顿政府实行了以削减财政赤字为核心的紧缩性财政政策，解决了美国长期以来积累下来的结构性矛盾，促成了国内良好的宏观经济环境。克林顿上台后从增加税收和减少国防等非生产性支出的两个方面削减了巨额的财政赤字，使维持长期低利率成为可能，促进了私人资本的形成。同时，财政预算的好转也提高了财政政策的有效性，能在需要时通过减税刺激经济增长。但需要指出的是，并不是所有领域都是增税减支。为了刺激美国经济长期稳定的发展，克林顿政府将支出的重点从消费转向为经济长期增长奠定基础的投资上，把财政支出引向更具生产性的用途上，增加了基础设施、教育和技术投资，为私人投资创造良好的投资环境。同时，通过税收杠杆鼓励扶持高新技术的发展，为美国经济长期增长和经济结构升级奠定了基础。

在货币政策方面，美联储将抑制通货膨胀和促进经济适度增长作为货币政策的最终目标，放弃了货币主义的以控制货币供应量作为货币政策中心的做法，而改以调整利率作用货币政策的中介目标，通过对利率实行"微调"保持货币政策的"中性"。保持"中性"即货币政策对经济既不起抑制作用，也不起刺激作用，根据通货膨胀率的高低来调节利率水平，使经济以其自身的潜在增长率在低通货膨胀条件下实现稳定持续的增长。"中性"的货币政策既将通货膨胀控制在较低水平上，又营造了相对稳定的低利率环境，为美国经济实现在低通胀率下的持续增长创造了有利条件。

资料来源：刘金红，2009. 美国新经济增长与克林顿政府的财政政策研究 [D]. 长春：吉林大学.

由于美国经济的复苏情况好于预期，克林顿的短期刺激计划并没有完全在国会通过，涉及公共工程、50万就业岗位以及中小企业税收信贷的法案最终都被国会否决，只有一项延长失业救济的40亿美元开支计划得到了国会的批准。而长期的投资计划和财政赤字削减计划，则以《综合预算调整法》的形式获得国会通过，并最终在1994年至1998年的财政年度预算中得以体现。长期投资计划反映了克林顿政府干预经济的基本特点，即提高经济增长率、提高生产率、增加高质量就业计划并且增强美国在世界上的经济竞争地位。该计划提出了一系列具体的政策措施，包括扩大政府公共投资、鼓励私人投资，强化民用高科技领域投资等。其中，计划增加2 200亿美元政府投资用于公路、桥梁、运输、通信等基础设施，以及教育、职工培训等方面的投入；向私人投资部门提供260亿美元的投资和税收优惠政策，协助创新企业进行融资；建立制造技术中心帮助中小企业进行技术扩散，减免中小企业投资税；从军费中拨出专门资金加强对机器人、信息网络等高精尖民用技术的支持。

财政赤字削减方面，根据《综合预算调整法》，克林顿政府要在五年内完成4 960亿美元财政赤字的削减工作。这4 960亿美元被分解为增税2 410亿美元和削减支出2 550亿美元。为了防止经济衰退，克林顿采取了结构性加税政策。个人所得税方面，将已婚夫妇年收入超过14万美元、个人收入超过11.5万美元的，提高最高税率至36%。同时，应税收入超过一定比例的加征10%的附加税。公司所得税方面，应税收入超过1 000万美元的公司最高税率提高至35%。此外，退休人员夫妻年收入超过4.4万美元、个人收入超过3.4万美元的退休者，社会保障津贴应纳税部分从50%提高至85%。而在削减支出方面，重点减少了行政经费、国防开支、医疗保健费用支出。

克林顿经济学在美国取得了巨大的成功，美国经济在20世纪90年代呈现"高增长、低通胀、低财政赤字率"的发展态势，创造了战后第二个黄金时代。同时，在结构性增税和压缩财政支出的共同作用下，美国财政实现了巨额赤字向预算盈余的转变。克林顿任期内，美国经济连续增长达112个月，为史上最长的连续增长期。同时，财政收支于1998年实现20年来的首次盈余。1992年克林顿上台时，财政赤字占GDP比重为4.7%；而当其卸任时，财政盈余已经上升至GDP的2.4%。

二、布莱尔的"新工党"与"第三条道路"的英国财政政策

1997年，布莱尔领导的工党在大选中获胜。随后，布莱尔采取了和美国类似的"第三条道路"，在保守党的"新右派"和工党"老左派"之间寻求经济政策的突破。早在1996年布莱尔接任工党领袖时，便发表了"新工党、英国新生活"的政策纲领，在继承保守党政府放松市场管制、减轻企业负担等相关政策的同时，针对保守党"市场原教旨主义"的弊端，对经济进行适度干预。布莱尔强调，为市场经济创造必要的条件不等于政府指挥其发展运行。

因此，布莱尔的宏观经济政策目标聚焦整体经济稳定，在透明、稳定、责任、公平和效率五大原则基础上构建起财政政策框架。一方面，倾向通过有所侧重的结构性财政支出促进经济增长。另一方面，制定了财政收支的两大法则：一是黄金法则，即政府借贷只能用于投资性支出；二是可持续法则，即政府借贷应当严格控制在GDP的某个比例之下，保持稳

定审慎水平。在布莱尔政策指引下，直到 2008 年国际金融危机爆发，英国保持了十年年均 2.5% 的稳步增长，同时成功地将通货膨胀率控制在 2%，"第三条道路"取得了一定的成功。

三、长期萧条时期的日本财政政策

1991 年开始，日本进入战后最长的萧条期。在美英经济强劲增长的 20 世纪 90 年代，日本经济平均增速仅有 1.1%，消费者物价指数也持续低于 2%。为了刺激经济走出低迷，日本政府于这一时期连续采取扩张性财政政策，意图通过大规模减税、增加公共开支和社会保障支出、扩大国债发行等措施，实现经济复苏。不难看出，这些政策主张是典型的凯恩斯主义政策。

资料链接 10-8

20 世纪 90 年代的日本大萧条

以 1991 年 2 月为转折点，日本经济步入战后以来最长也是最严重的萧条期。1992 年至 1995 年间，日本实际国内生产总值年均增长率没有超过 1%。1996 年实际国内生产总值增长率回升至 3.9%，是"泡沫经济"破灭后经济增长率最高的一年，日本各界倍受鼓舞。然而好景不长，1997 年在东南亚金融危机和日本国内金融机构倒闭浪潮的双重冲击下，日本经济增长速度再度降为 -0.7%，1998 年甚至出现了 -2.8% 的负增长。虽然 1999 年日本经济出现好转迹象，但进入第 3 季度的经济增长率又降为 -0.1%，至 2000 年第 1 季度仍未摆脱衰退局面。这意味着日本经济从 1991 年 2 月结束所谓"平成景气"以来，经历了长达 10 年的萧条期。20 世纪 90 年代的日本经济表现空前之坏，不仅与 60 年代日本经济高速增长期 10% 的增长率，70 年代初至 80 年代的稳定增长期 4% 的增长率相去甚远，而且与美国 90 年代新经济持续稳定的高增长也形成强烈反差，以至被称为"失去的十年"。

日本经济之所以陷入十年萧条，其重要原因就是泡沫经济的破灭。1985 年 9 月，西方发达国家为了协调其经济发展失衡达成"广场协议"，联合干预汇率。此次干预非常成功，1985 年 9 月日元兑美元汇率为 1 美元兑 250 日元，1988 年年初上升为 1 美元兑 120 日元，日元兑美元的汇率上升 1 倍。为了阻止日元进一步升值，日本银行将贴现率从 1986 年 1 月起连续降低 5 次，由 5% 降到 1987 年的 2.5% 的历史最低水平。同时，日本银行持续买进美元卖出日元，造成货币量供应膨胀，大量游资充斥市场，金融缓和导致利率长期低迷。与此同时，日本政府制定了"第四次全国综合开发计划"，提出要建立以东京为中心的国际交流网络，将东京建成"世界都市"。同时为扩大内需，根据国民对闲暇的需求迅速增强的判断，制定了《综合保养地域整备法》，刺激了各地方开发休养地的高潮。这样过剩的资金必然会流入涨价预期高的股市和土地。加上从 20 世纪 80 年代中期开始，日本加速金融自由化步伐，银行不仅直接投资于股票和债券，而且通过信托投资方式进入股市。金融机构也积极地进行融资，特别是对不动产等领域的融资急剧增长；民间企业也进行所谓"财务技术革新"，对股票、办公楼、厂房及机械设备进行过度投资；一般炒股者也争相购入股票，以期取得增值效益。其结果，股票、土地的价格被越炒越高，一股空前的投机狂潮席卷日本。1989 年日本金融资产达 400 万亿日元，超过国民生产总值 368 万亿日元，日经平均指数从 1985 年的 13830.13 点上升至 1989 年的 37000 点。东京证券市场超过纽约证交所股市总市值。1989 年日本地价上涨 2 倍多，仅东京地价总额就可买下一个半美国。

企业股票的市盈率从 1981 年的 21 倍，上升到 1986 年的 47.3 倍，1989 年高达 70.6 倍，远高于世界 10～20 倍的平均数。

不管金融泡沫（过度的股价和地价）还是实体泡沫（过剩的楼宇）迟早是要破灭的。当 1989 年日本银行为抑制经济过热而开始紧缩金融，将法定利率提高到 3.25%，并推出对不动产融资的限制措施时，股价便于 1989 年底开始反转，而地价也于 1990 年 6 月涨势开始减缓，1992 年转为下跌，日本经济也从"平成景气"转为"平成萧条"。

泡沫经济破灭，使日本经济遭受巨大损失。在 1990 年以后的 5 年间，日本全国资产损失达 800 万亿日元，其中土地等不可再生的有形资产减少 379 万亿日元，股票减少 420 万亿日元，两者相加几乎接近两年的国内生产总值，从此，造成日本经济的另一个症结——需求不足成为经济复苏的主要障碍。可见泡沫经济破灭所带来的危害之大，以至于不少日本人将其称为日本金融败战。

资料来源：全毅，2000.90 年代日本经济长期萧条的原因分析 [J]. 亚太经济（3）：39-41.

1992 财年开始，日本将刺激经济增长作为经济政策的首要任务。在电力、通信、住宅投资、个人消费和中小企业发展方面采取了一系列的财政扶持手段。至 1995 年 9 月，宫泽喜一、细川护熙、羽田孜、村山富市四位首相先后实施 7 次紧急或综合经济景气政策，先后投入 64 万亿日元，同时多次实施个人所得税"特别减税"政策。在一系列扩张性财政政策刺激下，1996 年日本经济出现强劲反弹，经济增长率达到 5%。

考虑到可能的通货膨胀，桥本龙太郎迅速转变财政政策，在 1996—1997 财年采取了上调消费税、推行《财政改革法》等一系列紧缩性财政政策。过于激进的政策转变使得 1997 年日本经济增速迅速下降至 1.6%，1998 年出现负增长。迫不得已，日本又重新回到减税、加大基础设施投资的扩张性财政政策。在随后的两年多时间里，桥本龙太郎、小渊惠三、森喜朗三位首相保持了高度一致的积极财政政策，先后推出综合经济对策、紧急经济对策、经济新生对策、新发展经济对策，投入 69 万亿日元刺激经济。由于财政政策的制定和转变过于激进，这一阶段的扩张性财政政策并没有复苏日本经济，反而造成了政府债务水平的大幅上升。从海部俊树到森喜朗的十年间，日本政府债务占 GDP 的比重由 61.4% 上升至 125%。

为了解决经济低迷和巨额财政赤字的两难问题，2001 年上台的小泉纯一郎决定放弃扩张性财政政策，转变为结构性改革，以经济结构优化促进经济增长。小泉政府的结构性改革的核心是压缩政府支出和缩小政府职能范围，具体到财政政策，就是要实行紧缩的财政政策，压缩经常预算、控制债务发行规模、压缩公共投资、大幅度压缩财政投融资规模。其具体措施包括：推行补助金、地方交付税和税源分配改革；推进社会保障改革，以养老、医疗保险制度为重点，谋求可持续、安定的社会保障制度；削减财政支出，特别是投资性支出；推进税制改革，通过系统性减税恢复经济活力。这一政策思路沿袭至安倍时期。2007 年初安倍重申，要着力推进重建财政，推动日本财政体系健全化，通过进一步削减财政支出、简化政府部门，力图在 2011 财年实现基本财政平衡、在 2015 年前后降低债务与国内生产总值比率。2007 年秋季开始，日本推行税收体制改革，同时在 2008 财年预算大纲中，将社会保险支出削减 2 200 亿日元、公共建设工程支出削减 3%、政府职员薪资预算削减超过 5 000 亿日元。

四、1989 年以后赤字与平衡之间摇摆的德国财政政策

1989 年之后，考虑到经济社会发展融合需要和现实经济困境，科尔放弃新自由主义经济政策，重拾凯恩斯主义经济政策。为了迅速改变东部基础设施和工业化的落后面貌，德国政府加大干预力度，采用扩张性财政政策支持东部地区。这一政策的结果是财政赤字和债务水平的大幅度上升。至 1997 年，德国政府债务余额占 GDP 的比重已达到 60%。为了控制财政赤字和债务水平，德国采取了提高增值税税率、课征两德统一税等增税措施。一系列的政府干预政策并未在原民主德国地区收获预期效果，还遏制了原联邦德国地区的经济活力，导致德国经济在 1991—2001 年陷入十年低速增长，年均增长率仅为 1.5%，低于欧元区 1.9% 的增速。

1998 年，施罗德领导社民党重新执政。上台后，施罗德既没有延续科尔的凯恩斯主义，也没有回到社民党的传统思想，而是采取了"新中间派政策"，继续贯彻社会保障和再分配政策，同时保证经济免受国家干预的限制。为了振兴经济，施罗德推行大规模减税计划，将个人所得税最高税率和最低税率从 2001 年的 51% 和 22.9% 逐步下降至 2005 年的 42% 和 15%；将公司所得税税率从 40% 下调至 25%，同时针对公司销售股票所得免征资本利得税。在减税的同时，施罗德还通过精简政府机构、调节政府人员工资、削减福利开支等措施，压缩政府开支水平。但是，这一系列政策并未扭转德国经济恶化的局面。于是，施罗德在其第二任期内推出了大幅压缩社会福利开支的"2010 改革议程"，将失业救济金和社会救济金合并为"第二套失业救济金"，严格规定救济金领取手续，遏制高福利政策催生的懒惰现象。然而，"新中间派政策"效果并不明显，自 2000 年实现 3% 的增长之后，德国经济持续陷入低迷，在 2001 年至 2005 年期间经济增长率始终未超过 2%。与此同时，德国财政赤字占 GDP 的比重，4 次超过欧盟规定的 3%，其中 2004 年达到 4%。

2005 年，默克尔出任德国总理，组成基民盟、基社盟、社民党联合执政政府。当时德国面临极其糟糕的财政状况，赤字率和国债占 GDP 比率均超过了欧盟规定的标准。在继续推行"2010 改革议程"的同时，默克尔将国家财政状况放在更加重要的位置，明确提出要"缩减政府财政开支"，包括减少税收方面的优惠措施和补贴、取消私人住宅补贴、调降储蓄免税额度、限制节假日期间和上夜班的加班费免税额度、取消通勤距离在 20 公里以内上班族的交通补贴，并且采取了降低失业保险金率、提高企业投资货物折旧率等减轻企业负担的政策措施。税收方面，2006 年德国通过《税收改革法》，通过增加增值税和提高高薪者所得税（富人税）以增加财政收入。从 2007 年开始，增值税税率从 16% 提高至 19%。在这些政策的综合作用下，德国经济在 2006 年实现 3% 的增长，2007 年继续保持较高增长率，长期困扰德国的财政赤字在 2008 年下降为零，国际收支经常性项目也有较大的盈余。

第六节　应对新一轮全球金融危机的扩张性财政政策

国际金融危机之后，凯恩斯主义卷土重来。为了迅速扭转经济下行的局面，西方各国政府纷纷采用扩张性财政政策刺激本国经济。在国民经济取得一定复苏后，由于财政赤字的大幅上升，西方国家又纷纷将扩张性财政政策转变为紧缩性财政政策。

一、奥巴马时期的凯恩斯主义财政政策

由于奥巴马上台时,国际金融危机已经全面爆发,因此凯恩斯主义成为奥巴马政策主张的核心。在此之前,小布什主要采取货币政策应对次贷危机,要求美联储对金融系统注资和降息以缓和金融机构遭受的冲击。然而,由于形势不断恶化,2008年10月,小布什不得不推出了7 000亿美元的"不良资产救助计划",由财政部购买重要机构优先股票,完成融资。

奥巴马就任总统之后,强力推行凯恩斯主义的财政政策,签署了总金额达7 870亿美元的综合刺激计划。其中,35%用于减税,65%用于投资。计划具体内容包括:为个人和企业减税,每个劳动者和家庭都可以获得退税;增加社会福利项目,在65%的投资中,有1 900亿美元用于支持救济、医疗补助、食品券等;其余3 100多亿美元用于机场、桥梁、运河、水坝、管道等公共交通系统等领域的投资。奥巴马预计,一揽子的刺激方案可以为美国创造350万个就业岗位。大规模的经济刺激计划使2009财年财政赤字大幅度上升到1.416万亿美元,占GDP比重达到10%,2010财年、2011财年、2012财年赤字都在1万亿美元以上,其中2012财年为1.089万亿美元,占GDP比重为7%。

为了平衡经济稳定增长和削减财政赤字两大政策目标,奥巴马在其第二任期采取了相对第一任期而言略为紧缩的财政政策。但是,稳定经济增长仍然是首要目标。奥巴马在竞选连任演讲中强调国家干预对美国经济社会发展的重要性,指出"自由市场万能论"无法解决巨额财政赤字和"财政悬崖"问题,主张取消富人减税政策。连任成功后,奥巴马迅速推动国会于2013年1月1日通过解决"财政悬崖"问题的妥协法案,主要是增加年收入45万美元以上富裕家庭的个人所得税,并将政府开支削减计划延后两个月执行。2013年2月12日,在《国情咨文》中奥巴马明确提出,要有一个"广泛为增长投资的政府",通过税收制度改革、鼓励制造业发展、加强基础设施等措施促进美国经济发展。一方面,奥巴马承诺继续削减财政赤字,但同时希望富人为削减赤字做出更多贡献,而且要避免教育、社会福利开支过度减少导致美国竞争力受到损害;另一方面,降低公司税率,特别是制造业企业税负,鼓励制造业岗位回流,并据此提出建立制造业创业中心,打造全球高技术产业中心。此外,奥巴马还提出要增加基础设施建设投资,由联邦政府出资维修桥梁道路,以公私合营建设现代化港口等。

从实施效果来看,奥巴马的经济政策可谓是成功的。在执政的八年时间里,虽然美国经济整体增速较为缓慢,但是逐步摆脱了国际金融危机。2010年美国经济增长率已经恢复到2.5%,之后维持低速增长,2015年上升到2.6%,2016年为1.6%。同一时期,美国失业率稳步下降,从2009年10月的10%下降到2015年10月的5%。同时,在第二任期里奥巴马显著改善了美国财政赤字状况,2013财年至2016财年,美国财政赤字占GDP的比重分别下降至4.1%、2.8%、2.5%和3.2%。

二、英国从宽松到紧缩的财政政策

作为受影响最大的国家之一,布朗政府在金融危机之后出台了大量干预市场的政策举措,包括2008年10月和2009年1月两轮救市计划,以及2009年11月份的经济刺激方案,减税是上述政策的核心。2008年11月,英国出台了一项总额为200亿英镑,以减税为核

心的一揽子经济刺激计划,其中增值税税率从 17.5% 下降到 15% 的调整是刺激政策的重中之重。同时,英国还投入了数十亿英镑用于道路、学校等项目的建设工作,以重整建筑业。换言之,在"第三条道路"的经济政策基础上,英国在这一时期采取了倾斜凯恩斯主义的政策。

2010 年大选后,保守党重新执政,卡梅伦政府开始执行紧缩的财政政策,这一方面是因为经济取得一定复苏后英国出现了财政赤字的困境,另一方面也是保守党贯彻新自由主义经济思想的体现。针对财政赤字困境问题,卡梅伦政府在上台伊始改进了英国的财政政策体制。一方面,重新定义了财政部和国家审计署,并且效仿工党政府设立货币政策委员会的做法成立"财政委员会"——预算责任办公室。自此,财政部负责制定财政政策目标,国家审计署负责审查政府的公共开支,预算责任办公室负责对政府的经济和公共财政状况进行客观分析和权威预测。同时,卡梅伦政府废除了工党的《财政责任法案》,扩大了财政整顿规模,提出了两个具有前瞻性的财政目标,包括财政任务和补充目标。

 资料链接 10-9

保守党政府的新理念

卡梅伦带领的保守党政府,其经济治理新政务实而"充实",基本上属于"问题"导向型的综合治理,反映了新一届保守党领导人经济治理理念与风格上的实用主义与灵活性。保守党新政主要针对英国经济中高赤字、低生产率和低通胀等新老难题。在赤字方面,尽管 2013 财年、2014 财年赤字比 2009 财年、2010 财年减少了三分之一,但公共部门净债务已经达到 14 492 亿英镑,到 2014 年 10 月达到 GDP 的 79.5%。英国国家统计局 2015 年 1 月发布的数据显示,截至 2014 年第三季度,英国经常项目赤字高达 270 亿英镑,占 GDP 的 6%,为 1955 年以来的最高水平。而事实上,英国上下对政府所热衷的"减赤"看法不一,认为"生产率谜题"才是英国经济界更为关注的问题。这是因为"英国不是唯一遭遇危机后生产率下滑的国家,但最为严重"。英国预算责任办公室指出,2010—2014 年间,英国生产率的年增长率仅为 0.5%。英国央行调查显示,英国单位劳动生产率自金融危机以来累计下跌约 16%。劳动生产率复苏速度位列七国集团末位。生产率不高被认为是制约英国经济可持续增长的主要症结。

低通胀则是影响英国经济前景的另一个不确定性因素。受全球食品、能源等大宗商品价格下跌以及内需乏力等影响,2015 年第一季度,英国通胀降到了 0.1%,为 1960 年来首次。在经济治理理念上,英国财政研究所报告指出,仅从税收政策调整就可以发现,很难用哪个理论或战略定义英国政府将要进行的一系列改革。中国学者吴必康指出,英国经济政策和理论至今经历了四次重大变革,体现了市场经济和国家干预的关系变动。这两只手相互矛盾、相互交替,形成一种重要的历史现象——经济政策的"钟摆运动":从注重国家干预之手的重商主义,走向积极推行"看不见的手"的经济自由主义,继而"回归"重视国家干预的凯恩斯主义,随后是新自由主义重新力推"看不见的手",2018 年后又走向欲求两只手平衡的"第三条道路"。历史的轨迹证明,"对于英国经济而言,没有万能之手,只有适用之手"。可以说,矛盾与融合是英国式经济治理的传统特色。对于英国首相卡梅伦与财政大臣奥斯本等年轻一代保守党领导人而言,他们共同的特点是年轻、具有很强的冒险精神和实用主义色彩。他们缺乏经济专业背景,但却是非常职业的政客,深谙选民需求与执政之道。传记作家贾楠·加内什在《紧缩财相》一书中指出:"在一个职业政客的时代,奥斯本是最职业和最政治化的政治家"。IMF 近期报告认为,英国经济长期和可持续复苏需要经济的再平衡,从公共开支需求驱动转向私人部门需求驱动,对外需求亦将加大。当前英国的中长期财政稳固计划和宽松货币政策有助于实现外部再平衡。实施进一步的结构改革,以及扩大公共基础设施投资等将有助于提高劳动生产率,改善经济的竞争力。

资料来源:杨芳,2015.英国保守党政府经济治理新政 [J].欧洲研究,33(4):37-42.

2015 年 7 月,卡梅伦政府出台了 1996 年以来首个由保守党政府主导的财政计划。独自执政的保守党政府延续了卡梅伦第一任期内联合政府促进经济增长,削减财政赤字的政策,但是在节奏上进行了一定调整。在当年的夏季预算中,保守党充分肯定了联合政府在经济增长和财政整顿方面取得的成绩。同时也指出英国仍然面临财政赤字率居高不下,生产效率低下、经济发展不均衡、福利制度及税收政策不合理等问题。因此,卡梅伦政府第二任期的财政计划是确保可持续公共财政对经济增长信心、促进代际公平、确保政策有效性以及提高货币政策在稳定经济波动方面的作用作为新的财政政策目标。在这一目标和规则下,卡梅伦政府出台了包括下调公司所得税税率、提高个人所得税免征额、上调遗产税起征门槛、上调居民最低工资水平等增加企业和居民收入的措施,同时保持每年平均削减数额为 GDP 1.1% 的财政赤字,引入新的全国生活工资水平。此外,卡梅伦政府还宣布未来 5 年将政府用于青年住房补贴、失业补贴等方面的社会福利支出累计减少 120 亿英镑,从而收缩政府职能、减少对市场干预。

三、日本的新一轮财政扩张

国际金融危机导致日本不得不在重建财政政策的基础上实行财政扩张。2008 年福田康夫内阁公布了《实现安心的紧急综合对策》(以下简称《对策》),包括继续重建财政、不再发行赤字国债、推进结构性改革。《对策》增加了 11.7 万亿日元的财政支出,主要投入到医疗、交通和扶持中小企业方面。同年上台的麻生太郎内阁继续将重建财政和推进结构性改革实现经济增长作为财政政策的中长期目标。2008 年 10 月,麻生太郎内阁出台"生活对策",安排近 27 万亿日元财政支出,用于改善居民住房条件、扶持中小企业发展、对住宅贷款减税及生活支援定额补贴等。同年 12 月,由于上述财政政策效果不佳,麻生太郎内阁追加了 43 万亿日元的经济扶持计划,史称"生活防卫紧急对策";其中包括 33 万亿日元的金融稳定对策和 10 万亿日元的财政对策;财政对策的部分主要用于就业、增加地方交付税、新增经济紧急应对预备费。2009 年 4 月,麻生太郎内阁出台"经济危机对策",安排 56.8 万亿日元支出,以刺激内需。这一对策在财政支出方面的内容主要包括增加社会保障、完善公共投资及鼓励技术开发等。同年底,新任首相鸠山由纪夫为了稳定就业,出台《紧急雇佣对策》,投入 24 万亿日元,紧接着又出台《应对明日安心和增长的紧急经济对策》,在一系列应对金融危机的政策轰炸下,日本经济终于在 2009 年底开始好转。但是通货紧缩和日元升值的压力接踵而至。2010 年营直人内阁连续投入 10 万亿日元和 21 万亿日元,解决通货紧缩对经济增长的负面影响。

2012 年,安倍晋三再度执政后,推出了应对通货紧缩、提振日本经济的"安倍经济计划"。在财政政策方面推行新一轮财政扩张,采取扩大财政预算规模,增加对公共事业和基础设施建设的投资，同时由日本银行认购赤字国债，向市场注入流动性，压低市场利率，在刺激私人部门投资的同时减弱政府投资的挤出效应。这些政策虽然使日本经济有所复苏，但是国家财政风险也迅速上升。2011年日本财政赤字率上升至8.6%，政府债务余额占GDP的比重在2010年达到193.3%，至2015年上升至233.8%，成为发达国家中债务压力最大的国家。

四、德国的财政刺激政策

2008年金融危机前，德国GDP连续两年增长达3%左右。在2008年金融危机冲击下，德国GDP在2008年第四季度同比下降1.6%，2009年第一季度与去年同期相比萎缩6.7%。和其他西方工业化国家一样，德国政府也推出了救市计划，通过向银行注资，设立金融市场稳定基金，防止重要金融机构破产。同时，德国积极实施经济刺激计划，采取对基础设施投资、减免企业税收、扶助中小企业等一系列措施。到2009年，德国政府财政赤字占GDP的比重上升至3.3%，政府总债务占比上升到73.2%。同时，为了避免出现财政失衡的情况，德国政府2009年6月颁布《新债务限额法案》，明确提出到2016年前，要将财政赤字限制到GDP的0.35%以内。2010年，德国政府开始实施财政整固计划，并从2011年起实行紧缩性财政政策。

第七节　中国改革开放后财政政策的演变

改革开放以来，中国经济取得了重要的发展成就，这主要得益于中国财政政策的不断发展与改革。中国针对不同时期的经济发展情况，实行了不同的财政政策，这样不仅促进了中国经济健康平稳的快速发展，而且为中国财政体系的改革积累了宝贵的经验。在多次调整过程中，中国财政政策的宏观调控逐渐由行政干预过渡到市场经济自主干预的过程，这对中国的经济健康发展有着积极的影响和借鉴意义。

改革开放以来，中国政府一直在探索着如何利用中国特色社会主义市场经济条件下的财政政策来调控国民经济。在这期间，我们大致经过了"促进国民经济调整的财政政策""紧缩的财政政策""适度从紧的财政政策""积极的财政政策""稳健的财政政策"及"积极的财政政策"等几个时期。依照凯恩斯的相机抉择理论，政府大致应该是交替采取紧缩或积极政策。在中国财政政策的制定实施过程中，可以看出随着市场改革和政治改革的深入，政府的操作手段和把握程度都是渐趋于成熟，在政策效果上基本也是一个愈加精准的过程。从对财政政策的把握程度出发，中国财政政策的历程可大致分为三个大的阶段。

一、摸索阶段

这一阶段共跨越了三个时期，分别是1979—1981年的第一次财政紧缩时期、1982—1987年的恢复性财政宽松时期和1988—1992年的第二次财政紧缩时期。在这一阶段内的三次财政政策调整都带有鲜明的计划经济色彩，在各类措施中行政手段和直接财政手段占多数。

众所周知，中国的改革开放事业伊始于1978年，改革开放初期由于原来的计划经济和行政、财政体系的原因，使得中国制定和实施财政政策时带有浓厚的计划经济色彩，同时由于还未完全脱离计划经济，所以出台的政策的调控效果比较猛烈。

(一)第一次财政紧缩时期

改革开放初期,中国经济发展出现了过热的现象,主要体现在财政赤字严重、社会总需求与总消费的结构不合理、物价持续上涨。为了控制经济过热,中国政府决定从1979年起,用3年时间对国民经济实行"调整、改革、整顿、提高"。

这次宏观调控中,由于中国当时的政治、经济等改革尚处于初级阶段,因此主要运用行政手段进行调控。当时主要采取了多项重大措施进行宏观调控。一是改革财政体制。从1980年开始,中国逐步改变以往"总额分成、一年一定"的集权型财政体制,渐进实行"划分收支、分级包干"的分权型财政体制。新的财政体制调动了中央和地方双方的积极性,有力地促使地方合理地安排财政收支和自求平衡。二是减少固定资产投资的规模,很多计划中的建筑项目停止建设或缓期建设,同时减少基础建设的规模,引导国家预算外资金合理运用,有效地控制国家财政的支出。特别是减少房地产及"楼、堂、馆、所"等方面的投资,确保投资的合理性与需求性。三是增加农业、轻工业投资,提高消费品供给能力。四是稳定市场,平抑物价。五是调整进出口商品结构,平衡国际收支。

(二)恢复性财政宽松时期

1979年开始施行的财政政策对抑制经济过热起了很大的作用,但是由于中国刚刚开始社会主义市场化工作,国外的经验无法完全照搬,以前的路子也不能再走,只能"摸着石头过河",各项工作所能产生的效果没有办法准确预见,在经济调整中实施的紧缩政策力度过大,经济增长率从1980年的7.8%降到1981年的5.2%。为了扭转国民经济出现的下滑,1982年开始实行宽松的财政政策和货币政策,通过放松银根,继续深化财政体制改革,增加有效供给,缩小总供给与总需求之间的差距。从1982年到1987年间,我国一直维持着这种较为宽松的财政政策,在这一时期,国家对财政政策实行了深化改革,地方与国家的财政关系得到了合理的分配,企业的积极性也得到了积极的提高。

 资料链接 10-10

"两个大锅饭"

1984年12月4日召开的党的十二届三中全会决定将中国经济改革的重点从农村转向城市,并提出增强企业的活力,特别是增强全民所有制的大、中型企业的活力,是以城市为重点的整个经济体制改革的中心环节。

企业活力增强的关键在于正确处理两个关系:一是国家和企业的关系;二是企业和职工的关系。理顺国家和企业的关系,其主旨在于打破企业吃国家的"大锅饭"。也就是需要将"全民所有"与"国家直接经营"分开,就是将所有权和经营权适当分开,扩大企业自主权,在服从国家计划和管理的前提下,企业有权选择灵活多样的经营方式,有权安排自己的产供销活动,有权拥有和支配自留资金,有权依照规定自行任免、聘用和选举本企业的工作人员,有权自行决定用工办法和工资奖励方式,有权在国家允许的范围内确定本企业产品的价格,从而打破企业吃国家"大锅饭"的局面,将企业培养成为相对独立的经济实体,成为自主经营、自负盈亏的社会主义商品生产者和经营者。理顺企业和职工的关系,则是为了打破职工吃企业的"大锅饭",也就是劳动者在各自的岗位上,以主人翁的姿态进行工作,人人关注企业的经营,人人重视企业的效益，人人的工作成果同他的社会荣誉和物质密切相连，打破职工企业的大锅饭，发挥劳动者的主动性和创造性。

确立国家和企业以及企业和职工的正确关系，需要进行计划体制、价格体系、国家机构管理经济的职能和劳动工资制度等各方面的配套改革。为此，1984年8月，国务院发布《贯彻执行国务院关于进一步扩大国营工业企业自主权的暂行规定》的实施细则，从生产经营计划、产品销售、产品价格、物资选购、资金使用、资产处置、机构设置、人事劳动管理、工资奖金和联合经营方面给予企业更大的自主权。

利改税是国有企业上缴政府的收入由利润改为税收，第一步是对国有企业开征所得税，第二步是对税制进行全面改革。通过利改税将国家与企业的分配关系长期固定下来，这就有利于克服企业对国家的依赖思想，从而打破企业吃国家的大锅饭，提高企业预期，增强企业增收增产的积极性。在长期的、稳定的分配关系之下，企业在保证完成国家计划任务前提下，多生产，多留用，提高企业积极性，同时对自己可支配的财力能够心中有数，对企业的发展进行较长时间的规划。利改税后，各类企业，不论企业原来的隶属关系如何，都整齐划一地向政府缴税，无亲疏之别，从而可能逐步割断企业与"条条""块块"在经济利益上的联系与行政隶属关系，减少政府部门对企业经营的干预，扩大企业自主权，使企业成为独立的经济主体。在价格体系改革尚未完全到位的情况下，通过税收杠杆，设置不同税率，调节因价格高低、资源优劣、技术装备程度等因素而造成的企业利润水平高低悬殊问题，使企业的税后利润率合理接近，保证企业能够在大致相同的起跑线上展开竞争。

资料来源：刘尚希，傅志华，等，2018.中国改革开放的财政逻辑（1978—2018）[M].北京：人民出版社：66-67.

（三）第二次财政紧缩时期

1984年开始，中国国民经济又出现过热的势头，社会总需求与社会总供给的矛盾不断深化，物价上涨，已严重影响到国民经济的健康可持续发展。为了解决社会总需求与总供给之间的矛盾，抑制物价上涨，促进国民经济持续健康发展，国家只有扩大财政赤字，大量发行货币。但是不能从根本上解决社会总需求与总供给之间的矛盾，于是在1988年的十一届三中全会上，党中央提出了"全面深化改革，整顿经济秩序，治理经济环境"的方针政策，在全国范围内开始实施"紧缩财政、紧缩信贷"的政策。这个时期的财政政策主要是从四个方面进行展开的。

（1）减少固定资产投资的规模，很多计划中的建筑项目停止建设或缓期建设，同时减少基础建设的规模，引导国家预算外资金合理运用，有效地控制国家财政的支出。特别是减少房地产及"楼、堂、馆、所"等方面的投资，确保投资的合理性与需求性。

（2）减少社会消费，在一定程度上保持社会需求与社会消费的合理结构，不断加强社会集团方面的消费，专项消费商品由19种扩大到32种，适当增加银行的存款利息，吸引社会中的资本进入银行，从而减少社会中的购买力，抑制工资等方面收入的增加，不断控制商品价格的上涨。

（3）减少中央的财政支出，对在市场经营过程中的国有企业停止财政补助，不能够适应社会发展的企业进行关闭或整顿，同时减少社会管理方面的财政支出。

（4）进行税费制度改革，对企业的利润一部分上缴国家，一部分留给企业，促进企业自身发展，同时，增收建筑税，对非生产性建筑实行高税率。双紧的财政政策实行之后，有效抑制了我国经济过快增长的势头，物价也降到正常的水平，社会总需求与社会总供给的矛盾得到化解，产业结构得到有效的调整。但是双紧政策也带来了一定的负面效应，这样导致整个效益下降，社会资金短缺，经济效益下降，市场开始显现疲态，财政开始出现困难。

二、巩固阶段

这一阶段财政政策的重点是财政体制、税收制度及经济结构。在经历过一段时间的发展和摸索之后，中国政府已经意识到必须要深化改革，调整制度以适应日益发展的社会主义市场经济。事实证明这一阶段的改革措施为后来的发展奠定了基础，排除了障碍。

（一）适度从紧的财政政策

1992年的"南方谈话"和"中国共产党第十四次全国代表大会"后，新一轮的经济建设高潮兴起。到1993年上半年，投资增长过猛，而基础产业和基础设施配套跟不上，物价不断上涨，经济发展处于严峻的历史时期。为了促进我国经济健康平稳的发展，党中央做出了深化改革、加强对经济的宏观调控的决定。这一次的措施中很大一部分是制度改革或为以前的体制改革扫尾。其中主要的改革是进行财政税费改革和财政体制改革，这次改革之后，我国经济发展出现了健康平稳的发展势头，经济建设取得了重要的成就。

（1）财政体制改革，主要是调整地方财政与中央财政的关系。中国自1994年开始实行分税制，按照中央财政与地方财政各自承担责任的不同划分各自的财政支出范围，根据财政分配的相关原则，合理地分配中央与地方的财政收入，属于中央财政管辖或支出的，统一按照相关原则由中央财政统一支出。同时，增加地方财政的自主权利，中央财政只是从宏观上进行调控。通过对中国财政制度和体系的改革，使中国的财政体系趋向合理化，中央和地方的财政关系得到了有效的调整，增加了中国财政的宏观调控能力。

（2）国有企业实行税利分流，规范国家与企业的分配关系。进一步规范国家与国有企业的利润分配，既要保证国家的利益不受到损害，同时要保证国有企业的利润，促进国有企业的发展。而且，国家与国有企业共享利润、共担风险，也降低了国有企业在市场经营过程中的风险，为国有企业发展奠定良好的发展基础。同时，国家能够运用税收对国有企业的发展进行宏观调控，从而为国有企业在市场中的发展提供良好的条件。

（3）进行税制改革。对原来不适应时代和经济发展的税种进行改革，建立以增值税为主体的新的税收制度，同时，对消费税的征收扩大范围，对营业税也进行了合理的改革与调整。新的税收制度不仅促进了我国税收制度的规范化，而且可以适应于国内投资与国外投资的企业。通过税收制度改革，统一了各种形式的联营企业的企业所得税。这次税收制度的改革，不仅调整了国家、企业及个人收入之间的分配关系，而且对物价、外贸、金融等领域产生了积极的影响，有力促进了我国财政体系的改革与发展。

（二）亚洲金融危机后积极的财政政策

自20世纪80年代以来，财政政策受到多方面的因素制约，总体上的发展是比较缓慢的，主要体现在我国经济发展相对比较缓慢、财政职能范围不断收缩，这种现象一直维持到亚洲金融危机的爆发。亚洲金融危机严重影响中国经济的健康发展，同时，中国经济在经过一段时间发展后,产业结构不合理、产品技术比较落后、附加值不高等问题也都先后显现出来,在国外与国内经济的双重压力之下,中国政府果断地实施了以下的扩张性财政政策。

(1)增发国债,加强基础设施投资。通过向国有商业银行大量发行国债,把资金向基础设施方面转移,主要是水利工程建设、农村基础设施建设、交通通信方面及城乡电网改造、国家粮食储备建设等方面。

(2)支持外贸出口。外贸出口在我国经济发展过程中占据非常重要的比重,特别是在沿海省份,外贸出口是经济发展的主要推动力。通过外贸出口进一步提高我国企业在国际市场中的竞争力,提高我国外贸出口在国民经济中的比重。

(3)增加科、教与社会保障方面的投入。教育在国家的发展过程中起到不可估量的作用,邓小平同志说过"科学技术是第一生产力",所以要不断加强在教育方面的投入,这样才能够不断将教育成果转化为科技生产力,促进我国经济发展。社会保障建设也不可忽视,在稳定社会发展、促进社会和谐方面社会保障建设非常重要,财政要不断扩大社会养老保险层面,根本上改变我国养老的现状。

(4)调整收入分配。要积极调整我国城乡居民的收入分配,不断增加社会消费需求,重点是增加我国中低收入人群的收入。中低收入人群在我国社会消费中具有很大的影响作用,提高中低收入人群的收入能够有效提高社会消费需求。同时要不断提高我国社会保障的水平,在我国基层受保障人员的生活水平还是很低,要通过各种的渠道提高他们的生活水平。

(5)支持经济结构调整,促进国有企业改革。随着经济的不断发展,国有企业原有的结构和规章制度等都不能适应市场经济的发展,要对不同的国有企业实行不同的政策,该实行破产的国有企业要积极实行破产重组,对大型国有企业要从政策上支持其发展,支持其走出国门,走向世界,特别是涉及电力、交通、能源的国有企业要不断加大对其的支持力度,加快改革和转型升级,提高市场竞争力。

中国政府通过宏观调控政策有效地刺激了消费、扩大了出口,经济结构得到了有效的优化,在亚洲金融危机影响下,中国经济仍然保持了快速、健康的发展趋势。这次宏观调控有效遏制了通货紧缩,社会需求恢复到正常的发展水平,经济结构调整开始积极有效的进行,中国经济发展出现了快速增长的良好局面。

三、成熟阶段

在亚洲金融危机的过程中,中国政府在经济宏观调控中展现出非凡的才能,再加上以前的改革成果使得财政的体制得到了很大改善,政府对经济的把控能力已经达到了一个新的阶段。

(一)稳健的财政政策

在扩大内需取得积极成效的同时,中国在经济发展过程中又出现投资膨胀,贷款规模不断扩大,煤炭运力不足,电力输送不均衡,通货膨胀进一步显现出来,而且交通、能源及电力方面的投入严重不足,产业结构问题仍然是制约中国经济发展的重要问题。在这样的情况下,党和国家进一步加强了对经济的宏观调控,特别是在经济方面的宏观调控,主要体现在以下几方面:一是减少国债的发行,2004年我国国债的发行比上年减少300亿元,缓解了我国经济建设过热的局面。二是有保有控,进行结构性调整。其一,鼓励农业的发展,加大对农民购置良种和大型农机具的补贴力度、减免农业税。其二,加大对我国薄弱环节的支持,如就业方面和社会保障方面等。三是深化税制改革,发挥税收调节的作用:①改革农业税,减轻了农民负担,同时增加了农民的收入;②改革增值税,推动生产型增值税向消费型增值税转型;③调整个人所得税,提高个人所得税起征点;④调整资源税。例如,为了促进环境保护和节约资源,陆续提高了11个省的煤炭资源税税额标准。稳健财政政策的实施,使我国经济运行呈现出"增长速度较快、经济效益较好、群众受惠较多"的良好格局。

(二)第二阶段的积极财政政策

2008年下半年全球金融海啸爆发后,中国经济增长趋缓,在严峻的经济形势下,我国推行了新一轮的积极财政政策。

2009年,中央又制订"一揽子"振兴经济计划,其中包括十大重点产业振兴计划,将国家科学技术长期规划中,与当前经济发展紧密联系的六个重大专项加快进行,作为科技支撑,准备投入6 000亿元。随后,我国政府先后审议通过了有关汽车、钢铁、纺织、装备制造、船舶、电子信息、轻工、石化、有色金属、物流十大产业振兴规划。

2010年,政府的宏观经济政策保持连续性和稳定性,突出财政政策实施重点,加大对民生领域和社会事业支持保障力度,增加对三农、科技、教育、卫生、文化、社会保障、保障性住房、节能环保等方面和中小企业、居民消费、欠发达地区的支持力度,支持重点领域改革。

2011年,政府实施的积极财政政策着重把握以下五个方面:一是提高城乡居民收入,扩大居民消费需求;二是合理把握财政赤字和政府公共投资规模,着力优化投资结构;三是调整完善税收政策,促进结构调整和引导居民消费;四是进一步优化财政支出结构,保障和改善民生;五是大力支持经济结构调整和区域协调发展,推动经济发展方式转变。加大财政科技投入,推动自主创新,促进产业结构优化升级。2011年12月,中共中央召开政治局会议和中央工作会议,会议指出,2012年我国将继续实施积极的财政政策与稳健的货币政策,不断加大对民生领域的投资力度,积极促进经济结构调整。

(三)十八大以来中国财政政策的实践

十八大以来,以习近平总书记为核心的党中央提出了一系列治国理政新理念、新思想与新战略,为财政改革发展提供了行动指南。坚持以新发展理念为指导、以供给侧结构性改革为主线、以保障和改善民生为重点,中国不断完善财政政策,推动经济发展方式转变,推进社会事业建设,切实增强人民群众获得感。

政府坚持以更加积极有效的财政政策适应、把握、引领经济发展新常态。当前,中国的经济发展已经全面进入新常态,政府的宏观调控必须准确把握经济发展的阶段性特征,妥善应对收入增长放缓、支出继续刚性增长的经济态势变化,使财政政策更精准、有效。政府要遵循发展规律,充分认识条件变化的客观性,发挥财政政策的导向作用,着力提高经济发展的质量和效益,促进经济保持中高速增长、迈向中高端水平,创新调控方式,确保经济运行在合理区间。政府要改善预期管理,充分考虑市场主体行为特点和社会心理,增强政策透明度,引导和改善市场预期,进一步调动市场主体积极性。政府应合理把握积极财政政策的重点、节奏和力度,激发市场主体活力,推动经济的平稳运行和发展的提质增效。

大力实施减税降费政策。积极稳妥推进营业税改征增值税改革,特别是自2016年5月

1日全面推开营改增试点以来,截至2017年6月,直接减税8 500多亿元,实现所有行业税负只减不增。不断扩展小型微利企业所得税优惠政策范围,年应纳税所得额上限从6万元提高到50万元。进一步扩大企业研发费用加计扣除范围,科技型中小企业研发费用税前加计扣除比例由50%提高至75%。出台股权激励和技术入股递延纳税政策,完善固定资产加速折旧优惠政策。清理规范政府性基金和行政事业性收费,共取消、免征、停征和减征1 368项。集中公布中央和地方收费目录清单,实现全国"一张网"动态化管理。

适度扩大财政支出规模。赤字率控制在3%,扩大的赤字主要用于弥补减税降费带来的财政减收和保障重点领域支出需要。发行地方政府债券置换存量债务,降低利息负担。积极盘活财政存量资金,按规定用于经济社会发展急需领域。规范推广运用政府和社会资本合作模式,合理引导民间投资。

加大对供给侧结构性改革的支持,提高全要素生产率,促进社会生产力水平整体跃升。综合运用各种财税政策工具,提高供给结构对需求结构的适应性。同时发挥好财政在需求侧管理中的作用,适度扩大总需求。要处理好总量和结构的关系,在坚持积极的财政政策、推动解决总量性问题的同时,把转方式、调结构放到更加重要的位置,优化财政资源配置,提高生产要素利用水平。要处理好短期和长期的关系,从化解当前突出矛盾入手,从构建长效体制机制、重塑中长期经济增长动力着眼。

积极落实"三去一降一补"重点任务。设立并及时拨付专项奖补资金,支持化解钢铁、煤炭行业过剩产能过程中职工分流安置工作。将棚户区改造与去库存结合起来,2016年棚改货币化安置比例达到48.5%。加大补短板力度,加强三农、重大基础设施等重点领域薄弱环节建设。推进农业供给侧结构性改革。探索建立涉农资金统筹整合长效机制,加强行业内资金整合与行业间资金统筹相互衔接配合,优化财政支农投入供给。实施以绿色生态为导向的农业补贴制度改革,将补贴政策目标由数量增长为主转到数量质量效益并重。着力支持振兴实体经济,落实创新驱动发展战略,扩大高质量产品和服务供给。支持实施"中国制造2025",发展壮大节能环保、新一代信息技术等战略性新兴产业。开展小微企业创业创新基地城市示范,充分发挥国家中小企业发展基金作用,促进大众创业、万众创新。重点支持公共科技活动,深化中央财政科技计划(专项、基金等)管理改革,推动落实中央财政科研项目资金管理等政策。完善鼓励科技创新、引导科技成果转化的财税政策,促进实体经济向产业链中高端跃升。

坚持财政取之于民,用之于民,坚持公共性、公平性,不断提高公共服务质量,增强人民群众获得感。提高财政政策的精准性,区分类型,增强财政资金和政策的指向性,更加注重对特定人群特殊困难的帮扶。注重财政可持续性,充分考虑经济发展水平和财力状况,渐进提高民生保障水平,完善相关支出政策和机制,促进人民生活不断改善。

 资料链接10-11

"以人为本"的财政政策

"民为邦本,本固邦宁",民生一直是我们党促进人的全面发展的出发点和落脚点。党的十八大以来,党中央始终注重民生保障,奋力铸就大国民生改善新篇章。与党的十八大之前相比,民生工作发生了多方面的重大改变。一是理念更加自觉,将民生建设与全面建成小康社会、实现中华民族伟大复兴的中国梦有机统一起来；二是目标更加明确，把我们党的奋斗目标与人民对美好生活的向往有机统一起来；三是思路更加清晰，更有针对性，也更加务实，一再强调要托底保底，要突出重点；四是更加注重制度建设，强调建立和完善保障民生的机制体制；五是更加注重社会公平正义，正确处理市场与效率、发展与分配的关系；六是民生财政支出规模和支出覆盖面都在不断扩大，我国民生事业各个领域都取得了成就。2016 年 11 月，国际社会保障协会在第 32 届全球大会期间将社会保障杰出成就奖（2014—2016）授予中国政府，以表彰我国近年在扩大社会保障覆盖面工作中取得的卓越成就。

中国改革开放四十年实践表明，我国的民生不同于西方国家的福利。我们国家的民生强调"托底"和"抓重点"的概念。这是符合现阶段我国经济发展和财政工作的基本国情。托底是解决有无的问题，首先致力于建设基本全覆盖的较低水平的保障体系，保障基本民生。通过抓重点人群、重点地域、重点领域的民生问题，确保人人能享受到国家发展的福利。然后再随着国家经济发展和人民群众的现实需要，稳步提高保障水平的同时避免了拉美式的福利赶超。从内容上看，我国的民生不仅是满足人民最基本的衣食住行，而是要满足人民美好生活的方方面面的需求，高度强调人的全面自由发展。

从经济学角度去理解民生的载体是消费，改善民生就是要提升民众的消费能力，实现公共服务的供给与消费能力的匹配。改善民生，同时也是缩小民众消费能力的差距，控制人民在消费过程中的风险，从社会学来看，民生所依托的消费实际上是人的发展，是社会成员素质能力提升的过程，这不仅涉及物质产品的消费，同时还包含培养人的技能，提高人的文化素质，实现人的生产和再生产，体现的是人的全面发展过程。

因此，我们应当牢牢把握住财政工作中以人为本的中心思想，明确民生财政的"人本主义"是要促进人的生产和再生产，进而实现人的全面自由发展，确保人民能够通过自身的努力实现幸福生活，共享国家经济发展成果，就一定能够实现共同富裕。

资料来源：刘尚希，傅志华，等，2018. 中国改革开放的财政逻辑（1978—2018）[M]. 北京：人民出版社：200-202.

大力支持脱贫攻坚。2013—2016 年，中央财政安排补助地方专项扶贫资金年均增长 20.3%，同时在农业、教育、文化、医疗、卫生、交通等领域，也加大了对贫困地区的投入力度。聚焦深度贫困地区推进脱贫攻坚，支持解决基本公共服务、基础设施建设等问题。推动贫困县涉农资金整合，下放部分涉农资金配置权，由贫困县政府因地制宜确定实施扶贫项目。支持探索资产收益扶贫和实施易地扶贫搬迁。

加强基本民生保障。建立城乡统一、重在农村的义务教育经费保障机制，支持实施农村义务教育学生营养改善计划，全面改善贫困地区义务教育薄弱学校的基本办学条件。建立教育各阶段全覆盖的资助政策体系，从制度上保障不让一个学生因家庭经济困难而失学。落实更加积极的就业政策，通过社会保险补贴、职业培训补贴等方式，鼓励企业吸纳就业困难人员，提高劳动者职业技能，增强就业公共服务能力。实现基本医保制度全覆盖，推动建立稳定、可持续的医保筹资和待遇调整机制。全面推开公立医院综合改革，建立完善城乡居民大病保险制度。统一城乡居民基本养老保险制度，全面实施机关事业单位养老保险制度改革，进一步提高基本养老保险待遇水平。健全特困人员救助供养制度，建立经济困难的高龄、失能等老年人补贴制度。

关键概念

财政政策 财政政策目标 古典主义财政政策 凯恩斯财政政策 新古典综合派 新剑桥学派 现代货币主义 供给学派 扩张性财政政策 紧缩性财政政策 积极的财政政策 稳健的财政政策 民生财政政策

 本章小结

1. 财政政策是一国调控本国宏观经济发展的重要手段。随着国家经济形式的日益丰富、国家职能和政府职能的日益扩张，人们对于财政政策的认识也在不断深化，财政政策工具的形式也日趋多元。但是总体来看，世界各国运用财政政策的目标大抵相同。物价稳定、充分就业、经济稳定增长及收入合理分配是财政政策的核心目标。

2. 财政政策理论产生于17世纪下半叶，至今分别经历了萌芽时期、产生和发展时期、百家争鸣时期。萌芽时期的财政政策严格管控政府干预经济行为，侧重解决经济运行的个别问题，没有系统化理论。全球性资本主义经济大危机后，财政政策全面进入凯恩斯主义和国家干预时代。凯恩斯认为国家必须积极干预经济，财政政策是国家调节宏观经济的最主要手段。萨缪尔森和罗宾逊夫人丰富了凯恩斯相关理论，形成了"新凯恩斯主义"和"新剑桥学派"的财政政策理论。然而，随着滞胀以及凯恩斯学派失灵，货币学派、供给学派、理性预期学派纷纷登场。但是，这些学派和凯恩斯主义一样，都无法解决资本主义经济危机的根本问题。

3. 第二次世界大战结束后，美、英、德、日等西方国家纷纷以凯恩斯主义为指导，制定扩张性财政政策，政府全面干预经济发展。扩张性财政政策迅速复苏西方国家国民经济，使这些国家取得了较长时期的经济高速增长。然而，随着石油危机的爆发，西方国家出现了严重的"滞胀"，凯恩斯主义对此束手无策。在这一阶段，里根政府采用供给学派的政策主张，英国、德国奉行新自由主义，日本也在进行财政政策的转型。进入20世纪90年代后，由于西方各国面临的经济发展问题有所差异，因此财政政策取向也有所不同。美国、英国走出了介于凯恩斯主义和自由主义之间的"第三条道路"，日本采取扩张性财政政策试图摆脱经济萧条，德国则因为两德统一带来了国内经济差距，采取在赤字和平衡之间摇摆的财政政策。

4. 新一轮全球金融危机开始后，西方国家为了摆脱经济急速衰退的局面，全面采取扩张性财政政策，凯恩斯主义卷土重来。虽然这些刺激政策取得了一定效果，但是也为西方国家带来了沉重的债务负担和赤字压力，财政风险骤然上升。因此，在扩张性财政政策实施初见成效后，英国、德国开始实行紧缩性财政政策。

5. 改革开放以来，我国一直积极探索中国特色社会主义经济条件下的财政政策，经历了"促进国民经济调整的财政政策""紧缩的财政政策""适度从紧的财政政策""积极的财政政策""稳健的财政政策"及"积极的财政政策"等几个时期。在我国财政政策的制定实施过程中，可以看出随着市场改革和政治改革的深入，政府的操作手段和把握程度都是渐趋于成熟，在政策效果上基本也是一个愈加精准的过程。

分析讨论题

1. 根据资料链接 10-1 和 10-2，分析凯恩斯主义为什么能在西方国家取得巨大成功，供给学派和凯恩斯主义存在哪些政策差异。

2. 结合资料链接 10-3、10-4、10-5 和 10-6，对比分析西方国家扩张性财政政策和自由主义财政政策的主要方针。你认为这些方针是否解决了这些国家经济危机的根源问题？

3. 结合资料链接 10-7，分析"第三条道路"和凯恩斯主义、供给学派两条传统道路之间的差异。

4. 结合资料链接 10-3、10-4 和 10-9，分析新一轮金融危机过程和战后经济复苏进程中西方国家财政政策的差异及其原因。

5. 依据资料链接 10-10 和 10-11，分析我国财政政策变迁的逻辑，讨论新时代我国财政政策制定的方针及政策目标。

本章拓展阅读书目

1. 刘尚希，傅志华，等，2018. 中国改革开放的财政逻辑（1978—2018）[M]. 北京：人民出版社．
2. 钟晓敏，2020. 财政学 [M]. 2版. 北京：高等教育出版社．
3. 廖运凤，2008. 现代西方经济学主要流派 [M]. 北京：知识产权出版社．
4. 哈维·S. 罗森，2000. 财政学 [M]. 平新乔，等，译. 北京：中国人民大学出版社．
5. 理查德·A. 马斯格雷夫，佩吉·B. 马斯格雷夫，2003. 财政理论与实践 [M]. 邓子基，邓力平，译校. 北京：中国财政经济出版社．
6. 平新乔，1992. 财政原理与比较财政制度 [M]. 上海：上海三联书店．

第十一章

财政监督制度比较

学习概要

本章主要研究和比较各国财政监督制度，依次介绍了中外财政监督制度的起源与发展、财政监督的主要内容、财政监督机构、财政立法这四部分内容。通过本章的学习，要求学生熟悉我国与其他国家在财政监督制度的内容、财政监督机构、财政立法等方面的异同，了解各国财政监督制度的起源与发展。本章的学习重点是我国财政监督的主要内容、财政监督机构和财政立法，同时也要掌握我国与外国主要发达国家之间关于财政监督的比较与分析。

```
财政监督制度比较
├── 财政监督制度的起源与发展
│   ├── 我国财政监督制度的起源与发展
│   │   ├── 我国古代财政监督制度的起源与发展
│   │   ├── 近代财政监督制度的形成与发展
│   │   └── 中华人民共和国成立后财政监督制度的改革与发展
│   ├── 国外财政监督制度的起源与发展
│   │   ├── 国外财政监督制度的起源
│   │   └── 国外财政监督制度的发展
│   └── 世界财政监督制度的发展趋势
├── 财政监督的主要内容
│   ├── 中国财政监督制度
│   │   ├── 政府预算监督
│   │   │   ├── 预算编制过程的监督
│   │   │   ├── 预算执行过程的监督
│   │   │   ├── 预算调整过程的监督
│   │   │   └── 政府决算的监督
│   │   └── 财政收支监督
│   │       ├── 财政收入监督
│   │       └── 财政支出监督
│   ├── 国外财政监督制度比较
│   │   ├── 财政监督的类型
│   │   │   ├── 立法型财政监督
│   │   │   ├── 司法型财政监督
│   │   │   └── 行政型财政监督
│   │   ├── 美国的财政监督制度
│   │   ├── 法国的财政监督制度
│   │   └── 瑞典的财政监督制度
│   └── 国外财政监督制度的借鉴
└── 财政监督机构
    ├── 中国财政监督模式下的财政监督机构
    │   ├── 人民代表大会及其常务委员会的财政监督
    │   ├── 政府部门的财政监督
    │   └── 社会力量的监督
    ├── 国际主流财政监督模式下的财政监督机构
    │   ├── 以美国为代表的立法监督模式
    │   ├── 以日本为代表的司法监督模式
    │   └── 以法国为代表的行政监督模式
    ├── 中国财政监督机构设置存在的不足
    └── 西方发达国家财政监督机构设置对我国的启示
```

第一节 财政监督制度的起源与发展

财政与各种形式的政权紧密相连，由于财政资源的稀缺性，任何政权都会努力强化财政监督，从而使财政监督也成为政府管理的重要工作。本节主要介绍我国和国外主要国家财政监督制度的起源与发展。通过本节学习，可以了解不同国家财政监督制度的起源、不同阶段财政监督制度的特征以及财政监督制度的发展趋势。

一、我国财政监督制度的起源与发展

（一）我国古代财政监督制度的起源与发展

我国的财政监督制度历史悠久，从周朝的宰夫到清朝的都察院御史，都是统治者为实行财政监督而设立的官职。古代的财政监督制度以官员为主要监督对象，融合审计监督与监察监督，对封建王朝的经济政治起着重要作用。

我国古代肩负有财政监督责任的机构和官职可以追溯到西周时期。西周时期的财政管理，基本理念是"量入为出"，政府设有两个和财政监督有关的官职，即宰夫和司会。西周《周礼·天官》中记有"以考百官府郡都县鄙之治，乘其财用之出入，凡失财用，物辟名者，以官刑诏冢宰而诛之；其足用长财善物者，赏之"。掌管此法的官员称为"宰夫"，宰夫根据国家法律考核众官吏的政绩，如果发现有渎职贪污者，就依照法令将其惩治，凡是账目清晰且账实相符者，则加以奖励。由此可见，宰夫是最早肩负审计监督职责的官员，在监督职能上集经济政绩、财政财务和财经法纪监督于一身。司会则根据国家六典、八法和八则的规定，检查各级政府是否按九贡的法令征收赋役，是否按九功的法令征收各种职业者相关的实物，是否按九式的法令节省各项费用和支出。宰夫的官职不高，但独立于主管财政经济的司会之外，专门从事审计活动。所以，虽然宰夫仅仅是通过对会计收支凭证和会计报表互相考核而对百官进行监督，但已经具有财政监督的内涵，同时肩负着监察、行政监督、审计等职责。

西周时期，国家对财政经济的审计监督和监察监督融为一体，职官分工模糊，职掌飘摇不定，实际上所起到的财政监督作用非常微小，是财政监督的萌芽阶段。

随着封建社会的发展，财政监督制度也不断完善。财政监督制度与行政监察、审计机构紧密相连，尤其重视对会计账籍、会计凭证的监督，在审查过程中发现问题时，依据法律程序对相关官吏进行处罚，法的精神贯穿其中。古代财政监督制度经历了秦汉时期的御史监察制度、唐代的御史分巡分察制度、宋代的多重监督和会计账簿系统、元代的地方御史台监督系统、明清时期设立最高监察机关"督察院"，呈现出强烈的中央集权的特征，形成多重监督体系和监督法律体系，对后世影响很大。

（二）近代财政监督制度的形成与发展

近代财政监督制度的形成，与预算制度的建立有着十分密切的关系。光绪皇帝于1898年开始实行变法，推行新政，提出"改革财政，编制国家预算"，但由于变法夭折，该新政未能实施。直至1910年，清政府才开始试编国家预算，由清理财政局主持预算编制工作，

这是我国历史上第一次编制国家预算。1911年辛亥革命爆发，推翻了清政府，导致该预算仅有预算而无决算。即便如此，这也不失为我国财政监督发展的突破性创举。从此时开始直至中华人民共和国成立前，都有相应的国家预算制度，无论其实际效果如何，在形式上都表现出了对财政分配的管理与监督。此外，自辛亥革命以后，我国各省先后设立了各种审计机关。

近代各个时期的财政监督制度与古代财政监督制度有明显的不同，主要体现在两个方面：一是符合经济形态的多元化财政监督呈多种性质，即封建的财政监督制度、中西合璧的财政监督制度及新民主主义的财政监督制度；二是近现代中国的行政监察和财政监督已逐步分开，开始出现了专门从事财政监督的机构，主要是审计部门。

（三）中华人民共和国成立后财政监督制度的改革与发展

以经济体制发展历程的重大变革为节点，将中华人民共和国成立后的财政监督发展历程分为三大阶段：1949—1978年，计划经济体制时期的财政监督创建与发展阶段；1979—1993年，改革开放时期放权让利的财政监督调整阶段；1994年至今，建设市场经济时期和深化改革开放的财政监督发展阶段。

1. 1949—1978年的财政监督体制

从1949年中华人民共和国成立到1978年党的十一届三中全会召开的这段时期，由于我国选择了"优先发展工业"的战略，需要全国一盘棋，实行全国总供应的经济运行市场，财政统一征收和统一支出。财政监督与财政体制相适应，当时的财政监督目标是加强对社会主义经济发展的监督控制，堵住财政收支中的流失漏洞，维护财政经济秩序的有序稳定，充分挖掘财政收支中的潜力和促进财政收入的增产和节约。财政监督的内容是国家企事业单位的财务收支和执行财税政策的情况等相关事项。财政监督的方式以查账、直接干预为主，如从1964年开始实行的驻厂员制度。

2. 1979—1993年的财政监督体制

改革开放以后，我国处于以搞活市场经济、放权让利为基本方略的发展时期。在这段时期，专职派出机构监督、税收财务物价大检查、财政驻场员三大财政监督检查工作相辅相成。另外，1980年"划分收支，分级包干"的财政体制改革后，偷漏税收、截留收入、挥霍浪费等行为屡禁不止，为了平衡财政收支，保障国家财政分配和宏观调控的顺利实施，国务院连续三年发出或批转财政部关于开展税收、财务、物价大检查的通知，采取企业自查和重点抽查的方式，在全国范围开展大检查，重点监督中央企业、省属企业和其他大型企业、公司。

无论是驻厂员制度还是大检查，主要目的都是严肃财经纪律，填补税收漏洞，保证国家财政收入，但监督方式上有重大区别。驻厂员制度更多是重视日常检查，在管理中监督，事中事前的特征比较明显，而大检查则主要是一种突击式、运动式检查，基本上属于事后监督，日常管理的特征非常弱。

3. 1994年以来的财政监督体制

分税制在减弱财政收入监督的同时，将支出监督的重要性提升到前所未有的高度。1998年，我国提出"建设社会主义公共财政体系"，整个财政模式发生了重大变化，首当其冲的是强化财政支出管理。2000年以来，我国相继进行了部门预算改革、政府采购改革、国库集中支付制度改革、政府收支分类改革等重大改革。与此相适应，财政监督的重点开始转向支出监督，针对财政支出进行的监督在财政部监督局和各地专员办的工作中占据了越来越大的比重，形成"收支并举，监管并重"的财政监督工作新局面。

二、国外财政监督制度的起源与发展

（一）国外财政监督制度的起源

早在公元前 3500 年左右的古埃及，高度集权的奴隶主法老就专门设立了监督官，负责间接管理和监督全国各机构和官吏是否忠实地履行职责，财政收支记录是否准确无误。监督官权力大、地位高，独立性较强。例如，在仓库物资管理上，倘若没有监督官签发的支出命令书，任何物品均不得出库，甚至连官吏向国库申请每年公用的燃料，事先都必须从监督官那里取得支付证书，还有会计官员的收支记录是否正常、真实等，都在监督官严密监督之下。

公元前 8 世纪至前 6 世纪，雅典有了专门的监察官和监督机构。当时雅典的权力机构由国王、长老会议、公民大会和监察官组成。从公元前 594 年开始，雅典首席执政官梭伦对国家制度进行了变革，使国家的监督制度得到加强。改革的主要内容是提高公民大会的地位和作用。公民大会是雅典联邦的最高权力机构，城邦的一切机构和官吏，如五百人议事会、贵族会议、公民陪审法庭、将军、司库都隶属于它。公民大会每年召开 40 次，会议期间审议国家大事，财政事务也在会议上提出讨论，与会者按年龄大小轮流发言，讨论完毕进行表决。公民大会的职权主要体现在两方面：一是商讨并决定与城邦生存发展有关的内政外务要事；二是选举和监督。

五百人议事会是雅典城邦最重要的行政机关。五百人议事会管理财政支出，公民大会作为最高权力机构可以行使批准、否决的权利。

公民陪审法庭是雅典的司法性裁决机关，其成员由法官和陪审员两部分组成。陪审员共 6 000 名，陪审员进入法庭前，不得预先知晓所审案件；原告、被告和证人发言或原告、被告争辩之后，由陪审员秘密投票裁决，统计票数后当即宣判，以防舞弊受贿。

审查、审计是雅典民主政治中经常用的监督方式。以雅典城邦的执政官为例，上任之前，要先由五百人议事会进行资格审查，借以查明候选人的经济和政治状况、个人品德以及是否具备担任公职的其他必要条件。卸任时还要接受"查账员"的审查，如发现贪污不轨行为，即交陪审法庭审判。审查、审计意见对有不轨行为官员责以"放逐"，是当时城邦民主政体防止公职人员滥用权力的有效手段。

尽管雅典城邦的民主监督不仅受奴隶制经济的制约，带着原始部落民主的烙印，而且有其历史的、阶级的局限性，只是在少数人对多数人的统治背景下的监督，但它对后世民主监督制度的影响是不容置疑的，也对财政监督制度有重要影响。

（二）国外财政监督制度的发展

1. 英国财政监督制度的发展

英国财政监督制度起源于议会制度，当时设置这一制度的目的是为了对国王的权力加以限制，以减轻人民的负担。早在 9 世纪，英国人就建立了议会制度的雏形，当时称为"参议会"，其人员包括国王、主教、贵族和高级官吏。参议会享有广泛的权力，不仅可以制定法律，选举国王，而且有权拒绝加征赋税。

英国现代财政监督制度的形成过程主要包括以下阶段。

第一阶段，确立议会掌握最高财政权力。1215 年，英国《大宪章》规定国王征税需经纳税人同意，在历史上第一次限制了封建君主的权力，成为英国君主立宪制的法律基石。《大宪章》的签署，使后来的英国议会控制了兵役税、封建挟制税和军事支出。到了 17 世纪，英国议会制度最终确立，议会成为名副其实的代议机关，代表民众对国家行政机关的财政行为加以监督。1688 年"光荣革命"后，《权利法案》《王位继承法》等重要法律相继通过，议会控制财政收支的权力得到进一步扩大。

第二阶段，预算制度的确立。1787 年，《统一预算法》规定中央预算通过统一基金分配，标志着现代政府预算制度的诞生。1789 年议会通过了《联合王国总基金法案》，规定了征税收入和使用预算都必须经过议会批准，并采用按年分配收支，在年前做出收支计划，提清议会审批和监督的办法。1822 年，《议会法》规定了预算审议机构、预算审议权限、预算审议程序、预算修正与临时预算、对中央和地方财政税收的监督等，正式确立了英国的预算监督制度。

第三阶段，审计制度的建立。1863 年，议会通过了《国库和审计部法案》，并根据该法成立了独立于政府的国库审计部。此外，该法案规定，议会对政府预算实施强制性的独立审计，要求所有部门都向议会提交审计后的账户，以说明财政部拨付的钱款是否真正依据议会的拨款规定使用。将政府账户现代化并置于议会控制之下的长期努力终于实现，这部法案是英国完成财政监督制度现代化的重要标志。1983 年，通过了《国家审计法案》，确定按年编制政府预算，同时取消英国国库审计部，正式更名为英国国家审计署。英国国家审计署独立于行政部门，代表议会对政府进行监督，向议会报告工作，监督政府按指定用途使用经费。受托责任和审计制度的确立，最终促使现代财政监督制度的建立。

第四阶段，公共政策转型下的改革。自 1998 年通过新的《财政法》《财政稳定法典》和政府《经济与财政战略报告》以来，议会下院财政监督集中于政府的开支方面，特别强调透明原则和效率原则。监督内容包括各部门经费的使用效率、各部门的政策和工作。并设立公共会计委员会，确保各部门按规定用途使用财政资金，提高资金使用效率。英国于 2011 年第一次出版了全政府账户审计报告，提高了财政报告的透明性和可比性。不同于以前的财务审计报告基于不同支出措施设计，改革后的国家审计局审计的部门账户使用的报告概念和支出估计必须提交议会批准，大大加强了审计监督的影响力。

2. 美国财政监督制度的发展

美国《1787 年宪法》规定"美国国会是代表民意的机关，拥有对政府预算活动加以监督的权力"，"除了通过拨款之外，没有政府的钱款可取之于国库；公共钱款所有的收支，都应该定期做出陈述，这些陈述和公共账户都应加以公布"。由此可见，美国早期财政监督制度几乎全部出自于立宪制度。

国会主要行使预算监督权。1865 年南北战争后，国会成立拨款委员会，主管财政收支问题。1908 年到 1909 年，联邦政府作用增强，开支上升，联邦财政收支连续出现赤字，迫使美国政府重新思考预算监督制度，于是联邦预算制度应运而生。1921 年，美国国会通过《预算与会计法》，成立国家预算局，同时授权总统向国会提交联邦预算，建立起现代预算制度，标志着现代财政监督制度的进一步完善。1939 年创建总统办公室，把预算局从财政部转到白宫总统办公室，形成"财政部管收入，预算局管支出"的格局。1974年，《预算扣款控制法》《国会预算和截留控制法》相继通过，规定了国会预算审批过程和程序，进一步保证国会对政府财政预算的控制与监督。1974年至今，一直由国会和总统共同控制预算管理过程。

审计部门主要行使审计监督权。美国在1775年独立战争期间就出现了审计监督这一职能，当时大陆会议适当地配备了专员负责财政会计和财政审计业务，以充分有效利用有限的财政资源。1789年，美国国会通过了设立财政部的条例，财政部内设审计官，负责审计各行政机构提交的全部会计账簿，受国会监督。19世纪90年代到20世纪20年代期间，美国步入了国家治理转折时期，这一时期，政府审计最重要的改革措施是成立了审计总署。审计总署独立于行政部门，在国会领导下承担监督联邦政府预算、监察政府机构工作效率等职责。1966年，政府审计重心从财务审计向绩效审计转变。1978年，联邦政府各部门设立检察长办公室，加强内部监督和审计。2004年，美国审计总署业务内容由财政会计检查向政府责任监督转变，同时对政府管理工作水平和资金使用效率进行事后监督。

3. 法国财政监督制度的发展

为了加强对政府部门经济责任的监督，法国于1320年设立了审计厅，审计职权由国王指定的政治顾问与法律顾问负责掌握，原则上成为皇家对普通收支和特别收支进行审查的监督机构。14世纪中叶以后，审计厅成为皇家与地方一切收支的审查监督机构，除审计工作以外，还拥有刑事处罚权，对承担经济责任的官员进行监督和处罚。至大革命前夜，法国的审计厅制度已趋完善。

大革命以后，法国政治上逐步稳定并过渡到了君主立宪制，财政预算管理制度也逐步地成长发育起来。在1817年以后的这段时间里，法国潜移默化地进行着预算管理制度的改革，颁布了一系列的预算法律，在完善政府会计核算改革的同时，加强了审计署对政府各部门的审计。与此同时，国会对预算的控制与管理逐渐深入细化，1831年以后，国会对政府的财政拨款建立了详细的审核制度，这标志着法国财政监督民主法制制度的确立。

现代法国财政预算的基本框架，以1959年的《财政法组织法》为确立标志，中间经历多次改革，直到2001年8月1日法国总统颁布新《财政法组织法》。新《财政法组织法》明确提出建立新的部门监控管理体系，加强对公共支出全过程的监控管理和绩效监督，用绩效预算的原则来监督每个项目的执行情况，扩大部门内部审计职责范围，通过财政监察专员制度和国家公共会计制度进行财政监督和检查。

4. 日本财政监督制度的发展

日本的财政监督制度始于明治时期，1889年明治宪法生效，公布了《会计检查院法》，规定会计检查院隶属于天皇，独立于内阁之外，也就是说它既在行政机关之外，又在立法机关之外，在职权方面得到法律认可，其职责主要是对国家账目和政府收支进行财务审计和监督。财政监督权实际上属于天皇，议会对于财政只有"同意权"。

第二次世界大战后，日本通过的1947年《日本国宪法》专设"财政"一章赋予议会财政监督权。会计检查院不隶属于天皇，完全独立于内阁和国会，是内阁与国会以外的机构，享有与国会、内阁、最高法院相平行的独立地位。在新宪法的基础上，建立起了以《财政法》《会计法》《国库法》《会计检查院法》《财政监督法》为法律框架的财政法律制度体系，据此确立了具有现代意义的财政制度和预算管理体制。国家财政根据预算运营，预算案经议会表决通过后具有法律效力，政府各部门在预算规制下开展业务活动。预算违法行为惩戒等相关规定明确，执法监督力度大。

日本自20世纪50年代起，陆续建立起了包括一般会计预算、特别会计预算、政府关联机构预算及财政投融资计划在内的复式预算制度。复式预算制度使得政府的收支活动得以全面反映并接受国会监督，几乎没有游离于预算外的政府资金活动。2001年《政策评价法》的颁布，加强了对行政有效性和绩效的审计，注重与其他监察机关的信息交流。此外，日本政府预算透明度高。尤其是在2009年以来，在预算编制过程中，向国民公开国会审议预算案过程，接受公众监督。

 资料链接11-1

特朗普建墙，美国审计署有话要说

2月15日，美国总统特朗普宣布进入国家紧急状态，意图绕开国会，动用军费、军队修建美墨边境墙。国会拒绝为总统特定项目提供联邦资金而招致总统宣布进入国家紧急状态，这在美国历史上是头一遭！特朗普此举有违宪嫌疑。美国《宪法》第一条规定，美国国会具有征税权、举债权和拨款权，公共资金使用的监督权，掌握了国家的"钱袋子权力"（power of purse）。很多众议员（包括一些共和党众议员）认为特朗普此举剥夺了国会的拨款权。

国会反对特朗普的修墙计划并非单单出于党派之争。2018年8月，国会下属机构——美国审计署对特朗普修墙计划进行了专业评估，结论认为，修墙项目根本没必要且劳民伤财。

美国审计署在人民心中地位很高，它的评估报告具有很强的公信力和说服力。然而，特朗普却弃之如敝屣，公然宣布进入国家紧急状态，挑战美国审计署权威，挑战美国既有的政治体制。

美国审计署的正式名称是美国政府受托责任署，美国审计署的职能要远远大于其他国家类似机构，它在广泛领域对政府的所作所为进行评估与审核，主要负责调查、评估、监督联邦政府的规划和支出，甚至包括总统的日常出行开支。美国审计署的负责人是审计长。审计长超然于任何党派，具有很强的独立性。审计长由参众两院两党议员组成的八人委员会考察、推荐，总统任命，参议院批准，任期15年。审计长一旦任职，总统无权罢免，只有参议院有权对其进行弹劾。

总而言之，美国审计署是一个超党派机构，它所出具的报告以高度客观、公正而著称。美国审计署通过自己的审计成果，促进政府机构以及其他公营企业绩效管理水平的提高，从而间接为社会创造了巨大的经济社会效益。由于特朗普修建美墨边境墙计划涉及庞大的联邦资金的使用，该计划是否能够实现，必须首先要过美国审计署这一关。

2018年，美国审计署至少三次对美国南方边境的巡逻、基建等状况进行评估，并发布了评估报告，其中8月发布的评估报告影响最大，引起美国国会高度关注。该评估报告主要有以下三点内容。

首先，美国审计署针对美国海关及边境保卫局所提交"样板墙"的设计进行了评估。如果在美国和墨西哥边境建这样一堵墙，至少要花费210亿美元以上。其次，美国审计署评估了国土安全部所确认的将要建墙的地点以及相关过程。美国审计署认为，"美国海关及边境保卫局继续推动筑墙项目，却又缺乏评估该项目效益的衡量标准，甚至包括成本评估。"国土安全部最终的修墙开支将大大超出预期，因为缺乏评估标准可能将导致上亿国有资金打水漂。最后，美国审计署对国土安全部如何实现边境墙项目的购置规划进行了评估。美国审计署认为，美国海关及边境保卫局没有遵循国土安全部必要的规划以及相关采购协议,不符合相关法律要求。

资料来源:江振春,2019.特朗普建墙,美国审计署有话要说[J].世界知识(6):45-47.

(三)世界财政监督制度的发展趋势

财政监督历史悠久。随着经济的发展,财政监督制度不断完善,财政监督在经济运行中发挥着举足轻重的作用。由于各国的经济基础、政治制度、文化传统、宗教信仰等差异,各国采取了不同的财政监督制度。随着经济全球化趋势的不断深入,作为保障财政政策正常运行的财政监督,呈现出法制化、综合化、信息化、多元化等发展趋势。

1. 财政监督的法制化

法制化是西方国家财政监督的宝贵经验之一。各国大都以法律的形式对财政监督的主体、职责、权限予以明确规定。例如,波兰在《公共资金法》《税务监督法》中明确了对财政收支实施监督检查的规定;澳大利亚制定专门的《财务管理和责任法案》,对财政资金申请、拨款、支付行为进行规范和全过程监控,并规定了操作性很强的处罚条款;日本国会则陆续制定颁布了《财政法》《地方财政法》《地方交付税法》《地方自治法》《财务省设置法》等法律法规,保证监督管理的规范化和透明度。这些法律法规对于提高财政监督效率,保障财政监督正常运行具有重要作用。在法治社会,无论是权利制约权力,还是专门监督机构的监督,最终都要固化为一种法律监督关系,依靠法律的力量来保障,否则,监督的权威性、独立性以及权力边界的清晰性都难以保证。因此,健全的法制是财政监督的保证。21 世纪,随着各国民主法治进程的进一步推进,法制化将是财政监督的必然趋势。

2. 财政监督的综合化

从当前世界各国的财政监督制度内容来看,财政监督体系的建立具有综合化的趋势,即全方位、多层次地实施财政监督。所谓全方位,是指从各个角度监督国家财政活动,有的国家财政监督机构的设置既带有立法性质,又带有司法性质,还有行政性质,如罗马尼亚的最高财政监察院就是这样一个财政监督机构。所谓多层次,是指鉴于国民经济和财政分配的复杂性,单纯的一种监督机构是无法实施有效财政监督的。因此,目前许多国家实行三个层次的财政监督:一是国会的监督,二是审计的监督,三是财政系统的监督,这就大大增强了财政监督的有效性。例如,法国的财政监督体系由议会监督、审计法院监督、财政总监察司监督三个部分组成。因此,在经济全球化、国内宏观调控加强的形势下,综合性、全方位监督将是财政监督的一个重要发展趋势。

3. 财政监督的信息化

随着科技的不断进步,信息技术和计算机技术广泛运用于财政监督。许多国家都建立了高度发达的财政监督网络,利用计算机信息处理系统为财政监督服务,并逐步形成了规模庞大的数据收集体系,大大降低了监督成本,提高了工作效率和监管水平。例如,美国、意大利、加拿大和巴西等国政府建立了信息共享平台,实现政府与纳税人、财政资金使用部门和单位、中央和地方之间的信息共享;智利、秘鲁两国建立了一套现代化的监控体系,财政资金的分配、拨付、使用去向、结存情况等,通过网络控制体系可以一目了然,经济财政部可以随时掌握资金使用动态,及时发现问题;巴西和委内瑞拉已形成了一套完整的财政管理计算机网络体系,它连接并涵盖预算编制、税收、国库、银行账户、预算单位等涉及预算收支活动的所有环节,能够全面反映预算收支的增减情况,为各级监管部门提供了技术支撑。由此可见，财政监督信息网络不仅可以提高监督的工作效率，而且可以实现动态监控，将违法行为消灭在萌芽状态。在未来高度信息化的社会中，信息化将是财政监督发展的大势所趋。

4. 财政监督的多元化

根据国外财政监督理论研究成果，财政监督大体上可以分为立法型财政监督、司法型财政监督、行政型财政监督和独立型财政监督四种类型。各国基于政体不同、历史制度传承性等原因，采取不同类型的财政监督制度，如英国基于议会至上的原则，选择了立法型财政监督制度。各种类型的财政监督制度各有其优点，因此，哪一种监督制度更优越不宜简单下定论。以当前的情况来看，许多国家也并非独立采取某一财政监督类型，而是几种类型兼而有之。例如，在美国，既有立法监督，又有行政监督，国会颁布法律作为执法依据，又在财政部内设有一名财政总监，由总统任命，负责对全美宏观财政政策的运行和重大财政违法违纪问题的监督检查。在政府各部门还由总统任命配备一名财务监察官，各部门每笔用款均由驻各部门财务监察官签字，财政部才予以拨款。又如，在法国，既有司法监督，又有行政监督，法国的审计法院是国家最高的经济监督机关，依据宪法独立行使财政监督职能，同时法国财政部门专设财政监察专员、公共会计、财政监察总署和税务稽查等监督机构对财政收支情况进行监督。因此，为适应财政监督综合化的需要，多元化将是21世纪财政监督制度的一个重要特点。

第二节 财政监督的主要内容

财政监督的主要内容包括预算收支执行情况监督、财政财务会计法律法规执行情况监督、重大财政政策落实情况监督、财政内部管理情况监督等。按照财政监督的具体项目可分为政府预算监督、政府采购监督、财政收支监督等。本节将具体阐述政府预算监督和财政收支监督的相关内容，并简要介绍立法型、司法型、行政型这三种财政监督类型的含义及其代表国家的基本情况，最后对发达国家的财政监督经验进行总结。

一、中国的财政监督制度

（一）政府预算监督

政府预算是指政府编制的具备法律效力的财政收支计划，一般以年度为单位进行编制，是政府有计划地集中和分配资金，调节社会经济生活主要的财政手段和财政机制。政府预算具体规定预算年度内国家财政收支指标及其平衡状况，反映政府活动的范围、方向和政策。

政府预算的法律效力包括四个层面的内容，分别是：政府预算的级次划分、收支内容、管理职权划分等都是以《预算法》的形式规定的；预算的编制、执行和决算的过程也是在《预算法》的规范下进行的；政府预算编制后要经过国家立法机构审查批准后方能公布并组织实施；预算的执行过程受法律的严格制约，不经法定程序，任何人无权改变预算规定的各项收支指标。这就使政府的财政行为通过预算的法制化管理被置于民众的监督之下。

因此，政府预算监督的核心是政府预算编制与执行的合理性、合法性及有效性，其主要内容包括编制、执行、调整和决算四个方面。当前,我国的预算监督主要由人大预算监督、政府监督、财政监督、审计监督四部分组成,这些监督形式在法律依据、方式方法上有着各自的特点,在我国的监督机制中发挥着不同的作用。其中,人大预算监督指各级人大及其常委会对预算所实施的监督,它直接来源于宪法及其他法律法规的规定,在整个预算监督体系中居于主导地位。

1. 预算编制过程的监督

预算编制是指政府预算收支计划的拟订、确定及其组织过程。市场经济条件下的政府预算,反映着政府在预算年度内的活动范围、活动内容和活动方式,必须在法律的规定范围内进行编制,所以国家对预算编制的时间、范围、内容和形式都有明确规定。政府预算的编制主要涵盖了以下几个方面:单位预算的产生;预算所涵盖的业务范围;各级总预算草案的汇总;国家预算的汇编。上述四个方面的活动通过自下而上、自上而下的"两上两下"预算编制程序,使基层建议得以汇聚于中央,中央方针政策落实于基层,整个预算编制活动得到协调和统一。

因此,财政监督参与预算编制,不仅是财政监督发挥作用的初始节点,也是保证预算草案质量的必然要求。政府预算编制过程中的财政监督包括两个方面:一是对本级财政部门对本级政府根据预算体制编制年度财政预算行为的监督;二是财政部门实施的部门预算管理,对纳入财政拨款的预算单位年度预算情况的监督。

2. 预算执行过程的监督

预算执行是预算实施的关键环节,是实现财政收支的过程,因此,加强预算执行过程中的财政监督,不仅关系到党和国家各项重大政策的贯彻落实,还关系到政府公共服务水平和财政管理水平的提升,具有重要的政治、经济和社会意义。

《预算法》关于预算执行阶段的监督有以下规定,人民代表大会负责监督预算收支计划的实施情况。这表明政府预算执行的监督主体是人民代表大会,而人大常委会预算执行监督的主要内容如下所述。

(1)各级政府是否将人大通过的预算计划及时批复给各预算部门。

(2)各级政府是否按照预算计划,及时合理地拨付预算资金。

(3)有关部门和单位是否依法组织预算收入,并及时足额地上缴国库,其中包括依法征税、依法收费等。

(4)各部门的预算支出数与预算的限额数是否相符,是否用于预算确定的项目。

(5)实现预算的各项措施落实情况如何。

3. 预算调整过程的监督

政府预算的调整是指经本级人民代表大会批准的预算,在执行中因特殊情况需要增加支出或减少收入,使原批准的收支平衡的预算的总支出超过总收入,或者使原批准的预算中举借债务的数额增加等。

由于预算编制水平、政策变动、经济发展,以及偶然性、突发性和不可预见性等因素影响,对预算适当作些局部调整是各国政府的通常之举,也是顺应环境、实现政府政策目标的保证。

但是规范的预算调整必须接受立法机构的监督,预算调整的过程和结果应该是透明公开的,也应该是能让立法机构在预算调整过程中发挥监督作用的。因此,对预算调整的财政监督主要包括以下两个方面。

（1）预算调整方案是否符合预算调整的四条依据。

《预算法》第六十七条规定，经全国人民代表大会批准的中央预算和经地方各级人民代表大会批准的地方各级预算，在执行中出现下列情况之一的，应当进行预算调整。

①需要增加或减少预算总支出的。
②需要调入预算稳定调节基金的。
③需要调减预算安排的重点支出数额的。
④需要增加举借债务数额的。

（2）预算调整的程序是否合理。

根据《预算法》第六十九条的规定，在预算执行中，各级政府对于必须进行的预算调整，应当编制预算调整方案。预算调整方案应当说明预算调整的理由、项目和数额。而且各级财政部门应当在本级人大常委会举行会议审查和批准预算调整方案的三十日前，将预算调整初步方案送交本级人民代表大会有关专门委员会进行初审。

中央预算的调整方案应当提请全国人民代表大会常务委员会审查和批准。县级以上地方各级预算的调整方案应当提请本级人民代表大会常务委员会审查和批准；乡、民族乡、镇预算的调整方案应当提请本级人民代表大会审查和批准。未经批准，不得调整预算。

4. 政府决算的监督

各级政府在将决算草案递交给各级人大常委会审查之前，本级政府审计部门需要对决算草案进行审计，而财政部门在编制本级决算草案之前就应实时对决算草案进行初步审查，为决算草案的合规性和合法性多设一道"监督屏障"。财政监督对政府决算的监督包括以下几个方面。

（1）财政预算收入的完成情况。
（2）支出部门有无在科目之间随意调剂使用的情况。
（3）对财政赤字的原因进行剖析，是否突破批准的预算范围。
（4）列入预算的专款是否严格按照批准的程序与范围拨付。
（5）财政补贴是否拨付到位，有无拖欠挪用的情况。
（6）年度财政决算有无通过国库、收入征收单位等方面联手调整决算的类、款、项、目、节内容与数据的行为。

（二）财政收支监督

财政收入的正常征收是一国经济保持健康发展的重要保证，财政收入监督是我国财政收入有效征收的必要保证；而加强财政支出管理有利于提高中央财政资金使用的规范性、安全性和有效性。财政收入监督是指财政部门为保证财税政策的全面落实和财政收入的及时完整，依法对财政收入征缴、退付、留解、划分等行为进行的监察和督促活动。财政支出监督是指财政部门为保证财政分配活动的正常进行，依法对国家机关、企事业单位、社会团体和其他经济组织或个人涉及财政支出的安全性、合规性和有效性进行的监察和督促活动。

1. 财政收入监督

我国政府收入主要由税收收入、利润收入、债务收入以及其他收入等方面构成，从财政收入的整体构成来看，财政收入监督主要可以划分为税收收入监督、非税收入监督。

（1）税收收入监督。对税收收入的监督是指财政部门对税收征管部门（包括各级履行国家税收征收管理职责的国税、地税和海关）的征管质量和税收政策执行情况的监督，是对税法执行情况和财政政策贯彻落实情况进行的监督检查。税收收入监督主要包括：对地方政府及其有关部门和单位执行国家财税法规、政策、制度情况的监督；对税收征收机关管理质量进行监督；对重大税收项目或重点行业、重点企业的纳税情况进行专项核查等。

税收管理体系是相对独立完整的体系，税收监督一般分为两个层次：一是税务部门按照税收征收管理法实施的稽查，主要解决税收征缴中存在的问题；二是财政监督机构对其进行的再监督，主要解决税收征收管理以及缴退库过程中存在的问题，这是对税务部门征管质量的监督。它包括税收法规、政策执行情况监督和税收征管质量监督。

对税收法规、政策执行情况的监督主要包括以下内容。

①确定的征收范围是否全面。

②征收对象和税率的确定是否符合法规规定。

③有无违反规定减免税收。

对税收征管质量的监督主要包括以下内容。

①税务机关是否做到应收尽收，及时地将应征收的税款如期入库。

②有无违反规定越权减免，随意多征、少征、缓征、不征的行为。

③税款上缴的预算级次是否正确。

④退税是否符合规定。

⑤对偷税、抗税、逃税是否按法规严肃处理。

（2）非税收入监督。政府非税收入是指除税收以外，由各级政府、国家机关、事业单位和代行政府职能的社会团体及其他组织依法利用政府权力、政府信誉、国家资源、国有资产，或者提供特定公共服务、准公共服务取得并用于满足社会公共需要或准公共需要的财政资金。在构建公共财政框架和推进财政改革过程中，对这部分收入的监督是重中之重。按照非税收入分布、分期、分批纳入财政预算，实行"收支两条线"管理的要求，非税收入监督必须按照"合理取舍、突出重点、规范有效"的原则，确定监督的范围和内容，并根据财政改革的进程，分布、分层、分项开展。

①行政性收费监督。近年来，我国行政性收费种类很多，收费规模膨胀，造成财政资金流失，削弱了政府的宏观调控能力，也不利于规范社会分配秩序。因此，加强对这部分资金的监督十分必要。监督内容主要包括：各级政府的收费立项、审批程序、审批范围等制度规定是否符合国务院及财政部的规范要求；有无违反审批权限，越级擅自设立、审批行政性收费项目；行政性收费收入是否按照规定纳入财政预算管理，因为特殊原因暂时不能纳入财政预算管理的，是否按规定纳入财政专户，实行"收支两条线"管理；收取行政性收费所使用的票据是否是财政部门统一监印的专用票据；是否乱开银行账户，截留、挪用、坐收坐支财政性收入，是否执行收缴分离、票款分离、代收代缴规定等；对于涉及农民负担、企业负担等比较敏感的行政性收费项目及其标准，是否严格履行报批程序经过有权批准机关批复，有无擅自扩大收费项目或收费标准的问题；行政性收费的会计核算是否符合规定，使用范围是否在政策的规定范围内，有无违反财经纪律的问题。

②政府性基金监督。目前，我国政府性基金的设立与管理也存在不规范的问题，设立的项目过多，规模膨胀现象突出，侵蚀了税基，加重了企业和社会负担，影响了预算的统

一性和完整性，削弱了宏观调控能力。对其监督的重点是将其纳入到法制化的轨道上来。监督的主要内容包括：政府性基金的设立是否经过国务院或财政部报国务院批准；收取政府性基金的标准、范围是否报请有权机关审批；政府性基金收入是否按照规定纳入财政预算管理，因为特殊原因暂时不能纳入财政预算管理的，是否按规定纳入财政专户，实行"收支两条线"管理；收取政府性基金所使用的票据是否是财政部门统一监印的行政性收费票据；政府性基金的会计核算是否符合规定，使用范围是否在政策的规定范围内，有无违反财经纪律的问题。

③社会保障资金监督。社会保障制度是指政府为了保持经济发展和社会稳定，对因年老、伤残、疾病而丧失劳动能力或就业机会，或者因自然灾害和意外事故等原因面临困难的社会成员，通过国民收入分配和再分配提供物质帮助和社会服务，以确保其基本生活和基本医疗需要的一种制度。社会保障资金的来源主要有：劳动者所在单位和其本人分别按本单位员工工资总额和本人按其工资收入总额的一定比率缴纳的社会保险费；由国家财政对社会保险基金给予的适当补助；其他经常性收入等。当社会保障资金收不抵支的时候，同级财政给予适当补助。我国的社会保障资金最初由劳动部门管理，财政部门并未将其纳入监督的范畴。随着市场经济的发展，财政补贴已成为社会保障资金的重要来源，而且社会保障资金的多样性需要财政部门进行监督管理。

目前，征管社会保障资金的机关主要有税务机关和专司社会保障资金的管理机构。监督的主要内容包括：征收机关是否及时足额地征收了社会保障收入；缴纳单位是否认真履行缴纳社会保障的义务，按政策规定的标准、范围如实计算缴纳社会保障资金；管理机构是否及时将社会保障资金进行专户储存、专项管理，是否实施了严格的会计核算与财务管理制度。

2. 财政支出监督

财政支出主要包括三个方面：一是保证国家机器正常运转、维护国家安全、巩固各级政府政权建设的支出，如行政管理、国防、外交、公安、司法、监察等方面的支出；二是维护全社会稳定，提高全民族素质，具有巨大外部社会效应的社会公共事业支出，如社会保障、科技、教育、卫生、文化、扶贫等方面的支出；三是有利于经济环境和生态环境改善，具有巨大外部经济效应的公益性基础设施建设的支出，如水利、电力、道路、桥梁、环保、生态等方面的支出。

财政支出监督是指对部门预算、国库集中支付、政府采购和转移支付等事项，以及专项支出的监督。财政监督的主要目的是通过保证财政资金的安全、规范和有效来保证财政政策的落实。按照财政支出监督工作的实际内容来看，可以大致分为国库集中支付、专项支出及转移支付等涉及财政支出方面重要内容的监督。

（1）国库集中支付监督。国库集中支付监督是对国库资金的拨付、适用及支出的全过程进行的监督。国库集中收付制度有三个特征：一是财政统一开设国库单一账户；二是所有财政收入统一入库，主要财政支出由国库统一支付给商品和劳务的供应者；三是科学的信息管理系统和完善的监督检查机制。

国库集中支付监督的主要内容包括：监督退库管理，如有无违反规定擅自退库；监督财政资金账户设置，如有无违反规定擅自开立、使用银行账户；监督国库集中支付的支付方式和支付程序；监督财政直接支付和财政授权支付的项目是否符合预算内容、预算执行进度或用款限额。

（2）专项支出监督。我国专项支出项目繁多且数额巨大，因此对专项支出的监督成为财政支出监督的重中之重。专项支出的主要监督内容包括四个部分，即：监督项目主管部门是否及时拨转资金，检查有无缓拨或截留挪用；监督项目承担单位有无改变预算资金用途、擅自提高核定的开支标准或缩小项目的规模；监督项目追踪反馈制度是否建立健全，项目是否达到预定目标和成效；监督项目的设立是否经过科学论证和项目可行性分析，体现现代财政支出的要求。

（3）转移支付监督。转移支付指的是政府间财政资金的再分配，上级财政部门安排的一般转移支付资金要纳入下级财政预算以便统筹安排使用，专项转移支付就要规定专项的用途和内容。转移支付监督是对转移支付资金使用情况及管理执行情况的监督。

转移支付监督主要包括核实基础数据、监督转移支付资金管理使用情况、监督转移支付制度执行情况这三个方面。首先，财政监督部门会对影响确定转移支付标准和规模的基础数据进行核实，为明确上下级财政转移支付关系提供数据。其次，在转移支付资金的使用过程中，财政监督的重点主要在于转移支付资金有无及时拨付到位；转移支付的资金接收单位是否合理有效地使用资金，有无合理规避资金利用效率低下的问题；转移支付的相关项目、内容是否符合规定并被纳入预算，是否出现虚假报、冒领、骗取资金等问题。最后，财政监督部门还需要监督转移支付资金是否纳入预算管理体系，并监督上下级财政之间的体制补助、结算补助和税收返还的年终决算情况，核实每个项目文件依据的准确性、结算数据的真实性、结算办法的合规性。

二、国外财政监督制度比较

对于任何一个国家或地区来说，有政权必有财政，有财政就需要监督。虽然由于各国国体、政体及国家机构设置存在差异，对财政监督的概念、定义、划分类型及监督重点和方式方法等存在这样那样的差异，但是有些国家的财政监督制度存在某些共同的优点，具有实际的借鉴意义。比较国外市场经济发达国家的财政监督理论与实践，分析其制度与职责、机构设置以及监督重点内容和监督程序等，对我国财政监督的深入发展具有重要的借鉴意义。

下面简要介绍美国、法国、瑞典这三个国家的财政监督制度，这三个国家分别是立法型财政监督、司法型财政监督和行政型财政监督的典型代表。

（一）财政监督的类型

国外财政监督经过了很长一段时期的发展，现在已经形成完备的财政监督体系。国外发达国家的财政监督理论上主要存在两大理论学派，分别是阿利克斯学派和瓦格纳学派。阿利克斯学派认为，财政监督应该按照财政监督部门的性质和具体职能部门的隶属和机构组织进行划分，分为立法型财政监督、司法型财政监督和行政型财政监督。而瓦格纳学派认为，财政监督应该以财政活动的具体程序环节为标准进行划分。截至目前，大多数国家的学术界比较支持阿利克斯学派。下面将简要介绍立法型财政监督、司法型财政监督和行政型财政监督的概念及优劣势。

1. 立法型财政监督

立法型财政监督强调的是立法机关议会或国会对财政活动的监督，议会或国会通过制定预算法案、财政管理法案、监督法案等方式对财政活动进行监督。采用立法型财政监督制度的国家主要有英国、美国、加拿大、澳大利亚、新西兰等。

立法型财政监督的优点在于独立性高、权威性强，财政监督权由国会掌控，可有效避免政府行政部门的干扰等；而缺点在于行政部门不能及时有效地掌握有关财政信息，监督效率较低。

2. 司法型财政监督

司法型财政监督一般要求国家司法机关如财政部门、审计法院等，依照法定职权与法定程序对行政机关和公务人员的行政行为是否合法进行监督，它既包括检查机关的监督，也包括审判机关的监督。采用司法型财政监督制度的国家主要有法国、西班牙、德国、意大利、日本、希腊等。

司法型财政监督的优点在于监督主体可以将监督过程与司法程序联系起来，做到独立、公正与客观地进行监督；而缺点在于立法机关与行政部门无法及时掌握财政运行情况，最终会影响到监督力度。

3. 行政型财政监督

行政型财政监督是指国家行政机关依据国家法律法规对自身行为、其附属机构行为和关联机构行为实施的监督，表现为财政机关对其内部机构的行为以及使用财政资金的部门单位的资金运转情况进行监督，是对内监督与对外监督的结合体。监督主体主要是政府及所属部门或只是财政部门，强调行政管理机关对自身及其附属机构履行财政监督职责。采用行政型财政监督制度的国家主要有瑞典、瑞士、沙特阿拉伯等。

行政型财政监督的最大优势在于行政部门可以直接掌控财政资金的运转情况，并且能够及时采取措施解决发生的问题；而缺点在于财政监督权没有独立于财政管理权，监督主体不具备应有的独立性，大大降低了财政透明度。

从各国财政监督制度运行的具体情况来看，一个国家也并不是绝对只单纯采用一种类型，许多国家会同时采用两种或两种以上的财政监督类型。例如，美国兼有立法监督和行政监督，法国既有司法监督，又有行政监督。

（二）美国的财政监督制度

美国是非常具有代表性的立法型财政监督国家，国会作为国家立法机关，负责制定法律及法案，因此，其对联邦财政活动进行财政监督的方式也是以颁布法律和法案的方式进行的。财政部门负责对财税宏观政策执行情况和重大违法乱纪问题进行监督管理，税务部门负责其他一般性的税收监督管理，用款部门和审计部门也承担了一定的监督责任，但财政监督的重大决定权集中在国会。美国财政监督的特点主要体现在以下几个方面。

1. 重视对预算编制的监管

美国的《预算法》对财政管理的规范与约束具有举足轻重的地位，是美国依法治国的重要体现。根据《预算法》的规定，政府不能在法律规定之外增加预算资金的收入和支出，即行政部门虽然有对财政的物质保管权，但其使用财政资金的权力受到立法机关的约束和控制。行政部门的财政工作必须充分尊重预算和遵守立法机构的规定，因而《预算法》在财政上约束了公职人员的行为，特别是自由裁量行为。

2. 强化对财政资金使用的过程监督

首先，美国政府会对财政资金的使用进行内部审计。内部审计是由各部门内设的监察官和财政主管负责。其次,美国政府审计部门也会负责进行外部审计。美国财政部门会委托有审计资格的会计公司对各项预算支出项目执行情况及项目竣工情况进行专项审计,写出审计报告,作为预算支出执行情况的附件报议会审批。最后,为了确保财政资金的合理使用,美国政府中的每一个用款部门都设有一名财政总监,部门财政总监对总统和财政部负责,用款部门的每一笔支出必须经财政总监签字盖章后,财政部才予以拨付,以保证财政资金合理节约地使用。

3. 财政监督有法可依

美国的财政监督具有广泛性、公开性和严肃性,每一监督程序都有相应法律做支撑。首先,美国《宪法》规定,财政监督是国会的一项重要权力,国会掌握国家预算控制监督权、预算执行监督权、预算支出监督权等。其次,除了《宪法》中的基本规范外,美国政府还特别针对财政监督制定了专门的法律,以保证财税监督管理工作都有比较详细的法律依据和规范成型的程序。最后,美国的《检察官法》赋予了美国检察官较大的独立检察权,《首席财政主管法》《联邦信用改革法》等法律也为财政监督提供了法律支撑。

资料链接 11-2

美国现代预算监督制度之精粹

美国议会监督预算制度最早可以追溯到独立战争时期,随后不断变化调整,主要包括《宪法》《预算与会计法》《国会预算和截留控制法》《平衡预算和紧急赤字控制法》《预算执行法》。迄今为止,美国成为世界上预算监督机制最为先进的国家之一,而其完善的监督制度正得益于充实的组织机构、严谨的监督程序、完备的法律体系。

1. 预算监督机构完善,国会监督地位最高

美国的《宪法》第一次以成文法的形式赋予了国会预算权,从根本上保证了国会预算监督至高无上的法律地位。美国国会的预算审批采取的是双重委员会审批制度,即授权委员会和拨款委员会对预算支出进行授权和拨款监督。

2. 法律体系完备,预算监督法治化

美国是一个法律体系比较完备的国家。在预算监督法律体系中,《宪法》赋予了美国国会监督预算的最高权力,为国会监督预算提供了有力保障;《预算与会计法》确立了美国现行预算监督体制的基本框架,规定了预算由行政部门向总统报告,总统向国会提交的程序;《国会预算和截留控制法》制定了国会审议预算草案的机构和程序,保障国会在预算执行监督的控制力。

此外,美国国会每年通过制定授权法案和拨款法案不断地对政府预算加以控制,使立法监督预算成为一种长效机制,不断完善美国国会监督预算的法律体系。

3. 监督程序严谨,监督环节设计完整

美国的预算监督贯穿于整个预算环节。首先,美国的预算编制由总统预算办公室编制,但这份草案需提交国会审议,国会有权对总统提交的预算案进行删减甚至否定。其次,美国预算审议程序比较复杂,但其中心是围绕着授权和拨款展开,最终形成授权法案和拨款法案。接下来,美国国会向各行政机构派驻监察代表以监督预算的执行。监察代表对所驻各个部门的实施国会授权项目的情况和预算执行的结果进行监督,监察代表每隔半年向国会提交一份监察报告,一旦发现所驻机构有滥用资金的行为,监察代表可以随时向国会提交特别报告。最后,国会的

附属机构——审计署则负责监督行政部门的财政收入、支出以及资金的使用情况，一旦发现问题可以责令其改正或向国会报告。

资料来源：苏丽芳，2014.我国人民代表大会预算监督权的思考——兼论美国预算监督制度的经验［J］.江汉大学学报（社会科学版）（2）：58-62；124.

（三）法国的财政监督制度

法国的财政监督由议会、财政部门、财政监察总署、国家检察署及税务机关等多层次、全方位的监察机构组成，各监督机构分工明确、相互协作。

首先，法国议会在财政预算的审议、批准、执行及监督中发挥了重要的作用。议会进行财政监督采取直接到用款单位监察的方式，一旦发现问题就提出质疑并要求财政部门做出解释。

其次，法国的某些政府部门也在一定程度上承担了财政监督智能。其财政部门不仅直接参与财政收支管理过程，还通过设置财政总监、公共会计、税务稽查、财政监察专员等监督机构实现对财政收支过程的日常监督。而财政监察总署和国家监察署分别针对财政收支管理和国有企业财务活动进行监察，税务机关则是在日常税收征管工作中对违反税收法律的行为进行税务稽查。

最后，法国的审计法院对财政监督执行的是高层次的事后监督。审计法院独立于议会和政府财政部门，主要监督检查国家财政部门、国有企业的收支账务。

法国财政监督制度的特点主要体现在以下几个方面。

1. 法国的公共支出监督是一种融入式的监督

在法国，每一笔公共支出从做出决策、发出支付指令到支付，每个环节都要经过监督审核同意，否则这笔支出就不能支付。法国财政部门设置的监督机制融入了公共支出执行的全过程。可以说，法国公共支出管理的过程也就是法国财政部对公共支出进行监督的过程。

2. 非常重视预算的事前审核和拨付审核这两个环节

为提高预算管理效率，法国财政部在各部和大区都派驻机构和人员，通过财政监察员和公共会计的日常监督工作，既代表财政部发挥事前监控的作用，又及时掌握预算执行中的信息和问题，以便做出应对。

设在财政部内的财政监察总署的主要任务是随时根据部长指示，对涉及国家财政收支的活动及其他事项进行监督检查，并核实、查处。公共会计则负责对支付环节的审核与记账。公共会计机构每年要向审计法院报送公共收支决算账目，接受审计监督。

3. 非常注意各类监督机构的相对独立和相互制衡

首先，支出的决策者与执行者相互独立，这就保证了财政部门的监督不受被监督部门的制约。其次，法国财政部门内部各监督机构分工明确，相互协调。财政监察专员是由财政部直接经过严格选拔而产生，具体监察业务管理工作由预算司专门负责。无论公共会计为哪个部门、单位或地区服务，都由财政部公共会计机构纵向管理。财政监察总署直属于财政部长。尽管各监督机构具体归属不一样，但都在财政部的统一管理下协调工作。

4. 财政监督与审计监督各负其责，协调互补

在法国，审计法院同时独立于议会和政府，属于司法范畴，工作既不受议会干预也不受政府干预。审计的主要目的是检查管理水平和资金使用效益。审计检查在事后进行，对公共支出预算每年实行检查。财政监督是围绕财政收支管理展开的，目的是避免问题并及时发现问题。此检查侧重于事前、事中进行，是日常性的和连续性的。由于审计监督和财政监督两者实施监督的阶段和方式不同，所以交叉重叠现象很少出现。

资料链接 11-3

法国公共会计制度

法国的公共会计在其财政监督机制中扮演着重要角色。不管是事前，还是事中控制都与公共会计有关，审计法院也与公共会计有着密切的联系。

1. 法国公共会计制度的运行规则

法国的公共会计覆盖了国家所有的政府机构和非营利组织部门。在这些机构或部门中，其主要会计人员均由经济财政部派出，他们在行政编制上隶属于经济财政部，是国家公务员，与其所在单位没有任何的经济利益关系。这种独立于所在部门的身份有利于发挥公共会计人员工作的自主性和积极性，而不会受到部门领导意志的支配。公共会计人员的独立性和实行决策与控制相分离的原则是法国公共会计制度的灵魂，也是其行之有效的最有价值的部分。

2. 法国公共会计制度体系

法国现行的财务会计和报告的核心是《会计总方案》，该法令由法国全国会计委员会颁布，自1947年以来，已经历多次修订。起初，《会计总方案》并没有将公共部门的会计包括在其中，但随着战后法国国有化浪潮的到来和政府对经济的强有力干预，使得高度集权的中央政府越来越倾向于在全国推行统一的会计制度。于是公共部门的会计也逐渐被纳入《会计总方案》中来。先是将带有工商性质的公共单位纳入总方案中，其次是将地区和公共行政事业单位的会计纳入总方案中，最后是将会计总方案推行至所有国家部门会计。

3. 公共会计制度运行的保障机制

公共会计既是财政监督的主体同时也是客体。为了保障公共会计人员恪尽职守、勤勉尽责，同时也为了保证整个财政监督的有效运行，法国对公共会计人员进行了严格的管理。首先，通过审计法院对公共会计进行直接监督。其次，公共会计实行职业保险制。最后，公共会计实行终身责任制。由此可见，法国公共会计是置于非常严密的监控体系之下的，这种严密的监控使得公共会计能够认真和有效地执行任务；而通过公共会计严格履行其职责又能够保证它对公共财政的有效监督。

资料来源：曾德生，2006. 从法国公共会计制度看我国的财政监督建设[J]. 财会通讯（综合版）(9)：90-91.

（四）瑞典的财政监督制度

立法部门（议会）监管、审计监管、行政监管共同构成瑞典的财政监管体系。瑞典议会主要通过年度预算的审议体现其对财政的管理，经批准的预算具有很大的权威性，一经通过必须严格执行，除出现不可预测因素外一般不得变动。为加强对财政预算和执行的监督，议会还专门设立审计办公室，按《议会审计令》负责监督内阁和各级政府对财政资金和国有资产的使用。

瑞典国家审计署负责对预算执行监督和结算审计。国家审计署向议会负责，独立行使审计监督职能。其主要职责是对政府支出进行监督控制，对年度财政决算提供审计意见。

行政监管主要由财政部、国家经济财政管理局的监督，以及政府各职能部门的自我监控组成。瑞典财政部下设7个职能部门，其中税务总局和国家经济财政管理局是财政部的两个重要部门。瑞典政府各职能部门的监控主要体现在各部部长对本部门支出安排的控制和责任上。各部门按照"谁决策谁负责"原则，对本部门的预算和各项支出负责，一旦决策失误，个人将承担连带责任。

瑞典财政管理及财政监督的特点主要体现在以下几个方面。

1. 紧密结合财政管理，财政监督寓于预算资金运行全过程

瑞典财政部虽未单独设置专门的财政监督机构，但对发挥财政监督职责，提高资金成效却非常重视，将监督职能融入财政资金运行的全过程。一是事前监督。瑞典财政部建立了收入分析预测模型，制定了相应分析程序，收入预测的准确性较高。二是事中监控。各部门每月向财政部提出用款预测，财政部下达预算执行控制数并通报月度支出结果。同时，各部门及地方政府每季需向财政部上报预算执行分析报告，财政部则对各部门是否依法有效执行预算情况进行监督。三是事后监督。瑞典《预算法》规定，所有中央主管部门在规定时间内向财政部报告预算执行年度报告。

2. 结合政府部门事业发展目标，建立公共支出资金绩效考核制度

瑞典政府早在20世纪70年代就开始推行公共支出绩效评价工作。20世纪90年代以来，瑞典政府开始以"目标经营结果管理"为主要内容的公共支出绩效评价。瑞典政府的具体做法是：一是建立比较分析基础数据库，并制定相应的计算机管理程序，记录政府雇员开展工作的项目和时间，工作的难易系数和应得的报酬，为实行定额预算和绩效管理打下基础；二是要求各部门制定的预算资金使用目标要具体，易于考核；三是对各部门制定的业绩目标实施评估；四是丰富绩效管理的方式和手段，如利用向社会发放问卷、专家评测、网上评议等多种方式进行评测。

3. 财政预算透明公开，社会公众广泛监督

瑞典十分重视预算的透明性，从预算编制开始一直到执行，都在议会及社会公众的监督下进行。例如，预算提交议会审议时，各部部长要接受议员们的咨询，就预算编制中的具体问题做出解释，公众可以参加旁听，并可通过一定方式进行提问，有关新闻媒体也可以进行报道和直播。预算案在议会通过后就在有关报章及互联网上公布，公众可以随时查询资金究竟用到了哪里。由于预算透明度高，新闻媒介无孔不入，加上社会的广泛监督，政府各部门正确使用财政资金的自觉性很高。因为如发生预算编制、预算执行的违规情况，政府及部门领导要冒巨大的政治风险。瑞典政府认为，透明性是保证其预算准确和恰当执行的最重要保障。

三、国外财政监督制度的借鉴

通过以上对几个国家财政监督有关情况的介绍和比较分析，可以看出，国外普遍重视财政监督，虽然其做法不尽相同，但仍有一些经验值得我们借鉴。

（一）财政监督的法律法规健全完善

法制健全，依法行事，这是欧美等市场经济国家的一个显著特征。发达国家财政监督的法律地位都很明确，财政监督工作必须依据相关法律进行，议会通过的法律条款中具体规定财政监督职责和工作任务，财政监督有法可依，不受其他部门的干扰和阻碍，监督具有较大的独立性和较高权威性。

第一，许多国家都在作为国家根本大法的《宪法》中对财政活动做出了明确的规定，通过《宪法》直接赋予监督主体财政监督职权，明确规定了监督主体在财政监督方面的法律地位，大大提高了财政监督的权威性和严肃性。例如，德国、瑞士、意大利的《宪法》都对财政收支活动有明确规定。

第二，财政监督制度较为发达的国家普遍具有较为完备和富有权威的财政监督法律体系，如澳大利亚的经济监督法律法规很健全，财政监督职责权限明确，财政监督的执行程序界定清晰，法律条款的权威性较高、可操作性较强，为财政监督工作的展开奠定了良好的基础。

相比较而言，我国财政监督的法制建设与国外有些国家相比还存在较大差距，法制财政建设依然是重中之重。近年来，我国虽然加快了社会生活各个方面的立法进程，但还没有真正形成财政监督的法律体系。目前，我国迫切需要制定和完善财政监督的法律法规，提升财政监督的法律地位，进一步推动财政监督向法制化、规范化发展，在确保财政监督的权威性同时建立健全财政监督法律体系，落实财政处理处罚的追踪制度，对被查单位的处罚执行情况进行监督检查，建立健全严格财政监督工作秩序的长效机制，并加强财政监督法律法规宣传和贯彻实施，坚持依法监督，严格规范执法。

（二）有严密和完善的财政监督体系

在国外财政监督体系中，各监督主体分工具体，职责明确，各有专司，又相互配合、形成合力，还相互制约、互相监督。其中，议会主要行使预算监督权，审查政府预算安排的合法性，审计部门主要是对管理工作水平和财政资金的使用效益进行事后的监督检查，财政部门的监督工作主要是围绕财政资金的管理活动展开的，使得事前控制、事中监督和事后检查相结合。多部门监督、多角度监督是各国的普遍做法，既要增强财政监督的相对独立性，又要加强部门之间的协调。

借鉴国外做法，我国应该推进完善健全的全过程财政监督机制，逐步建立起预算编制、执行、监督相互协调、相互制衡的机制，实现对财政资金运行全过程的科学、规范、有效监督和管理。围绕现代财政制度的要求，体现财政管理特色，对财政运行进行检测、预警、分析、保障、规范等多功能的财政监督运行机制和监控体系，逐步建立事前审核、事中跟踪监控、事后检查考评的全过程财政监督机制。

（三）财政监督与社会监督相结合

重视发挥社会监督的作用是加强财政监督的又一举措。按照公共选择理论，政府监督不是万能的，而社会中介机构的监督恰恰能够弥补政府监督的不足。社会监督的主要承担者是注册会计师，有的国家的国有企业的纳税事宜和向董事会报告和公布的会计账目等，都授权会计事务所办理。国际上注册会计师事务所等社会中介机构在行使社会监督职能时，都直接或间接地接受财政部门的领导和指导，以保证社会监督机构执业的公正。

例如，德国把会计师事务所的监督机构分为两个层次。一是行业自律组织，即注册会计师协会。该协会负责对会计师事务所违反行业职业准则，如出具伪证、作假账等行为进行核查处理。如果情节严重，则由该协会向法院提出起诉，进行司法处理，同时吊销责任人的注册会计师证书。二是由财政部和经济部下设的"法人责任事务监督机构"对注册会计师协会工作质量进行再监督，如发现注册会计师协会有包庇或自身的违纪违法行为，由该监督机构进行查处。社会监督在现代社会已成为除国家监督之外最重要的监督形式，中介机构的发展壮大对于节约国家的监督成本，维护国家和公众的正当利益及正常经济秩序，具有重大作用。

目前，我国在社会监督方面与国际上相比还有很大差距，主要原因不在于社会公众缺乏主动参与监督的热情和意识，而在于监督机制不健全、监督渠道不畅通、财政信息透明度不够等。因此，借鉴发达国家的社会监督经验，我国应提高财政透明度，对教育、医疗、养老等方面的财政政策开展社会调查、民意征询和专家论证，倾听群众意见，把群众意见纳入决策依据，使政府行为以公众意志为导向，形成全民监督的良性循环，同时要建立完善的追责制度。

（四）注重对预算编制和执行的监督

从国外财政监督的实践来看，加强预算编制是财政监督管理的一个关键性环节。发达国家普遍会将监督检查融入国家预算编制及执行的全过程，并重视事前审核和事中跟踪监控，这样可以基本保证财政资金不被挤占、挪用及分配使用的科学合理，并能及时发现拨款过程中存在的手续不全等问题，及时予以纠正，防止造成资金浪费和无法挽回的损失。

首先，为了使部门预算准确，大多数国家开始编制下一年度预算的时间较早，能够保证预算编制更加精细，与各部门也可以经过多次商讨，使预算编制更加合理有效。而且大多数国家预算编制的沟通性和互动性强，大大提高了预算编制的准确性。

其次，在预算执行过程中，大多数国家比较注重预算支出的事前、事中监督。这种监督方式主要是议会或政府事前对预算编制计划的合法、合规性进行审查监督，检查用款单位分配到的财政资金是否科学合理；而事中、事后主要是监督主体对政府、公共行政部门和国有企业预算执行过程的监督，监督检查资金是否合理合规使用并发挥效益，但监督的重点是财政资金的使用效益及国有资产的保值、增值。值得一提的是，丹麦的财政支出监督的特点在于事前、事中和事后监督的连续性和完整性，表现为对资金使用的日常监督、科学评价资金使用绩效与现场检查的有机结合。例如，丹麦财政部对财政支出资金的监督，首先采用评级体系对各部门使用资金的效果进行评估，然后有重点地对某项资金进行现场检查，确定资金管理质量和风险程度。

总的来说，财政监督是现代财政制度的重要内容。世界发达国家财政监督普遍具有权威性、立法层次高，法律对财政监督程序、范围和方式都有较为明确的规定，形成了严密的财政监督体系。同时，发达国家也比较注重资金使用效率的提高，重视对预算编制和执行的监督，而这些也恰恰是我国财政监督的薄弱环节。借鉴国外宝贵经验，我国现有财政制度下的财政监督必须强化法制建设，建立健全财政监督体系，发展多样化的监督方式，并且注重对预算编制和执行的监督，提高财政资金的使用效率。

第三节 财政监督机构

当前国际较认可的财政监督模式是将财政资金监管分为立法监督、行政监督和司法监督这三种监督模式,而不同的财政监督模式则依靠不同类型的财政监督主体即财政监督机构来执行。本节主要研究和比较各国财政监督机构以及我国对国外先进经验的借鉴。通过本节的学习,要求熟悉我国与其他国家在财政监督模式下的财政监督机构的异同,以及我国财政监督制衡方式存在的不足,进而从西方发达国家的财政监督模式中获得启示。

一、中国财政监督模式下的财政监督机构

财政监督的主体指具有财政监督机构资格的机构,中国具有监督资质的部门包括人民代表大会、政府财政部门、审计部门和社会团体等,具体可以划分为直接产生法律效力的监督和不能直接产生法律效力的监督两类。有些部门的监督可以直接产生法律效力,可以对违法违规行为进行制裁纠正,如人民代表大会及财政、审计等部门的监督;有些部门的监督仅仅是具有某种影响力,不能直接产生法律效力,如公民个人、社会团体、新闻媒体等主体的监督。中国以行政型监督模式为主,是属于立法、司法与行政监督的综合模式,在此综合模式下,中国现行的财政监督主要包括人民代表大会及其常务委员会的监督、政府部门的监督、社会力量的监督三个层次。

(一) 人民代表大会及其常务委员会的财政监督

在中国,人大是国家权力机关,所以人大的财政监督属于最高规格的监管,在我国具有最高的权威性,它担负着财政资金运行中各个环节的监督工作。根据《宪法》和相关法律的有关规定,人大负责对财政预算的编制、修改、执行情况及财政资金效果进行时时监管。人民代表大会及常务委员会的财政监督职权包括对社会发展计划及执行情况的监督、对政府预算及其执行情况的监督及对政府决算的监督三个方面。

(二) 政府部门的财政监督

政府部门的财政监督主要包括审计部门的财政监督、财政部门的财政监督和国有资产监督管理委员会的财政监督三个方面。

1. 审计部门的财政监督

中国审计部门财政监督主要由以下三部分组成。

(1) 国家审计署及其派出机构。审计署在国务院的领导下,主管全国的审计工作,对国务院各部门和地方各级政府的财政收支,对国家财政金融机构和企事业组织的财务收支进行审计监督。审计长是国家审计署的行政首长。目前,国家审计署在全国各地设立派出机构。

(2) 县级以上地方各级政府设立的审计机关。地方各级审计机关根据法律规定独立行使审计监督权,对本级政府和上一级审计机关负责并报告工作,审计工作主要由上级审计机关领导。

(3) 审计机关的派出机构。审计机关根据工作需要,经过本级政府批准,可在其审计管辖范围内设立派出机构。派出机构依照审计机关的授权和相关法律的规定开展审计工作。

审计部门具体的监督权限包括以下几条。

（1）检查和调查权。审计部门有权检查审计对象的会计资料及其他与财政收支、财务收支相关的资产和资料，在发现问题时，有权向审计对象调查取证。

（2）制止权。审计部门有权制止审计对象正在进行的财政收支、财务收支违法行为。

（3）提请处理权。如果审计部门认为审计对象执行的上级主管部门制定的有关规定与法律相抵触时，有权提请上级主管部门予以纠正，若不予纠正，则有权提请有关机关依法处理。

（4）通报和公布审计结果权。审计部门有权向政府和公众通报或公布审计监督结果。

2. 财政部门的财政监督

财政部门的财政监督是指国家财政部门依照《中华人民共和国预算法》《中华人民共和国会计法》等法律的规定，对监督对象执行相关财经法律法规政策及财务会计制度的情况，以及财政收支、财务收支活动的真实性、合法性、完整性和国有资产管理情况等事项进行的监督。

财政监督是财政部门的重要职责之一。财政部门的财政监督包括财政部门内部的专职财政监督机构的监督和日常业务管理机构的监督，二者在财政监督过程中相辅相成，相互配合。

总体上讲，财政部门的财政监督职责主要包括：对本级和下一级政府预算和决算的真实性、合法性和准确性及预算执行情况进行监督；对本级政府财政收入的分配和支出的拨付情况进行监督；对本级政府财政资金的使用效益进行监督；对本级政府国有资产管理情况进行监督；对本级政府执行财经法律法规、规章制度情况进行监督；对会计师事务所执行财经法律法规情况及其执业活动的公正性、合法性进行监督。

3. 国有资产监督管理委员会的财政监督

国有资产监督管理委员会包括国务院国资委和地方国资委。国务院国资委实施财政监督的职责主要包括：监管中央所属企业（不含金融企业）的国有资产；通过统计、稽核，对所监管企业负责人进行任免、考核并根据其经营业绩进行奖惩；按照有关规定，代表国务院向所监管企业派出监事会，负责监事会的日常管理工作；负责组织所监管企业上缴国有资本收益，参与制定与国有资本经营预算有关的管理制度和办法；按照有关规定负责国有资本经营预决算编制和执行等工作；依法对地方国有资产管理工作进行指导和监督等。

地方国有资产管理委员会的财政监督职责主要包括：省属经营性国有资产的监管；省直属国有企业领导人员的监管；审核所监管企业工资总额；研究制定并组织实施省属国有企业经营者收入分配政策和主要负责人年薪制的实施情况。

（三）社会力量的监督

社会力量的监督是指由社会公众、网络、传媒及社会中介机构等财政监督机构对政府各类收支活动进行的监督。在中国，社会监督的主体是会计师事务所等社会中介组织。

1. 会计师事务所的财政监督

会计师事务所的财政监督是指以会计师事务所为主的社会中介机构依法接受财政部门以及相关经济主体的委托，对生成和运用财政资金和配置国有资产的机构执行财经法规制度和财政财务收支活动进行的监管。监督过程完成后，会计师事务所以中间人的身份对监督对象做出客观的评价，并起草具有法律效力的审计报告，供有关部门审阅。

2. 社会公众的财政监督

在中国，社会公众的财政监督是重要的方面。社会公众的财政监督需要加强公众的民主监督意识和业务素质，加强对社会公众监督的组织和引导，推进社会公众监督领域和深度的扩展，加强公众对政府财政监督的制度建设，使其拥有法律保障，在法律地位上成为我国财政监督的重要组成部分。

3. 网络媒体的财政监督

网络媒体的财政监督主要是指网络等媒介通过提示问题、曝光问题、追踪结果等方式对政府所有收支活动进行的监督。网络媒体监督是财政监督的重要组成部分。

二、国际主流财政监督模式下的财政监督机构

当前国际较认可的财政监督模式是将财政资金监管分为立法监督、行政监督和司法监督，在这三种监督方式下的财政监督机构各有特点，在不同的国家都发挥着积极作用。

（一）以美国为代表的立法监督模式下的财政监督机构

立法监督是国家立法机关通过制定财政、税收、国有资产管理等相关法律，并依照法律对国家公共权力实施监督，管理国家总的预决算。其财政监督机构是国家的立法机构，如国会和议会等，财政、审计等监督是立法监督的补充。这种模式的特点是财政监督机构独立性强、权威性高，通过立法赋予国会和议会的财政监督权，可以有效地避免政府干预；不足是行政部门不能及时掌握相关信息，不利于提高监管效率。目前实行立法监督模式的国家有美国、英国、加拿大、澳大利亚和新西兰等。

（二）以日本为代表的司法监督模式的财政监督机构

司法监督是国家司法机关按照法定职责和程序，监督国家行政单位和工作人员使用财政资金的行为。其财政监督机构是具有司法性质的审计机关，监督形式是审计机关对财政资金的分配和使用进行监督。其优点是财政监督机构能够将监督以司法程序贯穿整个财政资金运行过程，真正实现独立、公正和客观；不足是立法机关和行政管理部门不能及时掌握财政资金运转情况，影响监督力度。当前实行司法监督模式的国家主要有日本、德国、意大利、西班牙等。

（三）以法国为代表的行政监督模式的财政监督机构

行政监督是指国家行政机关根据国家法律法规监督财政资金的运行。其财政监督机构是财政部门，主要特点是国家财政机关对其内部机构及使用财政资金的相关职能部门和单位的资金运转情况进行监督，实现财政内部监督及外部监督一体化。这种监督的最大优势是行政部门能直接掌握财政资金的运行情况，及时发现问题和采取相应措施；不足是财政监督机构同时拥有监督权与管理权，监督独立性不强、透明度低。目前实施行政监督模式的代表国家有法国、瑞士、瑞典等。

资料链接 11-4

各国多元化的财政监督

由于各个国家在政治体制、社会制度、机构设置和经济发展水平等各方面具有显著不同，

因此，即便是遵循同样的理论基础，具体到一个国家也不是只用一种监督模式，许多国家都在使用两种或两种以上的监督模式。

1. 美国

美国既有立法监督，也有行政监督。美国《宪法》明确规定财政监督权是议会的一项重要权力，议会掌握国家预算控制监督权、预算执行监督权、预算支出监管权等。但总统有权否决国会预算，而且总统在每个政府部门派出一名财政总监监督预算执行。美国财政监督的特点有：财政监督体系比较完善；重视宣传教育，强调自觉纳税；重视计算机网络技术在财政监督中的运用。

2. 日本

日本既有立法监督，也有司法监督。国会实施立法监督，具有财政支出确定权、国家债务负担行为的确定权、预算的审批权。司法监督体现在会计检查院是日本最高审计机关，行使独立的审计监察权和财政监督权。依据《会计检查院法》第一条规定，"会计检查院独立于内阁之外行使其职能，并保障其人事组织及财务预算等方面的独立性，削弱行政干预力量。"日本财政监督的特点有：财政监督主体对财政支出监管的职责、权限和程序均以法律为依据；所有财政支出都列入预算，并要求详细列示具体项目；审计部门和财政部门要求在财政支出前提交具体支出计划，支出后也要及时提交支出报告；财政监督不是临时性的，而是经常性的；会计检查院长期从事财政支出的审计监督工作；注重财政预算的透明度和公开性，并重视社会舆论监督。

3. 法国

法国既设有国家最高监督机关审计法院，依法独立对财政资金进行监督，又在财政部门设有专门的监督机构，如财政总监、公共会计等对财政收支情况进行监督，实行司法监督和行政监督双模式。法国财政监督的特点有：监督环环相扣，十分严格；重视事前审核和资金拨付两个环节；各监督主体相互独立并相互制约。

资料来源：辛悦玲，2015.发达国家公共财政资金监督机制及对我国的启示——基于美、日、法三国 [J]. 区域金融研究（3）：69-72.

三、中国财政监督机构设置存在的不足

（一）最高权力机关对财政监督力度不足

一是审批时间过短。各级人大相关部门对预算草案的初步审查时间定为各级人大会议召开前的30～45天，而人大对预算的决议需在会议召开期间完成。审批时间较短，人大及相关部门难以对预算进行全面细致的审议。

二是政府在财政监督中权力过重。在财政资金实际运行过程中，财政监督机构由人大向政府部门"转移"，上级政府领导财政监督机构对各个政府部门和下级政府进行财政监督。

三是人大及其常委会制定的有关法律法规对财政监督的规定较为模糊。例如，关于预算调整，《中华人民共和国预算法》规定的前提之一是预算执行中因特殊情况需要增加收入或减少支出，这"特殊情况"的含义是什么？哪些特殊情况需要通过调整预算来解决？哪些需要通过动用"特殊用途"的预备费来解决？都不清楚。预算调整有两种情况：一种是

调整后预算不平衡；另一种是调整后预算仍然平衡。按《预算法》规定，只有调整后不平衡才需要报人大常委会审批。这就有可能造成年初编制收入预算时留有较大余地，执行中尽量多收，多收的政府可以自由安排，不受约束，这样人大审批预算就失去意义。

（二）监督体制与行政体制不协调

在中国，除人民代表大会对财政预决算进行审议外，财政资金运行过程的监督主要是以审计部门和财政部门为财政监督机构的行政监督。行政监督设立的根本目的是从制度上解决如何以权力约束权力的问题。但在实际操作中仍存在一定缺陷，主要是无法解决谁来监督"监督者"的问题。由于各行政财政监督机构均处于同一"金字塔"内部，部门之间存在着千丝万缕的利益联系，如财政部门和审计部门，它们都属于政府，实质是政府授权其监督政府的工作部门或企事业单位，这种模式导致了财政管理者与财政监督者身份的重合，使监督主体在行使职权的过程中，与被监督者站在同样的立场，因此较难形成有效的监督与被监督机制。

（三）预算执行的事中监督职能日趋弱化

预算执行的事中监督主要是财政内部监督和央行国库部门对预算收支的时时监督。本级财政和预算单位存在财权和事权的微妙关系，对预算执行过程中发现的问题容易被"妥协"或"内部消化"。而人民银行国库部门作为事中监督的一线部门，依据《中华人民共和国国家金库条例》对预算执行过程进行监督，但由于没有一部专项法律对其监督权力进行保障，导致国库在执行预算事中监督时，受地方政府和财政部门一定程度的抵触和阻挠，监督流于形式。

四、西方发达国家财政监督机构设置对我国的启示

（一）强化各级人大对财政监督力度

一是充裕预算审批时间，提高预算审核的严密性。二是实行临时预算制度，弥补人大对预算监督的时间空白。即，进入新会计年度后至新预算下达前，应编制临时预算，提交人大审议，弥补人大对该时期内财政资金运行的监督空白。三是建立财政资金运行情况通报、监督信息交流制度，定期研究工作重点、典型案件等事宜，发挥财政监督"监测器"和"预警器"的作用，提高财政监督效力。

（二）引入第三方监督，提高财政资金运行的透明度

相对于财政内部监督，财政外部监督更客观地发挥其职能，更满足公共社会经济建设对财政监督的需求，更能体现财政监督的权威性和公正性，同时促进内部监督的有效开展。因此，强化第三方财政监督机构权力，同时保障第三方财政监督机构在事权、人权的独立性，在实现财政监督制衡上尤为重要。可参照法国的审计法院、日本会计检查院制度，以法律形式明确第三方监督部门的预算监督职能，并将其提高至与政府监督相同层面，弱化财政监督过程中政府权力对监督的钳制，强化财政资金收支的事中、事后监督。同时，引入日本居民诉讼制度，扩大预算信息的公开，鼓励"私人检察官"参与预算执行监督，提高财政资金运行的透明度。

资料链接 11-5

日本居民诉讼制度

居民诉讼是日本国民针对地方行政机关的财政违法行为提起的诉讼，是公民监督地方行政机关的一种公益诉讼。根据日本《地方自治法》第 242 条规定，为了保护地方公共团体的财产，具有当地居民资格者如发现地方公共团体（包括都道府县政府、市町村政府、都内特别区政府、公会、拥有法人资格的公共机构、地方开发企业团体等）在财务会计上存在违法行为时，可单独向法院提起诉讼。

居民诉讼制度是日本二战后借鉴美国的纳税人制度而设立的制度。由于提起诉讼的要件是地方居民而非纳税人，故 1963 年《地方自治法》修订时正式定名为"居民诉讼"。居民诉讼虽然属于民众诉讼的一种，但仅限于对地方公共团体财务会计上违法行为提起诉讼。因此，其诉由较民众诉讼的范围窄得多。由于居民即使胜诉，也只产生保全地方公共团体财产的效果，而原告却得不到分文的利益，所以居民诉讼可以说是一种纯粹的公益诉讼。该制度旨在鼓励居民直接参与地方公共团体的管理，维护地方公共利益，特别是防止地方政府、机构财务腐败。

居民在提起诉讼前，需首先提出居民监查请求。根据《地方自治法》第 242 条规定，居民认为地方公共团体的行政长官、委员会、委员或相关职员如存在违法或不正当的公款支出、财产的取得、管理、处分以及缔结合同、承担债务等违法，或者存在违法、不当课税、征税以及财产管理违法等事实时，可向监查委员提起监查请求。该请求应附带能证明上述违法行为的书面材料。居民对监查请求的结果不服时，方可提起居民诉讼。具体诉讼请求包括停止实施请求、取消行政处分、无效确认请求、违法确认请求、损害赔偿请求等。损害赔偿请求主要是居民在胜诉的情况下支付律师报酬的部分。居民诉讼被经常用于防止地方公共团体滥用公款的情形。

资料来源：胡云红, 2017. 比较法视野下的域外公益诉讼制度研究 [J]. 中国政法大学学报（4）：16-40；158.

 资料链接 11-6

美国私人检察官机制

美国公益诉讼的特征之一就是"私人检察官"机制，即任何人都可就环境污染、行业垄断等涉及公共利益的事件向法院提起诉讼。该机制最初是为了保障联邦法律得以遵守而采取的措施，它在保障各种重要法律规范的实施中发挥着重要的作用。例如，1970 年的《防止污染法》《现代民权法案》《反垄断法与证券安全法》《公平正义法案》等。

美国制定了一系列相关法案和制度，旨在鼓励公民个人提起公益诉讼。第一，风险报酬机制。如果公益诉讼胜诉，律师的报酬是赔偿数额的一定百分比。此机制为很多本来无法支付诉讼费的人提供了私人律师，但同时也阻碍了一些诉讼标的小却很有意义或救济方式非金钱补偿的公益诉讼案件。第二，费用转移法规，即 1976 年《民权律师费补偿法案》。该法案规定，国家为金钱补偿较少、被告通常是政府机关的民权诉讼提供合理的律师费。这些法规使一系列以前不会被考虑的案件有机会接受审理。第三，告发人诉讼。告发人诉讼大多涉及在卫生保健领域的联邦项目。在告发人诉讼中，依据联邦错误索赔法，私人原告（被称为告发人）代表联邦政府提起诉讼。在政府调查了该诉讼请求后,政府可能决定加入该告发人的诉讼,而该私人原告可以继续诉讼,但是,如果政府决定不加入,那么该人也可以在没有任何政府的参与下继续诉讼。最典型的告发人诉讼是由那些在卫生健康领域工作的人们提起的,他们因为看到那些公共服务机构、保险公司、医师、医院、药店和其他医疗服务提供者的不法行为,欺骗联邦医疗保险制度,通过夸大所提供的服务,或者就从来没有提供过的服务申请联邦医疗资金等,或者也可以因健康维护组织剥夺了应当通过医疗保险系统获得服务的人的权利而提起一个告发人诉讼。告发人诉讼是政府法律救济私人化现象的一个例子,它允许个人担当"私人检察官"以打击腐败行为。告发人诉讼赔偿金额在美国累计达 80 亿美元,"吹哨人"(告发人)从中获得的金额达到了 10 亿美元。

资料来源:孙智全,2006. 公益诉讼与中国司法体制改革 [J]. 中国律师(4):46-48.

(三)完善国库单一账户制度,增强事中监督力度

进一步推进财政资金收支环节向业务标准化、流程规范化和操作智能化改革,将所有的预算收支纳入国库单一账户管理,缩减资金在途时间,提高资金拨付时效。同时,通过集中支付办理所有预算支出,对每个预算单位执行预算的进程进行时时反映和监督,从而实现财政监督由重事后监督整改向事前审核、事中监控、事后评价并重的监督方式转变。从根本上防止预算执行的随意性,根除财政资金使用中的权力寻租现象,增强财政监督管理力度。

关键概念

财政监督 财政预算 政府审计 预算透明度 政府预算监督 财政收支监督 立法型财政监督 司法型财政监督 行政型财政监督 财政监督机构 财政监督制衡

本章小结

1. 我国财政制度的起源与发展分为古代、近代和现代,通过三个阶段的对比,可以了解我国财政监督制度的发展特征及趋势。通过对英国、美国、法国和日本政府预算监督、审计监督等方面的阐述,可以看出 21 世纪世界财政监督制度的发展将趋于法制化、综合化、信息化和多元化。

2. 我国财政监督制度主要包括政府预算的监督及财政收支的监督这两个方面。政府预算的监督包括预算编制、预算执行、预算调整及政府决算这四个方面的监督。而财政收支监督则包括税收收入和非税收入两个部分。

3. 世界财政监督大致可分为立法监督、行政监督、司法监督这三种监督模式,而不同的财政监督模式依靠不同类型的财政监督主体即财政监督机构来执行,这三种模式也各有其优缺点。我国现行的财政监督主要包括人民代表大会及其常务委员会的监督、政府部门的监督、社会力量的监督三个层次。

分析讨论题

1. 请查找资料，结合资料链接 11-1，思考我国审计局与美国审计署的职能有何不同，政府审计监督有什么特点。

2. 结合资料链接 11-2，总结美国的预算监督制度是如何设计的，分析美国的财政监督制度为何能成为世界各国效仿学习的榜样，并且结合美国预算监督制度，思考我国可以如何改革现有的预算监督制度。

3. 结合资料链接 11-3，总结法国公共会计制度的特点，并分析法国公共会计在财政监督中能发挥重大作用的原因，思考法国的公共会计制度对中国财政监督制度的完善有何启示。

4. 根据国际主要财政监督模式下的财政监督机构的相关内容，结合资料链接 11-4 与其他相关资料，回答：国际社会认可的财政监督模式有几种？各种模式各有何优缺点？为什么许多国家同时采用两种或两种以上的监督模式？

 本章拓展阅读书目

1. 张馨，2004. 比较财政学教程 [M]. 2 版. 北京：中国人民大学出版社.
2. 财政部干部教育中心组，2017. 现代财政监督研究 [M]. 北京：经济科学出版社.
3. 贺邦靖，2008. 国外财政监督借鉴 [M]. 北京：经济科学出版社.
4. 马金华，2011. 外国财政史 [M]. 北京：中国财政经济出版社.
5. 王晟，2013. 财政监督理论探索与制度设计研究 [M]. 2 版. 北京：经济管理出版社.
6. 姜维壮，2012. 比较财政管理学 [M]. 3 版. 北京：北京大学出版社.

参 考 文 献

阿计，2019. 财政立法亟待升级完善 [J]. 人民之声（3）：49.
编辑整理，2013. 变革者撒切尔夫人 [J]. 商周刊（8）：74-77.
财政部财政监督管理考察团，2006. 瑞典财政监督经验借鉴 [J]. 财政监督（7）：54-56.
财政部条法司，2017. 财政立法工作硕果累累 [J]. 中国财政（22）：23-24.
柴晓乐，2014. 日本国债的发行、流通及偿还机制研究 [D]. 河北大学．
陈共，2015. 财政学对象的重新思考 [J]. 财政研究（4）：2-5.
陈庆海，2014. 政府预算与管理 [M]. 厦门：厦门大学出版社．
陈伟伟，冯丹萌，2019. 中央与地方财政事权和支出责任划分的逻辑框架——观点综述与简评 [J]. 经济研究
　　参考（9）：70-81.
陈元刚，2012. 社会保障学教程 [M]. 重庆：重庆大学出版社．
成琳瑜，2008. 美国二十世纪九十年代以来财政政策理论与实践的演变 [D]. 吉林大学．
丛春霞，刘晓梅，2015. 社会保障概论 [M].3 版．大连：东北财经大学出版社．
邓建宏，王坤，2009. 试论公共财政立法的基本原则 [J]. 天中学刊，24（6）：54-57.
邓晓兰，2014. 财政学 [M].2 版．西安：西安交通大学．
杜小军，2003. 日本战后海运政策研究 [D]. 南开大学．
樊勇，袁荻雅，2012. 各国增值税征收范围比较及对我国增值税扩围改革的启示 [J]. 涉外税务（7）：23-26.
樊勇，袁荻雅，2012. 借鉴国际经验进一步完善我国增值税制度 [J]. 涉外税务（3）：41-44.
付伯颖，2006. 美日财政监督的特点与借鉴 [J]. 财政监督（11）：55-57.
付伯颖，2010. 外国税制教程 [M]. 北京：北京大学出版社．
付伯颖，2018. 外国税制教程（第二版）[M]. 北京：北京大学出版社．
高培勇，2014. 论国家治理现代化框架下的财政基础理论建设 [J]. 中国社会科学（12）：102-122.
高培勇，宋永明，2004. 公共债务管理 [M]. 北京：经济科学出版社．
龚朝晖，2010. 美国国债发行的可持续性研究 [D]. 浙江大学．
苟燕楠，杨康书源，2018. 程序与政治：俄罗斯的联邦预算制定过程 [J]. 财政科学（6）：18-25；44.
国家税务总局大企业税务管理司，2017. 国外大企业税收管理概览 [M]. 北京：中国税务出版社．
国家税务总局税收科学研究所，2012. 外国税制概览 [M]. 北京：中国税务出版社．
郝如玉，曹静韬，2008. 当代税收理论研究 [M]. 北京：中国财政经济出版社．
何杨，王文静，2016. 增值税税率结构的国际比较与优化 [J]. 税务研究（3）：90-94.
贺邦靖，2018. 国外财政及监督借鉴 [M]. 北京：经济科学出版社．
贺忠厚，2007. 公共财政学 [M]. 西安：西安交通大学出版社．
洪轶男，2009. 国外社会保障制度文化背景比较及对中国的启示 [J]. 辽宁工程技术大学学报（社会科学版）
　　（2）：153-154.
黄天华，2012. 中国财政制度史纲 [M]. 上海：上海财经大学出版社．
贾康，王桂娟，2016. 财政制度国际比较 [M]. 上海：立信会计出版社．
江振春，2019. 特朗普建墙，美国审计署有话要说 [J]. 世界知识（6）：45-47.
姜维壮，2012. 比较财政管理学（第三版）[M]. 北京：北京大学出版社．

焦建国，闫丽娇，肖迪，2017. 共享财政、民生财政与社会监督机制 [J]. 财政监督（19）：62-65.

解学智，张志勇，2014. 世界税制现状与趋势 [M]. 北京：中国税务出版社.

孔莉莉，2009. 我国财政监督研究 [D]. 上海交通大学.

黎昭，2008. 美、法两国公共支出监督的经验及其启示 [J]. 金融与经济（6）：72-75.

李博，梁佳雯，2005，2016. 世界上主要国家财政运行报告（上）-- 美国 [J]. 经济研究参考（68）：66-95.

李怀玉，2014. 供给学派和凯恩斯主义的比较及启示 [J]. 商业经济研究（20）：33-34.

李兰英，2014. 政府预算管理 [M]. 2版. 西安：西安交通大学出版社.

李璐，许光建，2009. PPBS 在美国政府和国防部演进轨迹的比较研究 [J]. 军事经济研究，30（8）：74-76.

李炜光，2010. 西方国家财政监督体系及其借鉴价值 [A]. 财政史研究（第三辑）[C]：中国财政史研究所：13.

李小珍，2013. 发达国家财政监督评述及借鉴 [J]. 财政监督（33）：38-41.

练育强，2011. 从组织法的视角看我国国务院国有资产监督管理委员会的法律地位 [J]. 法学杂志（5）：76-78.

廖喜云，2013. 论人大预算审查监督体系的完善 [D]. 湖南大学.

林乔香，2013. 关于进一步完善我国财政法律体系的思考 [J]. 南昌教育学院学报（9）：188-189.

刘金红，2009. 美国新经济增长与克林顿政府的财政政策研究 [D]. 吉林大学.

刘军，郭庆旺，2001. 税制改革研究报告：世界性税制改革理论与实践研究 [M]. 北京：中国人民大学出版社.

刘明慧，2016. 外国财政制度 [M]. 3版. 大连：东北财经大学出版社.

刘尚希、傅志华，2018 等. 中国改革开放的财政逻辑（1978—2018）[M]. 北京：人民出版社.

刘生华，2002. 国外社会保障制度对我国的借鉴意义 [J]. 当代经济（12）：54.

刘馨颖，2009. 日本实施扩张性财政政策应对金融危机 [J]. 涉外税务（8）：55-58.

刘佐，2013. 税制改革顶层设计三个主要问题 [J]. 理论参考（10）：8-11.

马蔡琛，2018. 政府预算 [M]. 2版. 大连：东北财经大学出版社.

马蔡琛，朱旭阳，2019. 从传统绩效预算走向新绩效预算的路径选择 [J]. 经济与管理研究，40（1）：86-96.

马国强，2015. 中国税收 [M]. 5版. 大连：东北财经大学出版社.

马海涛，2018. 财政理论与实践 [M]. 北京：高等教育出版社.

马金华，2011. 外国财政史 [M]. 北京：中国财政经济出版社.

马克思、恩格斯，1963. 马克思恩格斯文选（第二卷）[M]. 北京：人民出版社.

马宁，2011. 关于我国财政监督问题的国际比较研究 [D]. 山西财经大学.

马诗铭，2015. 预算调整制度研究 [D]. 浙江工商大学.

马治远，2017. 论我国财政预算的监督机制 [D]. 郑州大学.

牛竹林，2010. 公共财政框架下的财政监督问题研究 [D]. 安徽大学.

齐海鹏，2014. 社会保障教程 [M]. 3版. 大连：东北财经大学出版社.

齐海鹏，孙文学，2012. 中国财政史 [M]. 2版. 大连：东北财经大学出版社.

秦玲，2011. 我国财政监督的现状、问题及原因研究 [D]. 山西财经大学.

全毅，2000. 90年代日本经济长期萧条的原因分析 [J]. 亚太经济（3）：39-41.

宋丽智，邹进文，2015. 凯恩斯经济思想在近代中国的传播与影响 [J]. 近代史研究（1）：126-138.

宋学红，2018. 财政学 [M]. 北京：中国财政经济出版社.

Torsten Persson，Gérard Roland，and Guido Tabellini，2000. Comparative politics and public finance[J]. Journal of Political Economy，108（06）：1121-1161.

汤红艮，2013. 1970-1980年代美国经济滞胀问题及其对外贸易 [D]. 天津财经大学.

V. 图若尼，2004. 税法的起草与设计（第一卷）[M]. 国家税务总局政策法规司，译. 北京：中国税务出版社．

王辰，李彤，2011. 中美零基预算的比较及启示 [J]. 经济纵横（08）：97-99.

王德祥，2016. 现代外国财政制度 [M]. 2 版．武汉：武汉大学出版社．

王国华，2007. 外国税制 [M]. 北京：人民大学出版社．

王乔，席卫群，2013. 比较税制（第三版）[M]. 上海：复旦大学出版社．

王庆安，2006. 林登·约翰逊和"伟大社会"改革研究 [D]. 华东师范大学．

王晟，2013. 财政监督理论探索与制度设计研究 [M]. 2 版．北京：经济管理出版社．

王淑杰，2010. 美国国会预算监督制度的特点 [J]. 中国财政（21）：72-74.

王曙光，2018. 财政学 [M]. 北京：科学出版社．

王秀芝，2012. 财政监督的国际经验及对我国的启示 [J]. 经济问题探索（5）：45-48.

魏岚，2002. 美国税法 [M]. 8 版．洛杉矶：长青书局．

翁礼华，2011. 周公的"量入为出"理财 [J]. 中国财政（1）：73.

武普照，2010. 近现代财政思想史研究 [M]. 天津：南开大学出版社．

武晓利，晁江锋，2014. 政府财政支出结构调整对经济增长和就业的动态效应研究 [J]. 中国经济问题（5）：39-47.

夏子敬，2014. 日本财政支出及其对经济增长的影响分析（1969-2011）[D]. 吉林大学．

肖鹏，2017. 英国政府预算公开的做法与启示 [J]. 财政监督（8）：36-41.

肖鹏，李新华，2012. 公债管理教程 [M]. 北京：对外经济贸易大学出版社．

肖炎舜，2017. 中国财政政策调控的阶段性变化研究 [D]. 中国社会科学院研究生院．

谢慧敏，2014. 论我国财政立法的不足 [J]. 法制博览（19）：106-106，104.

谢可川，2009. 国内外财政监督的比较与借鉴 [J]. 福建金融（4）：51-53.

辛悦玲，2015. 发达国家公共财政资金监督机制及对我国的启示——基于美、日、法三国 [J]. 区域金融研究（3）：69-72.

熊敏鹏，2015. 社会保障学 [M]. 2 版．北京：机械工业出版社．

熊伟，聂淼，2014. 管理政府的工具 约束权力的利器 [N]. 深圳特区报 09-23（B09）.

徐良果，王毅佼，2015. 英国政府审计特点与启示 [J]. 财会通讯（4）：124-125.

杨斌，2003. 税收学 [M]. 北京：科学出版社．

杨芳，2015. 英国保守党政府经济治理新政 [J]. 欧洲研究，33（4）：37-42.

杨光斌，2019. 英国卡梅伦政府的宏观经济政策研究 [D]. 山东师范大学．

杨华，2018. 日本政府预算制度的构成、特点及启示 [J]. 地方财政研究（02）：105-112.

杨鹃，杨昊雯，2019. 公共财政与社会保障体系关系研究——兼析美、日、澳国家社会保障财政制度 [J]. 价格理论与实践（3）：69-72.

杨曼云，2019. 财政政策效应的区域差异研究 [D]. 云南师范大学．

杨明洪，2018. 财政学 [M]. 成都：四川大学出版社．

杨体军，2007. 中国财政监督的理论研究和实证分析 [D]. 吉林大学．

杨香军，邝怡丹，2012. 国外社会保障制度的比较与借鉴 [J]. 劳动保障世界（12）：55-57.

杨震，2007. 世界大国增值税类型选择的规律——以美国、印度和欧盟为例 [J]. 涉外税务（03）：13-18.

杨志勇，2005，2007. 比较财政学 [M]. 上海：复旦大学出版社．

杨志勇，2005. 比较财政学 [M]. 上海：复旦大学出版社．

于欣，2017. 财政国库集中支付改革探索与研究—以大连金普新区为例 [D]. 辽宁师范大学．

曾德生，2006. 从法国公共会计制度看我国的财政监督建设 [J]. 财会通讯（综合版）（9）：90-91.

曾康华，2011. 外国财政 [M]. 北京：对外经济贸易大学出版社．

詹越，张星辰，2019. 我国国地税合并的实践与意义 [J]. 新经济（4）：50-52.

张浩, 2015. 加拿大财政社会保障制度状况及启示 [J]. 新疆农垦经济（6）：79-85，92.
张健, 1991. 布坎南与公共选择理论 [J]. 经济科学（2）：70-75.
张启健, 2015. 新加坡公共预算管理及其启示 [J]. 会计师（11）：14-15.
张维凡, 2015. 新常态下财政投资性支出的方向选择 [J]. 西部财会（10）：4-9.
张晏, 龚六堂, 2005. 分税制改革、财政分权与中国经济增长 [J]. 经济学（季刊），04（4）：75-108.
张宗坪, 董西明, 2013. 社会保障概论 [M]. 上海：上海财经大学出版社.
周基权, 2012. 完善我国的财政监督法律制度 [J]. 金山（5）：58.
周群, 李永柱, 王国胜, 2003. 美、英、日财政法律体系的分析 [J]. 辽宁财税（7）：45-51.
朱德云, 2002. 国外社会保障制度及对我国的借鉴意义 [J]. 中国机关后勤（4）：13-15.
朱青, 2008. 关注民生：财政支出结构调整的方向与途径 [J]. 财政与税务（10）：30-33.